中世日本の宗教テクスト体系

阿部泰郎 *Yasuro Abe*【著】

名古屋大学出版会

聖徳太子絵伝（杭全神社，右：第三幅，左：第九幅）

後醍醐天皇像（清浄光寺）

東アジア海文明の歴史と環境

学習院大学東洋文化研究叢書

鶴間和幸・葛剣雄 編著

東方書店

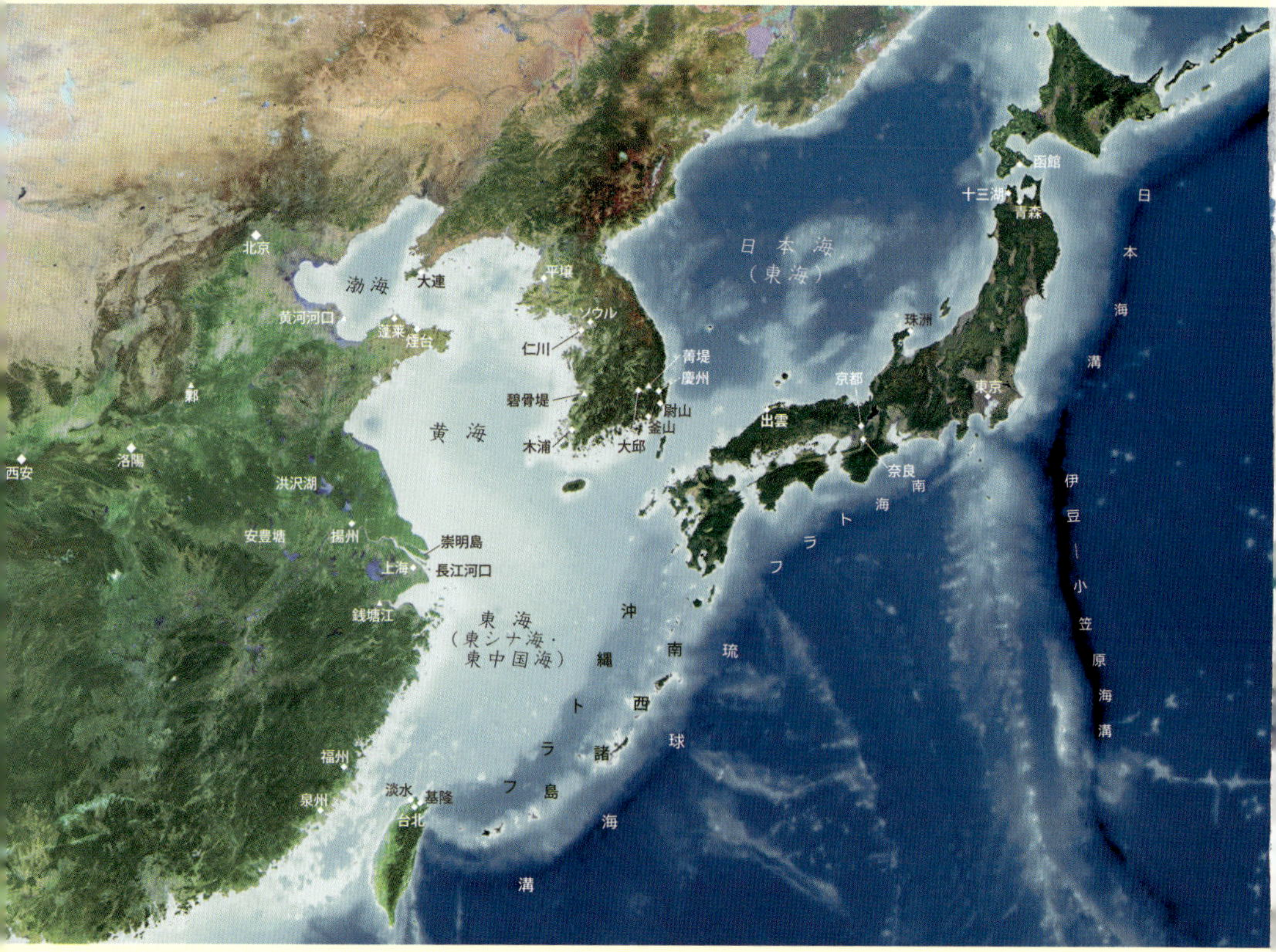

東アジア海をめぐる都市と遺跡
（データ：Terra MODIS/Landsat/ETOPO　画像処理：東海大学情報技術センター）

①圩田（堤防で囲んだ水田）
［中国：浙江省湖州市］

②太行堤（黄河の故河道）
［中国：河南省原陽県］

③黄渤海境界線（手前が渤海、奥が黄海）
［中国：山東省蓬莱］

④赤山より見た石島湾（9 世紀、遣唐使円仁が身を寄せた新羅人の港町）［中国:山東省石島］

⑤戴村壩（大清河と大汶水の分流地点）
［中国：山東省東平県］

⑥菁堤（6 世紀に作られたため池）
［韓国：慶尚北道永川市］

東アジア海と地中海

葛　剣雄（菅野恵美　訳）

中国古代には決して航海記録が欠如しているわけではない。例えば、春秋時期の呉や越はみな海路で北上している。秦の始皇帝の時には、徐福が千余人を引きつれて海外へ移住した。紀元後間もなく成立した『漢書』地理志は、漢朝から東南アジア・南アジアへ通じる海上交通を詳細に記している。しかし総じて言えば、古代中国は未だかつて、ある一定規模の海外への拡張を行ったことはない。中原王朝の境域は一度朝鮮半島の北半分にまで拡張したが、しかし完全に海路に頼ったわけではなく、主にはやはり大陸から伸長した。ただし、五世紀から後は、唐朝が短期間征服したことがある以外に、一般的な状況ではいずれの王朝もみな朝鮮を藩属国としており、それは元朝でも例外ではなかった。越南に対しても同様で、前漢中期に今のベトナムに三つの郡を置いてから後、全体的な趨勢も次第に縮小した。そして、紀元一〇世紀にベトナムが独立してからは、明初の二二年間を除いて、双方はずっと宗主国と藩属国の関係を保持していた。明初の鄭和の航海は七回続き、その上、遠く西アジア・東アフリカへ達したのだが、明朝のために国土を少しでも広げたわけではない。本当に武力で領土を拡張したのは、元朝のフビライによる、日本とジャワへの進撃だけであり、遊牧民族が中原の主となって生じた例外とみなせる。

当然、局部地域では明朝中期以降、例えば十五世紀の福建と広東のように、たとえ政府の厳しい制限を受けるという状況下にあっても、民間では依然として粘り強く外へ拡大し、対外貿易と海外への移民を含めて行った。だが、総体的に言えば、中国は古来より、基本的に海外へむけて勢力を拡大していないし、このような原動力も欠いていたのである。

全国的に見れば、近代以前までずっと、中国大陸の土地と資源はその全人口を養うのに十分であった。それに加え、長期的に形成された中国中心の天下概念は、さらに中国人に、本国は天下で最も豊かで文明的な所であり、海外諸国はいまだ開化されざる蛮夷に過ぎないのだと深く信じこませた。「天朝に有らざる所無く、仰ぎて外人に頼るを需《もと》むること無」く、対外的に貿易を行う必要性はまったく無かったのであり、実際の対外貿易は、「朝貢」とその返礼である「回賜」の名義によって行うのがせいぜいであった。であるから、多くの状況において、政府は人々の外への流出を禁止した。たとえば比較的開放的な時代であっても、ただ外国人が中国に来て貿易あるいは居留するのを許すだけで、中国人が外国と関わりを持つことを奨励しなかった。

このような結果を作り出した条件の一つは、中国が直面する海洋の特殊性である。中国南方の開発は北方よりも遅れたために、古代中国に重要な役割を果たしたのは「東アジア海」、すなわち今の渤海・黄海と東海（東シナ海）を含む海域である。もし「東アジア海」と地中海を比較するなら、両者間の差異は明らかである。以下にそれを示す。

「東アジア海」の面積は地中海東部にほぼ相応しており、対岸との距離も大差ない。だが、地中海は大陸の間に閉ざされた内海であり、一方、「東アジア海」は太平洋と繋がっており、その東端は朝鮮半島や日本列島などの島の連なりだけである。「東アジア海」は潮汐・嵐・海流の影響が大きく、毎年必ず台風が来襲するが、それに対し地中海はより小さく、台風も無い。機械動力による船舶の無い時代においても、地中海で航海中の事故が発生する可能性は低く、その上、必ず対岸に到着できた。一方、「東アジア海」での航海には大きな危険が伴っており、一旦航海路より外れてしまうとどうなるか分からなかった。さらに重要なのは、地中海周辺の文明は綺羅星のごとく煌めきあい、交流であれ闘争であっても、豊かな内容があり、好敵手もあり得たのである。だが一方、「東アジア海」の周囲は差が大きく、中国大陸以外の文明では中国に対抗しえず、しかも、早くに同じ体系秩序の中に入ってしまった。古代中国が以上のことより作り上げた海洋観は、自ずと地中海周辺民族のそれと大きく異なり、朝鮮・日本の海洋観ともかけ離れたのである。

【訳注】

本文で使用する「東アジア海」は、原文では「東海」とする。中国語で「東海」は、一般に日本語の「東シナ海」にあたるが、葛氏のいう「東海」は、本文中で定義されているように、渤海・黄海・東海（東シナ海）を合わせたものである。本書がテーマとする「東アジア海」は、より厳密には渤海・黄海・東シナ海に日本海を加えたものを想定しているが、本稿では便宜上、「東アジア海」と訳した。

东海与地中海作用的比较——为什么古代中国缺少像海外扩展的动力

葛　剑雄

中国古代并不缺乏航海记录，如春秋时的吴、越都曾由海路北上；秦始皇时曾有徐福率千余人移殖海外；成书于公元初的《汉书·地理志》详细记载了由汉朝通向东南亚、南亚的海上交通。当时总的来说，古代中国从未进行过有一定规模的香海外的扩张。中原王朝的疆域一度扩张到朝鲜半岛的北半部，但并非完全依赖海路，主要还是由大陆延伸。但从公元五世纪后，除了唐朝有过短时间的征服外，一般情况下都朝鲜当成藩属国，连元朝也没有例外。对越南也是如此，自西汉中期在今越南设置三个郡后，总的趋势也是逐渐退缩。而自公元一〇世纪越南独立之后，除了明初的二一年外，双方始终保持着宗主与藩属国的关系。明初的郑和航海虽然持续了七次，并且远达西亚、东非，但并没有为明朝增加一寸国土。真正通过武力扩张的只有元朝忽必烈对日本和瓜哇的进攻，可以看作游牧民族入主中原而产生的例外。

当然，在局部地区以及明朝中期以后，如一五世纪后的福建和广东，即使在受到官方严格控制的条件下，民间乃顽强地向外扩展，包括进行对外贸易和向海外移民。但从总体上说，中国自古以来基本没有向海外扩展，也缺乏这样做的动力。

就全国范围来说，直到近代以前，中国大陆的土地和资源还能够供养它的全部人口。加上长期形成的中国中心的天下观念，更使中国人深信本国是天下最富裕文明的地方，海外诸族诸国不过是未经开化的蛮夷。『天朝无所不有，无需仰赖外人』，根本没有对外贸易的需要，实际存在的对外贸易只能以『朝贡』与『回赐』的名义进行。所以在大多数情况下，政府禁止百姓外迁。即使是在比较开放的时代，也只是容许外国人来华贸易或侨居，却不鼓励国人参与。

造成这种结果的条件之一，是中国面临的海洋的特殊性。

由于中国南方的开发晚于北方，对古代中国起主要作用的是『东海』，即包括今渤海、黄海和东海的海域。如果将『东海』与地中海相比，两者间的差异就很明显：

东海的面积与地中海的东部大致相仿，距离也相差不大。但地中海是封闭于大陆间的内海，而东海是与太平洋相连的，其东缘只有朝鲜半岛、日本列岛等岛链。东海受潮汐、风暴、洋流的影响很大，每年都会受到台风的袭击，地中海则相对较小，没有台风。在没有机器动力船舶时，在地中海的航行失事的可能性小，并且总能到达彼岸；而在东海的航行则有很大风险，一旦偏离航线就不知所终。更重要的是，地中海周围的文明如群星灿烂，交相辉映，无论是交流还是争斗，都可以有丰富的内容和相称的对手；而东海周围却相差悬殊，中国大陆以外的文明无法与之抗衡，并且很早就被纳入同一体系。古代中国由此而形成的海洋观，自然与地中海周边民族的海洋观大不相同，也与朝鲜、日本人的海洋观迥异。

凡例：翻訳原稿において、訳者注は〔　〕で示した。

目次

Ⅳ　東アジア海文明と水利技術　351

I　東アジア海文明と環境への認識

ジャンク船：中国江蘇省高郵段鎮国寺周辺
(2006年久慈大介撮影)

東アジア海文明と環境への認識

鶴間和幸

はじめに――二つの巨大地震

二〇〇八年五月十二日マグニチュード八・〇の大地震が四川省を襲った。一九九五年一月十七日の阪神淡路地震の三二倍のエネルギーであり、その揺れのすさまじさは想像を絶し、死者は六九〇〇〇人となった。学習院大学では直後の七月二三日に中国四川大地震チャリティ「四川大地震と四川文明―未来のための歴史と現在」を開催した。この地震では四川省の都市が大きな被害に遭った。現地の考古学者は文化財の破損状況の調査と、地震博物館の設立の準備に即座に動き始めた。筆者はかつて四川文明展を日本で開催したこともあり、現地に何らかの支援を行いたいという気持ちからチャリティを開催した。そのときは三年後に同じ会場で、「東日本大震災の犠牲者を慰霊し、被災者を支援するチャリティコンサート」を開くことなど思いも寄らなかった。

日本では四川地震と名付けられた地震の震源地は四川省アバ・チベット族自治州汶川《びんせん》県付近にあり、中国では汶川地震と命名された。四川地震というのは日本地震というのに等しいから当然の命名であろう。ここからの揺れが都江《とこう》堰《えん》市から東北の青川県附近まで三〇〇キロにわたって幅四〇キロの断層を大きく動かした。四川省の地図にこの断層の位置を記入し、古代の史跡の分布を重ね合わせて見ると、この龍門山断層こそが四川の豊かな文明を生み出していた不思議さに気づいた。過去の地震によって形成された活断層の高低差は、諸河川が平原に一気に注ぐ地勢を生み出した。ここに古代中国の人間の知恵によって河川をコントロールする治水灌漑の施設が設けられた。世界遺産にも登録されている都江堰のことである。断層帯は地震や水害を起こす一方で、その自然の危険のなかに都市を築いた人びとにとっては文明の豊かさを享受するものであった。

　四川省の面積は一九九七年に重慶直轄市が除かれたが、四八・五万平方キロメートルと日本の面積よりも若干広い。人口は八〇〇〇万、内陸に日本のような国がすっぽりと入っていると考えてよい。日本が海に囲まれた海域国家であれば、四川は山岳に囲まれた内陸国家のようなものである。内陸国家といっても閉ざされた世界ではない。衛星画像を見ても四川盆地は私たちのイメージの盆地をはるかに超えた広大な平原（四川平原）である。中国一の大河に注ぐ四つの支流の河川が平原をゆったりと流れる。四川の名称の一つの由来である。岷江《びんこう》・沱江《たこう》・陪江《ふうこう》・嘉陵江《かりょうこう》の四つの大河はいずれも龍門山断層から四川盆地に流れ込んでいる。その水と豊かな土壌が森林を育て、水田を生み出す。そのような自然と人間の営みが四川文明というものを生み出した。

　二〇一一年三月十一日マグニチュード九・〇の東日本大震災が突如として襲った。この巨大地震の特徴は海溝型の地震であり、一〇～二〇メートルの巨大津波が甚大な被害をもたらした。死者一五〇〇〇人あまり、行方不明者七九〇〇人あまり、この衝撃によってあらためて東アジアの海の自然環境を見直さざるを得なかった。津波に備えるためには海上には防波堤、岸壁には防潮堤が築かれていたが、このときの巨大津波に耐えられなかった。海の自然災害は、もちろんはじめての体験ではなかった。私たちは過去の歴史を掘り起こせば、繰り返し体験してきたことが思い起こされる。その災害の歴史は文字と大地に刻み込まれてきた。三陸地方ではすでに一八九六年の明治三陸地震、一九三三年の昭和三陸沖地震で大きな津波の被害を体験していた。わずか一世紀前の災害ですら人間の記憶は薄らいでしまう。今回の体験は、さらに八六九年に起こった貞観《じょうがん》地震の津波被害の過去の記憶さえよみがえらせる必要に迫られた。さらに約二〇〇〇年前にも超巨大地震が起こっていたという。このときは日本列島にはまだ文字の記録はなく、地層に残された痕跡を丹念に掘り起こすほかはない。

私たちが「東アジア海文明の歴史と環境」のプロジェクトを立ち上げたのは二〇〇五年、そのときから東アジアの海の海底図にたえず注目していた。(1) 私たちが一般に見慣れている地図には中国大陸と日本列島との間に海があり、そこには海の名称が記されているだけである。しかし東アジアの海底の地勢を見ると、日本列島をはさんで西の大陸棚は浅い海であり、東は深い海溝が走っていることに気づく。日本列島はユーラシア大陸と海で隔てられているというよりも、ユーラシア大陸の最末端に位置しているという認識をもつ必要を感じた。日本列島の西部分はユーラシアプレート、東部分は北米大陸プレートの上に位置し、両プレートのぞれぞれに沈み込んでいるのが太平洋プレートとフィリピン海プレートである。その沈み込み部分が日本海溝、相模トラフ、南海トラフとなる。このようなプレートテクトニクスの考え方が出現してきたのは一九六〇年代末になってからのことであり、その研究の歴史は浅い。そのこともあり、私たちの海の認識は依然として列島を海が囲繞《いじょう》する孤島のようなものにとどまっており、海域の地勢までもが陸域の自然や生活や歴史と深く関わっていることをしっかりと受け止めてこなかった。

二〇一一年三月の東日本の海溝型地震は今の私たちには新たな体験であり、新たな海域文明の見方を提起する絶好の機会である。遠く離れた四川の内陸型地震と東日本の海溝型地震との間にも共通性がある。四川省も日本列島も同じユーラシアプレート上に位置し、しかもプレートの境界に位置するために地震が多い。中国にも二三もの地震帯があり、とくに西部地区に多い。(2) 四川省の西部ではインド・オーストラリアプレートが南から押し上げて世界最高峰のヒマラヤ山脈やチベット高原を形成し、そこから中国文明の源である黄河と長江が東方に流れ出ている。四川平原を潤す河川も長江の支流である。一方の海洋性プレートがユーラシアプレートの下に沈み込むことによって形成された日本列島には豊かな森林と水と海の資源を生み出した。私たちが地球の自然の大きな運動のなかで生きてきたことを思い起こせば、大地の地質の運動と文明の恩恵とは表裏一体のものであり、災害と文明とは切り離すことができないことを認識する。未曽有とか想定外の災害というのは、私たちの時間のサイクルがせいぜい五〇年、一〇〇年という短期的なものの見方からの誤解であろう。一〇〇〇年のサイクルに拡大して見れば、自然の営みは繰り返し起こっていることに気づくし、一万年まで広げてみれば、もう歴史時代をはるかに超えてしまい、文字による歴史の記憶も残されていないことがわかる。

一、東アジア海の歴史と環境

日本学術振興会アジア研究教育拠点事業「東アジア海文明の歴史と環境」は二〇〇五年十一月に開始し、二〇〇九年三月に終了した。『黄河下流域の歴史と環境　東アジア海文明への道』(東方書店、二〇〇七年)は開始時の成果であり、『東アジア海をめぐる交流の歴史的展開』(東方書店、二〇一〇年)は日韓の研究者による成果である。本書はそれに続く日中の研究者による最終成果である。学習院大学と交流協定のある中国上海の復旦大学歴史地理研究中心、韓国大邱の慶北大学校師範大学歴史教育学科が相互に基金を運用しながら、東アジア海という共有する海域世界の文明を共同研究によって明らかにしてきた。

東アジアの海域において日中韓の政治的摩擦が顕著になりつつある現在、日本海(韓国は東海《トンヘ》)、渤海(遼東半島最南端老鉄口と蓬莱岬を結ぶラインから西の内海、最大水深約八六メートル、平均水深十八メートルの浅い海)、黄海(渤海の外側、南は長江河口と朝鮮半島西南済州島を結んだラインまでの海、中国古代には東海と呼ばれ、黄海と呼ばれたのは清朝の時代からであり、最大水深一四〇メートル、平均水位四四メートル）、東シナ海（中国では東海《トンハイ》。シナということばを使用せずに東中国海とした方がよいが、本文では通称にならった。北は長江河口と韓国の済州島《チェジュド》を結んだ線から、南は台湾海峡、南西諸島までの海域、最大水深二九四〇メートル、平均水位三七〇メートル）を分断することのできない一つの海として東アジア海と命名し、海の文明を共有していく意識を持っていくことで、相互の理解に役立てることを期待した[3]。鑑真丸という日中国際フェリーに乗って神戸を出港し、まる二日間をかけて上海に行ったことがある。日本の地図でいえば東シナ海を渡ったことになる。しかし東アジア各国の地図を開いてみると、この海の名称が少しずつ異なっていることに気づく。中国ではこの東シナ海を東海《トンハイ》といい、大韓民国や朝鮮民主主義人民共和国では東中国海《トンチュングクヘ》といい、東海《トンヘ》といえば日本海のことを指す。渤海《ボーハイ》《パレ》と黄海《ホアンハイ》《ファンヘ》だけは共通の名称である。

台湾から南西諸島を経て日本列島、そして樺太へと弓なりに続くラインはユーラシア大陸との間で大きな内海を形成している。これはプレートによって作り出されたものであり、ヨーロッパの地中海に匹敵するものである。ヨーロッパの地中海がかつて古代ローマ帝国の支配下に入ったことでマレ・インテルヌム、すなわち内海の意味のラテン語で共通に呼ばれたのに対して、東アジアのこの内海には共通名称がない。私たちはこれを東アジア海と呼び、そこを舞台とした文明と歴史を振り返っていくことをめざしてきた。国境の海ではなく、交流の場としての海域に視点を移していくべきであると考えた。

東アジアの海はこれまでもいろいろな名称が提唱され、「東アジア地中海」[4]「東アジア内海」[5]などと呼ばれてきた。さらに中国の沿海である渤海、黄海、東海を総称して中国では東中国海といい、日本では環シナ海ということもある。私たちは東アジア海、中国語では東亜海《トンヤーハイ》、韓国語・朝鮮語で東《トン》アシア海《ヘ》と呼ぶことにした[6]。日本人は近代を迎えてヨーロッパに目を向けた途端、この東アジア海を背にし、海をめぐる歴史を忘れてしまったかのようであった。

私たちのプロジェクトが新しい視点として取り入れたのは、東アジア海を環境史の立場から見直そうということであった。環境という視点に入れると、政治的な東アジア世界や、文化交流としての東アジア文化圏よりも、より緊密に結びついた東アジア世界が浮かび上がってくる。(7) たとえ政治権力が海に国境を引こうとも、いとも簡単に国境を無視するのが環境である。現在の東アジアが海や空の環境の一体化の時代であるから見えてきたことではあるが、前近代にもさかのぼらせることができる。現在、人文科学者よりも自然科学者の方がずっと柔軟な思考をしている。黄砂は中国から朝鮮半島や日本列島に国境を越えて降り注ぎ、ユーラシア大陸と日本列島の間の大陸棚の無限の資源も領海とは無関係に広がっている。

近年の東アジア海では海をめぐる大きな政治的な摩擦が顕在化してきた。排他的経済水域ＥＥＺによって沿岸から二〇〇海里（約三七〇キロメートル）の領海を主張すると、日中間はＥＥＺが重なる部分では日本はその中間線を境界として主張し、中国は大陸棚が続く沖縄トラフ（海底溝）までを領海と主張する。ＥＥＺが国際海洋法条約で認められたのは、一九八二年のことである。海産資源ばかりか将来の海底資源の開発をめぐって双方の主張が異なる。竹島（独島）や尖閣諸島（釣魚島）など東アジア海に浮かぶ島嶼の領有をめぐって食い違う。これらは日本と韓国、日本と中国の間の外交問題となっている。さらに韓国と中国、韓国と北朝鮮の間でも外交問題となっている。黄海は朝鮮半島では西海といい、北朝鮮と韓国との間でも海の境界が異なっていることからの軍事的な摩擦が起こっている。韓国は黄海上の南北軍事境界線として北方限界線ＮＬＬを設定しているが、北朝鮮はこれを認めない。韓国と中国の間の海にもＥＥＺの了解は得られていない。軍事的摩擦を起こしているのは政治面であり、政治はきわめて自己中心的、自国の利害を主張し、相手の立場を考えることはない。双方の立場を尊重し、平和を維持することが、実は自国の利害に通じるという器量の大きさがなければ危険であり、自国の主張を通せば、戦争にも進みかねない。

東海大学海洋科学博物館（静岡県静岡市清水区三保）は水深二四五〇メートルにもなる日本一深い湾である駿河トラフに近い三保にある。トラフとは細長い溝状の海底地形をいい、六〇〇〇メートルを超えると海溝という。駿河トラフはユーラシアプレートとフィリピン海プレート（環太平洋地震帯）の接点にあり、巨大地震発生地とされる。この博物館では東海大学海洋学部の海洋研究の成果を集めて展示している。展示は水族館、メクアリウム（魚類の動きを機械で再現する）、マリンサイエンスホールの三部に別れている。

マリンサイエンスホールでは「海のすがた」「海をしらべる」「海をひらく」のコーナーがあり、東アジア海文明の環境を考えるときに必要な海の科学的知識を得ることができる。直径一メートルの地球儀の下に六六〇ミリリットルの水の入ったカップが置いてあり、海が大きく見えても地球の体積の七九三分の一にすぎないことが実感できる。海洋によって大陸や島嶼が隔てられ、海洋によって海底の複雑な地形は覆い隠されている。陸域の人間の営みと歴史が海洋とどのように密接な関係であったのかを文明史的に考えていく必要がある。

水面が穏やかでも海中では内部波という波があることを模型が示してくれる。水温や塩分度の異なる海水が層を作り、潮の満ち引きや気圧、風向きの急な変化があると層の境界で内部波が起こる。私たちが海の環境を見る場合、水深をまず把握し、水面上層の流れだけでなく、こうした中層、下層の水の流れ、温度、塩分濃度などを見ることが必要である。海と光の関係で海の色が決まることも重要である。太陽の光は海中に入ると急速に吸収され、赤の吸収がもっとも浅く、黄、青と続く。黄は水深五〇メートル、青は水深四〇〇メートルになって吸収され、青が吸収される深海は暗黒の海となる。中国の黄海は平均水深五〇メートルほどであり、黄河の泥土の流入が黄色の海といわれる原因であっても、海の水深が五〇メートルという浅さがもう一つの原因であることがわかる。五〇メートルを超えると黄色は吸収されてしまう。

日本列島の海岸は遠浅の砂浜海岸、切り立った岩石海岸、入り江の多いリアス式海岸、サンゴ礁海岸に分類される。港湾の立地条件を考えるときに必要な知識である。海底地形図では、太平洋側と違い、大陸棚の東シナ海が平坦であることにあらためて気づく。東アジア海は浅く、太平洋は深い。海域の油田開発は水深によって方法が異なり、海の地勢の違いを逆に知ることができる。もっとも深い二〇〇〇メートル以上では深海掘削船を用い、九〇メートル以下の浅海ではコンクリートで足を固定するグラビティ・プラットフォームや、足を引き上げて移動できるジャッキアップ・リグ、三〇〇メートル以上では浮きにワイヤーロープを垂らすテンションレグ・プラットフォームとなる。海底は鉱物資源の宝庫であり、浅海では砂鉄・チタン・ダイヤモンド・石炭・石油、深海ではマンガン団塊・コバルトクラストなどがある。近年話題になっているメタンハイドレート（約一〇〇万年前に堆積物のなかに生成された有機物のメタン、海底の高圧と低温で氷の結晶に取り込まれシャーベット状に固まった燃える水）という資源については、展示にはまだ反映されていなかった。

私たちは海の文明をテーマに活動し、実際に東アジア海をめぐる地域を実感しながら文明像を構築していく作業を行ってきた。沖縄本島で見たコバルトブルーの海、上海北部の長江河口に浮かぶ崇明島《すうめいとう》で見た黄濁した水域、朝鮮半島東の蔚山《ウルサン》で見た濃紺の海、それぞれ独特の海の色合いをもっていた。海の色を表現するのに、ただ青い海というだけでは不十分であり、海の深さ、成分、海岸の地形によって海の色は様々に異なることを知らなければならない。観念で作り上げてしまった私たちの東アジア世界像を、いったん崩しながら、海を実感しながら再構築していく作業が私たちのプロジェクトの目的でもあった。

ヨーロッパの地中海にもアドリア海・ティレニア海・リグリア海・イオニア海・エーゲ海・クレタ海といった海の名称があるが、ローマ人が「我らの海」とか「内海」と称してから地中海という共通名称がある。ところが東アジアの海には一体性はない。それぞれの地域の人々がそれぞれの名称をもって現在にいたっている。私たちはこれらの海を地中海と同じように、東アジア海と名付けた。中国大陸、朝鮮半島、日本列島に囲まれている海が、交流の海域であったことは忘れ去られてきた。その大きな原因は、中国が内陸地域を基盤に帝国を作り続けてきたことにある。中国の東の海岸線は一万八〇〇〇キロメートルにもにも及ぶ。渤海・黄海・東海・南海は中国の四つの海であり、総称して中国海といっている。中国文明の歴史は、西方にばかり目を向け、大河の注ぐ東方の海への関心は高くなかった。東アジア海は三七六万平方キロメートル、地中海の面積二五〇万平方キロメートルよりも広い。

ヨーロッパにおける地中海の果たした役割は重要である。古代ローマ、ルネサンスの時代、地中海沿岸の都市は海に向かって活発に交易を行ってきた。古代にはローマ・ネアポリス・マッシリア・カルタゴ・キレネ・アレクサンドリア、中世にはヴェネチア・ジェノヴァ・ピサ・ラヴェンナなどの都市が栄えた。二〇〇六年にはヴェネチアとジェノヴァを訪れ、地中海を実見した。そのような地中海に相当する海が東アジアにもある。マルコ・ポーロ（一二五四～一三二四年）は、一二七一年ヴェネチアを出発して中央アジアを経て一二七五年に大都（北京）に行き、一二九〇年泉州の港から海路帰国した。泉州はザイトゥンと呼ばれ、そこは世界最大の海港の一つであった。マルコはそこで中国の青磁を見てその美しさに驚いている。一九七四年、福建省の泉州湾で海底から沈没船が引き上げられた。一二七一年に泉州の港に沈没したものであるので、マルコ・ポーロがこの港に来たときにはすでに沈んでいたことになる。マルコが見た船のことが、『世界の記述』（東方見聞録）に記述されている。両者は船室が十三の隔壁で区切られるなどまったく同じものである。マルコ・ポーロのおかげで遠く離れた地中海と東アジアの海が近く感ずる。

私たちはこれまで東アジア海の環境をほとんど政治的なものとして歴史的にとらえてきた。たとえば日本の遣唐使の航路が、七世紀の北路から八世紀の南路に移ったのは、対新羅関係の悪化にあったといわれている。しかし、果たしてそういう解釈だけにとどまってよいのであろうか。私たちは、東アジア海沿岸だけでなく、中国から黄河長江下流域の大平原すなわち東方大平原の内陸をも取り込み、朝鮮半島、日本列島とあわせた歴史と環境をとらえようと考えている。黄河が渤海湾に注ぐ時期と黄海に注ぐ時期とでは東アジア海の環境がどのように変わったのか、渤海という海が浅い海であり、複雑な海流がどのように航海に影響を与えたのか、東アジア海に面する海港の立地条件は何であったのか、その海岸線の歴史的な変遷が海港にどのような影響を与えたのか、さらには黄土高原における森林の現象が黄河の流れにどのような影響を与え、それが海の環境と資源にどのような影響を与えたのか、東アジア海をめぐる津波、台風、旱魃といった災害、もちろん黄河、長江の洪水も含まれるが、東アジア諸国の記録にどのように現れているのか。いまこそこうした研究を進めていく必要がある。

東アジア海には黄河（全長五四六四キロメートル）と長江（全長六三〇〇メートル）に象徴されるような大陸の大河が海に注ぎ、大陸棚の海の資源と環境に大きな影響を与えているのは、ヨーロッパの地中海との大きな違いである。黄河と長江の河口の海底には、古黄河と古長江の海底三角洲や現長江の海底三角洲が広がり、東海大陸棚を形成する。地中海ではナイル川（全長六六五〇メートル）の大河が東南隅に注ぐものの、ほかにはイベリア半島にエブロ川、イタリア半島にポー川などの中河川が見られるだけである。『フェリペ二世時代における地中海と地中海世界』を執筆したフェルナン・ブローデル（一九〇二〜一九八五年）は、内海の地中海は海の生き残りのような古い海であり、浅い大陸棚が存在しないために資源は豊かでないという。[8]魚の種類は多いが、量はけっして多くないので、資源を枯渇させない漁業が行われてきたという。一方の東アジア海には大河が浅い海に流れ、大河が作り上げた陸の大平原が海に連結している。黄土高原に見られる森林の伐採による環境の変遷は、黄河の水量の増減や洪水にも影響を与え、黄河が洪水を起こせば、東方大平原で龍のごとく大きく流れを変える。黄河と長江の下流域の連続した平原を私たちは東方大平原と命名し、東方大平原も東アジア海の歴史と環境に大きな関わりがあることを主張してきた。[9]

遣唐使船が大陸に渡航したときに、まず長江河口の揚州の海港に到着した。唐代の長江河口では現在の崇明島は形成されておらず、揚州は海に開けた海港であった。揚州からは東方大平原に形成された運河網を通じて北上することができた。そのことの意味はこれまで十分に考察されてこなかった。私たちは東アジア海の歴史と環境のテーマに、黄河下流の歴代の流道の変遷も視野に入れ、調査を行ってきた。黄河下流は東方大平原では山東丘陵をはさんで、南北に大きく河道を移動してきた。北流の時代には渤海湾に注ぎ、十二世紀南宋以降の南流の時代には黄海に注いだ。というよりも黄河南流の結果、黄色い海に変色し、黄海と呼ばれるようになったといえる。黄河と長江だけでも、毎年それぞれ十二億トン、五億トンの淡水と泥を海に流し続けてきた。そのことが海水の温度と水産資源にどのような影響を与えるのか、また過去にさかのぼって、海港の形成にどのように関わっていたのか、十分明らかにはなっていなかった。黄河河口や長江河口では大量の淡水が海に注ぐが、淡水と海水とがすぐに和合するのではなく、比重の重い海水の表層に上滑りに流れ込む。黄河河口の渤海湾の塩分濃度は二・六〜二・七パーセントと低くなっている。(10) 渤海の平均塩分濃度は三パーセント、黄海は三・二パーセント、東海（東シナ海）は三・四パーセントと開けた海域ほど濃度が増している。

東アジア海の歴史と環境を考えるときに、海辺の港と海洋だけを取り出すわけにはいかない。中国大陸の大河川は内陸の高原から流れて東アジア海に注ぐことによって、海洋の環境は内陸の高原の森林の環境と密接な関係をもつことになる。森林資源が失われた内陸の自然環境に大量の降雨があると、地下水として貯水されずに河川に大量の水と土砂が注ぎ、沿海の平原では大洪水を引き起こす。一九九八年の長江の大洪水を見れば明らかである。内陸の高原と黄河・長江下流平原と東アジア海洋の環境は一体であるといえる。

黄土高原と黄河・長江の中下流大平原と渤海・黄海域、長江以南の高原と東海・南海域の結びつきは、地図を見ても明らかである。渤海・黄海の海域には広大な平原が連なっているのに対して、東海・南海の海域には、沿海に帯状の狭い平原があるだけである。北の広大な平原は海域の延長であり、そこには運河が巡らされ、平原があたかも内陸の海のように船舶によって大量の物資が運ばれた。古都長安も一見内陸の都市のようであるが、東方の平原とは漢代以来漕渠という運河によってつながっていた。中国統一王朝の歴代の都である長安、洛陽、開封、北京には、運河の船によって豊富な生活物資が集められ、百万規模の都市が維持されてきたのである。

一方の東海・南海域にはそのような大きな平原がなく、沿海に居住する人々が海に出ていかなければならなかった。

福建や広東・広西の海港から多くの人々が華僑として海外に出て行った。しかしたとえば福建では陶磁器や茶業が発達し、交易港の福州や泉州の海港が世界にも知られていたことを忘れてはならない。一〇〇〇メートル以上の高原が九割も占め、海岸に港を発達させた環境は、日本列島と変わるところがない。現地を歩くと自然資源に恵まれた福建の豊かさを実感した。豊富な森林資源と上質の土壌、そして河川の交通網が世界に名だたる建州窯の天目茶碗と武夷山の岩茶を生み出した。私たちのプロジェクトでは二〇〇九年に「東アジアの海とシルクロードの拠点　福建」という展覧を学習院大学、明治大学で同時開催し、愛知県陶磁資料館、仏教大学宗教文化ミュージアム、山口県立萩美術館・浦上記念館を巡回した(11)。

二、東アジア海を回る

プロジェクトの期間中、東アジア海の各地を訪ねたので、そのときの調査メモから抜粋してみたい。二〇〇六年八月の日本海調査では青森の三内丸山遺跡を訪れた。ここでの関心は、海に面した縄文時代の集落遺跡がどのようなものであったのかという点にあった。今から五五〇〇〜四〇〇〇年前の一五〇〇年間、ここに大規模な集落があった。ゴミ捨て場であった谷の泥炭層は水分が多く、酸性度の高い土壌では残されない魚の骨などが残り、漆器なども出土した。ヒスイ、コハク、黒曜石の出土は、ここが海を通して対外的な交流があったことを物語っている。縄文時代という先入観でみるべきではない。三内丸山の集落が誕生する前に、日本海沿岸の気候は大きく変化していた。いまから二万年前の氷河期には海面が現在より一〇〇メートルも低かったので、浅い海の対馬海峡もいまより狭く、日本海への暖流の流入は遮られていた。そのためにこの地も寒冷で乾燥した気候であり、針葉樹が茂っていた。寒冷であっても冬の大雪もなく乾燥していた。気候が暖かくなると海面が上昇し、対馬海流が日本海に流入し、日本海側に豪雪が降り始めた。寒冷で雪の多い環境で育つブナ林の森が広がっていったのは、縄文時代早期のことである。落葉広葉樹のブナの森の生産力が縄文文化を生んだともいわれている。三内の人々は海産物を豊富に食糧としていた。ウミタナゴ・スズキ・サケ・ヒラメ・フグ・アイナメ・タコ・イカ・マダイ・タイ・マダラ・ソイ・ニシン・ブリのほか、アカニシ・イガイ・アワビなどの海の貝、シジミなどである。

青森県の十三湊《とさみなと》は岩木川の河口の十三湖と呼ばれる潟湖（ラグーン）の砂州の上にある十三世紀初から十五世紀中頃の日本中世の港湾都市である。十三（とさ）の語源はアイヌ語のト・サム（湖沼のほとり）か戸狭（入り口の狭い湊）にあるという。西の博多と並ぶ日本海交易の拠点であった。安藤氏がここを支配し、北海道南部の道南十二館との間で海虎（ラッコ）の皮、昆布などを交易した。十三世紀の大陸ではモンゴルが南宋、高麗を侵略し、元を建国、十四世紀後半になると明が建国され、朝鮮半島では十四世紀末に高麗から李氏朝鮮に交替した。市浦歴史民俗資料館には十三湊遺跡で出土したものを展示してある。韓国新安沖で沈没した外洋船の模型も展示してあった。中国製の天目茶碗、高麗青磁なども出土している。中国製陶磁器（青磁・白磁・青白磁）や、高麗青磁はどのようなルートで輸入されたのか。十二世紀後半～十三世紀初頭のものは少なく、十三世紀後半以降のものが多く、とりわけ十四世紀後半に急増し、十五世紀前半まで続いた。

弘前から青森に戻り、青函トンネルから北海道に移動した。函館市立博物館を見学し、おもに志海苔《しのり》遺跡出土の古銭の展示に目を奪われた。一九六八年、函館市志海苔町の漁港付近で、三つの大カメに詰められた古銭が三七万四四三五枚も出土した。中国の銅銭に日本の銅銭も含むが、九割が北宋銭であった。前漢の四銖半両銭、五銖銭、王莽の貨銭も含まれ、金や西夏のものもあった。もっとも新しいものは洪武通宝（一三六八年）であった。カメは福井の越前古窯、石川の珠洲《すず》産であった。志海苔の昆布を京都・大阪方面に出荷したことによる利益銭であったという。十五世紀の日本は、大量の北宋銭の世界に浸っていたことに驚かされる。近年福井でも一〇数万枚の銅銭が瓶に入って発見されていた。

二〇〇七年八月初め、第二回目の日本海調査を行い、渤海国との交流地でもある加賀能登地方を回った。渤海は七世紀末に中国東北地方、ロシア極東、朝鮮半島北部に建国された。渤海の海に由来する国名をもつ。日本とは密接に外交関係をもった。とくに加賀能登地方は重要な渡来地であり、帰国時の出港地となっている。その加賀能登地方は製陶、製鉄、製塩などの産業でも古来重要であった。陶器を窯で焼き、陶器の鋳型で鉄を鋳造し、鋳造した鉄釜で海水を煮沸して製塩し、そして海域の交通によって交易した。そのような海域地方の経済のしくみを現地を訪ねながら学ぶことができた。能登中居鋳物館の入り口では明治時代に鋳造された煮塩用の浅い鉄釜を見た。直径一六四センチメートル、深さ二一センチメートルと大きい。このような浅釜は十八世紀末から作られたという。

大陸と日本列島の距離は近い。二〇〇六年五月、宗像大社の三宮の一つで玄界灘の沖ノ島にある沖津宮を訪れた。沖ノ島は五月の大祭のときに一般の参拝者を募る。沖ノ島は対馬と壱岐に近く、朝鮮半島南端の釜山からは一四五キロメートル離れている。釜山から高速フェリーで対馬海峡（朝鮮海峡）を渡ると、右手に対馬、壱岐、左手に沖ノ島が見える。日本列島から朝鮮半島に渡る航路に位置し、航海上の目印でもあり、航海の守護神として田心姫《たごりひめ》神が祀られている。一九五四年以来三回にわたる沖ノ島学術調査団によって約十二万点の文物が出土している。島は周囲わずか四キロで、地図上でも米粒のような大きさである。大祭というのは日露戦争の日本海海戦の勝利を祝って始められたものであり、古式ゆかしいものではない。島には宮司一人が交替で勤め、一般の者は立ち入り禁止となっている。四世紀後半から一〇世紀初頭まで、大和政権の国家祭祀は大陸との関係を反映しながら移りゆく。祭祀では国産品とならべて大陸産の品々が奉納された。漢式鏡・金銅製龍頭（六世紀中葉東魏）・唐三彩長頸瓶（口沿部のみ）は中国産、黄金製指輪・杏葉《きようよう》・歩揺《ほよう》付雲珠《うず》は新羅産、カットグラス（破片のみ出土）は西域ペルシャ産である。海の正倉院といわれる所以である。これらは宗像大社神宝館にすべて展示されている。

静岡県伊豆市矢木沢ではスキューバダイビングを体験し、潜水の難しさを知った。人間が水中に素潜りする場合には、空気をそのまま肺の中に閉じこめているので、水圧が増しても肺が小さくなるだけで問題はない。ところが圧縮された空気を水圧が増していく水中で吸入していくには、訓練が必要である。潜水者にかかる気圧は大気圧一気圧に水圧が加わった絶対気圧となる。一〇メートルの水圧が大気圧一気圧に相当するので、一〇メートル潜れば絶対気圧は二気圧、二〇メートルで三気圧となる。中国大陸の沿岸は大陸棚で浅く、二〇メートルも潜れば海底となる。気圧が高くなれば、人間の身体のなかの空隙（肺・副鼻腔・鼻腔・中耳とマスク）が圧縮されるので、たえずバルサルバ法（鼻と口を閉じて鼻から息を吐こうとする耳抜き）で中耳の圧平衡（スクィーズ squeeze）をとりながら潜水していく。空気中では窒素はそのまま放出するが、水中では体内に吸収される。水中から急浮上すると血液中に水泡となって残存して減圧症になるので、減圧停止をしなければならない。浮上スピードは一分間に九メートルを確保し、安全のために水深五メートルで三分ほど停止する。また水中ではけっして息を止めてはならず、たえず呼吸しなければならない。息を止めて浮上すると肺が膨張して破裂し、血管に空気が入り、脳への循環を阻害する危険がある。水中を遊泳するのは難しく、浮力をコントロールする技術を習得しなければならない。身に付けるウエイトの量、ＢＣ（浮力調整装置）の中の空気の量、肺の中の空気の量に左右される。浅い呼吸では浮力は少なく、深い呼吸によって浮力は増す。ＢＣは浮上中にも膨張する。急浮上を避けるには空気を抜きながら浮上しなければならない。私たち人間にとって海中がいかに陸上の環境と異なる世界であるかということを実感した。

二〇〇七年八月煙台からフェリーで大連に渡った。八九海里、一六五キロメートルで三時間を要した。出港前は一時的な大雨、航海中は曇り一時雨、波は穏やかで揺れは少なかった。越前クラゲが波間に見られた。黄海で発生し日本海へ移動したという。遼東半島は海上から見ると島嶼のように見える。山東半島の蓬莱と遼東を結ぶ線よりも東の航路であるから、黄海を南北に渡ったことになる。また中国山東の煙台まで韓国の仁川からフェリーで渡った。煙台市博物館では大きな青銅製の煮塩盤が壁に立てかけてあるのを見つけた。直径一一七センチメートル、深さ九・五センチメートルの大きさである。このような大きな盤の青銅器は見たことがなかった。蓬莱市の農民が持ち込んだものらしい。漢代には鉄製の煮塩容器があるのは文献でも知られているが、実物でしかも青銅製のものを見るのははじめてである。江戸明治期の鉄釜と酷似した形に驚かされた。裏底に四箇所、竈《かまど》に固定する突起がついていた。発見された場所は海にも近く、漢代の塩官や鉄官が置かれた場所にも近い。

海水の塩分濃度は平均三パーセント、海辺の人々はそれを二〇パーセントほどにまで濃くする智恵を持っていた。その後に蒸発させやすい扁平な鍋でじっくり煮込んで塩を結晶化させた。能登の珠洲では揚げ浜式の製塩が無形文化財になっている。海水を運んで砂地に撒いて蒸発させ、かき集めた砂の上から海水を注いで濃縮した塩水を作る。これを煮詰めれば海塩ができあがる。東アジア海をはさんで沿海には、共通の製塩の伝統文化が見られた。

二〇〇六年、台湾ではＭＲＴ（Mass Rapid Transit）鉄道で淡水に向かった。台北は台湾本島（地元ではこのように呼ぶ。本島のほかに馬祖島、金門島、澎湖諸島がある）の最北端、淡江流域の平原にある。台湾海峡から南は南シナ海に入るので、ここは東シナ海の最南端となる。東アジア海の最南端としても重要な場所といえる。淡水河の河口の方向に大陸中国が位置する。淡水紅毛城は一六二九年スペイン人によって建てられ、当初はサン・ドミンゴといった。その後オランダ人が基隆を攻めたあとアントニオ城として再建され、一八六四年からはイギリスの領事館が置かれ、一九七一年まで続いていた。淡水港は東と北は大屯山系、南は観音山系に囲まれた天然の良港として発展した。大陸に近いので、移民者の港としても重要であった。漁人嗎頭から大陸に思いをはせる。距離はわずか二〇〇キロ、東は西表島、石垣島、宮古島と日本に近い。

中国古代史を研究してきた私にとって、朝鮮半島北部は空白の地域であった。楽浪《らくろう》遺跡や高句麗古墳壁画に関心をもち続けてきたものの、現地を知らないまま時が過ぎていた。かつて中国集安で好太王碑や高句麗古墳群に接し、鴨緑江《おうりょくこう》の向こう岸に見た国は、まったくの未知の世界であった。「東アジア海文明の歴史と環境」プロジェクトでは、東アジア海という渤海、黄海、東シナ海、日本海を包摂した共有の海域を設定したにもかかわらず、朝鮮半島の北部は空白の地域であった。二〇〇六年四月の平壌《ピョンヤン》への高句麗壁画古墳・楽浪漢墓の調査はまさに東アジア海の空白部分が埋められ、環東アジア海としてつながった思いがする。

楽浪遺跡は大同江に面し、五〇キロも下れば西海（黄海）に出る。「楽浪海中に倭人有り、分かれて百余国と為る」という『漢書』地理志のよく知られたことばは、楽浪が海に向いた地であることを語っている。現在の平壌は古朝鮮の王険城、楽浪郡朝鮮県、高句麗平壌城として古代東アジアの重要な都市であった。朝鮮や楽浪という地名は洌水（大同江《テドンガン》）に由来するという。西流した大同江は平壌付近の丘陵にぶつかり大きく南に流れを変え、綾羅島《ルンラド》、羊角島《ヤンガクド》、豆老島《トウルド》などの中州を形成し西の海に注いでいく。海の潮水は平壌付近まで遡るために、現在では中間地点に堰を設けているという。河川の淡水は比重の重い海水の上をすべるように流れて南浦で海に注ぐ。楽浪の浪も朝鮮の朝（潮）も、河川と海域の境界地にある港という立地を物語っている。楽浪土城と墓葬区域は大同江の南面の低湿地が選ばれた。

おわりに

アジア研究教育拠点事業「東アジア海文明の歴史と環境」のプロジェクトは四年半の期間を終えた。当初は、東アジア海文明を中国や韓国の研究者に理解してもらうことに時間を要した。今では私たち以上に中韓の研究者の方が「東アジア海文明」に熱い想いをもつようになっている。学習院大学が立ち上げた韓国慶北大学校と中国復旦大学の研究教育拠点で目指してきたものは、経済・政治の変動にも揺れ動かず、しかしながら現在の経済と政治にも目を向けながら、東アジア学という学問の研究と教育の拠点を作りあげることであった。日中韓の共同調査、シンポジウムの開催、インターオフィスの開設、インターフェローの交換、ネットキャンパス授業の実施、多くの実績を積み重ねてきた。毎週金曜日の五時限目に立ち上げた「東アジア世界」の受講生は中国の留学生が半分を占めた。夏の集中講義の「国際文化学特殊研究」では、中国・韓国の先端の学問を大学院生に提供してきた。

プロジェクト期間中の二〇〇七年十一月に復旦大学において「東アジア海文明形成の歴史と環境」の学術研討会を開催した。歴史地理研究中心の中国側の報告に意気込みが感じられた。東海大学情報技術センター研究員の恵多谷雅弘が「古環境と遺跡調査における衛星データの役割」という報告をし、満志敏が「古河道の復元における多源データの応用」で対応する形となった。このころから日中間の共同研究の具体的な目標の一つが見えてきた。報告の個別テーマは、「考古学から見た東アジア地域の文化交流」（黄暁芬）、「黄河下流域の河北平原の地理環境」（鄒逸麟）、「東アジア海の蔚山港の地位」（禹仁秀）、「秦漢帝国と東方海域」（筆者）、「南宋以降の黄河下流の変遷と海岸への影響」（韓昭慶）、「世界化と地方化から見た仁川の開発」（李宝栄）、「近代環渤海港と北方経済の発展」（樊如森）、「古代蓬莱の都市史と東アジア地域史」（村松弘一）、「新羅の渡唐留学と黄海」（崔弘昭）、「四世紀韓半島の気候変動と碧骨堤《ピョッコルチェ》」（李相勲）と多岐にわたった。

東アジア海という共通の舞台を認識するなかで報告がなされ、相互に議論がかみ合ってきた。とくに東アジア海のなかでも渤海と黄海が交流の海であることが共通の認識になってきた。中国側から見れば、渤海も黄海も黄河が注いできた海であり、中国と密接な関わりのある海である。鄒逸麟の報告では、黄河下流域の華北大平原あるいは黄淮海平原という二五万平方キロメートルの沖積平原における自然環境の変化が概観された。黄河の洪水は北は海河、南は淮河、さらには蘇北にもおよんだという。洪水によって黄河の河道が変動し、泥沙が堆積することで平原は大きく変化した。とくに黄河の改道と湖沼の変化（数量、位置、大きさ）に注目した。湖水は黄河の地下水によって水を補給されるという。

私たちはこうした東アジア海をめぐる活発な議論を今後も東アジア海文明という枠組みで継続させていきたいと思う。現在の中国も十三億の人口のうち約五億人が沿海地域に集中している。内陸部を抱えてきた中国も中国であれば、海に向いた中国も中国であった。海に向いた中国が軽視されてきたのは、そもそもは内陸国家秦が東方六国という黄河長江下流域の平原諸国家を征服して中華帝国を建てたことにあった。沿海といういいかたでは狭すぎる。いま黄河、長江下流域のいわゆる東方大平原という広大な平原地域が、いかに朝鮮半島、日本に向いた地域であり、密接な関係をもってきたのかを歴史的にさぐる作業を進めていくべきであろう。

活動のなかでなによりも喜ばしいことは、三国の若い研究者たちの交流が着実に進んできており、ある種の連帯感が生まれてきたことである。中国で運河、海港、黄河の調査を行えば、かならず復旦大学歴史地理研究中心の若い研究者が同行し、調査を支えてくれる。本書の執筆者陣が示すとおり、復旦大学は現地とのネットワークをしっかりともっている。また日本海調査を行えば、学習院大学の鐘江宏之の日本史研究者ネットワークをもとに、三国の研究者の交流が行われた。韓国での調査では慶北大学校師範大学の先生方の支えがあった。こうした東アジア海文明の研究ネットワークはこれからも生き続けていくであろう。

二〇〇八年五月中国の胡錦涛主席が来日し、当時の福田康夫首相との間で日中共同声明が出され、「共に努力して東シナ海（東中国海）を平和・協力・友好の海とする」という外交上の確認があった。いわゆる東シナ海ガス田を共同に開発していこうという了解である。排他的経済水域ＥＥＺの二〇〇海里（三七〇キロメートル）を領海としてしまったために生じた海の国境問題、東アジア海では「平和・協力・友好の海」をキーワードにしようというものである。東アジア海では軍事的緊張を起こさず、双方向に理解しあう時代に入らなければならない。東アジア海文明の三国の共同研究の意義は大きい。海の権益を衝突させるのではなく、一つの共有する文明のなかで海の共益と共存をめざす道をさぐっていくことが緊急に求められている。

【注】

(1) 海洋図集編委会編『渤海・黄海・東海　海洋図集　水文』(海洋出版社、一九九二年)、李広雪・楊子賡・劉勇編制『中国東部海域海底沈殿物成因環境図』(科学出版社)、(財)日本水路協会　海洋情報研究センター『パノラマ海底地図　コンピュータグラフィックスで見る日本の海』(二〇〇一年)。

(2) 尾池和夫『中国の地震・日本の地震』(東方書店、一九七九年)。

(3) 各海域の水深のデータは孫湘平編著『中国近海区域海洋』(海洋出版社、二〇〇六年)による。北京の国家地質博物館の展示も参考にした。博物館では渤海の平均水深は二五メートルとしている。

(4) 国分直一『東アジア地中海の道』(慶友社、一九九五年)、金関恕監修、中井精一・内山純蔵・高橋浩二編『日本海　東アジアの地中海』(桂書房、二〇〇四年)、千田稔編『海の古代史—東アジア地中海考』(角川書店、二〇〇二年)。

(5) 加藤雄三・大西秀之・佐々木史郎『東アジア内海世界の交流史』(人文書院、二〇〇八年)、総合地球環境学研究所の内山純蔵氏は「東アジア内海の新石器化と現代化：景観の形成史」のテーマのなかで日本海と東シナ海を東アジア内海と呼ぶ(『総合地球環境学研究所要覧二〇一一』)。

(6) 東アジア海の名称も少しずつ浸透してきた。総合研究開発機構『「東アジア海」の信頼醸成』(二〇〇七年)。船橋洋一『青い海をもとめて　東アジア海洋文明紀行』(朝日新聞社、二〇〇五年)はジャーナリストの立場から日本海、オホーツク海、東シナ海を共有する国々との共存と共栄の可能性を求めた紀行文である。

(7) 私たちのプロジェクトと同じ時期に、文部科学省特定領域研究「東アジアの海域交流と日本伝統文化の形成—寧波を焦点とする学際的創成—」(研究代表者東京大学小島毅)が進行していた。その成果は汲古書院から『東アジア海叢書』として刊行されている。

(8) フェルナン・ブローデル編、神沢栄三訳『地中海世界』(みすず書房、一九九九年)。

(9) ブローデルの『地中海』を読み、東アジア海域と比較する試みは、前掲「東アジアの海域交流と日本伝統文化の形成」でも行われている(『東アジア海域交流史　現地調査研究~地域・環境・心性~』第二号、二〇〇七年参照)。

(10) 前掲『渤海・黄海・東海　海洋図集　水文』「塩度平面分布図」参照。
(11) 海のシルクロードの出発点〝福建〟展開催実行委員会編『東アジアの海とシルクロードの拠点　福建―沈没船、貿易都市、陶磁器、茶文化』(二〇〇八年)。

土器からみた〝東アジア海文明〟の胎動期

久慈大介

はじめに——東アジア海文明とは

東アジア海文明とは、ユーラシア大陸東部（中国大陸・ロシア極東地域）・朝鮮半島・日本列島・サハリン島・台湾島やそのほかの多数の島嶼《とうしょ》によって囲まれた海域（日本海・渤海・黄海・東シナ海など）を文化的ないし歴史的なひとつの舞台としてとらえようとする試みから生み出された理論的、戦略的概念である[1]（図1）。かつてフェルナン＝ブローデルはその大著『地中海』において、ヨーロッパ、アジア、アフリカを包括する文明の総体としての「地中海世界」を、地理的・生態的環境、人間の営み、歴史的事象といった三つの層を重層させながら微視的かつ巨視的に描いたが、仮にユーラシア大陸東部（中国大陸・ロシア極東地域）・朝鮮半島・日本列島・サハリン島・台湾島やそのほかの多数の島嶼を包括する文明の総称

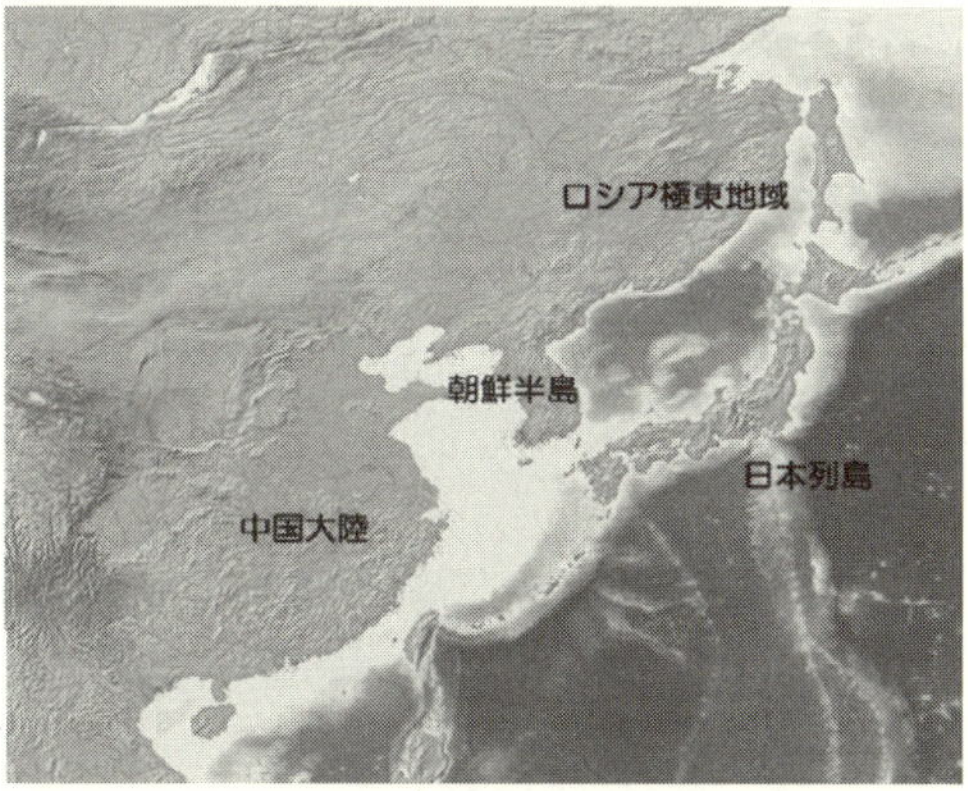

図1　東アジア海文明の地理環境（海洋上で白く示されている部分は海深200 m以下の大陸棚）

として東アジア海文明という概念を設定した場合、いかなる歴史が見えてくるであろうか。

本稿では、日常品としての土器に着眼し、土器を通じて古代東アジア海文明の歴史と環境をとらえるとともに、古代東アジア海文明における「海」の果たした役割といったものも俎上に載せてみたい。

土器はそれを使用していた当時の生活において日常的な食料の調理・貯蔵・盛食器として広く使われ、文字のない時代や記録に残らない歴史や当時の生活環境や生業を映し出す鏡でもある。また土器は、人間集団のまとまりを反映しやすいという特色をもっており、地域的文化の継続性や地域間の接触・交流などをとらえるうえでも重要な役割を果たすことができる考古学的資料のひとつでもある。

本稿では古代東アジア海文明の世界を、①東アジア海文明における土器の出現期（紀元前一万四〇〇〇年紀〜紀元前八〇〇〇年紀頃）、②土器文化の定着・安定・展開期（紀元前八〇〇〇年紀〜紀元前三〇〇〇年紀前半頃）、③中国大陸における初期王朝の成立期（紀元前三〇〇〇年紀後半〜紀元前二〇〇〇年紀頃）、という大きく三つの時期に区分し、土器を通じてその歴史と環境にせまってみたい。

一　東アジア海文明を取り巻く環境

本論に入る前に、本稿における歴史的舞台となる東アジア海文明を取り巻く地域の環境を概観してみよう。

現代に生きる私たちは、「都市化」や「文明化」のなかで普段自分たちの置かれている生態的環境といったものに特別大きな関心を寄せることなく日常的な生活を営んでいることが多いが、本稿で扱うような紀元前の世界においては、生活を営む場の生態的環境そのものがその場に生きる人々の日常的な生活のあり方を決定付け、その運命を左右するほどにきわめて重要な意味を持っていた。

図2は、本稿の主な舞台となる東アジア海文明を取り巻く地域の生態的環境をその植生気候区分にもとづいて示したものである。

この図に示されているように、東アジア海文明を取り巻く地域には、中国大陸の華南地域以南（南嶺山脈以南）に広がる亜熱帯モンスーン林地帯、中国大陸の華中地域（長江流域）・朝鮮半島南部・日本列島の関東地方以南などに広がる暖温帯常緑樹林（照葉樹林）地帯、中国大陸の華北地域（黄河流域）に広がる暖温帯落葉広葉樹林地帯、中国大陸の西北部・北部地域（長城地帯）に広がる温帯草原（ステップ）地帯、中国大陸の東北地方・朝鮮半島中部・北部・日本列島の東北地方・北海道西部などに広がる温帯落葉広葉樹林地帯、ロシア極東地域（アムール川流域・沿海州）・サハリン島・北海道東部などに広がる亜寒帯常緑針葉樹林地帯、シベリア北部地域に広がる寒帯落葉針葉樹林地帯などが存在し、東アジア海文明を取り巻く地域がきわめて多様な生態的環境を内包している状況を読み取

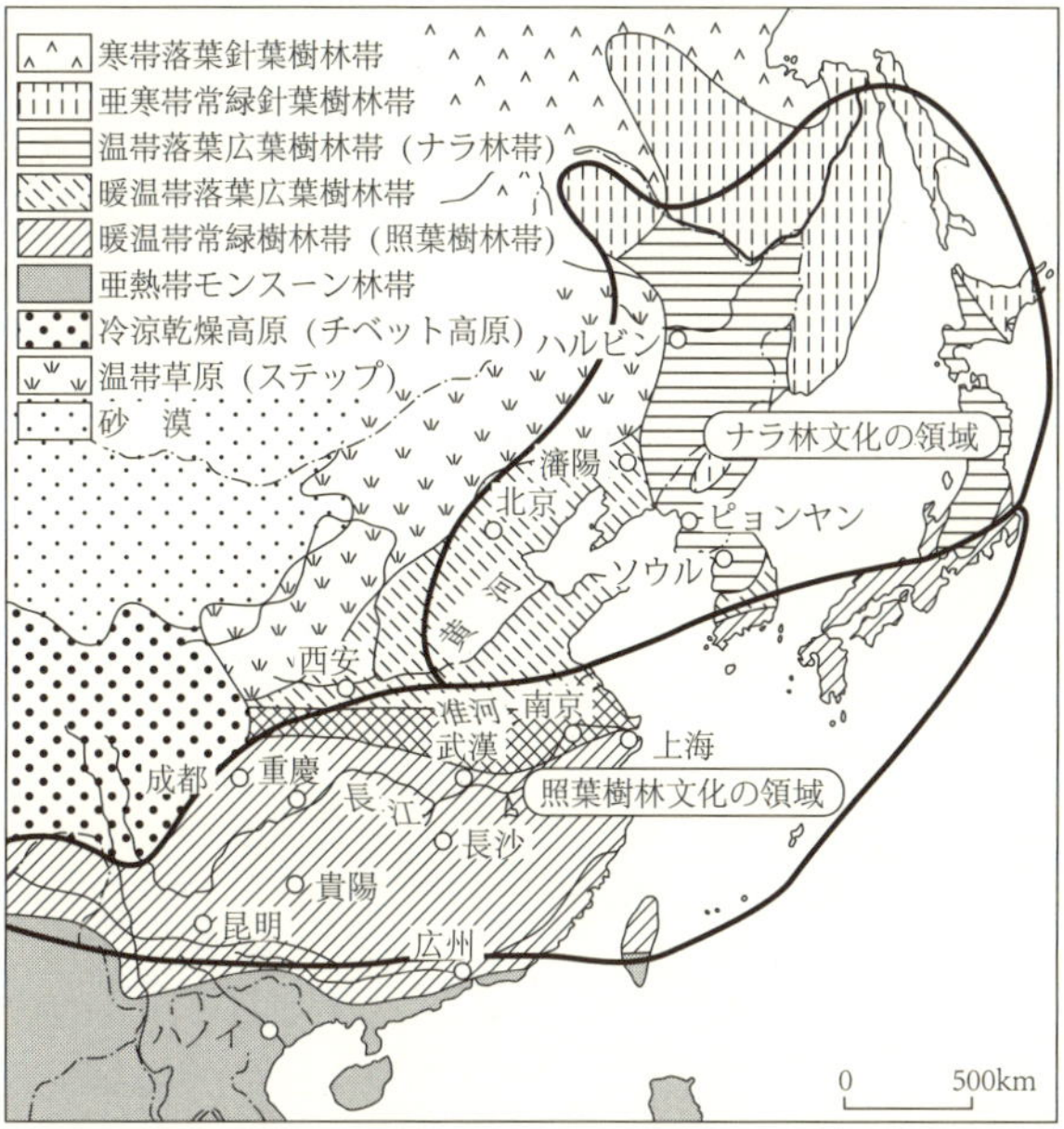

図2　東アジア海文明を取り巻く環境（佐々木高明『照葉樹林文化とは何か』中公新書、175頁、2007年より）

なお、この図にも示されているとおり、東アジア海文明を取り巻く地域には照葉樹林文化と落葉樹林文化（ナラ林文化）という異なる２つの生態環境にもとづいた基層文化が広がるとする佐々木高明氏らによる古くからの学説がある。

ることができよう。

こうした植生気候区分に代表される各地の生態的環境は、当然ながら気候の変動等によるさまざまな要因によってその様相を異にし、本稿で主に扱う更新世末期から紀元前二〇〇〇年紀の間においても、更新世から完新世への移行といった地球規模での大きな画期を生み出した気候変動だけではなく、そのほかにも幾度となく大きな気候変動が繰り返されたことが知られている。したがって、図2で示された各地の生態的環境（植生気候区分）は、各時期における気候条件や気候の変動によってその境界線が主に南北方向を軸として揺れ動いたであろうことが容易に想像されるが、気候の変動等によりこうした生態的環境の境界線が南北方向を軸として揺れ動いたことこそが[2]、古代の東アジア海文明を取り巻く諸地域の環境を変容させ、同時にその地の環境を基盤として成り立っていた地域社会の様相をも大きく変容させる契機ともなった。東アジア海文明を取り巻く地域が内包するこうした生態的環境の多様性と、気候の変動等によって引き起こされるその境界線の揺れ動きは、古代東アジア海文明を理解するうえで看過することのできない重要な視点のひとつである。

また、人々が生活を営んだ場のより身近な周辺環境というものも、当時の人々の生活や生業と密接なかかわりをもっていたはずであり当然注視しなければならないが、先にも述べたとおり本稿は、東アジア海文明というより大きな枠組みを通してその歴史と環境をとらえてみようという試みであり、本稿においてはあえてそうした細部には踏み込まず、より巨視的な視座から東アジア海文明というものをとらえることに主眼をおきたい。

二　東アジア海文明における土器出現期の様相
（紀元前一万四〇〇〇年紀〜紀元前八〇〇〇年頃）

人類史上における土器の出現（発明）は、加熱・煮炊き用の道具として、ドングリやクリなどの堅果《けんか》類、貝類を含めた魚介類、山菜、根菜類などの多様な動植物資源を食料としてより適した状態にすることを可能としたことにより、利用できる食料の幅を大幅に広げ、安定的な生活を生み出す契機となった。また、それだけでなく、水や食料を貯蔵するための貯蔵器として、あるいはまた食料を盛り付ける盛食器として、さらには社会的な意義をもつある種の威信財や祭祀用の道具としての役割を果たすなど、土器は人類の生活ないしはその社会においてきわめて大きな役割を果たしてきた。

本章ではこのように人類史上において大きな役割を果たしてきた土器が東アジア海文明において出現した時期の様相について概観したい。なおこの時期は、中国大陸における考古学的編年では先仰韶《ぎょうしょう》文化期以前の段階、日本列島における考古学的編年では縄紋時代草創期〜早期前半、朝鮮半島における考古学的編年では櫛《くし》目《め》紋土器時代草創期ないし先櫛目紋期におおよそ相当する。

（一）東アジア海文明における土器出現期の遺跡

東アジア海文明においては、紀元前一万年を遡る、あるいはそれに近い古さをもつ最古段階の土器が、中国大陸、日本列島、朝鮮半島、ロシア極東地域（アムール川流域・沿海州）、シベリア東部地域などの各地域において出土することが近年明らかになってきた。以下、東アジア海文明における土器出現期の土器や遺跡について、各地域ごとにみていきたい。

中国大陸における土器出現期の遺跡は、中国大陸の北（華北地域）と南（華中・華南地域）に大きく分かれ、華北地域に

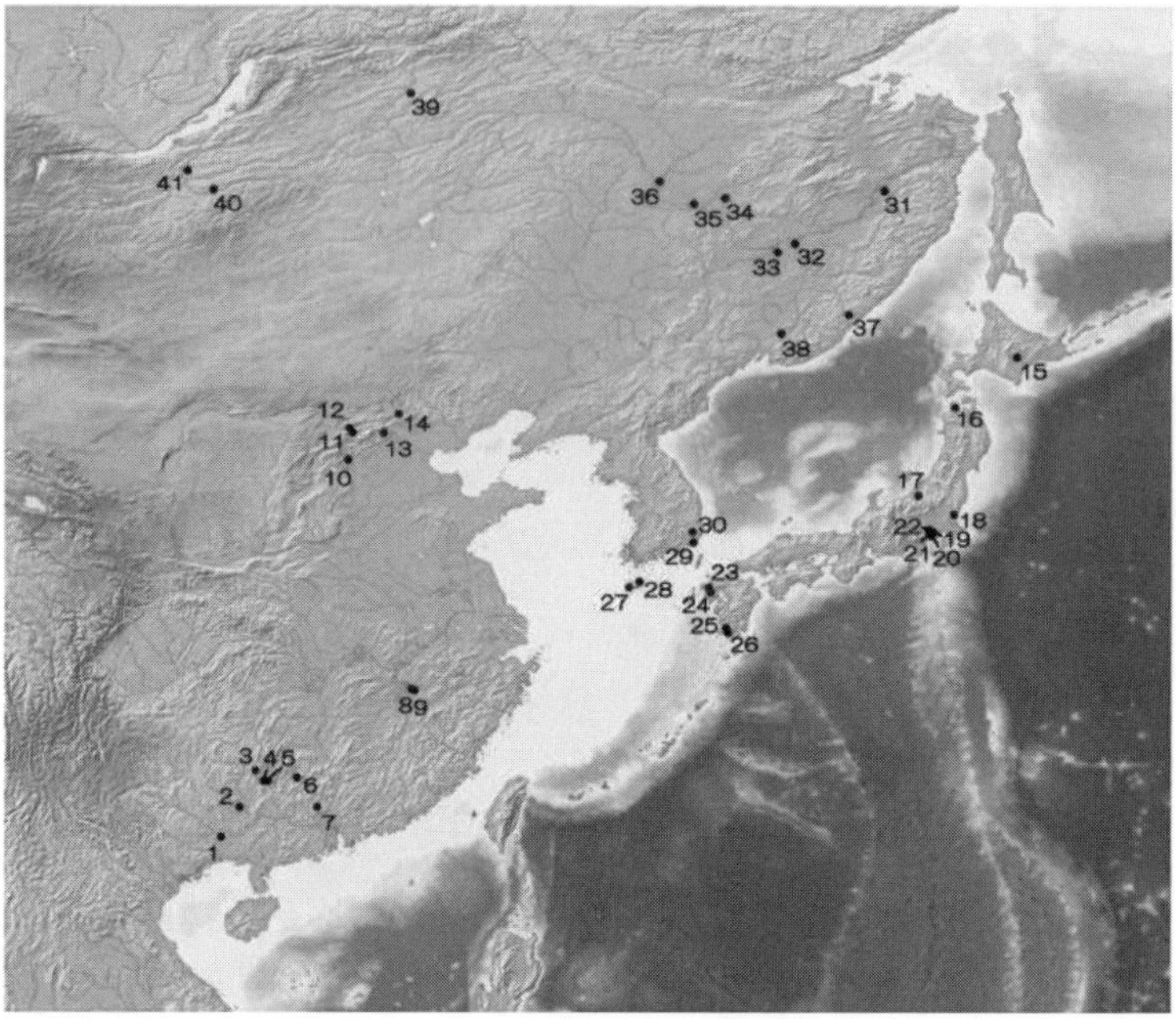

図3　東アジア海文明における土器出現期の主な遺跡

1 頂螄山遺跡　**2** 鯉魚嘴遺跡　**3** 大岩遺跡　**4** 甑皮岩遺跡　**5** 廟岩遺跡　**6** 玉蟾岩遺跡　**7** 牛欄洞遺跡　**8** 仙人洞遺跡　**9** 吊桶環遺跡　**10** 南荘頭遺跡　**11** 于家溝遺跡　**12** 虎頭梁遺跡　**13** 東胡林遺跡　**14** 転年遺跡　**15** 大正３遺跡　**16** 大平山元Ⅰ遺跡　**17** 壬遺跡　**18** 後野遺跡　**19** 長堀北遺跡　**20** 寺尾遺跡　**21** 勝坂遺跡　**22** 東京都多摩ニュータウンNo.796 遺跡　**23** 福井洞穴遺跡　**24** 泉福寺洞穴遺跡　**25** 加治屋園遺跡　**26** 帖地遺跡　**27** 高山里遺跡　**28** 金寧里遺跡　**29** 東三洞貝塚遺跡　**30** 梧津里遺跡　**31** フーミー遺跡　**32** ガーシャ遺跡　**33** ゴンチャールカ１遺跡　**34** ウスチ・ウリマー遺跡　**35** ノヴォペトロフカ遺跡　**36** グロマトゥーハ遺跡　**37** ウスチノフカ３遺跡　**38** チェルニゴフカ１遺跡　**39** ウスチ・カレンガ遺跡　**40** スツジェンノイエ１遺跡　**41** ウスチ・キャフタ遺跡

おける土器出現期の遺跡としては、河北省徐水県南荘頭《なんそうとう》遺跡、河北省陽原県于家溝《うかこう》遺跡、河北省陽原県虎頭梁《ことうりょう》遺跡、北京市懐柔区転年《てんねん》遺跡、北京市門頭溝区東胡林《とうこりん》遺跡など、華中・華南地域における土器出現期の遺跡としては、江西省壮族自治区桂林市甑皮岩《そうひがん》遺跡、江西省壮族自治区桂林市廟岩《びょうがん》遺跡、江西省壮族自治区桂林市大岩《だいがん》遺跡、江西省壮族自治区柳州市鯉魚嘴《りぎょし》遺跡、江西省万年県仙人洞《せんにんどう》遺跡、江西省万年県吊桶環《ちょうとうかん》遺跡、江西省邕寧県頂螄山《ちょうしざん》遺跡、湖南省道県玉蟾岩《ぎょくせんがん》遺跡、広東省英徳牛欄洞《ぎゅうらんどう》遺跡などが知られる（図3・1〜14）。

華北地域における土器出現期の土器は、より古い段階では縄紋・爪形《つめがた》紋・隆起線紋などをともなった土器が出土することが知られ多様的なあり方を示すものの、しだいに粘土紐巻き上げ技法ないしは粘土紐積み上げ技法によって製作された外面に縄紋をともなう平底の深鉢(罐《かん》)形土器が主体的となっていく。

一方、華中・華南地域における土器出現期の土器は、より古い段階においては手びねり技法やパッチワーク技法(粘土片貼り合わせ技法)などによって製作された、無紋ないしは外面に刺突紋・条痕紋・縄紋などをともなった丸底の浅鉢形土器や尖底の深鉢(罐)形土器などが出土することが知られ多様的なあり方を示すものの、しだいに外面に縄蓆紋《じょうせき》(縄蓆紋)をともなった叩き技法によって製作された丸底の釜形土器が主体的となっていく。

このように、中国大陸における土器出現期の土器は、中国大陸の北(華北地域)と南(華中・華南地域)で大きく異なる特徴を有しているが、このような状況を生み出した背景として、当時すでに中国大陸の北(華北地域)と南(華中・華南地域)とではその生態的環境が大きく異なり、それぞれの異なる生態的環境や動植物相に適応した生業基盤にもとづいた生活が営まれていた可能性が考えられよう。

そうした意味で興味深いのは、華中・華南地域における土器出現期の代表的な遺跡である仙人洞遺跡、吊桶環遺跡、玉蟾岩遺跡などでは、更新世末期から完新世初頭におけるイネの遺存体や珪酸体(プラントオパール)が検出され、これらの遺跡では更新世最末期のヤンガー・ドリアス期前後において、イネの栽培化が部分的にとはいえすでに始まっていた可能性が指摘されていることや、吊桶環遺跡におけるイネの珪酸体(プラントオパール)と人骨アイソトープにもとづく分析からも、紀元前一万年前後の更新世末期にはすでに野生種のイネの利用が始まっていたとする指摘がなされていることである。土器出現期における中国大陸の南(華中・華南地域)では、このように、土器の出現(発明)が当時すでに生業基盤のひとつとして身近な存在となっていたイネの利用と密接な関係性にあったことがしだいに明らかになってきており、当時の中国大陸の北(華北地域)と南(華中・華南地域)との生態的環境の差異を具体的に示す一例として、あるいはまた、華中・華南地域における土器出現のプロセスを読み解くうえで興味深い。

日本列島もまた、中国大陸と同様に、東アジア海文明のなかで最古段階の土器を出土する地域のひとつである。日本列島における土器出現期の遺跡としては、北海道大正３遺跡、青森県大平山元Ⅰ遺跡、新潟県壬《じん》遺跡、茨城県後野《うしろの》遺跡、神奈川県長堀北遺跡、神奈川県寺尾遺跡、神奈川県勝坂遺跡、東京都多摩ニュータウンNo.796遺跡、長崎県福井洞穴遺跡、長崎県泉福寺洞穴遺跡、鹿児島県加治屋園遺跡、鹿児島県帖地《ちょうち》遺跡などが挙げられよう（図３・15～26）。

これら日本列島における土器出現期の遺跡から出土する土器は、より古い段階においては無紋ないしは刺突紋（窩紋）・豆粒紋・条痕紋・隆起線紋・円孔紋・爪形紋・押圧縄紋などをともなった平底・丸底・尖底の土器が出土することが知られ多様的なあり方を示すものの、しだいに外面に回転縄紋（撚糸《よりいと》紋）をともなった平底の深鉢（罐）形土器が主体的となっていく。

この時期の日本列島における生業基盤や土器出現のプロセスに関してはなお不明な点が多いが、北方の寒冷な地域などではサケ・マスなどの魚類を調理・加工するための道具として、[3]南方の比較的温暖な地域ではドングリなどの堅果類の調理・あく抜きを行うための道具として[4]土器が生み出されたとする考えがある。

また、日本列島の土器出現期、とくに縄紋時代草創期に関する考古学的編年に関しては、大塚達朗氏による型式学的な研究により、①隆起線紋系以前、②隆起線紋系土器群、③隆起線紋系以後という大きく三期に区分する見解が示されているが、[5]近年、谷口康浩氏によるキャリブレーション（^{14}Cの半減期の補正や時期における^{14}C生成量の変動を加味した補正など）を行った年代学的分析によってそれを実証するようなデータが示されており、日本列島のみならず東アジア海文明における土器出現期の研究的基盤となるものとして注目される。[6]

朝鮮半島における土器の出現時期は、現在のところ中国大陸・日本列島・ロシア極東地域・シベリア東部地域などの他の地域に比べて年代的にやや遅れるようであるが、土器出現期の遺跡として、済州道高山里遺跡、済州道金寧里《きんねいり》遺跡、釜山市東三洞貝塚遺跡、慶尚北道梧津里《ごつり》遺跡などが知られている（図3・27〜30）。

こうした朝鮮半島における土器出現期の遺跡から出土する土器は、より古い段階では無紋ないしは刺突紋・豆粒紋・隆起線紋などをともなった平底・丸底・尖底の土器が出土することが知られ、多様的なあり方を示している。

ロシア極東地域・シベリア東部もまた、中国大陸や日本列島と同様に、東アジア海文明のなかで最古段階の土器を出土する地域のひとつである。

ロシア極東地域における土器出現期の遺跡としては、アムール川流域のフーミー遺跡、ガーシャ遺跡、ゴンチャールカ1遺跡などのオシポフカ文化に属する諸遺跡が知られ、アムール川支流のゼヤ川・セレムジャ川流域ではウスチ・ウリマー遺跡、ノヴォペトロフカ遺跡、グロマトゥーハ遺跡などが知られる。沿海州では、ウスチノフカ3遺跡、チェルニゴフカ1遺跡などが知られる。また、シベリア東部地域における土器出現期の遺跡としては、ウスチ・カレンガ遺跡、スツジェンノイエ1遺跡、ウスチ・キャフタ遺跡などが知られる（図3・31〜41）。

これらロシア極東地域・シベリア東部の土器出現期の土器は、無紋ないしは円孔紋・ジグザグ紋・条痕紋・絡条体原体による縄紋などをともなうものが知られ多様的なあり方を示す一方で、内外面に条痕紋をともなうものが多いという共通した特徴もみられる。その一方、ロシア極東地域では平底の深鉢（鑵）形土器を主体とし、シベリア東部では尖底の深鉢（鑵）形土器を主体とするといった地域的な差異も認められる。

このように、東アジア海文明においては、紀元前一万年を遡る、あるいはそれに近い古さをもつ最古段階の土器が、各地域において出土することが近年明らかになってきているが、その様相は一様ではなく、また、より古い段階であればあるほど土器はその形態や紋様などの面において多様的なあり方を示していることがうかがえる。こうした状況は、当時の東アジア海文明においてはいまだ地域社会としてのまとまりが未成熟で、それぞれの集団が各地の生態的環境への適応として、あるいはまた、次節で述べるこの時期の気候変動にともなう環境変化への適応として、土器という新しい道具が生み出され、しだいに各地で用いられつつあった状況を物語ろう。

（二）東アジア海文明における土器の出現期の様相

近年、前節で示した土器出現期の遺跡における年代学的分析等により、東アジア海文明においては、土器は更新世末期から完新世初頭へと気候が大きく変動する移行期に、[7]中国大陸、日本列島、ロシア極東地域、シベリア東部などにおいて多元的に出現した状況が明らかとなりつつある。谷口康浩氏によるキャリブレーションを行った年代的分析によれば、日本列島の土器出現期（縄紋時代草創期）の年代は、一万六〇〇〇 calBP～一万一四〇〇 calBP（およそ紀元前一万四〇〇〇年～紀元前九四〇〇年）という値が示されている。[8]むろん、より仔細に見るならば、それぞれの地域における土器出現期の年代は画一的なものではなく年代的な幅があり、年代測定法における方法論上の問題点等も指摘されるところである。またそうした年代論や年代測定の方法論上のほかにも、土器の出現期においては、土器の起源論（起源地論）、編年論、用途論、系統論などさまざまな研究上の視座と課題があるが、ここではそうした問題には深くは踏み込まず、より巨視的な視点から東アジア海文明における土器出現期の様相を概観するに留めたい。

東アジア海文明における土器出現期の様相については、その文化的系統性や当時の生活環境・生業基盤など、具体的なことについて明らかになっていることは少ないが、そのようななかで注目されるのは、やはりその年代の古さと多元的な出現・分布状況であろう。

図4は、よく知られたグリーンランドの氷床コアの酸素同位体比の比率から復元された更新世から完新世への移行期における気候変動を示したものであるが、この図が示すとおり、更新世末期にはオルデスト・ドリアス期（最古ドリアス期）、オルダー・ドリアス期（古ドリアス期）、IACP 期、ヤンガー・ドリアス期などの寒冷期と、ベーリング期、アレレード期などの温暖期が相互に繰り返されながら完新世へと移行していく状況が看取できよう。

先述したとおり、東アジア海文明において、土器は更新世末期から完新世初頭にかけて、中国大陸、日本列島、ロシア極東地域、シベリア東部などにおいて出現したことが近年明らかになってきているが、この時期は図４にも示されているように、更新世末期から完新世初頭へと気候が大きく変動を繰り返した時期でもある。こうした気候の変動は、東アジア海文明を取り巻く各地の生態的環境の変化をも当然引き起こしたものと考えられるが、そうした環境の変化への適応のひとつとして土器が生み出され、その後しだいにそれぞれの地域における生態的環境に適した生業基盤をもとに地域社会が形成されていったものと思われる。

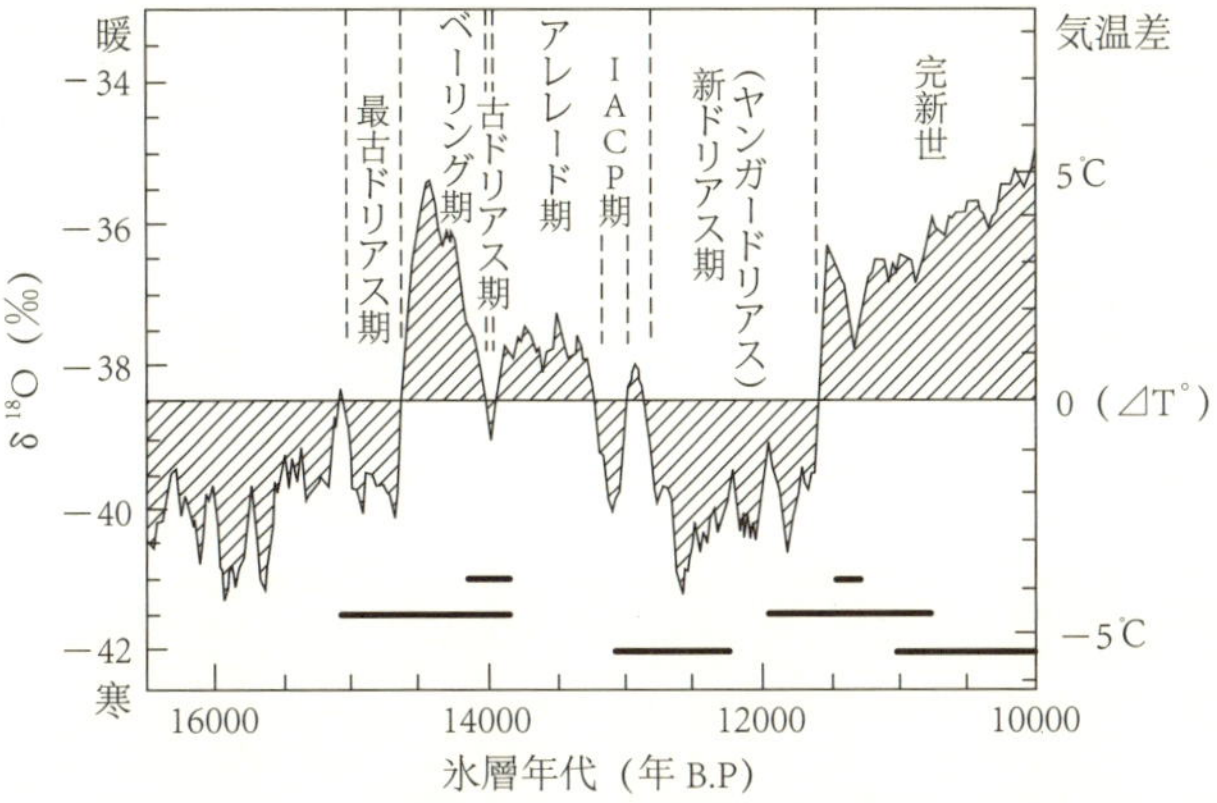

図４　更新世から完新世にかけての気候変化（堤隆「氷期の終末と細石刃文化の出現」『科学』第68巻、第3号、329頁、図1より）BPはBefore PresentないしBefore Physicsの略でAD1950年を起点に何年前かを示す。

そうした意味で興味深いのは、西アジア世界では紀元前六〇〇〇年頃の新石器化（農耕社会の成立）とともに土器が出現する一方で、東アジア海文明においては土器の出現が新石器化（農耕社会の成立）の動きと直接的には結びつかないということである。先述したように、東アジア海文明においては、更新世末期から完新世初頭にかけての気候の激しい変動によって引き起こされた各地の生態的環境の変化への適応として土器が出現したと考えられ、新石器化（農耕社会の成立）とともに土器が生み出されたとする土器の出現に関する西アジア型のモデルには当てはまらない。東アジア海文明において、更新世末期から完新世初頭にかけての気候変動とそれにともなう環境変化のなかで、土器が具体的にどのような経緯、要因によって生み出されたものなのか（土器の起源論・用途論）、あ

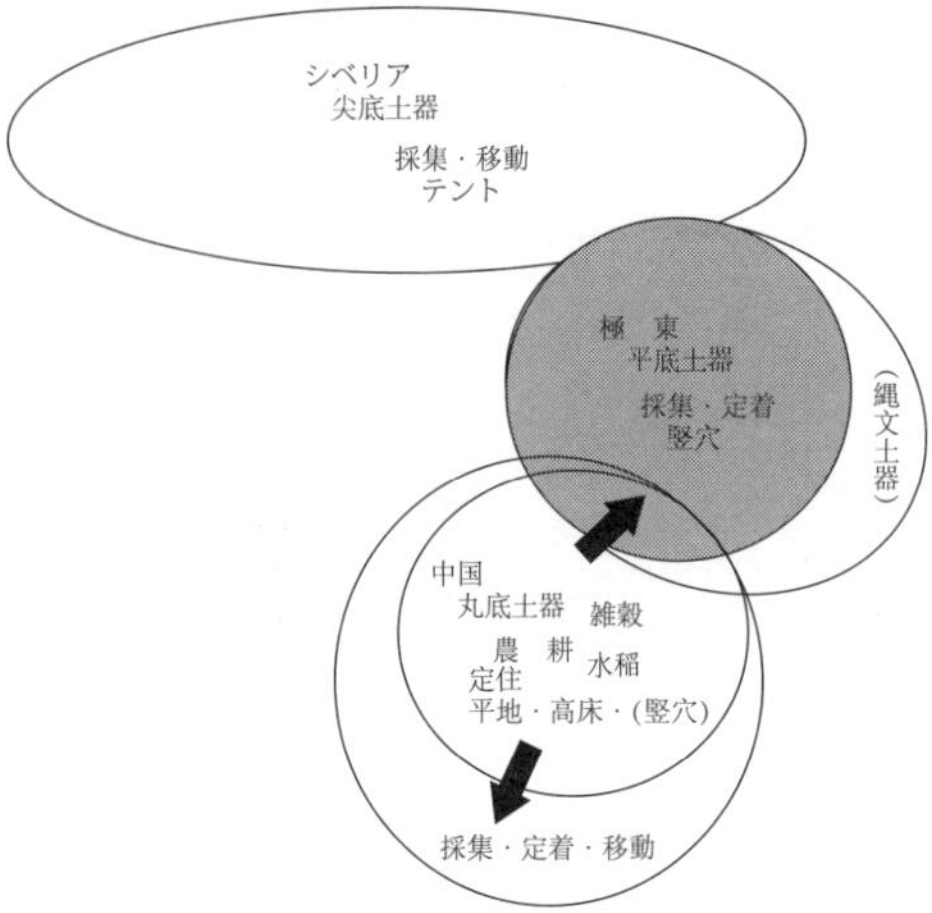

図5　東アジア海文明における土器出現期の様相（大貫静夫『東北アジアの考古学』、同成社、1998年より）

るいはどの地域でもっとも早く生み出されたものなのか（土器の起源地論・編年論）、さらには土器出現期における各地域間の関係性はいかなるものであったのか（土器の系統論）といった問題に関してさらなる追究を行うことにより、土器出現のプロセスに関する東アジア海文明型のモデルといったものを提示することが可能となろう。そのような意味で注意しておきたいのは、東アジア海文明における最古段階の土器は、のちに農耕社会がいち早く成立・発達する中国大陸の黄河流域や長江流域で生まれたのではなく、むしろ農耕社会の成立が遅れた、ないしは長きにわたって狩猟・漁労・採集等を主たる生業基盤とした地域（中国大陸の華南地方、日本列島、朝鮮半島、ロシア極東地域、シベリア東部地域など）において出現しているという点である。このような状況は、東アジア海文明において、土器はなぜ、どのようにして生まれたかという問題を考えるうえで非常に示唆的である。

いずれにせよ、東アジア海文明においては、更新世末期から完新世初頭にかけて気候が大きな変動を繰り返した移行期に、中国大陸、日本列島、ロシア極東地域、シベリア東部などの各地において、気候の変動によって引き起こされた生態的環境の変化への適応のひとつとして土器が生み出され、その後、各地域の生態的環境に適応した生業基盤にもとづいた地域社会が形成され、発展していくこととなる。

大貫静夫氏はかつて、本稿で言うところの東アジア海文明に相当する地域の初期土器群を、①シベリア東部の「尖底土器」、②極東(9)の「平底土器」、③中国南部の「縄文丸底土器」に大別し(10)（図5）、さらにこれらを各地の地理的・生態的環境の差異にもとづく地域社会の性格の違いとしてとらえ、①が「主たる食料資源をもたず、テントを用いた居住を行うシベリアの『動的な食料採集社会』」、②が「堅果類・イノシシを主たる食料資源とし、竪穴住居に居住する極東の『定着的な食料採集社会』」、③が「穀物・イノシシ・ブタを主たる食料資源とし、平地住居に居住する中国の『農耕（食料生産）社会』」へとそれぞれつながっていくと論じた。(11) 大貫氏のこうした試みは、東アジア海文明における土器出現期の状況を、遺跡や土器という「点」的理解から、地域社会という「面」的理解へと昇華させる意味において重要な意味を持っていよう。

三　東アジア海文明における土器文化の定着・安定・展開期の様相
（紀元前八〇〇〇年紀〜紀元前三〇〇〇年紀前半）

更新世末期のヤンガー・ドリアス期と呼ばれる最後の寒冷期が終わり完新世に入ると、気候は急速に温暖期へと向かった（図4）。この時期に陸地の三〇パーセントをおおっていた氷河が後退し、海水準も一五〇メートル近く高くなったと考えられ、その結果、かつては陸橋でつながっていたユーラシア大陸東部と北米大陸が分離し、また東アジア・東南アジアにおいては、台湾・ボルネオ・スマトラ・ジャワなどが大陸から離れて島嶼を形成した。陸地化していた東シナ海や黄海の大陸棚はふたたび海となり、対馬海流が流れ込む現在のような日本海はこの時期に形成されたと考えられている。その後、紀元前六〇〇〇年〜紀元前三〇〇〇年頃にはヒプシサーマル期と呼ばれる気候の最温暖期が到来し、紀元前四五〇〇年頃には海面上昇のクライマックスを迎え、この時期には現在よりも平均して二〜三メートル前後海面が高かったとされており、日本ではこれを縄紋海進と呼んでいる。

このような気候の変化により、東アジア海文明を取り巻く生態的環境も大きく変化した。日本列島では、更新世から完新世にかけて、針葉樹が優占する森林植生から落葉広葉樹が優占する森林植生へと急激に変化し、その後さらに関東地方から西日本では照葉樹林が、中部地方から北海道ではブナ林が優占する森林植生へと変化し(12)、更新世の段階では大陸側と類似性をもっていた日本列島の植生が完新世になって独自性の強い植生へと変化したことが知られている。

こうした気候の温暖化やそれにともなう生態的環境の変化のなかで、東アジア海文明の各地域で土器文化が定着・安定・展開していく。この紀元前八〇〇〇年紀から紀元前三〇〇〇年紀前半頃の時期を本稿では東アジア海文明における土器文化の定着・安定・展開期としてとらえ、土器出現期以降の様相を概観したい。なおこの時期は、中国大陸における考古学的編年では、先仰韶文化期・仰韶文化期・龍山文化期早期に相当し、日本列島における考古学的編年では縄紋時代早期後半〜中期に相当し、朝鮮半島における考古学的編年では櫛目紋土器時代前期・中期前半におおよそ相当する。

(一) 中国大陸における土器文化の広がりと展開——厳文明氏の「三系統説」をもとに

かつて厳文明《げんぶんめい》氏は、この時期に栄えた中国大陸の初期農耕文化には、遼河《りようが》流域を中心とする「東北系統」、黄河中流域を中心とする「華北系統」、長江中・下流域と山東方面を含めた「東南系統」の主要な三つの系統があり、この三つの系統ではそれぞれ主要な煮炊き用の土器が異なるとした。すなわち、「東北系統」では筒形平底罐、「華北系統」では鬲《れき》、「東南系統」では鼎がそれぞれ伝統的な煮炊き用の土器であり、中国文明はこれら三つの異なる文化系統の相互関係のなかから生まれたものと考えた(13)(図6)。

一方、西江清高氏は、この厳文明氏のいわゆる「三系統説」に若干の修正を加え、厳文明氏が「東南地域」として設定した鼎文化系統のなかで、長江流域よりも南の東南部を鼎ではなく丸底釜を伝統的な煮炊き用の土器とする丸底釜文化系統として新たな系統の設定を試み、中国大陸における初期農耕文化の土器系統を「東北系統」（罐文化系統）、「華北系統」（鬲文化系統）、「長江両岸・華東系統」（鼎文化系統）、「東南系統」（丸底釜文化系統）という四つの系統に区分する案を提示した(14)（図7）。そしてまた西江氏も、「初期農耕文化に続く初期王朝の文化は、主として鬲文化系統と鼎文化系統の衝突の中で生まれたように思われる」と述べ、厳文明氏と同様、こうした文化系統の相互関係のなかから中国文明の形成を読み取ろうとした。西江氏はまた、これらの四つの文化系統は、土器の製作技術とも相関関係があるとし、丸底釜文化系統では叩き技法、鼎文化系統では轆轤《ろくろ》法、鬲文化系統では型作り技法の発達がそれぞれ著しく、罐文化系統では粘土紐積み上げ技法の伝統が根強く継続されると指摘した。煮炊き用の土器にみられる系統性がそれぞれの土器の製作技術の系統性とも密接な関係性にあるという西江氏の指摘は、土器を通じて中国文明の形成過程をとらえるうえで、あるいはまた、巨視的な視座から東アジア海文明というものをとらえるうえで、きわめて示唆的なものである。

土器の形態や系統性にもとづいて設定されるこのような大まかな区分や系統分けには大雑把すぎるという批判もあるものの、巨視的な視点で中国文明や東アジア海文明というものをとらえようとするさいにはひとつの重要な視座となろう。

図6　厳文明氏による「三系統説」（厳文明／岡村秀典訳「中国古代文化三系統説」『日本中国考古学会会報』第4号、82頁、1994年より）

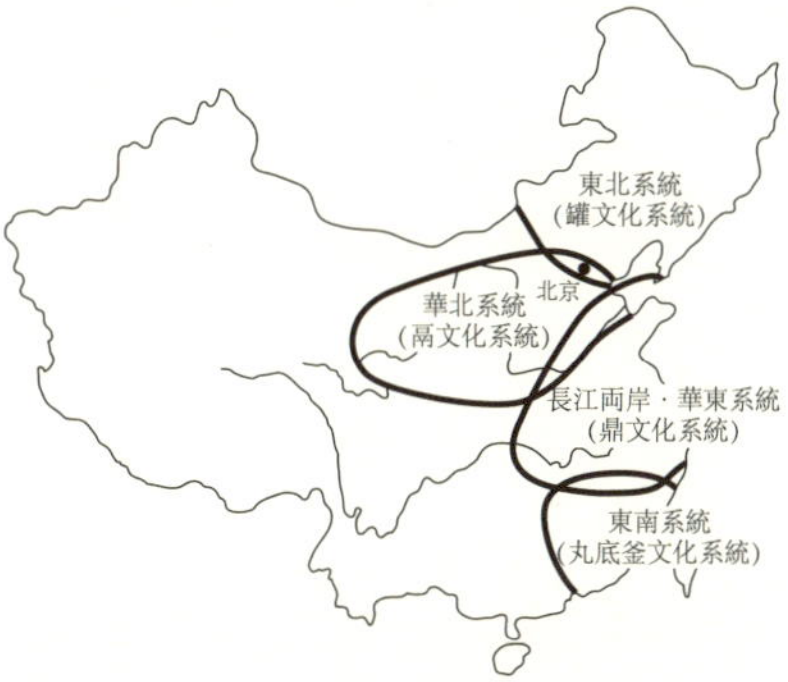

図7　西江氏による「四系統説」（厳文明／岡村秀典訳「中国古代文化三系統説」『日本中国考古学会会報』第4号、82頁、1994年より。一部改変）

本稿のように、土器を通して巨視的に東アジア海文明というものをとらえようとする場合には各地域における土器の系統性をおおまかに把握するという意味においてはむしろ有用な指標となる。

（二）東アジア海文明における土器文化の広がりと展開

前節で取り上げた厳文明氏の「三系統説」や西江氏の「四系統説」は、煮炊き用の土器の系統性から中国大陸における この時期の文化的様相、言い換えれば地域社会の様相を大局的に把握しようと試みたものであるが、本節では本稿の主旨にしたがってこの枠組みを東アジア海文明全体に広げて考えてみたい。なお、用語の不統一や混在による混乱を避けるため、以下では西江氏の「四系統説」にもとづいて議論を展開していきたい。

中国大陸の東北部にまとまりをもつ「東北系統」（罐文化系統）は、この系統を東アジア海文明という枠組みでとらえた場合、中国大陸の東北地方をさらに北に越え、その範囲をさらに広げて考えることができる。具体的に言えば、この時期のロシア極東地域（アムール川・沿海州）・朝鮮半島北部・日本列島などにおいては、基本的にこの「東北系統」（罐文化系統）とその系統を同じくする平底の深鉢（罐）形土器が広がっており、大貫静夫氏はこのまとまりを歴史的・文化史的に意味のあるまとまりとして「極東平底土器」と称している。[15] つまり、「東北系統」（罐文化系統）は、東アジア海文明という視座でとらえた場合、中国大陸の東北地方のみならず、ロシア極東地域・朝鮮半島北部地域・日本列島といった地域にまでその範囲を広げて理解することができる。

「華北系統」（鬲文化系統）は、現在のところ、あくまで中国大陸の華北地域（黄河流域）のみを中心としてまとまりをもつもののようである。東アジア海文明というより大きな枠組みでとらえても、この系統はこれ以上大きな広がりをもつものではない。逆に言えば、この「華北系統」（鬲文化系統）は中国大陸の華北地域（黄河流域）のみに広がりをもつ土器系統としてとらえることができよう。

「長江両岸・華東系統」（鼎文化系統）も「華北系統」（鬲文化系統）と同様、東アジア海文明というより大きな枠組みでとらえてみても、この系統はそれ以上の大きな広がりをもつものではない。この「長江両岸・華東系統」（鼎文化系統）も中国大陸の長江両岸・華東地域を中心とした地域のみに広がりをもつ土器系統としてとらえることができる。

長江以南の華南地域にまとまりをもつ「東南系統」（丸底釜文化系統）は、この系統を東アジア海文明という枠組みでとらえた場合、中国大陸の華南地方を南に越え、東南アジア方面においても共通する要素を見出すことができ[16]、この枠組みをさらに南へ広げて理解することができる。

このように、東アジア海文明という枠組みで伝統的な煮炊き用の土器の系統性をとらえてみた場合、中国大陸の東北地方・ロシア極東地域・朝鮮半島北部・日本列島に広がりをもつ「東北系統」（罐文化系統）、中国大陸の華北地域（黄河流域）にまとまりをもつ「華北系統」（鬲文化系統）、中国大陸の長江流域・山東半島一帯にまとまりをもつ「長江両岸・華東系統」（鼎文化系統）、中国大陸の華南地方とそれ以南に広がりをもつ「東南系統」（丸底釜文化系統）という大きく四つの系統が見出せよう（図8）。

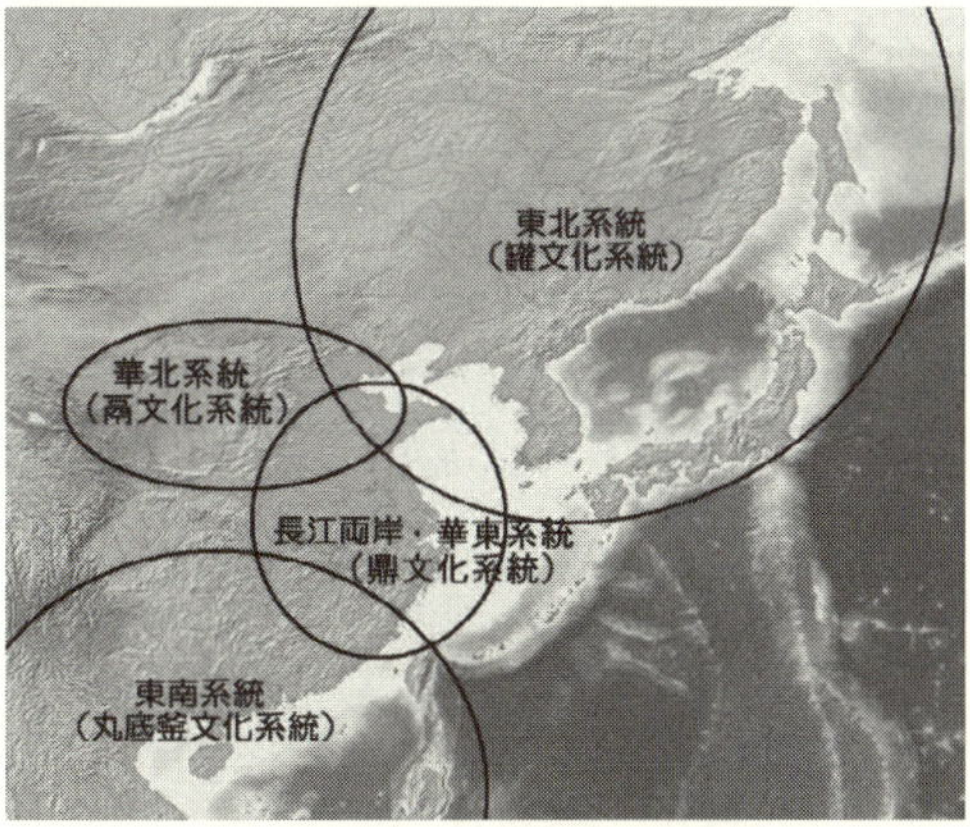

図8　東アジア海文明における土器系統

こうした土器系統のまとまりはまた、各地域の生態的環境・動植物相にもとづいた生業基盤に立脚した地域社会のまとまりとしてもとらえることができる。すなわち「東北系統」（罐文化系統）は狩猟・漁労・採集・堅果類の栽培などを主体的な生業基盤とした「狩猟・採集社会（北方的食料獲得社会）[17]」、「華北系統」（鬲文化系統）はアワ・ヒエなどの雑穀農耕を主体的な生業基盤とした「アワ・ヒエ雑穀農耕社会」、「長江両岸・華東系統」（鼎文化系統）は稲作を主体的な生業基盤とした「稲作農耕社会」、「東南系統」（丸底釜文化系統）は狩猟・漁労・採集・根茎類の栽培などを主体的な生業基盤とした「狩猟・採集社会（南方的食料獲得社会）」として、この時期の東アジア海文明における地域社会の様相をとらえることができる。[18]

このように、この時期（紀元前八〇〇〇年紀～紀元前三〇〇〇年紀前半頃）の東アジア海文明においては、完新世以降の気候の温暖化、さらにはヒプシサーマル期の気候の最温暖期のなかで、各地の生態的環境にもとづいた生業基盤に立脚した地域社会が成立し、発展していった状況がうかがえよう。

四　中国大陸における初期王朝の成立期の様相
（紀元前三〇〇〇年紀後半～紀元前二〇〇〇年紀）

前章でみたように、東アジア海文明においては、完新世以降の気候の温暖化とヒプシサーマル期と呼ばれる気候の最温暖期のなかで、各地の生態的環境にもとづいた生業基盤に立脚した地域社会が成立し、発展していったが、紀元前三〇〇〇年紀後半頃を境にしてこれら各地の地域社会は大きく変容し、そうした動きのなかで紀元前二〇〇〇年紀には中国大陸においては初期王朝（夏・殷・周）が成立する。本章ではこの時期を中国大陸における初期王朝の成立期としてとらえ、その様相を概観したい。なおこの時期は、中国大陸における考古学的編年では、龍山文化期晩期～初期王朝時代（夏・殷・周代）、日本列島における考古学的編年では縄紋時代後期～晩期前半、朝鮮半島における考古学的編年では櫛目紋土器時代中期後半～無紋土器時代前期前半におおよそ相当する。

（一）紀元前三〇〇〇年紀後半における気候の変動と地域社会の変容

完新世以降、気候の温暖化が進展し、紀元前六〇〇〇年～紀元前三〇〇〇年頃にはヒプシサーマル期と呼ばれる気候の最温暖期を迎えていた東アジア海文明では、紀元前三〇〇〇年紀後半に、気候が大きく変動したことが近年の研究成果により明らかとなってきた。紀元前三〇〇〇年紀後半におこったとされるこの大きな気候の変動は、国内外の各地における花粉分析の結果や海水準の変化、あるいは植生の変化などからもそれを裏付けるデータが示されており、[19]この時期に起こったとされる気候の変動が地球規模で起こったものである可能性が高いことも明らかにされつつある。[20]

この紀元前三〇〇〇年紀後半におこったとされる大きな気候の変動をより具体的に示す研究成果の一例として、群馬県尾瀬ヶ原の泥炭層における高山性植物ハイマツ（*Pinus pumila*）の花粉分析をもとに過去八〇〇〇年間の気候変化を分析した阪口豊氏の研究成果を取り上げてみたい。[21]阪口氏によれば、過去八〇〇〇年間の気候変化のなかに特に顕著な六つの気候期を見出せるとしているが、そのなかでもとく注目されるのは、紀元前三〇〇〇年紀中頃の「JC1寒冷期」と前三〇〇〇年紀後半の「JW3温暖期」およびその直後の再寒冷化である（図9）。

日本列島ではおよそ紀元前二〇〇〇年頃を境に縄紋時代中期から縄紋時代後期へと移行したと考えられているが、この縄紋時代中期から後期の間には、文化的ないしは社会的に大きな断絶があったことが知られており、例えば藤本強氏などは気候の変動にその変化の要因を求めている。[22]また、縄紋時代における日本列島の関東西部と中部高地の住居址数の増減から人口の変動を推測した今村啓爾氏は、[23]縄紋時代中期後半（紀元前三〇〇〇年紀後半頃）に同地域では住居址数が著しく増加する一方で、紀元前二〇〇〇年前後になると今度は逆に著しい人口の激減が認められるとし、その要因を気候の寒冷化により自然著の半栽培化が困難になったものと想定している。[24]こうした日本列島における縄

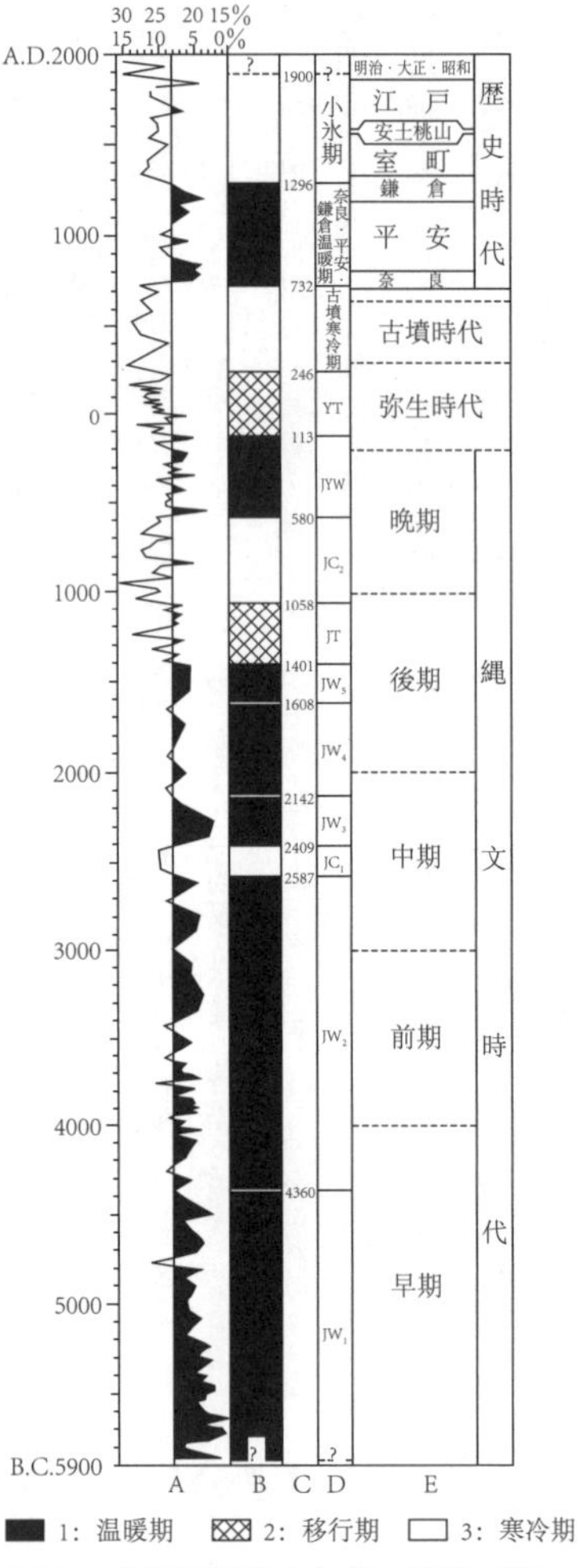

図９　完新世以降の気候の変動（阪口豊「過去１万3000年間の気候変化と人間の歴史」『気候と歴史』講座文明と環境６、朝倉書店、２頁、図１、1995年より。一部改変）表中のＡ帯は古気温曲線、Ｂ帯は寒暖の傾向（表下部の１～３に分類）、Ｃ帯は気候期境界の年代、Ｄ帯は気候期の名称、Ｅ帯は先史・歴史時代区分をそれぞれ示す。

紋時代中期から縄文時代後期にかけて垣間見られる地域社会の変容は、先ほど挙げた紀元前三〇〇〇年紀中頃から紀元前三〇〇〇年紀後半頃にみられる「JC1寒冷期」から「JW3温暖期」およびその直後の再寒冷化という阪口氏が示した気候の大きな変動の様相と軌を一にしているように思われる。[25]

また、中国大陸においても、この紀元前三〇〇〇年紀後半という時期は、それまでヒプシサーマル期の気候の最温暖期を背景として各地で高度に発展していた新石器文化（龍山文化）がほぼ時を同じくして一斉に衰退ないし崩壊へと向かい、地域社会のまとまりが大きく変容した時期として知られるが、そうした背景にもこの紀元前三〇〇〇年紀後半におこったとされる気候の激しい変動にその根拠を求める指摘が各地の研究成果などからなされており、[26]この時期におこった気候の激しい変動が、日本列島の縄文文化のみならず、海を隔てた中国大陸の新石器文化（龍山文化）にも大きな影響を及ぼした可能性が高いことが明らかになりつつある。

(二) 二里頭文化に見られる土器系統の重層性と「中国」的世界の原型の形成

そのようななか、中国大陸においては紀元前二〇〇〇年頃に、黄河中流域の「中原」を中心として最初の初期王朝(二里頭文化)が成立する。

中国大陸において最初に成立した初期王朝(二里頭文化)は、紀元前三〇〇〇年紀後半におこったとされる気候の激しい変動のなかで、当時の「中原」が有していた多様な地理的・生態的環境を背景として、「華北系統」(鬲文化系統)の主体的な生業基盤であったアワ・ヒエなどの雑穀農耕や、「長江両岸・華東系統」(鼎文化系統)の主体的な生業基盤であった稲作などの生業基盤を融合させ、より多系的・複合的な生業基盤を獲得することより、この時期に起こった気候の激しい変動によって引き起こされた生態的環境の変化を乗り越えて、それまでの新石器時代の社会とは質的に大きく異なる社会、すなわち初期王朝というあらたな政体を生み出したと考えられる(27)。

このように、中国大陸における最初の初期王朝(二里頭文化)は、より多系的・複合的な生業基盤を獲得することによって成立したものと考えられるが、そのことはこの最初の初期王朝(二里頭文化)の土器相が、それまで中国大陸の各地で展開していた多系統・異系統の土器文化を重層的に内包させた形としての性格を有していることにも表れている。

たとえば、最初の初期王朝(二里頭文化)の煮炊き用の土器には、深腹罐《しんふくかん》、鬲、鼎、丸底罐(釜)などがあるが、第三章でみたように、深腹罐はそれまでの「東北系統」(罐文化系統)を代表する伝統的な煮炊き用の土器であり、鬲は「華北系統」(鬲文化系統)、鼎は「長江両岸・華東系統」(鼎文化系統)、丸底罐(釜)は「東南系統」(丸底釜系統)をそれぞれ代表する伝統的な煮炊き用の土器であった。また、最初の初期王朝(二里頭文化)の土器には、手びねり法、粘土紐積み上げ技法、粘土紐巻き上げ技法、型作り技法、叩き技法などの多系的な製作技術が複合的に用いられており、土器の製作技術という面においてもそれまでの中国大陸各地の多系統・異系統の製作技術が複合的・重層的に用いられている様相がうかがえる。[28] このように中国最初の初期王朝（二里頭文化）は、より多系的・複合的な生業基盤を獲得していただけなく、中国大陸各地の多系統・異系統の土器文化を複合的・重層的に内包した性格を有している。[29]

さらにまた、この最初の初期王朝（二里頭文化）においては、爵《しやく》・斝《き》・盉《か》・觚《こ》などのいわゆる陶礼器と呼ばれる酒器類（礼器類）が本格的に登場し、これらの陶礼器類はのちに青銅礼器として初期王朝時代を通して社会的に重要な意義をともなったある種の威信財としての役割を果たしていくことになるが、こうした陶礼器をはじめとする最初の初期王朝（二里頭文化）の文化的・社会的、ないしは精神的世界を表象する諸要素が、「中原」を結節点としながらのちの「中国」的世界とその外との世界とを隔てる境界上に位置する遠隔地の遺跡からまとまって出土することが知られている。こうした状況からは、中国最初の初期王朝（二里頭文化）の成立とともに、「中国」的世界の原型とも呼びうるまとまりがしだいに形作られていった様相が読み取れよう。

このように、中国で最初に成立した初期王朝（二里頭文化）は、当時の「中原」が有していた地理的・生態的環境にもとづいてより多系的・複合的な生業基盤を獲得しただけでなく、「中原」を結節点として、それまで中国大陸の各地で展開していた多系統・異系統の土器文化を重層的に内包させた一方、あらたに爵・斝・盉・觚などの社会的な意義が付与された陶礼器を生み出し、今度は逆にそれらを中国大陸の各地に拡散させるという、いわば文化的な「凝縮と拡散」の舞台ともなった。中国最初の初期王朝（二里頭文化）の成立とともに生み出されたこの新しい土器文化の系統をここでは初期王朝系統と呼んでおきたい。

(三) 中国大陸の周縁部における地域社会の変容

前節で述べたように、紀元前三〇〇〇年紀後半におきたとされる気候の激しい変動により、それまで中国大陸の各地に展開していた新石器文化（龍山文化）の社会がほぼ時を同じくして一斉に衰退ないし崩壊へと向かう一方で、紀元前二〇〇〇年頃、「中原」において中国最初の初期王朝（二里頭文化）が成立し、ゆるやかながらも「中国」的世界の原型とも呼びうるまとまりが形作られることとなったが、そうした「中国」的世界の原型とも呼びうるまとまりの形成とともに、その周縁部に位置する地域においてもまた、社会が大きく変容したことが知られる。

中国大陸の東北地方では、「東北系統」（罐文化系統）としてのまとまりをもっていた地域社会が紀元前二〇〇〇年前後に終焉を迎え、それまで「東北系統」（罐文化系統）に属していた（筒形平底罐を伝統的な煮炊き用の土器としていた）遼西から遼東西部の長城以北（遼東半島西部や遼河流域）にかけては、あらたに初期王朝系統の鬲、鼎、甑、甗などの三足器が煮炊き用の土器として広がる（たとえば遼西の夏下店《かかてん》下層文化、遼河流域西部の高台山文化など）一方で、こうした土器を受け入れなかったその外側の地域社会では、壺が安定的に普及し、壺・甕《かめ》（深鉢）という組み合わせが確立していく。

中国大陸の西部（甘粛・青海地区）では紀元前二〇〇〇年前後に寒冷化と乾燥化が進行した結果、それまで森林地帯であった環境が草原地帯へと大きく変化した。気候の変動によって引き起こされたこうした生態的環境の変化にともなって、それまでアワ・ヒエなどの雑穀農耕を生業基盤としていたこの地の農耕社会（斉家《せいか》文化）は崩壊したが、その一方であらたな環境に適応する形として、この地ではヒツジを中心とした牧畜を生業基盤とした地域社会が成立する。[30]また、このような変化は、かつてヒプシサーマル期の最温暖期においてはアワ・ヒエなどの雑穀農耕を生業基盤とする農耕社会が展開していた長城地帯においてもみられ、この地域では紀元前三〇〇〇年紀後半の気候の変動（寒冷化・乾燥化）により、それまでの農耕社会から牧畜型農耕社会への転換がなされたとされる。[31]

中国大陸の東南地域では、新石器時代の華中地域（長江中・下流域）において稲作農耕が開始された以降も長きにわたって南嶺《なんれい》山脈を越えて稲作農耕が伝わることはなかったが、紀元前三〇〇〇年紀に成立した地域文化（石渓《せきけい》文化）

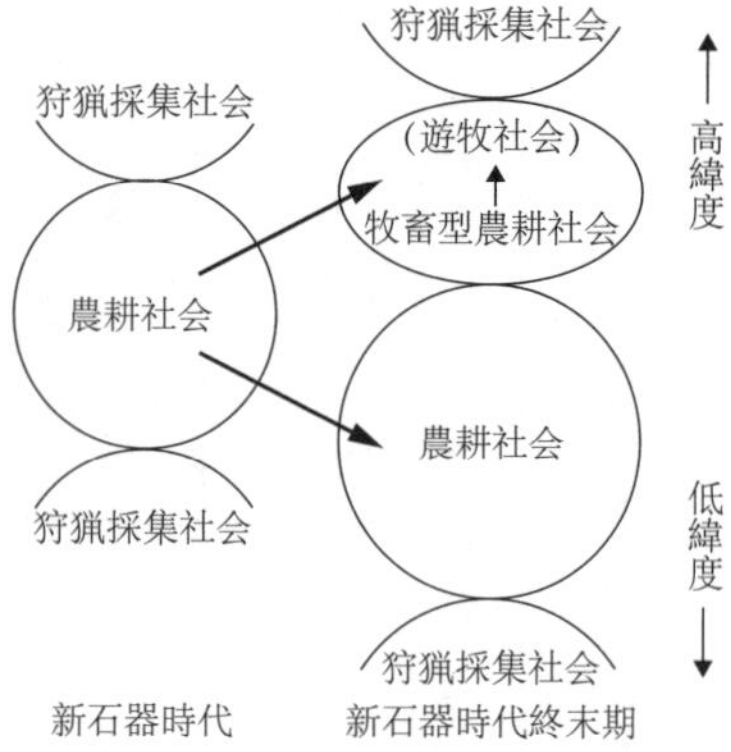

図10　東アジア海文明における地域社会の変容（宮本一夫『神話から歴史へ　神話時代　夏王朝』、中国の歴史01、講談社、220頁、図98、2005年より）

には「東南系統」（丸底釜文化系統）を代表する伝統的な煮炊き用の土器であった丸底釜に加えて鼎・鬹・甗形器・高柄杯《こうへいはい》などの土器が新たに出現するとともに稲作も開始され、中国大陸の東南地域（華南地域）においてもこの時期に地域社会の様相が大きく変化したことがうかがえる。

宮本一夫氏は、紀元前三〇〇〇年紀後半からおこった気候の変動により引き起こされたこのような地域社会の変容の様相を整理し、中国大陸とその周辺地域においてはこの時期に、①「農耕社会」、②農耕社会から分節した「牧畜型農耕社会」（のちに遊牧社会へと発展）、③「狩猟・採集社会」という東アジアの水平的な社会分節が完成されたと指摘する[32]（図10）。宮本氏が指摘する①の「農耕社会」は本稿における「中国」的世界の原型とも呼びうるまとまりとして、②の「牧畜型農耕社会」（のちに遊牧社会へと発展）は中国大陸の西部（甘粛・青海地区）・長城地帯の様相として、③の「狩猟・採集社会」は、さらにその外側に広がる地域（朝鮮半島・日本列島・ロシア極東地域・シベリア東部・東南アジアなど）における様相としてそれぞれ理解できよう。中国大陸とその周辺地域におけるこのような地域社会の動態は、紀元前三〇〇〇年紀後半からおこった気候の変動によって大きく変容した東アジア海文明を取り巻く各地の社会の様相・動態を理解するうえでも重要である。この時期（紀元前三〇〇〇年紀後半～紀元前二〇〇〇年紀）における東アジア海文明の様相を図11にまとめておきたい。

（四）まとめ――「中国」的世界の原型の形成と東アジア海文明

中国大陸では、紀元前三〇〇〇年紀後半からおこった気候の激しい変動のなかで、紀元前二〇〇〇年頃に「中原」を中心として最初の初期王朝（二里頭文化）が成立し、「中国」的世界の原型とも呼びうるまとまりを形作った一方で、中国大陸の周縁部の地域社会もまた、大きく変容した。この時期におこった気候の激しい変動は、中国大陸各地の生態的環境を大きく変化させたと考えられるが、「中原」においては当地の有する地理的・生態的環境を背景として、より多系的・複合的な生業基盤を獲得することにより環境の変化への適応ないし対応を図り、そうした過程のなかで初期王朝という新たな政体が生み出された。

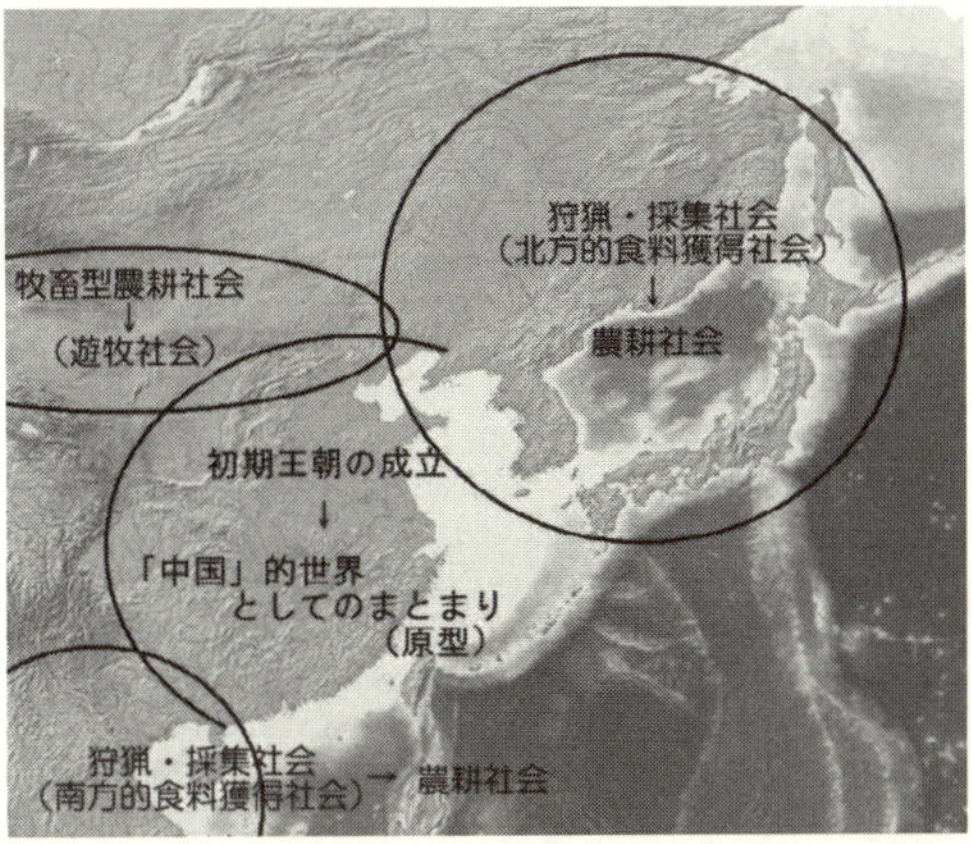

図11　初期王朝の成立期における東アジア海文明の様相

　一方、中国大陸の周縁部においては、気候の変動による環境の変化にともなって、それまでの生業基盤の比重を変化させたり、あるいはまた、それまでの生業基盤とは異なるあらたな生業基盤への転換を図るなどして、こうした環境の変化に適応ないし対応した。中国大陸の西部（甘粛・青海地区）や長城地帯における牧畜型農耕社会の成立はまさにそうした状況を物語ろう。

　こうした一連の動きが「中原」に対する「辺境」という対置的関係性を、言い換えれば「中国」的世界の原型とも呼びうるまとまりとその外の世界という枠組み・構図を形作ることとになったと言えよう。

　重要なのは、それまでの地域社会が基本的には各地域の生態的環境にもとづいた生業基盤に立脚しながら成立していた一方で、このようにして生み出された「中国」的世界の原型とも呼びうるまとまりは、複数の多様な生態的環境を飛び越えて、それを内包した形で成立しているということである。そしてまた、複数の多様な生態的環境を内包した形で成立したこの「中国」的世界の原型とも呼びうるまとまりのあり方こそが、のちにこの「中国」的世界を中心として東アジア海文明というさらに多様な生態的環境を内包した大きな文明圏を成立させる基盤となり得たように思われる。

五　土器からみた古代東アジア海文明の歴史と環境

これまでみてきたように、古代東アジア海文明において、その後の人類史においてきわめて大きな役割を果たしてきた土器は、更新世末期から完新世初頭にかけて気候が大きく変動を繰り返す移行期に、そうした気候の変動にともなう生態的環境の変化への適応のひとつとして中国大陸、日本列島、朝鮮半島、ロシア極東地域、シベリア東部などにおいて多元的に出現した。

その後、東アジア海文明を取り巻く各地域では、完新世以降の温暖期化にともなって土器文化が定着・安定・発展し、各地の生態的環境にもとづいた生業基盤に立脚した地域社会が成立した。それは中国大陸の東北地域・朝鮮半島北部・ロシア極東地域・日本列島に広がりをもつ「東北系統」（罐文化系統）として示される「狩猟・採集社会（北方的食料獲得社会）」、中国大陸の華北地域（黄河流域）における「華北系統」（鬲文化系統）として示される「アワ・ヒエ雑穀農耕社会」、中国大陸の華中・華東地域における「長江両岸・華東系統」（鼎文化系統）に示される「稲作農耕社会」、中国大陸の華南地域以南に広がりをもつ「東南系統」（丸底釜文化系統）に示される「狩猟・採集社会（南方的食料獲得社会）」というまとまりとしてもとらえることができた。

しかし、紀元前三〇〇〇年紀後半から起こった気候の激しい変動のなかで、こうした各地における地域社会は大きく変容し、紀元前二〇〇〇年頃には中国大陸の「中原」を中心として中国最初の初期王朝（二里頭文化）が成立する。中国最初の初期王朝（二里頭文化）は、中国大陸各地の多系統・異系統の文化要素を複合的・重層的に内包した性格を多分に有するとともに、「中原」の地理的・生態的環境を背景としながら、アワ・ヒエなどの雑穀農耕と稲作農耕などを取り入れた多系的・複合的な生業基盤を獲得することにより、この時期に起こった気候の激しい変動による環境の変化に適応ないし対応した。一方で、中国大陸の周縁部の地域社会では、気候の変動による環境の変化にともなって、それまでの生業基盤の比重を変化させたり、あるいはまた、それまでの生業基盤とは異なるあらたな生業基盤への転換を図っていった。中国大陸の西部（甘粛・青海地区）や長城地帯における牧畜型農耕社会の成立はそうした状況を如実に物語るものである。

紀元前三〇〇〇年紀後半から紀元前二〇〇〇年紀におけるこうした一連の動きが、「中原」に対する「辺境」という対置的関係性を、言い換えれば、「中国」的世界の原型とも呼びうるまとまりとその外の世界という対置的関係性を形作ることとなったが、このようにして生み出された「中国」的世界の原型とも呼びうるまとまりは、各地の生態的環境にもとづいた生業基盤に立脚しながら成立していたそれまでの地域社会とは大きく異なり、複数の多様な生態的環境を飛び越えて、それを内包した形で成立したものであった。複数の多様な生態的環境を内包して成立したこの「中国」的世界の原型とも呼びうるまとまりのあり方こそが、のちに「中国」的世界を中心として東アジア海文明というさらに複数の多様な生態的環境を内包した大きな文明圏を成立させる基盤となり得たように思われる。

中国大陸とその周辺地域においてこのような社会構造上の大きな変化がおこり、中国最初の初期王朝（二里頭文化）の成立にともなって「中国」的世界の原型とも呼びうるまとまりが形作られたこの時期は、のちに東アジア海文明というより大きな文明圏が形作られていく歴史的過程における、まさにその胎動期であったといえよう。

土器を通じて東アジア海文明の胎動期ともいえる段階の歴史と環境を概観したところで、最後に東アジア海文明における「海」の果たした役割について考えてみたい。

　これまで土器の出現期から土器文化の定着・安定・展開期を経て紀元前二〇〇〇年紀における中国大陸での初期王朝の成立期までの古代東アジア海文明の様相について概観したが、よく知られているような日本列島と朝鮮半島における部分的な交流はあったとしても、東アジア海を媒介とした大きな文化的交流といったものは少なくともこの時期における土器からは看取できない。たとえば、中国大陸の新石器時代に隆盛した彩陶や黒陶などがある程度まとまった数日本列島で出土したという例はなく、また鬲や鼎といった「中国」的世界に特徴的な土器も例外的なもの除いてほとんど見出すことはできない。土器の製作技術に関しても、中国大陸では早くから叩き技法や轆轤法を用いた土器作りが行われていた一方で、日本列島の縄紋土器にそのような製作技術を用いて作られた痕跡は今のところ見出せない。

　そのように考えると、古代の東アジア海文明における海の役割は、交流を促進した「道」ではなく、むしろ交流を阻害し続けてきた「壁」としての役割を果たしてきたように思われる。しかしながら、古代において東アジア海が文化的な「壁」となっていたということは、逆説的に言えば、「海」という「壁」によって異なる文化の影響が妨げられ、独自の文化を花開かせたともいえるだろう。日本列島の縄紋文化が「連続性の強い独自の文化[33]」として発展したのも、そうした「海」の果たした「壁」としての役割があったからではないだろうか。「海」の役割を論ずる際には、得てしてそれがもたらした積極的な影響といったものばかりが注目され評価されがちであるが、こうした「海」のもつ別の側面もまた、重要である。歴史上において「海」の果たした役割の多様性といったものも今一度再認識してみる必要があるように思われる。

　紀元前二〇〇〇年紀の中国大陸における初期王朝の成立と、それにともなう「中国」的世界の原型とも呼びうるまとまりの形成は、同時に、それらに対する対置的存在としての「辺境」をも成立させることとなった。こうした動きは、その後の東アジア海文明における歴史的動態から鑑みれば、東アジア海文明というより大きなまとまり（文明圏）の成立を準備した胎動期であったといえよう。古代においては「壁」であった東アジア海が、交流を媒介する海の「道」となったとき、言い換えれば、「海」というもうひとつの大きな生態的環境が内包されたとき、そこにはじめて東アジア海文明というより大きなまとまり（文明圏）が形成されたと考えたい。そしてそこにこそ、東アジア〝海〟文明としての歴史上の意義を見出せるのではないだろうか。

おわりに

冒頭で触れた東アジア海の海域は、海洋学的には「縁海（marginal sea）」に相当する。「縁海」とは、大陸と島・列島・半島などに囲まれて部分的に閉じた内海を指す。一方、ヨーロッパ世界の形成において大きな役割を果たしたアドリア海、マルマラ海、アゾフ海などからなる地中海は、海洋学的にもその名の示すとおり大陸と大陸との間に囲まれた内海を指す「地中海（mediterranean sea）」に相当する。広義においては同じ「内海」でありがなら、東アジア海と地中海は、「縁海」と「地中海」という海洋学的な差異がある。

また、地中海は東西方向に広がりをもった閉鎖水域である。このことは、その海域を取り巻く生態的・植生的環境の共通性・近似性が高いことを示すと同時に、(34) 大海流もなく相対的に静的な海域であることを示唆している。実際、植生に関して言えば、地中海の沿岸部には硬葉樹林帯という共通した植生が分布している。

一方、東アジア海の海域は南北方向に広がりをもった開放水域である。このことは、その海域を取り巻く生態的・植生的環境が多様性を内包する可能性が高いことを示すとともに、大海流が流れ、相対的に動的な海域であることを示唆するものである。実際、第一章でもみたとおり、東アジア海文明を取り巻く環境は非常に多様性を有するものであった。

同じ「内海」でも地中海と東アジア海とではその海洋としての性格が大きく異なっており、そうした違いがそれぞれの海域を取り巻く歴史の形成において異なる役割を果たしたものと思われる。

〔追記〕

筆者ら「運河班」は、二〇〇六年から二〇〇九年にかけて中国を南北に貫く大運河を北に向かって北上するという踏査を行った。筆者の専門は新石器時代から初期王朝時代までの考古学であり、おもに隋代以降につくられた「大運河」とは一見直接的な関係はないように見える。しかし、「運河班」に参加したのは、南の杭州から北の北京までを貫く大運河を踏査することによって稲作地帯である長江流域（江南）から畑作地帯である黄河以北（華北）までの生態的変化を実感としてとらえたいと考えたからである。そのため、踏査のさいには大運河そのものの調査のほか、大運河沿いに立地するいくつかの遺跡を視察し、また積極的に現地の博物館を見学するなどして、異なる生態環境を貫く大運河を踏査しながら同時に異なる生態環境下にあった古代の人々の生活上の差異をとらえようと努めた。また、「運河班」としての共同調査とは別に、東アジア海文明における土器の様相をとらえるため、個人的に朝鮮半島（韓国）や中国の華南地方を訪れて当地の土器などを観察する機会を得た。本稿では東アジア海文明という巨視的な視座・枠組みを重視したため詳細な土器論は割愛せざるを得なかったが、東アジア海文明も大運河も、じつのところ、異なる多様な生態環境をつなぎ、内包させたものとして、共通した歴史上の意義があるということを最後に指摘しておきたい。

【注】

（1）鶴間和幸編『黄河下流域の歴史と環境　東アジア海文明への道』（学習院大学東洋文化研究叢書、東方書店、二〇〇七年）。

（2）一般的に仮に気温が二度上昇したとすると、同一の植物が分布可能な気候帯は緯度方向に二〇〇～三〇〇キロ、垂直方向に六〇〇メートル移動すると言われている。

（3）例えば、加藤晋平「極東における土器の起源―石刃鏃を手がかりにして―」（『歴史教育』第十七巻第四号、一九六九年）

十九〜二六頁。など。

（4）例えば、小林達雄「縄文土器の起源」（『考古学ジャーナル』一〇月号（第一〇〇号）、一九七四年）二六〜三〇頁。小林達雄「総論」（『縄文文化の研究3』雄山閣出版、一九八二年）四〜十五頁など。

（5）大塚達朗「草創期の土器」（小林達雄編『縄文土器大観一』小学館、一九八九年）二五六〜二六一頁。大塚達朗『縄紋土器研究の新展開』（同成社、二〇〇〇年）。大塚達朗「広域編年と土器情報―隆起線紋土器―」（『土器を読み取る―縄文土器の情報―』縄文時代の考古学7、同成社、二〇〇八年）二三九〜二五三頁。

（6）谷口康浩「日本列島初期土器群のキャリブレーション ^{14}C年代と土器出土量の年代的推移」（『考古学ジャーナル』八月号（第五一九号）、二〇〇四年）四〜一〇頁。

（7）更新世と完新世の境界については、グリーンランドの氷床コアにおけるヤンガー・ドリアス期が終わって温暖になり始める時期、すなわち11700 cal yr b2k（AD2000年から暦年スケールで遡及した年数）を基準とする提案が二〇〇八年五月にIUGS（国際地質科学連合）において批准された（Walker, M., Johnsen, S., Rasmussen, S. O., Popp, T., Steffensen, J-P., Gibbard, P., Hoek, W., Lowe, J., Andrews, J., Bjorck, S., Cwynar, L. C., Hughen, K., Kershaw, P., Kromer, B., Litt, T., Lowe, D. J., Nakagawa, T., Newnham, R., Schwander, J., "Formal definition and dating of the GSSP (Global Stratotype Section and Point) for the base of the Holocene using the Greenland NGRIP ice core, and selected auxiliary records", *Journalof Quaternary Science*, 24 (2009), pp.3-17.）

（8）谷口康浩「日本列島初期土器群のキャリブレーション ^{14}C年代と土器出土量の年代的推移」（『考古学ジャーナル』八月号（第五一九号）、二〇〇四年）四〜一〇頁。

（9）大貫静夫氏の意味するところの「極東」は、こうした平底土器が共通して広がる中国東北地方や朝鮮半島北部までをも含む歴史的概念ないし文化史的概念として設定された「極東」である。

（10）大貫静夫「アジアの先史文化」（『季刊考古学』第三八号、一九九二年）十七〜二〇頁。大貫静夫『東北アジアの考古学』（同成社、一九九八年）。

（11）大貫静夫「東北アジア新石器社会の多様性」（菊池俊彦編『北東アジアの歴史と文化』北海道大学出版会、二〇一〇年）七一〜八六頁。

(12) 辻誠一郎「縄文時代への移行期における陸上生態系」(『第四紀研究』第三六巻) 三〇九頁~三一八頁。辻誠一郎「縄文時代の植生史」(『縄文時代の考古学3』同成社、二〇〇九年) 六七~七七頁。
(13) 厳文明 (岡村秀典訳)「中国古代文化三系統説」(『日本中国考古学会会報』第四号、一九九四年) 八一~八四頁。
(14) 西江清高「中国先史時代の土器作り」(『しにか』七月号、大修館書店、一九九五年) 三三~四一頁。
(15) 大貫静夫「アジアの先史文化」(『季刊考古学』第三八号、一九九二年) 十七~二〇頁。大貫静夫『東北アジアの考古学』(同成社、一九九八年) など。
(16) たとえば、ベトナム北部に位置するダブート貝塚からは、叩き技法で作られた丸底釜形の土器が出土している。ベトナムでは、タブート文化やクィンヴァン文化など、バクソニアンから後期新石器時代への移行段階 (およそ紀元前四〇〇〇年頃) が土器出現期に相当するが、それらの土器が叩き技法によって製作されている点も興味深い (坂井隆・西村正雄・新田栄治『東南アジアの考古学』同成社、一九九八年)。
(17) 日本列島の縄紋時代の資源利用の特徴は、複数の資源を多角的に開発し利用する点にあり、複合的獲得経済とも呼ばれる (富岡直人「縄文時代の動物質資源と生業圏」『縄文時代の考古学4』同成社、三~二一頁、二〇一〇年)。また、今村啓爾氏は、縄文人と森林との深いかかわりのなかからクリ栽培など樹木を対象とする食糧生産が開始された点に縄紋文化の特殊性を認め、穀物栽培を基盤として文明を生み出していった西アジアや中国の新石器文化 (「草原性新石器文化」) との違いに注目し、この特殊性をふまえて「森林性新石器文化」という新たな概念で縄文文化の歴史的位置付けを試みている (今村啓爾『縄文の実像を求めて』吉川弘文館、一九九九年)。
(18) 中国大陸ではヒプシサーマル期の最温暖期を背景に、それまで長江流域を中心に行われていた稲作農耕が中原地域や山東半島まで広がり、黄河流域中心に行われていたアワ・ヒエなどの雑穀農耕は内蒙古の長城地帯にまで広がることが知られている (厳文明『農業発生與文明起源』科学出版社、二〇〇〇年)。
(19) 例えば、阪口豊「過去八〇〇〇年の気候変化と人間の歴史」(『専修人文論集』第五一号、一九九三年) 七九~一一三頁。阪口豊「過去一万三〇〇〇年間の気候の変化と人間の歴史」(『歴史と気候』講座文明と環境6、朝倉書店、一九九五年) 一~十二頁。富岡直人「古海況・魚貝類相の変遷」(『縄文時代の考古学4』同成社、二〇一〇年) 二三~三七頁。辻誠一郎「縄文時代の植生史」(『縄文時代の考古学3』同成社、二〇〇九年) 六七~七七頁など。

郵　便　は　が　き

恐れ入ります が切手をお貼 り下さい

101-0051

東京都千代田区
神田神保町1－3

株式会社　東　方　書　店　行

フリガナ		性別		年令
ご氏名		男	女	歳
〒・☎	(〒　　－　　)(☎　　－　　－　　)			
ご住所				
E-mail				
ご職業	1．会社員　2．公務員　3．自営業　4．自由業(　　) 5．教員(大学・高校・その他)　6．学生(学校名　　) 7．書家・篆刻家　8．無職　9．その他(　　)			

購入申込書

(書店)	定価¥	部
(書店)	定価¥	部

※小社刊行図書をご入手いただくために、このハガキをご利用ください。
ご指定書店に送本いたします。書店のご利用が不便の時、お急ぎの時は代金引換え払いでお送りいたします。送料は冊数に関係なく、税込380円(2012年11月現在)です。

お問い合せ先
東方書店業務センター　☎03(3937)0300

ご指定書店名

愛読者カード

このたびは小社の出版物をご購入いただきましてありがとうございます。

今後の出版活動に役立てたいと存じますのでお手数ですが諸項目ご記入の上ご投函いただければ幸いです。お送りいただいたお客様の個人情報につきましては小社の扱い商品の販売促進以外の目的に使用することはございません。

● **お買い求めになったタイトル**（必ずご記入ください）

● **お買い求めの書店**（所在地・サイト名）

● **本書をお求めになった動機に○印をお願いいたします**
1：書店の店頭でみて　2：広告・書評をみて（新聞・雑誌名　　　　）
3：小社の（月刊東方　ホームページ）をみて　4：人にすすめられて
5：インターネットの情報をみて　6：その他（　　　　）

● **ご希望があれば小社発行の下記雑誌の見本誌をお送りいたします**
1：人民中国〔中国発行の月刊日本語総合誌〕
2：東方〔中国出版文化の月刊総合情報誌〕
上記のうち（　1　・　2　）の見本誌を希望

● **E-mail での各種情報の送信を**　希望する　・　不要

● **本書についてのご意見**　いずれかに○をお願いします。
1：価格（　安い　普通　高い　）2：装幀（　良い　可　不可　）

● **本書を読まれてのご感想、ご希望、編集者への通信、小社の出版活動についてのご意見などご自由にお書きください**

(20) Winkler and Wang, "The Late-Quaternary Vegetation and Climate of China", Wright,Jr.H.E.,Jr.,Kutzbach,J.E.,Webb,Ⅲ,T.,Ruddiman,W.F.,Street-Perrott,F.A.and Bartlein,P.J.eds., *Glbal Climates since the Last Glacial Maximum*, University of Minnesote Press,1993. Weiss,H., "Beyond the Younger Dryas", Bawden,G.and Reycraft,R.M.,eds., *Environmental Disaster and the Archaeology of Human Response*, University of New Mexico,2000. 甲元眞之「気候変動と考古学」(『文学部論叢』第九七号、熊本大学文学部、二〇〇八年)一～五二頁。

(21) 阪口豊「過去八〇〇〇年の気候変化と人間の歴史」(『専修人文論集』第五一号、一九九三年)七九～一一三頁。阪口豊「過去一万三〇〇〇年間の気候の変化と人間の歴史」(『歴史と気候』講座文明と環境6、朝倉書店、一九九五年)一～十二頁。

(22) 藤本強『モノが語る日本列島史—旧石器時代から江戸時代まで』(同成社、一九九四年)。

(23) 今村啓爾「縄文時代の住居址数と人口の変動」(『住の考古学』同成社、一九九七年)四五～六〇頁。

(24) 今村啓爾『縄文の実像を求めて』(吉川弘文館、一九九九年)。

(25) 阪口氏の考古学的時期区分は^{14}C年代をそのまま考古学編年にあてはめただけで考古資料との対比がなされておらず、そのため阪口氏による環境変動に関する研究成果を利用・参照する場合には、考古学的な時期区分を除外して^{14}C年代だけで比較すべきだという指摘もある(甲元眞之「気候変動と考古学」『文学部論叢』熊本大学文学部、第九七号、二〇〇八年、一～五二頁)。

(26) 例えば、王巍「公元前二〇〇〇年前後我国大範囲文化変化原因探討」(『考古』二〇〇四年第一期、二〇〇四年)六七～七七頁。

(27) 久慈大介「黄河下流域における初期王朝の形成—洛陽盆地の地理的、生態的環境」(『黄河下流域の歴史と環境　東アジア海文明への道』、東方書店、二〇〇七年)二八五～三二四頁。

(28) 久慈大介「二里頭遺址出土陶器的製作技術研究」(中国社会科学院研究生院提出博士論文、二〇一〇年)。久慈大介「二里頭遺跡出土土器の製作技術研究—土器成形段階における製作技術上の問題を中心として—」(『中国考古学』第十二号、二〇一二年)一三五～一七六頁。

(29) これらのことは同時にまた、中国最初の初期王朝(二里頭文化)が、中国大陸各地の多系統・異系統の情報やアイディアなども複合的・重層的に内包していた可能性をも示唆していよう。より多系的・複合的な生業基盤の獲得や、多系統・異系統の土器文化の複合的・重層的内包といった様相に示されるこうした多系統・異系統の情報やアイディアの重層ないし集積こそが、この地に中国史上最初の初期王朝(二里頭文化)が成立した大きな要因ないしはその背景のひとつになったと考えられる。

（30）水濤「論甘青地区青銅時代文化和経済形態転変与環境変化的関係」（『環境考古学』第二輯、科学出版社、二〇〇〇年）六五～七一頁。
（31）宮本一夫「中原と辺境の形成―黄河流域と東アジアの農耕文化―」（『食糧生産社会の考古学』現代の考古学3、朝倉書店、一九九九年）一〇〇～一二五頁。
（32）宮本一夫『神話から歴史へ　神話時代　夏王朝』（中国の歴史〇一、講談社、二〇〇五年）。
（33）今村啓爾「縄文時代観の形成」（『縄文時代の考古学1』同成社、二〇一〇年）三三～四九頁。
（34）緯度は日長と密接な関係にあり、日長は直接的には日照時間、間接的には気温と関係する。そのため、植生環境は基本的に緯度による水平的な分布パターンを示すとされる。

魏晋南北朝時期における「海眺め」の流行と海域認識について

——現存する詩賦文献を主要な手がかりとして

安　介生（津守　陽訳）

はじめに

中国の東側は海に面しており、昔からその領域には長い海岸線が含まれていた。つまり、中国の東側に位置する海域および沿海領域の状況についての認識は、中国古代の地理認識史を構成する重要な一部分であると言わなければならない。中国の東部海域に関する認識の歴史を辿れば、それは実に曲折に富んだ長い道のりであった。ここには人々が自然の神秘を探ろうとした強烈な欲求が表れているだけでなく、一方で海域への認識が直面した歴史的な限界も映し出されている。こうした海洋認識の進展は、中国の科学技術発展史だけでなく、中国社会の発展史とも深く関連し、中国文化の歴史に大きく深い影響を及ぼしている。

秦漢から魏晋南北朝へという時期は、中国の東部海洋認識の進展から見て特別な意味を持っている。この時期に中国内地の知識層は東部海域について大いに知見を深め、認識史の発展に多大な貢献をした。その強力な証拠として我々の前に残されているのは、海域を観察した多くの人間によって記された、海の景観や関連知識を叙述した一連の詩賦である。これらの文献は当時の海域認識状況を理解するための確固とした手がかりを提供してくれる。文献の分析を通して見えてくるのは、この時期の海洋認識の進展の背後に、相当に複雑かつ特殊な歴史的地理的背景が存在していたことである。これらの歴史的地理的背景を解き明かしていくとき、我々は文学の発展と地理認識、および社会の歴史的変遷という三者の間には、密接で微妙な関係が存在していることを、より大きな視点から理解することができる。

しかし現在までのところ、多くの研究者が魏晋南北朝時期の海洋景観を描いた詩賦文献の存在に着目しているとはいえ、通常はこれらの文献を「海洋文学」というカテゴリーにおさめ、文学的技巧や思想哲学上の概念、または文学芸術上のイメージといった面から分析と議論を行うのが一般的であった。このためこれらの文献が持つ地理認識面での価値に関しては、系統立った分析と研究が十分に行われてこなかった。また同時に、これらの文学作品が生み出された歴史的地理的背景や社会的文化的状況についても、先行研究にたいへん簡略な言及があるのみで、研究の余地は大きく残されている(1)。

そこで本稿においては、これらの詩賦文献を全面的に整理分析したうえで、作者個人の生涯における伝記的事実や創作環境を参照し、当時流行した海を眺める行為——「海眺め」と、海域に対する認識の状況がいかなるものであったのか、それをできるだけ再現してみたい。その後で、辺境領土の状況変遷や民族移動、および政治文化の中心の転移といった角度から、魏晋南北朝時期において海洋見聞や東部海域認識の進展を後押しした、特殊な歴史的地理的背景を明らかにしたいと思う。

一、秦漢から南北朝時期における中国の海洋景観と海域認識

東側が海洋に面しているという自然の利点によって、中国古代の人々はたいへん早くから海洋を認識し、海洋資源

を利用して早期海洋文明を築き上げていた。たとえば東夷と呼ばれた人々による古代文明には豊富な海洋文化の要素が含まれており、内外の研究者の注目を集めている。しかし古代における東部海域の認識について、のちの文献記載に残されたものは限りがあり、とりわけ地理認識としての意義や科学的価値を有する内容となると極めて少ない。たとえば『山海経』の大部分は「海経」が占めるが、実際には「海」を目印に地域を分割して山川や風物を紹介しているだけで、海域の状況に関する直接の描写はほとんど無い。また奇怪で信用しがたい風物があまりに多く含まれているため、普通は中国古代神話の集積や古筆記小説の元祖とみなされ、現在の研究者もこれを地理学の専門書だとは考えていない(2)。

秦漢以後、漢族が中央統一王朝を打ち立てると、これによって国土の建設が強く押し進められ、同時に東部海域に関する認識も進展した。野心に溢れた帝王たちは東の海域に関しても強い関心を示し、それを実行に移した。たとえば『史記』封禅書によると、春秋戦国時期以降、東の海域に仙島と仙人が存在するという伝説が大流行し、東海に浮かぶ蓬莱・方丈・瀛洲《えいしゅう》の三山には「諸々の仙人と仙薬が存在する」と言われた。これらの伝説がひいては帝王たちを海洋探索へと誘い、現代の研究者はこれを「蓬莱信仰」と呼んでいる(3)。秦の始皇帝や漢の武帝はこうした伝説に最も魅入られた人物であった。とりわけ始皇帝の蓬莱伝説への執着と、性急な探索は有名である(4)。始皇帝本人もたびたび天下を巡遊し、東は海にまで到達して、最後は東巡の途上で命を終えた。また『史記』孝武本紀によると、漢の武帝も「斉人がしばしば東海の神秘を上奏しながら、誰も経験したものが無かった」ため東海の神仙に興味を持ち、自ら何度も東巡して海を見聞したという。仙境の探索は何度も失敗に終わったとはいえ、漢武帝の執着心は衰えず、「たびたび方士を遣わしては神仙を探し、仙薬を求めさせた(5)」。

秦漢時期に帝王や方士を中心として行われたこの海上仙境の探索は、海域地理探検の一種と見ることができるが、当時の科学技術や生産力に限りがあったため、結局は失敗に終わることがほとんどであった。これらの探索は後世ににおいて荒唐無稽な行為の代名詞となり、踏んではならない「前車の轍」とされたため、その後の海洋探索にマイナスの影響を与えた。とはいえ、広大な未知の海域に対する中原の人々の好奇心がこのために止むことはなかったし、また始皇帝や漢武帝の故事が社会や文化に与えた影響も当然無視はできない。なかでも始皇帝や漢武帝が海を眺めた場所は、後世の人が「故事」を踏襲する際の名所となり、後世の「海眺め」に大きな影響を与えた。こうした有名な「海眺め」地点には、琅邪・碣石・会稽などがある。ただし先秦から前漢にかけての時代を見る限り、中原の人々が東部の広大な海域に関して持っていた知識は比較的少なく、海への畏敬の念が主流を占めている。このため海域の景観や地理的特徴を専門に描いた詩賦の類はほとんど見られない。

後漢に至ると状況は大きく変化した。方士や帝王の主導による仙境探索は忘れられ、代わって才気に溢れた文人が海域の景観を熱心に観察し、詩賦によってその知見を事細かに表現するようになったのである。班彪《はんぴょう》は前漢後漢にまたがる著名な歴史家であり、『漢書』を記した班固はその息子である。当時を代表する史官として、班彪は『漢書』執筆の基礎を築いた重要な人物であり、また卓見を有する政治家として、彼は後漢初めの政治的転変においても無視できない影響を及ぼした。(6) 海域認識の面から言えば、班彪（字は叔皮）の筆になる「覧海の賦」は、海域景観の叙述を中心とした賦（海賦）として最も早く出現したものであると認められている。(7) 賦は以下のように始まる。「私は淮浦に用事が有り、茫漠たる滄海を目にした。孔子の「桴《ふ》に乗りて海に浮かばん」と言った気持ちに感じるところあって、しばしゆったりと思いを馳せた」。賦というジャンルは中国の伝統文学の中でも代表的なもので、詳細な叙述ときらびやかな語彙を特徴とする。「覧海の賦」もその例にもれず、字句は絢爛豪華にして、豊かな想像力が存分に発揮されている。大海の壮大な景色は作者の創作意欲を大いに刺激したようで、作者は想像の翼に乗って大海を俯瞰し、大海きらきらと輝く百川が大海に流れ込み、方丈や瀛洲といった東の仙島に金銀宝玉の宮殿が立ち並ぶ様を眺める。大海の厖大なる光景を力の限り誇張して表現しようとしたものだと言えるだろう。仙島には西王母・赤松子《せきしょうし》・王子《おうし》喬《きょう》といった伝説上の神仙が居並び、作者は彼らと共に人間《じんかん》を遠く離れて天を駆け巡り、龍に乗って天帝に拝謁までする。(8)無限の神秘を湛えた大海に面し、作者は古代神話の内容を融合させて豊富な想像力を展開している。「覧海の賦」は想像と神話の色濃い作品だと言えるだろう。

中国東部の海岸線はきわめて長く、その地域差は大きいため、どこで海洋を眺めたのかによって観察の結果は大きく変わってくる。よって海を眺めた地点の考証が非常に重要となる。班彪が到達した「淮浦」とは、すなわち両漢時期の臨淮郡淮浦県であり、今の江蘇省漣水《れんすい》県西部である。『詩経』大雅・常武に「淮浦に沿って、徐土を省察し…」などの詩句があるため、淮浦は当時の文人にとって知名度の高い場所であった。(9)『漢書』地理志は「臨淮郡淮浦県」に次のような注釈をつけている。「游水は北の方で海に入る。王莽は淮敬に改名した。応劭によると淮涯である」。游水は淮河下流の一支流である。『水経』淮水には「淮水は東の方で広陵淮浦県に到ると海に注ぎ込む」とあり、酈道《れきどう》元《げん》の『水経注』では「応劭によると、浦とは岸である。……淮水は淮浦県に入ると分かれて北側が游水となり、朐《く》県(今の連運港海州鎮)を経て沭水に合流する。……秦始皇帝は朐県の海上に石を立て、秦の東の果てとした。游水は北東に流れて海に注ぎ、古くから呉の者が北方へ赴く時には、波の高い巨海に長く浮かぶことを嫌い、この流れを遡ってから海に出た」とある。(10)ここからわかるのは、秦以来「淮浦」の地名が一種の記号的役割をもち、多くの文人墨客が遊覧の興趣を誘われたということである。さらに淮浦が重要であるのは、淮水が海に注ぎ込む地であるばかりでなく、淮河と游水がともに南北交通の要道であったことに起因する。酈道元の注にあるように、当時の航海技術では沿海航路の風波の激しさに耐えられなかったため、南方の呉越から北上して現在の山東や河北に到る場合は、通常海の道ではなく内陸の水路を通ったのである。このことは淮水と淮浦の地理的価値を大いに高めたし、内地の人々もこのルートを取る際に海辺を遊覧し鑑賞することとなった。班彪によるこの賦も、まさに彼が淮浦県に遊歴し、大海を望んだのち感ずるところあって作ったものである。

曹操（一五五―二二〇）は中国古代の著名な政治家であり、三国魏の創始者でもある。彼は沛国譙《しょう》県（今の安徽省亳州《はくしゅう》市）の人であり、その「滄海を観る」と題した詩は広く人口に膾炙し、一代の政治家としての曹操の懐の広さを示している。詩の概要はこうだ。東の方碣石山に登り、渤海を見る。ゆったりとたゆたう海、山は屹立し、草木は茂り、日月星漢はまるで海中より浮かび出るようだ。この楽しさよ。この心持ちを歌にせん。(11) 秦漢以来、碣石山は最も名高い「海眺め」の地点となったところで、今の河北省昌黎県にある。学者の推測によると、後漢の建安十二年（二〇七）、曹操は兵を率いて烏桓《うがん》を攻め、その途中で海を眺めて詩作したとされる。曹操は海域の景観に対して簡潔なスケッチを行い、連なる島々に草木の茂る様や海水の茫漠と広がる様を描いている。これはまさにひとつの境地を描くことを主眼とした中国山水画のようである。この描き方からわかるように、詩作の主旨は海の景観を事細かに描くことではなく、むしろ古今の有為転変に対する感慨と天下を縦横する抱負を語ることにある。

魏の文帝曹丕は曹操の長男で、三国魏の初代皇帝である。曹丕も才能に富んだ文学者であり、『魏文帝集』を残している。その中におさめられた「滄海の賦」もまた海域の景観を描写した作品である。その賦が叙述するのはこんな様子だ。川は美しく海は厳かである。荒波は激しく打ち寄せ、ごうごうと音を立ててわき上がる。黿鼉《げんた》（海亀）が泳ぎ、鸑や鵠《こく》（鳳凰・白鳥）が悲しく鳴きながら水辺を飛び回る。巨魚が船を呑む勢いで跳ねる。大きな貝や真珠が豊富にある…。(12) 班彪の「覧海の賦」に比べると、「滄海の賦」はより写実と直感に重きを置いており、太古の神話伝説は登場しない。ここに出てくるのは、黿鼉・鸑鵠・巨魚・大貝・真珠といった海域の動植物の状況である。

「滄海の賦」が創作された背景には、曹丕本人の東征が直接的に関わっていると筆者は考える。彼の東征行動については、その「浮淮の賦」や「臨渦の賦」に詳しい叙述がある。「浮淮の賦」の序文によると、「建安十四年（二〇九）、王師は譙郡（今の安徽省亳県）より東征した。大いに水軍を興して一万の船を浮かべた。私はそれに随行し、はじめて淮河の湾に入って東山に駐屯した。兵士や軍艦を眺めやるとたいへん立派であり、漢の武帝のころにも勝るほどだ」(13)

とある。建安十四年は赤壁の戦いの翌年であり、曹操軍は再度大挙して東征を行い、淮河に沿って南下した。『魏書』武帝紀によると、建安十四年三月に譙郡で水軍を興し、渦水《か》（淮河支流の渦河）から淮水に入り、肥水（今の安徽省肥河）に出て合肥に駐屯し、揚州の郡県に長史〔点校本では「吏」に作る〕を置いたのち、また譙郡に帰った。(14) ここから見る限り曹魏の軍隊が東征した路線ははっきりしており、譙郡から出発して渦水より淮水に入り、最後に揚州へ到達している。建安十八年（二一三）になると曹丕は再度東部に赴いた。「臨渦の賦」序文によると、この年曹操が墓参りをするのに従って東固（或いは東国に作る）に遊覧し、渦水に沿ってしばし散策した。ここで馬を停めて鞭を筆とし、「臨渦の賦」を作った、とある。(15)

曹丕の即位後、国力が充実すると、おそらくは父親の遺志を遂げんとしてか、彼は長江以南への野心を大いに抱き、一度ならず自ら大軍を率いて東征した。たとえば黄初五年（二二四）八月には水軍を興して自ら龍舟を御し、蔡水・潁水《えい》を辿って淮水に浮かび、寿春（今の安徽省寿県）を通って広陵（今の江蘇省揚州市）に到った。(16) また六年（二二五）にも東征し、譙郡を経て渦水から淮水に入り、陸路で徐州に到り、東巡台を築いている。その後広陵にて厖大な水軍を閲兵し、「江に臨んで兵を観る」と題した詩を詠んだが、(17) この年あまりの寒さで水路が凍り、船は長江に入ることができず、侵攻を断念した。またもや彼の野心は遂げられなかったのである。

これらの文献からわかるように、孫権勢力と東部の領土を争うために、曹丕は時に曹操に従い、時に自ら軍隊を率いて、何度も南征して淮水流域および淮河の河口に到り、また或いは更に南下して広陵および長江河口に到った。曹丕の南征は大きな戦果をおさめることはなかったものの、この行動は彼が南東部の景物や環境をよく知るきっかけとなった。彼が遠征で通った地域は海域の観察にも便利なところであり、「滄海の賦」も東征・南征の時期に実地の観察を行って生まれた作品だと言える。曹丕が海を眺めた地点や東征した地域は徐州淮浦一帯をカバーしており、海を眺めた方位は班彪らのそれとたいへん近い。このあたり一帯は当時曹魏の勢力範囲にあったのである。

曹丕と同時代の有名なもう一つの海賦は、王粲《おうさん》の「覧海の賦」である。王粲（字は仲宣）は後漢末の著名な文人であり、山陽高平（今の山東省鄒城市西南部）の人である。王粲は高貴な家柄の出身であったが、乱世にあって流浪の生活を余儀なくされた。漢の献帝が西遷する際に王粲は付き従って長安へ移り、蔡邕《さいよう》らにその才能を賞賛された。のちに乱にあって曹操の門下に下り、魏の初期において才知の人物として知られた。(18) 彼の「覧海の賦」は別名「遊海の賦」ともいい、この中で王粲は非常に高い文学的才能を発揮して、生き生きとした千変万化の言葉遣いで表現する。

曹丕の賦と同様に、王粲の賦にも海域にまつわる古くからの神話伝説は登場せず、海辺で自らが観察したものや感じたところを直接叙述している。その中に現れる奇々怪々な海産物の数々は曹丕の叙述を遙かに超える。「鳥なら爰《えん》居《きょ》・孔鵠・翡翠・鸀鳿《しゅくそう》といった巨大な海鳥」、「魚はどれも曲がりくねった形に平たい頭の奇妙な形」、「三本足の大亀や蛟《みずち》、大貝や美しい真珠の数々」に、「黄金地に黒い模様が映える玳瑁《たいまい》の甲羅」、「海に隠された無尽蔵の宝物は、高価な犀角や象牙をどっさり引き替えるに値する」(19)。海洋がはぐくむ資源の豊富さを、ダイレクトにかつ余す所無く描いた記述だと言えるだろう。

より注目すべきは、王粲が賦の中で明確に「海眺め」の具体的な地点を記していることである。彼は「芳しい香木の船に乗って、遥かに大河へと漕ぎ出した。強風をはらんで疾駆し、会稽に停留してあたりを俯瞰した。会稽山の隈のあたりで滄海の有様を眺める」と述べる。記載された「会稽」の表す地点は二箇所ある。一つは今日の江蘇省蘇州市、秦代の会稽郡であり、始皇帝がたびたび東巡して会稽に達したと記されている場所である。もう一つは後漢以後会稽郡が置かれたところで、今日の浙江省紹興市である。王粲の指す「会稽」はおそらく前者であろう。ただし王粲の伝記を見る限りでは、実際に会稽郡や長江以南地区に行って「海眺め」を行ったのかどうかは、定かではない。しかし筆者の考えでは、王粲の「遊海の賦」は一度ならず「海眺め」を行った結果完成したものと思われる。王粲は山陽国高平県の人であり、東部海域からはさして離れておらず、観察するのには便利であったはずだ。さらに王粲の「海眺め」は魏の軍が淮河流域に出征したことと関連があり、王粲本人もしばしば魏軍に従って南征している。曹丕と同じように、王粲にも「浮淮の賦」があり、「王師に従って南征し、淮水に漕ぎ出して遥かに進む。曲がりくねった渦水の岸を後ろに、馬丘のみぎわを望む…」とある。(20)王粲の南下ルートも同様に譙郡から出発し、渦河に沿って淮河に入ったものと思われる。こうした南征の途上で、王粲も南方の水系や海域の状況について実地の観察と理解をすすめたのである。

晋の木華（字は玄虚）は広川郡（今の河北省景県西南部）の人で、その「海の賦」は中国古代史上最も有名にして、のちの海域認識および海域の景観に最も影響を及ぼした文献だと言ってよい。その直接の原因は、恐らくこの文章が幸いにも蕭統《しょうとう》の編になる著名な詩文集『文選』に採られたことにあるだろう。このためたいへん広い範囲で親しまれており、引用する者も数知れず、その影響力は他の詩文の比ではない。しかし木華の生涯についてはたいへん簡略な記載しか無く、李善の注釈にほんの少し顔を覗かせるにすぎない。それには「今書の『七志』に曰く、木華、字は玄虚。華の集に曰く、楊駿府の主簿であった。傅亮《ふりょう》『文章志』に曰く、広川の木玄虚『海賦』を作る。文は俊麗にして、この分野の後継者たるに十分である」とある。よって彼の事跡や創作時の状況についてはほとんど知られていない。

実際に彼の「海の賦」を見てみると、なるほど時間の経過による試練をくぐりぬけるに足る偉大な作品であると頷ける。文辞はすばらしくかつ華麗であり、堂々とした雄大な気勢を示している。中国古代の人々は海洋が百川の集まるところだということを知っていた。よって文章の始まりはまずその源に遡り、禹が河川を開鑿した歴史について簡略に振り返る。その後作者は広大無辺の海の景観を描いてみせる。「天を浮かべて岸無く」「波は連山のごとし」「沫を飛ばし波を起こし、その様子は天輪のごとくぐるぐると回る」、「わき立つ波は雷のように奔走し、崩れ落ちる波は散っては集まる」などの生き生きとした描写を見ると、作者の文学的才能に感服せざるを得ない。また「そこで強風を待って帆柱を挙げ、帆綱をつないで帆をかける。波のかなたへ鳥のような速さで漕ぎ出す」「かくて漁民たちは南や東へ翻弄され、海亀の穴に落ちる者もあれば裸人国や黒歯国に流れ着く者もある」といった部分から見て取れるのは、作者が相当豊富な海上航行の知識を具えていたということである。海洋の果てしない広さと現れる事物の豊富さを、力の限りおおげさに表現しようとするその様からは、自らが海洋経験を持たない人物がこれほど正確に描写を行い得ただろうかといぶからずにはいられない。のちの学者で木華のこの賦を「単なる憶測である」と評する者があるが、酷に過ぎる評価ではないだろうか。

この著名な賦が持つもう一つの特徴は、海洋にあってあまり人には知られていない独特の現象や生物の種について明らかにした点で、その科学的価値は十分に高い。

「海の果てには妖しい光を放つ天の宝や鮫人の家がある。砂浜には貝が綾絹のように輝き、消えない陽氷と、隠れて燃える陰火がある。地の底を照らすほどの赤い炎に緑の煙。珊瑚や琥珀が山と積まれる…」。奥まった内地に住まう伝統的士大夫にとって、「海の賦」が述べたこれらの奇妙でけばけばしい各種の現象が与えた印象と影響は相当大きなものであった。文中の「陰火」「陽氷」などについて、後世の文人学者たちは多くの注釈と説明を加えている。まことに「海の賦」に述べるごとく、「どんな奇も怪もここには存在する」のである。[21] これは真に海洋に対する視野を持った学者だけが出しうる結論である。

潘岳は西晋の著名な才子であり、滎陽中牟県《けいようちゅうぼう》（今の河南省中牟県東部）の人である。潘氏は何代にもわたる晋の顕官であり、潘岳は若くしてすばらしい才能を有し、文名は天下にとどろいていた。しかしその官途はいささか曲折の多いもので、このため多くの時間を文学創作に費やした。[22] 彼の著した「滄海の賦」は冒頭で、「その様はゆったりと広がり、見渡す限り波涛が泡を飛ばす。……その広さと深さははかるべくもない。すべての流れはここに結集する……」と述べ、ほかの人々と同様、海洋の果てしない広大さを強調する。作者は続けて、海域の気候の変化や豊かで珍しい海産物、そして珍しい海域の景観について「曇天に雨が降るかと思うと、晴天には輝く日に空が燃える。塩も真珠もここに産し、蓬莱山がそびえ立つ。……船を飲むほどの鯨や烏賊、赤や白の水龍。……赤い背や青い翼をきらめかせる鴻や鷺。耳に轟く波の音、どこまでも広がる空、これほどの気勢は国中に二つと無い」と描写する。[23] 海域の魚類や鳥獣の形態は陸地で見るものと大きく異なり、「その珍しい形や奇妙な名称はとても描きだせない」と彼が表現したその様子も、海域の奇観に大きく貢献している。

晋の名臣庾闡《ゆせん》の生涯は潘岳以上に複雑で曲折に富んだものであった。庾闡、字は仲初、潁川郡鄢陵《えんりょう》県（今の河南省鄢陵県西北部）の人である。庾闡は若いときから勤勉で好学、高い文学的才能を示していた。幼いときに母方の叔父孫氏に従って長江を渡り、南方に移住したが、彼の母親はその兄庾肇《ゆちょう》に従って項城（今の山東省定陶県北部）で生活していた。永嘉末に起こった争乱の中で、項城は石勒軍に攻め落とされ、庾闡の母は不幸にして虜囚となった。生来非常に親孝行であった庾闡はこのときから髪に櫛を入れず湯浴みもせず、婚姻せず官職にも就かず、酒肉を絶ち、その生活は二〇年の長きにわたった。庾闡は両晋交代期の文人として著名であり、彼の筆になる「賈誼《かぎ》を弔む賦」「揚都の賦」などの作品は広く人口に膾炙し、のちに『晋書』文苑伝にも入れられている。[24] 庾闡もまた「海の賦」を作っており、おそらく長江を渡って江南地区に移ったのちに作った作品だと思われる。その賦は「かつて禹は龍門を開き群山を開鑿した。百川は清流濁流ともに大海へと注ぎ込む。……眺めはどこまでも果てしなく、……とどろく波は扶桑の外にまで泡を飛ばす。……飛龍は水煙をたて、巨魚は船を呑む…」という具合に海洋を描いてみせる。[25]

孫綽《そんしゃく》もまた両晋交代期の名臣であり名士である。孫家の原籍地は太原中都県（今の山西省平遥県西南部）であり、当地の名家であって、代々顕官の家柄であった。孫綽の父孫楚は魏晋に仕えた名臣で、本州大中正、馮翊《ひょうよく》太守をつとめた。孫綽はその兄孫統らとともに幼いときに長江以南へ渡り、会稽郡治山陰県（今の浙江省紹興市）に居住した。孫綽兄弟はともに文才をもって聞こえ、裕福な生活を送り、心ゆくまで山水を楽しみ、当時において名士中の名士であった。その伝に「山水に游放すること、十有余年、すなわち「遂初の賦」を作って心情を表現した」とある。[26] 会稽山陰県一帯は当時の名士が集結する地であった。王羲之の伝に「会稽は美しい自然に恵まれ、名士達はここに住む者が多く、謝安も官途につく前はここに居を構えていた。孫綽・李充・許詢・支遁らはみな文学の才を以て世に秀でていたが、いずれもこの東方の地に居宅を設けて、王羲之とよしみを通じていた」とある。[27] 会稽郡は北が杭州湾で海に面し、海域に連なっている。謝安・孫綽らの名士も頻繁に海で船遊びに興じており、海域を観察するうえで有利な条件が備わっていたと言えるだろう。謝安の伝にも、謝安が孫綽らと海に出かけた時、余人が恐れるほどの波にも泰然として漁民を感心させ、周囲はその雅量に感服した、というエピソードがある。[28] 謝安の雅量は個人の修養に帰するよりも、たびたび海上に船を浮かべた経験があったためと考えるべきだろう。よって、しばしば謝安らと共に海上に遊んだ孫綽に「望海の賦」があることは当然の理である。[29]

彼の「望海の賦」は、文学的にも史料的にも非常に高い価値を有している。たとえば「三江五湖（南方の三つの河と太湖一帯の湖沼）」は江南デルタ地域特有の水系であり、このあたりの海抜が低いため、沿海地区では海水が逆流・内浸する現象が特に見られる。よって賦中にある「五湖はともに浸食し、九江が集まり注ぐ」は、こういった状況を具体的にかつ誤りなく表している。また「中州は遥かに連なり、島々は連綿と広がる」からわかるのは、当時の長江下流の水面が相当に広く、ことに河口付近の中州が沿海諸島とつながって、どこからが海でどこまでが河なのか判然としない様相を呈していたことである。

「海賦」というスタイル以外にも、南北朝時期の文人がつくった詩歌のなかに、当時の知識人が海洋を観察し認識した貴重な成果が残されている。たとえば南朝宋で活躍した著名な山水詩人謝霊運はその代表的な一人である。謝霊運の原籍地は陳郡陽夏県（今の河南省太康県）である。南遷してきた名門一家に生まれ、東晋・南朝宋の二王朝に仕えた。幼いときからたいへん高い文学的才能を示し、江南地区において高い声望を博して「文章の美は、江南にかなう者無し」と称された。自ら豪奢と自由奔放をもって任じ、山林の遊覧を好んで「山嶺に足を向ければ、必ず峻険なる深山まで踏破した」。のちに祖父と父がともに始寧県（今の浙江省上虞県西南）に葬られると、謝霊運は籍を会稽郡治山陰県に移した。謝霊運はこの地の山水がすぐれていることに惚れ込み、ここで終生暮らそうとの思いを抱き、そこで「別荘を造営し、山を背にして川に臨み、隠棲の美をきわめた」。ならびに「山居の賦」を作って別荘周辺の環境を描写したが、その中に「はるか北側は長江が永遠に巨海へと帰するところ」とある。[30] これによってその住居が大海に接していたことがわかる。彼の「赤石に遊んで海に帆を進むる詩」には、清々しい初夏に船遊びをして貝や海草を拾い、名利を捨てて心ゆくまで超俗の楽しみを尽くす様子が描かれる。[31] 赤石の方位に関しては宋の陳耆卿《ちんきけい》『赤城志』に分析があり、謝霊運の『名山志』を引用して「永寧・安固二県の中間東南部に赤石はある。永寧は今の黄岩だが、霊運のころには永嘉から分かれていた。安固は今の瑞安である」としている。[32] これによると赤石は今日の温州市黄岩県と瑞安県の間の東南沿海部にあり、海域を観察するに便利である。詩に「帆を揚げて天草を採り、筵を張って貝を拾う」とある情景はこの立地に基づくのである。

また彼には「東山にて海を望む詩」もあり、新春にあって心をのびやかにさせる海の風景が詠われる。[33]「謝公東山に在り」とは、きわめて有名な典故である。東晋の名臣謝安は出仕する以前の二十余年を東山に暮らしていたため、のちに東山は当時の人々が憧れる名勝地となった。史籍に見える東山とは一つの場所を指すのではなく、会稽郡の山脈全体を指している。『会稽志』には「東晋の都建康は当時の名勝であり、王謝といった名族は会稽に集まっていた。会稽諸山を東山と呼び、一帯は文化の中心地であった」とある。[34]『太平寰宇記』の記載では、謝霊運が登った「東山」は温州永嘉県（今の浙江省温州市）にあり、「山の北側は永嘉江に面し、東は海に連なっている。謝公はここに遊んで海を望んだ」とある。[35] さらに「行田して海口の盤嶼山に登る」という詩にも、「逆巻く大波に、大壑《たいがく》の向こうなど知るよしもない。呉女の歌う採菱歌が聞こえてくるようだ…」と海眺めが描かれている。「大壑」は海の別称。『山海経』に「東海の外に大壑有り」と記されるのに由来する。

南朝斉の名士謝朓《しゃちょう》の原籍も陳郡陽夏県（今の河南省太康県）であり、同じく南遷した北方名門一族の出身である。[36] 謝朓もまた文才をもって聞こえ、その「海を望む詩」に描かれるのは、「見渡す限りの波、ちらほらと浮かぶ島や雲、遠くに雁が消え、水鳥が群れで飛び立つ」といった情景だ。[37] また南朝の有名な歴史家である沈約は呉興郡武康県（今の浙江省徳清県西部）の人で、これらの作者のなかで珍しい南方出身の人物である。彼は南朝の宋・斉・梁の三王朝に仕えたが、同様に文才をもって名声を得、官位は貴顕をきわめた。謝霊運と同様、沈約はゆとりのある暮らしぶりで、生活環境を重視して「東田に屋敷を立て、郊外の丘を眺めて暮らした」とされる。そして「郊居の賦」をつくって周辺の環境とそれに対する自らの感慨を描写し、「路は呉をめぐりて越に至り、途は海を被りて閩に通ず」と述べた。[38] この言葉から、彼の居所が海域から遠くなく、海についてよく知っていたことがうかがえる。沈約には「秋晨の羈怨《きえん》 海を望みて帰を思う詩」があり、「空の彼方に海霧が立ち上り、伝説の桂樹や桑樹がその中に霞むさまは絵さながらで、まるで浮かんでいるかのようだ…」[39] と、たった数語で絵画のような景色を描き出し、まるで動き出しそうな躍動感を醸している。その高度な文学技巧は人々の賞賛を受けるにふさわしい。

劉峻《りゅうしゅん》（字は孝標）もまた南北朝時期においてたいへん高い名声を誇った学者であり、『世説新語』に注釈を施したことで中国学術史上に不動の地位を占めている。劉峻は平原郡平原県（今の山東省平原県南部）の人である。その生涯は非常に曲折と苦難に満ちたもので、一度は「平斉民」として北魏軍に捕らわれ代北の地まで連行され、南朝へと逃げ帰ってきた経験を持つ。[40] 彼の「郁洲山《いくしゅうざん》に登りて海を望む詩」には「海底には海塩がわだかまり、上空には霊鳥が旋回する。風が静まっても波はただひたすらうねり続ける…」という壮大な風景が描かれる。[41] 郁洲山は郁山や都山ともいい、これも歴史上たいへん有名な「海眺め」の地点であった。『山海経』海内東経によると、「都州は海中にあり、一名を郁州という」とある。郁州山は朐県（今の江蘇省連運港海州鎮）北東の海中にあり、淮河の河口から遠くなく、班彪の述べた「淮浦」からもほど近いところにある。『水経注』淮水によると、「（朐県）の北東海上に大きな島があり、郁州という。『山海経』で言う郁山であり、海中にあるので州という」とある。『南斉書』州郡志の青州の項目を見ると、「郁州は海中にあって、周囲は数百里ほどの大きさで、白鹿が生息し、農地や海産物に恵まれている」とある。物産豊富で面積も小さくない郁州島は、当時まだ陸地とつながっていなかったものの、陸地にきわめて近接していたため、上陸するのに便利であったのだろう。このため遊覧を好む好奇の士がおおぜいで海域見物に訪れたものと思われる。劉峻はそのうちの一人であったのだろう。

南朝梁の簡文帝蕭綱《しょうこう》は梁の初代皇帝蕭衍《しょうえん》の第三子である。蕭氏は前漢における建国の功臣蕭何の末裔であり、南遷してのち南蘭陵郡（今の江蘇省武進県西北）に籍を移した。蕭綱は幼いころより文才は群を抜き、その文辞は軽妙にして艶麗、一世を風靡し、「宮体」と呼ばれた。蕭綱は即位後ほどなく「侯景の乱」で落命する。その作と伝えられる「海の賦」があるが、読み比べてみればわかる通り、この「海の賦」は庾闡の「海の賦」の簡略版にすぎない。このため多くの文集はこれを庾闡の作品として収めている。(42)

古人の注釈によると、海には多くの別名がある。「海は百谷王といい、海神は海若という。海は一に朝夕の池といい、一に天池といい、また大壑・巨壑ともいう」(43)。簡文帝にはまた「大壑の賦」があるが、これも海洋を描いた賦である。「渤海の東に大壑があり、その深さ極まるところなし。まことに巨壑は満ちがたし…」(44)と述べるこの作品は、比較的簡略な内容であるが、ここに述べられた地理は非常に明確であり、「渤海の東」はまさに中国東部海域を構成する主な領域である。蕭綱の文はきわめて簡潔な言葉で巨壑のはかりしれぬ広大さを描き尽くした点において、内実を伴った佳品だと言えるだろう。

南朝斉の人張融が著した「海の賦」は、魏晋南北朝時期に見られる中で最も長い賦である。張融、字は思光、呉郡呉県（今の江蘇省蘇州市）の人である。(45)彼は「海の賦」の作者のなかでも最も海洋に近く生まれ育った人物だと言ってよい。彼の祖父と父はそれぞれ東晋と南朝宋の両王朝に仕えた。張融は南朝宋の武帝の怒りを買い、遠く封渓（今のベトナムヴィンフック省イェンラーン東部）に飛ばされて県令となった。赴任する道中の苦難は言葉に尽くせないもので、あやうく九死に一生を得るような場面もあった。この「海の賦」は「海に浮かびて交州に到り、海中にて『海の賦』を作る」とあるように、航海の最中に著したものである。[46] 冒頭の序文では、「古人はその見聞したところを書き記して褒め称えた。私も筆をもってこれを詩賦に記そう」と、強い意気込みが示される。

「眼前に風景があれども言葉にできず、崔顥《さいこう》の題詩上にあり」とは、文学史上に普遍的な現象である。[47] すでに木華の「海の賦」が高い評価を得て天下に名を轟かせているがゆえに、張融が海賦を著す際に覚えていたプレッシャーは相当なものであった。しかし恐らくは困難な航海の経験が、作者の創作への情熱と自信をいたく刺激したのであろう。序文に見える「興に感じ感に堪えないような時には、古人と同様私も詩賦を作ろうと思わずにはいられない。木華の作はあくまで木華の作なのだ」という文言に込められているのは、木華の「海の賦」を超えたところに新しい創作を成し遂げたいという欲求である。張融の賦の最大の価値は、作者が海上を航行して得た真実の感触を表現したところにある。このためその描写はリアリティに富み、微に入り細をうがったものとなっている。泡に真珠がきらきらと輝く。島々はつらなり、東西南北に広がって天を埋め尽くすよう。珍しい獣も草木も、大風も雲も、みなここに生じる。見渡す限りの深い靄に、雷がとどろく。象が逃げ鯨が奔る。龍を驚かす大波に、虎を竦ませる地響き。前後に目を凝らせども、映るのはただ空と水ばかり…。

　全体の長さから言っても、海域の景観を描写する際の正確さと表現の深さから言っても、張融の賦は確かに木華の「海の賦」を超えている。張融の作品は同時代人からも評価を得ていた。「融は文辞が過激で、他の人とは全く異なっていた。のちに京師に戻って鎮国将軍顧覬之《こきし》にこれを見せた際、顧覬之は「卿のこの賦はまことに木玄虚を超えておりますが、惜しむらくは塩に言及されておられないことだ」と言った。融はすぐに筆を求め、これに注して「砂を漉し波を煮詰めて、白き塩を得る。春に遇う積雪、夏に降りた霜のよう」と書き加えた。この四句は後から足したものである(48)。こうした張融の当意即妙の詩才は誰にでも備わっているものではない。彼の「海の賦」もまた、すべての海賦の頂点に立つ価値を持った作品である。

朝な夕な満ち引きが繰り返される大河の河口。こうした河口の潮汐現象と、それが引き起こす逆流の大波もまた、海域の景観を組成する重要な一部分である。したがって、沿海地区における「波眺め」や「潮（海嘯を指す）眺め」を詠んだ詩賦も海域認識の範囲に入れるべきであろう。当時の人々は潮の満ち引きについてまだ初歩的な認識しかなく、「潮汐」という言葉は広く受け入れられていなかった。このため文献に見える「波眺め」は往々にして「潮眺め」と同義のことが多い。もちろんこの時眺められたのが海の波であったのか河の波であったのか、それも見分ける必要がある。しかし当時最も壮観にして、最も有名であった波の景観は、やはり潮汐によって引き起こされたものであった。たとえば曹毗について見てみよう。彼は西晋で庾闡と名を連ねた文人であり、譙の国（今の安徽省亳州市）の人で、太学博士をつとめ、著作は『晋光禄勲曹毗集』十巻に収められている(49)。その「観涛の賦」は「もの寂しい秋月のもと、海嘯に沸き立つ川面を観る。その勢いは、溟池に源を発し、天の井戸に還りゆく。激しい波は昆侖山に匹敵する高さまで沸き踊る…」と激しい波の様子を描く(50)。この壮麗な様子を描きながらも、作者は波の原因について考えを馳せている。「溟池に源を発し、天の井戸に還りゆく」とは、潮汐現象の動力源に関する作者の思考を示している。また伏滔にも同様の賦がある。彼は平昌安丘県（今の山東省安丘県西南部）の人で東晋の著名な文人である。その「望涛の賦」を見ると、「秋の神が轡《くつわ》を整えて進み、白い月が満ちれば、大波が起こり激流がほとばしる。素速く遡る波がどうどうと岸を打つ様は、まことに壮観である…」と、潮汐現象が月の周期と対応していることがすでにはっきりと認識されている(51)。

また晋の文人蘇彦《そげん》の「西陵に於いて涛を観る詩」には、「大波が勢いよくほとばしり、どどうっと響きをあげて天下を揺るがす」といった文言が見える。蘇彦には『北中郎参軍蘇彦集』十巻があるが、その生涯はよくわかっていない。[52]しかしこの「波眺め」の詩には波を見た地点「西陵」がはっきり記されている。西陵は今日の南京市の南にあり、東部海域から少し距離があるので、この詩が海の潮を鑑賞したものであったとは断定できない。

実は隋唐以前の時期において、長江河口に出現する「広陵潮」は、当時銭塘江《せんとうこう》の海嘯「銭塘潮」と並んで有名な潮汐現象であった。そして広陵の曲江、すなわち現在の江蘇省揚州市の南方に位置する長江の一部分は、漢魏から南北朝にいたる時期において名を馳せた「潮眺め」の場所であった。『南斉書』州郡志の南兗州《なんえん》（広陵の所在地、今の江蘇省揚州市）の項には「土地が広々と平らで、刺史はよく秋月の時期に海陵（今の江蘇省泰州市）へ出向いて波を見た。京口の対岸で、長江の流れが広々と壮観を呈している場所である」とある。また南朝梁の文人である徐昉《じょぼう》にも、「観涛を賦し得たり詩」があり、「雲が流れ波が泡立つ広大な眺めに、漁民も海鳥も行方を見失ってしまう」様子が表現される。[53]我々はこの詩の内容から、長江河口付近の景観がいかに壮大なスケールであったかを知ることができる。『文苑英華』はこの作品の作者を任昉と判断し、詩題も「観潮を賦し得たり詩」と変えている。[54]任昉は楽安博昌（今の山東省寿光）の人で、南朝梁における名声すぐれた文学者であり、その声望は徐昉をはるかに超えている。[55]よって筆者の考えでは、『文苑英華』の判定は無意識的な単純ミスではなく、編者が新たな判定を下したものと思われる。

南北朝時期に潮汐鑑賞を描いた中でもっとも有名な作品は、顧愷之の「観涛の賦」というべきだろう。南朝の頃にはすでに、銭塘江に沸き起こる海嘯の現象がよく知られていた。顧愷之の「観涛の賦」はこの銭塘江の海嘯を描いた比較的早い作品である。顧愷之は晋陵無錫県（今の江蘇省無錫市）の人で、東晋における名士であり大画家であった。その賦には「浙江に北から臨み」とあるので、顧愷之は今日の浙江（銭塘江）の北岸から潮を見たのであろう。[56]潮の勢いは人をすくませるような激しさである。「水面はどこまでも果てしなく、映ずる山影はまるで浮かんでいるかのよう」という文句からは、顧愷之の視野が波の描写だけに限られることなく、さらに周囲の近海風景や連なる島々へと広がり、島嶼部の豊富な物産や連綿とした山水の風情に目を配っていたことが読み取れる。

劉孝綽《りゅうこうしゃく》は彭城（今の江蘇省徐州市）の人で、南朝梁において文才で知られ、一代の文宗と称えられた人物である。(57)しかしその官途は困難に満ち、彼の詩「上虞の郷亭にて涛を津渚に観、潘安仁の河陽県に学ぶ詩」を見ると、宮仕えの生活に飽き飽きし、故郷に対する強い思慕を募らせる様子が描かれている。(58)上虞は現在の浙江省上虞市で、北は杭州湾にて海と接しており、劉孝綽が見た「涛」が銭塘江の海潮であったことは間違いない。この詩に見える「そよとも風が吹かぬに、とどろく水面は沸き立つ湯のよう。山のような波が連なって覆いかぶさり、白い飛沫が飛び散る。船頭は恐れ、舟歌を歌うどころか櫂を進めることもできない」といった表現は、彼の文学的才能の豊かさを余すところなく表している。しかし壮大に沸き立つ海面が、彼の遣る瀬無き郷愁を掻き立てたところを見ると、劉孝綽は南方の水郷の生活にあまり馴染まなかったのであろう。また文学における造詣の深さで劉孝綽に名を連ねる南朝梁の名士王筠《おういん》は、琅邪臨沂《りんぎ》（今の山東省費県東部）の人であるが、彼の「早《つと》に巡行に出でて山海を矚望す」という詩にも、山海の景観にこと寄せて自らの不遇が述懐され、複雑な個人の想念が表現されている。(59)

南北朝時期の海に関する観察と認識は南朝の人間に限ったことではない。北朝における海域認識について述べるならば、偉大な地理学者である酈道元を挙げないわけにいかないだろう。たとえば碣石山《けつせきざん》は秦始皇帝や漢武帝が東巡して海を眺めた地であり、このため古くから相当によく知られた海眺めの名勝となっていた。しかし碣石山が実際にどこにあるのかとなると、各人の考証はそれぞれに異なり、長い間解決を見ない難題であった。その中で最も知られた見解の一つが酈道元の主張する「海中説」である。彼の『水経注』河水には、「碣石海中にありというのは、思うに海水の中にあるということであろう。かつて燕斉の地はきわめて広大で、それぞれ営州を置いていた。今、州城は海浜に接し、海水が北側を浸食して城の半分が没している。王璜の言は信用がおけるもので、碣石海に入るという言葉は、証拠がないものとは言えない」とある。また「禹貢山水沢地の所在」という一文では、「碣石山は遼西臨渝《りんゆ》県の南の海中にある」と注が施されている。清代の学者胡渭《こい》は酈道元の見解を非常に推しており、さらに緻密にして詳細な注釈を加えている。その主張をまとめてみるとこうなる。曰く、酈道元の家郷は臨渝から近く、その説はおそらく自分の目で確かめた上に王璜《おうこう》の言を引いて例証したものである。後にこれを否定した者に南宋の程泰がいるが、大海を目にしたこともない者の臆断にすぎない。恨むべきはこの山がいつしか消滅してしまったことで、今の昌黎県の南海上には一山もなく、撫寧以東の海上にも山はない。このため酈道元の説が信用されなくなってしまったのである。最後に碣石山に登った記載は斉の文宣によるもので、酈道元の死後二八年を経ていたが、文宣が登ったものは営州にあるとされながら、これより前に営州に碣石があったとは聞かない。平州の碣石がすでに消滅していたため、営州の海に臨む山を碣石として登り、故事に倣ったのであろう、云々(60)。

北朝の士人たちが漢化の程度を深めるに従って、北朝の皇帝や士人らの間でも、海を眺めて故事に習うことが流行した。たとえば北魏の文成帝については、太安四年（四五八）の二月丙子、碣石山に登り滄海を観る。大いに宴を開き、碣石山を楽遊山と改め、壇を築いて記念した、とある。また北斉の文宣帝高洋は天保四年（五五三）一〇月、丁未に営州へ到る。丁巳、碣石山に登り滄海に臨んだ、と記載されている(61)。筆者の見るところ、胡渭の論述の最も価値ある点は、やはり魏晋南北朝時代に「碣石で海を眺め、昔の故事にならう」のが流行したことを解き明かしたところにある。また胡渭は酈道元が実践という科学的考証に重きをおいていたことも明らかにした。酈道元の住まいした酈亭（今の河北省涿州市から西南に十八里の地点）は、碣石山からほど近いところにある。碣石山の実在を証明するために、文献資料を引用すると同時に自ら実地の観察を行った酈道元の考察は、他の学者の論述よりもはるかに信頼の置けるものだと言えるだろう(62)。

しかし碣石山での「海眺め」についてもう一点指摘しておくべきは、北方に赴いたことのない南方の文人にも「碣石山で海を眺める」類の作品が残されていることである。たとえば南朝梁の沈約には「碣石に臨む」の詩があり、「碣石にて返す潮を見送り、之罘山《しふざん》にて朝日を拝す。海は際限なくふくらみ、島々は険しい嶺を頂く」と述べる。また劉孝綽の弟劉孝威にも「小臨海」という詩があり、「碣石に山海を望む」とある。上述したように、秦漢以後碣石山の位置については意見が分かれていたものの、少なくとも黄河以北の地区にあることに異論は無い。沈約と劉孝威はどちらも北方に赴いたことはなく、本物の碣石山に登ることができなかったのは明白である。おそらく胡渭の言うように他の山を借りて碣石山に見立て、「題にことよせて想像を展開した」作品であろうと思われる。(63)

碣石山以外にも、北朝には「海眺め」の名勝が数多くある。『水経注』膠水《こうすい》には、「平度県（今の山東省平度県東北）には土山があり、膠水は土山を経て海に注ぐ。……北の方に巨海を眺めれば、果てしなく暗鬱に広がり、天と接するところで黒白が截然と分かれる。溟海と言われるのはこれである。このため『漢書』地理志にも「膠水は北上して平度で海に入る」と記されている」とある。(64)「北の方に巨海を眺めれば……」以下の記述は文才に富んでおり、後の学者が好んで引用したところである。(65)また『魏書』崔挺伝にはこんなエピソードがある。光州の治所旧掖城（今の山東省莱州市《らいしゅう》）から西北数里に斧山があり、峰は険しく、北は滄海を、南は泰山を望む。挺が頂上に楼観を建てようとすると、故老が「この峰は風雨の激しい龍の道だ」と留めようとした。挺が「人と神にどれほどの違いがある」と退けて築いたところ、果たして風雨に崩れ落ちることは無かった。掖城は膠州半島に位置し、北は渤海に面している。平度県の土山や掖城の斧山を含め、沿海部には多くの海域鑑賞に適した場所があったことだろう。

一部の北朝文人にもすぐれた作品がいくらか残されている。北斉の祖珽《てい》（字は孝徴）は范陽遒《しゅう》県（すなわち廼《だい》県のこと、今の河北省淶水県《らいすい》）の人であり、北方の大族の出身である。十六国の時期から北朝後期に至るまで、祖氏一族は高い地位を占め、数代にわたって高官・顕官を輩出した。父の祖瑩は文名高く、北斉の皇族に重く用いられた。(66)祖珽も幼くして文名を馳せ、北斉の数代にわたる皇帝からその才を愛でられ重用された。(67)祖珽も「海を望むの詩」一首をものしているが、「高きに登って巨壑に臨み、千万里を知らず」といったたいへん簡略なもので、あまり新味はない。(68)字句から判断するに、作者は海に臨む山の上で景色を眺め、大海の壮大な景観に感慨を覚えたものとみえる。

ここでまとめておこう。後漢から隋唐に至る間に出現したこれらの海に関する詩賦は、量も質も目を見張るべきものがあり、伝統的士大夫が海洋認識に注いだ情熱と執着を見事に反映している。この貴重な文化遺産が中国の文学史上及び地理学史上に占める位置は相当に大きい。

第一に、その量の多さと質の高さはほかの時期とは比べものにならない。賦を例にとって言えば、清人の陳元龍の編になる『歴代賦彙』の巻二四には、後漢から明に至る間の「海」を主題とした賦を集めるが、全部で二〇篇ある中に、後漢から魏晋南北朝時期のものは九篇と半数近くを占めている。(69)

次にこれらの詩賦の内容は非常に豊富であり、文学的価値が高いだけでなく、地理認識や海域に関する知識の伝播において、大きな影響力を及ぼしている。たとえば杜台卿の「淮の賦・序」には次のように述べられている。「古人は登高すれば必ず詩作し、海や川に臨めば必ずこれを眺めた。これらの詩賦を数え上げれば……後漢の班彪に「覧海の賦」あり、魏文帝に「滄海の賦」あり、王粲に「遊海の賦」あり、晋の成公綏《せいこうすい》に「大海の賦」あり、潘岳に「滄海の賦」あり、木玄虚・孫綽並びに「海の賦」あり、楊泉に五湖の賦あり、郭璞《かくはく》に「江の賦」あり。ただ淮河のみまだ賦が作られていないのだ」。すなわちこれらの賦の存在が、彼に「淮の賦」を創作させる最も直接的なきっかけとなったのである。(70)

昔の中国では、事物の名称を認識するうえで「名を正す」ことが重視され、「分類によって名称を定める」方法がとられた。その基本にあった思想は「物事はグループによって分別される。同じ枝に属するものはつながり、同じ理に属するものは連なる。おのおの混ざっても境界を越えることはなく、形によってきちんと系統が分けられる。この分類に基づいて深く探求することで、万物の起源が尋ねられる」というものである。(71) しかしこうした認識の方法には明らかに限界があり、多くの詩賦の中にしばしば「名づけようもない」という嘆きが散見されるのは、まさにその故であった。すなわち既存の分類による命名法では、これまでと大きく異なる局面に相対したとき、事物を認識する需要に対処することができないのである。たとえば、後漢の許慎による『説文解字』は中国の字書の鼻祖であり、秦漢時期における事物認識の水準を表していると言えるが、その中に「魚」偏の文字は一〇六種しか無い。南北朝後期になると、「海賦」の作者たちが海域の景物を描写するとき、これら既存の文字では需要を満たすのが難しくなっていたと思われる。それらの中には『説文解字』に載っていない新字がいくらか見いだせる。こうした新字は、認識の水準が大きく深化したことを直感的に物語っていると言えるだろう。張融の「海の賦」の魚類の名称を見てみると、『説文解字』に既に見えるものには魦《さ》・魵《ふん》・鰫《よう》・鮨《し》・鰕《か》があり、『説文解字』に無いものとしては鯡《ひ》・魜《じん》・鶻《こつ》などがある。

第三に、中国の古典文学にはそもそも「必ず典拠となるものを引く」という長い伝統があり、文人墨客は作品の中に典故を用いることを重んじたため、海洋に関するこれらの著名な詩賦は、のちのち海洋の景観やイメージに関する典故となっていった。こうした再伝播の反応により、これらの賦の中国文化史における影響力はいっそう強まっていったのである。

二、魏晋南北朝時期における海域認識の進展を促した歴史的地理的背景

隋唐以前の海域に対する認識が進展した歴史的地理的背景を、より深く全体的に理解するためには、前述の詩賦の作者たちについて一度全体的に把握する必要があるだろう。以下にこれらの作者に関する簡単な状況を表にした。

表：隋唐以前における海域景観を描いた作品とその作者

作　者	時代	籍貫（括弧内は現在の地名）	作　品　名	字数
班彪（叔皮）	後漢	扶風安陵（陝西省咸陽市東北三五里）	「覧海の賦」	249
曹操（孟徳）	三国	沛国譙県（安徽省亳州市）	「滄海を観る」	70
曹丕（魏文帝）	三国	沛国譙県（安徽省亳州市）	「滄海の賦」	161
王粲	三国	山陽高平（山東省鄒城市西南）	「遊海の賦」	351
成公綏（子安）	西晋	東郡白馬県（河南省滑県）	「大海の賦」	逸文(72)
潘岳	西晋	栄陽中牟県（河南省中牟県東）	「滄海の賦」	314
木華（玄虚）	西晋	広川（河北省景県西南）	「海の賦」	1324
孫綽	東晋	太原晋陽（山西省太原市）	「望海の賦」	284
庾闡（仲初）	東晋	潁川鄢陵県（河南省鄢陵県西北）	「海の賦」	208
謝霊運	東晋	陳郡陽夏県（河南省太康県）	「赤石に遊んで海に帆を進むる詩」	108
			「東山にて海を望む詩」	84
			「行田して海口の盤嶼山に登る」	48
謝朓（玄暉）	南斉	陳郡陽夏県（河南省太康県）	「海を望む詩」	36
祖珽（孝徴）	北斉	范陽遒県（河北省淶水県北）	「海を望む詩」	48
蕭綱（梁簡文帝）	南朝梁	南蘭陵郡（江蘇省武進県西北）	「大壑の賦」	123
劉峻	南朝梁	平原平原県（山東省平原県）	「郁洲山に登りて海を望む詩」	60
沈約	南朝梁	呉興武康県（浙江省徳興県西）	「秋晨に海を望む詩」	36
張融	南朝斉	呉郡呉県（江蘇省蘇州市）	「海の賦」	1858
曹毗	東晋	譙国（安徽省亳州市）	「観涛の賦」	83(73)
伏滔	東晋	平昌安丘県（山東省安丘県西南）	「望涛の賦」	81
顧愷之	東晋	晋陵無錫県（江蘇省無錫市）	「観涛の賦」	128
徐昉	南朝梁	楽安博昌（山東省寿光県）	「観涛を賦し得たり詩」	48
劉孝綽	南朝梁	彭城（江蘇省徐州市）	「上虞の郷亭にて涛を津渚に観、潘安仁の河陽県に学ぶ詩」	252

これまでの分析からわかるように、上記の詩賦は基本的に、作者が実地に観察し思考した結果によるものである。これらの作品は非常に誇張した想像と比喩などの文学手法を用いてはいるが、その内容を完全に想像や憶測によるものであると断定することはできない。現代の研究者も多くはこれらの詩賦が写実的なものであるという基本的立場に立っている。海域を描いた作品が魏晋南北朝時期にこれだけまとまった量で現れたという現象について、個別の偶発的な原因から解釈しようとするのは無理がある。現在我々の前に横たわっている重要な問題は、いったいどのような主観的・客観的要素によって、海に親しみ海を眺めるといったこの一時代の流行が形成されたのかということである。どのような契機によってこれらの作者は海に接近し、海を観察してこれらの資料を残したのであろうか。この問題を探るには、これらの作者が生活していた地理環境や個人の境涯、および社会的歴史的背景から探求する必要がある。

まずは作者が生活していた地理的環境を見てみよう。道理から言えば、これらの作者はかならず、海辺に行って比較的長い時間の観察を行い、その後それを作品に醸成するための時間を有していなければならない。籍貫（本籍地）から見てみると、沿海地区である今日の河北・山東・江蘇・浙江の四省からの出身者が大きな分量を占めていることがわかる。魏晋南北朝時期の二二名の作者のうち、上記の地区出身者は十三名で、過半数を超えている。すなわち東部地区出身の作者が過半を占めるわけで、海域に近づくのに便利であったことがここからも明らかになったと言えるだろう。

ただし籍貫による分析の限界もはっきりしている。籍貫は本人の地理環境を完全に表してはいないことが、伝記資料の分析からわかる。すなわち作者の大部分は籍貫所在地に長期間居住しておらず、またほとんどの作者の籍貫所在地も直接海を眺められる条件にない。また作者全体で見ると籍貫は広い範囲に渉っており、大部分は陝西《せんせい》・河南・山西・安徽といった内地の出身である。籍貫の分布のみで帰納していくのは、やはり説得力に欠けると言わざるを得ない。

次に作者の属する王朝で分析してみると、ここには大きな区別を見いだすことができる。魏晋南北朝の二二名の作者のうち、西晋および北朝の作者は七名のみで、東晋および南朝の作者が十五名と、後者が大半を占める。関連する伝記資料から見る限り、北部に籍貫を置く作者もほとんどは東晋・南朝に入ってから海賦を創作している。よって籍貫の影響よりはむしろ王朝の影響の方が大きいと言えるだろう。これらの海域を描いた詩賦の創作は、作者個人の地理的・時代的背景が共に大きく関わっていると言うことができる。

誰もが知っているように、これらの詩賦の作者が生きた魏晋南北朝時期というのは、中国史上における大分裂と大変動の時代であった。三国が鼎立するや群雄が天下を争い、西晋が統一を成し遂げたのもつかの間、また群雄割拠に逆戻りする。十六国が興り、最終的に南北朝の長期対峙という局面を迎える。魏晋南北朝時期はあまりに多くの複雑な曲折と社会変遷を辿ったのである。この激動の時代をかえりみるとき、容易に理解できるのは、これらの時代の社会の動揺と変遷をかたちづくった最も重要な原因の一つが、辺境情勢の激烈な変化と大規模な民族移動だったということである。そしてこの民族移動によって民族の大融合が引き起こされ、またこれが漢族中原王朝の政治と文化の中心が、東方・南方へ移動する直接のきっかけともなった。

後漢から魏晋南北朝までひとしきり続いた民族大移動には、いくつかの主要な路線がある。一つは塞北の匈奴が并《へい》州《しゅう》地区に南下した大規模な南遷、一つは西北の氐《てい》・羌《きょう》族が関中および内地へ向かった移動、一つは烏《う》桓《がん》や鮮卑が河北および中国北部に向かった内遷、もう一つは北方の漢民族が北から南へ動いた大規模な南遷である。民族大移動は各々個別に進展したのではなく、密接に関連し合っている。これらの移動は互いに影響を与えていることもあれば、時には直接の原因・結果となっていることもある。

たとえば匈奴の南遷を例に取ってみよう。秦から前漢への交代期、塞北の匈奴の勢力は強まり、中原王朝との勢力争いは長きにわたって決着がつかないままで、中原の王朝にとってもっとも頭の痛い外的脅威となっていた。当時漢族と匈奴の間での人口移動は珍しくなかったが、その影響はさほど大きなものではなく、匈奴による武力侵攻は中原王朝の北方辺境領地に対して相当大きな痛手を与えていた。しかし後漢の光武帝後期に至って、漢族と匈奴の形勢に大きな変化が生じた。匈奴の内部分裂により、単于比（醢落尸《けいらくし》逐鞮単于《ちくていぜんう》）らが兵を率いて漢王朝に帰属したのである。これに伴って、南匈奴の部族が大量に漢の周辺郡や長城以南の地域に入ってきた。この移動情勢は魏まで続いた。并州はこれより匈奴部族の南遷が最も集中した地域となり、ここに住む匈奴もこのため「并州胡」と呼ばれた。

また秦漢以来、西北でもっとも重要かつ影響力を有した非漢民族はまちがいなく氐・羌族である。前漢末から西部の氐・羌は迅速に勢力を強め、中原王朝の内乱に乗じて頻繁に西部辺境を侵し、後漢王朝にとって最も頭の痛い外敵の一つとなった。『後漢書』西羌伝によると、「王莽の末、四方の異民族が侵入し、王莽が敗走すると羌らが西海に居着いて賊となった。更始帝の赤眉の乱の際には羌は一層好き勝手にふるまい、金城・隴西を荒らした」とある。班彪は西北地区に長い間生活しており、当時の辺境情勢や民族問題を熟知していたので、後漢の民族政策制定に積極的に参与している。建武九年（三三）、班彪は上奏文の中でこのような指摘をしている。「いま涼州部には多くの投降した羌族がおります。羌胡は髪を結わず左前の着物を着、漢族とともに雑居しておりますと、習俗も異なれば言語も異なるために、たびたび小役人や悪人にかすめ取られております。怒りが頂点に達し気が晴れないがために、彼らは反乱に至るのです」。しかし後漢から魏晋に至るまで、氐・羌の西北地域への内遷は押しとどめられない趨勢となっていた。北朝の頃には氐・羌は関中地域における最も主要な非漢民族勢力にまで増加しており、氐・羌が打ち立てた割拠政権はすべて関中地区に都を定めていたのである。

烏桓と鮮卑はそもそも東北の長白山地域に住んでいた古い民族であるが、のちに少しずつ内遷し、ひいては匈奴と連合して、頻繁に中原王朝の辺境を侵犯するようになった。後漢末に至ると烏桓の勢力は強まる。建安十二年（二〇七）、曹操は大軍を率いて烏桓を攻め、烏桓の南進を阻むことに効果を収めたが、このため大量の捕虜となった烏桓の民が中原地区に移動・居住することとなった。匈奴が分裂し北匈奴が遠方へ移住したあと、西遷した鮮卑はいったん長城以北における最も強大な塞外民族となった。このように強大な鮮卑を目の前に、なすすべの無かった中原の政権は雁門関以北の区域を放棄し、この一帯はその後拓跋鮮卑の建国の基礎となったのである。

北方民族の大量南下は長城以南地域に生活する漢族の民にも大きな負担を強い、民族間の衝突も複雑で激しいものとなった。塞外民族が入居してくる過程は、一面において漢族が外へと移住する過程でもあったのである。時間が経つに従って、内遷した非漢民族は凝集して勢力を蓄積し、最終的には漢族王朝に対して衝撃を与えるに至る。すなわち「五胡十六国」の出現である。そして中原地区における非漢民族勢力の大爆発は、漢族政権を滅ぼしただけでなく、中原の漢族が大規模に南遷する流れを促し、「永嘉の南渡」を作り出した。中原地区に生活していた漢族の士大夫たちは道を選ぶいとまもなくあたふたと淮河以北の地域を離れ、次第に建康（今の江蘇省南京市）を中心とした東南地区に集まってきた。後漢から南北朝に至る時期の中で、最も影響力の大きかった民族大移動は、漢族の大規模な南遷だったと言うべきである。「永嘉の南渡」は両晋の交代期に行われたが、長い間続いた大南遷の中できわめて盛んに移動が行われた時期であったに過ぎない。

塞外及び西北非漢民族の内遷と、漢族の大規模な南遷は、中原王朝の政治発展や、中原と辺境地区を結ぶ交通網の発展に大きな影響を与えた。さらに、当時の人々の現実の生活や思想文化の発展段階にも深刻な影響を及ぼしたのである。海域文学はまさにこうした歴史的地理的背景の下に出現したのであった。以下そのいきさつを詳述しよう。

第一に、前漢後期以後、「羌の乱」は中原王朝にとって最も重要な辺境問題の一つであったが、漢王朝は「羌の乱」を平定したのち、往々にしてその民を内遷させる措置をとった。これにより大量の羌民が内地に居住し、民族間の対立がますます激しさを増すこととなった。民族移動の影響を受けた結果、後漢王朝はとうとう都の長安を放棄し、洛陽を都とすることとした。ここに漢族中原王朝の政治的中心が東へ移ることとなったのである。これは中国の歴史政治地理上、また文化地理上に多大な影響を及ぼす出来事であった。遷都をうながした直接の原因の一つは、当時の長安がすでに「西戎に境界を接し、険阻にして四方を山々に塞がれて」いたためである。班固の「両都の賦」には、当時の人々が東西二つの都の選択で頭を悩ませ討論した痕跡が残されており、東移の趨勢はすでに変えがたかったと言える。(74) これと呼応するように、洛陽に都を定めてからのち、後漢の政治中心地区は西域から距離的に遠く隔たり、ひいては長きにわたって後漢王朝が西域における支配力をすすんで放棄することとなった。匈奴はこの機に乗じて西域を支配し、匈奴と氐・羌の勢力が連合して、後漢の西部辺境における最大の脅威となったのである。ここに至ってようやく後漢は西域を奪回する試みを再開したが、その影響力は前漢時期に遠く及ばなかった。永嘉の南渡もまた「東渡」の一つである。漢族中原王朝の政治と文化の中心は、この移民に従って東南地区へと遷移してきた。東晋は最終的に都を建康（今の江蘇省南京市）に定めた。万里におよぶ長江は建康城を経て大海へと注ぎ込む。このため建康は中国の著名な古都の中で、間違いなく東部海域と最も関連の深い都の一つであったということができる。「永嘉の南渡」後、建康及びその付近の地区は、南遷してきた士大夫の世帯が最も集中して居住した区域となり、このため当時の政治と文化の中心地区となったのである。

第二に、空前絶後の民族大移動によって、多くの士大夫家庭の運命が変化を余儀なくされた。たとえば後漢から西晋に至るまで、匈奴が最も集中して入居した并州地区は、漢族の一般人民が大規模に南遷した最も古い地域の一つとなった。『晋書』に「恵帝・懐帝の時、河東がはじめに騒擾の地となった」とある。(75) 最も早く南遷した名士の一人、河東聞喜（今の山西省聞喜県東北）の郭璞はかなり早い時期に家族を引き連れて南遷した。太原中都から移住した孫氏一族も、同様に并州地区から南遷した北方の名家の代表的存在である。孫統・孫綽・孫盛らはみな移民の一代目であった。社会の激変がこれら何不自由なく生活してきた士大夫の暮らしぶりを変え、離散と窮乏に苦しむ移住の過程が、彼らの文学創作にも避けようのない影響を及ぼしたのである。

第三に、我々にはいささか驚きを禁じ得ないことだが、こうして南遷した名家の人々はすぐに南方の生活に適応し、

「北に帰る志を無くし」て、[76]大半が「ここで生涯を終える気持ち」を持つようになった。同時に、これらの才能に溢れた文人墨客は江南地区の優美な山水の景色に惹きつけられた。文人達の雅な集まりは頻繁に行われ、優れた文学作品が次々と現れて、会稽一帯は当時の文化の中心となったのである。まさしくこうした環境と雰囲気の中で、中国文学史上における山水詩派や、中国書道史上の傑作「蘭亭の序」が生まれた。『晋書』王羲之伝には、「王羲之は官職を去ると東土の人々と山水の楽しみを尽くし、狩猟や釣りにいそしんだ。また道士の許邁と共に丹薬を服用し、千里の道も厭わず薬石を採取しに出かけた。東中諸郡を踏破し、名山も遊び尽くし、滄海に船を浮かべ、感嘆して「私は結局は楽しみのうちに死んでいくのだろう」と言った」とある。また『中興書』にも、「謝安は会稽に住んでいたが、支道林・王羲之・許詢らと共に遊び、出かけては山水に狩猟し、帰れば議論や創作にふけって、世間とつきあっていこうという気が少しもなかった」と述べられている。[77]『世説新語』雅量篇にはこんなエピソードがある。

謝安は東山に住まいしていた頃、孫綽らと海に出て遊んだ。風が出て波が起こり、孫・王らはみな顔色を変えて岸に帰ろうと言った。謝安は泰然自若として詩を吟唱するばかりで何も言わない。船頭は謝公ののんびりした様子を見て、さらに帆を進めた。風が強くなり波が高くなると、人々は慌てふためき座っていられなくなった。公はおもむろに「このまま行くと帰れなくなるな」と言った。人々はその声に応じて帰ることとした。そこでみな公の度量を玩味するに、朝野に重きをなすに足る人物であると考えた。

東南地区は東シナ海に面し、海域を観察するよい条件に恵まれている。南方籍の作者に比べて、北方に生まれ育った文士学者はより一層海域の景観に対して敏感で、新鮮な驚きをもって接したはずである。彼らのあふれ出る創作意欲はその中から生まれてきたものだ。海域の景色を描いた一連の詩賦は、まさにこうした状況の下に出現したのである。

第四に、南方由来の名家に比べると、北方からの移民は南方の風物により敏感な認識を示している。郭璞に「江の賦」があり、庾闡・曹毗《そうひ》に「渉江の賦」があるが、南方の水系およびその周辺の景観に対する深い感銘が表現されており、どれも千古に名を残す名作として親しまれている。『世説新語』言語篇にはこんなエピソードもある。「荀中郎は京口に来て北固に登って海を望み、言った。「まだ三山を見たわけではないが、十分に凌雲の雰囲気が味わえた。秦や漢の君主であれば、必ずや裳裾をからげ足を濡らしたことだろう」と」。荀中郎は荀羨《じゅんせん》で、潁川郡の人である。三山とは上古の伝説にある海中の三山で、当時の人々が海に抱いたあこがれを表している。また『世説新語』術解篇中に見える次のエピソードは、北方移民が海域をどのように認識していたかを示す典型例と言えるだろう。

郭璞は長江以南に移って曁陽《きよう》に住んだ。その母の墓は水辺から百歩と離れておらず、人々が水に近すぎると言うと、郭璞は「将来陸になる」と言った。今では砂が堆積し、墓の周囲数十里が皆桑田と化した。その詩には「北阜は険しく、巨海は滾々と沸き立つ。ここに三墓あり、中に眠るのはただ母と我が弟のみ」とある。(78)

曁陽県は既陽県の改名したもので、今の浙江省江陰県東南の長寿鎮南にある。郭璞の詩句を見ると、郭母の墓が海からあまり離れていなかったことがわかる。郭璞は長江沿岸及び河口付近の砂の堆積状況についてよく知識を持っていたため、浅瀬が近い将来桑田に変じることを予測することができたのだろう。

このほかに、外界との交流や南北の交通が阻害された状況にあったことも、結果として人々が東部海域を知る上で一定の促進作用を及ぼしたことは否定できない。『洛陽伽藍記』などの記載によると、中国が南北朝に二分される形勢ができあがると、北魏と西域地区の交通はある程度回復し、西域から多くの仏教関係者が中原にやってきて、中国における仏教文化の発展を促したという。しかし大部分の中原の人々にとって、西域を横断し見聞を外界まで及ぼすという行動は、想像を絶する困難なものであった。また同時に、南北の交通が妨げられたことで、南朝の漢族が北方或いは西方の辺境地区を探索しようとするにあたって、乗り越えがたい障害が形成されたことも注意しておかなくてはならないだろう。これに比べると、東部海域は南北双方の人々にとって開放された場所であった。つまり禍福はあざなえる縄の如しという通り、こうした外部との交通の障害や南北政権の間の政治的文化的阻隔によって、南北朝各地の漢族の人々は海域に対する認識を深めるきっかけを得たのである。

もちろん、文学作品が創作される際の主観的な動機や歴史背景、客観的な条件というものは、往々にして複雑に錯綜しており、全く同じにはならない。しかしながら、同一時代に出現した文学作品に、時代の烙印と時代の特徴が避けようもなくはっきりと刻まれているということもまた確かである。この認識は、後漢から魏晋南北朝に至るまでの海域を題材とした文学作品を理解するうえで大事になってくる。三国から南朝に至る時期は、いずれの時代も長い海岸線を領域に有していたため、南朝の人々は海上航行に一定の知識を持っていた。しかしこの時期の海上航行はまた非常に危険で困難でもあった。後漢末、許靖らは会稽に難を避けたが、のちに孫策が江東を占拠すると、彼らはやむなく海を渡って交州へ逃げた。のちに曹操が彼を招いて北上させようとした時、許靖は返書の中で振り返るのも恐ろしい海上での経験を回想している。「会稽も景興も失い、三江五湖すべて敵の手中に落ちました。連絡を取る手段も無く、やむなく袁沛や鄧子孝らと共に滄海へ漕ぎ出し、南下して交州に至りました。東甌《とうおう》や閩越《びんえつ》の国をよぎり、万里の行程です。漢の地を見ることはかなわず、風波に漂い、食糧は尽き、うち続く飢餓で大半は死者となり……」[79]。確かに上で述べてきた通り、海上航行の経験は海域への認識を深めるのに役立ってきた。例えばもし航海の経験がなければ、張融は前人未踏の長編海賦を書き上げることはなかっただろう。しかし許靖の書信からわかるのは、当時の航海技術や造船技術の水準に限りがあったため、一般の人が長距離にわたる航海に出てみることは非常に難しかったということである。このことは海域を認識するうえで大きな妨げとなった。本稿で触れた作者の大部分も、海域へより深く分け入り、自らの目で真に迫った観察と体験を行うことはほとんどできなかったのである。

おわりに

「観察は地理学の基礎である」とは世界地理学史上の名言であり、とりわけ地形と景観に関する研究に対して積極的な指導的意義を有している。[80] 歴史地理学研究について言えば、今日の研究者が依拠するのは、主に古人が残した観察資料であり、「古人の目を借りて」当時の景観と環境を知るのである。このため古人の地理観察に関する文献を出来る限り発掘することは、歴史時期における地形と景観の変遷を深く知る上でたいへん重要なことである。歴史時期における海洋地理認識についてもこれは例外ではない。中国は海に面した国家であり、海域の認識は中国地理認識史を構成する重要な要素であるだけでなく、中国と外国の交流史においても特殊な意義をもっている。魏晋南北朝時期に出現した一連の海域詩賦は、我々が当時の海域認識の状況を知る上で、たいへん貴重な資料を提供してくれている。

第一に、中国の伝統的文人には名勝地に望んで詩賦を詠むという良き伝統があり、このため古典文学作品には古人が実地に観察を行った資料が豊富に含まれている。海域観察を例にとって言えば、自分の好奇心を満たし昔の故事を踏襲するという動機のもと、多くの学者や士大夫が自ら海辺に赴いて海域を鑑賞し、注目すべき「海眺め」の気風を早くから形成した。これらの文人士大夫は看過できない数量の詩賦作品を作り出し、それによって自身が海辺で見聞したこと、感じたことを表現した。海域の状況や景観に関する認識はこれらの作品により大いに深まったと言える。のちにこれらの作品は、その高度な文学技術と芸術性をもって世に広く伝わり、海域に関する知識を普及し「海眺め」の気風を伝達するうえで、大きな役割を果たしたのである。

第二に、忘れてはならないのは、今日残っている文学作品は当時作られた詩賦のうちの少数の優れた作品、もしくは幸運にも残ることができた少数の作品にすぎない、ということである。後漢から魏晋南北朝にかけて海の景観を題材として作られた文学作品の実際の数は、本稿が挙げた数を遥かに越えているはずだ。また研究者によれば、我々が現在見ることの出来る詩賦も、往々にして削除や簡略化を経たあとのものにすぎない。しかしこうした現存する詩賦作品からだけでも、当時海域の景観という主題が文人たちの注目するテーマになっていたことは推測できる。あるいは、後漢から魏晋南北朝に至る時期の中国の知識層において、海域に注目し、海を観察して描写するという流行や趨勢が空前の勢いで出現していた、と言ってもいいかもしれない。この流行においては、「故事」を踏襲するだけでなく、いくつかの目印となる「海眺め」や「波眺め」の名勝地に、関心の焦点が集まっていた。すなわち碣石山・淮浦・東山・会稽・赤石といった「海眺め」の地点、広陵曲江や浙江といった「波（潮）眺め」の地点である。質・量ともに後世の賛嘆してやまない水準に達した彼らの詩賦作品によって、伝統的知識層の海域認識は進展を見たのである。

第三に、後漢末期から魏晋南北朝に至る「海眺め」の流行の形成と海域認識の進展は、たいへんに複雑な歴史的地理的背景の中で出現したことが、これまでの分析から明らかになった。後漢の初めから開始された大規模な民族移動は怒涛の勢いで広がり、北方民族の南遷に伴って、中原地区の漢族も淮河以南へと大規模に遷移し、その中には大量の名門豪族も含まれていた。これらの名門豪族は当時の知識界を担った中堅層であったから、これにより中国の政治と文化の中心地区もしだいに東および南へと移った。社会の激変と生活環境の変化は、必然的に彼らの思想と創作活動にはっきりとした影響を与えた。南方の水域・海域の景観が、北方からの移民にもたらした驚きと感動は、新鮮にしてかつ倦くことのないものであったと思われる。故郷を離れ故国を去る苦しみから次第に解放されたのち、才気あふれる文学者たちは江南の豊かな生活と美しい山水の景色に酔いしれ、江南の自然に遊ぶうちに、海岸や海域の景観もまた、彼らが目をとめる重要な対象の一つとなったのである。

当然ながら、海域認識の発展は、多くの要素の影響と干渉を受ける。科学技術の発展水準、交通の建設状況、政府の公式見解、辺境情勢の変遷、学術界の気風や学者個人の努力など、様々な要素が海域認識になおざりにできない影響を及ぼす。魏晋南北朝時期に出現した海域詩賦作品は、この時期の地理認識が成し遂げたすばらしい成果を示すと同時に、伝統中国の知識層が地理認識において有していた問題や限界をも示している。科学認識の理念と方法を欠いていたために、これらの詩賦は直感を重視し、事物に託して感情を述べることに重きを置いている。海域に対する観察は往々にして表面的な現象の描写や簡単な分類に留まっており、これらの現象や生物の品種に対してより深く確実な分析や比較・研究を行っていない。このため、我々はこれらの詩賦が果たした貢献と作者達が行った創造的活動の価値を認めると同時に、そのあまりに現実からかけ離れた大げさな文辞という欠点については、距離を置いて接する必要があるだろう。

【注】

（1）管見の限り、魏晋南北朝時期の海域文学に関する既往の主要研究は以下の通りである。「第三章　三国至南北朝」（宋正海ほか注『中国古代海洋学史』海洋出版社、一九八六年）一八～二五頁。劉安国「中国古人在認識海洋上的貢献」（曲金良主編『中国海洋文化研究』文化芸術出版社、一九九九年）五四～六二頁。程章燦『魏晋南北朝賦史』（江蘇古籍出版社、二〇〇一年）。陳心心、何美宝「唐以前海賦的研究」（『中外文学』台湾、一五巻八期）。譚家健「漢魏六朝時期的海賦」（『聊城師範学院学報（社科版）』二〇〇〇年第二期）。宋正海「中国伝統海洋文化」（『自然雑誌』二〇〇五年第二期）。馬凌雲「唐前江海賦」（『柳州師専学報』二〇〇六年第一期）。徐鴻儒主編「第一章第二節　三国魏晋時期対海洋的認識與利用」（徐鴻儒主編『中国海洋学史』山東教育出版社、二〇〇五年）六三～七〇頁。李剣亮「中国古典詩賦中的〝海〟意象」（『浙江海洋学院学報』一六巻三期、一九九九年九月）。王薴萱「中国海洋人文歴史景観的分類」（『海洋開発與管理』二〇〇七年第五期）。張小虎「論漢魏六朝海賦」（『現代語文』二〇〇九年第二期）。劉旭輝「中国歴史海洋地理的設想與芻議」（『三門峡職業技術学院学報』二〇〇九年第四期）。

（2）『山海経』海経には海外南経・海外西経・海外北経・海外東経などいくつかの部分が含まれているが、異なる方位に沿ってかなりの数にのぼる周囲の国々や部族、物産の名称を挙げている。またこれらの国の民は往々にして人と獣が一体になったようなものであったり、人間と仙人の中間のようであったりする。山川の方位も相当にいい加減で、正確に実地の考察や対照が行いにくい。袁珂『山海経校注』「海経新訳」諸巻（上海古籍出版社、一九八〇年）を参照されたい。

（3）曲金良「中国海洋文化的早期歴史與地理格局」（『浙江海洋学院学報（人文科学版）』二〇〇七年第三期）を参照。

（4）司馬遷『史記』巻二八、封禅書（中華書局、一九五九年）一三六九～一三七〇頁。

（5）『史記』巻一二、孝武本紀、四七四～四七七頁。

（6）『後漢書』巻七〇、班彪伝（中華書局、一九九七年）。

（7）「覧海の賦」の作者については、明人張溥による『漢魏六朝一百三家集』（巻一一、文淵閣四庫全書本）など一部の書物では班固の作とされている。

（8）欧陽詢『芸文類聚』巻八（上海古籍出版社一九六五年）一五二頁。

（9）高亨注『詩経今注』（上海古籍出版社、一九八〇年）四六五～四六六頁。

（10）酈道元注、楊守敬、熊会貞疏、段熙仲点校、陳橋駅復校『水経注疏』（江蘇古籍出版社、一九八九年）二五六二～二五六九頁。

（11）沈徳潜撰『古詩源』巻五（中華書局、一九六三年）一〇四頁。

（12）『芸文類聚』巻八、水部上、一五三頁。

（13）徐堅等著『初学記』巻六（中華書局、一九六二年）一二八～一二九頁。『芸文類聚』巻八（一六〇～一六一頁）に収める「浮淮の賦」はこれと字句に少し異同がある。

（14）『三国志』巻一（中華書局、一九九七年）三二頁。

（15）『初学記』巻二二、五三九頁注。

（16）『三国志』巻二、魏書、文帝紀、八四頁。

（17）『三国志』巻二、魏書、文帝紀、八四～八五頁。

（18）『三国志』巻二一、魏書、王粲伝。

（19）各文献に採られる「覧海の賦」の字句には少し異同がある。「遊海の賦」の比較的完全な形のものは、陳元龍輯『御定歴代賦彙』巻二四を参照されたい。

(20)『芸文類聚』巻八、一六〇～一六一頁。
(21)木華の「海の賦」全文は、『六臣注文選』巻一二（文淵閣四庫全書本）を参照のこと。
(22)『晋書』巻五五、潘嶽伝（中華書局、一九九七年）。
(23)『芸文類聚』巻八、一五三～一五四頁。
(24)『晋書』巻九二、庾闡伝、二三八五～二三八六頁。
(25)『芸文類聚』巻八、一五四頁。『初学記』巻六（一一八頁）では「梁簡文帝『海賦』」と題されている。
(26)『晋書』巻五六、孫楚伝後附綽伝、一五四四～一五四七頁。
(27)『晋書』巻八〇、王羲之伝、二〇九八～二〇九九頁。
(28)『晋書』巻七九、謝安伝、二〇七二頁。
(29)『芸文類聚』巻八、一五四～一五五頁。
(30)『宋書』巻六七、謝霊運伝、一七四三～一七五九頁。
(31)『芸文類聚』巻八、一五一～一五二頁。
(32)陳耆卿『赤城志』巻四〇、弁誤門（文淵閣四庫全書本）。
(33)『芸文類聚』巻二八、五〇二～五〇三頁。
(34)施宿等『会稽志』巻一（文淵閣四庫全書本）。
(35)楽史撰、王文楚等点校『太平寰宇記』巻九九（中華書局、二〇〇七年）一九七七～一九七八頁。
(36)『南斉書』巻四七、謝朓伝、八二五頁。
(37)『芸文類聚』巻八、一五二頁。
(38)『梁書』巻一三、沈約伝、二三九頁。
(39)『芸文類聚』巻二八、五〇四頁。
(40)『梁書』巻五〇、文学伝。
(41)『芸文類聚』巻八、一五二頁。
(42)『初学記』巻六、一一八頁。

(43)『初学記』巻六、一一五頁。
(44)『芸文類聚』巻九、一六三頁。
(45)『南斉書』巻四一、張融伝。
(46)『南斉書』巻四一、張融伝、七二一頁。
(47)辛文房『唐才子伝』巻一（文淵閣四庫全書本）。
(48)『南斉書』巻四一、張融伝、七二六頁。
(49)『晋書』巻九二、曹毗伝、および『隋書』巻三五、経籍志四。
(50)『芸文類聚』巻九、一六四～一六五頁。
(51)『芸文類聚』巻九、一六五頁。
(52)『通志』巻六九、芸文略第七。
(53)『芸文類聚』巻九、一六四頁。
(54)『文苑英華』巻一六二（中華書局、一九六六年）第二冊、七七五頁。「詩」の字が誤って「満」となっているため、ここに改める。
(55)『梁書』巻一四、任昉伝。
(56)『芸文類聚』巻九、一六四～一六五頁。
(57)『梁書』巻三三、劉孝綽伝。
(58)『文苑英華』巻一六二、第二冊、七七〇頁。
(59)『文苑英華』巻一六二、第二冊、七七〇頁。
(60)胡渭著、鄒逸麟整理『禹貢錐指』巻一一上（上海古籍出版社、一九九六年）三五七頁。
(61)『北斉書』巻四、文宣帝紀（中華書局、一九九七年）五七頁。
(62)現代の学者譚其驤教授は碣石の「海中説」に修正を加え、大碣石山は今日の河北省昌黎県北の碣石山であると指摘している。「碣石考」（『長水集』（下）人民出版社、一九八七年）を参照されたい。
(63)沈約と劉孝威の詩は郭茂倩『楽府詩集』巻五四（文淵閣四庫全書本）を参照。
(64)『水経注疏』巻一六、膠水注、一二八四～一二八五頁。

(65) 閻若璩『四書釈地続』(文淵閣四庫全書本)の「観海」の項を参照。
(66)『魏書』巻八二、祖瑩伝。
(67)『北斉書』巻三九、祖珽伝。
(68)『芸文類聚』巻八、一五二頁。
(69)『御定歴代賦彙』巻二四(文淵閣四庫全書本)。
(70)『初学記』巻六、一二九頁。
(71) 許慎「説文解字敘」(『説文解字』中華書局、一九六三年)三一九頁。
(72) 成公綏が書いたとされる「大海の賦」は散逸して伝わらない。成公綏の事跡は『晋書』巻九二、文苑伝、成公綏伝に見える。
(73)『太平御覧』巻九三八には沙毗の「観涛の賦」があり、「於是神鯨来往、乗波躍鱗、噴気歃霧」という字句が採られている。沙毗については不明で、曹毗の誤りか否かもわからない。ただしこの句は曹毗の賦の中には含まれていない。
(74)『後漢書』巻四〇下、班彪列伝附班固伝下。
(75)『晋書』巻七二、郭璞伝、一八九九頁。
(76)『南斉書』巻四七、末尾の史臣の語、八二八頁。
(77)『世説新語校箋』巻中の注(中華書局、一九八四年)二〇六頁。
(78)『世説新語校箋』巻下、三八二頁。
(79)『三国志』巻三八、蜀書、許靖伝、九六四頁。
(80) ドイツの地理学者アルブレヒト・ペンク(Albrecht Penck, 1858-1945)の言葉。羅伯特・迪金森著、葛以徳等訳『近代地理学創建人』、商務印書館、一九八四年、一二五頁〔訳注:原書は Robert E. Dickinson, *The Makers of Modern Geography*, London: Routledge & K. Paul, 1969〕による。

魏晋北朝期黄河下流平原における牧畜民の活動

市来弘志

はじめに

東アジア海文明は現在の日中韓三国を中心として展開され、その範囲は日本海・玄界灘から黄海・渤海・東シナ海までの広大な海域に及ぶ。日本本土と中国大陸の交流において、一〇世紀以降は博多―寧波航路に代表される東シナ海がその主な舞台である。これに対して造船航海技術が未発達だった九世紀以前は玄界灘から黄海・渤海が主要な舞台であった。周知の如く遣唐使船は航路を朝鮮半島沿岸を通る北路から、東シナ海を横断する南路に変更してから遭難が急増したし、五世紀に南朝に朝貢した「倭の五王」の使節でさえ、朝鮮半島沿岸から黄海を越え山東半島に至ったと考えられる。(1) 即ち一〇世紀以降の海上貿易において長江下流平原が中国側の後背地だったのに対し、九世紀以前は黄河下流を中心とした華北平原が後背地だったのである。この時代に日本が取り入れた隋唐の文化は、首都長安のある関中平原と、副都洛陽のある華北平原の風土と伝統を背景に生まれたものであり、この時代の東アジア海文明を考える場合、華北とりわけ海上交易の後背地である黄河下流平原地域の状況に留意する必要がある。

そこで本稿では隋唐に先立ち、日中韓三国が国として本格的に交渉を開始した魏晋南北朝時代における黄河下流平原の状況を概観し、その特色について述べていきたい。

一、三～六世紀の政治過程と人口移動

黄河下流の平原地域は、古くは黄河文明発祥以来多くの人口を有し、春秋戦国期には多数の有力国が存在し、前漢期には邯鄲と臨淄が洛陽・宛・成都と並んで首都長安を除く全国五大都市の一つに数えられており、一貫して政治経済の中心地であった。多くの人口と経済力を持つこの地域の様相は、三世紀末以来の戦乱によって一変する。

田村實造は四世紀から六世紀を「中国史上の民族移動期」と称した。(2) これはもちろんヨーロッパのゲルマン等の民族移動になぞらえたものである。ヨーロッパにおける四～五世紀の民族移動は、西ローマ帝国を滅亡に追い込みローマ時代の社会を根本的に改変させた、古典古代の終わりを告げる劇的な出来事であったが、中国でも民族移動の衝撃力はヨーロッパに勝るとも劣らなかった。大量の遊牧系諸民族が移住した結果、中国とりわけ華北の社会は根本的な変化を迫られたからである。(3) 中国は歴史上何回も大きな民族移動を経験したが、四～六世紀のそれは史上空前の激烈なものであった。

遊牧系諸民族の華北移住は既に漢代に進行していたが、光和七年（一八四）に勃発した黄巾の乱によって全土が動乱に陥ると一気に加速した。後漢期に現在のオルドスを中心に長城線に沿って居住していた南匈奴は、この時期陸続と山西中部一帯に南下する。チベット系遊牧民である羌族・氐族の移住も増加し、三世紀末の関中平原は人口の半ばまでを彼らが占めるまでになった。二八〇年には郭欽が、二九九年には江統がこれに危機感を覚えて「徙戎論」を上奏し、匈奴氐羌などの諸民族を国境外に強制移住させるよう唱えている。このように西晋が中国を統一し三国時代を

終わらせた二八〇年頃には、華北の西部や北部では既に遊牧系諸民族が隠然たる勢力を有するに至っていたが、黄河下流の平原では彼らはまだ人口も少なく、さほど大きな存在感は持たなかった。

三〇〇年に皇族同士の内乱である八王の乱[4]が始まると、西晋は統制力を失い中国は再び動乱の渦に投げ込まれた。南匈奴の首長劉淵は、河北の中心都市鄴《ぎょう》に拠る有力者成都王司馬穎《しばえい》の麾下にあったが、この期を捉えて故郷の并州《へいしゅう》に帰り、三〇四年に西晋から離反して独立し国号を「漢」とした。「漢」と号したのは、かつて匈奴単于は漢の皇室と通婚し劉淵自身もその末裔だからである。単于の子孫が劉氏を名乗ったのも漢の皇室が劉氏だからで、劉淵はモンゴル高原に君臨した匈奴単于と漢帝室の血を二つながら引く名門と目されていた[5]。

并州平陽（山西省臨汾市）に本拠を構えた「漢」は劉淵の死後も勢力を拡大し、永嘉五年（三一一）にはついに洛陽を攻め落として懐帝を捕虜とし、西晋はここに事実上滅亡する。古来「中原」と呼ばれ中国文明の中心であった黄河中流の地は、匈奴の統治する所となったのである。この「永嘉の乱」は遊牧民が華北を支配する時代の訪れを告げる極めて象徴的な事件であった。

流民集団や各地の反乱軍を取り込んで急速に膨張した「漢」の体制は決して一枚岩ではなく、麾下の武将の多くは半独立的な存在だった。劉淵の後を継いだ劉聡は巧みな手腕で武将達をよく統率したが、彼の死後朝廷は内紛で瓦解し、「漢」はたちまち四分五裂の状態に陥った。この中で黄河下流を本拠地として台頭してきたのが石勒である。石勒は山西中部の羯《けつ》族出身で、八王の乱が激化すると并州刺史司馬騰《しばとう》に捕えられ戦費調達のため、奴隷として売り飛ばされた。後に盗賊に身を投じて頭角を現し、反乱軍の指導者汲桑《きゅうそう》と共に挙兵するや真っ先に鄴を襲い、ここに駐屯していた仇敵司馬騰を血祭りに上げた。石勒は間もなく「漢」に帰順し有力武将として黄河下流を転戦するが、「漢」の混乱に乗じて三一九年に自立し趙王を称した。彼は河北の襄国を拠点に勢力を拡大し、三二九年には河西地方を除く華北の主要部を統一して皇帝を称した。彼の建てた国を史上「後趙」と呼ぶ。

八王の乱以来の動乱で、華北の先住民である「漢人」(6)の多くは長江流域、遼東・遼西、河西等に難民として逃れ、華北中心部から人口が大量に流出した。石勒の勢力が一応の安定をみた後にも、長江下流を本拠とする東晋の勢力が河南方面に迫り一進一退の攻防を繰り広げたため、黄河以北の人口を充実させることが後趙の急務であった。そこで後趙は各地から首都襄国および鄴周辺に人々を大々的に強制移住させた。このような徙民政策は当時珍しいものではないが、後趙は三五年間に三〇回以上という五胡十六国の歴代王朝の中で最も多くの徙民を行った。これにより集められた人口は少なく見積もって優に七〇万人から一〇〇万人を越える。(7)しかも漢人・匈奴・氐・羌・鮮卑慕容部《ぼようぶ》・鮮卑拓跋部・鮮卑段部・烏丸《うがん》・高句麗・丁零《ていれい》など実に様々な民族が、襄国と鄴周辺の半径一〇〇キロ程度の圏内にひしめき合っていた。彼らの多くはそれぞれの首長に率いられて後趙の首都防衛の役割を担ったと考えられる。建国者石勒が低い身分から身を起こし、石勒の出身民族である羯族は人口が少ないため、これだけに頼ることもできない後趙にとって、徙民が形成するこれらの軍団は国家の基幹軍事力であった。

後趙は三五〇年に漢人出身の将軍冉閔《ぜんびん》のクーデターにより滅亡した。冉閔は漢人を扇動し己に従わない「胡人」を虐殺したため、鄴周辺の「胡人」二〇万人余がたちまち犠牲となり数百万人が危険を逃れ脱出した。この地にどれほど多くの人口が集中していたかがわかる。冉閔はほどなく皇帝に即位して魏（冉魏）を建国したが、三五二年に遼東方面から進出してきた鮮卑慕容部に滅ぼされた。慕容部の首長慕容儁《しゅん》は鄴に遷都して大燕皇帝を称し（前燕）、黄河下流平原は前燕の支配下に入った。遷都に伴い前燕の支配民族である鮮卑慕容部および、四世紀初頭に中原から遼東に難民として流入し慕容部の支配下にいた漢人の多くが首都鄴周辺に移住し、また後趙滅亡時にこの地を去らずに留まった者も少なくなかったので、(8)人口は再び増加した。

前燕は三七〇年に関中平原を本拠地とする氐族の前秦に滅ぼされた。前秦は鄴の鮮卑四万余戸を長安に、「関東豪傑及雑夷」一〇万人を関中平原に移住させ、また三八〇年に氐族十五万戸を関東（太行山脈以東すなわち華北平原）の要地に移住させた。前秦は征服地である黄河下流域の主要勢力を首都周辺に徙民して監視し、支配民族である氐族を征服地に派遣して治安の維持に努めたのである。

前秦は三八三年に淝水《ひすい》の戦いに敗れて崩壊し、鄴に駐屯していた皇族の苻丕《ふひ》は氐族「六万余口」を率いて西方に去った。長安に徙民されていた鮮卑三〇万は前燕皇族慕容永に率いられて東に向かい、前秦に仕えていた前燕皇族慕容垂は黄河下流を制圧し燕を復興する（後燕）。かくて鮮卑慕容部の勢力が復活するが、三九八年に後燕は新興の北魏に首都中山を攻め落とされ、残存勢力は遼西（北燕）と山東（南燕）に分断された。南燕は四一〇年に東晋に、北燕は四三六年に北魏に滅ぼされ、慕容部は衰退した。

代わって華北の覇者となった北魏では一時鄴遷都の議論も出たが、結局元来の根拠地である内モンゴル南部の盛楽にほど近い平城に都を定め、ここに黄河下流平原から「山東六州民夷及何高麗雑役三十六万」を徙民した。さらに支配民族である鮮卑拓跋部の軍団を各地に駐屯させ、新征服地には鎮を置いて軍政を敷いた。情勢が安定すると鎮は州に切り替えられるが、要地には引き続き軍団が駐屯しその兵士は城民と呼ばれた。城民は領内全土に分布するが、人口稠密地である黄河下流平原には特に厚かった。かくてこの地の人口はまたも入れ替わった。

華北平原の黄河以北は四世紀初期から遊牧系諸民族の覇権が確立し、人口の上からも彼らの天下となったのに対し、黄河以南、特に黄河中流の中原の地は東晋の勢力が長く残り、後趙・前燕・北魏前期には東晋との係争地となって安定せず、漢人の人口が比較的多かった。北魏は五世紀後半に南朝宋に痛撃を加えて河南の支配を安定させ、さらに四八三年には第六代皇帝孝文帝が中原の中心洛陽へと遷都した。これに伴い平城周辺に居住し「代人」と呼ばれた鮮卑拓跋部を中心とする遊牧系諸民族が洛陽に移住した。また首都防衛のための鮮卑軍団も河南に多く設置され、黄河以南でも遊牧系諸民族の人口が増加していった。

洛陽では漢人の伝統文化をベースに諸民族が入り混じった華やかな貴族社会が栄華を誇ったが、旧都平城防御のため北部国境の軍事要塞都市「六鎮」に駐屯する兵士達は、時代に取り残されて不満を鬱積させ、五二三年ついに反乱を起こした。この六鎮の乱により北魏は崩壊した。六鎮の兵士を率いた葛栄が一時黄河下流を席巻し、洛陽は乱の鎮圧に功績を挙げた匈奴の爾朱栄《じしゅえい》に制圧された。爾朱氏の没落後は、共に六鎮の流れを汲む高歓と宇文泰が黄河を挟んで華北を東西に二分し対峙した。高歓と宇文泰はそれぞれ北魏の皇族を担ぎ北魏は東魏と西魏に分裂したが、どちらも皇帝は傀儡に過ぎず、五五〇年には東魏が高氏に乗っ取られて北斉に、五五七年に西魏が宇文氏に乗っ取られて北周となった。五七七年には北周が北斉を滅ぼして華北を統一するが、五八一年には外戚の楊堅が簒奪して隋を建国し、五八九年に南朝の陳を滅ぼし約三〇〇年ぶりに中国を統一する。

北斉・北周とも主な支配者は六鎮の乱に加わった鮮卑族であり、両者は乱から生まれた双子のような存在だった。六鎮の乱によって内モンゴル南部に居住していた遊牧民兵士が大挙南下したため、人口構成はまたもや激変した。六鎮の主力の多くは北斉に流れ込み、山西および黄河下流平原には大量の鮮卑族兵士が駐屯した。北周の主力は六鎮の一つ武川鎮出身の軍団であり、[9] 彼らは関中平原および隴西の豪族と結びつき強固な支配者集団を形成した。「関隴《かんろう》集団」と呼ばれるこの集団は北周・隋・唐各政権の母体となった。

このように三世紀から六世紀の黄河下流平原はめまぐるしい人口移動を経験し、人口構成も大きく変化した。先住の漢人が長江流域等に流出し、北方から遊牧系諸民族が移住して彼らの人口比率が上昇する、というのが大局的な趨勢である。激しい戦乱が続いて人口調査はほとんど行われなかったため、当時の人口については推測に頼らざるを得ない。[10] 譚其驤《たんきじょう》は当時の中国北方人口を七〇〇万人、南渡人口を九〇万人とし、北方人口の八分の一余りが南渡し、南方人口の六分の一が北方からの移民であったと推定した。[11] 譚の論文はこのテーマの古典的研究であるが、当時の華北の人口移動規模をあまりに低く見積もっている。[12] 譚の高弟である葛剣雄は、五世紀初頭までに少なくとも二百万人が南方に移民した、と譚の推定より遙かに多い数字を出している。[13] 路遇・滕沢之《とうたくし》は永嘉元年（三〇〇年）の全国人口を三〇〇四万人、そのうち漢人二四六九万人、非漢人五三五万人と推定する。全国的には漢人人口が多いが、四世紀以降も北方から続々と非漢人の移住が続き、漢人の多くが中国南部と黄河以南に流出したため、四世紀前期には黄河以北の人口のほぼ半数は非漢人によって占められたとする。(14) 田村實造は、石勒・石虎時代の河北・山東・河南・山西・陝西に居住した「五胡族」の総数は最少に見積もっても九〇〇万人を越え、前燕滅亡時の領内の漢人人口は約一千万人とする。(15) このように当時の華北において遊牧系諸民族の人口は先住の漢人に拮抗するに至っていたと考えられる。

現代中国では国内の漢族以外の諸民族を「少数民族」と呼称し、この言葉を歴史上の非漢族を指す場合にもしばしば用いる。しかしこの時代の華北における遊牧系諸民族は人口の上からも決して「少数」ではなく、政治軍事の面においてはマジョリティーの地位を確固たるものとしていた。四世紀以降の華北は三世紀以前とは全く様相を異にしていたのである。それは黄河下流においても例外ではなかった。

二、気候と環境の変化

ではこのような遊牧民の大規模な移住はなぜ起こったのだろうか。二世紀末の黄巾の乱以来、三国時代の戦乱、西晋の崩壊と中国では動乱が相次ぎ、彼らが進出し易かった政治的状況があったのは言うまでもない。しかし事はそう単純ではない。実はこの時期ユーラシア大陸の東西でほぼ同時に遊牧民の南下現象が起こっているのである。四世紀に東方からのフン族の進出を切っ掛けとして、ヨーロッパではいわゆる「民族大移動」が始まっており、中央アジアではエフタルが大勢力を築きササン朝ペルシャなどを攻撃している。中国史だけを考えれば政治的状況だけである程度説明はつくかもしれないが、世界的規模でのこのような現象を考えるなら、やはり何か別のより大きな原因が想定される。それが世界的な気候の変動である。

気候変動の歴史は急速に研究が進んでおり、歴史学のみならず自然科学の方面からも、三〜四世紀には世界的に気候が寒冷化したことが明らかになっている。日本における三〜八世紀にかけての寒冷期は「古墳寒冷期」と呼ばれる(16)。中国における気候変動史研究の先駆者である竺可《じくか》楨《てい》は、三世紀後半になると寒冷化が急激に進行し、この傾向は大局的には南北朝時代を通じ六世紀後半まで続き、この寒冷期を通じ年平均気温は現在より少なくとも一〜二度低かったとする(17)。

近年はより詳細な研究が進み、魏晋南北朝時代の各時期における気候変化が明らかになりつつある。満志敏は魏晋南北朝期の気候は基本的に寒冷であり、春期も冬期も現在より気温が低く、特に冬期の極端に寒い状況は「明清小氷期」にも勝るとも劣らないとし、この時期の寒冷な気候には二つの大ピークと一つの小ピークがあるとする(18)。第一大ピークは三一〇年代を中心として二九〇年から三五〇年に跨る時期、第二大ピークは五〇〇年代を中心として四五〇年から五四〇年に跨る時期で、第二大ピークの方が期間は長くより寒冷である。小ピークは四〇〇年頃の前後三〇年程度に跨る時期である。第一大ピークの冬期気温は現在より一度程度低い。第二大ピークの冬期気温は現在より一・六〜二度低く、寒冷化が頂点に達した時期は二〜二・五度低い。二つの大ピークに挟まれた期間の冬期気温は現在と大差なく、また五五〇年頃から気候は温暖に転じていくとする。

葛全勝は魏晋南北朝期の気候変動を次の四段階に区分する(19)。第一段階・三国西晋から東晋前期まで（二二〇〜三五〇年代）はやや寒冷で、特に三二〇〜三五〇年代は顕著に寒く、冬半期の平均気温は現在より〇・五度低い。第二段階・東晋中期から北魏の華北統一まで（三六〇〜四四〇年代）は、気候が温暖化に転じ中でも東晋晩期（三六〇〜四〇〇年代）は明らかに現在よりも温暖である。第三段階・南朝宋から梁まで（四五〇〜五三〇年代）は、気候が再び寒冷に転じて冬半期の平均気温は今より〇・七度低く、最も寒冷な三〇年間（四八一〜五一〇年）は一・二度低い。第四段階・南朝梁末から陳の滅亡まで（五四〇～五八〇年代）は、気候が寒冷から温暖に向かい現在よりも温暖である。

このように研究者によって差異はあるものの、魏晋南北朝期が寒冷期であり、三世紀後期から四世紀前期と五世紀後期から六世紀前期はとりわけ寒冷な時期だった点については、多くの研究が一致をみている。華北への遊牧系諸民族の移住が集中するのは、まさにこの三世紀後期から四世紀前期の寒冷期である。[20]

気候の寒冷化による被害は緯度が高い地域の方が大きく、北緯四〇度以北の中央ユーラシア草原地帯は雪害などの自然災害が頻発し、遊牧民の生活に甚大な被害を与えた結果、彼らの多くは従来の住地を離れ南下の道を選んだ。これが世界的な遊牧民の南下現象を引き起こした大局的な要因であったと考えられる。この現象が中国では五胡の華北移住と征服という形で現れたのである。[21]この気候変動は北緯三五度前後に位置する華北にも当然大きな影響を与えずにはおかなかった。

現在中国では国土を農業区・牧畜区・農業牧畜交錯区に大別している。農業牧畜交錯区とは農業と牧畜の両者が並存している地域である。このような分類自体中国独特のものである。華北のうち山西・陝西などの大部分は農業牧畜交錯区に分類される。現代においても華北は牧畜業の比重が大きい地域である。

そもそも華北では古来より牧畜が営まれ農業と併存していた。秦漢時代は穀物生産を第一とする「大田《だいでん》穀作主義」が推進されたため、狩猟採集牧畜漁撈等の生業は排斥され支配者の残す記録から意図的に排除されたが、実態として華北各地で牧畜は営まれ続けていた。[22]このような華北の農業と牧畜の分布は時代によって大きく変化する。史念海は華北を「牧畜地区」「半農半牧地区」「農業地区」に区分しその変遷を考察する。「半農半牧地区」とは現代の農業牧畜交錯区に相当し、牧畜地区と農業地区との中間にあってどちらの生業も行い得る地区を指し、実際に両者が並存していた。史によれば漢代の牧畜地区と半農半牧地区の境界はほぼ当時の長城に一致し、半農半牧地区と農業地区の境界は、『史記』巻三〇、平準書によれば東は碣石山から上谷、常山関、太原北方を経て龍門から関中平原北部に至る線である。農耕地区の中でも主要な穀倉地帯は関中平原、河南東部、山東西部の平原である。(23)この線は唐代でもほぼ大差ない。

ところが魏晋南北朝時代には遊牧系諸民族の移住により、漢代の長城に沿った人工的な牧畜地区・半農半牧地区の境界線は徹底的に破壊される。半農半牧地区と農業地区の境界線はほぼ北緯三六度に沿い、臨汾から洛川、固原を経て蘭州に至る線だが、これ以南でも山地は草原同様で漢代のような明確な線を引くことは不可能となり、各地で農業と牧畜が交錯する状況が生まれてくる。(24)これは当時の気候寒冷化と密接に関連しており、全体として農業の北限が後退し牧畜の分布が一気に南下してくるのである。中国史上において農業と牧畜の境界線が最も南下したのがこの時代である。山西や陝西北部はいずれも牧畜適地となった。特に山西は長城以南で遊牧民に最も適した気候と自然環境を備えた、牧畜可能な最南端地域となり、遊牧民が中原に進出する通路として軍事的に重要な地位を占め、この時代の匈奴・羯・鮮卑の本拠地となった。そのため東魏北斉期の晋陽は鄴を凌いで事実上の首都であった。(25)このような牧畜の影響は太行山脈を越えて黄河下流平原にも浸透し、四世紀には河北の中心都市である鄴周辺で遊牧民が草原で行うべき巻き狩りが堂々と行われ、周辺に駐屯する軍団を支える上で牧畜が少なからぬ比重を占めるに至る。(26)

農牧境界線の変化を決定づける要因には、気候的なものと人為的なものがある。まず気候の寒冷化により特に緯度の高い地方では農業が困難となり、牧畜に適した環境が広がる。黄河下流平原でもかつての農耕地の多くが草原に変わっていく。さらに牧畜を生業としている人々が家畜を引き連れてこのような土地に移住し、牧畜を営み続けることにより、その地は名実共に牧畜地区あるいは半農半牧地区へと変化していった。

このような半農半牧地区は、日本においても近年様々な意味で大きな注目を集めている。その政治的重要性にいち早く着目したのはアメリカのオーウェン・ラティモアである。ラティモアは万里の長城に沿った中国北方・東北方辺境地帯を「将来中国を征服し、次代の中国の歴史を左右するパワーが溜まる場所」という意味でリザーヴァー

（Reservoir）と名付けた。[27] 石見清裕はこの「リザーヴァー」を「（異民族の居住する、あるいは漢人・非漢人が雑居する）ベルト状地帯」と呼び、ラティモアが一〇世紀の契丹以降を考察の対象としたのに対し、漢～唐代においてもこのベルト状地帯は「リザーヴァー」の役割を果たしたとし、北魏の華北統一はリザーヴァーそのものが独立した形態にほかならないとする。[28] 妹尾達彦はこれをはじめ「農業─遊牧境界線」のちに「農業＝遊牧境界地帯」と名付け、中国のみならずユーラシア大陸を東西に貫く一万キロを超す長大な地域であるとして、世界文明論的に位置づける。特に地中海北部、イラン高原、中国華北は有力な農業地帯と遊牧地帯を繋ぐ境界地帯に立地し、農業と遊牧という異なる生業が接触し、多様な人々が交流して情報と富の集積する場となったため、都市と政治権力が発生し、後代に影響を与えるユーラシア大陸の重要な古典文化（ギリシャ・ローマ文化、ペルシャ文化、漢文化）が形成される地域となった。これらの古典文化は四、五世紀から七世紀の遊牧民の大移動により打撃を受け、移動してきた遊牧民と古典文化圏の農耕民が衝突・融合を繰り返しながら、この地域に新たに強大な政治権力（フランク王国・ウマイヤ朝・北魏～隋）が生まれたとする。[29] 森安孝夫は、中国史の流れは農耕都市民と遊牧民がせめぎ合ってきたもので、中国史において草原を本拠地とする遊牧民は決して客人ではなく、農耕漢民族と並ぶもう一方の主人であったとし、この地区を「農牧接壌《せつじょう》地帯」と称し、遊牧民と農耕民の交わる「接点」であり、中国史のダイナミズムを生み出してきた中核部と捉える。この「農牧接壌地帯」は中国諸王朝にとって両刃の剣であり、それをうまくコントロールできれば繁栄をみるが、反乱勢力の揺籃の地ともなり、「征服王朝」出現の舞台ともなる。[30]

　これらはいずれも中国特に華北と、中央ユーラシアとりわけモンゴル高原の密接な関係に注目する考え方である。華北とモンゴル高原はいつの時代も深い関係を持ってきたが、魏晋南北朝期は二つの地域が自然環境上も接近し、遊牧民が両者を自在に往来した時代である。このような自然環境の背景があったため、両地域は隋唐の初期に至るまで政治的にも連動した動きを見せた。「唐の建国とは、中国の統一ではなく、南モンゴリアと華北とで形成される地域の統一だったのである。[31]」と言われる所以であり、この時代の華北は政治軍事ばかりでなく、自然環境や経済の上からも遊牧系諸民族の天地だったのである。

三、遊牧系諸民族移住の影響

ではこのような遊牧系諸民族の移住と自然環境の変化は、黄河下流平原にどのような影響をもたらしたのだろうか。まず産業構造の大きな変化が挙げられる。

前節で述べたように、前漢期の農業中心地域は、関中平原および華北平原の黄河以南（河南・山東西部）の地域だったが、三世紀からの気候の寒冷化と遊牧系諸民族の大量移住により農牧境界線は一気に南下し、華北北部の山西・陝西一帯は牧畜地域と化し、黄河下流平原でも牧畜の色が濃くなっていく。

移住してきた遊牧系諸民族は大量の家畜を持ち込み、黄河下流においても牧畜生活を営み続けたので、この地では漢人の伝統的農業と牧畜が融合した独特の農業が生まれることになった。このような現象が生じたのは中国だけではない。ユーラシア大陸における北緯四〇度前後の「農業―遊牧境界線」上の一帯はいずれも牧畜の強い影響を受け、「農牧複合」と呼ばれる農業が生み出された。[32] この農法を今によく伝えるのが六世紀に書かれた農書『斉民要術《せいみんようじゅつ》』である。[33] 著者の賈《か》思勰《しきょう》は北魏から東魏時代の人で、『斉民要術』はそれ以前の様々な農書の内容を集大成し、その上に彼の同時代に行われた農法についての多くの情報を加えたものである。賈思勰は青州益都（山東省寿光市）の人で高陽郡太守を努めた。高陽郡の位置については青州高陽郡（山東省淄博市）説と瀛州《えいしゅう》高陽郡（河北省高陽県）説があるが、山東省淄博市説が定説化している。いずれにせよ『斉民要術』は彼の家郷及び任地である黄河下流平原を対象として書かれたものである。

『斉民要術』の中には遊牧文化の影響が数々記されているが、特に重要なのが乳製品の普及である。世界には南米のリャマ・アルパカ牧畜のように、家畜を飼育しながら乳を利用しない牧畜文化もあるが、ユーラシアおよびアフリカの牧畜業において乳利用は極めて大きな比重を占めており、乳利用文化の存在はその地域が遊牧文化の影響を受けたことを示す指標となっている。言うまでもなく肉を利用するためには家畜を殺さなければならず、資本を目減りさせることになるが、乳は家畜を生かしたまま利用することができるため、乳利用により牧畜業はより大規模で持続可能なものとなった。出産をコントロールすることで群れの維持管理を可能とした去勢技術と、乳搾りの技術を前提として、はじめて牧畜という生活技術が完成したとさえ言うことができるのである。[34] 華北東部以南の中国本土は現代では東南アジアやオセアニアと並んで乳利用の文化を持たない地域に分類されるが、[35] 黄河下流平原には四世紀以降に遊牧文化の影響を強く受けて乳利用が普及し、以後数世紀にわたってこの文化は受け継がれた。

『斉民要術』巻六、養羊には何種類もの乳製品の作り方が記されている。[36] まず羊あるいは牛の生乳を鍋に入れ弱火で加熱し、柄杓で掻き上げて水分を蒸発させ、表面に浮く「乳皮」を取る。続いて「乳皮」を取った後の乳を濾過して、以前作った「酪《らく》」を「酵《こう》」として加えて寝かせ「酪」を作る。「酪」を天日に曝してできた「乳皮」をすくい取り、加熱してさらに天日に曝し「乾酪《かんらく》」を作る。また上質の「酪」を布袋に入れ吊して水を切り、加熱して天日に曝し「漉酪《ろくらく》」を作る。驢馬と馬の乳を混ぜ「酪」の「酵」として用いる「馬酪酵《ばらくこう》」を作る。さらに「酪」を攪拌して「酥《そ》」を取り出し（抨酥法《ひょうそほう》）、残った液体である「酪漿《らくしょう》」は冷たい飯や粥に混ぜる。生乳の「乳皮」から作る「酥」は特に上質である。

石毛直道はこの「乳皮」「酥」「酪」「乾酪」「漉酪」を現代モンゴルの乳製品と比較し、それぞれ生乳から取り出すクリームであるウルム、それから作られるバター状食品のツァガーン・トス、ヨーグルトであるタラグ、高発酵型乾燥チーズであるアーロール、即席タイプの低発酵型チーズであるビャスラグに比定する。「馬酪酵」は現代モンゴルには存在しないが、タラグを作るための特別なスターターであろうと推定する。[37]乳から「乳皮」を取り出す際に柄杓で掻き上げる工程はウルムを作る工程とそっくりであるし、ウルムを取り出した乳（ボルソン・スー）に以前作ったヨーグルトを入れて発酵のスターターとする点は、タラグと全く同様である。[38]「乾酪」「漉酪」の工程については、『斉民要術』は現代とはやや異なる手法を用いているか、あるいはヨーグルトであるタラグと発酵が進んだ乳酒であるアイラグとを混同している可能性がある。ただし現代モンゴルでも両者はあまり明確には区別されないことが多い。なお私見では「酥」はツァガーン・トスというより、これを用いて作られるバターオイルであるシャル・トスに比定した方が良いだろう。「抨酥法」で作られる「酥」は、「酪」を「一食の時間」攪拌して取り出され、後にまとめて加熱して完成するが、これは現代モンゴルでアイラグを一五〇〇回ほど攪拌してバターであるアイラギーン・トスを取り出し、加熱してシャル・トスを作る方法に酷似している。また生乳の「乳皮」から作る「酥」は、まさしくウルムから取り出すシャル・トスである。「酪漿」に当たるホエーはモンゴルでは革をなめす溶液や家畜のエサとして用いたり、乳の発酵容器に戻して再利用するが、中央アジアや西アジアではこれをさらに加工して保存性の高いチーズを作る。[39]「酪漿」を積極的に利用しないという点でも『斉民要術』はモンゴルと極めて類似している。

このように『斉民要術』には現代モンゴルとほとんど同じ工程で同じような乳製品を作る方法が記されているのである。このような食文化を持ち込んだ遊牧系諸民族はモンゴル高原からやって来たのだから、現代モンゴルと似ているのは当然であろう。この時代だけでなく、やはり中国が遊牧文化の影響を強く受けたモンゴル帝国時代にも乳製品は中国に普及しており、当時のいくつかの料理書にミルク・バター・チーズなどを使う料理が記されている。[40]中国における乳利用文化は北方民族が中国を征服するたびに持ち込まれ消長するが、[41]『斉民要術』が書かれた六世紀の黄河下流平原で乳製品がこれほど広く受容されていたことは、遊牧文化がこの地に深く根を下ろしていたことを如実に示すものである。

その他に血の利用法も注目に値する。血の食用を禁忌とするイスラーム圏ユダヤ教圏を除き、乳と同様に完全食品である動物の血液は、牧畜文化の伝統を持つ世界各地で利用されている。中国でも漢代の画像石に家畜を屠る際に血を保存する場面が描かれ、血を食用として利用していた。現代でも「血豆腐《シュエドウフ》」と呼ばれる羊や豚の血を固めた食品や、鴨の血のスープである「鴨血湯《ヤーシュエタン》」等が食用に供されている。

このような血を利用する食品は中国に伝統的に存在しているが、『斉民要術』巻八、羹臛法《こうかくほう》に記される血の食品は独特である。「羊盤腸雌斛《ようばんちょうしかく》」と呼ばれるこの食品は、羊の血五升を取り、羊の脇腹の脂肪、生姜、橘皮、山椒、たまり醤油、豉汁、小麦粉、米を混ぜてあじめしを作り、さらに水を加えて羊の大腸に詰めて腸詰めとし、これを長さ五寸に切って煮たもので、要は血のソーセージである。現代モンゴルには羊の血にネギやタマネギ等の薬味と塩を混ぜ、時には小麦粉を加え羊の小腸に詰める、ザイダスと呼ばれる血のソーセージがある。また羊の第四胃に血を詰めたアムサルという食品もある。[42] 薬味の種類、米を混ぜる、小腸ではなく大腸に詰める、といった違いはあるが、羊盤腸雌の製法はザイダスに非常によく似ている。これもモンゴル高原から持ち込まれた食文化と考えられる。

この時代の農法や食文化など基本的な日常生活文化には、遊牧文化の影響が非常に強い。特に比較的保守的な傾向がある食文化にまで大きな影響があるのを見れば、遊牧系諸民族が故郷から持ち込んだ文化がどれほどこの地に定着していたかがよくわかる。四世紀以降の黄河下流平原は、もはや文化や生活においてもそれ以前とは大きく異っていたのである。

おわりに

以上述べてきたように、黄河下流の広大な平原地域は、三世紀以降の気候寒冷化と戦乱が相まって遊牧系諸民族の移住が進行し、四世紀にはついに彼らが華北を支配する時代を迎えた。これによりその移住には拍車がかかり、華北においては先住民たる漢人に匹敵する人口を有するに至った。農牧境界線が南下し華北の相当部分が農牧交錯地域となり、黄河下流平原では遊牧文化の影響を濃厚に受けた独特の農法と生活文化が形成されていった。

現在の黄河下流平原はおよそ一望千里の麦畑であるが、四世紀以来の数世紀、この地では点在する農地の中で多くの家畜を引き連れた牧民が放牧を行い、牧畜が大きな比重を占める景観が展開されていた。農牧が交錯する光景は現代の内モンゴルや中央アジアを彷彿とさせる。当時の黄河下流平原はまさしく内陸アジアの一部であった。

海を越えて日本が受け入れた隋唐の中国文明はこのような土壌から生まれた。モンゴル高原やチベット高原から押し寄せて黄河下流を席巻し、遠く朝鮮半島や日本列島にまで打ち寄せた波濤が、東アジア海文明を貫いていたことを忘れてはならないだろう。

【注】

(1) 川本芳昭「倭の五王による劉宋遣使の開始とその終焉——海上交通ルートからみた一試見」(『東方学』第七六輯、一九八八年)。川本芳昭『魏晋南北朝時代の民族問題』第五編第一章「倭の五王による劉宋遣使の開始とその終焉」(汲古書院、一九九八年)五四〇～五四六頁。

(2) 田村實造『中国史上の民族移動期——五胡・北魏時代の政治と社会』(創文社、一九八二年、三頁)。

(3) 田村實造は「いわゆる五胡民族の華北への移動・潜住は、その人口のおびただしさ、またその規模の雄大さにおいて、はたまたそれが中国および東アジア世界におよぼした歴史的意義の重要さにおいて、ヨーロッパ史上のゲルマン民族の大移動を上回るであろう。」と述べる。田村前掲書、四頁。

（4）八王の乱は二九〇年の汝南王亮・楚王瑋の挙兵から始まるとされるが、その後の一〇年は恵帝の外戚賈氏が政権を握り、政治情勢は比較的安定していた。西晋を崩壊させる動乱は三〇一年から始まるので、本稿では乱の後半部分を特に八王の乱と呼ぶ。

（5）劉氏一族が匈奴単于の子孫であることには、日本でも中国でも否定的見解が出されている。町田隆吉「二・三世紀の南匈奴について――『晋書』巻一〇一劉元海載記解釈試論」（『社会文化史学』一七、一九七九年）は、劉氏は後漢末から魏にかけて山西で新たに台頭してきた一族であるとする。また次の諸研究も、劉淵一族と匈奴単于の関係を否定している。片桐功「屠各胡考――劉淵挙兵前史」（『名古屋大学東洋史研究報告』第十三号、一九八八年）、唐長孺「魏晋雑胡考」（『魏晋南北朝史論叢』北京、三聯書店、一九五五年）。

（6）漢語を用いる華北の先住民は、四世紀前半には「晋人」と呼ばれたが、後に「漢人」と呼称されるようになった。ここでは便宜的に「漢人」の呼称で統一する。これに対して移住してきた遊牧系の人々は「胡人」「胡族」「五胡」などと呼ばれたが、ここでは主に遊牧系諸民族と呼称する。

（7）史念海「十六国時期各割拠覇主的人口遷徙」（史念海『河山集七』西安、陝西師範大学出版社、一九九九年）三九〇～三九五頁。

（8）前掲史念海「十六国時期各割拠覇主的人口遷徙」四〇〇頁。

（9）西魏・北周の中央軍には漢人豪族が率いる郷兵も存在したが、平田陽一郎は、中央軍たる二十四軍を構成する軍事集団は地域的にも種族的にも極めて多様な存在で、漢人郷兵はその一部に過ぎず、二十四軍制は鮮卑の伝統に支えられた擬制的部落兵制で遊牧軍制の系譜に位置づけられるべきものとする。平田陽一郎「西魏・北周の二十四軍と「府兵制」」（『東洋史研究』第七十巻第二号、二〇一一年）五九～六〇頁。

（10）胡阿祥、島田悠訳「東晋・十六国・南北朝の人口移動とその影響」（渡邉義浩編『魏晋南北朝における貴族制の形成と三教・文学――歴史学・思想史・文学の連携による』汲古書院、二〇一一年）は、この時代の人口移動と主要研究を概観し、研究上の課題を指摘している。

（11）譚其驤「晋永嘉喪乱後之民族遷徙」（『燕京学報』第十五期、一九三四年）。譚其驤『長水集』上（北京、人民出版社、一九八七年）二九四頁。

（12）譚自身もこの論文は初歩的研究と考えており、この問題がさらに深く研究されることを期待していた。譚其驤「歴史人文地理研究発凡与挙例」（『歴史地理』第一〇輯、上海人民出版社、一九九二年）二一九～二二二頁。
（13）葛剣雄『中国移民史』第二巻（福州、福建人民出版社、一九九七年）四一〇～四一二頁。
（14）路遇・滕沢之『中国人口通史』上（済南、山東人民出版社、二〇〇〇年）二三二～二四八頁。
（15）田村前掲書、八八～九二頁。
（16）阪口豊は尾瀬ヶ原の泥炭層の花粉分析により、この時期が寒冷期であることを明らかにし、「古墳寒冷期」と命名した。阪口豊『尾瀬ヶ原の自然史』（中公新書、一九八九年）。
（17）「中国近五千年来気候変遷的初歩研究」（『考古学報』一九七二年一期、一九七二年）。
（18）満志敏『中国歴史時期気候変化研究』（済南、山東教育出版社、二〇〇九年）一四八～一五七頁、一六二～一六四頁。
（19）葛全勝等『中国歴朝気候変化』（北京、科学出版社、二〇一一年）二二二～二三三頁。
（20）このような気候の傾向は中国周辺の各国と地域差があると考えられている。安田喜憲は日本の古墳寒冷期では二世紀と五世紀が寒冷期のピークで四世紀は温暖であり、また五世紀の日本は雨が多かったとする。安田喜憲『気候変動の文明史』（NTT出版、二〇〇四年）一七四～一七七頁。
（21）妹尾達彦「中華の分裂と再生」（妹尾達彦編『中華の分裂と再生』岩波講座世界歴史第九巻、岩波書店、一九九九年）一九～二〇頁。
（22）原宗子『「農本」主義と「黄土」の発生――古代中国の開発と環境　2』（研文出版、二〇〇五年）。
（23）史念海「秦漢時代的農業地区」（『河山集二』北京、三聯書店、一九六三年）
（24）史念海・曹爾琴・朱士光『黄土高原森林与草原的変遷』（西安、陝西人民出版社、一九八五年）八九～一〇三頁。
（25）朴漢濟「東魏―北斉時代の鄴都の都城構造――立地と用途、その構造的な特徴」（『中国史学』第二〇巻、二〇一〇年）一一〇頁。
（26）拙稿「魏晋南北朝時代における鄴城周辺の牧畜と民族分布」（鶴間和幸編『黄河下流域の歴史と環境――東アジア海文明への道』東方書店、二〇〇七年）。
（27）Owen Lattinore"*Manchuria:Cradle of Conflict*"New York, 一九三二年。リザーヴァーに関する核心部分である第二章 *The*

"*Reservoir*" *of Tribal Invasions* の一節 *The Trives and the* "*Reservoir*" は、石見清裕「ラティモアの辺境論と漢～唐間の中国北辺」（唐代史研究会編『唐代史研究会報告第Ⅷ集　東アジア史における国家と地域』刀水書房、一九九九年）に訳出されている。

（28）前掲石見「ラティモアの辺境論と漢～唐間の中国北辺」二九七～二九八頁。「ベルト状地帯」については石見清裕「唐代外国貿易・在留外国人をめぐる諸問題」（『魏晋南北朝隋唐時代史の基本問題』（汲古書院、一九九七年）。石見清裕『唐の北方問題と国際秩序』汲古書院、一九九八年所収）も参照されたい。

（29）妹尾達彦『長安の都市計画』（講談社、二〇〇一年）三〇～三一頁、四〇～四二頁。

（30）森安孝夫『シルクロードと唐帝国』（講談社、二〇〇七年）五九～六二頁。

（31）石見清裕「唐の成立と内陸アジア」（『歴史評論』二〇一〇年四期）八頁。

（32）前掲妹尾『長安の都市計画』三〇～三四頁。妹尾はヨーロッパの三圃式農業、イラン高原と華北の農業を代表的なものとして挙げる。

（33）古賀登は、『斉民要術』に記される新しい農法は、華北に遊牧民が大量に持ち込んだ家畜や西域からもたらされた作物といった「遊牧民インパクト」の産物であり、当時の華北平原が牧畜民の影響を濃厚に受けていた証左である、という。古賀登「均田制と犂共同体」（『早稲田大学大学院文学研究科紀要』十七）一九七一年。

（34）梅棹忠夫『狩猟と遊牧の世界』（講談社学術文庫、一九七六年）一一九頁。

（35）谷泰『神・人・家畜――牧畜文化と聖書世界』（平凡社、一九九七年）一一八～一二五頁。

（36）『斉民要術』の底本は繆啓愉校釈『斉民要術校釈』（北京、中国農業出版社、一九九八年）を用いた。また次の諸研究を参照した。西山武一・熊代幸雄訳『校訂注釈　斉民要術』（アジア経済出版会、一九六九年）、田中静一・小島麗逸・太田泰弘編訳『斉民要術――現存する最古の料理書』（雄山閣、一九九七年）、石声漢『斉民要術今釈』（北京、科学出版社、一九五七～一九五八年）。

（37）石毛直道「世界の中のモンゴルの乳食文化」（石毛直道編『モンゴルの白いご馳走』チクマ秀版社、一九九七年）一〇四～一〇七頁。

（38）モンゴルにおける乳製品の作り方については、小長谷有紀「加工体系からみたモンゴルの「白い食べ物」」（前掲『モンゴルの白いご馳走』）ならびに小長谷有紀『世界の食文化　三　モンゴル』（農山漁村文化協会、二〇〇五年）一〇八～一五四頁を参照した。

（39）前掲『斉民要術――現存する最古の料理書』五六頁。
（40）フランソワーズ・サバン、荒井ゆりか訳「一四世紀中華帝國における宮廷料理――忽思慧『飲膳正要』の調理の諸相（Ⅱ）」（『VESTA』第十二号、一九九二年）三六〜三八頁。
（41）篠田統は「満州・蒙古の文化は金・元・清三朝の中原征服によって漢人文化に溶けこんでおり、江南の蘇州ですらヨーグルトが年中行事にとりこまれた」という。篠田統『中国食物史』（柴田書店、一九七四年）三一〇頁。
（42）三秋尚『モンゴル 遊牧の四季――ゴビ地方遊牧民の生活誌』（鉱脈社、一九九五年）一一五〜一一七頁。

東アジアの海を渡る唐代のソグド人

福島　恵

はじめに

中国の唐、中国東北部〜沿海地方の渤海、朝鮮半島の新羅、日本の奈良・平安前期の時代に、各国をつなぐ東アジアの海域において、交易活動やそれに伴う文化交流が活発に繰り広げられたことは、すでに多くの研究者によって指摘されるところである。(1) 一方、目を西方に転じると、いわゆる「シルクロード」によって、隋唐時代の中国には数多くの西方系民族が渡来し、イラン系・インド系などの文化がもたらされたことも、多数の研究によって指摘されている。(2) このように地域的に広く捉えれば、この時代にシルクロードによる陸上交易と東アジアの海域における海上交易との二つの交易圏が想定されていると言えよう。ここで問題となるのは、この二つの交易圏をつなぐ接点がこれまでの研究では空白となっていることである。

筆者は、この問題を解く鍵となるのが、ソグド人であると考える。ソグド人は、現在のウズベキスタンとタジキスタンの一部、アム＝ダリアとシル＝ダリアとの間のソグディアナ地方と呼ばれるオアシスに住んでいたイラン系の人々である。彼らは、北朝〜唐にかけてシルクロード交易の中心を担った商人として名高く、彼らの活動について近年盛んに研究が進められている。[3] ただし、彼らの活動が東アジア海域にまで及んでいたかについては、史資料の制約もあって、未だに充分な研究が行われていない。

そこで、本稿では中国の唐時代における陸上・海上両交易圏の接点について、ソグド人の活動を中心に史資料を概観し、その一端を探ってゆくことにしたい。

なお、本稿は、日本学術振興会アジア研究教育拠点事業「東アジア海文明の歴史と環境」(代表：鶴間和幸、学習院大学文学部教授)の成果の一部であり、ここでいう「東アジアの海」とは、日本・中国・朝鮮半島・台湾に囲まれた海域を指す。

一、東アジア交易圏とソグド人

東アジア諸国の交流は、[4] 唐の前半期、安史の乱が起こる前には、各国が派遣しあった使節団によるものが中心であり、唐の後半期(安史の乱以降)、特に九世紀になると、それまでの国家間交流にかわって、唐・新羅・日本の間では、民間交易が盛んに行われ始めるとされる。唯一、渤海・日本の間では、九世紀になっても依然として国家間の交流が形式的に行われていたが、後述するように、この交流の実態は、渤海による商業活動であった。すなわち、唐の前半期と後半期とでは、東アジア地域の交流形態が変化したのである。

このような東アジア諸国の交流を検討するにあたって、まず海上ルートについて見てみたい。唐と日本との交流だけを見れば、中国の越州・寧波と北九州の博多とをつなぐルートがあったことが知られている。しかし、東アジア海域の海上ルートは、これだけではない。この時代の東アジア海域における交流を語る上で欠かせないのは、新羅の清海鎮大使の張保皐《ちようほこう》の存在である。張保皐は、円仁の旅行記である『入唐求法巡礼行記』などにその様子が記されるように、九世紀の前半に、朝鮮半島南部と中国の山東半島および日本の北九州とをつなぐ海域で唐・新羅・日本の商業利権をおさえていた。この山東半島は、日本・新羅だけでなく渤海にとっても、公使が行き来するいわゆる朝貢道の要所であった。やや時代をくだって、宋・高麗時代になると、この海域交流に福建を中心とする中国南部と東南アジアの交流が加わり、より広い範囲での海上交易が展開されるようになった。また、以下にあげる『宋史』食貨志、互市舶法に記されているように、この時代になっても山東半島は依然として海上交易にとって重要な場所であった。

知密州の范鍔《はんがく》が言うには、「板橋は臨海地域で、東は二広（広南西路と広南東路）・福建・淮水・浙江に、西は京東・河北・河東三路に接し、商賈が集まる所であって、海上交易の利益は金持ちや権力者に独占されている。ただちに本州（蜜州）に市舶司を置き、板橋鎮に抽解《ちゆうかい》（関税として現物徴収する）の関所を置くのが妥当である」と。(5)

山東の板橋鎮（現在の山東省膠州市）を中心に、海上交易は展開されていたのである。したがって、山東は唐宋時代を通じて、海上交易の重要な拠点の一つと見なければならず、唐と新羅・渤海および日本の交流を考える際にも、山東は拠点の一つとして重視すべきである。(6)

（二）文物の交流

陸と海の二つの交易圏の接点を探るにあたって、東アジア海域における文物の交流を概観したい。

まず、日本と新羅との関係を見れば、日本の正倉院には七五六年に崩御した聖武天皇の遺品を中心に数多くの宝物が保存されている。その中に「買新羅物解《ばいしらぎぶつのげ》」と呼ばれる一連の史料がある。これは、日本の貴族たちにどういった

「新羅物」を購入したいかを上申させた文書で、新羅の毛織物・香料・薬品・鏡や炉などの調度品などが日本の真綿などと交換されていた様子が記されている。この文書については、李成市・東野治之による研究があって、当時の新羅・日本の貴族間の交流を物語る貴重な史料である。(7)新羅と日本との交流を示す資料はこれだけではない。新羅の首都慶州雁鴨池《アナプチ》の出土物と正倉院の宝物とには、青銅製（佐波理《さはり》）の匙・蝋燭の芯を切るための金銅製のはさみなど、同一型式の文物があり、これらは当時の交流を彷彿とさせる。また、新羅と日本の直接の交流だけではなく、さらにこれらの地域には、西方文化の影響が指摘されている文物も残されている。新羅の首都慶州の掛陵の墓道の石像や隍城洞・竜江洞で出土した人俑には、ソグディアナの影響が、慶州博物館に所蔵されている獅子・孔雀文石や雁鴨池出土の瓦当などには、ササン朝の影響が見られるとされており、(8)日本でも藤原京右京五条四坊出土の木簡には胡人風の人物画が描かれているとされている。(9)新羅慶州の皇南大塚・天馬塚などからの出土品、日本の正倉院・法隆寺の宝物に見られるガラス器や水差しなどには、ササン朝ペルシア風の意匠をもつものがあり、中には実際に西方からもたらされたものもあるであろう。これらの文物が東アジア地域に運ばれた背景には、シルクロード交易の担い手となっていたソグド人が関わっていたことは確かであろう。

渤海と日本との関係については交易品を見れば、『続日本紀』などによると、貂や虎・海豹などの毛皮類・人参・蜂蜜など天然の特産物が多くを占めている。(10)その中でも貂の裘《かわごろも》は特に珍重され、『延喜式』巻四一、弾正台によると、参議以上の者だけが着用を許されたとされる。(11)ただし、渤海から日本へもたらされる品々は、渤海で産出されたものばかりではなかった。『日本三代実録』元慶元年（八七七）六月二五日条には、渤海使のもたらした玳瑁《たいまい》の酒盃について、かつて遣唐使として唐に渡ったことのある春日朝臣宅成《やかなり》が「唐でもこれほどのものを見たことがない」と感嘆したとされる。(12)この玳瑁（南海産の亀の甲羅。いわゆる鼈甲）は唐などとの交流によって渤海に輸入され、渤海から日本にもたらされたと考えられている。(13)

ここで日本に現存する外来文物の中でも特に注目したいのは、法隆寺に献納された栴檀《せんだん》香（法一一二号）・白檀香（法一一三号）の二本の香木である。これには、どちらにもパフラヴィー文字の刻文とソグド文字の焼き印が押され、白檀香の墨書に「字五年」とあることから、天平宝字五（七六一）年に奉納されたと見られている。この香木の文字は、長い間謎の文字だとされてきたが、一九七八年、東野治之・吉田豊・熊本裕によって、銘文はパフラヴィー文字の刻書（人名）とソグド文字の焼印（重さ）であることが判明した。(14) また、伊藤義教は、このパフラヴィー文字の刻書を「あなたが救われて（ましますように）」と解読し、ゾロアスター教の影響の可能性を示唆した。(15) さらに、海域を中心としたイスラーム商業史を専門とする家島彦一は、イスラーム文献史料から香木の産地や経由地を考察し、これらの香木の産地は、東南アジアあるいは南アジアで、中国の広州・揚州などの港に集荷され、日本に渡ったと考察している。(16)

この香木に関して想起されるのは、唐の洛陽の北市における香行（香・香木の同業商人組合）の存在である。竜門石窟にある「北市香行社社人等造像記」（永昌元年（六八九）開鑿）は、造像した北市の香行の人名を次のように記録している。

北市香行社
社官安僧達　録事孫香表　史玄策
常行師　康恵登　李才貴　孫元楷　陶善意
呂孝敬　郭弘済　王思泰　栢玄泰　劉元祐
劉思言　郝行客　李智緒　蘭敬賓　何難迪
房玄林　□守約　単雅康静智張玄福衛善慶
右件社人等一心供養
永昌元年三月八日起手

この造像記には、康を姓にする人物が二人、安・史・何を姓にする人物がそれぞれ一人ずつ見られる。これらの姓は、ソグド人が名乗っていた姓、いわゆる「ソグド姓」である。ソグド姓は、一般に中国に渡ったソグド人が故地ソグディアナの出身国名を姓としたものとされ、それぞれ康姓はサマルカンド、安姓はブハラ、史姓はキッシュ、何姓はクシャーニャの出身のソグド人とされる。[17] この中でも史姓と何姓は漢人も名乗っていた姓であるため、一概にソグド人だと言うことができないが、この造像記のようにソグド姓が一度に多数見られる場合には、彼らは唐に渡ったソグド人と見て間違いないと言える。[18] この事例を考慮すると、このソグド文字の焼印のある正倉院の二本の香木が、ソグド人による香行のあった洛陽から山東半島経由もしくは朝鮮半島・渤海経由で日本にもたらされた可能性も考えなければならないのである。

（二）日本に渡ったソグド人

ソグド人が関わった文物が日本に渡来しただけではなく、ソグド人が実際に日本に渡ったという史料も存在する。次にあげる『唐大和上東征伝』が、それである。

> 彼（鑑真）に随行する弟子は、揚州白塔寺の僧法進《ほうしん》……揚州優婆塞《うばそく》の潘仙童《はんせんどう》・胡国人の安如宝《あんにょほう》……全部で二四人であった。[19]

鑑真は、日本への渡航に幾度となく失敗したが、七五三年にやっと日本の大宰府に到着した。右の史料には、彼に随行して日本に渡って来た者の中にブハラのソグド姓を持つ「胡国人」の安如宝がいたことが伝えられているのである。[20]『唐大和上東征伝』は、鑑真の弟子思託の書いた『大唐伝戒師僧名記大和上鑑真伝』を元史料として淡海三船が撰した書物であるので、ここに見える「胡国人」とは、唐代中国の表現であり、すなわちソグド人を指すと考えられる。[21] なお、安如宝が唐に渡る前の経歴は、空海の漢詩文集『性霊集』の「招提寺の達嚫文《たつしんもん》」に、「救蟻の年、室に入って写瓶す（八才で師について教えを受けた）」とある程度で不詳である。ただし、この師が鑑真であれば、安如宝は鑑真のいた龍興寺のある揚州にいたと想定できる。この頃の揚州については、『旧唐書』鄧景山伝[22]に唐の武将田神功《でんしんこう》が上元元年（七六〇）に揚州で略奪したという記事があって、その際、商胡（ソグド商人）・大食（イスラーム）・波斯（ペルシア）などの商旅の死者が一度に数千人規模で出たとされる。当時の揚州には、かなり多くの西方出身の商人がいたと推測できる。安如宝はこのような揚州のソグド人の出身であったとも充分考えられる。

その他に日本に渡ったソグド人について、山口博は、渤海使の中にソグド姓を有する人物が複数含まれていることから、ソグド人が来日していたと指摘している。[23] 改めて六国史を調査すると、渤海から日本への使者には、確かに安《あん》貴宝《きほう》[24]・史《し》都蒙《ともう》[25]・史遒仙《ししゅうせん》[26]・安歓喜《あんかんき》[27]のように、いわゆるソグド姓を有する者が見られる。[28]

渤海使については、『日本後紀』天長三年（八二六）三月戊辰朔の藤原緒嗣《おつぐ》の上表で「（渤海使は）実は商旅である」と指摘されているように、[29] 渤海使が商業を目的に日本に訪れていたことが知られている。この時期と先述の六国史に見られるソグド姓をもつ渤海使が来航した時期は重なっている。彼らソグド姓の渤海使は商業活動を行うために日本を訪れていたことが窺えるのである。

渤海におけるソグド人については、エルンスト＝V＝シャフクノフ（E.V.Shavkunov）の研究がある。[30] 彼は、セミレチエを出発点としてアルタイ・南シベリア・西モンゴルを経てスルホン川に着き、オホン川やケルレン川に通じ、アムール川（黒竜江）や松花江、ウスリー川、さらには東北アジアの内陸各地へと通じる、いわゆるシルクロードとは別の北の道を、主に運ばれていた品物にちなんで「黒貂の道（セイブル＝ロード）」と名づけた。また、出土遺物を根拠として渤海地域にソグド商人の聚落があったことを指摘し、その黒貂の道での交易は、ソグド人が担っていたとしている。以上の説に従えば、ソグド人は、渤海の西方では中央アジアへと続く黒貂の道の行き交い、東方では渤海国の使節として日本を訪れて交易をおこなっていたと見ることができる。すなわち、渤海から中央アジアと日本にそれぞれもたらされた貂はソグド人の手によるものであったと考えられるのである。

なお、ソグド人には、突厥からササン朝ペルシアや東ローマに派遣されたマニアク（東ローマの歴史家メナンドロスの記録[31]）、北魏・東魏と柔然との間を双方の使者として行き来した安吐根（『北史』巻九二）、西魏から突厥に派遣された安諾槃陀（『周書』巻五〇）というように他国の使者として派遣された事例が見られる。これらの事例を参考にすれば、渤海の使節がソグド人であっても何ら不思議な事ではない。

このように、史料はわずかではあるが、当時の東アジア海域での交流が内陸のソグド人とも連動していたことが窺えるのである。[32]それならば、唐代の中国におけるソグド人とはどのようであったのであろうか。

二、唐代におけるソグド人節度使

一般に、「ソグド人」と言うと、シルクロード交易の主役として活動した交易商人の性格が強いとされてきた。しかし、近年、多数発見されている唐代のソグド人の墓誌によれば、ソグド人は必ずしも商人としてだけではなく、中国各地に植民聚落を作り、その聚落を基盤として、武人として唐の軍事力に参画していた様子が浮かび上がってきた。[33]彼らの一部は、唐以前の北朝期には中国に移住していたことが分かっている。今ここでは、そのような唐以前や唐前半期ではなく、後半の藩鎮体制下におけるソグド人のあり方を中心に見てみたい。

唐後半期の地方行政は、節度使によって運営されていたが、呉廷燮《ごえんしよう》の『唐方鎮年表』（中華書局、一九八〇）からソ

1	安忠敬	隴右（724-726）
2	安禄山	平盧（741-755）
		幽州（744-755）
		河東（751-755）
3	安思順	河西（747-752）
		朔方（750-751）
		朔方（752-755）
4	李抱玉	忠武（760-761）
		昭義（762-777）
		鳳翔（765-777）
		山南西道（770-771）
5	曹令忠（李元忠）	磧西北庭（771-785）
6	李抱真	昭義（777-794）
7	李元諒（駱元光）	華州（783-793）
8	康日知	晋慈隰（784-785）
9	康芸全	鄜坊（824-827）
10	康志睦	平盧（825-831）
		涇原（833）
11	何文哲	鄜坊（827-830）
12	何進滔	魏博（829-840）
13	何弘敬	魏博（841-866）
14	何清朝	朔方（845-846）
15	米暨	夏綏（845-846）
		振武（846-847）
		朔方（847）
16	康季栄	涇原（848-852）
		感化（852-854）
		涇原（854-855）
		感化（857-859）
17	康承訓	義武（861-863）
		嶺南西道（863-864）
		義成（868-869）
		河東（869-870）
18	何全皞	魏博（866-870）
19	曹翔	泰寧（868-872）
		感化（869）
		昭義（875-878）
		河東（878）
20	康伝業	鄜坊（874-877）
21	康伝圭	河東（879-880）
22	安師儒	平盧（879-882）
		義成（885-886）
23	康実	宣武（880-883）
24	安金俊	邢洺（890）
25	康君立	昭義（890-894）
26	安知健	邢洺（891）
27	安友権	静海（897-900）

図表１　ソグド人節度使一覧（呉廷燮『唐方鎮年表』中華書局、1980 をもとに作成）
すべての安・康・米姓、ソグド人と考えられる石・史・何・曹姓、ソグド姓から改姓した李姓を対象とした。

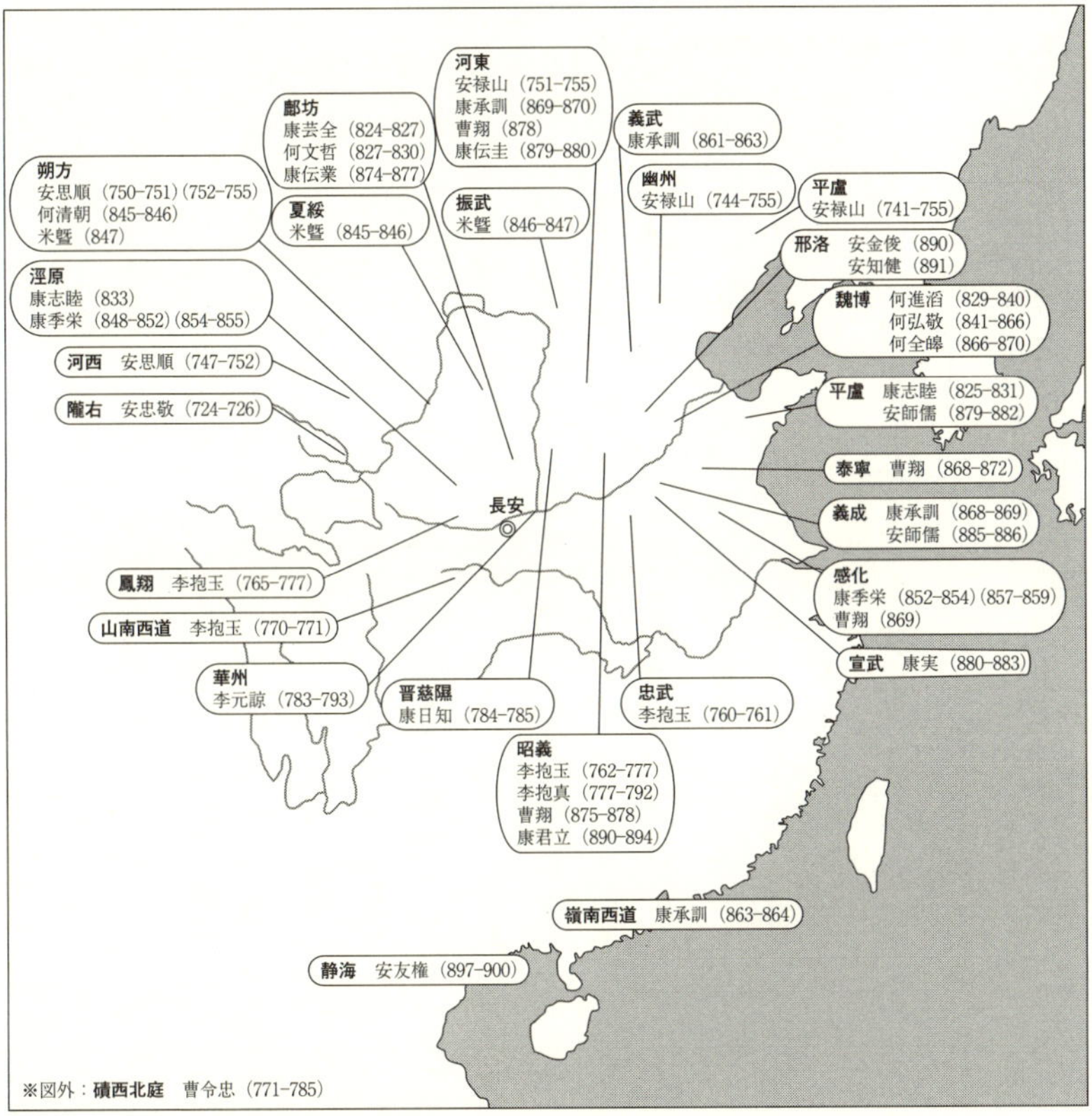

図表２　ソグド人節度使分布地図

安禄山	平盧（741–755）
	幽州（744–755）
康志睦	平盧（825–831）
康季栄	感化（852–854）
	感化（857–859）
康承訓	嶺南西道（863–864）
曹翔	泰寧（868–872）
	感化（869）
安師儒	平盧（879–882）
安友権	静海（897–900）

図表３
沿岸部ソグド人節度使一覧

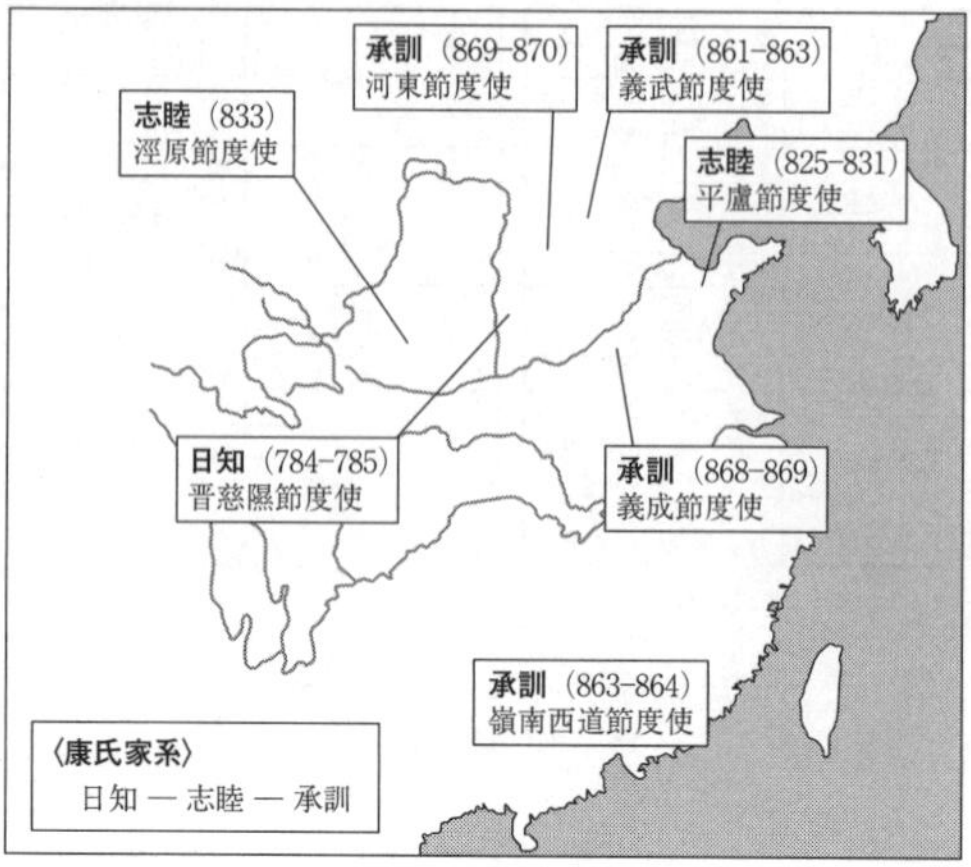

図表４　康氏一族の節度使就任の様子

グド姓の者を抜き出してみると、図表1および図表2のようになる。節度使配下の司職を含めると、もっと膨大な人数になると思われるが、節度使だけでも、計二七名、のべ四七名の多くを数える。(34)

このうち、沿岸部のソグド人節度使だけを抜き出してみると、図表3に見るように、のべ一〇名になり、彼らの治めた地域は山東地方から長江下流域に及び、一部はベトナム北部にも及んでいる。

これをさらに詳しく見れば、次の二点の傾向が指摘できよう。一点目としては、同一人物が二つ以上の節度使を経験する場合、同時に兼任する事例は、安禄山・安思順・李抱玉の玄宗〜代宗期に見えるほかは、泰寧節度使であった曹翔が隣接する感化の節度使を一時期兼ねただけで、通常は、節度使を兼任することはなく、別の節度使に転任していく様子が窺える。例えば、康希栄は、八四八〜八五二年に涇原《けいげん》節度使を、八五二〜八五四年に感化節度使を、八五四〜八五五年にはまた涇原節度使に戻り、さらに八五七〜八五九年には感化節度使に再就任している。

もう一点は、血縁関係者内で節度使を受け継ぐ傾向が見られることである。ここで注目すべきは、一族のうちの複数の人間が、同時に節度使に就任すると言うことはない、という点である。このことは、唐がソグド人を節度使に任命する際に、ある特定の一個人を選び出していたのではなく、むしろ、ある特定の一族を選び出して、その代表者を節度使に充てていたことを窺わせる。

これらを考えあわせれば、一族の代表が、他の節度使に異動する際には、一族ごと移住していったものと考えられる。例えば、康日知《こうじっち》の一族は、日知が晋慈《しんじ》隰《しつ》節度使に七八四～七八五年に就任し、日知の子志《し》睦《ぼく》が八二五～八三一年に平盧節度使、八三三年に涇原節度使に就任、さらに志睦の子の承訓が八六一～八六三年に義武節度使、八六三～八六四年に嶺南西道節度使、八六八～八六九年に義成節度使、八六九～八七〇年に河東節度使に就任している（図表4）。このような現象は、代々涼州武威でソグド人聚落を統括してきたことで知られる武威安氏である安忠敬・李抱玉・抱真（抱玉の代に賜姓されて李姓に改姓）の一族にも共通するところである。

以上に見たソグド人節度使の傾向と、従来のソグド人＝商人という見方だけではなく、武人としての姿を見るべきだという最近の研究成果とを考えあわせると、唐後半の藩鎮体制下においても、ソグド人は、節度使として地方行政に深く関わっていたことが分かるのである。

三、康志睦と天長五年太政官符

先に述べた康日知の息子、康志睦が山東半島を領域とする平盧節度使に就任していたちょうどその時期は、張保皐が新羅の清海鎮大使に就任していた時期にもあたっている。日本の『類従三代格』巻一八、夷俘并外蕃人事には、この康志睦が唐・渤海・日本の交渉に関わった史料が残されている。天長五年（八二八）正月二日の太政官符がそれである。この太政官符は、「一応充客徒供給事（一つ、客徒の供給に充つべき事）」・「一応修理船事（一つ、船を修理すべき事）」・「一応禁交関事（一つ、交関を禁ずべき事）」・「一応写取進上啓牒事（一つ、進上啓牒を写取すべき事）」の四条からなり、そのうちの「一応充客徒供給事(35)」に次のようある。

大使・副使は日ごとに各々二束五把　判官・録事は日ごとに各々二束

史生・訳語・医師・天文生は日ごとに各々一束五把　首領以下は日ごとに各々一束三把

右の事については、但馬国解《たじまこくげ》に以下のように言う。「渤海使・政堂左允の王文矩《おうぶんきょ》など一〇〇人が、昨年の十二月二九日に到着した。そこで国博士・正八位下の林朝臣遠雄を派遣してこの問題の原因を調べさせ、あわせて規定の年期に違反した過失について尋問させた。文矩らが申して言うには、「大唐の淄青節度の康志曀（睦）の交通の事を伝えるため、入廷して朝会したい」と。規定年期違反の程度は、罪を逃がれる理由が無い。また、帰国させようとしたが、船は壊れ、食糧は枯渇している。願い求めるのは、そちらに申し述べて、舟と櫂をともに援助し、郡家（郡司の役所）に安置し、食糧としての米をいただきたい」と。規定年期違反の過失を責めないわけにはいかないので、彼らの食事は規定よりも減らして、白米を食糧とするのが妥当である。よって、定める所は前記の通りである。

当時、渤海と日本との間には、一二年に一度渤海使が来日するという「一紀一貢」の原則が存在していた。この太政官符によれば、渤海使の王文矩は、規定の年期に反して来日し、その理由を問われたところ、「大唐淄青節度康志曀（睦）交通の事を言うが為に」としたが、王文矩らは年期に反したことには変わりがないとして、結局、入京を許されなかった。この史料に記される「大唐淄青節度康志睦」とは、平盧節度使時代の康志睦のことで、平盧節度使は、淄・青などの州を治めることから淄青節度使・平盧淄青節度使などと呼ばれる事がある。また、この山東に置かれた平盧節度使は、新羅・渤海の朝貢ルートにあたるために、新羅・渤海を監督する押新羅渤海両蕃等使を兼任していた。

では、この「康志睦交通の事」とは何を指すのだろうか。残念ながら上述の太政官符には、それ以上の具体的な記述はない。石井正敏によると、これは、八二七年に起こった横海節度使の李同捷の乱を指し、その討伐軍として渤海の交通に深く関与する平盧節度使の康志睦も参加しており、渤海が直接・間接に入唐交通について影響を受けたのであろうとしている。(36) また、榎本淳一は「康志睦交通の事」について、ここにいう「交通」とは「通交」の意でとるべきであることを主張し、その通交の相手は日本であろうとしている。さらにこの渤海使が伝えようとした情報は「康志睦が日本との通交を要望している」というものであったのではないかと推測している。(37)

いずれにしても、この太政官符は、渤海使の年期違反という問題が生じたために、その処理として偶然史料に残されたものであるが、商旅として受け止められていた渤海使が沿岸部のソグド人節度使の情報を持っていたことを示す重要な史料であると言える。ここから、ソグド人節度使が唐・渤海・日本の交渉に影響を及ぼしたと見ることができるのである。(38)

おわりに

本稿では、これまで空白であった陸上と海上との交易圏の接点について見てきた。ソグド人は、シルクロードの交易を担うことでユーラシアの東西をつなぎ、中国に西方からの品物や文化を伝えただけでなく、渤海使中に見られるソグド人や鑑真の弟子安如宝に代表されるように、唐・渤海・新羅・日本をつなぐ東アジアの海域でも彼らが活動していた形跡が見られた。また、その陸上と海上との交易圏の接点となる中国沿岸部でも、節度使に就任したソグド人の存在を確認できた。彼らソグド人は、東アジアの海の交流にも様々な形で関わりを持っていたのである。すなわち、陸上の交易と東アジアの海の交易、さらにはその接点にもソグド人の存在が確認できたのである。この結果は、「ソグド人」という観点から、ユーラシア全体の交渉史を再検証する重要性を示していると考えられよう。

【付記】
本稿は、『中国史研究』四六（二〇〇七年：韓国）に掲載された拙稿「唐代的粟特人与〝東亜海〟交流」を邦訳し、加筆修正したものである。

【注】
（1）石井正敏「八・九世紀の日羅関係」（『日本前近代の国家と対外関係』吉川弘文館、一九八七年）。同「日唐交通と渤海」（『日本渤海関係史の研究』吉川弘文館、二〇〇一年、初出：「渤海の日唐間における中継的役割について」『東方学』五一、一九七六年）。同「渤海と西方社会」（『日本渤海関係史の研究』吉川弘文館、二〇〇一年、初出：『渤海と古代東アジア』アジア遊学六、一九九九年）。同「日本・渤海関係の概要と本書の構成」（『日本渤海関係史の研究』吉川弘文館、二〇〇一年）。同（『東アジア世界と古代の日本』日本史リブレット一四、山川出版社、二〇〇三年）。
（2）石田幹之助（著）・榎一雄（解説）『増訂 長安の春』（東洋文庫九一、平凡社、一九六七年）。森安孝夫「唐代文化の西域趣味」（『シルクロードと唐帝国』興亡の世界史五、講談社、二〇〇七年）。井本英一（編）『東西交渉とイラン文化』アジア遊学一三七、二〇一〇年。
（3）近年出版されたソグド人に関する書籍だけを挙げれば、以下のとおりである。前注2掲載、森安孝夫『シルクロードと唐帝国』。石見清裕『唐代の国際関係』世界史リブレット九七（山川出版社、二〇〇九年）。森部豊『ソグド人の東方活動と東ユーラシア世界の歴史的展開』（関西大学出版部、二〇一〇年）。荒川正晴『ユーラシアの交通・交易と唐帝国』（名古屋大学出版会、二〇一〇年）。曽布川寛・吉田豊（編）『ソグド人の美術と言語』（臨川書店、二〇一一年）。森安孝夫（編）『ソグドからウイグルへ』（汲古書院、二〇一一年）。

（4）前注1掲載論文参照。

（5）『宋史』巻一八六、食貨志、互市舶法

知密州范鍔言「板橋瀕海、東則二広・福建・淮・浙、西則京東・河北・河東三路、商賈所聚、海船之利顓於富家大姓。宜即本州置市舶司、板橋鎮置抽解務。」

（6）呂英亭（平沢加奈子訳）「宋麗関係と密州板橋鎮」（『「入唐求法巡礼行記」に関する文献校定および基礎的研究』平成十三～十六年度科学研究費補助金（基盤研究C（二））研究成果報告書（研究代表者：田中史生）二〇〇四年、初出：『海交史研究』二〇〇三－二）

（7）李成市『東アジアの王権と交易―正倉院の宝物が来たもうひとつの道』（青木書店、一九九七年）。東野治之「正倉院文書からみた新羅文物」（『遣唐使と正倉院』岩波書店、一九九二年、初出：「正倉院文書からみた新羅文物」『日本のなかの朝鮮文化』四七、一九八〇年・「奈良仏教と写経」平田寛（編）『図説日本の仏教』（一）、新潮社、一九八九年）

（8）Kim Yongmun（2005）“New Evidence for Sogdian Costume,” *Life and Religion on the Silk Road, International Conference 2005*, Seoul: Korean Association for Central Asian Studies.

（9）和田萃・竹田政敬「奈良・藤原京右京五条四坊」（『木簡研究』十五、一九九三年）。鈴木靖民「渤海の遠距離交易と荷担者」（『渤海と古代東アジア』アジア遊学六、一九九九年）。

（10）『続日本紀』巻十三、天平十一年（七三九）十二月戊辰

渤海使己珎蒙等拝朝。……并附大虫皮羆皮各七張。豹皮六張。人参三十斤。密三斛進上。

（11）『延喜式』巻四一、弾正台

凡貂裘者。参議已上聴著用之。

（12）『日本三代実録』元慶元年（八七七）六月二五日条

渤海国使楊中遠等。自出雲国還於本蕃。王啓并信物不受而還之。大使中遠欲以珍翫玳瑁酒盃等。奉献天子。皆不受之。通事園池正春日朝臣宅成言。昔徃大唐。多観珍宝。未有若此之奇恠。

（13）石井正敏「渤海と日本の交渉」（『しにか』一〇二、一九九八年）。

（14）東野治之「香木の銘文と古代の香料貿易」（『遣唐使と正倉院』岩波書店、一九九二年、初出：「法隆寺献納宝物　香木の銘文

と古代の香料貿易―とくにパフラヴィー文字の刻銘とソグド文字の焼印をめぐって―」『Museum』四三三、一九八七年・「法隆寺伝来の香木と古代の生薬輸入」『和漢薬』四一三、一九八七年。

(15) 伊藤義教「法隆寺伝来の香木銘をめぐって」(『東アジアの古代文化』五四、一九八八年)。

(16) 家島彦一「インド洋におけるシーラーフ系商人の交易ネットワークと物品の流通」(田辺勝美・堀晄(編)『深井晋司博士追悼シルクロード美術論集』、吉川弘文館、一九八七年)。同「法隆寺伝来の刻銘入り香木をめぐる問題―沈香・白檀の産地と七・八世紀のインド洋貿易―」(『アジア・アフリカ言語文化研究』三七、一九八九年)。

(17) 斉藤達也「北朝・隋唐史料に見えるソグド姓の成立について」(『史学雑誌』一一八―十二、二〇〇九年)は、従来ソグド姓はソグディアナの国名に由来するとされてきたが、むしろその逆に先にソグド姓が成立したとする。

(18) 栄新江「北朝隋唐粟特人之遷徙及其聚落」(『中古中国与外来文明』生活読書新知三聯書店出版社、二〇〇一年、初出:『国学研究』六、一九九九年)。

(19)『唐大和上東征伝』

相随弟子、揚州白塔寺僧法進……揚州優婆塞潘仙童・胡国人安如宝……都廿四人。

(20) 安如宝は、鑑真の死後、唐招提寺の住持・住職に就任した。唐招提寺の金堂は、彼によって建てられたとされる。菅谷文則「鑑真弟子胡国人安如宝と唐招提寺薬師像の埋像について」(『日中交流の考古学』同成社、二〇〇七年)によると、この金堂に収められ、安如宝によって作られたとされる、薬師如来の左手には、木で蓋をしてあった穴があり、その中から、和同開珎・隆平永宝・万年通宝が発見されたという。これは、他の仏像には見られない、非常に珍しいもので、『旧唐書』巻一九八、西戎列伝、康国の条の「生子必以石蜜納口中、明膠置掌内、欲其成長口常甘言、掌持銭如膠之黏物」というソグディアナの風習の影響であると見ている。

(21) 唐代の「胡」の表現については、森安孝夫「唐代における胡と仏教的世界地理」(『東洋史研究』六六―三、二〇〇七年)に詳しい。

(22)『旧唐書』巻一一〇、鄧景山伝、上元元年(七六〇)

(田)神功至揚州、大掠居人資産、鞭笞発掘略尽、商胡・大食・波斯等商旅死者数千人。

(23) 山口博「渤海を経由してのソグド人来日」(『環日本海論叢』十一、一九九六年)。

(24)『続日本紀』巻二二、天平宝字四年(七六〇)正月己巳の条高野天皇及帝御閤門。五位已上及高麗使依儀陳列。詔授高麗国大使高南申正三位……安貴宝並従五位下。

(25) 史都蒙は、宝亀七～八年(七七六～七七七)に日本に訪れた渤海使の大使として『続日本紀』巻三四(宝亀七～八年)・『文徳実録』巻一(嘉祥三年五月)の複数個所に見える。ここでは、一例のみあげておく。

『続日本紀』巻三四、宝亀七年(七七六)一二月乙巳の条

渤海国遣献可大夫司賓少令開国男史都蒙等一百八十七人。

(26) 『続日本紀』巻三四、宝亀八年(七七七)四月戊申

天皇臨軒。授渤海大使献可大夫司賓少令開国男史都蒙正三位……大録事史遒仙正五位下。

(27) 『続日本後紀』巻十一、承和九年(八四二)四月己巳の条

天皇御豊楽殿。饗渤海使等。詔授大使賀福延正三位……録事高文宣。高平信。安歓喜三人並従五位下。

(28) 『日本三代実録』貞観十二年(八七〇)九月十五日・貞観十五年(八七三)六月二一日の条には、「安長」という新羅人が記されている。但し、この「安」が姓であるのか、それとも名の一部分なのかは不明である。

(29) 『日本後紀』巻三四、逸文、天長三年(八二六)三月戊辰朔の条(『類聚国史』巻一九四渤海下)

而渤海客徒、既違詔旨、濫以入朝。偏容拙信、恐損旧典、実是商旅。不足隣客。以彼商旅、為客損国。

(30) エルンスト＝V＝シャフクノフ(E.V.Shavkunov)「北東アジア民族の歴史におけるソグド人の黒貂の道」(『東アジアの古代文化』九六、一九九八年)。

(31) 内藤みどり「東ローマと突厥との交渉に関する史料―Menandri Protectoris Fragmenta 訳注―」(『西突厥史の研究』早稲田大学出版部、一九九八年)。

(32) 崔弘昭「「処容説話」より見た九世紀新羅社会の一風景」学習院大学人文科学研究所講演会レジュメ(二〇〇七年六月二八日)は、『三国遺事』巻二、処容郎、望海寺(一五六～一五九頁)に見える「処容」は、西域出身であると見る説が韓国の新羅史学界において存在すると指摘している。

(33) 森部豊「略論唐代霊州和河北藩鎮」(『漢唐長安与黄土高原』中国歴史地理論集、陝西師範大学、一九九八年)。同「唐末五代の代北におけるソグド系突厥と沙陀」(『東洋史研究』六二―四、二〇〇四年)。同『ソグド人の東方活動と東ユーラシア世界の歴史的展開』(関西大学出版部、二〇一〇年)。山下将司「新出土史料より見た北朝末・唐初間ソグド人の存在形態―固原出土

史氏墓誌を中心に」（『唐代史研究』七、二〇〇四年）。同「隋・唐初の河西ソグド人軍団―天理図書館蔵『文館詞林』「安修仁墓碑銘」残巻をめぐって―」（『東方学』一一〇、二〇〇五年）。

（34）「史孝章墓誌」の発見により、史孝章の一族（史憲誠・孝章・憲忠）がもとは突厥の阿史那氏であることが判明した。拙稿「唐代的粟特人与〝東亜海〟交流」（『中国史研究』四六、二〇〇七年）では、彼らをソグド人であろうとみなしたが、本稿では訂正し削除する。

（35）『類従三代格』巻十八、夷俘并外蕃人事、天長五年（八二八）正月二日の太政官符

大使副使日各二束五把　　判官録事日各二束

史生訳語医師天文生日各一束五把　　首領已下日各一束三把

右、得但馬国解称。渤海使政堂左允王文矩等一百人、去年十二月廿九日到着。仍遣国博士正八位下林朝臣遠雄勘事由、并問違期之過。文矩等申云、為言大唐淄青節度康志曀交通之事、入覲天庭。違期之程、逃罪無由。又擬却帰、船破粮絶。望請、陳貴府、舟檝相済者、且安置郡家、且給粮米者。違期之過不可不責、宜彼食法減半恒数、以白米充生料者。所定如件。

（36）石井正敏「日唐交通と渤海」（『日本渤海関係史の研究』吉川弘文館、二〇〇一年、初出：「渤海の日唐間における中継的役割について」『東方学』五一、一九七六年）。石井正敏は、同著の付記（五三九～五四〇頁）において、「「交通」とは「通交」のことで、康志睦からの使者がなんらかの情報を伝えたり、要請があったことを伝えようとした可能性もあるかと思われる」とも述べる。

（37）榎本淳一「渤海が伝えた「大唐淄青節度康志曀交通之事」について」（佐藤信（編）『日本と渤海の古代史』山川出版社、二〇〇三年）。

（38）「康志達墓誌」（長慶元年（八二一）埋葬）は、康志睦の兄弟（おそらく兄）の墓誌である。志達は、幽州盧龍軍節度使下の武人であり、日知・志睦の活動と連携していた可能性がある。

II　東アジア海文明と黄河

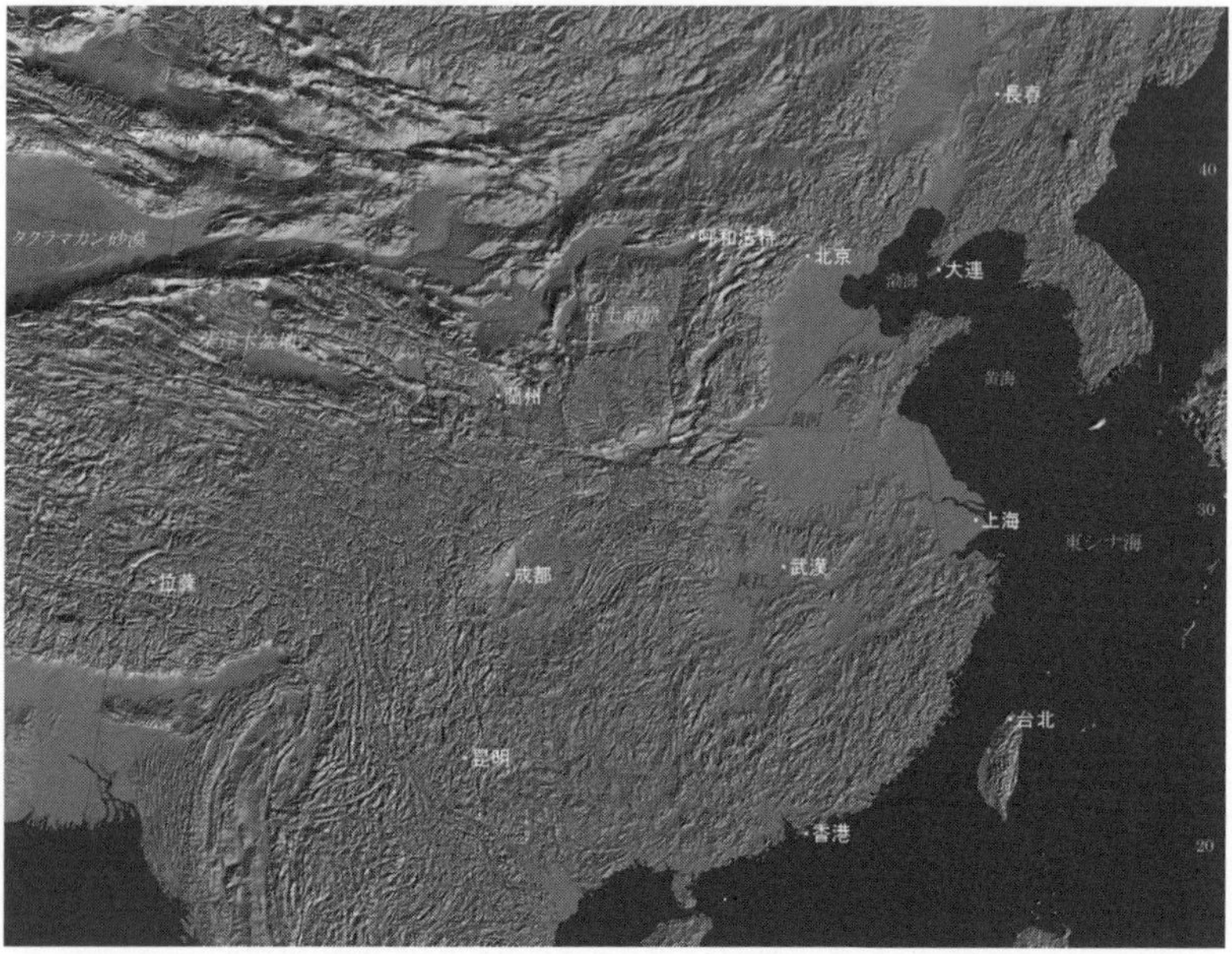

シャトルレーダデジタル標高モデル：(SRTM/DEM) の陰影化画像
(画像処理：東海大学情報技術センター)

歴史における黄河流域の都市の興亡と環境の変遷

鄒　逸麟（放生育王訳）

はじめに

歴史における黄河下流の河道は、「善淤・善決・善徙」〔善く淤《にご》り、善く決し、善く徙《うつ》り〕で有名であり、不完全な統計ではあるが、文献に記載があってから、黄河の氾濫・決壊・改道は一五〇〇余りあり、河道の明確な改流は二〇余りある。洪水と泥砂の及んだ地区は、北は天津、南は長江に至った。よって、本稿のいわゆる黄河流域の地域は今より広く、下流は黄淮海平原全体を含む。

都市は社会発展が一定段階に至って出現した多くの機能を備えた総合体であり、一つの特殊な地理空間である。黄河流域は中国で最も早く文明化した地区であり、これによって、商周時代より、我々後代のいわゆる都市、すなわち人口が比較的集中し、その中の非農業人口が大多数を占め、政治・経済において一つの地区の中心であるという要素の聚落がすでに出現していた。統一国家は未完成であり、各諸侯国あるいは邦国が置かれた地理条件の違いによって、その伝統社会の政治・経済背景が各々異なり、都市の性質・規模・分布もまた、大きく異なっていた。秦・始皇帝が全国を統一し郡県制を実行した後、統一した政治体制と経済制度によって、都市の地域分布・性質・規模もまた統一国家の構造にだんだんと適応し、いくつかの主要な都市は国家と地区の政治中心（たとえば、国都と各レベルの地方行政治区域画の首府）となり、政治統治はその主要な機能となった。それが一つの国家あるいは地区の指導的地位にあることによって、後ほどまた発展して経済と文化の中心となった。唐宋以後、黄河流域の自然環境に一定の変化が生じ、社会政治体制にも新たな内容が生まれ、商品経済の顕著な発展は、現在の史学家達のいわゆる「唐宋変革」を生み出した。そこで経済機能を中心とする都市が出現し始め、これらの都市の中では、あるものは元来の政治中心都市を基礎として発展してきたものであり、またあるものは完全に手工業・商業・交通の繁栄によって新興した経済機能を中心とする都市であり、都市の性質が多元的となり、都市の規模・分布にも新たな構造が出現した。

中国の歴史上、黄河流域都市の興亡・数量・制度・分布といった変遷は、自然・政治・軍事・経済・交通・文化といった、自然と人文の総合環境の要素が促進させたものであり、一つのとても複雑な歴史地理現象である。これによって、黄河流域の都市変遷を研究する歴史地理に関する問題もまた、一つの側面から黄河流域社会の歴史を理解することができる。

本稿は黄河流域都市史を研究するものでなく、各々の重要都市の発展した具体的過程を研究する余裕もない。ただ幅広い角度から、黄河流域都市の興亡を考える一般的な歴史地理学の方法である。分析が妥当か否か、ご批評・ご指正を願いたい。

一、春秋以前の黄河流域都市の配置と地理環境

商周時代から春秋時代に至る都市は、一般的に言って、原始聚落からだんだんと発展してきたものとすべきである。

数十年来、考古学者は、黄河流域の少なからざる省において、数十の原始社会後期あるいは青銅時代早期の堅固な障壁を築いた城邑遺跡を続々と発見してきた。これらの城邑遺跡は異なった史前文化に属しており、時代は四、五〇〇〇年以前に遡ることができる。遺跡に共通する特徴的な自然は、城壁を有する遺跡であることで、よってそれらを「城」と称する。これら城邑の性質が判断し難いことによって、考古学界では、あいまいにそれらを「文化城」と称する人もいる。今はこれを歴史地理学の視角からは論じないこととする。甲骨文を含む現存文献の資料からは、中国都市の勃興は時期が早いとされる。『古本竹書紀年』などの歴史文献記載によると、夏代は禹より桀に至るまで、多く遷都し、安邑（今の山西夏県）・陽城（今の河南登封）・陽翟《ようてき》（今の河南禹県）・平陽（今の山西臨汾《りんふん》）・夏邑（今の河南禹県）・斟尋《しんじん》（今の河南偃師《えんし》）・帝丘（今の河南濮陽《ぼくよう》）・斟灌《しんかん》（今の山東観城）・綸《りん》（今の山東済寧）・原（今の河南済源《さいげん》）・老丘（今の河南陳留）・西河（今の豫西陝東、一説に今の河南内黄）等があった。商代、数度に渡って遷都した都城には、亳《はく》（今の河南偃師、一説に鄭州商城）・囂《ごう》（今の河南滎陽《けいよう》東北の敖山《ごうざん》、一説に鄭州商城）・相（今の河南内黄）・邢《けい》（河北邢台）・庇《ひ》（今の山東鄆城《うんじょう》）・奄《えん》（今の山東曲阜）・殷（今の河南安陽）などがある。西周の時、都城には豊・鎬および春秋時代の各諸侯国の都城があり、たとえば晋国の絳（今の山西翼城県東南）・新田（山西新絳《しんこう》県西南）、燕国の薊《けい》（今の北京城宣武区）・易（今の河北雄県西北）、衛国の楚丘（今の河南滑県東）・帝丘（今の河南濮陽市西南）、鄭の新鄭（今の河南新鄭）、宋国の商丘（今の河南商丘県）、曹国の定陶（今の山東定陶西北）、斉国の臨淄《りんし》（今の山東淄《し》博《はく》市臨淄）、魯国の曲阜《きょくふ》（今の山東）といったものがある。以上のいくつかの都城は当時各地の重要都市であった。その分布地域の特徴は主に黄河中下流地区にあり、河南中部の伊洛河平原、山西南部の涑汾《そくふん》河流域に比較的集中しており、黄河下流平原は元の諸国を封建した国都の所在地にあたる。黄河上流は遊牧民族の活動地区であり、いまだ都市は出現せず、黄河下流の今の河北平原中部は、黄河下流の河道の自然な決壊・改道、洪水の無条件な氾濫によって、河道の分岐点が多く、まさに『禹貢』に言う「北は九河を広める」という状態であり、人々は長期に定住するすべがなく、これによって大きな無人の城邑地区が存在し、当然また都市も出現する

可能性がなかった。(1)

政治統治と経済交流の必要に応じて、各地区都市間にも相当発達した水陸交通路線があった。甲骨文にも「車」・「舟」の二字があった。商代は勢力を絶えず拡大し、各地区に通じる交通道路も必然的に徐々に形成された。商代晩期には商都を中心とする遠方道路システムがすでに形成された可能性がある。彭邦炯《ほうほうけい》の推測によると、商代の遠方に向かう道路には次の六本があった。(一)東南へ向かい、徐淮地区へ通じる大道、すなわち人方〔夷狄の名称〕を征伐した往復道路。(二)東北へ向かい、今の遼寧朝陽地区へ通じる大道。(三)東へ向かい、古蒲姑《こほこ》〔今の山東博興県一帯〕へ通じるもの。(四)南へ向かい、長江流域の湖北・湖南・江西といった地へ通じるもの。(五)西へ向かい、黄河・渭水に沿って、周人の豊鎬《ほうこう》一帯に達するもの。(六)西北へ向かい、太行に入って、𢀛方《こう》・土方〔夷狄の名称〕へ通じるもの。(2)『詩経』に歌われる「周道は砥のようで、その真っ直ぐな様は矢のよう」、「周の道ははるかに連なる」は、周朝境内に真っ直ぐに長い陸路大道がすでにあったことを反映している。

この時代の都市は、前期の商周時期においては、軍事城塁の性質を主に備えており、後期の春秋時代においては、都市は工商業が初歩的に存在し、人口も増加したが、都市の機能は政治的統制を主としており、質的変化はなかった。

二、戦国時代から前漢時代の黄河流域の都市と地理環境

戦国中期より、黄河流域都市の数量・機能・構造には、新たな変化が発生した。こうした変化は特定の自然と社会環境によって生まれる。

（二）全国の水陸交通網の開拓と形成

戦国中期より、各国が互いに競い合って変法を実施し、その主要な内容の一つが、農耕経済の発展であり、手工業もこれに従って勃興し、中国史上、工商業の最初の繁栄時期が出現した。列国の間は往来が頻繁化し、交通路線の大規模な勃興と開拓は、この時期に顕著な特徴である。魏・趙・斉といった国の間の道路は交錯し、史書に「午道」と称せられ、趙国の東と斉国の西で、縦横に交錯していた。[3] 東西方向では、東方の各国と西秦の間には、成皋《せいこう》より黄河に沿って函谷関に至る「成皋の路」があった。[4] 史書には、鄭（今の河南新鄭）から梁（今の開封）は、百里を越えず、陳（今の南淮陽）から梁までの二百余里は、「馬馳せ人趨き、待ちあねないで至る」とある。[5] 南北方向では、太行山東麓大道があり、古代華北で最も重要な南北通道である。黄河流域より長江流域へ通じる楚国には、河南中部から伏牛山の峡谷を経て、南陽盆地へと通じる「夏路」があった。[6] 汾水の谷は山西を貫き、太行山東麓大道に次ぐ南北通道である。

水運方面では、紀元前六四七年、秦国が渭水・黄河・汾水の水道に沿い、大量の食料を秦都・雍（今の陝西鳳翔南）から晋都・絳《こう》（今の山西翼城東）に運び、災害を救った。史書に「泛舟《はんしゅう》の役」と称せられ、先秦史上初めての大規模な水運活動である。斉国は臨淄城西に済水・淄水を開通させた。魏の恵王が大梁（今の開封）に遷都した後に開削した鴻溝《こうこう》は、戦国時代中原地区が河淮に通じる最も重要な人工運河であり、河淮の間にある済《せい》河・汝《じょ》河・潁《えい》河・渦河・睢《すい》河・泗《し》河などに通じ、鴻溝を主渠とする水運交通網を形成した。ここに至って、黄・淮二大水系は通達する水運が存在することになった。

秦の始皇帝は六国を統一し、戦国以来のバラバラに散らばった交通道路に規格統一と改修を進めた。たとえば、馳道を大いに修理し、京師より四方に通じさせた。『漢書』巻五一、賈山伝には、「馳道を天下の至るところにつくって、東は燕・斉の果てを窮め、南は呉・楚の果てを極め、江湖のほとり、海浜の宮観にもことごとく行きわたった。道の広さは五〇歩、中央の三丈の地には樹木を植え、その外を厚く築き、鉄椎を用いて堅固安穏にし、青松を植えた」とある。漢代が勃興し、武帝の時、また辺境を開拓し、これを基礎として、拡大と延長を加え、陸路には西北に通じる回中道・河西回廊を通じて西域各地に至るシルクロードなどがあった。水路には武帝の時に開削した関中漕渠などがある。このように、秦漢時代に至って、咸陽・長安を中心とし全国へ輻射する水陸交通網がすでに形成されていたのである。黄河流域には以下の数本の交通幹線がある。

①西北幹線。長安より西に向かい、渭水河谷あるいは涇水《けいすい》河谷に沿って、隴山《ろうざん》あるいは六盤山《りくばんざん》を越え、河西回廊を貫通して、西域各地に通じる。

②北路幹線。二本ある。一本は秦・始皇帝が匈奴を防ぐために開拓した直道である。咸陽北側の淳化を起点とし、北は子午岭上より、オルドス草原に入り、今の包頭市西南の秦の九原郡治所に至る。今もなお断続した遺跡を訪ねることができ、漢の時にも利用された。もう一本は長安（あるいは咸陽）から東に出で、渭水に沿い蒲津に至って渡河し、汾水河谷に沿って上流し、平陽・太原を経て、雲中・代郡に至る。以前の戦国期の秦晋交通は元々多くはこの道による。

③西南幹線。渭水流域より南に向かって秦岭《しんれい》間の河谷を貫き、子午・褒斜《ほうや》諸道に沿って、再び五尺道などにより西南地区に通じる。

④南路幹線。長安より東南に武関を出で、南陽盆地を経て襄陽を出、漢水を下って江陵に至り、長江中流に通じる。

⑤東路幹線。長安より東に函谷関を出て洛陽に至り、東は成皐・滎陽を経て、済瀆に従い定陶に至り、また済水・淄水に従って東方の大都市の臨淄に至る。この路線は戦国以来中原地区の東西交通幹線で、また秦漢帝国の動脈である。

⑥東北幹線。長安から洛陽に至り、再び洛陽より渡河し、太行山東麓に沿って、鄴・邯鄲を経て、涿《たく》・薊に通じ、再び東北に向かって遼東地区に至る。

⑦東南幹線。洛陽より東は成皐・滎陽を経て陳留に至り、戦国期の魏国が開削した鴻溝に沿って南下し、潁水より

淮水に入り、淮水を越えて淝《ひ》水・巣湖《そうこ》より長江下流に至る。

交通路線は都市間の連係を維持する動脈であり、人類が地理空間内において開展社会活動を拡大する必要絶対条件であり、その開拓と通道は異なった時期における都市の配置・発展の変化と密切な関係がある。上述の全国交通網の形成は、都市網が発展した必然的結果である。

（二）黄河下流両岸の全面的築堤

戦国中期より、黄河下流河道両岸には数百里の堤防が全面的に修築された。当時の黄河東岸は斉国で、西岸は趙・魏であり、各々、自己の領土を防御するために、防河大堤を修築した。斉国が修築した河堤は、河床より二五里で、趙・魏の修築した河堤は、これもまた河床より二五里で、両堤の距離は五〇里である。洪水が来た時、流れの速い水流は堤内に留まり、泥砂も堤内に沈殿し、決壊して堤外には出なかった[7]。ここから黄河には固定された単一河道があり、分流・決壊・改道の頻繁化した多くの情勢が終結した。黄河下流両岸の土地は十分に開発され、前漢末年になって、河北平原の人口が急増しただけでなく、黄河堤内の平地上でさえも、人々によって開墾された。人々に経済開発と都市勃興の条件を提供したのである。

（三）戦国から前漢前期の工商業のこれまでにない発展

戦国中期より、中国の工商業には空前の繁栄した情勢が出現し、これはすでに史学界の共通認識となっている。当時、各国の置かれた自然条件が異なり、生産された商品も各々異なった。山西の木材・竹・穀・纑《ろ》・旄《ぼう》・玉石、山東の魚・塩・漆・絹・楽舞、江南の楠・梓・生姜・桂・金・錫・蓮・丹沙・犀・タイマイ・珠玉・象牙と犀の皮、龍門・碣石以北の馬・牛・羊・毛皮の衣服・動物の筋と角などがあり、銅・鉄などの金属工具を製造する原料は更に至るところにあった。こうした物質は中国人民が好み、日常生活に少しも欠くことができないものである。そこで各国交易が頻繁化し、多くの「その富は王者と匹敵する」ような商人が出現した。前漢初年、「海内を統一すると、関梁（関所や橋）を開き山沢の禁をゆるめたので、富商大賈は天下をめぐり、交易の物資は流通しないものがなく、欲するものは何でも手にはいった。そして高祖は地方の豪族諸侯の権勢家を京師に移した」[8]。

上述の歴史と地理背景によって、戦国から前漢時代の黄河流域都市の発展は空前の繁栄に至った。それらの交通中枢に位置する都市または列国の中心と解される都邑、あるいは商人の集まるところは、有名な商業都市となった。この都市は秦の咸陽（今の陝西咸陽東北）、魏の大梁（今の河南開封）、趙の邯鄲、燕の涿（今の河北涿県）・薊（今の北京城宣武区）、韓の滎陽（今の河南滎陽北）、鄭（今の河南新鄭）、斉の臨淄（今の山東淄博市臨淄）、周の雒邑《らくゆう》（今の河南洛陽）、鄭の陽翟（今の河南禹県）、楚の郢（今の湖北江陵北紀南城）・宛（今の河南南陽市）・寿春（今の安徽寿県）、宋の陶（今の山東定陶西北）・睢陽（今の河南商丘）、衛の濮陽（今河南濮陽南）といったものを列挙することができる。秦漢以後もまた多くは郡レベルの政治区域の政治中心であった。

雒邑は秦・斉・楚・趙の間を縦横に往来する交通大道に位置し、「天下の朝市」と称せられた[9]。邯鄲は太行山東麓南北交通大道上にあり、また冶金の中心で、工商業も発達していた。呂不韋はここで商を営み、家は千金を重ねた。陶邑は中原主要水運水路の済水・泗水の交錯する場所にあり、諸国の「貨物が交易される」「天下の中心」であった[10]。濮陽（衛）もまた水運の要衝にあり、繁栄は陶邑と匹敵でき、史書に「富は陶・衛に比べられる」とある[11]。斉国臨淄は東方の第一都市で、「臨淄の道は、車の轂《こしき》と轂がぶつかり合い、人の肩と肩がふれ合う。袵《えり》が連なって帷《とばり》をなし、袂が舞い上がって幕となり、流れる汗は雨となる。家は豪華で富み、志は高くて意気揚々としていた」[12]。韓国旧都である陽翟もまた著名な商業都市で、呂不韋はかつて陽翟の大商人であり、「諸方に往来して、安く仕入れ高く売り、家に千金の富を積んだ」[13]。薊城（今の北京）は数本の大道の交錯する場所にあった。南に向かっては太行山東麓大道となり、西北は南口を出て、直接、モンゴル高原へ上り、東北は古の北口を出て、松遼平原へ向かい、真東は小平原を横に越え、燕山南麓に沿って、直接、海浜に向かう。北京城（最も早くは薊城と称する）は三〇〇〇年余りの歴史中で大規模な城址移動が生じておらず、それはすなわちその交通地位の重要性によるものである。その他の都市の繁栄も交通・商業の発展と関係がないわけではない。

前漢時代、各地区の間の経済交流の強化されるにつれて、元来、これらの主要な交通幹線上に分布する都市はさらに進んだ繁栄と発展を手に入れた。全国的に見て、長安・洛陽・成都・臨淄・邯鄲・宛は全国の最重要六大都市であり、四つが黄河流域にある。司馬遷は『史記』貨殖列伝において都市の地理地位に対して十分重視しており、一地区の重要商業都市を「一都市である」と称した。上述の六大都市のほか、当時、主要な都市には温・軹《し》・楊・平陽・薊・滎陽・睢陽・陳・陽翟・定陶・寿春・合肥・江陵・呉・番禺《ばんぐう》などがあった。それらは大多数が郡国首府であり、黄河流域に多数集中していた。

長安は前漢の首都であり、破壊された秦都咸陽に替わって、全国の政治の中心となった。商業の繁栄、人口の密集によって、また全国の消費の中心でもあった。城内には「メイン・ストリートが貫き、里の門は多く、九市が開場し、物資は商店街の道筋ごとに並べられており、人は振り返ることができず、車は旋回することができず、人々の波は外城と内城に満ち溢れ、百もの店舗に人の波が続いた[14]」。世に名高いシルクロードは、すなわちここを起点としており、また当時の一国際性都市と言うことができる。雒陽は前漢には依然として戦国以来の「天下の朝市」の地位を保持しており、住民は多くが商業を業としていた。邯鄲は、前漢の時、依然として冶金の中心であり、河北平原で最大の工商業都市であった。臨淄には、前漢の時、鉄官・服官が設置され、とりわけ絹織物業で世に名高かった。武帝の時、「斉の臨淄は戸数一〇万、市租（商人の税）は千金で、人が多く、富んでいることは長安にもまさっていた[15]」。

王莽の時、経済の集権を強化し、長安・雒陽・臨淄・邯鄲・宛・成都の六大都市に五均官を立てて、全国の工商業を統制したが、見てわかるとおり、皆、当時の全国第一流都市であった。

その他の政治地位が少し劣る都市は、水陸交通沿線あるいは中枢にあることによって、一地方の商業中心となった。黄河以北は陸路交通を主とし、薊・涿は太行山東麓南北交通大道上にあることによって、河北平原北部の二大都市となった。河東地区の楊（今の山西洪洞東南）・平陽（今の山西臨汾西南）は晋西北の牧畜区と汾水・涑水河流域の農耕区の間にあることによって、貿易の利を獲得し、一地方の商業拠点となった。軹（今の河南済源南）・温（今の河南温県西）は太行山区から華北平原に入る南北陘道と黄河北岸東西大道の交錯点に位置しており、洛陽北側の二大商業都市となった。黄河以南は水運と主とし、陽翟は潁水より陳・蔡に至ることができ、滎陽は河済分水の水運の喉元に位置しており、皆、地方の都市であった。定陶は依然として「天下の中」にあることによって、東西貿易の中心であった。定陶と地理条件が近いものに睢陽と陳（今の淮陽）があり、前者は獲水・睢水の間にあり、絹織物業が比較的発達しており、後者は鴻溝と潁水の交錯する場所にあり、水運の便によって、史書に「天下の郊」と称せられた[16]。河西回廊の武威・張掖・酒泉・敦煌は、前漢王朝が西域に向かう交通道路上の名城である。

『漢書』地理志の記載によると、漢平帝元始二年（紀元二）の制度では、全国に一〇三の郡国があり、その中の七〇の郡国が黄河流域にあり、言い換えれば、すなわち全国の三分の二の郡級政治中心都市が黄河流域にあったのである。県級政治区域（県・道・邑）は一五八七あり、その中の一一三二の県が黄河流域にあり、また全国県級政治区域の三分の二を占めていた。いくつかの侯国の規模は小さいが、あるものは一つの郷が昇格したものである。しかし、総合的に言って、黄河流域は当時の都市が最も発達した地区である。その分布はすでに黄河中流・下流の上端から延伸・発展して下流の河北平原に至り、元来の荒れ果てて人も住んでいない場所にもまた、県レベルの政治区域が密集した。これは譚其驤《たんきじょう》主編『中国歴史地図集』前漢冀州《きしゅう》地図から証明することができる。

総合的に言って、秦漢統一情勢の確定は、富商大賈の天下周遊・貨物流通のために、良好な社会条件を提供した。

まさに、たとえば『塩鉄論』力耕が言う「都（長安）から四方に向かい、山川をへ、郡国を通ってみるに、繁栄している大都市はすべて街路が縦横に通じ、商人たちが集まり、いろいろな物資がさかんに出回るところであった」は、商業都市地理位置と交通路線の関系を十分に説明している。戦国から秦漢時代に至る、黄河流域都市の分布は流域全体にすでに及んでおり、都市の等級もすでに国都・郡治・県級の別があり、政治中心性都市のほか、商業・交通・貿易性都市の出現があった。たとえば、定陶・平陽・楊・温・軹などは、中国封建社会早期都市の最も発達した時期であった。

三、後漢魏晋南北朝時代の都市分布構造の変化

前漢末年の戦争は、黄河流域の都市に厳重な破壊をもたらした。京師・長安のある「三輔は大いに飢え、人が互いに食べ合った。城郭は皆な空しく、白骨は野を覆った」とある。[17]しかも、黄河下流の「山東は飢饉し、人々は互いに食べ合い、軍隊が殲滅させたありとあらゆる町や村は廃墟と化した」[18]。人口の大量の死亡、城邑の破壊は、後漢初の光武帝・建武六年（三〇）の時、「詔書に言う、『今、百姓は難に遭い、戸口は減少したが、県の官吏や吏員の職の置かれ方はなお多い。そこで司隷校尉・州牧をして各々管理するところを確かめて、吏員を減少させよ。県国の長吏を置くに足らず併合すべきものは、大司徒と大司空の二府に上書せよ』と。そこで上奏して四〇〇余県を併合・省略し、吏職は減少して、一〇にその一を置く」こととした。[19]後漢一代、都市経済は遠く前漢に及ばない。魏晋南北朝時代の長期戦争は社会の正常な経済秩序を破壊し、都市（とりわけ大都市）は軍事攻撃の主要な対象となり、さらに度々の戦火の破壊にあった。後漢末年、董卓が乱を起こし、兵は洛陽を焼き、「洛陽はどうして寂寞なのであろうか。宮室は尽く焼かれた」という状態をなした。李傕《りかく》・郭汜《かくし》が関中に混戦し、長安城内には「白骨が積み重なり、腐臭は道に充

ちる」状態であった。その他の例えば宛城・徐州などは「大都市は空っぽで人が居らず、県が絶えて民の無いものは、列挙して数えることができない」[20]。「中原の土地はさびれはて、百里にわたってかまどの煙の立たぬ所もあり、城邑はからっぽであった」[21]。昔日の都市の繁盛した景色は中原の大地からほぼ取りさられ、留められたものは空城の残骸廃墟であった。政治軍事の要素のほか、後漢滅亡後、生産力は大きな破壊を被り、商業は衰落したので、自然経済が統治地位を完全に占めた。このような社会経済環境下で、戦国より、地域政治中心の基礎から発展してきた商業都市は、日増しにその経済支持を喪失して衰落へと走った。これと同時に、戦争と分裂情勢の形成によって、元来、通じていた交通路線もまた、妨害された。

この時期の交通路線と都市分布は、政治構造の変化によって新たな情況が生じた。

後漢末の建安年間、曹操が烏丸《うがん》征伐と河北地区の統制のために、白溝・利漕渠・平虜渠・泉州渠・新河を改修して以後、河北平原において一つの南北を貫き、河南の淇門《きもん》東北より今の天津に至り、あわせて東は滦《らん》河下流に達する水運路線が増えた。特別に漳水を引いて白河に入れ開通させた利漕渠の開削は、白溝から流れてきた漕運を、この渠より屈折させて漳水に注がせることができた。西は鄴城（今の河北臨漳西南）に遡り、元来、南北陸路交通要道上にすでに置かれていた鄴城に、水運の利を添加し、遂にその地位を日増しに重要化させ、ついには邯鄲に替わって、河北平原の第一都市とした。曹操は魏公を称し鄴城に都を置いた。以後の後趙・前燕・東魏・北斉も皆、ここに建都した。後漢末年に勃興した都市には許（今の河南許昌東）がある。建安の初め、曹操は洛陽が破壊されたことによって、献帝を迎えて許に都を置き、あわせて許の下で屯田して、穀物百万斛を得、許は曹操の河北を争う根拠地となった。

長安から洛陽の一線は、かつて全国都市体系の中軸地帯であり、魏晋南北朝の戦乱時期において、自然に軍事争奪の主要戦場となり、傷を受けること最も重かった。更に加えて政治構造の変化は、その都市体系の中軸地位を大いに削弱させた。長安は依然としていくつかの政権（たとえば、西晋・前趙・前秦・西魏・北周など）に都城として選択されたが、その安定性と繁栄程度はすべて昔に及ばなかった。洛陽は北魏の時、四〇年来の繁栄を獲得したが、遂にまた戦火に巻き込まれた。東魏・武定年間、楊衒之《ようげんし》は自らの目でかつて繁栄した洛陽を見て、「城壁は崩れ落ち、宮殿は傾き倒れ、寺院は灰燼に帰し、廟塔は廃墟となっていた。塀は八重むぐらに蔽われ、巷には荊が生い茂り、荒れた階には野獣が住みつき、庭の木々には山鳥が巣くっていた。遊んでいる子供や牧童たちは、都の大通りをうろつき廻り、農夫や老いた耕作人らは、宮城の門のところで黍を刈っていた」と言った。[22] 千年名都はかえって一片の荒涼とした景色を呈していたのである。これと同時に、長期戦争の環境によって、黄河流域に軍事的性質の保営都市である塢壁が出現した。最も著名なものに関中の董卓の郿塢《びう》（今の陝西郿県東北）があり、黄河下流平原には更に多い。たとえば、昇城（今の山東長清南）・築城（今の魚台東南）・白騎塢《はくきう》（今の河南孟県西北）・苑郷（今の河北任県東北）・辟陽《へきよう》（今の冀県北）などがある。黄河と済水流域の塢壁は甚だ多く、大小軍閥が集団自衛しており、多いものは四、五〇〇〇家、少ないものでも一〇〇〇家あるいは五〇〇家で、経済意義は無く、北魏政権の統一によって、こうした塢壁もまた消滅した。

中原地区都市の衰亡と同時に、黄河上流の元来の都市経済が比較的遅れていた地区にはかえって新興都市が出現した。たとえば、元来、経済が比較的遅れていた河西回廊は、中原の戦乱によって、「中原より難を避けて来るものは日増しに続いた」[23]。十六国時代には河西回廊に前涼・西涼・北涼などの政権が割拠し、その中心都市である姑臧（今の武威）もまた迅速な発展をとげ、北涼の時、人口は二〇万以上に達した。文化事業もまた良好な発展がみられ、全国に影響を与えた河西学者が育ち、河西の学風を帯びて、影響を与える学術著作を記した。山陝高原の北部地区では、鮮卑族北魏政権の平城（今の大同）と匈奴族夏政権の統万城（今の内蒙古烏審旗《うしんき》南白城子）があった。赫連勃勃《かくれんぼつぼつ》の統万城は「城の高さは一〇仞〔一仞＝約一・八メートル、諸説ある〕、基の厚さは三〇歩〔一歩＝約三・三平方メートル〕、上の広さは一〇歩である。宮墻は五仞、その堅さは刀斧を研けるほどである。台榭〔高台式建築〕は高大で、飛閣は連なり、皆な図画を彫刻して、彩色された絹織物をかけ、丹青で飾り、彩文を極めた」とある。[24]

北魏は平城に建都し、塞北の政治中心となった。漠北と中原を通じさせるために、すなわち、大いに交通路線を発展させた。（一）漠北に通じる長川道・牛川道・白道、（二）句注山・雁門関を越えて汾河に沿って南下する交通路線、（三）平城より南下し滱水《こうすい》に沿って南下して河北平原に至るもの、（四）オルドス沙漠東南縁辺地区を経て秦州路と河西路に沿って西域各国に通じるものがあった。そこで平城は塞北交通の中心となったのである。[25]

総体的に言って、魏晋南北朝時代、黄河流域に元来あった都市体系はすべて破壊に遭い、わずかに存在した都市もまた興亡を繰り返し、不安定であり、比較的安定した新情勢が出現しなかった。北魏の平城放棄、洛陽遷都は、洛陽の持つ伝統的中軸都市地帯の地位を表しており、依然として深い生命力と強大な吸引力を備えていた。よって、長安・洛陽といった都市は、しばしば破壊されるが、依然としてしばしば再建され、人々が最終的にこうした「帝王の気」が充満する土地を離れたがらなかったのである。しかし、戦国以来の黄河流域における都市の繁栄という景況は再現されなかった。すでに存在する都市は政治中心の機能の他、経済繁栄もまたわずかに政治の副産物であり、純粋な商業・交通性都市はすでに存在せず、中国都市経済の最も衰落した時期であったのである。

四、隋唐五代時代の黄河流域における都市体系の再建と発展

隋・文帝が全国を統一し、数百年の長きに渡る分裂動乱を終結させた。隋唐二代は長安（大興）を首都（西京）とし、洛陽を東都（東京）とし、長安と洛陽は黄河流域の都市体系の中軸を新たに構成した。

隋唐統一帝国の出現は、全国交通の新たな流通に条件を提供した。中国で世に名高い南北大運河は、すなわち、この時期に形成された。隋初は大興（今の西安）に建都したが、渭水が湾曲し泥砂も多く、水運に不利であったことにより、

都城の漕運問題を解決するために、すなわち、開皇四年（五八四）、大興城西北より渠を穿って渭水を引き東流させて黄河に注がせ、広通渠と名付けた。開皇七年（五八七）、陳を平定する必要性から、江水・淮水の間に邗溝《かんこう》を新たに開削し、改めて山陽瀆と称した。煬帝が即位して、東都洛陽を建造し、大業元年（六〇五）、済渠を開通させ、洛陽西苑から穀水・洛水を引いて東は偃師に至って洛水に入り、洛水より黄河に注がせ、再び板諸（今の河南滎陽県汜水鎮東）より河水を引いて東流させ、今の開封・睢県・商丘・宿県を経て、今の盱眙《くい》県対岸に至らせ淮水に注がせた。これこそ煬帝の大運河で最も重要な一段である。大業四年（六〇八）兵を遼東に用いて、また永済渠を開き、沁水を引いて清水・淇《き》水と連結させ、以下はおよそ白溝故道及び今の南運河に従い、今の大清河に至って灅《るい》水（永定河の前身）に折れて流れ、直接、涿郡の治所薊県（今の北京）に至らせた。涿郡は隋の北方重鎮である。大業六年（六一〇）また新たに京口（今の鎮江）を修繕・開削し余杭（今の杭州）の江南河に至らしめ、こうして、南北大運河は完成を告げた。大運河は、西は長安に至り、北は涿郡に達し、南は余杭に至り、総延長二〇〇〇キロメートル余りで、黄河・渤海・長江・淮水・銭《せん》塘《とうこう》江の五大流域を通じさせて、再び秦の始皇帝時期に開削された霊渠につなげ、政治中心の長安・洛陽を中軸とし、東北・東南・南方に向かって扇形に輻射し全国に至る水運交通網を形成した。大運河規格は厳密で、構造は合理的であり、まさに世界水運史上の偉大な工事であった。黄河流域の水通航路より全国各地に通じることができたので、そこで運河沿線の都市の輻射力と影響の範囲は大きく拡張した。

唐代は関中に建都し、その漕運路線は隋代と基本的に同じであり、故に比較的大規模な新運河の開削は無く、わずかに隋代運河の基礎に浚渫《しゅんせつ》と拡張をしただけであった。たとえば、関中漕渠は隋末に至るとすでに廃止され、天宝元年（七四二）、再び修築・浚渫し、一年に漕米二五〇万石を運んで関中に入れた。陸路交通の方面では、唐代はかつて開元年間に大庾嶺道を開き、貞観年間に藍田を開いて内郷新道三五〇キロメートルに至らしめるといったことがあったが、陸路交通全体の構造には影響が大きくなかった。唐代、駅道は全国を貫通し、三〇里ごとに駅伝を設けた。『通典』

の記載によると、駅路体系は長安を中心とし、「東は宋・汴《べん》に至り、西は岐州に至り、路を挟んで店舗を並べて客を待ち、酒食は豊かで溢れる。各店に皆な貸し出す驢馬がおり、乗客はたちまちしばしば数十里となった。これを駅驢と言った。南は荆・襄に至り、北は太原・范陽に至り、西は蜀川・涼府に至り、皆な店舗があって、商旅に提供され、遠くは行くこと数千里であった」(26)。内河水運では、南北大運河だけではなく、間で大運河と通じる潁水・渦水・濉水《すいすい》・汝水《じょすい》が通航でき、唐代南北水陸交通の十分な発達を存分に説明している。全国四方に通ぜざる所が無く、長安・洛陽を中軸とする交通網もまた再び建造されたのである。

南北大運河の開削は、沿線都市商業の繁栄を大いに促進し、運河沿線の都市帯を形成した。長安・洛陽中軸から東へ延長したものに、鄭州・汴州（今の開封）・宋州（今の商丘）、汴水と泗水の交錯する徐州、汴水と淮河の交錯する泗州（今の江蘇盱眙県対岸、清・康熙の時、洪沢湖の中に入る）などがある。汴州から支流を出し、南に向かって潁水・渦水・汝水に沿って、亳《はく》州（今の安徽亳州）・陳州（今の淮陽）・潁州（今の阜陽）・豫《よ》州（今の河南汝南）を経て、淮河流域に入るか、あるいは汴州より西南に向かって、許昌・襄城を経て、南陽盆地に入るものがある。洛陽より東北に向かう永済渠沿岸の魏州（今の河北大名東）・貝州（今の清河）は、「天下の北庫」と称され、また北端の幽州（今の北京）もある。洛陽から北に向かって黄河を渡り、衛州（今の河南汲県）を経て、太行山脈東麓に沿って北へ向かうものに相州（今の安陽）・邯鄲・趙州（今の河北趙県）・恒州（今の正定）・定州（今の定県）・易州（今の易県）がある。長安から渭水に沿って下り、黄河を渡り、涑水・汾水流域を東北に沿って北に向かうものに、絳州（今の山西新絳）・晋州（今の臨汾）・汾州（今の汾陽）・太原・忻《きん》州（今の忻県）・朔州（今の朔県）・代州（今の代県）・雲州（今の大同）があり、モンゴル高原へ入ることができる。長安より西に向かって渭水を遡上し、上邽《じょうけい》（今の甘粛天水市渭州、すなわち、今の隴西）・蘭州を経る、あるいは西に向かって鄯《ぜん》州（今の青海楽都）を経てチベット高原に入る、または西北に向かって涼州（今の武威）・甘州（今の張掖）・粛州（今の酒泉）・沙州（今の敦煌）を経て、河西回廊を出て新疆地区に入るものがある。我々は、この地図によると、唐代黄河流域の交通・都市の配置を、明確に感じることができ、すでに築かれた今日の交通都市分布の構造は、この時代の交通の開拓と都市分布の固定を十分に説明しており、今後一〇〇〇年余りの歴史の発展に多くの重要な意義を有している。

安史の乱以後、北中国はまた長期の戦乱に突入し、交通は阻害され、都市は破壊された。唐末長安城もまた起義軍と唐軍の交戦の地へと陥落し、宮廟寺署は度重なる損害を被った。九〇一年、朱温は唐帝を脅迫し、長安の宮室民家を破壊し、「長安はこれより遂に廃墟となった」。今回の長安の破壊は、中国都市史上のメルクマールな事件であり、これによって、一〇〇〇年に渡って栄えた名都長安は再び漢唐時代の輝きを再建する機会を失った。

五代時代、北方都市の分布構造は新政治の情勢の影響を受け、開封（汴）・洛陽・太原は北方政権の都城となり、よって相対的に安定した発展を手に入れた。その中で開封の発展は最も重要であり、後唐のほか、後梁・後晋・後漢・後周は皆なここに都を建て、よって、開封は北方最重要の都市となった。開封は水運上の有利な地位にあり、これはその発展した重要な地理条件であった。しかも都城地位の確立は、また政治上でも推進力を手に入れた。後周時代の開封は、華夷が集い、水陸通じ、日増しに繁栄した。九五五年（後周顕徳二）詔を下して開封羅城を拡張し、開封の都市様相を大いに変貌させて、規模は四倍に拡大し、城内の道路は拡張された。これが後の宋代開封城の大繁栄に基礎を打ち立てたのである。

総じて、隋唐五代黄河流域都市の発展は、安史の乱を境に前後二つの時期に分けることができる。前期の都市は十分に繁栄し、それは数量の多さ、分布の広さに表れており、今日の黄河流域都市分布の主要な構造は、当時すでに形成されていたのである。原因には二つある。一つ目は政治情勢の安定・経済の発展が、都市の発展と安定に有利な条件をもたらしたこと。二つ目は、後漢以後、黄河が八〇〇年近く安定して流れ、安史の乱以前、黄河には「河患《かかん》」が少なく、都市から洪水の災いを避けさせたことである。両者を比較すると、政治の安定が主要な原因である。魏晋南北朝の時も黄河では「河患」が少なかったが、都市はかえって戦乱によって衰亡していた。晩唐五代時代、黄河下流の「河患」増加したが、黄河流域の環境全体は未だ悪化せず、数度の「河患」は都市の発展・都市の衰亡に重く影響するに至らず、主に政治動乱、戦争頻繁が影響していた。これより分かるように、中国封建社会前期は、政治要素が造成都市興亡の主要な原因であったのである。

五、宋・遼・金時代の黄河流域における都市の性質・構造の変化と環境要素

北宋より、全国政治情勢には新たな変化が生まれた。西北地区は西夏王朝によって統治され、古く富裕人を称した関中地区は国防前線となり、長期に渡って戦争状態にあり、「皆な兵を分けて駐屯・守備し、予期しないことに備え(27)」、都市経済は日増しに衰亡した。山西大茂山・河北白溝以北は遼によって占拠され、河北地区は、「宋初、郷義を募り置き、大いに戦備を備え、三関を作り、方田を置いて軍糧に資した(28)」。ここもまた軍事要地である。宋代は五代の情勢を承けたが、国勢は遠く漢唐に及ばず、開封建都は当時最良の選択であった。これと同時に、淮南・両浙・荊湖・福建地区の農業・手工業・商業も直線的に発展し、経済は空前の好調を見せた。この形勢が宋代黄河流域都市構造変化の歴史地理背景を決定的にした。

宋代は首都・開封を中心に、水運交通を大いに発展させ、運河方面においても契機とするところがあった。通済渠《つうさいきょ》（汴河）は唐末に泥砂が堆積し廃れた。建隆二年（九六一）浚渫をし、あわせて索水・須水を引いて汴河に入れ、水源を強化した。同年、閔《びん》河を開き、新鄭より洧《ゆう》水・潩《い》水の二つを導いて源とし、渠を開いて新鄭・尉氏を経て、入開封城と蔡河に入れて結合させた。蔡河は、戦国の時の鴻溝であり、前漢は狼湯渠《ろうとうきょ》と名付け、魏晋以来、蔡水と称し、その水

は汴河を源としていたが、汴河自身の水源不足によって、宋初より閔河を源とした。開宝六年（九七三）閔河を改めて恵民河と名付け、以後閔蔡二河は恵民河と合称された。同年、また五代後周が開いた五丈河を再び泥砂をさらい、改めて広済河《こうさいが》と名付け、山東漕運を通じさせた。宋初、再度の浚渫時、改めて今の鄭州市の京水・索水を引いて源とし、中牟《ちゅうぼう》を過ぎて、開封城西の架槽に至って汴河を「横絶」し、東は五丈河に水を集め、名付けて金水河とした。このように、汴京開封を中心とする四本の人工運河を形成した。汴河・恵民河・金水河・五丈河（広済河）は、史書に漕運四渠と称する。その中で金水河は五丈河の水源渠道であり、漕運を通じさせなかった。別に漕運を通じさせたものに黄河があり、故に歴史上、また合称して漕運四河とする。「四水が開封を貫いた」開封城内の四水交錯する場所は、水運の中枢となった。『宋史』河渠志に、汴都には「恵民・金水・五丈・汴水等の四渠があって、川の支流が引かれて脈のように分かれ、皆な天邑（都）に集まり、十分に公私を満たし、よって欠乏することがない」とある。その中の汴河はすなわち隋・通済渠で、江淮に通じる水運幹道であり、交通地位が極めて重要で、いわゆる「ただ汴水だけが、中国を横断し、首で大河を受け、水路が江湖に引かれ、その利益は南海にまで行き至り、天下の財賦を半分占め、山沢の百貨を合わせて、ことごとくこの道より入る」のであった。開封の市場には、江淮からの食料米、沿海水産品、北方の牛羊、洛陽・成都の酒、南方の果物・名茶、西北の石炭、成都の紙、福建・成都・杭州の印刷本書籍、耀州の陶磁器といったものがあった。都市経済生活の民間化のよって、城郊遠近地区に通じる各交通通道さえも、その基層経済活動に対する意義を自然と強め、『清明上河図』に描かれたものこそ、北宋開封城内外・大道二本・橋の上下の商業繁忙という景色であった。

北宋時代全体から言って、黄河流域都市経済発展は南方に及ばず、主要な原因は以下の通りである。

（一）、北宋一代の黄河「河患」は大変に重く、一〇世紀初めから十一世紀四〇年代（五代末から北宋慶暦年間）の一四〇年の中で、決壊は九五回あり、しかも慶暦八年（一〇四八）以後、黄河下流には北流・東流の変動が発生し、黄河は決壊して北流したり（四八年）、また決壊して東流したり（十六年）、二股に併存したりして（十五年）、「東に行っては泰山の麓に至って、決壊して西流する。西に行っては西山の麓に至って、決壊して東流し[29]」、「邢・洺・深・冀の間に土砂が堆積し、痩せた土地に流行した[30]」。決壊地点すべて河北平原で、平原上の滑県・浚県・頓丘・濮陽・霊河・大名・朝城・館陶・冀《き》県・棗強《そうきょう》・深県・滄県・東光・青県・河間・信都・清河・衡水・南宮・南皮といった数十県城が、黄河の侵犯を受け、最も厳重なものは、大観二年（一一〇八）黄河北流が一度決壊し、一晩の間に泥沙が巨鹿城全体を埋めてしまった[31]。宋の滅亡に至って、「河患」はいまだ止まなかった。その黄河下流の平原都市に対する破壊は、想像できるものである。

（二）、対遼・対夏戦争の形勢の黄河流域都市経済発展に対する負の方面の影響は、過小評価できない。北宋は陝西・河東の辺境に大量の城・寨・堡を修築し、主に西夏に対処した。これらの城・鎮・堡・寨は、密度が高く、軍事理論の拠点であり、平和な時期にも茶馬貿易があったが、しかし規模は極めて限定的であった。しかも、西夏境内の自然経済は統治地位にあり、物物交換の方式が各地に盛行し[32]、首都・興慶府のほか、まともな都市経済は無かった。河北地区は「澶淵の盟」（一〇〇四年）の後、社会形勢が安定に働き、北宋はかつて北方の経済を努力して回復した。たとえば、塘泊・水田の開発、淤《お》灌《かん》・淤《お》田《でん》の実施である。このほか、軍事防御の目的から、また河北城池を全面的に修繕し、景徳・大中祥符・明道・慶暦以後、北宋の河北城池に対する修繕はいまだに中断しなかった。たとえば、慶暦元年（一〇四一）、河北二一州城を一度に修築したが[33]、保衛都市の安全に重要な作用をした。同時に、北宋初年、すなわち遼と辺境貿易を展開したが、鎮（正定）・滄・易・雄・霸の諸州に専売互市を設けた。澶淵の盟の後、続いて雄州・霸州・安粛軍・広信軍に四榷場《しかくじょう》を設置し、遼もまた新城を開いて貿易の場所とした。盟約によって、宋は、毎年、遼に絹二〇万匹、銀一〇万両を贈ったが、皆な雄州白溝鎮で手渡した。雄州は「最も北辺の要衝とすべきであり[34]」、双方の使者・商人の往来にとって必須の道であり、都市規模も比較的大きく、人口もまた比較的多く、北部辺境上の重要都市となった。

しかも、一一二六年の靖康の乱で、宋室は南渡し、淮河以北は金の所有となり、南北漕運は断絶し、汴河などの人工運河は浚渫せず、しばらくして皆な泥砂が堆積し廃れてしまった。沿線都市経済もまたこれにしたがって衰亡し、北中国都市と交通路線の配置に変化が生じた。

(三)、宋代より都市経済に新たな情況が生じた。まず最初は、宋代商品経済が前代より大幅に発展し、大中都市の数量と規模もまた前代より繁栄した。たとえば、一〇万戸以上の都市は、唐代、一〇、二〇であったが、宋代は四〇、五〇に膨張した。北方の秦州・太原・真定・京北・大名（北京）・洛陽（西京）・密州・晋州などはすべて大都市であり、南方はもはや言う必要がなくなった。同時に、工商貿易業を主とする府州県以下の聚落（市鎮）が出現し始めた。鎮は、魏晋以来、唐五代時代に至るまで、多く軍事拠点であり、宋代よりだんだんと工匠・商人・小売人が集う工商業小城へと変化し始めた。『太平寰宇記』・『元豊九域志』などの書は大量の鎮名を記録していた。地理位置から考察して、大多数の新興市鎮は交通要道・水陸埠頭・沿海岸壁・大都市の周囲に存在していた。運河・汴河・淮河・および長江下流沿岸に分布する小城鎮は比較的多い。当代学者には多くの論述があるが、ここでは列挙しない。しかし、傅宗文『宋代草市鎮研究』の著録によると、文献記載に見える宋代市鎮（墟・場・鋪・店・坊）は三六三五あり、黄河流域はわずか九四一、全国の四分の一を占めていた[35]。見てのとおり、黄河流域の経済性都市の数量は遠く南方各地に及ばなかったのである。

北方の契丹族は、元来、遊牧民族であり、その祖先は「いまだ城郭・溝池・宮室の堅固を持たず、毡車（じゅうたんと車）を営とし、硬寨（堅固な砦）を宮とした」。以後、幽薊十六州の農耕区をとった後（特に遼朝建立の後）、契丹社会には巨大な変化が発生し、境内に都市が出現し始めた。元来の皇都を上京（今の内蒙古巴林左旗南林東鎮南古城）としたほか、中京（今の昭盟寧城県西）・東京（今の遼陽）・西京（今の大同）・南京（今の北京）を設け、五京制とした。

女真族の建てた金朝は黄河流域を占領した後、安定社会・発展経済の措置を採用し、東北地区・黄河流域の経済は一定の回復を得た。戦乱で破壊された都市は再建された。金代の都市の大多数は遼・宋都市の基礎に再建・発展し、交通においても経営的発展を進めた。天会二年（一一二四）はすなわち京師より南京に至るまで、上京から春泰に至る間に駅伝を設置した。燕京に遷都した後、また旧黄河・漳水・衡水といった水道に沿って漕運を開通させた。しかし、金代の漕運は、河道管理の不良、漕運の多くが泥砂による不調によって、常に岸壁で縄を用いて船を引き前進させることを補助とした。

総じて、宋金時代、社会商品経済全体が発展することによって、黄河流域の都市経済は発展したが、しかし、環境の悪化と戦争の頻繁化によって、全国から言って、その繁栄の程度はすでに南方に及ばず、経済重心の南遷はすでに最終決定され、長安・洛陽の都市中軸はすでにもう存在せず、都市分布の中心も黄河下流地区に移動し、元・明・清時代黄河流域都市の構造に基礎を打ち立てたのである。

六、元・明・清時代における黄河流域都市の中心の東遷と京杭大運河都市帯の形成

元朝の領土は果てしなく、全国にあまねく駅伝を設置し、至順二年（一三三一）に書かれた『経世大典』の記載によると、総数は一五〇〇余りに達しており、大都を中心とする密集した交通網を構成し、「星や碁石のように広く分布しており、脈絡として互いに通じ合う」状態であった。元朝駅路システムは東北に向かってはヌルガン（今の黒竜江口）に通じており、北に駆けては遠くキルギス部落（今のイェニセイ河上流）に達し、西面はウー・ツァン（中央チベット）（今のチベット）に達し、規模の大きさは、前人未踏であった。明・清二代もまた、元代の駅伝を基礎として再度拡張し、ほぼ通じないところがなく、漢・唐より更に密集した交通ネットワークを形成した。本時代の交通事業上最大の功績

は、世に名高い京杭大運河の開削である。

元朝は大都城（今の北京）に建都され、大量の江南の粮漕を必要とした。宋を平定した初め、江南から北に運ばれた漕運は、一路は海運、一路は河運であった。河運の路線は浙西より江淮に入り、再び黄河（当時の黄河東南は淮を貫いて海に入った）から逆流して中滦《ちゅうらん》（封丘）干地の上岸に至り、その後、陸運一八〇里で淇門に至って御河《ぎょが》に入り、再び御河（今の衛河）に従って直沽《ちょくこ》（今の天津）へと下流し、転じて大都に至る。この漕運路線もまた遠い道に迂回し、時間が長くかかって遅れ、路上でまた水陸転運・積み卸しをし、労資は甚だ大きく、理想的ではなかった。ついに、至元十八年（一二八一）韓仲暉《かんちゅうこん》・辺源の建議を採用して、済州の治所である任城（今の済寧）より安山に至る済州河（全長七五キロメートル）を開削した。完成後、南来の漕船は淮水より泗水を遡り、この川より大清河に出て海に入り、転じて直沽（今の天津）に至ったが、やはり「踏海《とうかい》の険」という印象がある。至元二六年（一二八九）またも安山西南の済州河より、北は寿張・東昌（今の聊城《りょうじょう》）を経て臨清に至り御河に入る会通河（全長約一二五キロメートル）を開削した。これより後、江淮の漕料は水路より、直接、直沽に至った。最後に通州より大都に至る一段はやはり陸運を必要とし、道は遠くなかったが、すこぶる力を費やすものであった。至元二九年（一二九二）、また郭守敬の建議を採用して、大都西北昌平県白浮村の諸泉水を引いて源とし、東南へ大都城内に流入し、積水潭（今の什刹海《じゅうさつかい》）に集まり、再び金代の運料河旧道によって、東は通州高麗荘に至り白河（今の潞河）に入れた。全長は一六四里、次年に完成し、「通恵河」を命名された。ここに至って、南は杭州より、北は大都に至る京杭大運河全線が貫通し、全長は一七〇〇キロメートル余りとなった。

しかし、元代の会通河・済州河の通運は理想的ではなく、その原因の一つ目がしばしば黄河の北決に遭う破壊であり、漕運は阻まれた。二つ目は水源不足で、重加重に勝てなかった。よって元の一代が終わると漕糧は多く海運を主とした。末年にはしばしば廃棄されて用いられず、明初に至って会通河はすでに泥砂に埋もれ約三分の一が断流していた。明永楽年間に北京へ遷都し、漕運が国家の急務となった。そこで、永楽九年（一四一一）工部尚書宋礼に命じて運河の改修をまかせ、汶上《ぶんじょう》の老人・白英の策を用いて、東平県東戴村（今の汶上県東北）に堤を建造し、汶水を止めて南旺湖《なんおうこ》に入れ南北済運に分流させ、岸に安山・南旺・馬場・昭陽の四湖を設置して漕運用のダムを作り、「ダムで蓄水し」、西岸に陡門を設置して、「門より水を排出し」、全線にゲートを設置して通運させて、そこでまた「閘河」とも称した。また水源を拡大するために、魯中山地の諸泉を広く引いて運河に入れ、済漕に役立て、そこでまた「泉河」の呼び名もあった。永楽十三年（一四一五）運河大通は、「会通河を開くにあたって、海運・陸運は両者供に止めた。南は江口にまで至り、北は大通橋にまで至り、長さは三千里余り」であった。[36] この後、徐州から淮陰の三〇〇キロメートル区間の黄河の険を避けるために、明代中期から清・康熙中の一〇〇年間余りで、絶えずこの一帯で新河を開拓し、嘉靖四五年（一五六六）南陽新河を開き、万暦三二年（一六〇四）泇《か》河を竣工させ、天啓三年（一六二三）済新河を開通し、清の康熙二七年（一六七七）中河を開いた。明代中期から清の康熙年間には、前後、一〇〇年余りを経過しているが、ついに京杭大運河全線が基本的に人工河道となり、全長一九〇〇キロメートル、海・黄・淮・江・銭塘の五大水系を通じさせ、その後数百年間の南北水運の大動脈となった。[37] 元・明二代の大運河工事は主に黄河流域であり、黄河流域の都市構造に重大な影響を与えた。

明清時代は商品経済が空前の発展をし、水陸交通は四方に達し、これより全国で多くの大小工業都市が出現した。その一つが中央から地方各級政治中心に至るものであり、たとえば、首都の北京と陪都の南京および各省省会と府州治所は、皆な大小地区の中心都市である。これらの類いは詳しく述べる必要がない。当時の都市構造の情況は以下のとおりであった。

一つ目は京杭大運河沿線の水運交通によって発展してきた商業都市である。たとえば、通州・直沽・滄州・徳州・臨清・東昌・済寧・徐州・淮安などがある。これらの都市の大多数は、元来、すでに府州治所であったが、後に大運河が通過することによって、更に繁栄した。たとえば、臨清は元によって会通河を開かれた後、船舶の必ず立ち寄るところとなり、商人が集まり、テントを並べて店を並べ、しっかりとした重鎮であった。済寧は南北の喉元で、国家四〇〇万漕艘は皆なその地を経て、閩《びん》・広・呉・越の商人で貿易する者はここに集結した。運河沿線にもまた小鎮があり、交通地位の重要性によって比較的大きな商業市鎮を形成し、地区内の生産は比較的大きく影響した。たとえば、河西務・南陽鎮・清江浦（淮陰）・王家営などがある。万暦年間、運河にそって権関八所を設立した。崇文門・河西務・臨清はすべて商業にとって水陸交通の要衝であった。

二つ目は南北交通路線重心の東遷によって、中西部の元来発達していた都市がこれより衰亡したことである。たとえば、大名府（今の河北大名県東）は、唐宋の時、永済渠が経るところであり、河北平原上の大都市であったが、大運河東遷後、その地位は臨清にとって替わられた。邯鄲・安陽・邢台・正定は伝統的な太行山東麓南北大道が必ず経る地であり、商業もまた比較的繁栄していたが、安い水運交通路線東遷後、その経済地位もまただんだんと徳州・臨清・東昌にとって替わられた。

三つ目は、元・明・清三代に頻繁化した黄河の氾濫・決壊・改道が、黄河下流都市に巨大な影響を生み出した点である。河南豫東各県は明清二代にほぼ黄河の洪水によって水没させられた。その中で開封城が最も重く、文献記載によると、元初から清末まで、開封城はかつて、七回、黄河の水によって水没させられた。考古学者の試算では、宋代開封城の地面は今の城の地下一〇メートル前後にあり、地下三、四メートルには、明代の屋根が発見され、地下二、三メートルは、清代の基礎であった。封丘城は金代から清初まで、かつて、六回、黄河の水によって水没させられ、全県の土地で砂はその六を占めた[38]。今の河南延津県北の胙城県は、古代、南北交通要道であったが、黄河の水の泥砂の流入・堆積によって、清・順治年間、県治には「砂は周囲に舞い、塹壕は不明で、住人はわずかに数百家、備えは甚だ寂しさを極めた[39]」。その他の黄河下流沿城都市は皆な黄水の災いを受け、枚挙にいとまが無いほどであった。

総じて、元・明・清三代の黄河流域都市構造・規模は、政治と自然の原因によって、新たな変化が生じた。一つ目は都市重心の東遷で、主要分布は大運河一帯であった。二つ目は中部都市の黄河による決壊で、経済は明確に衰亡した。三つ目は西部都市もまた黄河流域環境全体における破壊と経済の中心の東遷によって、またたんだんと衰亡したことである。長安・洛陽・太原・開封は、皆な漢・唐時代に及ばなかった。

一八四〇年のアヘン戦争以後、中国社会には巨大な影響が生まれた。元来の経済構造・交通体系には、もろもろの多くの新たな要素の関与の下、深刻な変化が発生した。中国都市の構造と発展はこれに従って激変が生じ、その中でも海港都市と鉄道沿線都市の迅速な発展がその主要な特徴であり、それと対照して、多くの地区の伝統都市が停滞し、全国範囲内都市に分布する更に大きな非平衡性を引き起こした。

交通形勢において、清末南北漕運は停止し、運河は修繕されず、だんだんと泥砂が堆積して廃れ、沿線城鎮は厳重な影響を受けた。たとえば、臨清・聊城・済寧・淮陰などにはすでに過去の繁栄した景色が無かった。あるものは完全に埋没して無名となった。たとえば、河西務・南陽鎮・王家営などである。同時に海上の汽船運輸と鉄道運輸が中国東部地区の交通構造を改変し、大量の貨物が海運港と鉄道沿線に向かって集中するように改まった。ある都市はかえって鉄道に恩恵を受けて迅速に繁栄した。たとえば、蚌埠・鄭州などである。あるものは海運に恩恵を受けた。たとえば、天津・青島などである。しかし、総体的に言って、黄河流域の都市と交通はすでに南方の発達に遠く及ばず、これが近代都市地理構造の基本情況であった。

【注】

（1）譚其驤「西漢以前黄河下流河道」（『長水集』下冊、人民出版社、一九八七年）五九頁。

（2）彭邦炯『商史探微』（重慶人民出版社、一九八八年）。

（3）『戦国策』趙策二。『史記』巻四〇、楚世家、索隠に「午道はまさに斉の西界にある。縦横に交わって午道を作る」とある。

（4）『戦国策』秦策三。
（5）『戦国策』魏策。
（6）『史記』巻四一、越世家。
（7）『漢書』巻二九、溝洫志。
（8）『史記』巻一二九、貨殖列伝。
（9）『戦国策』秦策一。
（10）『史記』巻一二九、貨殖列伝。
（11）『戦国策』斉策六。
（12）『戦国策』斉策一。
（13）『史記』巻八五、呂不韋列伝。
（14）班固『西都賦』。
（15）『史記』巻五二、斉悼恵王世家。
（16）『漢書』巻五二、灌夫伝。
（17）『後漢書』劉玄劉盆子伝。
（18）『後漢書』公孫述伝。
（19）『後漢書』光武帝紀一下。
（20）『後漢書』仲長統伝。
（21）『三国志』巻五六、呉書・朱治伝、裴注引『江表伝』。
（22）『洛陽伽藍記』序。
（23）『晋書』巻八六、張軌伝。
（24）『魏書』巻九五、鉄弗劉虎伝。
（25）日本・前田正名著　中国・李凭等訳『平城歴史地理学研究』第四章以平城為中心的交通網」（書目文献出版社、一九九四年。）
（26）『通典』巻七、歴代盛衰戸口。

(27)『宋史』巻八七、地理志三。
(28)『宋史』巻八六、地理志二。
(29)蘇轍『欒城集』巻四六、論黄河東流劄子。
(30)『宋会要輯搞』方域十五の二一。
(31)皆な『宋史』河渠志に見える。
(32)呉天墀『西夏史稿』(四川人民出版社、一九八〇年)一八七頁。
(33)『宋史』巻八七、地理志三。
(34)『宋史』巻八六、地理志二。
(35)当該書籍『草市鎮名録』(福建人民出版社、一九九一年)三六九~五五五〇頁の統計による。
(36)『明史』巻八五、河渠志三、運河上。
(37)鄒逸麟「山東運河歴史地理問題初探」(『歴史地理』創刊号、一九八一年)。
(38)順治十六年『封丘県志』巻八。
(39)順治十六年『胙城県志』巻上。

リモートセンシングデータを利用した前漢期黄河故河道復元

——前漢期の黄河決壊に関する一考察

長谷川　順二

はじめに

前漢期は黄河が猛威を奮った時期である。『漢書』巻二九、溝洫志《こうきょくし》などを見ると前漢期二〇〇年間で一〇回の決壊記事が確認でき、特に王莽期の関並の発言に「黄河の決壊はそのほとんどが平原県・東郡付近にて発生していた」とあるように、決壊の発生地点が現在の山東省西部に偏っている。このように限定された地域で決壊が頻発した要因についてはさまざまな研究が為され、「河道の老朽化」「水利機構の老廃化」「対象地域の脆弱地質」などの要因が挙げられている。その中に「前漢期の黄河河道の形状に由来する」という説がある。[1]

『中国歴史地図集』[2]を見ると、前漢期の黄河は山東省西部、特に現在の聊城《りょうじょう》市付近において東向きから北向きとほぼ直角に折れ曲がる河道を為している。この形状ゆえに、前漢期の黄河はこの付近での決壊が頻発したという。だが決壊が発生したのは聊城市付近に限らず、北側に位置する平原県や西側の館陶県においても決壊記事が見られるため、すべての決壊を説明するには到っていない。

前漢期の黄河河道については、『水経注』巻五、河水注五に「大河故瀆」として詳細に記されている。[3] また前述したように『漢書』には多くの決壊記事が見られる。歴史地理学では、主にこれらの文献記述に基づいて前漢黄河の河道復元が行われており、前述した『中国歴史地図集』はその成果の一つである。また近年では地理・地質学分野での復元研究も行われている[4]。

しかしこれらの研究にも問題点が存在する。文献を利用した歴史地理学では文献記述を重視したために、現地の地形に即した形での詳細な河道復元にまで達していない。一方地理・地質学分野での研究においては地理・地質情報に基づく復元のため、現地の地形には合致しているが文献記述との齟齬が見て取れる。具体的には、本研究で対象とする黄河下流域、特に河北省・山東省方面においては黄河に限らず河道や堤防等はおおむね南西→北東方向へと走っており、地理・地質学分野での研究では北東方向にまっすぐ進む河道を想定し、山東省聊城市付近は経由しない。一方で『史記』『漢書』等によれば、前漢河道は聊城付近の「霊県」にて決壊したとあり、『中国歴史地図集』では前述したようにこの箇所で大きく屈曲する河道を想定している。しかし現地に残る黄河堤防の痕跡はすべて北東方向に走っており、聊城を経由するルートは一見確認できない。筆者は文献記述と地質情報の両方に加えてリモートセンシングデータを利用することで、現地の地形状況に沿い、なおかつ文献記述の内容とも合致する形での河道復元を行った[5](図1)。本稿では、この復元河道および微高地を利用して前漢期に頻発した各決壊について考察する。

図1　前漢黄河および微高地

一、復元河道の概要

最初に、本稿にて扱う復元河道について概説する。本稿では、ＳＲＴＭ－ＤＥＭ[6]より抽出した復元河道、および微高地を用いて決壊事例を検討する。復元河道の最大の特徴として、従来説では存在しなかった「前漢初期以前の河道（戦国河道）」が挙げられる。

ＤＥＭを用いて対象地域の地形を精査したところ、現在の河南省滑《かつ》県から濮陽《ぼくよう》市にかけて広がる丸い形状の微高地と、現在の河北省館陶県から山東省徳州市にかけて伸びる細長い形状の微高地を抽出した[7]。

前者には四本の溝状地形が確認でき、文献記述と合わせて検討して、それぞれ戦国以前の禹《う》河及び前漢・後漢・北宋期の黄河河道と特定した[8]。後者の微高地は東西幅約二〇キロメートルであり、『漢書』溝洫志に記される賈譲の「戦国時代の諸侯はそれぞれ二五里の幅で黄河の堤防を築いた」という記述と一致した[9]。また『水経注』河水注五に記される大河故瀆の経由地ともおおむね一致することから、この二つの微高地が戦国～前漢期の黄河によって形成された自然堤防および河床[10]と特定した。

しかし後者の聊徳微高地は、そのまま前漢河道と一致しない。『漢書』溝洫志に「清河郡の霊県・鳴犢口《めいとくこう》にて黄河が決壊した」という記述がある。この前漢霊県は前述の聊徳微高地の東側に位置しており、聊徳微高地がそのまま前漢河道であるとすれば、霊県を経由していないことになる。館陶～霊県地域について再度ＤＥＭを用いて精査したところ、聊徳微高地よりも狭い幅ではあるが堤防の痕跡を確認できた。幅が狭いのは黄河本流の流経期間が短かったためか、または分流等の要因から黄河の全流勢が集中していなかったためである。ここから、従来説では存在しなかった前漢初期の中規模河道変更の存在を導き出した。

『漢書』溝洫志に「『周譜』に「周定王五年（前六〇二）、河徙《うつ》る」とあるように、現在の河道は禹の治めた河道とは違うものである」という記述がある。これが文献上に記される最初の黄河改道の記録である。改道記録の二回目は、『漢書』巻六、武帝紀の「武帝元光三年（前一三二）春、河水徙り、頓丘の東南より渤海にて海に入る」という記述である。そして『漢書』巻九九中、王莽伝の「（始建国三年・後一一）黄河が魏郡にて決壊し、清河郡以東の数郡に被害が及ぶ」という記述がある。この後、後漢期の王景による治水事業（明帝永平一三年・後七〇）を経て黄河河道は次代の王景河（後漢河道）へと移行した。この三件が前漢期の黄河改道に関する記事である。

南宋期の程大昌『禹貢《うこう》山川地理図』や清道光期の焦循《しょうじゅん》『禹貢鄭注釈』は武帝元光三年春の「河水徙」を重視し、前一三二年の時点で前漢河道へと変化したとしている。しかし清康熙期の胡渭《こい》『禹貢錐指《すいし》』や乾隆期の傅沢洪『行水金鑑』・閻若璩《えんじやくきょ》『四書釈地続』、光緒期の劉鶚《りゅうがく》『歴代黄河変遷図考』等は周定王五年（前六〇二）の禹河からの変化を重視し、武帝元光三年春を一時的または小規模な改道と判断して、最終的には前六〇二年から後十一年までを前漢河道としている。

近年の研究例としては、史念海は『禹貢鄭注釈』の説を採用し、前六〇二年の改道は存在せず、前一三二年の頓丘での改道を歴史上第一回目の黄河改道としている。[11] 一方、譚其驤《たんきじょう》は『禹貢錐指』の説を採用し、前漢期途中での変動は無かったとしている。[12] 現在は『中国歴史地図集』や『黄淮海平原歴史地理』・『中国水利史稿』・『黄河下游的河性』[13]など、後者の説を採用している例が多く見られる。

筆者の復元河道は主に後者の説に則っているが、一部分は前者の説も取り入れている。周定王五年（前六〇二）時点で禹河からそのまま前漢河道へと移行したのではなく、いったん館陶から北東方向へ向かう河道（戦国河道）が成立した。戦国期から秦を経て前漢初期に至るまでの四百数十年間はこの河道を取っており、聊徳微高地はこのときに形成された。そして武帝元光三年（前一三二）春に、館陶から東へと向かって霊県を経由する河道に変化したと考えられる。

『漢書』等に見られる前漢期の黄河決壊記述は極めて簡素であり、従来の研究では詳細な状況の検討が困難であった。本稿ではこの復元河道および微高地を利用して、現地の地形状況を踏まえたうえでの決壊状況の考察を行う。

二、決壊記事の検討（武帝元光三年春以降）

前漢期は長い中国の歴史上でも特に黄河の決壊が頻発しており、なおかつ地域的にも黄河下流域全体ではなく山東省西部という限定された範囲での決壊が繰り返し発生している。この要因に関して従来の研究では、たとえば木村正雄は決壊頻発の要因を国家的治水機構の老朽化に求め[14]、今村城太郎は黄河河道（堤防）の経年劣化に起因しているとした[15]。また譚其驤は秦始皇帝の時期に端を発する黄河中流域・オルドス地域の開発を取り上げた。前漢武帝期に行われた黄河中流域、特に陝北地域への移民政策による植生変化・土壌流失の激化等によって下流域への水沙量が増加し、決壊頻発へとつながったとした[16]。鄒逸麟は黄河の「天井川」という特性に着目し、これを決壊頻発の要因と考えた[17]。

しかし藤田勝久は木村正雄の治水機構老朽化説に対して、武帝期以降に発生した黄河決壊の対応に地元の郡単位で当たっていることを指摘し、前漢期の黄河水利機構は従来考えられていたほど整備が進んでおらず、国家規模での水利機構の整備が完了したのは前漢後期頃だとした[18]。また任伯平は下流域の排水量に着目し、前漢以前に存在した多くの黄河分流が埋没・途絶したことで排水量が低下し、決壊が頻発したと考えた[19]。

前漢黄河の決壊は主に現在の山東省西部に集中しているが、復元河道に基づいて考察すると、前述のように前一三

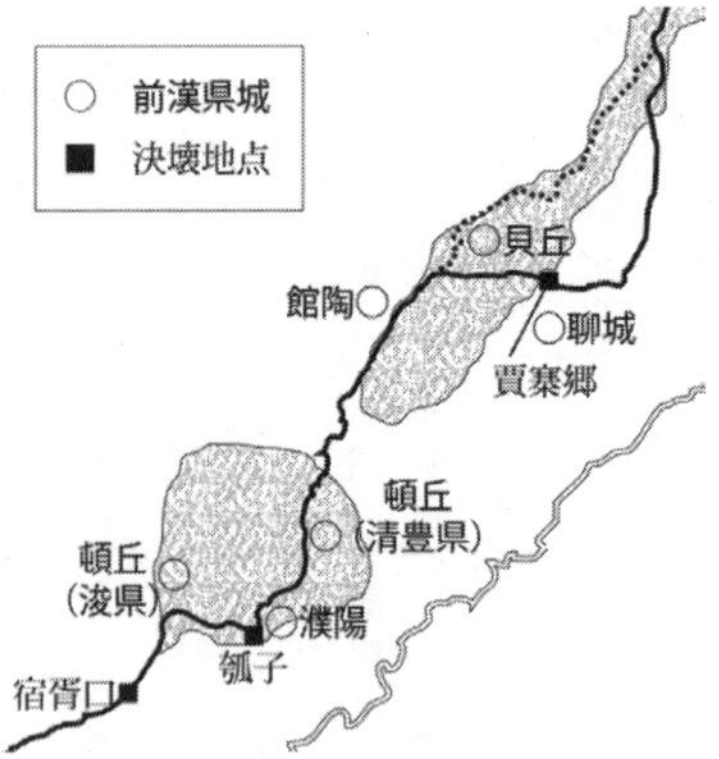

図2　前漢黄河の決壊地点

二年に中規模改道が発生していたとすれば、この付近の河道は改道以降に成立した箇所なので、経年劣化や天井川の過成長などといった黄河河道の老朽化を要因とすることは考えがたい。決壊頻発の要因を探るに当たり、まずは個別の決壊事例を検討してみる。

（一）武帝元光三年（前一三二）春

『漢書』武帝紀に、「（元光）三年春、河水徙《うつ》り、頓丘《とんきゅう》の東南より渤海に流入す」とある。頓丘の位置については諸説あるが、現在の河南省浚《しゅん》県もしくは清豊県付近と推定されている。両方とも復元河道の北岸に位置し、滑澶《かっせん》微高地の内側に当たる。浚県付近には、『水経注』によれば禹河→前漢河道へと変化したとされる「宿胥口《しゅくしょ》」が位置する。DEMを利用して対象地域の地形を見ると、浚県の南西側、衛輝市との境界付近にて河道が変化した様子が確認できる。しかしこの北へと向かう河道は『尚書』禹貢編に記される最古の河道、いわゆる「禹河」であり、ここから東方向へと向かう河道が『漢書』溝洫志や『水経注』から読み取れる前漢河道である。つまり武帝元光三年春の河道変更には該当しない。清豊県付近には「瓠子《こし》河決《かけつ》」の発生した濮陽があるが、清豊県（頓丘）の南西側に当たるため、こちらも記述に合致しない（図2）。

そこで場所ではなく、河道が変更した可能性を考慮してみる。前述したように、聊徳微高地は前漢霊県を経由しておらず、『水経注』や『漢書』溝洫志の河道とは一致しない。ここから、従来説には存在しない戦国末から前漢初期にかけて中規模河道変更があったのではないかと推測した。

DEMを用いて地形を確認すると、霊県は聊徳微高地の東側に位置し、微高地から五〇〇メートル程度と狭い幅の堤防様地形が伸びている。この堤防様地形は高唐県付近で現在の徒駭河《とがいが》に合流し、北の平原県へと転じている。また聊徳微高地の東端付近には窪地を確認できた。災害考古学によれば、河川が決壊した際には、その水勢によって「落堀《おっぼり》」と呼ばれる窪地が形成される(20)。新修『茌平県志』によれば、この窪地は現在の賈寨郷《かさいきょう》に位置している「黒龍潭」と呼ばれる地形で、以前河川決壊が発生した地点であったとしている(21)。つまり前漢黄河はこの地点で聊徳微高地から決壊し、そのまま東へと流れて徒駭河に合流したと思われる。現在の徒駭河は北東方向へと流れているが、ＤＥＭでは現在の徳州市付近に聊徳微高地上での再合流の痕跡が見える。つまり当時の徒駭河は元々前漢黄河へと流れ込んでいた支流であり、前一三二年の東流によって黄河本流が流れ込んだと考えられる(22)（図３）。

『水経注』によれば、濮陽の北側には前漢河道→後漢河道へと変化した「長寿津」が存在する。また館陶付近には「貝丘」という県が存在し、復元河道の変化地点はこの「貝丘」の南または東南に位置する。『漢書』の著者である班固が、これらの河道変化と誤認した可能性もある。

（二）武帝元光三年（紀元前一三二年）五月

前漢期最大の黄河決壊とされる「瓠子河決」である(23)。『漢書』溝洫志に「黄河が瓠子で決壊し、東南方向に流下して鉅野沢《きょやたく》に注ぎ、そのまま淮水・泗水へと流れ込んだ」とある。『嘉慶重修一統志』によれば開州（現在の河南省濮陽市）の南西に「黒龍潭」という沼沢があり、これが前漢期の瓠子河決の痕跡であるという。現在は埋

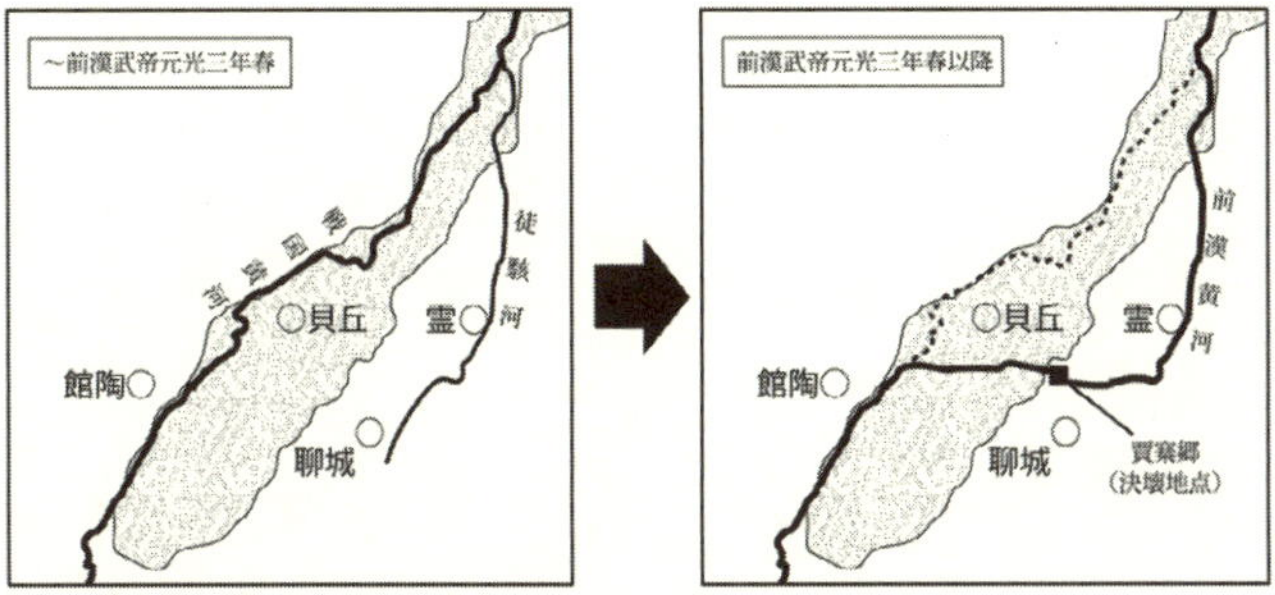

図３　武帝元光三年春の河道変化

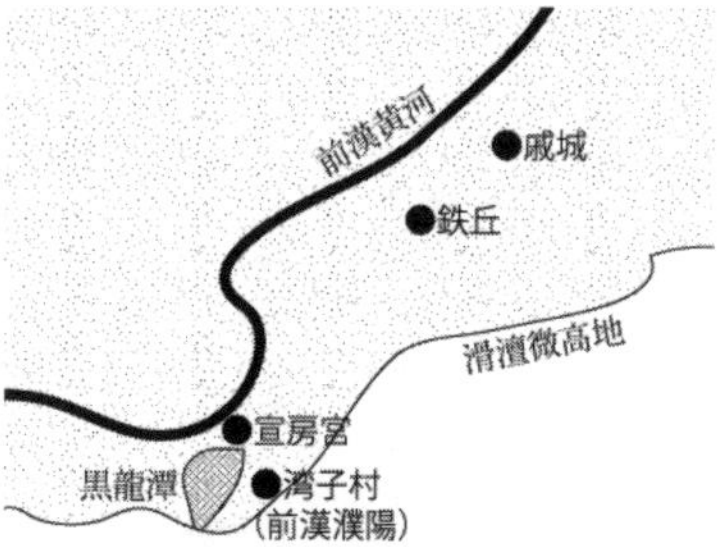

図４　前漢黄河・滑澶微高地と瓠子（黒龍潭）

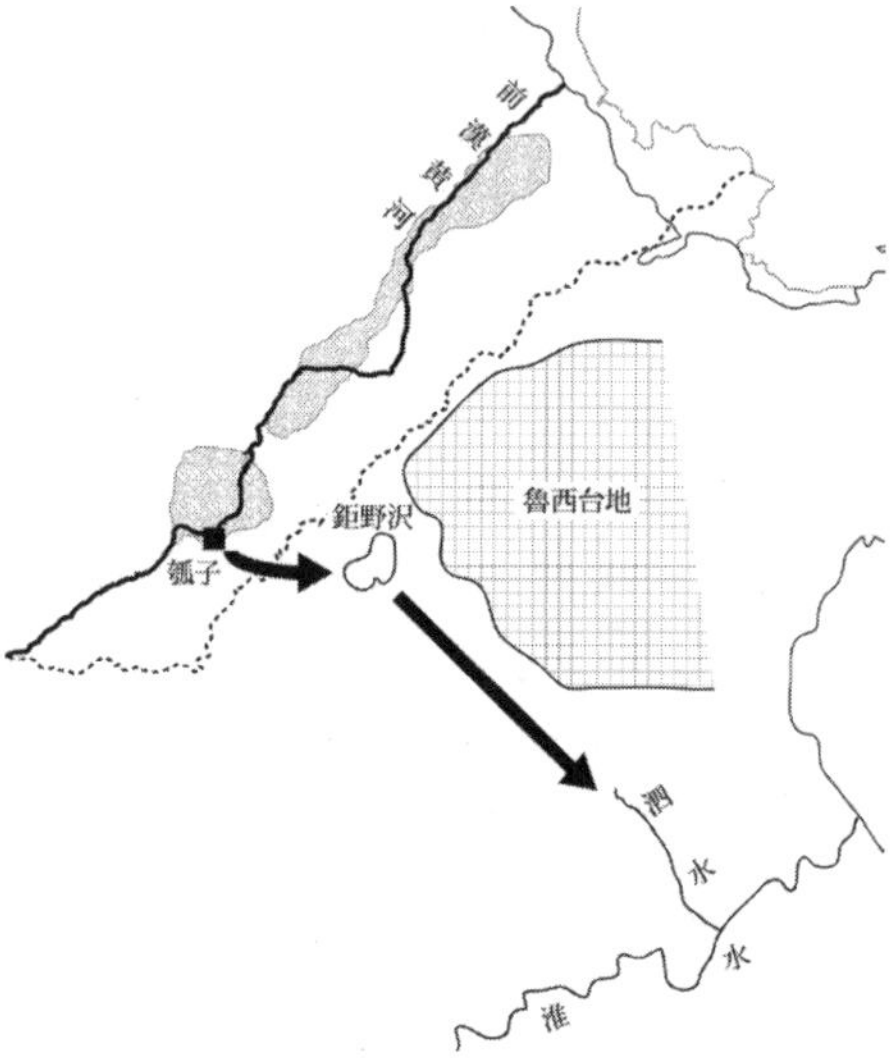

図５　瓠子河決と淮水・泗水

没して農地となっていたが、DEMで確認したところ確かに窪地を確認できた（図4）。

つまり前漢黄河は南岸に位置する瓠子にて決壊し、鉅野沢（現在の山東省鉅野県付近、沼沢は現存せず）に流れ込み、そして「淮・泗に通ず」と記されたようにそのまま東南方向へと流下して淮水や泗水へと流れ込んだ。淮水や泗水は決壊地点の濮陽からは南東に三〇〇キロ以上離れているが、淮北地域には南東方向に流れる淮水・泗水の支流が多数存在する。それらの支流を通じて淮水・泗水、さらには黄海へと流れたのである（図5）。

瓠子は滑澶微高地の東南端に位置するため、そこから流出した河水は容易に閉塞できなかった。『漢書』溝洫志に、瓠子河決より二〇余年後に武帝自ら決壊地点に赴き、閉塞作業に立ち会ったという記事が見られる。『漢書』武帝紀によれば元封二年（前一〇九）のこととされる。

（三）武帝元封二年前後（前一〇九）

『漢書』溝洫志に「（瓠子河決の発生した）宣房《せんぼう》の決壊地点を閉塞した後、宣房の北に位置する館陶県にて再び黄河が決壊し、屯氏河《とんしが》という分流が発生した。東北に流れて魏郡・清河・信都・渤海の諸郡を経由して海に流入した。（屯氏河の）川幅や深度は黄河と同等であり、自然に塞がることはなかった」とある。

『漢書』溝洫志の該当部分には屯氏河派生の正確な年代は明記されていないが、藤田勝久によれば後述する（四）の発生時期、および屯氏河が七〇余年流れていたという馮逡《ひょうしゅん》の発言から、この屯氏河派生は前述した武帝による瓠子閉塞（元封二年）の直後であったとしている。(24)

DEMによれば聊徳微高地は南西→北東方向に伸びているのに対して、前漢黄河はここから東へと向かっており、一致しない。また「（屯氏河の）川幅や深度は黄河と同様であった」という記述があるが、現在の下流域を流れる黄河は河南省鄭州市付近で川幅五〇〇メートルから一キロ前後、両岸の自然堤防まで含めると一〇キロにも達する非常に巨大な地形であり、このような巨大な河道・河床が一朝一夕に形成されるとは考えがたい。微高地の形状と合わせて考えると、この時屯氏河は武帝元光三年春以前の戦国河道に流れ込んだと思われる（図6）。

（四）元帝永光五年（前三九）

『漢書』溝洫志に「元帝永光五年、黄河が清河郡・霊県の鳴犢口にて決壊した」とある。霊県は現在の山東省西部・高唐県に位置している。この決壊記述があるために、前漢河道は大幅に東へと屈曲する形状となっている。たとえば『中国歴史地図集』第二冊では、黄河の河道は霊県を囲むように屈曲している。

霊県は戦国期には「霊丘」と称し、戦国諸侯の一つである斉国の西端の邑として

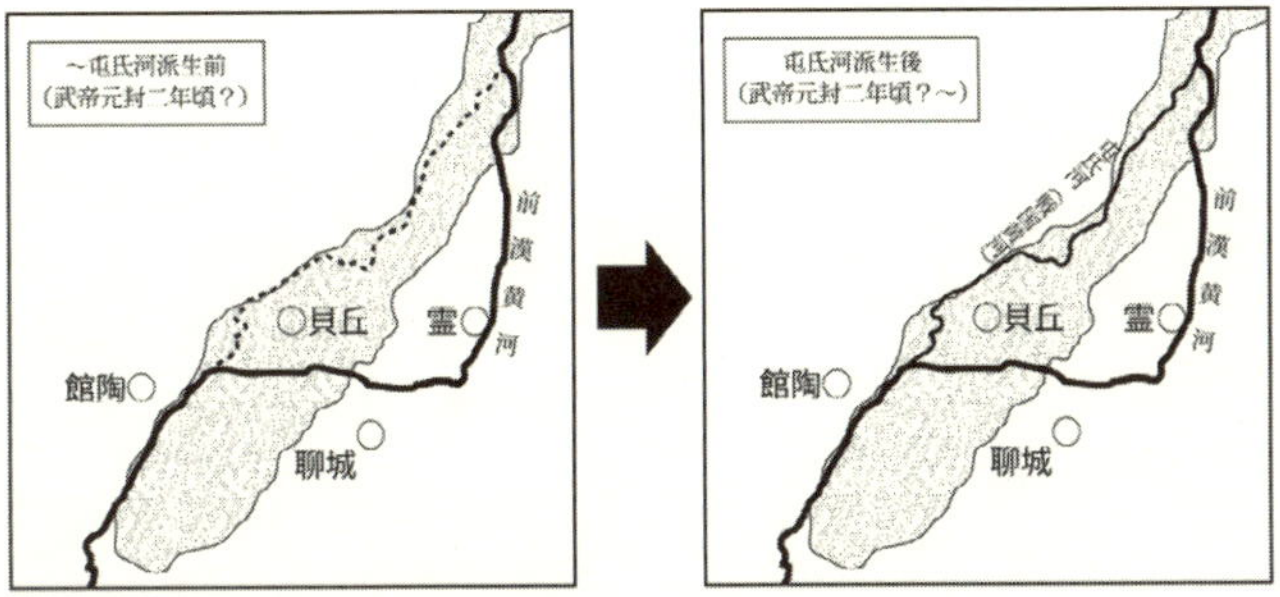

図6　武帝元封期の屯氏河派生

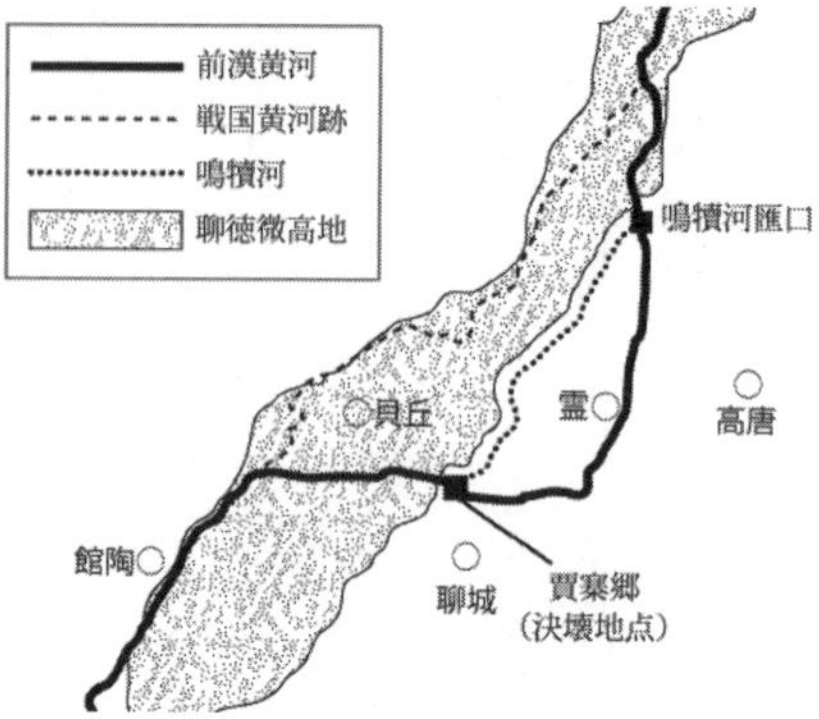

図7　元帝永光五年の鳴犢河派生

重要な防衛拠点であった。譚其驤等の従来説では戦国期から一貫して黄河の西側に位置していたことになるが、『史記』を見る限りでは斉国が黄河の西岸にまで攻め込んだ例はこの「霊丘」以外には見当たらない。(25) しかし前述した前漢武帝元光三年春の中規模変動が存在したとすれば、霊県（霊丘）は元光三年以前の戦国期には黄河の東側、すなわち斉国の側に位置することになる。

現在の平原県張華鎮蒲河村にY字型の沼沢がある。ここには以前「相家河」という河川があり、現在はこの地形を活かして「相家河水庫」という溜池が建造されている。新修『平原県志』によれば現地では「鳴犢河《めいとくが》匯口《かいこう》」と呼ばれており、鳴犢口決壊時に分流した「鳴犢河」がこの地点でふたたび黄河本流と再合流したとされる。

この「鳴犢河匯口」は聊徳微高地の内側ではなく外、東側に位置する。またこの地域では現在も馬頰河や徒駭河など複数の河川が聊徳微高地と同様に南西↓北東方向へと流下している。これらのことから、この鳴犢河は元光三年春に決壊した貫寨郷付近にて再び北東向きに決壊し、微高地の東縁に沿う形で流れたものと推測される（図7）。

（五）成帝建始四年（紀元前二九年）

『漢書』巻一〇、成帝紀に「（建始四年秋）黄河が東郡の金堤で決壊した」とある。また溝洫志には「黄河が館陶県および東郡金堤にて決壊し、兗州・豫州が水害に遭い、平原・千乗・済南の三郡に水が達した」と、より詳細な記述がある。

溝洫志に記される三郡の位置を見ると、すべて前漢黄河の東側に位置する。決壊地点は「館陶」「東郡」の二地点とある。館陶は聊徳微高地の西側に位置するため、一見すると館陶付近から北方向へと流下したように見える。また「金堤」は『漢書』顔師古注に「黄河の堤防であり、東郡白馬県にある」とあるが、被害地域から類推すると東郡の南西端に当たる白馬県での決壊とは考えがたい。「金堤」とは黄河によって形成された自然堤防およびこれを利用・補強して建造された黄河堤防自体を指し、黄河沿道に点在していた。これらを総合すると、東郡の北東部に位置する聊徳微高地の東側にて決壊し、北東方向へと流出したと思われる[26]（図8）。

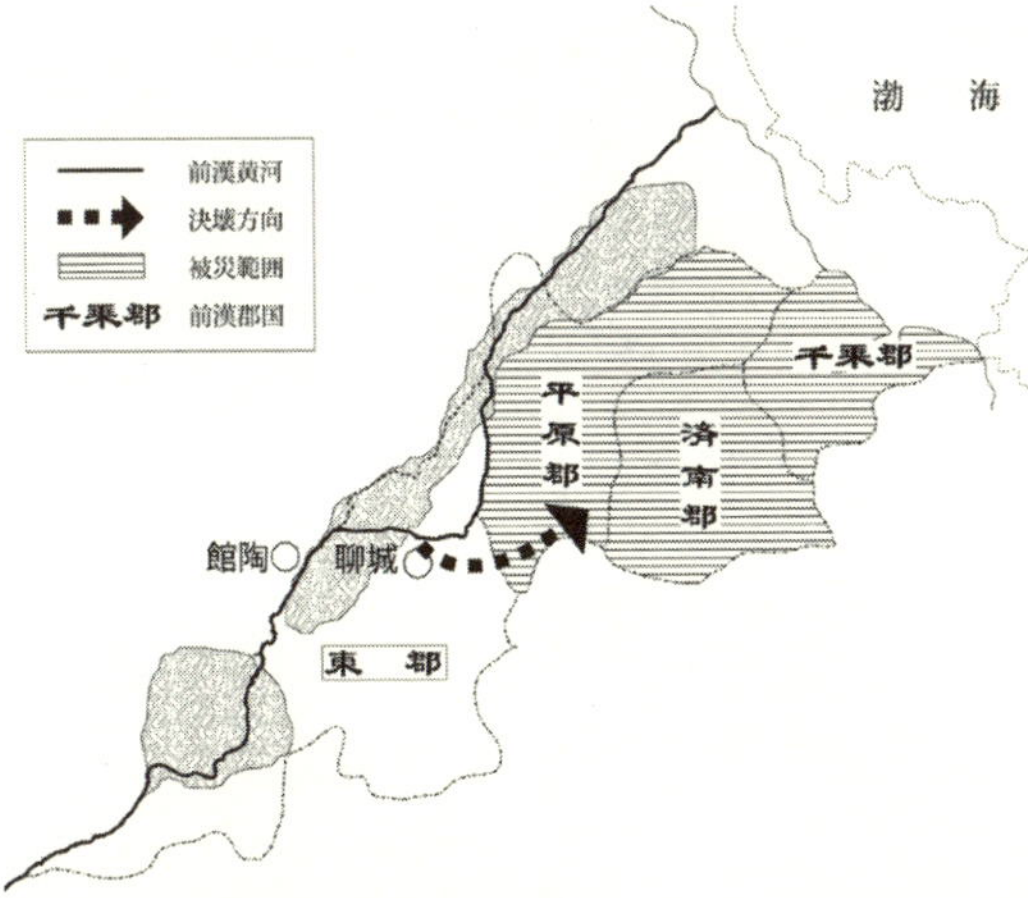

図8　成帝建始四年の決壊範囲

なおこの決壊記事では「兗州・豫州が水害に遭う」とある。兗州は東郡を含み、泰山や曲阜など魯西台地一帯を指すので、被害地域としては合致する。しかし豫州は現在の河南省東部から安徽省北部一帯を指し、今回の決壊で被害に遭うことは考えにくい[27]。

（六）成帝河平三年（紀元前二六年）

『漢書』溝洫志に「（河平三年）黄河が再び平原県にて決壊し、済南・千乗の二郡に水が達した」とある。被害範囲が（五）の時と似ているが、倒壊家屋は（五）の時の半分程度だったという。

（七）成帝鴻嘉四年（紀元前十七年）

『漢書』成帝紀に「（鴻嘉四年）秋、渤海・清河の二郡にて黄河が溢れ、被災者を救済した」とある。また溝洫志によれば上記二郡のみならず

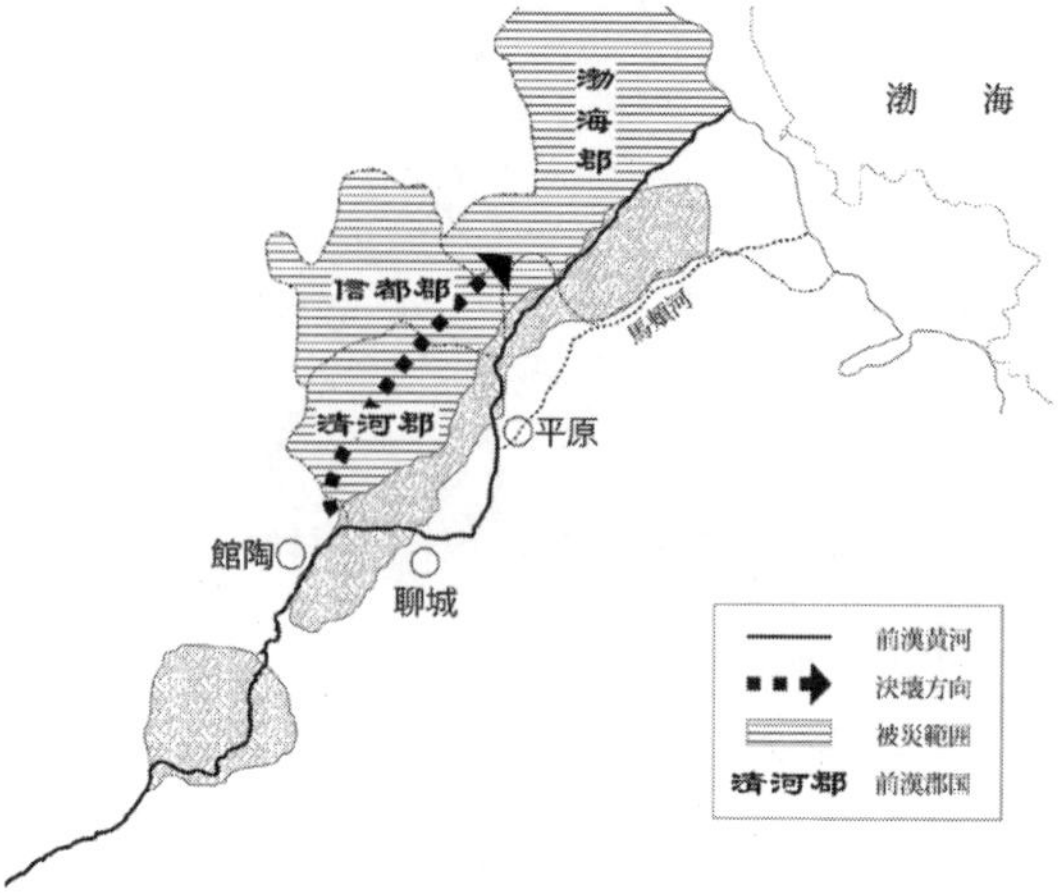

図９　成帝鴻嘉四年の決壊範囲

信都郡にも被害が及び、被害は（六）の時の数倍に達したという。このとき河堤都尉の許商が丞相史の孫禁と現地を視察し、対策を練った。孫禁は平原県と金堤の間にある「篤馬河《とくばが》」の故道に流し込むという対策を提案したが、許商の反対によって採用されなかった。

　このとき孫禁が提案した「篤馬河」とは、『漢書』地理志によれば平原県付近から東北に向かい、渤海に流れ込んでいた。孫禁の案はこの河道を利用することで、近年頻発していた黄河決壊の危険性を減少させるとともに篤馬河沿道地域の農業開発をも実施しようと企図していた。しかし許商の反対に遭い、孫禁の案は実現しなかった。

　『太平寰宇記』によれば、この篤馬河は後代の馬頰河《ばしょうが》に該当するという。馬頰河は『尚書』禹貢編に記される前漢以前の古代黄河「禹河」の分流とされる「九河」の一つで、現在も山東省西部から渤海へと流れている（図９）。許商が孫禁の案に反対した理由の一つには馬頰河（篤馬河）の河道では黄河の膨大な水量を受け止めきれないということがあったが、孫禁の案が河道の変更ではなく分流にあったのだとすれば、実現性の高い案であったと思われる。

三、黄河決壊の連鎖性

武帝元光三年春以降の黄河決壊記事を、復元河道の形状を利用して再検討を行った。従来の説ではこれらの決壊はそれぞれ個別に発生したものとされていたが、復元河道と微高地を利用した検討を行ったところ、別の側面が見えてきた。

最初に発生したのが（一）武帝元光三年（前一三二）春の「河水徙」である。これによって戦国河道は現在の臨清市付近から東向きに流れて貫寨郷にて決壊し、さらに東へと流出して徒駭河に流入する。微高地を形成した黄河本流（戦国河道）は前漢河道へと移動するが、元の戦国河道自体は巨大な微高地（聊徳微高地）として残存する。

貫寨郷付近から東へと流出した河道および霊県にて合流した徒駭河は黄河本流と比べて非常に細いため、黄河の膨大な水沙量を受け止めきれず、決壊箇所から上流方向（南）へと逆流する水勢が発生する。この水勢を受け止めたことで発生したのが、（二）同年五月頃に発生した濮陽の「瓠子河決」である。この時「淮・泗に通ず」とあるように魯西台地の南側へと流れ込むことで、ようやくその膨大な水沙量を受け流せることとなった。

「瓠子河決」は二〇余年後の元封二年（前一〇九）にようやく塞がれるが、閉塞したことでふたたび水勢は北へと向かい、（三）館陶県付近にて決壊、屯氏河という分流を発生させることとなる。この時発生した屯氏河は、元光三年春に移動する以前の戦国河道へと流れ込んでいる。

次に決壊が発生したのは（四）元帝永光五年（前三九）である。霊県の鳴犢口にて決壊したことで一時的に水勢が減退し、屯氏河への分流が途絶した。または『漢書』溝洫志にある記述の前後関係が逆転している可能性もある。すなわち屯氏河の閉塞が先行して発生し、屯氏河が塞がったことで水勢が東へと向かい、霊県の鳴犢口へと水勢が集中して決壊したとも考えられる。

なおこの鳴犢口決壊には、もう一つの要因も想定される。宣帝地節年間（前六九～六六年）に光禄大夫の郭昌という人物がこの地域を視察し、黄河の水勢が貝丘県に集中している危険性を述べたという記事が、『漢書』溝洫志に見られる。ここでは黄河南岸の東郡内に渠道を掘ることで水勢を分散させ、危険性を減らすことに成功したとあるが、視点を変えると、ここで渠道を穿って水勢を東へと受け流したことで、逆に鳴犢口への水勢集中を促したとも考えられる。

貝丘県の危険性はこの一件に留まらない。成帝建始元年（前三二）に、清河都尉の馮逡という人物が黄河の危険性を上奏している。前述の郭昌の例を引き、小規模な渠道の開削では黄河の膨大な水勢を負い切れないので、根本的な解決として近年途絶したばかりの屯氏河の復活を提案している。この上奏は丞相・御史によって検討され、博士許商による調査が行われたが、結果として屯氏河の復活・浚渫は実施されなかった。しかし馮逡の予言が当たり、この三年後である（五）建始四年（前二九）には館陶県および東郡金堤にて決壊が発生し、平原・千乗・済南の諸郡が水害を被った。

この決壊に対して校尉の王延世が河隄《かてい》使者として派遣され、現地の堵塞に当たった。「三十六日、河隄成る。」とあることから非常に効率的な工事を実施したと思われるが、結果として三年後の（六）河平三年（前二六）に再び平原にて決壊する。ただしこの決壊は王延世の失策とは言えない。建始四年の決壊は館陶および東郡金堤で発生したのに対し、河平三年は渤海に近い平原県にて決壊している。つまり王延世が建始四年の決壊箇所を完璧に閉塞したことで、水勢が下流側の平原県にまで達する事態になったと考えられる。

また前漢中期以降には千乗・済南方向への決壊が二回（建始四年・河平三年）発生している。復元河道を見ると、平原の北側にて前漢初期の河道が形成した微高地へと乗り上げる形状になっている。微高地は数メートル程度の高低差であり、徒駭河の旧河道へと流れ込んだとは言え、「高きから低きへと流れる」河流には不安定な形状であった。そのため、平原から北東方向への決壊が頻発した。

（七）に関しては、他の決壊事例とは異なり明確な連携性は見られない。[28] 唯一の特性としては、前六回の決壊がすべて微高地の南東方向へと決壊しているのに対して、この回のみ北東側へと決壊している。これは前六回他の決壊において南東側地域の決壊対策が整備されていたのに対して、北東側は対策が不十分であったと考えられる。

おわりに

武帝期以降に頻発した決壊は、現在の山東省西部地域に集中していた。その地域は、元光三年春に新たに成立した河道およびその周辺であった。つまり前漢期、特に武帝期以降の黄河決壊が頻発したのは従来唱えられていた河道の老廃や天井川の経年劣化、水利機構の老朽化などではなく、元光三年春の中規模変動によって形成された新しい河道であったこと、それ自体が決壊頻発の要因であった。また決壊はそれぞれ個別に発生したのではなく、連鎖または関連性を持って発生していたことも判明した。

成帝期になると、決壊地点の堵塞に限らず、黄河の流路自体に手を加えて黄河の水勢を抑えようとする案が登場する。二（七）で採り上げた孫禁は篤馬河故瀆利用を提案したが、この他に『尚書』禹貢編に基づく「禹河」河道への回帰を唱える案が増加する。薄井俊二によれば成帝期は政治思想に儒教が強い影響を与えていた。経書の一つである『尚書』禹貢編に記される「禹河」への回帰はこの風潮に則ったものであるという。[29]

黄河に関する禹の治績重視はこの頃に限らず、すでに武帝期より存在する。『漢書』溝洫志には、瓠子河決（二（二）

を閉塞した際に「禹の旧迹に復す」とあり、また斉人延年という人物が匈奴への対抗手段として黄河を防壁とする策を上書した際に、「黄河は禹の定めたもので改変すべきではない」という返答をしていることからも読み取れる。しかし『尚書』禹貢編を見る限りでは禹河は大行山脈のすぐ東側を流れており、すでに前漢期の黄河とは一致しない。[30]それればかりでなく、屯氏河が前漢以前の黄河本流であったことも失われていた可能性が高い。[31]

また禹河への回帰と平行して増加したのが、今村城太郎が「天事放任論」と称する災異説に基づく放置論である。「災異説」は董仲舒の「天人相関説」に基づき、自然災害を天意による統治者への反省を促す契機とする考え方だが、これを黄河決壊に適用して、決壊自体を「或る種の人間行動によって撹乱された自然現象の反映、ないし天意の発動」として、堵塞や河道修築などの現実的な対応策ではなく、人事の是正を求めることで決壊等の自然災害の発生を抑えられるとした論である。[32]二（七）成帝鴻嘉四年での孫禁の分流策を否定した許商や、同じく孫禁の策を否定した李尋・解光などが該当する。

結論として、前漢期の黄河が決壊を頻発した理由としては、①武帝元光三年春の中規模変動によって黄河本流が聊徳微高地外へと流出し、河道自体が不安定な状態であった。②前漢当時の人々が眼前の黄河河道を戦国以来のものと誤認し、その河道における安定を狙った。③成帝期以降の儒教隆盛に伴う災異説、ひいては「天事放任論」の増加により、大規模な黄河治水対策の実施が不可能となった、などの要因が考えられる。

この災異説に基づく放任論は、最終的に前漢滅亡後の王莽新始建国三年（後十一）に魏郡で決壊が発生した際に、王莽の「黄河の被害が自家の墓所がある元城（現在の河北省大名県）に及ぶのではないかと心配していたが、この時の魏郡での決壊で黄河が東へと向かった。元城へ被害が及ぶ心配が無くなったことから、決壊を放置して閉塞工事を行わなかった」という対処につながる。この決壊は前後漢の動乱を経て七〇年余り放置され、解決には後漢明帝による王景の治水事業を待つことになる。

【注】

（1）劉江旺「漢代黄河在兗州付近河段決口成災原因再考察」（『鶏西大学学報』二〇一一年八期）では、黄河決壊が頻発した要因として「黄河河水に含まれる膨大な砂泥」「兗州河段の地質的脆弱性」とともに、「黄河河道が複雑に湾曲していたため」という点を挙げている。この他の代表的な学説については第二節にて詳述する。

（2）譚其驤主編『中国歴史地図集』（北京、中国地図出版社、一九八二年）。前漢黄河が記されるのは第二冊「秦・西漢・東漢時期」である。

（3）『水経注』は北魏期に成立した地理書。中国全土の河川の流路を当時の県城や遺跡・碑等を用いて記述している。北魏当時の黄河は後漢期に移動した河道だが、それとは別に「大河故瀆」として前漢期の河道が記されている。

（4）呉忱等『華北平原古河道研究』、中国科学技術出版社、一九九一年。

（5）筆者の前漢期黄河河道復元に関連する既発表論文は以下の通り。長谷川順二「前漢期黄河故河道の復元―衛星画像と文献資料の活用・濮陽を例に―」（『学習院史学』第四二号、二〇〇四年（前稿①））。長谷川順二「衛星画像を利用した黄河下流域故河道復元研究―大名・館陶を中心に―」（鶴間和幸主編『黄河下流域の歴史と環境―東アジア海文明への道―』東方書店、二〇〇七年（前稿②））。長谷川順二「前漢期黄河故河道復元―河南省武陟～新郷～延津～衛輝～滑県―」（『中国水利史研究』第三五、二〇〇七年（前稿③））。長谷川順二「前漢期黄河故河道復元―山東省聊城市～平原県～徳州市―」（『東洋文化研究』第十四号、二〇一二年（前稿④））。また以下、学会・シンポジウムでの口頭報告を行った。長谷川順二「濮陽周辺の黄河故河道復元―文献資料と衛星画像から―」（二〇〇四年度史学会第一〇二回東洋史部会、二〇〇四年十一月、於東京大学（報告①））。長谷川順二「前漢期黄河故河道の復元―河北省東光県～滄州市～黄驊市～渤海―」（国際学術シンポジウム「リモートセンシングと東アジアの環境史の可能性」二〇〇八年十二月、於学習院大学（報告②））。

（6）ＤＥＭ（Digital Elevation Model）は数値標高モデルといい、地表面の地形をデジタルデータ化したものである。ＳＲＴＭ（Shuttle Radar Topography Mission）は二〇〇〇年にスペースシャトル・エンデバーによって実施されたミッションで、スペースシャトル・エンデバーに搭載した合成開口レーダーを利用して地表面の標高を計測したＤＥＭデータである。河道復元には、現在公開されている三秒角（約九〇メートル）メッシュのＳＲＴＭ－３を使用した。以下、本稿にて「ＤＥＭ」と表記する場合はすべてこの「ＳＲＴＭ－ＤＥＭ」を指す。

（7）濮陽付近の微高地に関しては徐海亮が下記論文にて触れており、論文内での呼称「滑澶段」を拝借して「滑澶微高地」と呼称する（報告①）。また館陶県～徳州市に連なる微高地は前者に倣って「聊徳微高地」と呼称する（前稿④）。徐海亮「黄河故道滑澶段的初歩考査与分析」（『歴史地理』第四輯、一九八六年。後、徐海亮『従黄河到珠江―水利与環境的歴史回顧文選―』中国水利水電出版社、二〇〇七年に再録）。

（8）河南省濮陽市周辺の河道復元に関しては報告①を参照。

（9）ここでは前漢期の里制を「一里＝三〇〇歩、一歩＝六尺、一尺＝二三．二センチ」とし、一里＝約四二〇メートル→二五里＝一〇キロと換算した。詳細は以下の文献を参照。陳夢家「畝制与里制」（『考古』一九六六年一期。後、河南省計量局主編『中国古代度量衡論文集』（中州古籍出版社、一九九〇年に収録）。聞人軍「中国古代里畝制度概述」（『杭州大学学報（哲学社会科学版）』一九八九年三期）。丘光明・丘隆・楊平『中国科学技術史・度量衡巻』（科学出版社、二〇〇三年）。森鹿三「漢唐一里の長さ」（『東洋史研究』第五巻第六号、一九四〇年一〇月。後、森鹿三『東洋学研究　歴史地理編』東洋史研究会、一九六〇年に収録）。また山東省聊城市～平原県の河道復元に関しては前稿④を参照。

（10）河川工学では低水路（常時河水が流れる範囲）・高水敷（普段は露出しているが、河川増水時に水没する可能性の高い堤外地）および左右の自然堤防を総称して「河川敷」と呼び、河川の本体とする。黄河は天井川のため、前者の高水敷が堤防と同等の高度に達して一体化している。本稿では低水路を「河道」、自然堤防および一体化した高水敷、つまり河川敷を「河床」と呼称する。河川工学における河川各部の名称に関しては以下の書籍を参照。高橋裕『新版河川工学』（東京大学出版会、二〇〇八年）。

（11）史念海「『禹貢』的導河和春秋戦国時期的黄河」（『陝西師範大学学報（哲学社会科学版）』一九七八年一期）。

（12）譚其驤「西漢以前黄河下游河道」（『歴史地理』創刊号、一九八一年。後、譚其驤主編『黄河史論叢』復旦大学出版社、一九八六年や譚其驤『長水集』下巻、人民出版社、一九八七年などに再録）。

（13）鄒逸麟主編『黄淮海平原歴史地理』（合肥、安徽教育出版社、一九九七年）。武漢水利電力学院・水利水電科学研究院『中国水利史稿』編写組『中国水利史稿』（北京、水利電力出版社、一九七九年）。尹学良『黄河下游的河性』（北京、中国水利水電出版社、一九九五年）。

（14）木村正雄「支那倉庫制発達の基礎条件―漢代に於ける『水』の建設と破壊」（『史潮』一〇―三、一九四一年）。

(15) 今村城太郎「漢書溝洫志私考—古代中国の黄河対策とその周辺—」（『日本大学人文科学研究所紀要』九、一九六六年）。

(16) 譚其驤「何以黄河在東漢以後会出現一個長期安流的局面—従歴史上論証黄河中游的土地合理利用是消弭下游水害的決定性因素」（『学術月刊』一九六二年二期。後、譚其驤『長水集』下巻、人民出版社、一九八七年に再録）。また王尚義も同様の視点から前漢期の決壊頻発を論じている。王尚義「隋以前黄土高原自然環境的変遷対黄河下游河道及湖泊的影響」（『山西大学師範学院学報』一九八九年一期）。

(17) 鄒逸麟主編『黄淮海平原歴史地理』（安徽教育出版社、一九九七年）。

(18) 藤田勝久「漢代における水利事業の展開」（『歴史学研究』五二一、一九八三年）。

(19) 任伯平「関于黄河在東漢以後長期安流的原因—兼与譚其驤先生商榷」（『学術月刊』一九六二年九期）。本論文は譚其驤論文（前掲注16）への批判論文である。以後、後漢～唐代の黄河安流に関して、譚其驤説を擁護する鄒逸麟・王守春等と任伯平・趙淑貞等との論争が行われている。論争の経緯について詳しくは以下の論文を参照。濱川栄「漢唐間の河災の減少とその原因—譚其驤説をめぐる最近の議論によせて—」（『中国水利史研究』三四号、二〇〇六年。後、濱川栄『中国古代の社会と黄河』、早稲田大学出版部、二〇〇九年に再録）。

(20) 「落堀（または押堀）」地形と河川決壊の関係性については報告①にて触れている。

(21) 山東省茌平県地方史志編纂委員会編『茌平県志』（済南、斉魯書社、一九九七年）。ただし新修『茌平県志』では、決壊が発生した時代や河川については言及していない。

(22) ＤＥＭを用いた元光三年春の中規模河道変動については前稿④を参照。

(23) 「瓠子河決」については以下の論文も合わせて参照されたい。濱川（佐藤）栄「瓠子の「河決」—前漢・武帝期の黄河の決壊」（『史滴』十四、一九九三年。後、濱川栄『中国古代の社会と黄河』早稲田大学出版部、二〇〇九年に再録）。濱川（佐藤）栄「瓠子の「河決」と武帝の抑商」（『早稲田大学大学院文学研究科紀要別冊（哲学・史学編）』二一、一九九四年。後、濱川栄『中国古代の社会と黄河』早稲田大学出版部、二〇〇九年に再録）。段偉「漢武帝財政決策与瓠子河決治理」（『首都師範大学学報（社会科学版）』二〇〇四年一期）。

(24) 藤田勝久「漢書溝洫志訳注考（三）」（『中国水利史研究』十五、一九八五年）。

(25) 斉国と趙・魏その他戦国諸国との城邑争奪及び戦国斉国の境域変遷については前稿④および以下の李暁傑論文を参照。李暁

傑「戦国時期斉国疆域変遷考述」(『史林』二〇〇八年四期)。

(26) 図8および図9の郡国境界は『中国歴史地図集』第二冊(前掲注2)の境界を参考にした。

(27) 前漢黄河の決壊で豫州地域にまで被害が及んだのは、この記述以外には前漢最大の黄河決壊とされる武帝元光三年の「瓠子河決」において(二(二)参照)のみである。

(28) 決壊との連携ではないが、『漢書』溝洫志によればこの鴻嘉四年に黄河中流に当たる現在の三門峡市付近にて「底柱を穿つ」という工事が行われたとある。河流の中央付近に存在した「底柱」という岩塊を削る工事と考えられるが、岩塊の除去に失敗し、結果として黄河による被害は以前よりもひどくなったという。二(七)の決壊はこの影響とも考えられる。

(29) 薄井俊二「前漢末・王莽期の治水論をめぐる思想的諸問題—災異説と経書の実践化を中心に—」(『哲学年報』第四七輯、一九八八年)。

(30) 一で挙げた『漢書』溝洫志の「『周譜』に「周定王五年(前六〇二)、河徙《うつ》る」とあるように、現在の河道は禹の治めた河道とは違うものである。」という発言は、王莽期に登場した黄河治水策の一つとして挙げられた当時の大司空・王横の言である。つまりこの発言が登場する前の前漢期においては、禹河と前漢黄河が別の河道を為していることは広く知られていなかった可能性も考えられる。

(31) 二(三)や三で触れたように、清河都尉・馮逡により屯氏河の復活が提案されているが、あくまで黄河分流としての復活であり、本流とは見なされていない。

(32) 前掲注15今村論文参照。

黄河故河道復元におけるマルチソースデータの応用――北宋京東故道を例として

満　志敏（柏倉伸哉訳）

はじめに

歴史自然地理研究において、河川地形分野は最も重要な研究領域である。先学の努力のもとで、この分野の研究は常に歴史自然地理の最前線にあり、その古典的な名著には、譚其驤《たんきじょう》ら主編の『中国自然地理・歴史自然地理』（科学出版社、一九八二年）がある。過去二〇年余りの発展の中で、歴史文献の手段であれ、あるいは河川地形分野が常に依拠せねばならない自然地理資料であれ、どちらも長足の進歩を遂げてきた。いかなる新技術の支援があって、河川地形分野の研究および結論が大きな発展を遂げたのか。それこそが近年我々が考えるべき問題となった。

歴史地形研究である河川地形研究は、従来は主に平原地区における大河の本流の変化に集中していた。これらの研究は近年の進展ははかばかしくなく、一部の研究者がこの研究の強化を呼びかけているだけとなっている。しかし客観的に見ても、大河の河流変化の研究はすでに一定の水準に達しており、このような基礎がすでに築かれている中で、その水準を越えて行くには、当然ながら一定の困難がある。歴史地理研究の点から見れば、通常、研究方面における突破口は、おおよそ次のような点と考えることができる。一、新資料の発見、二、判読方法の刷新、三、研究方法と手段の打開である。歴史河川地形研究全体から見れば、それを新たな研究段階に引き上げて、研究を推進し、成果を得るためには、次の三方面の方法を挙げることができる。

はじめに、マルチソースデータの利用と研究手段の進歩である。これまでの研究を見渡してみるに、河道の確定においては、主に文献記述を利用し、あわせて大縮尺の地形図を補助としていた。しかし、このような大縮尺地形図の平原地区における標高の精度は比較的低いため、河道の平原地区における微細な標高変化を判読するには充分ではない。それゆえ河川の具体的な流路を確定する際には、往々にして推測を伴うことになる。近年のリモートセンシング技術の発展はめざましく、水平分解能九〇メートルのＤＥＭは、一メートルの標高差を判読できる。標高差と歴史的河道における泥砂堆積には大きな関係があり〔氾濫原を流れる河川は流路に沿って泥砂を堆積、すなわち自然堤防を形成するため、歴史河道には、このような自然堤防による痕跡が残ることになる〕、特殊処理を施した段彩図は、微地形における歴史的河道を鮮明に表現することができる。それゆえ、こうした画像データを利用することで、歴史的河道の空間定位において、より一層正確な位置情報を得ることができ、研究精度を格段に向上させることができる。新たな研究手段の導入が、河川地形研究の進展に充分な効果をあげることは明らかである。一方で、こうした新手段と新資料の導入は、伝統的な文献資料からのアプローチを決して排除するものではなく、むしろ文献資料への注意をさらに向けるものとなるはずである。この他にも、様々な古地図に記載される情報も、また重視すべき対象である。

次に、研究対象の視野の拡張である。歴史時代の主要な河道の変遷に関する研究は、すでに一定のレベルに到達している。しかし実際のところ、平原地区には、さらに多くの中小河川があり、これらの中小河川と大河は一つの水系を構成している。そしてこの水系は、歴史時代においても常に変化しているが、現在のところ、水系の構造変化については、明らかになっていることは決して多くはない。もしも我々が視野を主流河川から水系にまで拡張して、広域的な角度から河川地形を詳細に観察すれば、新たな研究内容を発見する事ができるはずである。この方面で注意を払うべき地域として、長江デルタ・珠江デルタ・華北平原と淮河および蘇北平原がある。また広域的な研究対象では河川・湖および対応する海岸線を相互に連関させるような全体性が生じるため、相互影響の角度から、その歴史時代の変遷を考えることができる。

最後に、データ収集をサポートするデータ形式とデータシステムである。伝統的な河川地形研究における成果は、論文と特定時期の復元図で示される。実際には歴史上の地形変化は空間および時間上において連続的に変化しているのであり、なかんずく研究対象が河道本流から水系ネットワークにまで拡張された状況にあって、伝統的手段だけでは、データの処理とデータ表現の方法において相当の制約がある。歴史河川地形研究におけるデータ形式とデータシステムについては、ＣＨＧＩＳ〔China Historical GIS〕のデータ理論と方法を参考にすることができる。両者が表現する対象は、時間的空間的な変化という特徴において、極めて相似しているので、データの特徴に応じて適宜改良するだけで、充分に現有の方法とデータベースシステムを利用することができよう。

上述の考えは歴史河川地形研究について述べているが、その対象となる範囲は広範であり、ここでは言及しつくせない。そのため本稿では、特に故河道復元におけるマルチソースデータの応用をテーマとする。同時に、理論面のみから概説するだけでは、おそらくその有効性を示すには充分ではないと思われるため、以下では、北宋京東故道の復元を例として挙げて、マルチソースデータ利用の価値と構造に関する問題の思考方法について述べることとする。

一　北宋京東《けいとう》故道流路の再分析

（一）　京東故道の古典的観点と文献記述の差異

北宋時代の黄河河道問題に関して、鄒逸麟《すういつりん》はかつて極めて緻密な研究を行い、東流と北流に関する主要問題を解決した。[(1)] 北宋前期、唐代以来の黄河河道は京東路を通っていたが、景佑《けいゆう》元年（一〇三四）、黄河は横隴《おうろう》で決壊した。それゆえ、横隴から今の山東省内を通り、海へと入るこの河道は、歴史上、京東故道と称する。京東故道の流路に関しては、主に清代の胡渭《こい》による考察が行われている。それは「『元和郡県図志』、『太平寰宇記』に記載されている各県境の黄河を集め、おおよその順序をつけ、歴史、記録の欠を補う」としたもので、唐より以後の汲《きゅう》県以下の黄河の経路を以下のように記している。

黄河は汲県の南、胙城《そじょう》県の北より東北に流れ、霊昌県の北を通り、また東北に流れて白馬県の北を通る。その北岸は黎陽県である。さらに東に流れ、頓丘《とんきゅう》県の南を通り、また東に流れて清豊県の南を通る。その南岸は濮陽《ぼくよう》県である。さらに東に流れて臨黄県の南を通る。その南岸は鄄城《けんじょう》県である。さらに東北に流れて朝城県の東を通る。その東岸は范県である。さらに東に流れて范県の北を通る。その北岸は武水県である。さらに東に流れて陽穀県の北を通る。その北岸は聊城《りょうじょう》県である。さらに東に流れ、平陰県の北を通り、また東に流れて長清県の北を通る。その北岸は平原県、安徳県である。さらに東に流れ、臨邑《りんゆう》県の北を通り、また東に流れ、臨済県の北を通り、また東北に流れて鄒平《すうへい》県の北西を通る。その北岸は滴河《しょうが》県、厭次《えんじ》県である。これより以下には、新旧の二（河）道がある。旧道は東北に流れ、蒲台《ぼだい》県の南を通り、また東北に流れて海へ注ぎ込む。景福年間の後、厭次県の境界から決壊して東北に流れ、渤海県の北西を通り、また東北に流れて無棣《むてい》県の南東に至り、東に流れて海に注ぐ。

また「諸州の県境は、皆、唐から五代、宋初に至るまで、黄河の通るところであった」とした(2)。以後の各種著作は、基本的に胡渭の観点を踏襲しており、『中国歴史地図集』北宋冊における黄河下流の河道（北宋期の黄河京東故道）も、この説を採用している。しかし北宋前期の文献記述における黄河河道を仔細に比較すると、京東故道の流路と胡渭の記述するものが、完全には一致しないことがわかる。

『宋史』河渠志は重要な資料を記述している。

およそ、黄河に沿う諸州のうち、孟州には、河南と河北の二埽《そう》がある。開封府には、陽武埽がある。滑州には、韓房、二村、憑管《ひょうかん》、石堰《せきえん》、州西、魚池、迎陽の七埽がある（以前は七里曲埽があったが、後に廃された）。通利軍には、斉賈《せいか》、蘇村の二埽がある。澶州《せんしゅう》には、濮陽、大韓、大呉、商胡《しょうこ》、王楚、横隴、曹村、依仁、大北、岡孫《こうそん》、陳固、明公、王八の十三埽がある。大名府には、孫杜、侯村の二埽がある。濮州には、任村、任村東、任村西、任村北の四埽がある。鄆州《うんしゅう》には、博陵、張秋、関山、子路、王陵、竹口の六埽がある。斉州には、採金山、史家渦《しかか》の二埽がある。浜州には、平河、安定の二埽がある。棣州《ていしゅう》には、聶家《じょうか》、梭堤《さてい》、鋸牙《きょが》、陽成の四埽がある。かかる経費は、皆役人が年ごとに数え、欠けるところがないようにする。

この資料には年代は記されていないが、ここで言及されている地名は、記載にある内容の上下限を決定する補助となる。上述の資料中にある通利軍は、もともと滑州黎陽県のことであり、端拱《たんきょう》元年〔九八八〕に軍〔行政区画〕となり、天聖元年〔一〇二三〕にまた改名して安利軍となった(3)。よって、この資料に記載する年代は、九八八〜一〇二三年の間に当たることがわかる。他にも、『宋史』河渠志は年代順に記事を並べているが、この記述が天聖元年より前に並べられており、上述の推測と一致する。ゆえに以下のように推測できる。上述の資料中で述べられた各堤埽は九八八〜一〇二三年の間に存在し、おそらくは天聖元年より前である。堤埽とは、河床〔河道および両岸の自然堤防までも含めた河川敷全体〕における危険箇所の護堤に用いられる土木施設であり、各埽の位置は、当時の実際の河道の確実な位置を示している。各堤埽の現代の地図上における具体的な位置を考証することで、極めて容易に当時の京東故道の流路地点を特定できる。それゆえ、この資料は重要な価値を有しているのである。

上述の堤埽の記述において、開封府・滑州・通利軍に所属する各埽が代表する河流位置には大きな問題はなく、また京東故道とは関係がないため、ここでは考証の対象とはしない。澶州濮陽・大韓・大呉・商胡・王楚・曹村、この六つの埽の位置は比定することができるが、横隴埽以西にあり、これも京東故道の位置との関係性は大きくない。これも省略する。大名府朝城県の南は京東故道〔崇寧四年、澶州は開徳府となり、朝城県はこれに属した〕に臨んでいるが、孫杜・侯村の二埽は位置が不明である。濮州には任村および任村東・西・北の四埽があるが、これも具体的な位置は不明である。したがって以下では、鄆州および以東の四州にある合計十四箇所の堤埽の位置を考証する。

張秋埽　張秋埽は鄆州にある。古くは後周顕徳元年〔九四五〕、黄河が楊劉〔今の東阿県銅城鎮の東北〕で決壊した。宰相の李穀は自ら治堤を支援し、「陽穀から張秋口へ至り、これを防いだ(4)」。太平興国七年〔九八二〕、劉吉《りゅうきつ》は勅旨を奉じて鄆州へ行き、治水した。「役夫を率いて、張秋に重ねて堤防を築き、黄河の水を遮り、北へ迂回させ、平陰へ流入させた(5)」とある。天聖六年〔一〇二八〕四月には、「鄆州の張秋埽を分けて三百歩埽とし、巡護使を一名増員した(6)」。

上述の資料から見ると、五代末から天聖年間まで、張秋埽は常に存在しており、またこの資料に見られる地理的位置から見ても、張秋埽のおおよその位置を特定できる。山東陽穀県張秋鎮は、明清以後の京杭大運河によって世に名高いが、北宋時期の張秋埽はこの付近に当たる。

王陵埽　王陵埽は鄆州にある。淳化年間（九九〇～九九四年）に鄆州で黄河は決壊したため、城を移して、水害を避けるように朝議した。陳若拙《ちんじゃくせつ》は実地調査に赴いた後、それとは異なる意見を提出し、まもなく「権京東転運使に命ぜられ、兵士を徴発し王陵口を塞いだ」[7]。咸平《かんぺい》三年（一〇〇〇）五月、黄河は鄆州王陵埽で決壊した。張進は命を受けて、諸州の役夫三万人を使役して決壊口を塞いだ。同年八月、翰林学士《かんりんがくし》の朱昂《しゅこう》は鄆州に派遣され、王陵埽で黄河を祭った[8]。真宗期には、少なくとも一回、黄河が王陵埽で決壊しており、その年、決壊口の保護防災を主管していたのが陳尭叟《ちんぎょうそう》であった[9]。范諷《はんぷう》は平陰知県に任ぜられた時、王陵埽の決壊後、水が退いた民間の土地をめぐる争いについての問題を担当したことがある[10]。これは乾興元年（一〇二二）より前であるが、対応する黄河の決壊が、陳尭叟が堤防保護を主管した時であるのか、あるいは別の決壊であるのかは、考証が待たれる。王陵口と王陵埽は、同一の場所であるはずである。王陵は今の山東省陽穀県寿張鎮であり、清代、この地には寿張県の治所があった。明の洪武十四年（一三八四）、寿張県が所在地を移したのは、黄河の決壊によるものである。「再び王陵店に（人を）移したが、これが今の県治である」[11]とある。清朝光緒年間に至っても県城の周囲の村は、なお王陵を名称としていた。

竹口埽　竹口埽は鄆州にある。『元豊九域志』は「鄆州寿張県下に竹口鎮がある」とする[12]。民国年間の陽穀県には竹口鎮があった。今の山東省陽穀県の南西で、金堤河の北に面しており、今なお竹口の地名が残っている。竹口埽はこの竹口鎮に当たる。

子路埽　子路埽は鄆州にある。子路堤は孔子の弟子である子路によって築かれたと伝えられている。一九六四年編纂の『山東省地図集』は、寿張県図の中で子路堤を描いているほか、『中国歴史地図集』北宋図にも子路埽の記載があり、位置も同一である。

関山埽　関山埽は鄆州にある。この埽はその他の資料には記載がない。今の山東省東阿県の南西には、黄河を近くに臨む場所に関山がある。張秋鎮の東に位置しており、関山埽はこの付近に当たる。

博陵埽　博陵埽は鄆州にある。この埽の位置もまたその他の資料に記載がない。明の正統十三年（一四四八）、黄河は新郷八柳樹より流れを変えており、主に二本の流路があった。そのうち北側の河流は八柳樹から北流して、張秋で会通河に注いだ。徐有貞はかつて治河三策を上申し、金堤と梁山泊間で広済河《こうさい》を開いて水を流通するよう提案した。工事の要点はまず水を通した後に、決壊口を修復するものであった。ここで疏水した河渠がすなわち広済河である。「張秋金堤の頭より、南西へ行くこと九里で濮陽濼《ぼくようらく》に至り、また九里行くと博陵陂に至り、また六里行くと寿張の沙河に至り……」(13)というのもので、主に金堤の防護作用に依存しており、記述から張秋と金堤の位置を推測できる。広済河の河道は『中国歴史地図集』明図を参考にすることができる。上述の里程記述によれば、博陵陂はだいたい今の河南省台前県城以東にあり、北宋時期の博陵埽と近接した位置にある。

採金山埽　採金山は斉州にあるが、具体的な位置は不詳である。咸平三年（一〇〇〇）五月、「黄河は鄆州の王陵埽で決壊し、鉅野《きよや》にあふれ、淮河・泗河《しが》に入り……」(14)となった。陳若拙は命を受けて巡視に赴き、後に京東転運使に任ぜられ、遂に「兵士を徴発し王陵口を塞ぎ、斉州へ水勢を導き通し、巨大な堤を採金山に設けた」(15)。王陵口を塞いだことと、採金山築堤の目的は鄆州一帯に滞留した水を取り除くことにあるので、採金山の位置は銅城と楊劉一帯からやってくる黄河河道と関係がある。おおよそ今の山東省平陰県治の北東一帯にあるとみられる。

史家渦埽　史家渦も斉州にある。この地名は宋代その他の文献には見えないが、現在の山東省済陽県に史家塢《しかう》という村がある。今の黄河の北岸にあること、地名の来歴から考えると、この史家塢こそが北宋時期の史家渦であるとみられる。この他に、この村の位置は銅城と楊劉一帯から流れてくる故河道遺構と河道の向きとに大体符合する。この分析の合理性については、後段でさらに分析を進めることとする。

安定埽　安定埽は浜州にある。『元豊九域志』は、浜州渤海県下に新安定鎮と旧安定鎮があることを記す。『中国歴史地図集』北宋図の示す位置によれば、両鎮はともに蒲台鎮（今の山東省浜州市）の南西に位置し、今の山東黄河の両側に分かれる。『金史』地理志によれば、蒲台県下には一つの安定鎮があると伝えるのみであり、北宋時期の新安鎮に位置している。この点から考えると、『元豊九域志』が記述する新旧二つの安定鎮には前後関係があり、決して同時には存在していなかった。『宋史』五行志には「大中祥符七年十月、浜州の黄河は、安定鎮に溢れる」とある。この時の安定鎮は旧安定鎮であったと考えられる。この後、安定鎮は黄河が決壊したことによって破壊されたため、北西の新所在地に移った。すなわち新安定鎮である。このような黄河氾濫による都城移転は、北宋時代にすでに先例がある。したがって、安定埽はこの旧安定鎮付近にあるはずである。

聶家埽　聶家埽は棣州にある。『中国歴史地図集』北宋図では、棣州厭次県の南に聶家口と標記している。大中祥符四年（一〇一一）九月、棣州聶家口で黄河が決壊する[16]。翌年の正月、棣州はこの事を上奏し、さらに洪水の影響を受けた棣州の治所を移転することを請願した。しかし当時は認められず、決壊口をふさぐよう命令が下された。八年（一〇一五）に至っても、棣州城はなお黄河洪水の影響を受けており、北方七〇里の八方寺（今の山東省恵民県治）に移らざるを得なくなった[17]。一回目の棣州の移転提案の時、宋の真宗が「城から黄河決壊地までは、なお十数里、一方で民衆の農業に従事するものは大変多く、直ちに移すことはできない[18]」と意見を述べている。これは棣州城が聶家口から十数里の距離にあることを示しており、この関係は棣州城と聶家口の位置関係の考察に利用できる。歴史上、棣州城はあわせて三回移転している。唐代貞観年間（六二七～六四九年）に棣州（今の山東省恵民県先棣州）を再び置き、五代時に華温琪《かおんき》が棣州刺史となり、河患を避けるために、棣州を新所在地に移している[19]。すなわち大中祥符五年（一〇一二）に黄河氾濫の影響を受けた棣州城である。この棣州城は八方寺の南七十里にあり、乾隆『山東通志』の記述によれば、この城は「県の南東六十里にあるのが、華温琪が移したところである。城周は九里、南に大清河を隔て、西から北にかけて土河を隔てており、それぞれとの距離はわずか一里である」という。清代前期の大清河とは、すなわち今の黄河であり、土河とは、すなわちのちの徒駭《とがい》河である。『山東省地図集』（一九六四年版）の恵民県図はこの位置に古城馬という地名を表記しているが、これが棣州城に当たる。北宋前期の棣州城の西十数里の上流がすなわち聶家口であり、明清以後ここには聶索《じょうさく》鎮が置かれた。ちょうど北宋時期の聶家口に当たり、聶家埽は近辺にあると考えられる。このことから北宋の大中祥符年間（一〇〇八～一〇一六年）には、黄河がこの一帯の位置で聶家口と棣州古城に近づいていたことがわかる。おおよその位置は今の徒駭河に相当する。

鄆州および以東の四州、合わせて十四箇所の堤埽中で、上述の十箇所の堤埽は確実な位置がわかるが、その他の四箇所についてはわからない。この十箇所の堤埽の位置から、その他の資料の助けを借りなくても、基本的に京東故道の大体の流向は判断できるが、明らかにこの流向と胡渭の描述するものには大きな差異がある。

（二）京東故道河床の痕跡の判読

前節の文献に基づいた考証で、基本的に北宋京東故道のおおよその流路と位置が判断できた。しかしながら文献は、それぞれの位置比定ができた堤埽間で、古黄河がどのように流れていたのかは記していない。当時の黄河両岸にある自然堤防の間の距離、河床の湾曲の程度などの古黄河と判断するための地形の特徴をさらに追求するには、文献ではこれらの具体的な細部を追求することは難しく、概括的な文献記述による限界が生じる。この限界は、その他の資料を利用して克服していく必要がある。

二〇〇〇年十一月、アメリカＮＡＳＡはＳＲＴＭ計画を実施し、地球の大部分の陸地地表標高データ（ＤＥＭ）を収集した。ＳＲＴＭ－ＤＥＭは、微地形起伏を緻密に再現（水平分解能は約九〇メートル、高度分解能は一メートル）可能であり、故河道が平原上に留めた河床の痕跡を再構成することができるため、古黄河の具体的な流路に対してさらに詳細な考察を加えることができる。このような全方位的な走査データは、地形図の等高線による標高情報に比べて、より大きな優位性があり、こうしたデータは具体的な故河道のイメージおよび標高断面図を簡単に作成できるため、広範囲にわたる平原地区の微地形の特徴を判断するための手段を提供した。ＳＲＴＭ－ＤＥＭのほか、ランドサット四・五号および七号の衛星画像も、リモートセンシング手段による故河道の情報を提供している。ランドサットのデータは、地表面反射スペクトルである。故河道とその両側に広がる天然地の組成物質には差異があり、これが地表の水分含有量に影響を与えることによって、地表の植被状況を制約するため、画像上に特徴として現れる。上述二種のリモートセンシングデータは異なる側面から、故河道に関する情報を反映しており、相補的な関係にあるるので、故河道の具体的な流路と位置の確定に対して極めて大きな補助となる。これらリモートセンシングデータが提供する情報は、すべて河道の変化の中で記憶された歴史過程の情報である。これらの情報は必ずその他の情報と重ね合わせて検討されるべきものであり、解釈の際には充分な注意が必要であることは言うまでもない。

京東故道の例の中で、黄河変遷史を考察すると、南宋以後の古黄河は華北平原を離れたことがわかる。この故河道は李固渡の東より楊劉鎮の西に至るまでの範囲において、その他の河川が経由したことはなく、したがって現代の微地形においても、京東故道が留めた痕跡を探し出せる可能性がある。この点において、ＳＲＴＭ－ＤＥＭはその長所を発揮できる。三次元標高データの検討を通じて、後の時代に河流作用の影響を受けた部分的な流域を除いて、当時の古河床が留めた痕跡を容易に探し出すことができる。

横隴故道以東では、京東故道と今日の金堤河は寄り添いながら進んでいる。金堤河には今もなお水流が通過しているところがある。現在もなおその役割を果たしており、河南省濮陽市・范県・台前県等の主要排水路となっている。

金堤河の北側には、文献にたびたび登場する「金堤」[20]がある。『民国陽穀県志』には「金堤とは王景堤である……。上流は河南衛輝府滑県、直隷大名府開州、山東曹州府観城、濮州范県朝城から、陽穀県の南三十里に至り、境界をかすめて東に流れ、寿張県城の北を越えて、また陽穀の境界を交錯しながら東に流れる……」とある。金堤の北側には故河道の窪地が連続して分布しており、筆者は竹口鎮付近でその断面を測量計算した。断面はほぼ南北方向で、故河道には現在はすでに河流が存在しないが、千年近くの時間が経過しているにもかかわらず、河道の特徴をなお明確に留めている。大変興味深いことに、これらの線形窪地の経由地点は、前段で考証した堤埽の位置とよく一致した。それゆえ、これら線形窪地は京東故道が留めた故河道の痕跡であることは、いささかの疑いもない。

張秋、関山の二埽から来た故道は銅城鎮付近で二本に分かれる。一本は東へ向かい銅城鎮を経て、楊劉を過ぎて、ほぼ北へ進み、最後に現代の黄河と交わって消失する。これをここでは「楊劉故道」と呼称する。楊劉故道の流路は湾曲しており、河床と側面および両側の自然堤防の保存状態は良好である。楊柳付近の河床断面を見れば、ここに残留する古河床の形態と張秋以西の古河床は基本的に一致しており、それらが同様の時間的経過によって形成されたものであろうことがわかる。別の一本は銅城鎮付近で北へ向かい、また東北方向に転向する。しかし、この横道は断面の形態から見てみると、明らかにより古いものであり、断面上に河床と両側の自然堤防の堤体にある典型的な特徴が見られず、しかも単純な地表隆起を示している。高さはおよそ二~四メートル前後で、後代の改変作用を受けて、一部の場所では不明瞭となっている。しかし、この線形地形の特徴が長距離にわたって続くということは、これが古河床の痕跡であるはずだということを示している。この古河床をひとまず「銅城故道」と呼称する。二本の故道は地形の特徴だけから見れば、楊劉故道の存在時期がより新しく、京東故道の一部分をなしていると推測できる。

ＤＥＭが提供する微地形の痕跡は、河床の流向・幅・湾曲の程度などの重要な情報を明確に描き出すことができる。さらに文献記載の河埽の位置と比較することで、京東故道の詳細な位置を確定することができる。これらの点からリモートセンシング情報には、故河道復元の精度を向上させる特徴的な資料価値があることがわかる。

(三) 古地図提供の河床、河道の幅と堤防に関する情報

古地図資料もまた一種の河流情報を記録した文献である。その要となる価値は、地図作成時期に残存していた故河道および関連する地形の特徴を留めたことにある。たとえば、華北平原には多くの故河道情報があったが、一部は後の河川によって覆われてしまい、さらに多くの故河道情報が、前世紀五〇〜七〇年代の農田水利建設によって改変されてしまった可能性がある。しかしこれらの情報は、前世紀二〇〜五〇年代の古地図中に残っている可能性がある。河道に関する情報としては河床のほかに、堤防も重要な情報である。しかしながらリモートセンシングでは直接、堤防に関する情報を取得することができず、さらに文献資料の記載でも詳述するものは多くはない。しかし大縮尺の地形図中において、古堤防は依然として有効な歴史遺物情報である。

リモートセンシングデータでは、一部の河道において河幅を判読することができる。黄河は泥砂を豊富に含む特性があるため、容易に河道が変化し、これが河道変遷の重要な特徴となる。一般的にこの種の変化は、平原地区の河流において進行するが、その流路をコントロールするための基本的な枠組は、古代、現代を問わず、河道から一定の幅に堤防を築いて、その流路の範囲を制限することにある。泥砂の堆積は、河流が安定している時期には、通常両岸の堤防の間で進行するので、河道は周囲よりも高い天井川となり、河流消失の後に、古河流高地を形成する。たとえば前漢黄河の河道は、戦国時代の趙国と斉国によって修築された堤防間に制限されており、数百年の泥砂堆積を経て、現在もデータ上で識別することができる古河流高地を形成した。この高地は周辺の平原地形との間に三〜六メートルの高低差がある。京東故道にも類似した特徴があるが、あまり顕著に現れていないだけである。そのため、京東故道の両岸の堤防を理解するためには、直接的な証拠を探し出す必要がある。そしてそれらの空間位置を確定しなければ

ならない。

一九二六年、順直水利委員会は河北地区の五万分の一地形図シリーズを出版した。これを総称して順直地形図という。この地形図の編集目的は水利補修と関連しており、その測量要素には、大量の精細な標高資料が含まれている。〇・五メートル間隔で河北地区の微地形の高度差を表しており、その中には多くの古黄河の河道痕跡がはっきりと見て取れる。当時の軍事部門も、民国年間に華北地区の地形図を編集した。この地形図は、標高要素が順直地形図より劣ってはいるが、軍事上の目的から編集されたものであるため、たとえば古河流堤防の位置等、軍事的防御の要素として機能するものには、特に注意が払われていた。これらは故河道と関係する要素であり、京東故道両岸に残存する古堤防を探し出す際の補助となるほか、当時の一部の大きな河川の決壊地点の具体的位置を分析する際の補助ともなる。これら古地図から得られる情報は、一般的に文献記載が大変少ないか、あるいは簡単な叙述があるのみである。

二、マルチソースデータの価値と相補性

上述の京東故道の研究例から、様々な異なる来源の資料の価値が明確に理解できる。

故河道研究において、古代の文献資料には依然として代替できない役割がある。たとえば、文献資料で言及される河道の防災工事、河沿いの集落都市、治水と関係のある歴史的建造物や寺院廟堂、および河流の変化と関係のある故事などはその他の資料で代替する方法がなく、とりわけ史料中に記録された絶対年代は、文献にしかない長所である。北宋黄河「京東故道」の研究例において、文献に記載された地名は、この河道を確定する要点であり、そして地名に関連する時間記録は、これらの地名を年代順に配列する重要な手段であることがわかる。歴史文献資料の利用では、

歴史学の分野において大変厚い研究基礎があり、また歴史上の事象の復元では、歴史的地名の考証などの点において膨大な先例があり、これらを参考にすることができるため、ここではこれ以上詳しく述べる必要はないだろう。文献記載には比類なき長所がある一方で、当然不足しているものもある。文字による記述は空間情報について言えば、結局のところ全てについて詳述することはできないのである。それは史書を編纂してできあがった記述なのであって、多くの細節を失っており、その他の記述あるいはその他のデータから検証されなければならない。これは文献記載の限界であるが、一方でこのことが、歴史研究の学術的な魅力を作り上げているのかもしれない。

研究例は、現代のリモートセンシングが、歴史河川地形の研究において独自の有効性があることを示している。これは単に北宋京東故道に基づくものだけにとどまらない。近年、研究者の注目を集めているため、すでに少なからぬ案例があり、それらを参考にすることができる。しかしここで強調しなければならないのは、リモートセンシングの応用とは、特に資料の処理方法にあるのであって、実際には優れた技術背景を必要としている。そのためには歴史研究者はデータ方式と処理技術を熟知する必要があり、多くの克服すべき点がある。リモートセンシングデータとは総称であって、その中には多くの異なるデータ類型や技術形式が含まれている。そこで筆者は二つの主要なデータタイプを推薦する。すなわちＳＲＴＭ-ＤＥＭとＥＴＭランドサット画像である。この二種類のデータを推薦すべき理由は、以下のような考えによる。

一、この二種類のデータは現在一般公開されているデータであり、学術研究であれば無料で使用が可能である。そしてインターネットを経由して直接データを取得できる。このような資料の取得手段は、研究作業に対して大変大きな利便性をもたらすだろう。

二、この二種類のデータの空間分解能が適当であること。前者は一画素あたりおよそ地表面の九〇メートルに相当し、高度分解能は一メートルである。後者の空間分解能は約十五メートルである。このデータ精度は、広域的な歴史環境変遷の研究において、充分なものである。

三、二種類のデータは公開データとなっており、そのデータ形式も多くのデータ処理アプリケーションがサポートしている。独自のデコード方法を調べたり、あるいは自らがプログラミングをしてデータ処理の問題を解決する必要がないため、その利便性は述べるまでもない。当然リモートセンシングデータは上述の二種類に留まらず、その中で適合するデータがあれば使用が可能である。近年、アメリカ国立公文書館にある前世紀四〇～六〇年代の中国の航空写真が機密解除された。これらの資料は中国東部の大部分の地域をカバーしており、地表のより細かい痕跡の調査に用いることができる。これはいわば六〇年前の歴史資料であるわけだから、当時まだ地表上に残されていた多くの情報を留めていよう。

もちろん、近年のリモートセンシングデータにしても、あるいは歴史資料となった航空写真にしても、それらは所詮現代技術の産物であり、獲得できる地面情報の時間はたかだか数十年に過ぎない。同時にそれらが記録しているのは、自然の過程が歴史的に地表に残した痕跡であって、これらの痕跡が結局いつ形成されたものなのかについては、リモートセンシングデータからは読み取ることができない。その他の資料を駆使して解読していかなければならないのである。解読過程と解読の信頼性は、通常、研究者の学術的な素養と解読内容に対する理解の程度に多大な影響を受ける。決してリモートセンシングデータによって、歴史上発生した自然の事象を直接解読できるわけではない。

古地図に記された情報は、文献とリモートセンシングデータの間を仲介する。地図の最初期の製作は実地調査の基礎の上にある。大縮尺地形図は野外実地測量のもとで描かれたものであり、多くの地表状況がピクトグラムあるいは地図記号で地図上に留められている。他方で、地図が留める情報は、測量製図人員の知識に基づいた地表現象に対する分析・抽出・分類を経ており、その上で地図上の情報として残されている。これらの情報は、最初期の地表情報の簡単な再現であるだけでなく、その中には当時の人の理解と認識が溶け込んでいる。それは文字記録の機能と比較して、本質的に差異はなく、ただ表現の形式が異なるだけである。地図情報が持つこうした特徴は、実は非常に注目に値することである。一部の研究が必要とする文献資料は、往々にして粗略で詳らかではないが、もしかすると同じ情報が一部の地図上に表現されているかもしれず、文献記述の不足を補うことができるかもしれない。

理論上から評価するのであれ、実際の研究例から解析するのであれ、様々な来源のデータの黄河故道研究における価値を理解することができる。それぞれの資料にはそれぞれ独自の長所と価値があり、長所をとって短所を補えば、各種資料の優れた点を十分に発揮でき、さらに優れた研究成果へとつなぐことができるはずである。ただしこれらのデータを総合運用するプラットフォームは、地理情報システム（GIS）であるということに留意する必要がある。このシステムを十分に利用することで、マルチソースデータの空間上における定位と歴史情報との有効な融合が可能になるであろう。

【注】

(1) 鄒逸麟「宋代黄河下游横隴北流諸道考」（譚其驤主編『黄河史論叢』、復旦大学出版社、一九八六年）。
(2) 胡渭『禹貢錐指』巻一三下。
(3)『宋史』巻八六、地理志。
(4)『宋史』巻九一、河渠志。
(5) 李燾『続資治通鑑長編』巻二二三。
(6) 李燾『続資治通鑑長編』巻一〇六。
(7)『宋史』巻二六一、陳若拙伝。
(8) 李燾『続資治通鑑長編』巻四七。
(9)『宋史』巻二八四、陳堯叟伝。
(10) 李燾『続資治通鑑長編』巻九八。

(11) 乾隆『山東通志』巻九。

(12) 民国『山東通志』輿図。

(13)『明史』巻八三、河渠志。

(14) 李燾『続資治通鑑長編』巻四七。

(15)『宋史』巻二六一、陳若拙伝。

(16)『宋史』巻九一、河渠志。

(17) 李燾『続資治通鑑長編』巻八四。

(18) 李燾『続資治通鑑長編』巻七七。

(19) 華温琪は天福元年（九三六）十二月に死亡。新旧『五代史』の伝記によれば、華温琪は棣州刺史に後梁時期に任ぜられ、開平四年（九一〇）に晋州刺史に任ぜられている。城を守り、後唐兵に抵抗したことで、後梁皇帝の賞賜を得ている（『資治通鑑』）。伝記によれば華温琪は棣州刺史在任後、晋州刺史に任ぜられているので、棣州遷都は後梁の開平初年に当たる。おそらく九〇七～九〇九年の間であろう。

(20) 文献記載の金堤はこの一か所に限らず、大名付近にもまた金堤と称する古堤防がある。

南宋以降、黄河下流の変遷の海岸に対する影響

韓　昭慶（五味知子訳）

はじめに

後氷期の海進は現代の海岸線の発達に非常に重要な作用を果たした。推測によれば、今から一万五〇〇〇年前の最終氷期の海面低下時期には、海州湾と黄海大陸棚の全体が河川と湖沼を主とする陸成相の環境であり、当時の海岸線はだいたい今から一三〇メートルほど低かった。氷期の終了によって、海面は急速に上昇し、今から六〇〇〇～七〇〇〇年前のアトランティック期には、海面はすでに現在の高度に近づいていた。[1] 河が海へと流れ込む河口の外側の海浜地帯では、海洋の力の作用は常に海岸の浅瀬が変化する主要な要素であった。しかし、河川が豊富な砂を運搬する海浜地帯とその付近の海岸段丘において土砂を運搬する速度が流水盆地の水のエネルギーによる搬出速度を上回っている時には、三角洲（デルタ）の発達の主因は河川である。このとき、河川の土砂供給作用は海岸の浅瀬の断面形成をコントロールする主要な要素となりうる。黄河はその一つの実例である。現在、渤海湾西部に位置する黄河扇状三角洲体系は河川作用が主原因の典型例である。（利津站《りしんたん》における）黄河の長期の平均水量は四四二・八億立方メートルで、それは（大通站における）長江の平均水量のわずか二〇分の一である。しかし、長期の平均砂量は

十一・一八億トンで、長江の二倍以上である。アメリカのミシシッピ川と比べると、黄河の水量は十三分の一であるが、砂量は三倍以上である。(2) その豊富な土砂は黄淮海平原を作ると同時に、蘇北海岸と渤海湾岸の発達にも影響を及ぼした。両者は共に泥質の堆積によってできた平原海岸である。今から約三〇〇〇年前から一九六〇年代までの間に、河川は膨大な土砂によって海岸線を、特に低くて平らな平原海岸の海岸線を、急速に外へと移したのであった。ここ三〇年は黄河等の河川が海へと運び入れる砂が大いに減少したため、現在では水の流れている河口に堆積するほかは、多くの海岸段丘は浸食されるか、あるいは安定するようになり、浸食される海岸線は徐々に広がる傾向にある。(3)

文献が記載されるようになって以来、黄河の主要な流路は三本に分けられる。(4) 海河を通って渤海へ入る北流は紀元前二〇〇〇年から王莽の始建国三年（十一）と、北宋の慶暦八年（一〇四八）から南宋の建炎二年（一一二八）までである。大清河から渤海へ入る東流は、後漢の永平十二年（六九）から北宋の慶暦八年（一〇四八）と、清の咸豊五年（一八五五）から現在までである。淮河から黄海に入る南流は南宋の建炎二年（一一二八）から清の咸豊五年（一八五五）までである。現在の流路は東流に当たる。南宋の建炎二年（一一二八）に東京留守の杜充が南下してくる金の兵を食い止めようとして、今の滑県西南の沙店集の南、約一・五キロメートルの西側で堤防を切り、東流は李固渡、滑《かっ》県の南、濮陽《ぼくよう》、東明の間を経て、さらに鄄城《けんじょう》、鉅《きょ》野《や》、嘉祥、金郷の一帯を通り、最終的に集まって泗水へと入った。(5) それによって、黄河下流の河道は華北平原を離れ、南流は淮北平原を経て、洪沢湖より下流で淮河と合流して黄海に入り、それは一八五五年に黄河が銅瓦廂で決壊して、今日の流れへと変わるまで七二七年の長きに渡り続いた。黄河下流の河道の大きな変化は、海へと入る河口のあったそれぞれの海岸に対しても甚大な影響をおよぼし、これによって蘇北海岸と渤海湾の海岸にさまざまな時期において大きな変化をもたらした。以下ではその変化の概要について述べる。

一、蘇北海岸に対する黄河下流の変遷の影響

本稿でいう蘇北海岸は旧黄河三角洲を指し、その頂点は淮陰市の楊荘に始まり、北は臨洪口、南は頭龍港口に至る。(6) 歴史時期の旧黄河三角洲は堡島―瀉湖《しゃこ》の体系を育てた。堡島とは砂質の海岸上に高潮時でも露出する細長い砂質の堆積体であり、その伸びる方向はほぼ海岸線と平行で、沙堤とも称する。堡島の発達は海岸水域を分割するため、堡島の外側は開放海域に面し、内側の水域は完全または半分閉鎖されている。この種の完全かあるいは半分閉鎖されている水域のことを、一般に瀉湖と称する。歴史時期の黄河下流はたびたび淮河へと流れ込んで海に入り、一一二八～一八五五年には長期的に淮河を通って海へ流入したため、黄河の土砂はこれらの開放海域に臨む海岸段丘で、蘇北平原の沖積泥質の海岸を作り上げた。沖積泥質の海岸は通常、砂、粉状の砂、粘土、貝殻の破片、植物の腐植質などの多くの種類の砂粒や有機物の混合によってできている。沖積質の海岸の海洋動力は比較的弱く、また沈殿物の構成が割合細かいので、そのために海岸の斜度は相当にゆるやかである。(7) 一八五五年に黄河下流が北に移って渤海湾に注ぐようになって以降、沿岸の海洋の力が旧黄河三角洲を浸食し、物質を運び出したり堆積したりする再作用の過程を経て、蘇北海岸は浸食型と堆積型が交わっているという特徴を持つようになり、一八五五年以前の海岸の堆積とは異なる過程を辿った。したがって、黄河が長期的に淮河へ流れこみ始めた一一二八年と、それが終わった一八五五年を分岐点として、旧黄河三角洲の変遷を三つの時期に区分することができる。

（一）一一二八年以前の黄河の淮河流入とその旧黄河三角洲に対する影響

旧黄河三角洲は主に一一二八～一八五五年の間に形作られたが、それ以前の歴史時期や有史以前においても、蘇北

平原と海岸は黄河の影響を受けてきた。研究によれば、およそ一万年前のヴュルム氷期の晩期に、海面が現在より三〇～四〇メートル低い位置まで達し、蘇北海岸の外に古黄河—古長江三角洲が形成され始めた。当時の古黄河は淮河河口に沿って海に入っており、古長江は瓊港《けいこう》付近を通って海に注いでいた。古黄河と古長江三角洲の地勢的境界は瓊港以北にあった。黄河は黄土高原を通ることにより、大量の黄土を運んだため、その海に入る河道の変動と河口の分流は、旧黄河三角洲の発達に非常に多くの影響を与えた。おおむね今から五、六〇〇〇年前に、蘇北では高郵湖—洪沢湖の海進が起こり、二五〇〇年前になって海面が現在の高度に落ち着いた。[8] 一九六四年に南京博物館が射陽湖周辺で考古調査を行った際、阜寧梨園青蓮崗《ふねいりえんせいれんこう》文化遺跡を発見した。また、范公堤で麻瓦墳《まがふん》漢代遺跡と墓

表1　歴史文献の記載する1128年以前の黄河の淮河流入

時　間	事　　件	持続時間	注
漢文帝十二年（紀元前 168 年）	黄河は酸棗で決壊し、東では金堤を破り、泗水を通り、淮河へ入る	不詳	『漢書』文帝紀
漢武帝元光三年（紀元前 132 年）	夏五月丙子、ふたたび濮陽瓠子で決壊し、鉅野に注ぎ、淮河泗河を通って、16 郡をおおう	23 年	『漢書』溝洫志
宋太宗太平興国八年（983 年）	五月、黄河は滑州韓村で大決壊し、澶・濮・曹・済の諸州の民田をおおい、人家を壊し、東南に流れて彭城界に至って淮河へ入る	不詳	『宋史』河渠志
宋真宗咸平三年（1000 年）	五月、黄河は鄆州王陵埽で決壊し、鉅野を通り、淮河泗水に入って勢いは激しく、州城に迫る	1月あまり	『宋史』河渠志
宋真宗天禧三年（1019 年）	六月乙未の夜、滑州の城の西北、天台山の脇で黄河が溢れ、突然城の西南でも決壊し、岸は 700 歩にわたって壊れ、州城をあふれさせ、澶・濮・曹・鄆を経て梁山泊に注ぐ。また、清水・古汴河に合流し、東で淮河に入る。州県で被災した者は 32 にのぼった。	翌年２月にせきとめる	『宋史』河渠志
宋真宗天禧四年（1020 年）	六月望、黄河は天台下で再び決壊し、衛南に走り、徐・済を流れ、害は（天禧）三年のようであるが、それよりもさらに甚だしかった。	7 年	『宋史』河渠志
宋神宗熙寧十年（1077 年）	（七月）乙丑、澶州曹村で大決壊し、澶淵で北流は断絶して、河道が南に移り、東で梁山・張沢泊に集まり、二派に分かれ、一つは南清河に合わさって淮河に入り、一つは北清河に合わさって海に入り、45 もの州県を満たしたが、濮・斉・鄆・徐で特に著しく、30 万頃を超える田が損害を受けた。	翌年４月にせきとめる	『宋史』河渠志

葬群を発見し、その遺跡の下には大量の貝殻による堤があった。このことは、范公堤がたしかに海岸線の外の砂堤を基礎として修築されたものであること、その形成年代が二〇〇〇年あまり前であることを説明している。この推測に基づけば、里下河平原は二〇〇〇年あまり前の春秋戦国時代には、大部分がすでに陸となっていたと考えられる。(9)

このほか、歴史時期には何度も黄河が淮河に流れ込む事態が発生している。その原因は人工的な関与か、あるいは北流、東流への回帰による。表1の示すように、一一二八年より前においては、黄河が淮河へ流れ込む事態についての記載は歴史文献に少なくとも七回ある。

これらの淮河流入の継続時間は短く、三角洲形成に果たした作用はたいへん限られたものである。一一二八年から黄河が長期的に淮河へ流れ込むようになる前は、淮河が含む砂の量は少なかった。それゆえ、十二世紀以前には、河口の砂洲の堆積は非常に緩慢であった。当時の海岸線はだいたい海州—雲梯関—阜寧のラインに一定しており、これは古沙堤の位置に相当する。(10)

(二) 一一二八年から一八五五年の海岸の変遷

黄河の長期的な淮河への流入が始まったのは一一二八年である。その後、人工的な作用とその強化によって、黄河は分流から次第に独流へと変わり、黄河下流の土砂の堆積する場所にも大きな変化が生じた。一般的に言えば、万暦六年(一五七八)に潘季馴《はんきじゅん》が黄河下流に大堤を修築した、「束水攻沙」を境として変化した。(11)それ以前において、黄河は多数に分流し、その土砂は主に淮北平原に堆積したため、旧黄河三角洲形成作用は大きくなかった。つまり、旧黄河三角洲の堆積は主に黄河独流時期に起きたものである。

張忍順の考えによれば、黄河が分かれて海へと流れこんでいた三〇〇年あまりの間(つまり、黄河が長期的に淮河へ流れ込むようになる前の時期)、黄河の水は潁《えい》河、淝《ひ》河、渦《か》河、澮《かい》河、濉《すい》河、泗河などの淮河以北の支流から淮河に入

表2　黄河の蘇北入海における河口の延伸

年代	河口の位置	時間間隔(年)	沿河直線距離(km)	延伸速度(m/年)
1128	雲梯関	―	―	―
1500	六套	450	20	54
1591	十一套(張家坪)	13	16.5	182
1660	二木楼	69	18.5	258
1729	下王灘	69	8	116
1747	七巨港	18	2	111
1776	四洪子、尖頭洋	29	8.5	293
1810	六洪子	34	7.5	221
1826	望海墩の東10キロメートル	14	9	563
1855		(29)	(9.0)	(314)

表3　南宋から清末における黄河河口の東伸速度

年　代	河口延伸位置	間隔年数	延伸距離(km)	速度(m/年)
1128〜1578	雲梯関〜四套	450	150	33
1578〜1591	四套〜十套	13	20	1540
1591〜1700	十套〜八灘	109	13	119
1700〜1747	八灘〜七巨港	47	15	320
1747〜1776	七巨港〜新淤尖	29	5.5	190
1776〜1803	新淤尖〜南尖北尖	27	3	111
1803〜1810	南尖北尖〜六洪子	7	3.5	500
1810〜1855	六洪子〜望海墩〜河口	45	14	300

出典：郭瑞祥「江蘇海岸歴史演変」

り、分流の土砂は途中に沈澱し、河口外への延伸は決して急速なものではなかった。明初になるまで、河口は雲梯関から遠くなかった。明代の弘治七年(一四九四)に黄河の全ての流れが淮河に流れ込むようになってから、土砂の運搬量は大いに増加し、特に潘季馴が「束水攻沙」を行った時が明代の最であった。清代には康煕、嘉慶、道光年間に雲梯関外の両岸の大きい堤を続けて修築し、河口の延伸速度を大いに速めた。具体的に言うと一一二八年に黄河が分流して黄海に入るようになってから、雲梯関以下の河口はおおむね年に五四メートルの速度で海へ向かって延びていたが、明代中期以降、河口の延伸は加速し、一五〇〇年から一八二六年には合計で七〇キロメートル延びた。平均とすれば、毎年二一五メートルの延伸といえる。特に、一七四七年から一八二六年の間の河口の延伸は二五キロメートルにも達し、毎年の平均は三二六メートルである。表2に示すように、この速度で推測すれば、一八二六～一八五五年の河口の延伸は今の河口の外二五キロメートルのところにまで及んだ(12)。

表2によれば、一一二八～一八五五年の間に古淮河口は海へ向かって全部で九〇キロメートル移動した。これは郭瑞祥の研究結果と一致する。ただし、郭瑞祥の時期区分は張忍順とは異なる。表3が明らかにするように、郭瑞祥は治水工事の状況の頻繁な変化が、河口の沈澱の速度にも影響を及ぼすため、各段階の河口の外伸速度も様々であると考えている。

両者は対比の対象とした時期区分に違いがあるため、導き出された河口延伸速度も異なっているが、もし両者が一五九一～一八五五年までで計算すれば年平均二五七メートルという同じ速度を導き出したであろう。一五九一年、明代の万暦十九年に潘季馴が河口を実地調査したが、このとき河口はすでに十套を過ぎ、張家坪付近にあった。両者の引用する資料は同じなので、出す結論も同じはずである。

陳吉余の研究でも、一一二八年に黄河が淮河から海に入るようになってから、最初の一、二世紀は下流の河道は全く安定せず、しばしば決壊して、穎河、渦河、濉河、泗河などの河に分かれて淮河に入ったと考えている。黄河下流の土砂の流出は主に河に沿って氾濫して、沈澱することが主であり、決壊した地点に扇状地を形成するので、直接海に入る土砂は多くない。そのため、この時期において、河口付近の海岸の浅瀬における堆積は決して速くなかった(13)。明初に淮河が海へ入る口はなお前と同じく雲梯関付近であったが、明万暦六年（一五七八）に汴河から泗河へ、泗河から淮河へ入る固定の河道が基本的に形成され、河口の三角洲の伸展は加速した。河口はすでに雲梯関を過ぎて九套へ下り、一六七〇年には河口はまた下へ約十五キロメートルも移動して、八灘で海へ入るようになった。乾隆四一年（一七七六）、河口はまた下へ約二〇キロメートル移動して新淤尖《しんおせん》へ至った。平均の堆積速度は年に二〇〇～二五〇メー

表4　蘇北黄河三角洲の成陸速度

年代	成陸面積(km²)	成陸速度(km²/a)	海岸線の平均推進速度(km/a)
1128〜1500	1670	3.2	0.024
1500〜1660	1770	11.1	0.08
1660〜1747	1360	15.6	0.10
1747〜1855	2360	21.8	0.15

出典：張忍順「蘇北黄河三角洲及浜海平原的成陸過程」

トルであった。もしこの速度で推算するならば、清代の咸豊五年、すなわち一八五五年に銅《どう》瓦廂《がしよう》で決壊したときには、黄河はまた二〇キロメートル以上も延伸したことになる。

河川の治水で有名な清初の官僚、靳輔《きんほ》は任に就くと、海へと入る河道をまず整えるべきだと強く主張し、下流から上流へと治水を進める方策を採用した。河口を整備するために、彼は下流と河口付近の海岸段丘で実地調査を行い、高い堤防を築くことを提案した。「南岸は白洋河から雲梯関まで、北岸は清河県から雲梯関まで、一律に（堤防を）建造しなければならない……調べによると白洋河から雲梯関に至るまでは約三三〇里、清河県から雲梯関は約二〇〇里である……また雲梯関の外から海へ至る河口まではなお一〇〇里あり、海に近い二〇里については高潮で土が湿るために処置することはできないが、そのほかの八〇里については、雲梯関の内側と異なるところがない……」。彼は下流から治水を始めるべきだとして、「下流の流れが良ければ上流はおのずと溢れなくなる」とした。とはいえ、雲梯関の外の堤防の高さの基準は下げてもかまわなかった。「近海の堤防は水を食い止めればそれでいいので、非常に高くて厚いものにする必要はない。堤防の底は五丈の幅、面は三丈、高さは六尺でよい……両岸の堤防は共に一六〇里である」(14)。靳輔が河口に対して先述の実地調査を行ったのは清代の康熙十六年、つまり一六七七年であった。先の記述からすると、当時、雲梯関は海岸からすでに四〇キロメートル離れていたが、この距離は一一二八年から一六七七年の五四九年間に堆積してできたものと考えられるので、一年あたりの堆積速度はわずかに七三メートルであった。張忍順等によれば、河口は一一二八年から一八五五年の間に全部で九〇キロメートル、一六七七年から一八五五年の一七八年間にあわせて五〇キロメートル堆積し、その速度は毎年二八一メートルと、前者の四倍である。ここから、一七六四年から一八〇四年の雲梯関外の堤防を放棄して守らないという時期を含んでおりながら、防波堤の建造が海岸の拡大に対して顕著な効果をもたらしたことがわかる。(15)

河口三角洲が海へ向かって延びると同時に、三角洲の北縁の海州湾全体の海岸線もそれに対応して外へと延びた。海州湾岸は黄河が長期的に淮河へ流れ込むようになる以前は水が清らかで流砂が少ない環境にあったため、五〇〇〇年にも渡って安定し、雲台山、東陬山《とうすうざん》、西陬山《せいすうざん》などの山は、黄河岸外の砂の土手ができる前後には、なお岸の外の島嶼に分布していた。一一二八年に黄河下流の河道が南遷して淮河へと流れ込んで海へ入るようになってからは、大量の土砂が海域を埋めたてるようになり、海岸線も急速に拡大して、雲台山などの島と陸地をつなげ、ついには今の海州湾の輪郭を形成したのである。『海州直隷州志』によれば、「康熙十六年（一六七七）、漕運総督の帥顔保が雲台山を内地として報告したときには、山は海中にあり、板浦や中正からはなお渡る必要があった。その渡し場の名は対口溜といって風や波が激しく、西は恬風渡《てんぷうと》、東は大島口に通じていた。高潮の時には、二つの潮がぶつかりあって急速にうずをまいて出ていく」という。この記述は、当時雲台山がなお海中にあったことを示している。しかし、康熙四〇年（一七〇一）になると、雲台山は「大潮で砂があふれてくると、渡し場はしばし塞がる」といい、康熙五一年（一七一二）には雲台山は「たちまち陸地となり、直接山下に行けるようになった」という。(16)

表4の示すように、黄河三角洲の推進につれて、海浜平原の造陸速度も次第に速くなった。歴史時期の旧黄河三角洲の変遷は図1の示すとおりである。

旧黄河三角洲の河口は清の康熙初期に靳輔が堤防を固めて水を海に入らせる対策を制定した後、一七六四〜一八〇四年の雲梯関外の堤防を放棄して守らなかった期間を除いて、河口は基本的に堤防によってコントロールされていた。「自由に揺れ動かないように」なっていたので、旧黄河三角洲の発展は主に河流の土砂が縦方向に堆積し、決壊や分流で横の方向に堆積することで発展し、沿海の土砂の拡散と沈殿などによって完成した。河口の延伸は河流の土砂が縦方向に堆積し、

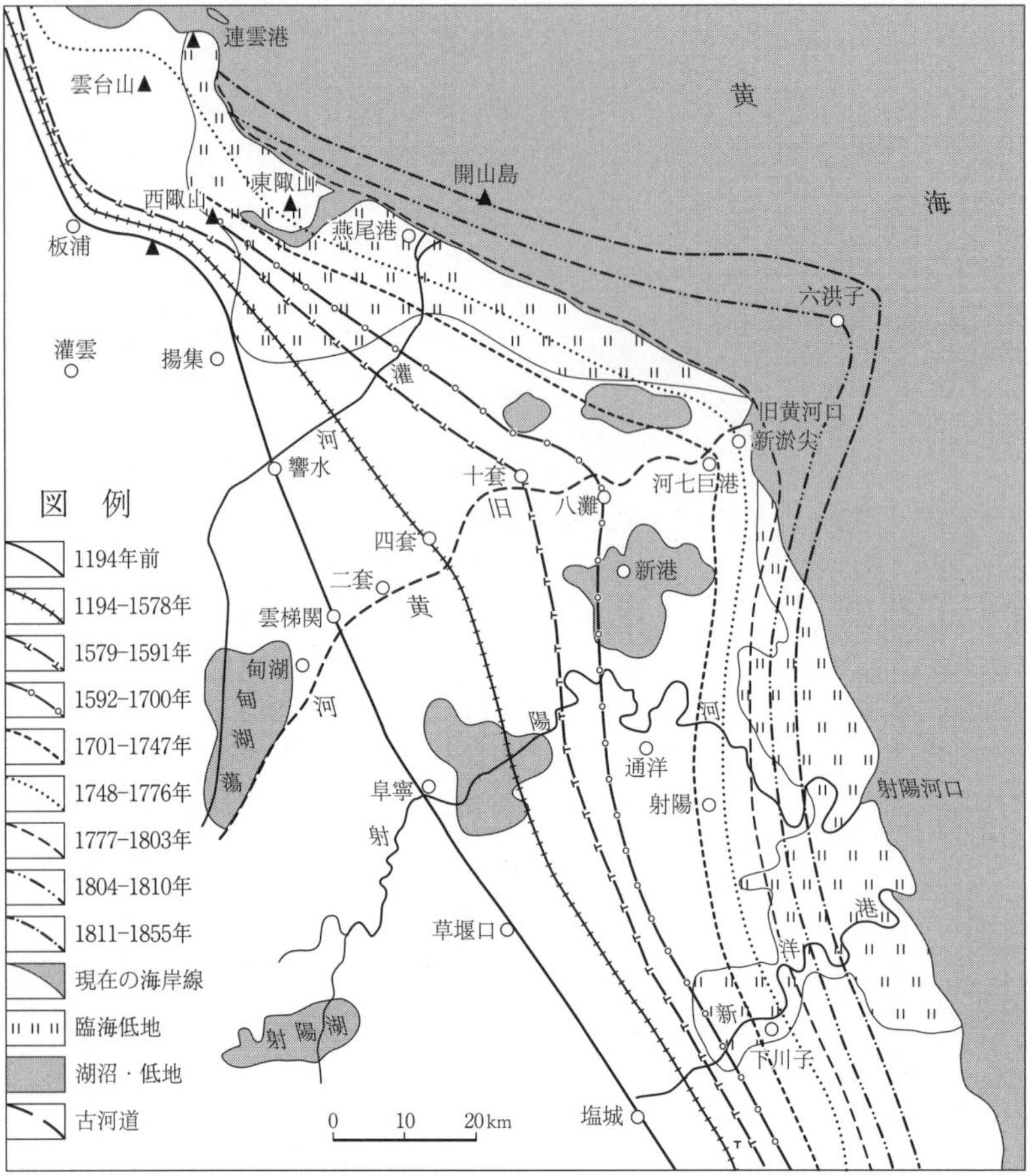

図１　歴史時期の江蘇海岸の変遷（張忍順の原図をもとに作成）

発達することによって起きるが、それは旧黄河三角洲の主要な発達方式でもあった。河口が延伸する過程の最大の特徴は、河口の土砂が沈澱する速さが往々にして河口の両側に比べて速いということだ。河口が絶え間なく延伸する中で、多くの平行亜三角洲が組み合わさって扇形の三角洲が形成される。

河口が延伸すると同時に、河道の頻繁な決壊や分流も三角洲の土砂が横向きに堆積する一つの方式であり、横向きの発達の重要な経路である。それと河口の延伸の縦向きの発達は補い合って進行する。一四三四〜一八四九年の間には比較的大きな決壊が四〇回あまり起こり、それは北岸で特に突出している。決壊分流には自然の要素もあり、人工的要素もある。土砂が集中して沈澱するため、河床は高くなり、増水するとうまく排出できず、溢れ出して決壊する。例えば、明代の崇禎年間には黄河は建義港で決壊し、水が興塩等の地に流れ込んだ。[17] 清代嘉慶十二年（一八〇七）六月には山陽、安東馬港口、張家荘から溢れ出て、河口へ注ぎ込み海へと流れた。同年七月にも黄河はまた雲梯関外の陳家浦において決壊し、半分以上が五辛港から射陽湖へと入り、海へと流れた。[18] 道光二二年（一八四二）七月にも黄河は肖家荘で決壊し、埒子《らっし》口《こう》、灌河《かんか》口《こう》から海へ入った。[19] 人が黄河を決壊させて、河道を変えたこともある。一回目は明の万暦二三年（一五九五）に北岸の黄壩《こうは》で河道を変えた時である。新しい河は一五〇キロメートルあり、灌口から海に入るようになった。[20] 清の康熙三五年（一六九六）には雲梯関外の馬家港で南潮河から海に入るようになった。この二回は北に向けて河道を変えたが、どちらもあまりたたずに泥の沈澱によりふさがってしまい、成功しなかった。[21] これらの決壊や分流の結果、大量の土砂が三角洲の両側の地面の上に広範に渡り堆積した。

（三）一八五五年から現在に至るまでの海岸の変遷

黄河は一八五五年に河道を変えて渤海に入るようになって今に至るが、旧黄河三角洲はそれによって土砂の来源を失い、海岸線が毎年平均一五〇メートル以上も急速に後退した。一八五五年に黄河が北に移った時には、蘇北の中・南段の海岸線の湾曲地点は瓊港西北部の三倉鎮のやや北にあったが、黄河が北に移ってからは、旧黄河の河口は海へ向かっての進出から侵食による急速な後退へと変わり、射陽河口から瓊港岸段までの浅瀬表面では激しい堆積が起こった。[22]

潘鳳英の研究が示すように、黄河が北に移ってから、旧黄河三角洲に堆積する土砂の来源は大幅に減少し、射陽河口以北から灌河口まで、すなわち旧黄河南北岸の浅瀬は後退の一途を辿った。年平均の後退速度は二〇～三〇メートル、最大では七〇メートルにもなった。浸食されて後退した海岸の土砂は沿岸から流れ出て海州湾と射陽河口以南の地区に沈澱し、これらの地区は平均すると毎年海へ向かって一〇〇～二〇〇メートル、あるいは五〇〇メートルなどの延びを見せた。(23) 王宝燦《おうほうさん》が『阜寧新志』によって推算したところ、二十世紀初頭には、旧黄河は少なくとも一〇キロメートル以上後退した。その原因は黄河が北に移って、沿岸の波浪や海岸の浅瀬に対する潮流の作用が、河の運搬する大量の砂の作用に代わり、旧黄河三角洲の浅瀬と海岸の水面下の斜面が堆積の過程から浸食後退の過程へと転じたためであった。張忍順の考えでは河口の突出した砂州は最初の数年の間、だいたい毎年一キロメートルの速度で後退していたが、一九二〇年になって、年に三〇〇～四〇〇メートルの後退速度にまで低下した。一八九八～一九五七年の平均後退速度は年に平均一六九メートルであり、一九五七～一九七〇年の後退速度は年に八五メートルとなった。後に、護岸工事を行い、後退はしばらく落ち着いたが、浅瀬の水深はより深くなり続け、旧黄河三角洲の海岸もまた後退した。一八五五～一九七四年の開山断面の年平均の後退速度は六三メートルであり、射陽県奋套口《はんとうこう》から双洋口のここ二〇年来の平均後退速度は年間二〇～三〇メートルである。

二、渤海湾岸に対する黄河下流の変遷の影響

歴史上、一一二八～一八五五年の黄河が長期的に淮河へ流れ込んだ時期を除けば、黄河の入海口は主に環渤海地区にあった。その流路は今の河道に近づいたり、または天津にいたって海河から海へ注いだりした。王莽の始建国三年（十一）に、黄河は魏郡元城（今の河北大名の東）の上流で決壊し、溢れ出した河水は清河郡以東の数郡にまで至った。当時政務を執っていた王莽は黄河が決壊して東へ流れたので、元城の祖墳は脅威にさらされないとして放置したため、水害は六〇年近く

も続き、黄河の歴史上二度目の大改道を生み出した。後漢の明帝の永平十二年（六九）になって、王景の指導のもとで、下流の河道に対して治水を行ってから、滎陽《けいよう》から千乗（今の山東高青県の東北、利津の西南）に至り、渤海湾に入る新しい一筋の河道をようやく形成することができた。それがいわゆる東流で、この河道は北宋の慶暦八年（一〇四八）までは維持され続けたが、その時に黄河が澶州《せんしゅう》の商胡埽《しょうこそう》（今の濮陽の東の昌湖集）で決壊し、天津から海へ入るようになった(24)。それゆえに、後漢から宋代にいたるまでの約一〇〇〇年、黄河はこの地区で海へ向かって堆積し、陸を作り出した。しかし、現代黄河三角洲の海岸は主に一八五五年に黄河が銅瓦廂で決壊し、渤海に入るようになって形成されたものである。

（一）一八五五年から現在までの現代黄河三角洲の変遷

現代黄河三角洲の発達は主に一八五五年に黄河が大清河へと流れを変えて以来の影響によるものである。今の黄河口は渤海湾と莱州湾《らいしゅうわん》の間に位置し、弱潮と大量の砂、頻繁な動きを特徴とする堆積性の河口であり、河口付近の海岸段丘、三角洲と海浜地帯を含む。その範囲はおよそ東経一一八度五分～一一九度十五分、北緯三七度十五分～三八度十五分である。河口付近の海岸段丘は山東省恵民地区の北鎮（今の濱洲市）から河口まで、全長は約一四〇キロメートルである。河口三角洲は一般に墾利県寧海を頂点とし、北は徙駭河口、南は支脈溝口に至る扇形の地帯で、面積は約五四五〇平方キロメートルであり、三角洲の西南が高くて、東北が低かった。解放後、人工的コントロールによって、頂点は墾利県漁洼付近へと下方に移動し、三角洲における河川の改道と揺れの範囲を縮小し、北は挑河から南は宋春栄溝へと至る扇形の地形、面積二二二〇平方キロメートルを形成した。

実地調査、歴史文献、航空写真などに基づけば、一八五五年の海岸線をおおむね描き出すことができる。一九〇九年、一九四七年、一九五四年、一九六四年、一九七六年、一八九五年の地図を編纂し、高潮時・低潮時の海岸線を比較すると、一八五五～一九八五年の海岸線は全部で二八・五キロメートル前へ進み、実際の通水は九六年間、平均推進速度は毎年〇・二九七キロメートルであった。その中で、一九四七年以前の海岸線の前へ向けての推進は十三・一キロメートル、実際の通水は五七年間であり、平均推進速度は毎年〇・二三キロメートルであった。一九四七〜一九八五年には海岸線は前へ向かって十五・二キロメートル進み、平均推進速度は毎年〇・三九キロメートルであった。後者が速まった原因は三角洲の頂点が下へ移ったことにより、揺れ動く範囲が縮小したためである。一八五五〜一九八五年の間に、延伸して作り出した陸地は全部で二六二〇平方キロメートル、平均の造陸速度は年に二〇平方キロメートルである。そのうち、一八五五〜一九三八年の間には一四〇〇平方キロメートルの陸地を作り出し、平均すると年に十六・七平方キロメートルとなる。一九四七〜一九八五年に、延伸して作り出した陸地は一二二〇平方キロメートルであり、平均すると年に三一・三平方キロメートルの陸地を作り出した。(25)

黄河三角洲は鋸の歯状の突起を伴う扇形の三角洲で、様々な時期の亜三角洲の重なり合いによってできあがった複合体であり、いずれも舌状に海へ向かって延びている。黄河三角洲は一八五五年以来、二回の大規模な地勢変動を経験し、二つの大型の亜三角洲を形成した。一つ目の亜三角洲は一八八九〜一九三四年の間に、寧海を頂点として、五回に及ぶ決壊や河道の変動により、もう一つの亜三角洲は一九三四〜一九八〇年の間にさらに下流の漁洼を頂点として、五回に及ぶ決壊や河道の変化を経て形成された。それらは各々五つの互いに重なり合う舌状の小三角洲からなっているが、それらの小さい三角洲が一つ形成される周期は平均七年前後であった。各々の亜三角洲の発達する過程における河口の河道変化には一定の規律があり、まず中間の軸線部分から始まり、先に南遷してから北に移り、最後はまた中間の軸線の部分へと戻っていった。

黄河が一八五五年に大清河から渤海に注ぐようになると、形成した三角洲の範囲内でたびたび決壊したり、河道を変えたりした。歴史記載と実地調査の統計によれば、決壊と河道変更は五〇回あまりにのぼり、比較的大きいものだけでも、一〇回を数える。河口の歴年変化は表5に示すとおりであり、黄河三角洲の変遷は図2のようである。

図2　黄河三角洲の変遷（葉青超の図をもとに作成）

表5　黄河河口歴年変化

頂点	順番	通水時間(年、月)	通水年数(年)	実際行水年数(年)	河口改道時間(年、月)	改道地点	改道原因	海へ入る河口の位置
寧海三角洲頂点	1	1855.6～1889.3	24	19	1855.6（咸豊5年）	銅瓦廂	夏季増水による決壊	老爺廟
	2	1889.3～1897.5	8	6	1889.3（光緒15年）	韓家垣	氷解けの増水による決壊	毛絲坨
	3	1897.5～1904.6	7	5.5	1897.5（光緒23年）	嶺子荘	夏季増水による決壊	絲網口
	4	1904.6～1926.6	22	17.5	1904.6（光緒30年）	寇家荘	夏季増水による決壊	順江溝・車子溝
	5	1926.6～1929.8	3	3	1926.6	八里荘	夏季増水による決壊	刁口
	6	1929.8～1934.8	5	4	1929.8	紀家荘	人工的決壊	響水溝
漁洼三角洲頂点	7	1934.8～1938、春	4	4	1934.8	一合壩	以前の分流がふさがるが合流はせず改道する	神仙溝、甜水溝
	8	1947、春～1953.7	7	5				
	9	1953.7～1963.12	10.5	10.5	1953.7	小口子	湾曲部を人工的にまっすぐにする	神仙溝
	10	1964.1～1976.5	12.5	12.5	1964.1	羅家屋子	氷がとけて増水し、人工的に堤を切る	釣口溝
	11	1976.5～1980.12*	4.5	4.5	1976.5	西河口	人工的に決壊させる	清水溝

出典：葉青超「黄河三角洲的地貌結構及発育模式」

一九三八年に国民党の軍隊が人工的に黄河を決壊させ、再び南へと流れて淮河に入るようにしたが、九年たった一九四七年には東流に回帰した。一九四七年に黄河がもとに戻って以降、河口付近の海岸段丘は一九五三年に小口子の湾曲部をまっすぐに直したり、一九六四年に羅家屋子で人工的に堤防を切ったり、一九七六年に流れをせき止めて河道を変えさせたりといった三回に及ぶ比較的大きな変化を遂げた。各流路に通水した期間から見ると、神仙溝、甜水溝、宋春栄溝の並行は九・二年であり、その後神仙溝のみを通って海へと流れていたのが（汊《さ》河《が》の三年を含む）一〇・五年、釣口河が十二・五年、清水溝が今（一九九〇年）まで十七年である。神仙溝と釣口河の流路は比較的しっかりと発達したが、清水溝の流路は水や砂といった条件の変化で、十分な発達を遂げなかった。関連する研究によれば、清水溝の流路の年平均水量は二七〇・九億立方メートルであり、神仙溝の流路の年平均水量の五九・〇パーセント、釣口河の流路の年平均水量の六二・七パーセントである。年平均砂量は六・五八億トンであり、神仙溝流路の年平均砂供給量の五五・五パーセント、釣口河流路の五九・〇パーセントである。この種の水や砂の条件は清水溝に十七年にわたって黄河が流れ込みながらも、流路の発達が相対的に緩慢であった主要な原因の一つであった。[26]

一八五五年、一九五四年、一九七六年、一九九二年の高潮線の対比を通して黄河三角洲の海岸線の全体的変化を分析すると、黄河が流れ込む付近の海岸段丘では海岸線は、急速に前へ向かって進み、黄河が流れ込んでいないところでは、風や波、海流等の浸食によって、後退した。そのため、一八五五～一九九二年に、海岸線は全体として海へ向かって発展し、堆積によって進んだ面積は二六六〇・六平方キロメートルであったが、浸食・後退した面積を除いた純粋な造陸面積は二四二二・七平方キロメートルである。[27]

（二）渤海湾変遷の背景と原因

現在の黄河三角洲の形成条件は非常に複雑で、海面の変化、海岸動力の特徴、海底の地形、河口の変遷、流域で産出された土砂など、各要素は相互に依存し、共同で作用して作られる。その中でも、河流が海に運び込む土砂は主要な要素である。黄河が一年に運ぶ砂の量は約十一億トンであり、それは世界の二一の大河が海に運び込む土砂量全体の十七パーセントに当たる。黄河は世界でも名高い多くの流砂を含有する河川であり、「水が少ないが砂は多く、水と砂の源が異なる」という特徴を持っている。黄河の水量は全国の河川流水の二パーセントを占めるに過ぎないが、陝県三門峡站は一九一九〜一九六〇年の自然の状況下で年平均の土砂輸送量が十六億トンに達し、年平均の砂の含有量は一立方メートルにつき、三四キログラムと、他の河川をはるかに凌ぐ。三門峡より下流では、総土砂輸送量の四分の一は利津站に達することなく、河床に堆積する。特に（〇・〇五ミリメートル以上の）大粒の土砂は、黄河下流の河床を毎年一〇センチメートルも高くした。黄河の水量は主に上流（河源から河口鎮までの三四七二キロメートル）からである。黄河のベースとなる清水の主要な源は蘭州より上流であり、水量は五八パーセントを占め、砂量は極めて少ない。砂の供給は中流（河口鎮から桃花峪《とうかよく》までの一二〇六キロメートル。桃花峪以下の七八六キロメートルは下流である）に集中している。黄河の中流が流れる黄土高原の総面積は六四万平方キロメートルであるが、そのうち二一・二万平方キロメートルが深刻な水土流出地区で、そこから入る黄砂が黄河の砂量の九〇パーセントを占める。そのため、黄河の土砂の運搬量は渤海と黄海沿岸の地勢および沈澱作用に顕著な影響をもたらした。推計によると、利津站の懸移質土砂の中で、二四・二パーセントの土砂は陸上の三角洲を作り出し、三九・六パーセントは海岸帯に堆積し、残りの三六・二パーセントは運び出され、拡散して外海へと入った。海岸帯では、海流が黄河の供給した大量の懸移質土砂を運搬し、渤海と旧黄河三角洲に沿って、広々とした沖積泥質の浅瀬を作り出した。その幅は約一〇キロメートルあり、中国で最も幅が広く、高速で発展した沖積泥質の浅瀬である。(28)

本区は構造上、沈降区に属し、局部的な構造運動は比較的頻繁である。観測によれば、一九五四年から一九七三年に至る間に渤海の平均海面ははっきりと変動した。一九六八年に上昇を始めて一九七三年までに、塘沽《とうこ》站《たん》の平均海面は累計で二一・五センチメートル上昇し、年の平均上昇率は四・三センチメートルであった。[29] 海面上昇はここ数年来、三角洲の堆積と上流の河床の堆積の激化に重要な作用をもたらした。現在、黄河口は弱潮の河口なので、渤海湾西部沿岸の潮の差は小さい。最大の潮差は一メートル、最小の潮差は〇・四メートルに過ぎない。潮流速度は神仙溝以北の波の振幅の少ないところにおいて最大であり、秒速一・二メートル以上にも達する。ところが、湾頂の流れの速度はわずか秒速〇・六メートルであり、潮流の分界は現在の河口入口付近に現れ、渇水の季節の潮流の分界は河口入口より上流の二〜三キロメートルにも達する。洪水の季節の流水は遠く河口外の砂浜にまで影響し、潮流の分界は流水によって河口入口へと押し出される。[30] そのため、三角洲の変化の過程で、潮の満ち干の作用は微弱であった。渤海の平均水深は十八メートルで、海浜地区の深度は一〇メートルよりも浅くて勾配は緩く、海流の流れの速度は比較的緩慢であり、黄河が海へと運ぶ土砂が河口と河口外の砂浜の沈澱し、三角洲を発達させるのに有利な条件である。海底の地勢の帯状分布は非常に明確で、浅い海の水面下の三角洲平原の断面の変化から見ると、水深十五から二〇メートルの場所では、勾配は〇・一八から〇・二四パーセントで、沈殿物は多くが〇・〇〇一ミリメートル以下の沖積した泥と少量の泥質の細かく砕かれた砂であり、黄河の粒の細かい土砂が広範に渡って沈澱する海域である。水深二〇から二五メートルの場所では、勾配は〇・二九パーセントで、黄河の土砂が外海に向かって発展する地帯である。河口の場所は河床の断面が広くて浅いため、比較的なだらかで水の流れも緩やかであり、同時に潮や波の作用を受けて、河床を沖積によって上昇させ、甚だしきは塞いでしまい、河道の決壊や改道、変動を起こさせた。[31]

黄河からの砂の供給は特に豊富であり、沿岸の海岸動力は比較的弱いので、運び出した土砂は河口の入口で海に向かって伸びる突き出した砂州を形成し、同時に流路も徐々に沈澱して高くなり、水位もそれに対応して上昇し、上流は絶え間なく分流して揺れ動いた。川の分流する位置における堆積が三角洲の扇面の頂点に接近している時、大きな改道を発生させるので、[32] 黄河河口の頻繁な変遷は黄河口にミシシッピ河のような鳥足状の三角洲を発達させなかった。

黄河口の変化は沈澱泥質の浅瀬の発展に対して深い影響を及ぼし、一九七六年より前に、黄河から来た泥は主に西北方向へと漂流し、一九七六年に黄河が清水溝へと向かうようになってから、大部分の沈澱する土砂は南へ向かって漂流するようになり、一九七六年以来、清水溝以南の沈澱土砂の浅瀬は発達し、その幅は一〇キロメートル以上にも達したが、清水溝以北では、大部分の沈澱土砂の浅瀬は海岸とともに浸食されて後退した。(33)

おわりに——旧黄河三角洲と現代黄河三角洲の海岸変遷の比較

以上からわかるように、海岸の変遷は例えば海面変化、海岸動力の特徴、海底の地形、河口の変遷、流域の土砂産出状況などの影響を受けており、黄河の豊富な土砂含有量が旧黄河三角洲や現代黄河三角洲を形作る主要な動力となっていた。黄河の入海口の位置の変化につれて、二者は同様の歴史時期に異なる発達過程を経ており、その過程は全体的に言えば反対のものである。現代黄河三角洲が黄河の到来によって海へ向かって発展した時、旧黄河三角洲は黄河の砂源を失うことによって、海へ向かっての広がりを見せていたものが、侵食されて縮小することとなった。旧黄河三角洲は河口で「自由に揺れ動かないように」した条件下で形成された多くの平行亜三角洲が組み合わさってできた扇形の三角洲であり、現代黄河三角洲が河口で(自然・あるいは人工的に)頻繁に決壊したり、河道を変えたり、自由に揺れ動く中で形成された様々な時期の亜三角洲の重なり合いによってできた複合体である。しかもすべてが舌状の発展方式で海へ向かって伸びていった。それゆえ、黄河は旧黄河三角洲と現代黄河三角洲を作り出した主要な動力であるが、両者の発達形式は黄河の治水の方法の違いゆえに、相当異なっていた。

【注】

(1) 王宝燦等「海州湾岸灘演変過程和泥沙流動向」(『海洋学報』一九八〇年第一期)。
(2) 葉青超「黄河三角洲的地貌結構及発育模式」(『地理学報』一九八二年第四期)。
(3) 姜梅・夏東興「六〇〇〇年来我国低平海岸線的冲淤変化及其対海岸帯開発的影響」(『黄渤海海洋』二〇〇一年第一期)。
(4) 鈕仲勛・楊国順等「歴史時期黄河下游河道変遷」(『黄河史志資料』一九九五年第四期、水利部黄河水利委員会『黄河志』総編室)。
(5) 中国科学院『中国史全地理』編輯委員会編『中国歴史自然地理』分冊(科学出版社、一九八二年)。
(6) 葉青超「試論蘇北廃黄河三角洲的発育」(『地理学報』一九八六年第二期)。
(7) 王宝燦・黄仰松編著『海岸動力地貌』(華東師範大学出版社、一九八九年)二一七頁。
(8) 耿秀山等「廃黄河三角洲帯的演変過程及蘇北浅灘動態模式的初歩探討」(『海洋学報』一九八三年第一期)。
(9) 潘鳳英「試論全新世以来江蘇平原地貌的変遷」(『南京師院学報』(自然科学版) 一九七九年第一期)。
(10) 陳吉余「歴史時期中国海岸変遷」(『上海師範大学河口海岸研究室研究報告』一九七五年)、王宝燦等「海州湾岸灘演変過程和泥沙流動向」(『海洋学報』一九八〇年第一期)より再引用。
(11) 郭瑞祥「江蘇海岸歴史演変」、原載『江蘇水利科技』一九八〇年第一期、呉必虎『歴史時期蘇北平原地理系統研究』三一頁(華東師範大学出版社、一九九六年)より再引用。
(12) 張忍順「蘇北黄河三角洲及浜海平原的成陸過程」(『地理学報』一九八四年第二期)。
(13) 陳吉余「歴史時期中国海岸変遷」(『上海師範大学河口海岸研究室研究報告』一九七五年)、王宝燦等「海州湾岸灘演変過程和泥沙流動向」(『海洋学報』一九八〇年第一期)より再引用。
(14) 靳輔『靳文襄公奏疏』巻一、『四庫全書』第四三〇冊。
(15) 徐福齢『河防筆談』(河南人民出版社、一九九三年)三五頁。
(16) 王宝燦等「海州湾岸灘演変過程和泥沙流動向」(『海洋学報』一九八〇年第一期)。
(17) 武同挙『淮系年表全編』第一冊。
(18) 『清史稿』巻一二六、河渠一。
(19) 武同挙等編校稿『再続行水金鑑』巻八三河水、中華民国三五年。

(20)『明史』巻八四、河渠二。
(21)『清史稿』巻一二六、河渠一。
(22)耿秀山等前掲論文。
(23)潘前掲論文。
(24)中国科学院『中国自然地理』編輯委員会編『中国自然地理・歴史自然地理巻』(科学出版社、一九八二年)四六〜四九頁。
(25)龐家珍「論黄河三角洲流路演変及河口治理的指導原則」(『人民黄河』一九九四年)。
(26)龐前掲論文。
(27)李福林等「黄河三角洲海岸線変化及其環境地質効応」(『海洋地質与第四紀地質』二〇〇〇年)。
(28)任美鍔・史運良「黄河輸沙及其対渤海、黄海沈積作用的影響」『地理科学』一九八六年第一期。
(29)葉前掲「黄河三角洲的地貌結構及発育模式」。
(30)王宝燦・黄仰松編著前掲書、二一〇頁。
(31)葉前掲「試論蘇北廃黄河三角洲的発育」。
(32)王宝燦・黄仰松編著前掲書、二一一頁。
(33)任美鍔・史運良前掲論文。

Ⅲ　東アジア海文明と東方大平原

京杭大運河：中国江蘇省高郵付近
(2006年濱川栄撮影)

春秋邗溝考

水野　卓

はじめに

海を中心とした文明を考えるとき、その文明は海だけで成り立っているわけではなく、何らかの形で陸地とのつながりがある。我々が「東アジア海」と名づけた海についても、周辺の日本・中国・韓国それぞれの国と直接面しているのは沿岸部であるが、内陸部とも陸路はもちろん河川などの水路によりつながりが生み出されている。特に中国大陸においては、黄河や長江をはじめとする大河の存在が、内陸と海とを結びつけているわけだが、これらの大河はいずれも中国大陸を東西に流れている。そのため、大陸の東西は河川により比較的交流がなされやすいのに対し、南北の交流は東西ほどスムーズにはいかない。そこで中国を南北に結ぶ水路として造られたのが運河であり、その中で最も有名なのが、現在、京杭大運河と呼ばれているものである。その原型は隋代における整備によって造られたとされており、部分的には新たに開削した箇所もあるが、大部分はそれまでに造られていたいくつかの運河をつなぎ合わせたものであるという。では、最初の運河とはいつごろ造られたのであろうか。一般的には『春秋左氏伝』（以下『左伝』と略す）哀公九年の、

秋呉城邗溝通江淮（秋、呉は邗に〝城〟し、〔邗〕溝を掘って江・淮を通じさせた）

という記事に見える「邗溝《かんこう》」が中国最初の運河とされており、中国の運河についての代表的な研究者である安作璋をはじめとして、運河に言及するほとんどの研究は中国歴史文献の記載上、開削の時期が明らかな最初の運河として邗溝を取り上げている。(1)

しかし、邗溝を運河の始まりと見なすことに対しては懐疑的な意見もあり、そのことをはっきりと指摘したのが岡崎文夫である。岡崎は、『史記』巻二九、河渠書の「通鴻溝江淮之間」と『漢書』巻二九、溝洫《こうきょく》志の「通溝江淮之間」という記述の違いに着目し、「余はかりに現行本の史記を正しき者として其意味を考へて見ようと思ふのである」とした上で、『史記』に見える〝鴻〟字をもとに、戦国期という背景に即して「鴻溝」建設の状況を明らかにした。一方、『左伝』にしか見えない邗溝については、先学の説をいくつか参考にして「交通機関としての運河」としてはあり得ないと指摘し、「運河開掘に関する精確な年代の認むべき者、水経注引く所の竹書紀年梁恵王大梁城に水を引いた事実、即鴻溝の作られた時を以て最初としなければならぬ」と結論づけ、中国史上最初の運河を春秋期の邗溝ではなく、戦国期の鴻溝としたのである。(2)

岡崎は『左伝』の記事を否定して、『史記』の記述から鴻溝が最初の運河であることを証明しようとしたわけだが、一方、『左伝』の記事を重んじ『史記』の〝鴻〟字を別の字に置き換えたり、削除するなどして『史記』の記述からも邗溝が最初の運河であることを証明しようとする見解もある。このような一方の記述を重んじて、他方にも整合させるような解釈が果して妥当と言えるかは疑問であるが、先秦時代の運河について、これほど詳細に検討した研究は他になく、その意味でこの指摘は貴重である。また、『左伝』の記事に関しても、これまでに数多く「言及」されてきてはいるが、岡崎が『史記』に対して行ったような専門的な「検討」はなされたことがない。『左伝』哀公九年の記事の解釈はもちろん当時の呉が置かれた状況を正確に把握してこそ、岡崎の指摘が正しいか否かが判断でき、中国における運河の起源を探ることができるものと思われる。

そこで本稿では『左伝』哀公九年の記事を詳細に検討し、この記事の本来の意味を明らかにした上で、岡崎の論を検証しつつ、邗溝が存在したとすれば、それが春秋時代においていかなる意味を持っていたのか、その合理性を検討していきたいと思う。こうすることで、邗溝の実在の可能性の有無も、ある程度の推測が可能となろう。なお、本稿では『左伝』の記事を検討するということで、特に断りの無い限りは『左伝』からの引用であり、その訳は小倉芳彦『春秋左氏伝（上・中・下）』（岩波書店、一九八八・一九八九年）を参照としたこと、また『左伝』以外からの引用の場合にはその出典を明記しておくことや、『左伝』の注釈として有名な晋の杜預の注は「杜注」、『左氏会箋』は「会箋」と略していることなどを、あらかじめお断りしておく。

一、邗溝のルート

岡崎は鴻溝を最初の運河と規定するに当たり、『左伝』の邗溝に関する記事にも当然のことながら検討を加えており、これについて岡崎は、哀公九年の記事に付けられた杜注を解釈した胡渭《こい》『禹貢錐指《うこうすいし》』の説に注目した。杜注は一般的には邗溝のルートとしてまず射陽湖《しやようこ》に流れ、そこから淮水に入り込むと解釈されるが、[3] 胡渭は、射陽湖の土地が低く、これより北方へ水を引けないことと、呉が斉を伐つ時は海路を利用しており、[4] 越が呉の退路を絶つときも海路によっていることから、舟を浮かぶべき渠水が江淮の間に開かれたとは思えないとした上で、『漢書』巻二八、地理志下の記述をもとに、[5] 揚州を起点とする運河は射陽湖までしか通じていないと指摘した。岡崎はこれをもとに、杜注を江水と淮水とが運河によって直ちに連絡された意味ではないと解釈したわけだが、[6] そもそも邗溝のルートとはいかなるものであったのか、岡崎が根拠とした胡渭の見解を確認する意味でも、まずはそのルートを考えることから始めたい。

邗溝のルートが考古学的に発見されていれば議論の必要もないのだが、江村治樹が『文物』一九七三年十二期に掲載された邗城遺址に関する記事を取り上げつつ、彼が取材した印志華の、「邗溝の長江への入口については、東晋より前の記録がなく、みなこの問題を回避している」という見解を紹介していることからもわかるように、[7] 今のところ、考古学的見地からは春秋期の邗溝のルートを見出すことはできず、文献史料の記載を詳細に検討する以外に知る術がないのである。[8]

そこで検討すべきは、『左伝』哀公九年の記事、特に「溝通江淮（〔邗〕溝を掘って江・淮を通じさせた）」の部分をどのように解釈するかということになろう。簡単な記載であるがゆえに、その中継地点についてはさまざまな解釈があるものの、江水と淮水とをつないでいるという点に関しては、『左伝』の注釈のほぼ一致した見解となっている。[9] しかし、先にも挙げたように、胡渭は地勢の高低差をもとに、邗溝は射陽湖までしか延びておらず、淮水まで通じていないと主張しており、淮水とはつながっていないとする説がないわけではない。一方、江水とのつながりに関しても、例えば、石泉は『左伝』哀公元年の「江汝之間」や哀公四年の「泝江入郢」、『史記』巻四〇、楚世家の「江淮北」や巻四一、越世家の「江淮東」それぞれの検討を通して、淮水が〝江〟や〝江淮〟と表現されていることなどから、〝江〟は長江とは限らず、〝江〟が淮水の可能性もあると指摘しており、[10] これに基づけば、江水にすら通じていない可能性も出てくるのである。

このように、邗溝のルートが江水と淮水とを結ぶものであったかどうかという基本的な部分ですら、[11] 検討の余地があるわけだが、ここで取り上げた解釈は、あくまで「溝通江淮」についての注釈をふまえたものであり、その注釈も春秋時代よりはるかに時代の下った時点での、いわば後代の解釈である点には注意が必要である。その意味で、胡渭の見解については、彼の時代の地勢と春秋期の地勢とが同じであったのかという疑問は出てくるし、また石泉についても、例えば、『史記』の記述から淮水が〝江淮〟とされていると述べながら、邗溝が記された『左伝』哀公九年の〝江淮〟については言及しておらず、仮に〝江〟が長江ではない例を認めるにしても、それがすべての〝江〟に当てはまるのかといった疑問がどうしても残ってしまう。そもそも『左伝』には「溝通江淮」としか記されていないため、いずれの解釈も確定的とまでは言いがたく、むしろ「はじめに」でも述べたように、『左伝』を詳細に検討する以上、この哀公九年の記事自体、特に「溝通江淮」の前に「呉城邗」と記されている点に注目すべきではなかろうか。やはりこれらは別々に考えるのではなく、何らかの関係があるものと見て、同じように検討する必要があると思われる。節を変えて考えてみよう。

二、「呉城邗」について

「呉城邗」については、後代の解釈となるが、注釈の多くは邗江に城を築くこととしている。(12)だとすれば、邗は邗江ということになるが、一方、童書業は、呉が古文献の中で〝干〟と称されており〝干〟は元々古の国名で、別に邗に作ることから、春秋末期に呉の都が長江の北、揚州付近にあるはずと述べ、邗を邑、しかも春秋末期の呉の国都であると指摘している。(13)しかし、童自身も左氏伝は呉王夫差が長江の北にある邗城に遷都したとは言っていないとするように、(14)邗が国都であったとまでは言い切れないが、江村治樹の調査記において、彼が取材した印志華が「邗城の前には淮夷の一支の干国があり前六〇〇～五〇〇年頃呉に滅ぼされた」とし、張敏も「呉の都城は、現在判明している最も早い鳩茲《きゆうし》（安徽省蕪湖県）から、固城（高淳）→葛城（丹陽、春秋中晩期）→闔閭《こうりよ》城（呉城）→姑蘇《こそ》（蘇州南の木瀆、夫差時）へと変遷した。呉は本来、長江以南を勢力圏としたが、邗を滅ぼして長江の北に進出し、のち徐も滅ぼした」と述べているように、[15]元々〝干〟という国があり、これが邗につながるとすれば、邗が邑である可能性は高い。ただし、邗を古の〝干〟とする場合の根拠である『管子』小問篇の「昔者呉干戦（むかし、呉と干が戦った）」という記事については、[16]江村知朗がこれを詳細に検討し、文中の「昔者」とは、この記事に出てくる斉の桓公と管仲の時代から見た「昔者」ではなく、小問篇が編集された時点から見ての「昔者」とした上で、この記事を後代の創作と指摘している。[17]また王冰も小問篇の記述を基本的に春秋晩期から戦国初期の故事とし、「邗王是野戈」という青銅器の銘文「邗王是埜作為元用」に見える「邗王」を晋人の呉君に対する専称であるとして、邗と〝干〟との結びつきに疑問を呈し、その上で、『左伝』の「呉城邗」については、〝干〟の城壁を修築したものではなく、呉王夫差が邗江に新たに築城した記事であると述べている。[18]確かに、二人の指摘に従えば、小問篇の記事を根拠とした邗以前の〝干〟の存在は疑わしくなるが、邗が元々何であるかを探るためにも、次に〝城〟についての分析をしてみよう。

そこで注目したいのが〝城〟について詳細な検討を行った宇都木章の指摘である。宇都木は『春秋』の記事から、魯の「邑に城《きず》く」という事例を検討し、それが日常的な築城修理を指しているのではなく、「〝城〟とは、諸邑の城郭の防御設備を整える意味をもっている」とした上で、城邑記事がすべて魯の国政に関わる事柄であることを見出し、「殆ど魯国の政治的・軍事的重要事件であり、その多くは、魯国の発展或いは防衛の為の要衝の辺邑の築城であった」と指摘した。[19]ならば、この見解を参考にして「呉城邗」を解釈してもよさそうだが、一方で宇都木は「但し、『春秋』の〝城邑〟記事は、魯国の対外政策と密接した記録であったから、それは魯国政治の特質及び政治状況によって大きな影響を受けたものと考えねばならず、簡単に一般化すべきでないことは論を俟たない」とも述べており、[20]この検討があくまで『春秋』のかつ魯に限定されたものである点には注意が必要であろう。

この「呉城邗」が『左伝』のみに見える記事である以上、『左伝』における、特に魯以外の国の「城邑」記事が、いかなる意味を持っているかを探る必要があるわけだが、『左伝』の「城邑」記事の中には自国の邑に自国が〝城〟する場合と、ある邑に他国が〝城〟する場合とがある。宇都木の分析が前者の事例に注目していることから、『左伝』の「城邑」記事の中でも、特に魯以外の国が自国の邑に〝城〟した事例を見てみると、例えば、

〔斉の〕晏弱《あんじやく》は東陽に〝城〟して莱《らい》に威圧を加えた（襄公二年）

　杜注：東陽は斉との境にある邑である

〔魯の〕孟献子《もうけんし》は、虎牢に〝城〟して鄭に威圧を加えたいと言った（襄公二年）

　杜注：虎牢は元々鄭の邑であり、今は晋に属している

　会箋：虎牢は要害の地である。それは鄭の西にあって、楚はその南にある

とあるように、後代の解釈である注釈によればだが、他国との境とされる場所にある邑で〝城〟が行われている事例や、(21)

〔楚の〕蔵尹《しんいん》の宜咎《ぎきゅう》は鍾離に、薳啓彊《いけいきょう》は巣《そう》に、然丹《ぜんたん》は州来にそれぞれ〝城〟しようとしたが、東部地区に大水が出たので、〝城〟することができなかった（昭公四年）

　会箋：三つの〝城〟はみな呉に備えるためである

〔楚の〕令尹の子瑕は郟《こう》に〝城〟した（昭公十九年）

　会箋：〔昭公〕元年に楚が郟に〝城〟した際には、鄭人はこれを恐れた。今また鄭に備えたのである

とあるように、自国の防備あるいは他国への攻撃のために〝城〟が行われている事例が見られる。(22) 宇都木は『春秋』

をもとに分析したため、導き出した見解は魯に特徴的なもので、一般化すべきではないと述べているが、このように『左伝』をもとに分析してみても、宇都木の指摘が魯以外の城邑記事にも援用できることが確認できるのである。

この宇都木の見解を参考に、『左伝』における〝城〟の意味を考えるならば、『管子』小問篇に見える〝干〟が邗につながるかは検討の余地があるものの、少なくとも邗は邑であり、元々邗邑があったところに城壁の防御設備を整えたと考えた方がよいように思われる。また、

夏、〔魯の〕哀公は、単の平公・晋の定公・呉の夫差と黄池で会合した。六月丙子、越子（句践）が呉に攻め入った……丁亥の日、呉に攻め入った。呉の人は呉王（夫差）に敗戦を報告した（哀公十三年）

とあるように、邗溝建設の四年後に行われた黄池の会の虚をついて、越がいとも簡単に呉の国都に攻め込むことができた状況を伝える記事を見る限り、この時の国都がどこにあったかは断言できないが、邗が国都ではないとすれば、黄池の会が行われていた時の国都の兵力が手薄であったことは想像に難くなく、さらに江村治樹が取材した印志華の「邗城は呉国が江北に発展する最初の軍事拠点（屯兵、屯糧）となった」という指摘に着目すれば[23]、当時の呉が兵力を集中させていた軍事拠点こそ邗であったものと思われる。

以上の検討から、「呉城邗」とは、呉が自国の発展或いは防衛のために、邗邑に城郭の防御設備を整えたことを示した記事であり[24]、これをふまえて邗溝と江水との関係についてまとめてみると次のようになる。前節でも取り上げた『文物』一九七三年十二期の記事では、邗城が西南で江水に臨んでいたと推測しており、これによれば江水とつながっていたと言えなくはないが、厳密に言えば、その出発点は軍事拠点たる「邗城」だったのであり、少なくとも、邗溝によって江水とつなげることが、必ずしも主たる目的ではなかったと思われるのである。

三、邗溝建設の目的

前節までの検討では、邗が軍事拠点であり、そこに城壁が築かれたこと、また、このことから江水とつなげることが邗溝建設の主たる目的ではなかったという可能性を論じてきたが、もう一方の接点である淮水についてはどうであろうか。これに関しては、胡渭やそれを根拠として岡崎が否定した以外、先行研究では邗溝と淮水とはつながっているという意見が多い。しかし、邗溝のルートに関してここまで詳細な検討を行ったのはこの二人以外になく、その見解を確認する意味でも淮水との接点について、ここで検討しておきたいと思う。

邗溝の出発点が「邗城」である可能性が高い以上、終点が淮水であろうとそれ以外であろうと、そこが邗溝の目的地であり、その意味で邗溝がいかなる目的で建設されたかを探ることこそ、淮水と接していたか否かの検討にもつながるものと思われる。邗溝が軍事的な目的で造られたことは、先行研究においても異論はなく、また前節での〝城〟の検討からも明らかだが、具体的に何が運ばれたかについては、主に軍隊に供する食糧など軍需物資の輸送路として造られたという見解が多い。(25) しかし、軍需物資を運搬するためだけに邗溝が築かれたのであれば、邗城以北にその軍需物資を受ける呉の拠点があってもよさそうだが、それが史料から見出せない以上、それ以外の運搬目的も考えた方がよく、そのためには、当時の呉の動向や呉が置かれた状況などから考える必要があると思われる。そこで注目したいのが、「邗溝はその開通の翌年に呉の船団が斉を攻める上でも利用されたらしい」という平勢隆郎の指摘である。(26)

邗溝開通の翌年の斉への侵攻とは、

〔魯の〕哀公は呉子・邾子《ちゅし》・郯子《たんし》と合流して斉の南郊の邑を攻め、鄎《そく》に出陣した。斉の人は悼公を弑して、呉軍に訃報を通告〔申し開き〕した。呉子は軍門の外で三日間哭礼を行った。徐承は水軍をひきいて、海より斉に侵入しようとしたが、斉の人がこれを破ったので、呉軍は引き揚げた（哀公一〇年）

という記事に見える、呉が海から斉を攻めたものであり、この時に邗溝が利用されたと平勢は推測しているのである。平勢は邗溝建設の目的として、木材や銅などの物資が運ばれたことにも言及しているが、(27)「この邗溝の開通の持つもう一つの意味は、実はこれまで等閑視されてきたと言ってよい。それは、長江下流域から沿岸に沿って北上することの困難さである。当時から現在までに、問題の沿岸は大河のもたらす大量の土砂によって東側にかなり迫り出してきている。こうした土砂は、遠浅の海を形成していたのであり、潮の満干が引き起こす海岸線の移動は著しかったことが予想される」という指摘に注目するならば、(28)長江から海へ出るルートがいかに困難であったかは容易に想像できよう。つまり、単に軍需物資を運搬したというよりも、呉は邗溝を開削することで、軍隊を安定的に淮水に運び、そこから海へ出て斉を討つという、海からの攻撃ルートを確保する目的で造られたとする方が、当時の呉が置かれた状況に合致しているのであり、邗溝以北に呉の軍事拠点が見当たらない理由にもなるものと思われる。ただし、この見解はあくまで平勢の指摘に基づいた推測であるため、呉を中心とした当時の状況を詳しく検討してみよう。

四、邗溝建設前後の呉をめぐる情勢

邗溝が建設される前後の、呉と中原諸国との関わりや中原諸国同士の関わりについてまとめたものが、次の表である。

〔表〕邗溝建設前後の呉及び中原諸国同士の動向

哀公八年
①〔春〕魯の季康子が妹を斉の悼公《とうこう》に嫁がせなかった。
②夏五月、斉の鮑牧《ほうぼく》が魯を討ち、讙《かん》と闡《せん》を占領した。
③〔夏六月〕、斉の悼公が呉に使者を送り、魯に出兵するよう求めた。
④魯は邾の隠公を国に帰したが、無道な政治を行ったので、呉が邾を討った。
⑤秋、魯と斉が講和し、九月に魯と斉が盟を交わした。
⑥冬十二月、斉の人が讙と闡を魯に返還した。

哀公九年
⑦春、斉の悼公は呉に使者を送り、魯への出兵を断った。
⑧秋、呉が邗に城壁を築き、〔邗〕溝〔運河〕を掘って江・淮を通じさせた。
⑨冬、呉の夫差が軍を整えて斉を討つよう魯に使者をおくった。

哀公一〇年
⑩春、邾の隠公が魯に来奔し、その後斉に逃げた。
⑪〔春〕魯の哀公は呉・邾・郯の君主と合流して斉の南郊の邑を攻め、鄎に出陣した。
⑫〔春〕斉人は斉の悼公を弑して、訃報を通告し、申し開きをした。
⑬〔春〕呉の徐承が水軍を率いて、海岸沿いに斉に侵入しようとしたが敗れた。
⑭秋、呉が軍を整えるよう魯に使者をおくった。

この表によれば、邗溝の建設前後に、呉が斉・魯・邾と大いに関わっていたことがわかり、特に斉・魯との関係に注意してみると興味深いことが見つかる。邗溝が建設される直前の状況下で、呉が直接関連する事件としては、魯の季康子が妹を斉の悼公に嫁がせなかったことで（①）、斉が魯を討って讙と闡を占領し（②）、その際、斉が呉に出兵を要請してきたことである（③）。しかし、その後斉と魯が講和し（⑤）、先に攻め取った讙と闡を斉が魯へ返還したことで（⑥）、斉魯両国の対立はひとまずなくなった。だからこそ、斉は先に要請した出兵の中止を呉に求める事態となったわけだが（⑦）、この時、

呉子は言った。去年（哀公八年）、寡人（私）は〔出兵せよ〕との命を受けたのに、今年はこれを変更された。どちらに従うべきかわかりません。こちらより出向いて行って、斉の君から直接命をお受けいたしましょう（哀公九年）

とあるように、呉が斉に対して不信感を持ったことがはっきり記されていることは重要である。このような状況下で邗溝は建設され、「江・淮」が通じたとされたのであり（⑧）、その建設目的が斉に対抗するものであったことは、邗溝建設後に呉から魯へ斉を討つための出兵が要請されていることからも明らかであろう（⑨）。

そして実際に、斉への攻撃としては、魯・呉・邾・郯による陸路からと（⑪）、呉の徐承による海路から行われているわけだが（⑬）、ここで注目すべきは、前節でも取り上げたように、海からの攻撃が行われていることである。では、徐承はどこから海に入ったのであろうか。注釈の中には、大江あるいは淮水から海に入ったのではないかとする解釈があり、例えば大江から海へ入るルートを考えてみると、大江が今の長江だとした場合、[29]あまりにも距離が離れすぎているように思われる。仮に長江以南に呉の国都があったと想定すると、国都から長江に出るまでにもある程度時間はかかるであろうし、また、

〔邾の大夫の〕茅成子《ぼうせいし》は状況を呉に報告しようと申し出たが、邾子は許さず、魯が拍子木を打つと、その音が邾に聞こえるほど魯とは近い距離にあるが、呉は二〇〇〇里の彼方にあり、三ヶ月経たないと到着できない。どうし

てここに来ることができようか、と言った（哀公七年）とあるように、呉から魯の近くにある邾までですら三ヶ月かかるとすれば、たとえ海路の方が陸路より早く移動することができたとしても、呉の国都から斉まではかなり遠く、同じ〝春〟のうちに陸路と海路両方からの攻撃は不可能であろう。あるいは、国都から出発し、淮水から海に入ったルートを考えてみても、呉の国都が長江以南にあったとすれば、そこから淮水に陸路で行っていては時間がかかり過ぎてしまい、これまた同時期の攻撃は不可能と思われる。

そこで考えられるのが、この攻撃の前年に造られた邗溝を利用した方法である。前節での検討で邗が兵力の集中していた軍事拠点である可能性は高く、この邗城から軍隊を出発させ、邗溝という水路を利用して淮水から海へ出て斉を攻撃したと考えるならば、〝春〟のうちに陸路と海路から同時に攻撃することができるのではなかろうか。(30) 逆に、邗溝が全く利用されなかったとすれば、呉が斉と対抗している最中に、なぜその建設が進められたのか理由が見当らない。単に江水と淮水とをつなげるためではなく、このような軍事目的、特に海路からの攻撃を呉が想定して造ったと考える方が、(31) 当時の情勢により合致するものであると思われる。

以上、当時の呉を中心とする斉・魯との関係から見ても、邗溝建設の目的が斉への侵攻にあったことは確かであり、ここからも邗溝が淮水とつながっていた点は確認できるが、より具体的に言えば、邗城に集中していた軍隊を淮水に送ること、さらに、淮水から海に出て、海から攻撃するために邗溝は建設されたのである。

おわりに

以上述べてきたことをまとめると次のようになる。春秋末期、呉により建設された邗溝は、当時対立していた斉を海上から攻撃するための軍事計画の一環として造られたものであった。具体的には、当時、斉と呉は魯や邾を交えての対立関係にあり、呉は陸路だけでなく海路からの攻撃も企図して、江水付近にあった邗邑に城壁を築き、軍事拠点を構築する一方、そこに集められた兵力を、迅速に淮水に送り、淮水を下って海に出るために邗溝を構築したのである。

このように邗溝の目的がはっきりしたことで、そのルートも明らかになったと思われる。これまで邗溝は「溝通江淮」という記述から、江水と淮水とを結ぶとされてきたが、厳密に言えば、その出発点は「邗城」であり、目的地は淮水さらに言えば海であったのである。おそらく、当時の江水河口は土砂の堆積などの理由で舟が通ることが困難であり、まして軍船が北上することなど不可能であったことが、邗溝建設の理由として考えられるが、その背後には、兵力を迅速に北上させて斉を攻撃するという、当時の呉が置かれていた状況が大きく関わっていたのであり、それが軍事拠点たる邗城と淮水とを直接結ぶことを考えつかせたのであろう。

邗溝のルート・目的がこのようであったとすれば、「はじめに」で取り上げた岡崎の『左伝』に関する見解は成り立ちがたく、その意味で、中国最初の運河はやはり邗溝であると結論づけられよう[32]。なお、今回は中国最初の運河ということで、呉が建設した邗溝のみに焦点を当ててみたが、『国語』呉語を見ると、呉はその後、

呉王夫差は申胥《しんしょ》を殺した後、収穫が不作であったが、兵を起こして北征した。深い溝を掘って、宋と魯の間まで

通し、北は沂水《きすい》に至り、西は済水《せいすい》に至って、晋の定公と黄池で会合したとあるように、淮水以北にも運河を構築していることがわかる。[33]ここに見える黄池の会は『春秋』に、「〔魯の〕哀公は晋侯と呉子と黄池で会合した」（哀公十三年経文）とあり、『左伝』で言えば、哀公十三年の出来事として記されている。今回の検討と絡めて推測するならば、結果的に海からの攻撃は失敗に終わったものの、邗溝を利用した兵力の移動が予想以上に効果的だったことをうけ、中原へ進出するルートとして、再度運河を構築したと考えてもよいのではなかろうか。

いずれにせよ、春秋末期に現れた運河という存在により、河川を利用しつつも、中国の内陸部と海とをつなぐルートが確立し始めたことは指摘できるのであり、邗溝以降に構築された運河を詳細に調べることで、海と内陸部とがつながっていく状況が見出せるものと思われる。[34]

【注】

（1）安作璋主編『中国運河文化史』上冊（済南、山東教育出版社、二〇〇一年）。日本においても近年、江南地域を調査した江村治樹「二〇〇七年、長江下游呉越文化調査旅行日誌―南京・鎮江・揚州・常州・無錫・蘇州・上海―」（『アジア流域文化論研究』Ⅳ、二〇〇八年）が、「邗溝は中原の進出地に対して軍糧を輸送するために開鑿されたもので、中国で最初の運河とされている」（三〇頁）と述べている。

（2）岡崎文夫「江淮運河小記」（同『南北朝に於ける社会経済制度』弘文堂、一九三五年。初出は『支那学』第五巻第一号、一九二九年）四・十六頁。

（3）杜注に「穿溝東北通射陽湖、西北至末口入淮（溝を掘って東北に流れて射陽湖に通じ、そこから西北に向かい末口に至って淮水に入る）」とある。なお、佐藤武敏「古代における江淮地方の水利開発―とくに陂を中心として―」（『人文研究』第十三巻第七号、一九六二年）によれば、「射陽湖は江蘇省淮安県の東南にあるかなり大きな湖である」（七六頁）という。また大川裕子「范蠡三徙説話の形成―水上交通路との関係を中心に―」（『史艸』四七号、二〇〇六年）も、「邗溝は江淮間においては、射陽湖などの湖を利用しながら水路の整備が進められ、淮河以北は、泗水を経て済水や沂水に通じていたと考えられる」（二〇頁）と述べている。

（4）この呉が斉を伐ったことについて、岡崎の論文が最初に掲載された『支那学』では、「左伝によつて考へて見ても呉が北の方斉を伐つ時常に河路を利用して居る」（十一頁）と〝河路〟と記されていたが、再録された『南北朝に於ける社会経済制度』では〝海路〟と書き改められている。『左伝』の該当部分（哀公一〇年）を見ても、「海路」の方が正しいと思われる。

（5）『漢書』巻二八、地理志下に「渠水首受江、北至射陽入湖（渠水ははじめ江水を受け、北に流れ射陽に至って湖に入る）」とある。

（6）岡崎前掲注2論文、十一頁。

（7）江村治樹前掲注1論文、三〇・三一頁。陳達祚・朱江「邗城遺址与邗溝流経区域文化遺存的発現」（『文物』一九七三年十二期）に「古時、邗城の西南角は長江に臨み、邗溝はここから北に城郭を一周し、東南の鉄仏寺でやや南に曲がり、東に向かって螺絲橋に達した」（四六頁）とある。

（8）文献の記述から邗溝のルートを詳細に検討したものとしては、劉文淇『揚州水道記』や徐庭曽『邗溝故道歴代変遷図説』などの研究があり、前者はこれまでの邗溝のルートに関する見解を紹介し、後者は邗溝関連の地名を紹介して故道の復元を試みている。これらは非常に有用ではあるが、春秋時代において、呉が周辺の国々といかなる関係にあったのかなど、当時の呉が置かれた状況に即して述べられていない点には検討の余地があろう。

（9）会箋は「邗江亦曰漕河、起揚州府城東南二里、歴邵伯湖・高郵湖・宝応湖、北至黄浦、接淮安府界、為山陽瀆。其合淮処曰末口、在府北五里。自江達淮、南北長三百余里」とし、楊伯峻『春秋左伝注（修訂版）』（以下楊注とする）は「呉于邗江旁築城挖溝、連通長江与淮水、大致自今揚州市南長江北岸起、至今清江市淮水南岸止」とする。また、木村正雄『中国古代帝国の形成　新訂版』（比較文化研究所、二〇〇三年）も、「その道すじは、広陵国江都県から北方広陵県の東、雷陂の東を経、高郵の北平安県の南で東北折して射陽湖に入り、臨淮郡淮陰県で淮水に入った。いわゆる『渠水』と呼ばれるものである」（一七三頁）と指摘している。

（10）石泉『古代荊楚地理新探』（武昌、武漢大学出版社、一九八八年）六三～六六頁。石泉はこれら以外にも、『史記』及び裴駰集解や『国語』・『呉越春秋』などの記事から、〝江〟を〝淮〟に、〝淮〟を〝江〟に作る場合があると述べている。

(11) 邗溝のルートを地図上に示した先行研究、例えば安作璋前掲注1著書を見ると、江水と淮水とを直接つないでいるかのようなルートで描かれているが（末尾図1参照）、大川前掲注3論文のように、射陽湖への経由を示した上で、江水と淮水とをつなぐように描いているものもあり（末尾図2参照）、こちらの方がより正確な描写であると思われる。

(12) 杜注に「於邗江築城」、会箋に「邗江亦曰漕河、起楊州府城東南二里」、楊注に「邗城当在今揚州市北、運河西岸。邗江即水経注之韓江、呉于邗江旁築城、挖溝連通長江与淮水」とあるように、いずれも邗を邗江と見ている。

(13) 童書業『春秋左伝研究』（上海、上海人民出版社、一九八〇年）二三七・二四一頁。

(14) 童前掲注13著書、二四〇頁。

(15) 江村治樹前掲注1論文、二五・三一頁。

(16) 蕭夢龍「淹城呉都考」（『東南文化』一九九六年第二期）や王暉「西周春秋呉都遷徙考」（同『古文字与商周史新証』北京、中華書局、二〇〇三年。初出は『歴史研究』二〇〇〇年第五期）は、『管子』小問篇の「〔斉〕桓公使管仲求甯戚。甯戚応之曰、浩浩乎。管仲不知。至中食而慮之。婢子曰、公何慮。管仲曰、非婢子之所知也。婢子曰、公其毋少少、毋賎賎。昔者呉干戦。未齔不得入軍門。国子擿其歯、遂入為干国多。百里徯、秦国之飯牛者也。〔秦〕穆公挙而相之、遂覇諸侯」という記事と、郭沫若「呉王寿夢之戈」（同『奴隷制時代』北京、人民出版社、一九五四年）が「邗王是野戈」という青銅器の銘文「邗王是埜作為元用」に見える「邗王」を「呉王」と解釈していることなどから、斉桓公以前に呉が邗を占領していたと推測する。

(17) 江村知朗「呉国歴史地理研究序説―遷都問題に関する研究史的考察―」（『歴史』第一一二輯、二〇〇九年）。江村の主眼は呉の遷都問題にあるため、邗について専門的に論じているわけではないが、『管子』小問篇を見ると、「昔者呉干戦」という記述とともに、「百里徯、秦国之飯牛者也。〔秦〕穆公挙而相之、遂覇諸侯」という記述があることから、「秦覇の達成はどう早くみても、斉桓公・管仲生存時にまでは遡り得ないのである」（十六頁）とし、この記事を後代の創作と見る。ただし、注では「邗と呉の関わりを記す史料はこれ以外に見当たらず、百里徯の故事と切り離して、独立した伝承が先に存在していたのだとすれば、この史料を貴重な古伝承として扱うことは可能かもしれない」（二八頁）として、この記事の「古伝承」としての可能性にも含みを残している。いずれにせよ、「小問篇の記す呉・邗の戦いで勝利したのは呉ではなく邗のはずであり、この記事が邗の滅亡を示すと解することはできない」（十六頁）と述べるように、この小問篇について江村が強調したいのは、この記事から邗の滅亡を読み解くことは難しいという点であり、邗という国が存在したこと自体に疑問を投げかけているわけではないように思われる。

（18）王冰「呉之邗城非干国考辨」（『中国歴史地理論叢』第二四巻第一輯、二〇〇九年）。

（19）宇都木章「『春秋』にみえる魯の『邑に城く』ことについて」（五井直弘編『中国の古代都市』汲古書院、一九九五年）七〇・九八頁。

（20）宇都木前掲注19論文、一〇〇頁。

（21）他にも「晋師城梧及制、〔晋〕士魴・魏絳戍之」（襄公一〇年）とあり、その杜注に「欲以偪鄭也……梧・制皆鄭旧地也」とあるように、晋と鄭の境の邑で〝城〟が行われている事例が見られる。

（22）他にも「楚公子囲使公子黒肱・伯州犂、城犨・櫟・郟」（昭公元年）とあり、その杜注に「犨県属南陽、郟県属襄城。櫟今河南陽翟県也、三邑本鄭地也」、会箋に「犨・郟本鄭邑、此時已入楚」とあるように、楚が鄭に対抗するため〝城〟を行っている事例や、「〔楚人〕城州来以挑呉」（昭公十九年）とあるように、楚が呉に対抗するため〝城〟を行っている事例が見られる。

（23）江村前掲注1論文、三二頁。

（24）宮崎市定「戦国時代の都市」（同『宮崎市定アジア史論考　中巻』朝日新聞社、一九七六年。初出は東方学会編『東方学会創立十五周年記念　東方学論集』東方学会、一九六二年）は「宮室生活も城郭生活も知らないので、このことが異民族の異民族たる理由の大なるものであった」（五七頁）と述べており、この見解をもとに、江村治樹「呉、越の興起について」（谷川道雄編『中国辺境社会の歴史的研究』昭和六三年度科学研究費研究成果報告書、一九八九年）も「古来、中国と異民族を区別する重要な基準の一つとして、城郭の有無が挙げられており、『城郭を立てること』は直接呉国を中原化することにつながる施策と言ってよい」（七頁）と指摘するように、呉にとって邗への〝城〟という行動は非常に重要な意味を持っていた可能性がある。

（25）例えば、哀公九年の杜注は「通糧道也」とし、木村前掲注9著書も「これは呉が北方の雄国、特に斉・魯を威圧するために兵糧を送る漕路を開こうとしたものであった」（一七三頁）と述べ、江村治樹前掲注1論文も「邗溝は中原の進出地に対して軍糧を輸送するために開鑿されたもの」（三〇頁）と指摘している。一方で、会箋は「邗溝之開、杜注但云通糧道、其水未必能深広。観隋開皇中、山陽瀆既開、而猶不勝戦艦、則呉人所乗余皇・戈船之類。不可由此溝、明矣」とし、隋代の事例から邗溝の水深が深くないと推測して杜注を否定しており、岡崎前掲注2論文も『淮南子』人間訓の「以卒鑿渠、而通糧道」という南越征伐の際の記事に注目して、「戦国が末になるに随ひ、大兵を動かす場合、運河を利用して糧食を運搬すること恰んど一般に知られた事実と見て差支あるまい。杜預がかゝる実際上の智識を以て逆に左伝の注に応用したものであると余は推断するのである」（十五頁）と杜注を否定している。しかし、これらは後代の状況をもとに、春秋時代にそのような運河が存在しえないことを述べたものであり、検討の余地があると思われる。

(26) 平勢隆郎「戦国時代徐州の争奪」（川勝守編『東アジアにおける生産と流通の歴史社会学的研究』中国書店、一九九三年）五一頁。平勢は徐州の争奪、さらには滅宋・滅越の年次やその背景に関連して邗溝に言及したのであり、長江流域と山東半島とのつながりなど、より大きな視点からこの運河の建設を捉えているようである。

(27) この点について、平勢前掲注26論文は「その必要性とは、長江下流域からここに到るには、長江下流域と黄河流域とを物資で結ぶことであったこと以外には考えが及ばない……物資の輸送を目的として長江下流域から邗溝より淮水の支流である沂水等を遡るか、多少の危険を冒して淮水より沖に出るしかない」（四四頁）とした上で、「淮水と呉の故地とを結ぶ邗溝は、軍需物資である木材や糧食・銅等を運ぶというのが、主な用途として開鑿されたものだろう」（五〇・五一頁）と述べている。確かに『詩経』魯頌泮水に「憬彼淮夷、来献其琛。元亀象歯、大賂南金」とあるように、淮夷を征服した魯に宝器や「南金」と呼ばれる金属がもたらされたという記述を参考にすれば、逆に淮水付近の特産物を長江付近の呉の国都へ運搬するために邗溝を造った可能性も考えられるが、これを裏付ける史料は他に見出しがたく、あくまで可能性の一つとして挙げておくこととする。

(28) 平勢前掲注26論文、四三頁。なお、平勢隆郎「春秋戦国時代楚国領域の拡大について」（『日中文化研究』七、一九九五年）でも「長江河口から流出した土砂が遠浅の海岸を形成し、船の航行には不便だったはず」（一一七頁）と指摘している。

(29) 大江については、哀公一〇年の会箋に「大江自江南通州入海。淮自淮安府安東県入海。呉従此至山東登莱府界、即斉地」とある。後代の記述であるため、あくまで参考だが、『読史方輿紀要』巻二三揚州府に「通州、春秋時呉地。漢属臨淮郡」とあるように、「通州」が揚州府に記されていることからすれば、大江が長江を指していると考えてもよいように思われる。

(30) 平勢前掲注26論文も、「この軍船による遠征は淮水からのルートによったものと思われる」（四四頁）と述べている。

(31) このように、邗溝の建設目的が斉を討つことだとすれば、哀公九年のうちに着工して完成にまでいたるのかといった疑問が浮かんでくる。邗溝に関しては、哀公九年の「溝通江淮」の記事しかないため、あくまで推測となるが、例えば、「於是乎遷郢於都、而改紀其政、以定楚国」（定公六年）とあるような楚との争いが一段落した後か、「三月、越及呉平」（哀公元年）とあるような越との和平がなった後に、当初は中原を目指すために邗溝の建設は始まったものの、最終的に斉へ侵攻することが建設目的として定まったという可能性は考えられよう。あるいは、江水と淮水との間にはいくつかの水路がすでにあり、それをつなぎ合わせたとすれば、短期間での完成は可能である。この点について興味深いのは、「おわりに」でも取り上げた、もう一つの運河建設に関する『国語』呉語の「闕為深溝、通於商魯之間」という記事であり、ここの〝深〟字に注目すると、呉語の別の箇所では「闕溝深水、出於商魯之間」とあるように、水深を深くしたことがわかる。もちろん、この記事の運河と邗溝とが直接結びつくわけではないが、邗溝についても既成の溝を深く掘ってつなぎ合わせた可能性を考えてもよいのではなかろうか。

(32) 今回のように『左伝』を中心に分析してみると、中国最初の運河は邗溝であると結論づけられる。ただし、この結論をもとに『史記』から鴻溝を最初の運河とした岡崎の見解を〝完全に〟否定できるかは別問題である。あくまで推測となるが、仮に『左伝』と『史記』が同じ運河について述べていたとしても、それぞれの元になった「素材」に異なる伝承が含まれていたとすれば、史料によってあたかも異なる運河であるかのような記述が見られるのは当然であり、その意味で、少なくとも両者を無理に整合させて解釈する必要はないものと思われる。

(33) 大川前掲注3論文は、注3で示した見解とともに、「この内陸運河の開通によって、長江・淮水・済水・黄河の『四瀆』が連結し、南北の地域交流が促された意義は大きい」(二一〇～二一一頁)と述べ、邗溝以後に造られたとされるこの運河の意義に注目している。

(34) 春秋期以降の邗溝については、本書所収の青木俊介「漢代における東アジア海文明の萌芽と邗溝の役割」(鶴間和幸・葛剣雄編著『東アジア海文明の歴史と環境』東方書店、二〇一三年)を参照。

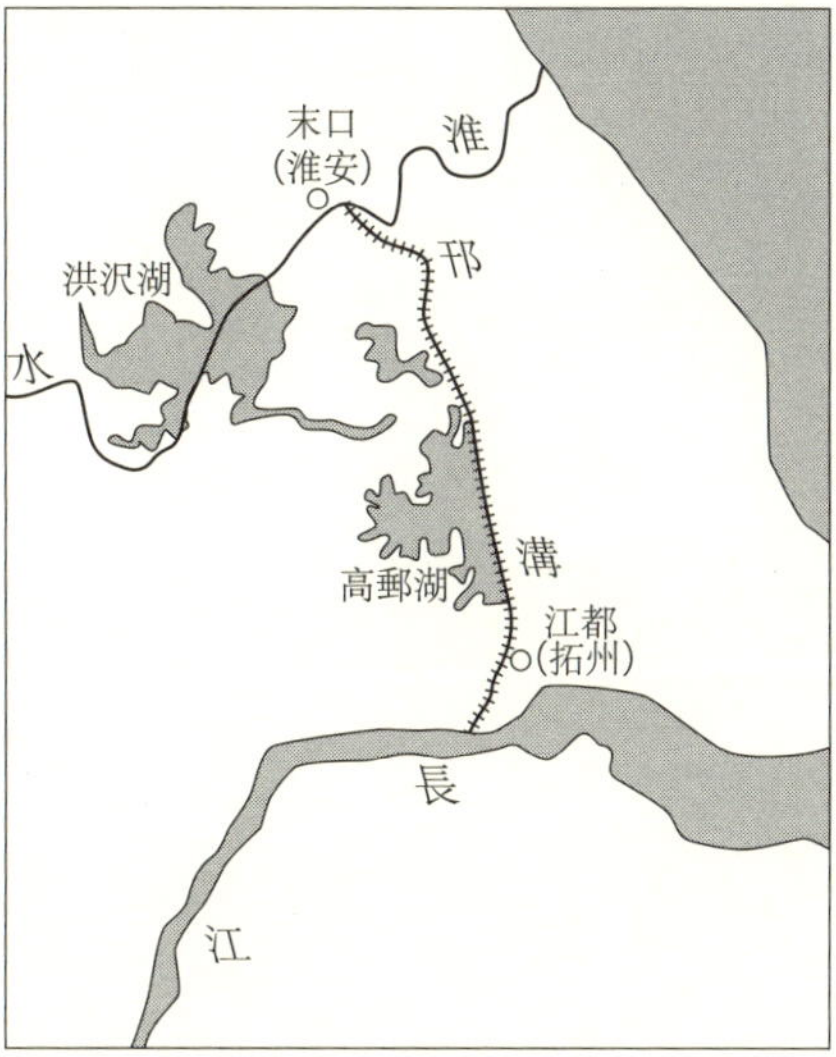

図１　早期運河示意図（安作璋主編『中国運河文化史』上冊をもとに作製）

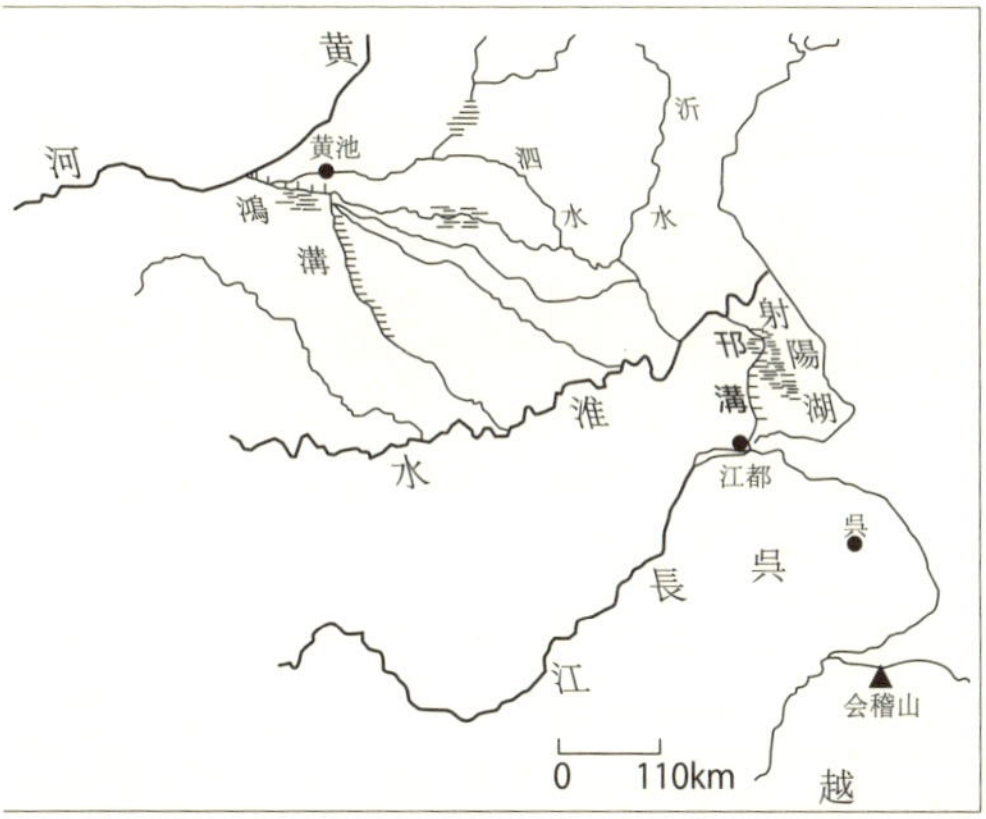

図２　（大川裕子「范蠡三徙説話の形成」20頁をもとに作製）

漢代における東アジア海文明の萌芽と邗溝の役割

青木　俊介

はじめに

本書水野論文で指摘されたように、邗溝《かんこう》は春秋呉の斉に対する軍事計画の一環として建設された運河であった。しかし本稿においては、軍事以外の面についても目を向けてみたい。長江・淮水の間には目立った自然の河川はなく、古代中国において両大河をつなぐ水上交通路は実質上、邗溝のみであった。このような地理的特長ゆえに、軍事とは無関係な人や物の移動にも利用されたことは想像に難くない。史料からその痕跡を読み取ることによって、邗溝が果たした様々な役割を解き明かすことができるだろう。

本稿で論じる時代は漢代をメインとする。なぜならば、群雄によってルートが分断されてしまう春秋戦国時代の分裂期よりも、四〇〇年の長きにわたって存続した漢代の統一政体内でこそ、運河の機能が発揮されたと考えるからである。ちなみに、（清）徐庭曽撰『邗溝故道歴代変遷図説』によれば、邗溝が最初に改変されたのは後漢末の建安二年（後一九七）であり、漢代の河道も春秋戦国時代とほぼ同じと考えてよい。

次に、邗溝流域で発見される漢代考古資料の豊富さも理由としてあげることができる。特に、江蘇省揚州市では何百もの漢墓が発見されており、そこから無数の遺物が出土している。揚州市は漢代の広陵県（春秋時代の邗城）にあたり、邗溝の南の起点であって、諸侯王国の首都が置かれた長江下流域の中心地であった。そして、それら諸侯王国が繁栄を謳歌し、豊かな経済力を背景として、時に中央政府を脅かしたことは史書に記されているとおりである。邗溝の水運が王国の繁栄に寄与したことは疑いなく、それは考古資料にも反映されている。

邗溝自体は江淮の間、約一八〇キロメートルを結ぶに過ぎないが、長江・淮水には幾多の支流や運河が連なり、水上交通路はさらなる広がりを見せる。本稿では、文献史料と考古情報とをあわせて検討することで、邗溝を要とした水上交通網の存在を指摘し、それが文化や技術の伝播、経済交流に与えた影響を明らかにする。そして、邗溝が東アジア海文明の形成にいかなる貢献をしたのかを述べることとしたい。

なお、史料上に見える地名の比定については原則として、譚其驤《たんきじょう》主編『中国歴史地図集』（地図出版社、一九八二〜一九八四年）に依拠する。また適宜、文末掲載の「関連地名・水系地図」を参照されたい。

一、邗溝を取り巻く河川交通網

（一）江南の河川交通路

漢代の考察に入る前段階として、漢代以前に形成された邗溝周囲の河川交通網の状況を見ておきたい。

水野論文が論述するように、邗溝は春秋時代の呉が山東地方の斉を攻撃するため、長江北岸に臨む軍事拠点の邗城と淮水とを結ぶために建設された運河であった。[1] ただ、呉は現在の江蘇省蘇州市にあたる姑蘇《こそ》を都城とし、江南を本拠としていた。江南地方は「南船北馬」といわれるように、長江とその支流が流れ、大小の湖沼が点在するため、交通手段として専ら船が用いられた。よって、人員や物資の輸送を目的として、河川交通路の整備・利用が積極的に進められた。

『越絶書』巻二、外伝記呉地伝には、呉の都城から広陵へ続く運河についての記述がある。

> 呉の古水道は、都城の平門から出て城郭の堀へ上り、瀆《とく》に入って巣湖《そうこ》に出、歴地に上って梅亭を通過し、楊湖に入って魚浦《ぎょほ》に出、長江に入って広陵に達した。

これを現在の地名で表すと、蘇州市から北西の蠡湖《れいこ》（太湖の一部）を経て常州市武進区の陽湖へ向かい、そこから北上して江陰市利港鎮で長江に合流し、遡って揚州市へ至るというルートになる。[2] 広陵は春秋時代の邗城であり、呉の都城である姑蘇と邗溝は接続していたわけである。

この運河を利用することで、呉は都から船で直接長江へ達することができた。さらに広陵から長江を遡ると、楚（都は郢《えい》。湖北省江陵県）の領域に入る。『春秋左氏伝』昭公十七年（前五二五）条には、楚軍が呉軍の船を鹵獲《ろかく》したという記事がある。

> 呉が楚に進攻し、……長岸で戦って子魚《しぎょ》は先に戦死したが、楚軍は後に続いて呉軍を撃破し、呉の船「余皇」を鹵獲した。

長岸は現在の安徽省当塗県の南西で、長江沿岸に位置しており、呉軍が水運を活用して楚へ進攻したことがわかる。

水運の活用は楚でも同様であった。『史記』巻二七、河渠書には、

楚では水路を西は漢水・雲夢沢《うんぼうたく》に通じさせ、東は長江・淮水の間に通じさせた。

とあり、『春秋左氏伝』定公四年（前五〇六）条によれば、呉軍は漢水方面から楚都郢に迫り、都を追われた楚の昭王は、睢水《しょすい》を渡って長江から雲夢沢（湖北省武漢市周辺にあった湿地帯）へと落ち延びている。(3) また、郢城の遺跡とされている紀南城の城壁には水門の遺構が確認されており、(4) 周辺の河川を城内へ引き込んでいたことがわかる。『水経注』巻二八、沔水《べんすい》注によれば、呉軍はこのような水路の一つである子胥瀆《ししょとく》から郢に入城したらしい。(5)

一九五七年に安徽省寿県で出土した鄂君啓節《がくくんけいせつ》は、戦国楚における物資輸送のための通行証で、竹を模した青銅製の割符である。舟節と車節があり、前者には水上交通路が刻まれている。それによると、鄂（湖北省鄂州市）を起点に、西は漢水や長江を遡上して湘水《しょうすい》から耒水《らいすい》・資水・沅水《げんすい》・澹水《たんすい》へ至り、東は長江を下って瀘江《ろこう》に進入している。(6) 記載によれば、各地に関所が置かれ、徴税が行われていたことも明らかであり、これら水上交通路が国家によって厳密に管理されていたことがわかる。

湖南省龍山県で出土した里耶秦簡《りやしんかん》J1⑧134竹牘《ちくとく》には、故荊《こけい》（郢を指すと思われる。荊は楚の異称）から船で瓦を搬出したことが記されている。(7) また、湖北省雲夢県の睡虎地《すいこち》七七号墓で発見された前漢の文帝から景帝ごろ（前一八〇～前一四一年）の竹牘によれば、沮水《しょすい》（睢水）沿岸に位置する臨沮県（湖北省遠安県）の県令が穀物の漕運を掌っていた。(8) これら出土文字史料の記述は、春秋戦国時代に楚が構築した河川交通網が秦漢時代においても活用されていたことを表している。

運河の開削は、呉とその南方の越（都は会稽。浙江省紹興市）との間においても進められていた。『越絶書』外伝記

呉地伝には、百尺瀆という名の運河について記されている。

柴砕亭《さいさい》（浙江省崇徳県）より語児・就李郷《しゅうり》（浙江省桐郷市）に至り、呉は越に侵攻するにあたってここを戦場とした。百尺瀆は銭塘江に通じ、呉はこれによって食糧を送達した。(9)

百尺瀆の位置は、（清）翟均廉《てききんれん》撰『海塘録《かいとうろく》』巻九、古蹟一によれば、南宋の塩官県（浙江省海寧市）の西四〇里にある百尺浦付近であるという。(10) 杭州湾を挟んだそのすぐ対岸は越都会稽である。

この運河のおかげもあってか一度は越を降伏させた呉も、前四七三年には「嘗胆」した越王句践の逆襲を受けて滅亡する。（北宋）楽史撰『太平寰宇記』巻九二、江南東道四・常州・無錫県条には、

蠡瀆は無錫県城の西北五〇里にある。范蠡が呉を討ってこの水路を開いた。

というように、越の范蠡《はんれい》が呉を併呑した後に運河を造営したことが記されている。明代の地方志『姑蘇志』巻一〇、水に引かれる『太平寰宇記』によれば、蠡涜は先述の姑蘇—広陵運河の一部である蠡湖に通じていたという。(11) 呉が整備した運河は越によって受け継がれたようだ。

(二) 淮北の河川交通路

楚・越を屈服させて江南を制した呉王夫差は、次いで北の山東へ進出し、前四八二年には黄池（河南省封丘県南）において、華北の覇者であった晋（都は新田。山西省侯馬市）との会盟に臨んだ。この地へ至るため、夫差は淮北でも運(12)

河の建設を進めている。『国語』巻十九、呉語に、

呉王夫差が……挙兵して北方へ遠征した。深い溝を掘り、宋と魯の間に通じさせ、北は沂水《きすい》につなげ、西は済水《せいすい》に接続させて、晋公午と黄池で会盟した。

とあるのがそれで、運河を商（宋のこと。都は商丘。河南省商丘市）と魯（都は曲阜。山東省曲阜市）の間に開通し、沂水・済水と結んで黄池に到達したという。さらに『史記』巻二九、河渠書には、

滎陽《けいよう》城下に黄河を引いて東南に鴻溝を造り、宋・鄭・陳・蔡・曹・衛の各国へ通じさせ、済水・汝水・淮水・泗水に合流する。……斉では、淄水《しすい》・済水の間を通じさせた。……これらの運河はすべて船で通行することができる。

とあり、滎陽（河南省滎陽市）から宋・鄭（都は新鄭。河南省新鄭市）・陳（都は宛丘。河南省淮陽県）・蔡（都は下蔡。安徽省鳳台県）・曹（都は陶丘。山東省定陶県）・衛（都は帝丘。河南省濮陽市）の各国は水路でつながり、淮水・汝水・泗水・済水・淄水が連絡し、いずれも船で航行することができたのである。

この地域は黄河と淮水に挟まれていて、多くの支流が流れており、それらを連結させることによって河川交通網が形成された。呉王夫差の狙いは山東地方を本拠とする斉への進出であったが、この交通網を利用すれば、淮水から淄水に隣接する斉の国都臨淄（山東省淄博市）まで船で乗りつけることも可能だったのである。

（二）邗溝による江南・淮北両水路網の結合

以上述べてきたように、江南・淮北の両地域には水路が網の目のように張り巡らされていた。しかし、長江の北、淮水の南に支流はなく、両大河・両水路網をつなぐ自然河川は存在しなかった。また、水野論文で述べられたとおり、土砂の堆積する長江河口において船舶、特に大型船が航行するには危険がともなった。つまり邗溝こそが、長江・淮水間をつなぐ唯一安全な水上交通路だったのである。

前掲の『越絶書』外伝記呉地伝によれば、呉は運河で都城の姑蘇から広陵までつないでおり、『史記』河渠書によれば、楚は水路を長江・淮水の間に通じさせていた。広陵、すなわち邗城は邗溝の南の起点であり、長江・淮水の間を流れる水路は邗溝以外にない。このように、江南の河川交通網は邗溝に集束していた。そして淮北の河川交通網は、邗溝の北端につながる淮水の支流と黄河の支流を結合することで形成されたものである。江南・淮北の二大河川交通網は、長江流域から中国東部の東方大平原におよぶ広大な地域をカバーし、それらは邗溝によって一体化していたのであった。

当初、春秋呉による軍事計画の一環として開削された邗溝であったが、巨大河川交通網の要として、軍事以外の面にも多大な影響を与えたものと考えられる。現に、邗溝北方に位置する山東半島の漢代墓葬の形制・副葬品には、南方に位置する長江中下流域の楚文化の要素が認められるという。[13] 以下、漢代を中心に、邗溝と経済・文化との関わりを見てゆくこととする。

二、経済・文化に対する邗溝の影響

(一) 漢代における広陵の繁栄

春秋時代の邗城は、漢代の広陵県であり、広陵郡の郡治として、あるいはこの地域に置かれた呉王国・江都王国・広陵王国といった諸侯王国の都として、長江下流域における中心都市の役割を担った。

ところで、広陵に封建された諸侯王には、漢王朝に対して反抗的であった者が多い。呉王劉濞《りゅうび》は景帝三年（前一五四年）に、前漢最大の内乱である呉楚七国の乱を起こした。江都王劉建も武帝に対する反乱を企て（前一二一年）、広陵王劉胥《りゅうしょ》は帝位を狙って昭帝や宣帝を呪詛《じゅそ》し（前五四年）、後漢明帝の同母弟である広陵王劉荊も謀反の罪に問われている（後六七年）。

これら諸王の反抗は、領国の豊かな経済力を背景としたものであった。例えば『漢書』巻五一、枚乗伝《ばいじょう》には、

呉王国は諸侯の位にあるが、実は天子よりも裕福である。東南の辺境にありながら、中央を凌ぐ。漢は二四郡・十七諸侯を従え、貢物を運ぶ車両は入り乱れ、その運行は数千里にわたって途切れることはないが、その貴重な財宝も呉王国の東にある章山におよばない。穀物の輸送は西の漢に向かって陸運は途切れることなく、水運も黄河に満ちているが、呉王国の海陵倉におよばない。

とあり、呉一国の経済力は漢王朝を凌駕するとされている。誇張はあろうが、呉王国の潤沢な財政状況を物語っている。そして、国都広陵がその経済の中枢にあったことは疑いない。

広陵の豊かさは考古資料からも見てとれる。揚州市では大小数百基もの漢墓が発見されており、そこから大量の副葬品が出土している。中でも特に目立つのが漆器である。

漢代において、漆器の価値はどれ程であったのだろうか。『史記』巻一二九、貨殖列伝では、年収二〇万銭の者を「素《そ》封《ほう》（大金持ち）」と定義している。続いて二〇万銭を得るための収入源が列記され、その中に「漆塗りの木器ならば一〇〇〇枚」とある。単純に割り算すれば一枚二〇〇銭だが、これは利益分なので販売価格はこれを上回る。貨殖列伝には、「二割の利益がなければ、よい商品とはいえない」ともあるので、漆器一枚は一〇〇〇銭以上であったことになる。さて、漢代西北辺境の候官（烽火台を統括する砦）遺跡から出土した官吏の月給記録簿には、「候一人六千」とある。[14] 候は候官の長官で県令と同格だが、それほどの高官が月給をすべてはたいたとしても、漆器六枚が精一杯であった。もちろん、大きさや細工、地域などによって差異はあろうが、安価なものでなかったことは確かだろう。

揚州では一つの漢墓から何十もの漆器が出土しており、総じて品質も高く、広陵の人々の豊かさを示している。このような厚葬の風習は、広陵の強大な経済力に裏打ちされたものと考えられる。

現在の揚州市を流れる「故邗溝」

邗溝は、春秋呉の軍事拠点である邗城と淮水とを結ぶために造られた運河である。よって、「城下に深い溝を掘った」（『水経注』巻三〇、淮水注引『地理風俗記』）とあるように、邗城は運河の利用に適した構造をしていた。その後身である漢代の広陵城も、春秋時代の邗城と同じく、揚州市の北二キロメートルの蜀崗《しょくこう》上に位置したとされ[15]、蜀崗からは現在も「故邗溝」が流れている。また、広陵は邗溝と長江が交わる地であり、揚州の漢墓の多くが蜀崗西北方で発見されることから、当時の長江は広陵城の間近に迫っていたと考えられる。

このように、広陵は水利に恵まれた環境にあった。経済活動をする上で、この好条件を活かさない手はない。『史記』巻一一八、淮南衡山列伝には、

> 呉王劉濞は……長江上流では江陵郡の木材で船を建造した。船一隻の積載量は中国の車両数十両分に相当し、国は豊かで人口が多かった。

というように、呉王劉濞が江陵郡（春秋戦国時代の楚都郢周辺）の木材で大型船を建造していたことが記されており、呉王国の繁栄には水運が密接に関係していた。

『太平寰宇記』巻一二三、淮南道一・揚州・広陵県条には、呉王劉濞による邗溝開発についての記載がある。

> 茱萸《しゅゆ》溝《こう》は、広陵県の北東十一里にある。西は合瀆渠《ごうとくきょ》を発し、東は茱萸埭《しゅゆたい》を過ぎて七〇里で岱石湖《たいせきこ》に流入し、また西へ向かうこと四里にして張綱溝《ちょうこうこう》と合流して海陵県の境界に入る。阮昇之《げんしょうし》『南兗州記《なんえんしゅうき》』は、「呉王劉濞がこの運河を開削し、漕運を海陵倉まで通じさせた。北には茱萸村があり、この村に因んで名づけたのである。『史記』は、『邗溝とは、呉王夫差が開削したもので、これによって漕運が北方の国に通じた』という。」としている。

文中の合瀆渠とは、邗溝の別名である。海陵県は現在の江蘇省泰州市なので、邗溝の支線を東へ引いたことになる。

海陵倉は前掲『漢書』枚乗伝にあるように、呉王国における穀物の集積地であった。『史記』巻一〇六、呉王濞列伝によれば、呉楚七国の乱の際、反乱軍の軍需物資は呉王国が用意しており、それに対して漢軍は、淮水・泗水の合流点を制することで糧道を絶つという作戦をとっている。(16) おそらくは、海陵倉から茱萸溝によって邗溝に至り、そこから北上して山東方面へ食糧などの物資を輸送したのだろう。漢代の呉王国においても邗溝の水運は活用されていたのである。

（二）地域の紐帯としての邗溝

呉楚七国の乱といいながら、城陽国を除く山東地方の全諸侯王国が盟約に加わっていた(17)ことは興味深い。山東の諸王国が反乱への参加に積極的であったという事実は、首魁である呉王国と山東地域が政略・戦略のみならず、経済や文化の面でも深く結びついていたことを示唆する。また、当時の楚王国の都は彭城（江蘇省徐州市）で、淮北を領域としており、呉王国と山東との中間に位置していた。これら反乱参加国と呉王国の紐帯として機能したのが邗溝であった。以下はその痕跡である。

①邗溝による人物・文化・技術の往来

呉王国の富は豫《よ》章《しょう》郡（郡治は南昌。江西省南昌市）の銅山と、海からとれる塩を主な淵源としていた。『史記』呉王濞列伝には次のようにある。

> 呉王国には豫章郡の銅山があり、劉濞は天下の亡命者を招いて不正に銭を鋳造し、海水を煮て塩を作ったので賦税がなく、国の財政は豊かであった。

呉王国における海塩の生産は、呉王劉濞が招致した亡命者によって担われていたという。この亡命者には、『漢書』巻五一、鄒陽《すうよう》伝に、

鄒陽は斉の人である。漢が建国すると、諸侯王はみな領民を統治し、賢人を招聘《しょうへい》した。呉王劉濞が四方の遊士を招いたので、鄒陽と呉の厳忌《げんき》・枚乗らは一緒に呉王国に仕官し、いずれもその文才で有名であった。

とあるような、「賢人」・「遊士」が該当しよう。これらの者の中には、各種技術者も含まれていたに違いない。『管子』海王第七二や軽重甲第八〇などによれば、春秋時代以来、海塩生産の先進地域は山東であった。亡命者によって山東の製塩技術が持ち込まれ、呉王国の海塩生産に寄与した可能性は高い。技術者ではないが、鄒陽も山東の斉からの亡命者である。

このような山東—呉（広陵）間の人物・文化・技術の往来も、邗溝による交通がもたらしたものではないだろうか。

②邗溝による風俗の変化

広陵の前身である邗城は江南に本拠を置く春秋呉の拠点であり、もともとは南方と強い関係を有していた。『漢書』巻二八下、地理志下には、伝統的な分野説（天上と地上の区画を相関させた占星術）にもとづく各郡国の区分が記載されており、

呉地は斗の分野である。今の会稽郡（郡治は呉。江蘇省蘇州市）・九江郡（郡治は寿春。安徽省寿県）・丹陽郡（郡治は

郡（郡治は舒。安徽省廬江県）・広陵国・六安《りくあん》国（国都は六。安徽省六安市）・臨淮郡（郡治は徐。江蘇省泗洪県）はいずれも呉の分野に属す。宛陵《えんりょう》。安徽省宣城市）・豫章郡・廬江

というように、広陵国は江南の諸郡とともに呉地として分類されていた。

ところが、漢代人の実際の感覚はこれと違っていたらしい。前漢武帝の元封五年（前一〇六）、全国に十三の州が設置されたが、『漢書』地理志および『続漢書』郡国志をもとに、呉地諸郡国が所属する州を示すと次のようになる。

会稽郡＝揚州　九江郡＝揚州　丹陽郡＝揚州　豫章郡＝揚州
廬江郡＝揚州　広陵国＝徐州　六安国＝揚州　臨淮郡＝徐州

広陵は唐代以降、揚州と呼ばれるが、漢代においては臨淮郡とともに徐州に属し、揚州に所属する江南の諸郡国とは政区上、一線を画していたのである。

さらに、『史記』巻一二九、貨殖列伝には広陵国の風俗が記されていて、

彭城県以東、東海郡・呉郡・広陵国は東楚である。その風俗は徐県・僮《どう》県に似ており、朐《く》県・繒《そう》県以北は、斉の風俗である。

というように、東海郡（郡治は郯《たん》。山東省郯城県）や呉郡（会稽郡に同じ）とともに徐県・僮県（安徽省泗県）の風俗と似ていたという。徐県と僮県は徐州臨淮郡の県で、淮北に位置する。東海郡も淮北にあり、その一部である朐県（江蘇

省連雲港市）・繒県（山東省蒼山県）より北は斉の文化圏に属していたとされる。

元来、広陵は春秋呉・越や戦国楚の領土であり、江南文化の濃い土地柄であった。しかし、開削の経緯などから明らかなように、邗溝は北への指向性を持っている。そのため、広陵は淮北の風俗に染まり、ほかの呉地諸郡国とは分けられて、江北の徐州に含まれることとなったのではなかろうか。このような広陵の風俗の変化も、邗溝とそれに接続する淮北の河川交通網が紐帯として機能した結果といえよう。

③邗溝による漆器の流通

先述のように、揚州の漢墓からは多くの漆器が出土する。漢代の文献史料に広陵が漆器の産地であったという記述は見あたらないが、数量の多さやその技量の高さから、広陵が漢代における有力な漆器の生産地であったことは間違いないだろう。漆器は現在においても揚州の特産品である。

揚州市で発見された江蘇邗江胡場五号漢墓出土の双層漆笥は、蓋と上層器・下層器の三つの部品によって構成された重箱である。上層には大きさやデザインの異なる漆塗りの小鉢が五つ収納されており、重箱と小鉢の蓋には「中氏」という印記があった。同出の銅印や木牘には「王奉世《おうほうせい》」という被葬者の名が見える。(18) 漢代の漆器には製作者や監督者（官製品の場合）、所有者の名前が記されていることがあるが、この場合、所有者は王奉世であるし、「官職＋名」で表記される監督者の署名とも異なるため、「中氏」はこの器物の製作者と見なすことができる。

「中氏」の印記を持つ漆器は揚州以外でも発見されている。一九七三年、江蘇省連雲港市海州区の漢墓より出土した食奩《しょくれん》（食器収納箱）がそれで、底部と蓋の頂部中央部分に同じ印記が確認された。一緒に見つかった銀印には、「侍《じ》其繇《きよう》」という被葬者の名が刻まれている。(19) したがって、「中氏」はやはり製作者であり、揚州で発見された双層漆笥と同一の工匠もしくは工房によって作られたものであろう。

連雲港市海州区は漢代の東海郡朐県にあたる。『水経注』淮水注によれば、朐県は淮水の支流である游水に臨み[20]、邗溝によって広陵と通じていた。そして前掲『史記』貨殖列伝によれば、朐県以北は斉の文化圏に属す。この「中氏」によって製作された漆器は、異なる地域・異なる文化圏の間に、水運を利用した交流が存在したことを証明している。洪石作成の「漢代漆器分布示意図」（文末「戦国～漢代漆器出土分布図」参照）によれば、中流域から長江を下って広陵の辺りで北上し、山東半島へ延びる漆器の分布ラインを見出すことができる[21]。このラインはまさに、邗溝とそれに接続する河川交通路に沿った形となっている。さらに山東出土の漆器には、長江中流域の湖南省長沙市周辺で出土する漆器と共通する特徴が認められ、楚文化の影響を受けているという[22]。これもまた、河川交通がもたらした地域間交流の結果といえよう。

三、東アジア海への展開

（一）山東・遼東・朝鮮半島間の海上交通路

漢代の漆器出土分布を見ると、分布のラインが山東半島対岸の遼東半島にまで延びていることに気づく。水上交通路は内陸にとどまらず、山東半島から渤海海峡を越えて遼東半島へと通じていたのである。

淮北に展開する河川交通網のすぐ東は山東半島である。半島北端の山東省蓬莱市沖合には廟島群島が存在する。大小三二の島々が山東・遼東両半島間に連なり、渤海・黄海の境界をなしている。多くの島が点在するため、未熟な航海技術でも比較的安全に航行することができ、石器時代から地域間の交流が行われていた[23]。漢代においては、遼東半島南西沿岸と山東半島北部沿岸および廟島群島一帯に共通して、墓坑を貝殻で埋める積貝墓《せきばいぼ》の風習が認められるという(24)。山東半島―遼東半島間の交通は、文献史料からも確認することができる。『後漢書』逸民列伝第七三では、北海国都昌県の人である逢萌《ほうぼう》が家族を連れて海路遼東へ移住している。

逢萌、字は子康、北海国都昌県の人である。……家族を引き連れて海を渡り、遼東に身を寄せた。

北海国都昌県は現在の山東省昌邑市なので、そこから遼東へ向かったのだから、廟島群島に沿って渡海したものと思われる。

さらに、三国時代の事例だが『三国志』巻四、三少帝紀には、

故縦城（山東省淄博市）を新沓《しんとう》県とし、海を渡って斉郡境内にいる遼東郡東沓県（遼寧省普蘭店市）の官吏と庶民をそこに住まわせた。……斉郡の西安県（山東省桓台県）・臨淄県・昌国県（山東省淄博市）の領域を再編して新汶《しんぶん》県と南豊県とし、海を渡ってきた遼東郡汶県（遼寧省営口市）と北豊《ほくほう》県（遼寧省瓦房店市）からの流民をそこに住まわせた。

というように、遼東半島→山東半島という移民も確認することができる。

（唐）李吉甫撰『元和郡県図志』巻十三、黄県条には、三国魏の景初二年（後二三八）に、司馬懿が遼東の公孫淵を討伐した際の記載がある。

> 大人故城は黄県の北二〇里にある。司馬懿が遼東を討伐した際にこの城を築き、食糧の輸送船がここから遼東へ入った。今、新羅人や百済人が往来する際は、常にここを経由する。

唐代の黄県は現在の山東省蓬莱市にあたる。大人故城の位置をふまえれば、輸送船は廟島群島沿いの航路をとったに違いない。

前引の『元和郡県図志』には唐代、朝鮮半島の新羅人や百済人が山東半島の黄県を経由して往来していたとあるが、唐以前の史料からも、山東半島—朝鮮半島間の人の行き来をうかがうことができる。『史記』巻一一五、朝鮮列伝には、衛氏朝鮮の始祖である衛満が朝鮮王に即位した時（前一九五年）のこととして、次のように記されている。

> （衛満は）真番や朝鮮の蛮夷、および燕・斉から亡命してきた者を服属させてこれらの王となり、王険（平壌直轄市）を都とした。

衛満の支持者の中には、山東の斉からの亡命者が含まれていた。そして、それが燕（都は薊《けい》。北京市）からの亡命者と並んでいるのは、海を介した斉人の朝鮮半島への移民が、陸続きで隣接する燕からの移民に匹敵するほどであったことを示している。

朝鮮半島から山東半島への人の移動についてはあまり事例がないが、『漢書』巻十七、景武昭宣元成功臣表に、朝鮮の尼谿相《じけいしょう》であった澅清《かくせい》侯参が、朝鮮からの亡命者を秘匿していたとあるのが該当しようか(25)。澅清の詳しい位置は不明だが、『史記』朝鮮列伝の韋昭による注には「斉に属す」とある。

このような山東半島―朝鮮半島間の人の移動は、どのような経路をたどったのであろうか。そのヒントとなるのが、武帝期における漢軍の朝鮮侵攻ルートである。『史記』朝鮮列伝によれば、

武帝は罪人を募って朝鮮を攻撃した。その秋、楼船将軍楊僕を派遣し、斉から渤海を渡らせた。兵力は五万人。左将軍荀彘《じゅんてい》には遼東に進出させ、朝鮮王右渠を討伐させた。

というように、楼船将軍楊僕は山東の斉より渤海を渡って朝鮮へ進撃している（前一〇九年）。さらに、『史記』巻二二、漢興以来相将名臣年表所載の同じ事件に関する記述を見ると、

楼船将軍楊僕と左将軍荀彘が遼東に進出し、朝鮮を攻撃した。

とあるので、楊僕の部隊は斉から船出していったん遼東に渡り、そこから朝鮮へ侵攻したことが明らかとなる。漢軍の朝鮮侵攻路に山東半島―遼東半島間の交通路を加味すれば、山東半島から朝鮮半島への移民も、廟山群島をつたって遼東半島へ渡り、そこを経由して朝鮮半島へ到達した可能性が高い。その逆もまた然りで、古代における山東半島―遼東半島―朝鮮半島という交通路の存在を認めることができる。

（二）クスノキの棺から見る河川・海上交通路のつながり

以上、長江流域から東方大平原を覆う内陸河川交通網が、山東半島から遼東半島を経て朝鮮半島へ至る海上交通路に続いていたことを指摘した。次に、文化的側面からこの一大水上交通路のつながりを見てみたいと思う。

元封三年（前一〇八）、衛氏朝鮮を滅ぼした武帝は、楽浪（郡治は朝鮮。平壌直轄市）・真番（郡治は霅《とう》。ソウル特別市）・臨屯（郡治は東暆《とうい》。江原道江陵市）・玄菟《げんと》（郡治は夫租。咸鏡南道咸興市）の四郡を設置した。楽浪郡の領域に相当する地域からは多くの漢墓が発見されており、そこからは漢の文化を今に伝える遺物が大量に出土している。

ここでは棺の材質に注目してみたい。楽浪漢墓の棺は主にクスノキ（樟・楠・枏《だん》）を棺材として用いている。『続漢書』志第六礼儀下に、「諸侯王や皇女、貴人はみなクスノキの棺を用いる」とあるように、当時、身分の高い者はクスノキの棺に葬られていた。楽浪漢墓の被葬者の多くも地元の高官や有力豪族であったと考えられており、(26)クスノキの棺を使用していてもおかしくはない。

棺に用いられたクスノキは楽浪郡の領域に自生しないので、中国本土より持ち込まれたとされている。(27)『史記』貨殖列伝には、

江南は枏・梓・薑《はじかみ》（生姜）・桂・金・錫・連（未製錬の鉛）・丹沙・犀・瑇瑁《たいまい》（ウミガメの一種）・珠璣《しゆき》（真珠）・歯革（象牙と犀革）を産出する。

とあって、クスノキは江南地方の特産品であった。漢代、江南に置かれていた郡の一つに豫章郡があるが、「豫章（樟）」とは、（北宋）陳彭年等撰『広韻』巻二、下平声・陽第一〇において、「樟とは予樟のことで、木の名前である」とされるように、クスノキの一種である。

楽浪郡でクスノキの棺が使用され、クスノキが江南に産出することが明らかとなった。『潜夫論』巻三、浮侈《ふし》編には、その江南産クスノキで作られた棺の流行について記されている。

都の貴人たちは必ず江南の檽《じ》・梓・豫章・楩《へん》・柟を棺材に望み、辺境の田舎も競ってそれにならった。……（木材は）大勢集まってようやく担いで動かすことができ、牛を並べてようやく河川に至ることができる。油水に達して海に入り、淮水から黄河を遡り、数千里の行程を経て洛陽に到達する。工匠は月日をかけて彫刻を施し、一つの棺が完成するまでに多くの労力を必要とする。棺が完成したならば重さは一万斤にもおよび、大勢でなければ持ち上げることはできず、大きな車でなければ引くことはできない。東は楽浪郡、西は敦煌郡（郡治は敦煌。甘粛省敦煌市）に至るまで、各地で競ってこの棺が用いられている。

後漢の都である洛陽（河南省洛陽市）を発信源とした流行は、全国に波及して楽浪郡にも至ったとあり、楽浪漢墓の棺に使われているクスノキは、江南産であると考えられる。

また、この記事からはクスノキの輸送ルートを知ることができる。油水は漢の江陵県、かつての楚都郢の南を流れる長江中流域の河川である。その周辺の山地で切り出されたクスノキは、油水から長江に乗っていったん海に出、北上して淮水に入る。(28) そして淮北の河川交通路によって黄河に達し、黄河の支流洛水に臨む洛陽へ運び込まれた。クスノキは洛陽で加工されて棺となり、全国へ送られたが、重い棺を動かすには大人数を必要とし、大型の車両を用いなければならず、陸運の困難は明らかである。したがって楽浪へ輸送する際は、極力水運が用いられたに違いない。それならば、洛陽から楽浪へは洛水・黄河を下って渤海に出、山東・遼東半島を経由して朝鮮半島に達するというルートが距離も短く、最も妥当であろう。この史料によって、長江から朝鮮半島におよぶ遠大な水上交通路が一体となって機能していたことが証明される。

また棺のみならず、楽浪地域の墓制には山東半島、華北地域および長江中・下流域との共通性が認められ、直接的な系譜関係にあるという。(29) この墓制は、これまで述べてきた水上交通路に沿う形で分布しており、水運による文化の伝播は確かに存在したのである。

おわりに

春秋呉の活動を契機として、江南・淮北両地域において河川交通網が整備された。この河川交通網は長江流域と中国東部の平原地帯、いわゆる東方大平原のほとんどを覆っている。そこを船が行き交い、人や物が移動し、文化が伝播する様子は、後世の東アジア海の様子に酷似する。長江流域から東方大平原におよぶ一帯は、東アジア海の祖形、「前東アジア海」とでもいえようか。

漢代に至ると、この「前東アジア海」は山東半島から渤海を渡り、遼東半島そして朝鮮半島へと拡大していった。複数の地域を通過する運河は、水路が通じていても同一勢力の領域に包含されていなければ、その機能を十全に発揮することはできない。例えば、漢代に現れる長江下流域から山東半島への漆器分布ラインは、戦国時代では確認できないが（文末「戦国～漢代漆器出土分布図」参照）、これは当該地域が楚や斉といった異なる勢力に分属していたからである。「前東アジア海」が漢代においてさらなる拡大・発展を見せたのは、春秋から秦末の分裂・混乱が終息し、長江流域から東方大平原に至る地域が漢の「内海」と化したからであろう。

さらに、楽浪と日本との間に交流があったことは、『漢書』地理志の「楽浪海中に倭人有り。分かれて百余国を為す。歳時を以て来たりて献見すと云う（楽浪郡の海には倭人がいる。百以上の国に分かれている。定期的に朝貢にやって来るという）」という有名な一節から広く知られており、考古学的にも徐州周辺で作製された銅鏡が山東半島・遼東半島を通じて楽浪、そして日本へ流通したことが推定されている。(30) 真の東アジア海文明はすでに漢代において芽吹きはじめていたのである。

長江・江南河川交通網と淮北・山東河川交通網は、唯一邗溝によって結ばれていた。邗溝がなければ「前東アジア海」は誕生せず、東アジア海文明の形成も異なる様相を呈していたのではなかろうか。

【注】

(1) 本稿における「山東」は、現在の山東省の領域を指す。

(2) 戈春源「運河始段在今蘇州考」(『蘇州科技学院学報(社会科学版)』第二七巻第四期、二〇一〇年)八六～八七頁。

(3) 蔡侯・呉子・唐侯、伐楚、舎舟于淮汭、自豫章与楚夾漢。……楚子渉睢済江、入于雲中。

(4) 湖北省博物館「楚都紀南城勘査与発掘(上)」(『考古学報』一九八二年第三期)三二八頁。

(5) (紀南)城西南有赤坂岡。岡下有瀆水、東北流入城。名曰子胥瀆。蓋呉師入郢所開也。

(6) NHK・NHKプロモーション『世界四大文明中国文明展』(NHK・NHKプロモーション、二〇〇〇年)九二頁。

(7) 前日競陵盪陰狼叚遷陵公船一、袤三丈三尺、名曰柂、以求故荊積瓦、未帰船(湖南省文物考古研究所『里耶発掘報告』長沙、岳麓書社、二〇〇七年)一八二頁。

(8) ●五年、将漕運粟属臨沮令包、殿獄(湖北省文物考古研究所・雲夢県博物館「湖北雲夢睡虎地M77発掘簡報」『江漢考古』二〇〇八年第四期、彩版十四)。

(9) 原文は「江」。『越絶書』巻八、外伝記地伝には、「大越故界、浙江至就李」とあり、戦場である就李郷(後に語児郷と改称)とともに、浙江(銭塘江)が越の境界とされている。百尺瀆は前線への食糧輸送路であろうから、「江」は銭塘江と解すべきだろう。

(10) 百尺浦　咸淳臨安志、在塩官県西四十里。輿地志云、越王起百尺楼于浦上望海、因以為名。今廃。神州古史考、呉越旧有百尺瀆。越絶書、柴辟亭到語児・就李、呉侵以為戦地。百尺瀆奏江、呉以達糧。即越王百尺楼是也。

(11) 漕湖本名蠡湖。寰宇記、范蠡伐呉開蠡瀆、通此湖。

(12) 本稿における「淮北」は淮水・黄河の間、ほぼ山東省の半島部以外の地域に相当する。

(13) 宋蓉・滕銘予「漢代膠東半島・遼東半島及長江中下游地区海路交流的考古学例証」(『辺境考古研究』第七輯、二〇〇八年)二〇五～二〇六頁。

(14) 甘粛省文物考古研究所ほか『居延新簡—甲渠候官与第四燧』(北京、文物出版社、一九九〇年)二一一頁、E.P.T5:47。

(15) 曲英傑「揚州古城考」(『中国史研究』二〇〇三年第二期)五六頁。
(16) 敝国雖貧、寡人節衣食之用、積金銭、脩兵革、聚穀食、夜以継日、三十余年矣。凡為此、願諸王勉用之。……将軍深溝高塁、使軽兵絶淮泗口、塞呉饟道。彼呉梁相敝而糧食竭、乃以全彊制其罷極、破呉必矣。条侯曰、善。従其策、遂堅壁昌邑南、軽兵絶呉饟道。
(17) 斉・済北・済南・葘川・膠西・膠東の六国。ただし、斉・済北は挙兵しなかった。
(18) 揚州博物館・邗江県図書館「江蘇邗江胡場五号漢墓」(『文物』一九八一年第十一期)十四・十五・十七頁。
(19) 南波「江蘇連雲港市海州西漢侍其繇墓」(『考古』一九七五年第三期)一七二・一七五頁。
(20) 淮水于県枝分、北為游水。歴朐県与沭合。
(21) 洪石『戦国秦漢漆器研究』(北京、文物出版社、二〇〇六年)一〇頁。
(22) 党浩「膠東地区漢墓的特徴及与周辺地区的関係」(本書編委会『漢代考古与漢文化国際学術研討会論文集』済南、斉魯書社、二〇〇六年)三一九頁。
(23) 宮本一夫「膠東半島と遼東半島の先史社会における交流」(千田稔・宇野隆夫『東アジアと『半島空間』—山東半島と遼東半島—』思文閣出版、二〇〇三年)三~二〇頁。
(24) 白雲翔「漢代積貝墓研究」(山東大学考古学系編『劉敦願先生紀念文集』済南、山東大学出版社、一九九八年)四一五頁。
(25) 灊清侯参　以朝鮮尼谿相使人殺其王右渠、降、侯。……坐匿朝鮮亡虜、下獄病死。
(26) 王培新『楽浪文化—以墓葬為中心的考古学研究』(北京、科学出版社、二〇〇七年)九八~一〇一頁。
(27) 関野貞ほか『楽浪郡時代の遺蹟』(朝鮮総督府、一九二五~一九二七年)一四三頁。
(28) 一見するとこの記述は、長江から海路をとることはできなかったという前述の説と矛盾するかに思える。ただ、『中国歴史地図集』第二冊などによれば、当時の海岸線は現代と大きく異なり、長江の河口は広陵付近であって、そこを海と表現しても不思議ではない。各種発掘報告によれば、揚州市出土の木棺の多くもクスノキ製であり、広陵において「海」から邗溝に入り、淮水へ向かったのではないだろうか。
(29) 黄暁芬「古代葬制の交流」(千田・宇野前掲書)九九頁。
(30) 森下章司「山東・遼東・楽浪・倭をめぐる古代銅鏡の流通」(千田・宇野前掲書)一一六頁。

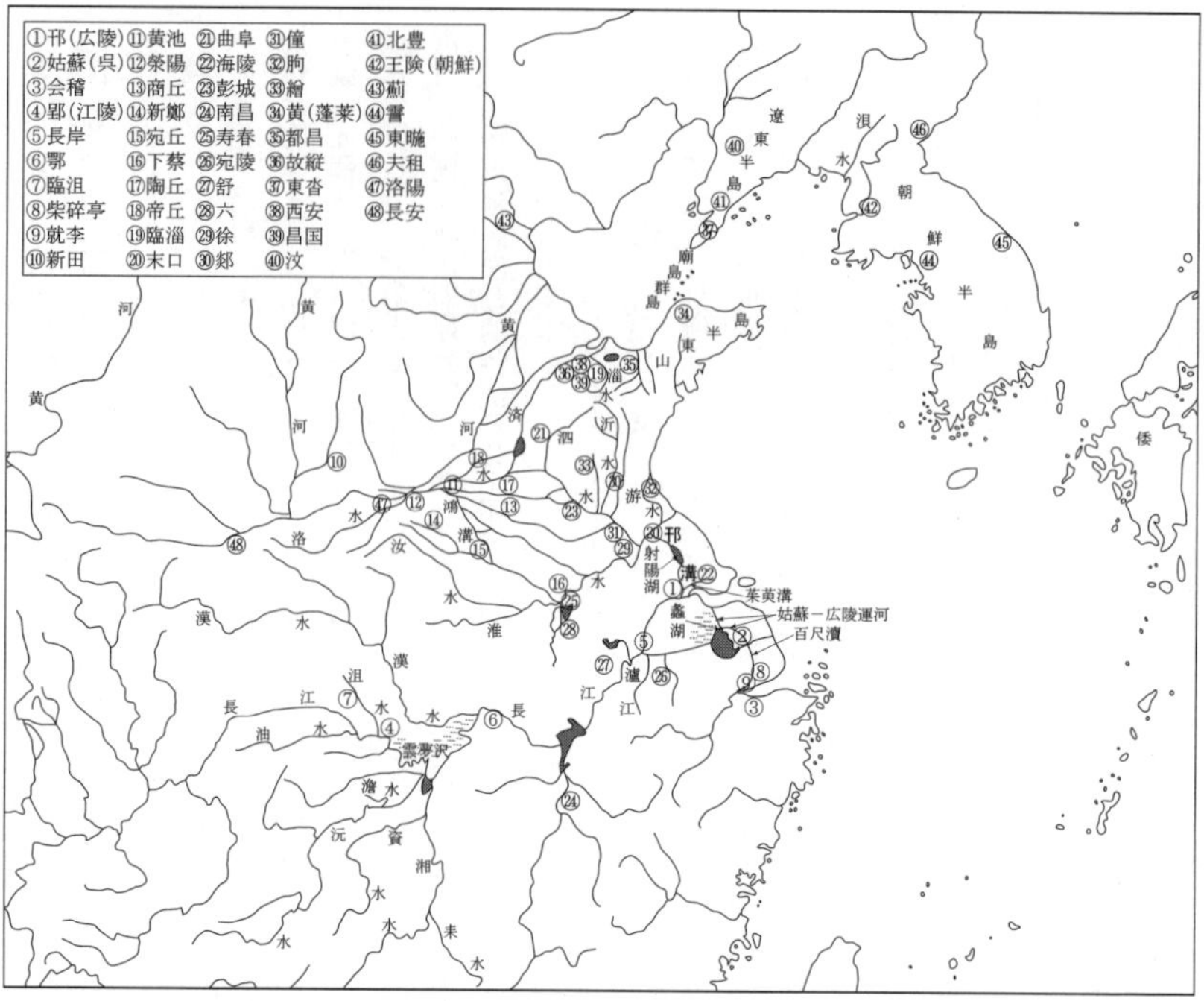

関連地名・水系地図（『中国歴史地図集』第一冊・第二冊・第三冊をもとに作成）

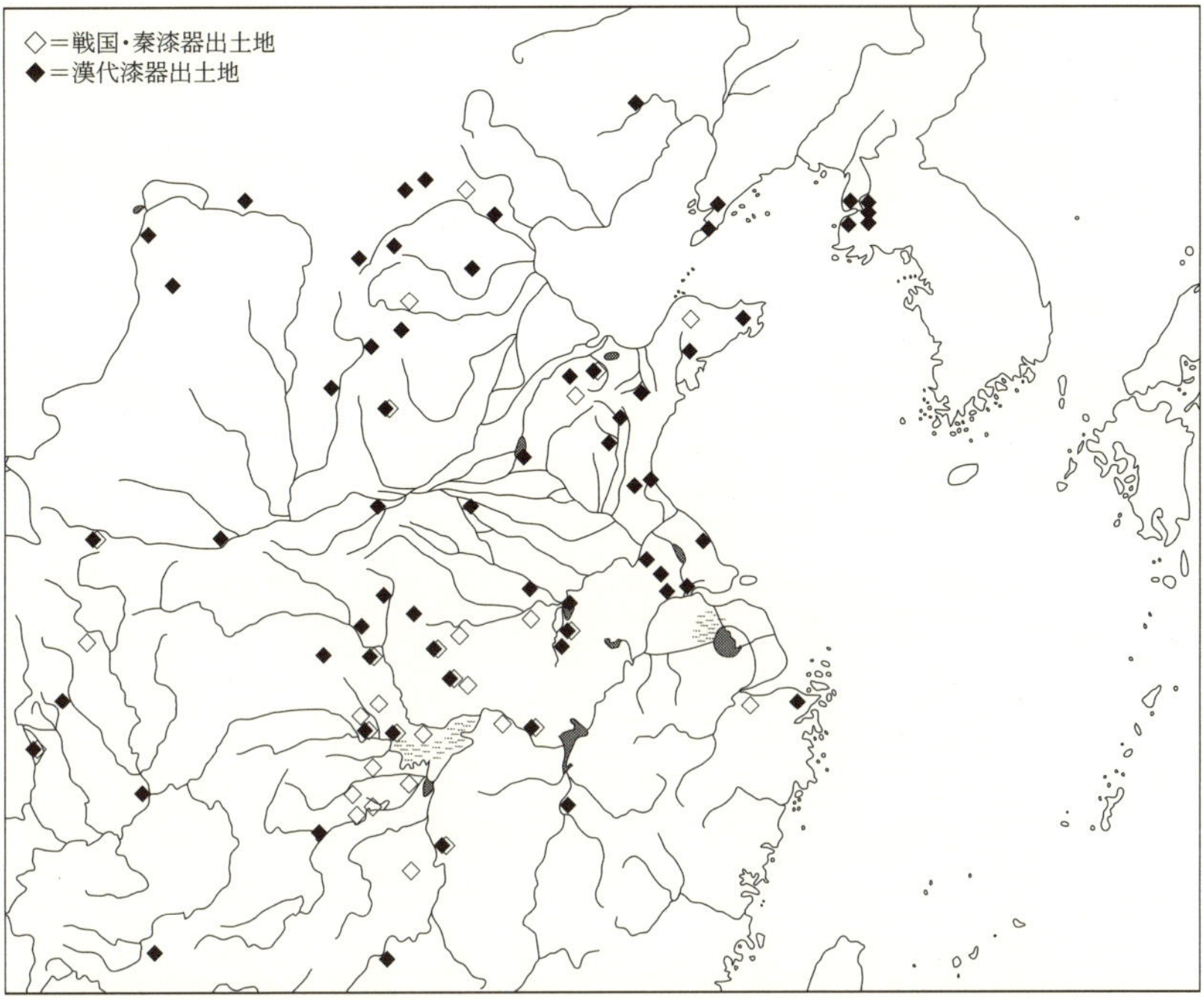

戦国〜漢代漆器出土分布図（『中国歴史地図集』第一冊・第二冊、『戦国秦漢漆器研究』所載「戦国・秦漆器分布示意図」「漢代漆器分布示意図」、『楽浪文化—以墓葬為中心的考古学研究』所載「木椁墓随葬器物統計表」「磚室墓随葬器物統計表」「木室墓随葬器物統計表」をもとに作成）

人びとはなぜ徙民に応じたか――前漢関中徙民についての一考察

濱川　栄

はじめに

「徙民（しみん。民を徙《うつ》す）」とはなにか。辞書の定義は「民を他郷に遷《うつ》す。又、遷って来た民」（諸橋轍次『大漢和辞典』）となるが、中国史においては「民衆の強制移住」と理解される場合が多い。

強制移住は中国に限らず世界史上多くの例がある。古くはオリエント最初の統一国家アッシリアによる被征服民の徙民、新バビロニア王国による「バビロン捕囚」が有名である。日本では江戸時代の諸藩の「国替え」が思い浮かぶ。現代中国の三峡《さんきょう》ダム建設に伴う数万人規模の移住、福島第一原発の事故による周辺住民の強制避難も一種の徙民と言える。その目的には、特定の集団の勢力の減退を図る、災害被災地（被災予想地）から住民をうつすことで被害を防ぐなどいろいろある。しかしいずれの場合にしろ、時に数万数十万にも及ぶ人々を住み慣れた土地から他所に移住させることは、実施する側の権力がいかに強くても容易なことではない。頻繁な徙民が災いし、諸民族の大反乱を招いて滅亡したアッシリアの例もある。一つ誤れば政権の存亡に関わりかねない「劇薬」的政策と言える。

ところが、前漢時代には関東（函谷関《かんこくかん》以東）の低平地（東方大平原）から首都圏の関中（現陝西《せんせい》省）への大量徙民（多くは皇帝の陵墓造営のたびに近傍に新設された都市「陵邑」に多数の官民をうつす形態)が約一八〇年にもわたって継続された。それは前漢の国家権力が特に強大であったから実現できたのではない。後述のとおり関中徙民が始まった当時、漢朝の権力ははなはだ不安定であった。それでいて、関中徙民に対する人々の拒絶や抵抗、不満などは史料には見えないのである。(1) なぜ当時の人々は「おとなしく」徙民されたのか。そもそもこれらの徙民は本当に「強制」されたものだったのか。以下に探ってみたい。

一、関中徙民の経過

関中徙民を最初に行ったのは秦の始皇帝であった。天下統一直後に「天下の富豪を咸陽《かんよう》(秦の首都)に徙民すること、十二万戸」(『史記』巻六、秦始皇本紀)、九年後に「三万家を麗邑(驪邑《りゆう》。始皇帝の驪山陵に設けられた陵邑)に徙し、……みな一〇年間租税や傜役を免除した」(同本紀)という。目的は記されていないが、首都・陵邑の人口増加と権力誇示であったことは疑いない。当時の秦の圧倒的権力によれば容易に実現できたと思われる。

続いて、前漢時代の関中徙民に関する基本的史料を列挙してみよう。

①-1

(劉敬が言うには)「いま陛下は関中に都を置いていますが、人口が少なすぎます。北には匈奴の軍事的脅威を間近かに感じ、東には旧六国の王族が一族の盛強さを保ったまま存在しており、いったん変事があれば、陛下は枕を高くして休むことすらできなくなりましょう。そこで私は陛下に斉の諸田氏や楚の昭・屈・景氏、燕・趙・韓・

魏の王族の後裔、さらに名の知れた豪傑や名家を関中に移住させることを進言いたします。そうすれば、平時には匈奴に備えることができ、また（東方の）諸侯に変事があれば、彼らを率いて東に討伐軍を出すこともできます。これはまさしく『本体を強め、末節を弱める』術策と言えましょう」。上（高祖）は「よろしい」と言い、すぐに劉敬の提言に相当する十余万人を関中に徙民した。（『史記』巻九九、劉敬列伝）

①-2

（高祖九年、前一九八）十一月に斉・楚の有力な氏族である昭氏・屈氏・景氏・懐氏・田氏の五姓を関中に徙し、耕地と宅地の利便を供給した。（『漢書』巻一、高帝紀下）

②太上皇（高祖の父）の万年邑には一〇〇〇戸あった。天下の民の財産が三〇〇万銭以上のものを徙し、田地・宅地を与えて陵墓を守らせたのである。（『文献通考』巻一二四所引『漢旧儀』(2)）

③（恵帝は）関東の俳優や演奏家五〇〇〇戸を徙して陵邑（安陵）を造った。（彼らが）さわがしく（啁）たわむれたので、俗に「啁陵《ちゅうりょう》」と呼ばれた。（『漢書』巻二八上、地理志上、右扶風条の王先謙『補注』所引『関中記』(3)）

④（景帝）五年（前一五二）春正月、陽陵邑を作る。夏、民を募って陽陵に徙し、銭二〇万を賜った。（『漢書』巻五、景帝紀）

⑤（建元二年、前一三九）初めて茂陵に邑を置く。……（建元三年、前一三八）茂陵に徙った者に戸ごとに銭二〇万、田地二頃を賜った。（『漢書』巻六、武帝紀(4)）

⑥（元朔二年、前一二七）郡国の豪傑及び資産が三〇〇万銭以上の者を茂陵に徙した。（同武帝紀）

⑦太始元年（前九六）、……郡国の官僚・民衆や豪傑を茂陵・雲陵（雲陽(5)）に徙した。（同武帝紀）

⑧始元三年（前八四）……秋、民を募って雲陵に徙し、銭・田宅を賜った。（同巻七、昭帝紀(6)）

⑨-1

本始元年（前七三）春正月、郡国の吏・民で財産が一〇〇万銭以上の者を募って平陵に徙民した。（『漢書』巻八、宣

帝紀）

⑨-2

（本始）二年（前七二）春、水衡（帝室財政を管掌する役所の一つ）の銭を費やして平陵を造り、徙民してそれらの邸宅を建てた。（同上。⑨-1と一連の記事と見なしうる。）

⑩元康元年（前六五）春、杜県の東の高台の上に今上（宣帝）の陵墓を造り、杜県をあらためて杜陵と名付けた。丞相・将軍・列侯・給与二〇〇〇石の高官・財産が一〇〇万銭以上の者を杜陵に徙した。（同上）

しかし、このあと徙民は「儒学好き」で知られる元帝の以下の詔により一度中止された。

永光四年（前四〇）……渭城の寿陵亭部の高台に今上（元帝）の陵墓を造る。詔して「郷土に安住し他郷に遷りたがらないのは民衆の本性であり、骨肉の関係の者どうしが離れたがらないのも人情の願いである。さきごろ官僚が臣下の義理を理由にして郡国の民を徙し園陵に奉仕させるよう奏上したが、庶民に遠く先祖の墳墓を棄てさせ、家業を破り財産を失わせ、親戚と別離させ、人に思慕の心を懐かせ、家に不安の意を生じさせることになる。このようにして東方に無益な損害を被らせ、関中に鬱々とした民を生じさせることは、長く続けられる良策とは言えない。……今建造中の陵墓には、県邑を置かず、天下の民のみなが郷里に安住して生業を楽しみ、心が動揺することのないようにさせよ」と言った。（『漢書』巻九、元帝紀）

ところがその約三〇年後、高官の陳湯《ちんとう》が次のような進言をして現代の公共事業のようにさまざまな利権にありつける徙民の再開を訴えた。

現在造営中の陵墓は、京師（長安）の地の最も肥えた場所にあり、一県を設けることができます。天下の民が諸陵に徙らなくなって三〇余年になりますが、関東の富人はますます増え、多くの良田を囲い込み、貧民を使役しております。関東の富人どもを新しい陵墓に徙し、それによって京師を強くし、諸侯を弱体化させ、また中程度以下の民の貧富の差を平均化すべきです。私陳湯は願わくば妻子や家族とともに新陵に徙り、天下の手本となりたく存じます。（『漢書』巻七〇、陳湯伝）

その結果、帝陵徙民は再開されることになった。

⑪（鴻嘉《こうか》二年、前十九）夏、郡国の豪傑で財産が五〇〇〇万以上の者五〇〇〇戸を昌陵に徙した。丞相・御史・将軍・列侯・公主・中二〇〇〇石に墓地と邸宅を賜った。（同上巻一〇、成帝紀）

しかし新陵候補地の昌陵は地勢が悪く工事が難航、群臣からの批判も高まったため、結局成帝は造営を断念し、以前に陵墓建設が試みられていた延陵の完成を命じた。そのさい、

また故陵（延陵）に吏民を徙してはならない。天下に動揺の心を生じさせないためである。（『漢書』巻一〇、成帝紀）

と徙民の禁止も明言したのである（よって⑪の徙民は未遂に終わった）。さらに続く哀帝も、

（建平二年、前五）七月、渭城の西北の高台の永陵亭部に初陵を造った。郡国の民を徙すことはせず、安心を得ら

れるようにした。（同巻十一、哀帝紀）

と帝陵徙民の廃止を決定、ここに漢初以来続いた関中徙民は終わりを告げたのである。

後漢初期の歴史家・班固は一八〇年続いた前漢の関中徙民について、「全て幹を強め枝を弱める目的を持った施策であり、単に陵園に奉仕させるためのものではなかった」（『漢書』巻二八下、地理志下）としている。「皇帝・皇族の陵墓を守る」名誉にあずかれるという口実で続けられたが、真の目的は一貫して「強幹弱枝」、つまり「幹」（皇帝のいる首都圏）を強くし「枝」（諸侯や有力者がいる地方）を弱くすることで、漢朝の支配を強化・安定させることにあったというのである。

恐らくそのとおりであっただろう。しかし問題となるのはその過程、特に一八〇年余にわたって徙民が一見スムーズに、なんの混乱もなく継続されたように見えることである。

二、漢初の情勢と劉敬進言の問題点

前漢の関中徙民は上掲①-1の劉敬の進言を契機として始められた。実はその進言はさまざまな問題を含んでいる。前章では省略した進言の前段部分からあらためて見てみよう。

劉敬は（使者として派遣されていた）匈奴の地から帰還すると次のように言った。「河南（現オルドス）にある匈奴の白羊王国・楼煩王国は、長安からたった七〇〇里（約二八〇キロメートル）の近くにあり、軽装備の騎馬隊なら一昼夜あれば秦中（関中）にまで到達できます。秦中は新たに戦禍を被ったばかりで住民が減少していますが、地味も肥えているので人口を増やすことができます。そもそも諸侯が（秦を倒すべく）挙兵したとき、斉の王族であったもろもろの田氏や楚の王族であった昭氏・屈氏・景氏がなければ勢力を拡大することなどできなかったのです。いま陛下は関中に都を置いていますが、人口が少なすぎます。北には匈奴の軍事的脅威を間近かに感じ、東には旧六国の王族が一族の盛強さを保ったまま存在しており、いったん変事があれば、陛下は枕を高くして休むことすらできなくなりましょう。そこで私は陛下に斉の諸田氏や楚の昭・屈・景氏、燕・趙・韓・魏の王族の後裔、さらに名の知れた豪傑や名家を関中に移住させることを進言いたします。そうすれば、平時には匈奴に備えることができ、また（東方の）諸侯に変事があれば、彼らを率いて東に討伐軍を出すこともできます。これはまさしく『本体を強め、末節を弱める』術策と言えましょう」。上（高祖）は「よろしい」と言い、すぐに劉敬の提言に相当する十余万人を関中に徙民した。（『史記』劉敬列伝）

つまり、人口の少ない関中に東方の名家・豪族を大量に徙民し、彼らの力を利用して匈奴の侵攻や東方の旧六国の反乱に備えよう、というのである。先学もこの進言に基づき、関中徙民を「東方の社会的、経済的繁栄地帯を抑圧する」(7)、「関東の有力豪族を関中に徙すことによって、関東の豪族勢力の中核を破砕」(8)、「帝威を示すとともに中央集権策をすすめる」(9)、「在地豪族勢力を分断するため」(10)の政策ととらえている(11)。筆者もこうした見解に異を唱えるつもりはない。問題は、当時の漢朝に強制的な大規模徙民が実現できたか、という点である。秦の滅亡後、五年におよぶ項羽との死闘を制した直後、漢の高祖劉邦は以下のような場面に遭遇した。

漢の五年（前二〇二）、ついに天下を併合した。……群臣は酒を飲んでは軍功について言い争い、酔っぱらって暴言や妄言を吐く者、剣を抜いて柱に斬り付ける者もおり、高帝（劉邦）はそうした状況に苦慮していた。
（『史記』巻九九、叔孫通《しゆくそんとう》列伝）

漢の六年（前二〇一）、上（高祖劉邦）は洛陽の南宮にいて、復道（上下二層になった道）から将軍たちが砂上のあちこちに座って語らっている様子を望見した。上が「彼らは何を話しているのか」とたずねると、留侯（張良。高祖の参謀）は「陛下はご存じないのですか。あれは謀反の相談をしているのです」と答えた。（同巻五五、留侯世家）

諸将が謀反を企てたのは高祖の論功行賞に対する不満からであった。高祖が張良の提言に従い最も嫌っていた雍歯《ようし》を厚遇したため、「雍歯でさえ手厚い報償を得たのだから我々は大丈夫だ」と安堵の声が広がり、不満は一時沈静化した。しかし、激しい戦乱を生き抜いた諸将の野心は簡単には収まらない。高祖の死後にも以下のような事があった。

高祖は長楽宮で崩御したが、四日間喪が発せられなかった。呂后（高祖の皇后）と審食其《しんいき》（呂后の謀臣の一人）は「諸将は高祖と同じく元来平民であったのに、今、北面（臣下が君主に北向きに対面すること）して臣下となっていることは常々不満なはずである。今、高祖が崩御して幼い皇帝が即位するにさいし、彼らを滅ぼしておかないと天下は不安に陥るだろう」と謀った。ある人がこれを聞き、将軍の酈食其に話した。酈食其は審食其に面会を求め、「私は高祖がすでに崩御されたのに四日も喪を発せず、諸将を誅殺しようとしていると聞いた。それが事実ならば、天下は極めて危険な状況になろう。……高祖の崩御と諸将誅滅の謀議を聞いたならば、建国の功臣たちが必ずや軍を連ねて関中に攻め込んで来るだろう。大臣が内にそむき、諸侯が外に離反したら漢の滅亡は足を上げるのを待つまでもなくたやすいこととなろう」と言った。審食其が入朝してそれを呂后に告げたところ、丁未の日

をもって直ちに喪を発し、天下に大赦した。(『史記』巻八、高祖本紀)

このように、漢初の政情は極度に不穏であった。[12] この状況下で始まった関中徙民が問答無用の強制移住であったとは考えがたい。では、その実態はどのようなものだったのか。

劉敬は関中徙民のメリットを、(一)関中の人口増により「強幹弱枝」を実現できる、(二)その結果、匈奴の侵攻に備えられ、(三)さらに関東の反乱にも対処できる、と集約した。しかし(一)は、例えば武力のない庶民をかき集めても、匈奴の騎馬軍団や関東の諸侯軍にかなうはずがない。また、庶民の徙民は政府が諸費用を負担しない限り難しい。[13] 前漢武帝期に黄河の水災の被災民七〇万人余を関東からオルドスに徙民したが、生活安定までの諸経費を全て政府が負担したため財政が底をついた。[14] 武帝期の被災民ほどではないにしろ困窮していたはずの漢初の庶民を大量徙民するなど、望むべくもなかったはずである。

そのため移転の経費を自弁でき、さらには関中移住後も一定の経済力を維持して武器・兵力を工面でき、(二)(三)の目的に応じられるような階層(名族・富豪)を徙民対象としたのだろう。しかし、名族・富豪といえども遠い関中への移転に伴う負担は重かったはずである。関中徙民は対象者の「破業失産」(『漢書』元帝紀)を招く恐れもあった。そうなった場合、(二)(三)の目的に応えるなど画餅に過ぎなくなる。

一方、彼らが勢力を温存したまま関中に移住したとしても新たな危険性が生じる。彼らが漢朝にそむく危険性である。一方的に負担を強いられた名族・富豪が、権力基盤の脆弱な当時の漢朝に忠節をつくす保証はない。むしろ匈奴と内応したり(盧綰や韓王信のように反漢勢力が匈奴と結んだ例は多い[15])、関東の反乱勢力と結ぶ可能性もある。

つまり、関中徙民は「強幹弱枝」と関中の防衛をたやすく両立できるような政策ではなかったのである。両立のためには、徙民に伴う名族・富豪の疲弊を極力抑え、かつ彼らを漢朝になびかせる必要がある。そのために漢朝に何ができただろうか。経済的利益の提供以外ないであろう。事実、前章で示した前漢徙民記事十一例のうち七例で田宅・金銭などの給付が確認できる。加えて、史料に明示されていない利益が他にも考えられるのである。

三、関中徙民に付随する利益

ここで、あらためて劉敬の進言の細部にこだわってみたい。劉敬は関中徙民の目的を「平時には匈奴に備えることができ、また（東方の）諸侯に変事があれば、彼らを率いて東に討伐軍を出すこともできます。（原文「無事、可以備胡、諸侯有変、亦足率以東伐」）」とされている。ここで注目すべきは、「無事」であれば「無事」であれば「胡（匈奴）に備えることができる」とする点である。従来この箇所は「胡（匈奴）の侵入に備えること」[16]と理解されてきたが、「匈奴の侵入」が「無事」であるはずがない。劉敬は進言の前半で、匈奴の勢力が関中の間近に存在する事実を挙げ、その侵攻を懸念している。当然「匈奴の侵入」は「有事」であり、「諸侯有変」と同列に語られるべきなのに、なぜそうなっていないのだろうか。

実はこの進言の直前に劉敬は匈奴に使者として派遣されていた。その役割は、高祖がうかつに匈奴討伐に出撃して逆に匈奴の大軍に包囲され、やむなく珍宝を献上してようやく解放された（白登山の戦い、前二〇〇年）直後、和親のしるしに高祖の娘を冒頓単于《ぼくとつぜんう》（当時の匈奴の君主）に嫁がせるという重大なものであり（この策自体劉敬が提案）、しかも実際は呂后が実の娘を差し出すのを嫌がったため、赤の他人を皇女と偽って嫁がせるという極めて危険なものだった。劉敬は以前も匈奴に派遣されており、その強さを熟知していたため匈奴討伐にも反対していた。さらに今回偽装婚姻を成就させて帰還した直後にあって、匈奴の侵攻を「無事」と表現するとは考えがたい[17]。

したがってここに見える「無事」とは文字どおり「戦闘のない平時」という意味でなければならない。しかしいったい、「戦闘のない平時には（徙民した名家・富豪をもって）匈奴に備えられる」という言辞は何を意味することになるのだろうか。

冒頓単于に皇女をめあわせる案を進言したさい、劉敬は加えて毎年匈奴に手厚く漢の物産を贈ることも勧めている。匈奴の物欲を満たし続けることでその侵攻を阻止しようというのである。彼の基本姿勢がこうしたものであった以上、関中徙民の目的もそれに則して理解すべきであろう。つまり、徙民した名族・富豪に匈奴と交易させることでその攻撃を未然に防ごうとしたのである。これこそ「無事」における「匈奴への備え」と言えよう。

当然、それは名族・富豪にも利益をもたらすものであった。楚漢戦争終結直後、高祖は洛陽に首都を置こうとしたが、平原の中にあって防御に不安を残す洛陽よりも、標高が高く天然の要害に守られた関中に首都を置くよう最初に提案したのも劉敬であった。判断に迷った高祖が信頼厚い参謀の張良に相談したところ、張良は、

> そもそも関中は左（皇帝が南面した場合の左、つまり東方）には殽山《こうざん》・函谷関、右（西方）には隴西《ろうせい》・蜀の要害の地があり、肥沃な土地が千里に広がり、南には巴・蜀（現四川省）の豊饒の地を有し、北には匈奴の豊かな放牧場の利益があり、北・南・西の三面を自然の障壁で守られているので、ただ一面をもって東方の諸侯を制することが可能です。……劉敬の説は当たっております。（『史記』巻五六、留侯世家）

と答え、関中遷都を強く勧めた。ここでは匈奴の脅威は度外視され、むしろその牧場と近接する利点が評価されている。(18) 事実、秦代の烏氏《うし》の倮《ら》という人物は、

> 牧畜に励み、家畜を増やしてはことごとく売り払って珍奇な絹織物などを買い求め、密かに戎王（匈奴の王か）

にそれを献上した。戎王はその価値の十倍にも及ぶ家畜を倮に与えたので、倮の飼育する馬牛は谷を単位に数えるほどの頭数となった。秦の始皇帝は倮を封君（封建された地方君主）と同等に処遇し、定期的に高官たちとともに参内させた。（『史記』巻一二九、貨殖列伝）

とあるように、遊牧民の君長との馬牛の交易で巨万の富を得、始皇帝から例外的に封建君主並みの優遇を受けたのである。丹沙（水銀と硫黄の化合物）の採掘で財をなし、始皇帝から厚遇された巴の寡婦・清と同様、倮もその財力で始皇帝に取り入ったのであろう。

加えて匈奴との交易は、その背後に控える西域オアシス諸国との珍品・奢侈品の取引を可能にし、さらに大きな利益を期待させるものとなり得た。従来、西域諸国の情報は武帝が匈奴挟撃のため遠く中央アジアの大月氏国に派遣した張騫《ちょうけん》が初めてもたらしたものと理解されてきた。しかし、その張騫が西域の大夏国（現アフガニスタン北部）で蜀産出の絹布と邛《きょう》（現四川省西昌市南東）産出の「竹丈」が売られているのを見、漢朝も把握していなかった蜀・西南夷・西域を結ぶ交易ルート（現在、「南西シルクロード」として調査・研究が進められている）の存在を知った（『史記』巻一一六、西南夷列伝）ように、民間の交易は早い段階から想像を超えた広がりを見せていたのである。近年、新疆の前漢以前の墓葬から竹器の残骸が出土したが、これも竹を産出しない新疆に相当早くから中国内地産の竹が流通していたことを示す証拠と言えよう。(19) 漢初の政府が西域との交易まで視野に入れていた可能性はもちろん低いが、しかし関東の名族・富豪が匈奴を介した西域との交易について情報を持ち、関心を抱いていた可能性はあるだろう。

『史記』貨殖列伝に、

漢が興り海内を統一すると、関所や橋の検問を開き、山沢の開発の禁を緩めたので、富豪や大商人が天下を舞台に活躍し、交易されない物資はなく、欲しい物は何でも買えるようになった。そこで豪傑・諸侯・豪族を京師（長安）に徙民した。……長安の諸皇帝陵は、四方八方から人々が輻輳《ふくそう》して集まり会した。

とあるように、漢初の商業活動の活発化と関中徙民は密接に関係していた。そこに匈奴も巻き込み、その侵攻を未然に防ぐというのが関中徙民の大きな目的だったのだろう。[20]

当時関東ではすでに家父長的集団の族的結合がゆるみ始め、分裂や分権化が進んでいたため漢の徙民策に応じやすかったとの分析もある。[21] それに加えて匈奴や西域との交易のチャンスが待っていたならば、新天地での一攫千金を狙う者が出てきても不思議はない。事実、徙民された名族・富豪がその後、商業的成功を収めた例は史料に確かに見えている。

関中で大金持ちとなった商人はだいたい斉の田氏であり、特に田嗇《でんしょく》・田蘭《でんらん》がそうである。（『史記』巻一二九、貨殖列伝）

また、楚の屈氏・懐氏も陶業や製瓦業で名を成したことが出土資料からうかがえる。[22]

なお、恵帝期の③、武帝期の⑥⑦、宣帝期の⑩の徙民には反対給付の記事がない。単なる記録漏れの可能性もあるが、しかし仮に給付がなかったとしても、例えば武帝期は匈奴を駆逐した後の「河西四郡」設置により西域諸国との交易が一気に本格化した時期であり、それを目当てに名族・富豪が積極的に徙民に応じた可能性がある。また、徙民された人々は相当な餞別を得たはずである。武帝期随一の大物任俠として知られる郭解は元朔二年（前一二七）、「訾（財産）三〇〇万（銭）以上」というこの時の徙民の条件に該当していないのに、有名な任俠であることだけを理由に武帝の厳命によって関中（茂陵）に徙民された。一見、強制的徙民の典型例にも見えるが、実は郭解はこの時、多くの知己から実に「千余万銭」もの餞別を受けている。古代中国には出張や旅行のさい餞別を贈る習俗があったが、[23]さすがに郭解ともなると金額が違う。当然茂陵にうつったあとも彼は大親分として振る舞い、全く勢力の衰えを見せていない。彼ほどの大物でなくても、名族・富豪に連なる人物ともなれば徙民のさいの餞別は相当な額になったと思われる。仮に漢朝からの田宅・金銭の支給がなくても、徙民される側が一方的に損失を被るわけではなかったのである。[24]

こうして関中で経済的成功をおさめた名族・富豪は、その機会を与えてくれた漢朝に恩義を感じたことであろう。漢への忠誠心はようやくここに芽生え始めるのである。劉敬や張良が期待した東方への備えは、実はこの段階に至って初めて可能になるものであった。

なお、関中徙民が廃止された理由については、地縁・血縁を重視する儒家思想の浸透を背景に「在地豪族層」が「帝陵へ徙り皇帝との一体感をもって忠誠を誓う以上に、在地に留まることを有利と見」るようになったからとされる。[25]しかし在地に留まることが有利とされた理由は在地における豪族層の勢力拡大だけだったろうか。そこには、宣帝期以降の対匈奴関係の安定化も関係していると思われる。このころ匈奴は大規模な内紛を起こし、前六〇年には日逐王が漢に下り、漢は西域都護を設置してタリム盆地を支配するに至った。匈奴はさらに東西に分裂、前五一年には東匈奴の呼《こ》韓邪《かんや》単于《ぜんう》が漢に入朝した。続く元帝期の前三六年には漢が呼韓邪単于と同盟して西匈奴の郅支《しつし》単于《ぜんう》を滅ぼし、対匈奴関係は空前の安定期を迎えた。しかし、それは西域貿易の安定化をもたらした一方、武帝期以前のような西域の珍品に対する熱い購買意欲を鎮静化させたと考えられる。もはや西域との貿易は特に「うま味」のあるものではなくなったのである。対匈奴関係の安定化と同時期の関中徙民の廃止との間に関連性を見るのは、あながち無理なことではないだろう。

四、徙民を可能にしたインフラストラクチュアについて

ところで、徙民された人々はどうやって関中に移動したのであろうか。最大一〇万もの人々とその家財を一気に関東から関中にうつすには、大量輸送を可能にするインフラストラクチュアが必要である。それは何か。注目されるのは、水上交通路網の存在である。

記録上、中国における最も早い運河開削の事例は、

（哀公九年、前四八六）秋、呉は邗に城墻を築き、〔邗溝《かんこう》を掘って〕運河により江水と淮水を連絡した。（『春秋左氏伝』哀公九年条）

呉王夫差は……深い運河を開削し、宋・魯の間まで通し、北は沂水《きすい》に、西は済水《せいすい》に達し、晋公（定公）と黄池で会盟した。（『国語』呉語）

と見える、春秋時代後期に呉王夫差が作った「邗溝」等の諸運河であるとされる。(26) その後、戦国時代には、滎陽《けいよう》の下流で河水（黄河の水）を東南に引いて鴻溝を作り、宋・鄭・陳・蔡・曹・衛に通じ、済水・汝水・淮水・泗水と連結した。楚では西方において渠（水路）を漢水と雲夢の藪沢に通じ、東方において溝（邗溝か）を長江・

淮水の間に通じた。呉では渠を三江・五湖の間に通じ、斉では菑《し》（淄）水・済水の間に通じ、蜀では太守の李冰が離水の岸を削って沫水の害を避け、二江を成都の中に通した。これらの渠はみな船を通すことができ、余った水は灌漑に用いて、百姓がその利益を享受した。（『史記』巻二九、河渠書）

とあるように各地で自然河川と結ぶ水路が開削され、舟運と灌漑に大いに利用された。特に今日では乾燥地帯に属する華北（「宋・陳・蔡・曹・衛」があった「済水・汝水・淮水・泗水」の流域）でも水上交通が盛んであった点が注目される。当時、天下統一とはあらゆる交通路・水路の掌握と同義であった。秦の始皇帝は天下統一後、各地を巡幸して自らの功績を讃える石碑を多数残したが、山東半島の琅邪台に残した石碑には、

日月の照らすところ、船や車の及ぶところは皆、皇帝の命令に従い、意を得ないところはない。

（『史記』巻六、秦始皇本紀）

と刻み、碣石山に残した石碑には、

皇帝たる自分は……初めて統一の泰平をもたらした。旧六国の城郭を破壊し、河川を疎通し堤防を整備し、険阻な地を平らにした。（同右）

と刻み、水上交通網の掌握と整備について特記している。しかし、その恩恵にあずかったのは皮肉なことに秦を滅ぼし関中を占拠した劉邦であった。彼の能臣・蕭何《しょうか》が、

関中において戸口を計算し、軍需物資を転漕して劉邦軍に補給し、漢王（劉邦）がしばしば軍を失って遁走すると、蕭何はそのつど関中の兵卒を動員し、欠員を補った。（『史記』巻五三、蕭相国世家）

とあるように不断に兵員・物資を水上輸送したために、劉邦は難敵項羽を倒すことができたのである。実戦経験のない蕭何が項羽討滅後の論功行賞で最高の評価を受け、漢朝初代の丞相となった事実からは、蕭何の有能さに加え、大量の人員・物資を安定して運送できた水上交通路の重要性も見て取るべきである。漢代以前の華北黄河流域は現在より温暖多雨であり、[27] 我々の想像を越える豊かな水上交通網が発達していた。劉敬とともに関中への遷都を主張した張良の言を再び見ると、

関東の諸侯が安定しているならば、黄河や渭水を使って天下の物資を漕運し、西にある京師（長安）に供給できます。諸侯に変事があれば、流れに従って東下し、兵員や物資を輸送するのに便利です。（『史記』留侯世家）

とやはり水上交通の利便性を挙げている。武帝期、財政再建の切り札となった「平準法」は、全国規模で物資を相互に「灌輸」する、つまり「舟で貨物を流運する。河川を利用して運ぶ」（『大漢和辞典』）ものであり、これも広範な水上交通網の存在を前提にして成り立つものであった。[28] 関中徙民でもこの水上交通網が大いに活用されたであろうことは、それを明示する史料はないが疑いない。筆者は今回の東アジア海プロジェクトに「運河班」の一員として参加し、揚州・淮安・徐州・北京など各地で東方大平原に広がる運河網について現地調査を行い、特に揚州市邵伯から高郵市まで現在の京杭大運河の一部を実際に船で遡航するという貴重な体験をした。四年にわたる現地調査を通じてまず実感したことは、さえぎるもののない東方大平原の広大さと、そこを縦横に行き交う河川・水路網の充実ぶりであった。

すでに新石器時代から中国では沿岸部から新疆など内陸奥地に至る活発な物資の交換があったが[29]、その時代から水上交通は早くも一定の役割を果たしていたものと思われる。低平な東方大平原における人の移動は陸路でも容易であったろうが、大量の物資を遠方に運ぶ場合、陸路より水路の方が安全面・コスト面・効率面ではるかに有利であることは言をまたないからである。『尚書』禹貢《うこう》篇や『史記』河渠書冒頭に見える禹の大治水事業と水路網の整備、それによる各地からの貢納制度確立の描写は、実際は戦国時代以降の状況を示したものではあろうが、夏王朝の開祖とされる伝説的聖王・禹に仮託する形で中国社会における太古以来の河川と交通の基本構図を表しているように思われる。

多様な自然環境のもと、各地で独自な発展を遂げた中国の地域文化は、しかし広大な東方大平原とそこに展開した河川網の存在により、否応なく早くから交流・交雑を繰り返し、均一化していく運命にあった。そうした中、元来は西方辺境の地にあって人口・経済面で見劣りした関中は、東方大平原を見下ろす高地にあり周囲を天険に守られていたため、商鞅《しょうおう》の変法以来軍事大国化していった秦の首都圏として発展した。その秦による天下統一は、経済的・文化的に高いレヴェルで均一化していた東方大平原と関中が本格的に融合を求められる局面を招いたのである。本来文化的に「水と油」の両地域が融合していくことは当然容易なことではなく、一方の価値観の強制（秦による統一政策の強制）ではうまく混じり合うことができない。文化的・経済的に貧弱だった「幹」が強くなるには、「枝」の持つ長所を時間をかけて吸収する必要があった。前漢の関中徙民は、その長い過程を示す象徴的な出来事であった。その導引剤となったのは漢朝による金銭・田宅の支給、及び匈奴や西域との貿易から生じる「うま味」であった。しかし「幹」と「枝」の差がなくなれば、それ以上の融合や均一化は不要となる。徙民が中止された元帝期は、そうした「うま味」がそろそろ薄くなった時期だったのである。

おわりに

前漢の関中徙民は単純な「強幹弱枝」政策ではなく、うつされる側に十分配慮されたものであった。さしたる抵抗も受けずに一八〇年も続いたのはそのためである。また、そのさいに不可欠な役割を果たしたのが秦代までに整備された全国規模の水路網であった。その結果、関中と東方大平原の本来異質な文化が混じり合い、平均化して相対的に「強幹弱枝」が達成されたのであった。本稿の考察を要約すれば以上のとおりである。

張家山漢簡の全文公開（二〇〇一年）[30]以来、特にその「二年律令」に見える関東の諸侯王勢力に対する敵対的な法規定の多さが注目されている。[31]しかし、少なくとも関中徙民については「二年律令」に引きずられて漢朝と東方の緊張関係のみから理解することは正しくない、ということだけは最後に述べておきたい。

【付記】

本稿は平成二一年度科学研究費補助金（奨励研究）「中国古代帝国の関東統治について」の研究成果の一部である。

【注】

（1）武帝期に匈奴から奪取して置かれた朔方郡（関中の北、オルドス）への徙民は「則民怨、諸侯懼」（『史記』巻一一八、淮南衡山列伝の伍被の言）と見えるように人々から忌避されたが、関中徙民についてはそうした記事がない。

（2）岡田功「前漢関中帝陵徙民再考―皇帝権力の一側面―」（『駿台史学』四四、一九七八年）はこの史料に見える財産額を定めた部分を武帝期以降に加筆されたものと推測している。ただしその是非は本稿の議論を左右する問題ではないので、ここに紹介するにとどめる。
(3) 安陵にうつされたのは俳優・楽人だけではなく袁盎・馮唐の先祖のような有力者も多かった（『史記』巻一〇一、袁盎列伝・巻一〇二、馮唐列伝・巻一二五、佞幸列伝参照）。
(4) 当時は「四万銭」程度の財産があれば「中家」（中程度の資産家）とみなされた（髙村武幸『漢代の地方官吏と地域社会』汲古書院、二〇〇八年、第一部第一章「漢代官吏の資格について」）。「二〇万銭」の支給は相当な好条件と言える。
(5)「雲陵」は武帝の側室で昭帝の生母である鉤弋夫人の陵墓。この段階ではまだなかったはずなので、『漢書』に注を付した唐の顔師古は武帝代建造の宮殿の一つ甘泉宮があった「雲陽」の誤りとしている。従うべきであろう。
(6) この翌始元四年（前八三）に「徙三輔富人雲陵、賜銭、戸十万」（『漢書』巻七、昭帝紀）という記事もあるが、関中内での徙民であるため、関東から関中への徙民を対象とする本稿の考察からは除く。
(7) 宇都宮清吉「西漢の首都長安」（『漢代社会経済史研究』弘文堂、一九五五年）。
(8) 鎌田重雄「漢代の帝陵」（『秦漢政治制度の研究』日本学術振興会、一九六二年）。
(9) 好並隆司「西漢皇帝支配の性格と変遷」（『秦漢帝国史研究』未来社、一九七八年）。
(10) 鶴間和幸「漢代における関東・江淮豪族と関中徙民」（『中嶋敏先生古稀記念論集』上巻、汲古書院、一九八〇年）。
(11) それに加えて、「豪族を陵邑県に配置して、陵墓に奉仕するのだという意識を持たせれば、豪族は、漢室に対する一体感の方が濃厚となり、郡国との結合意識は、稀薄となる」（藤川正数「陵墓制について」、『漢代における礼学の研究』風間書房、一九六八年）という効果、あるいは武帝期から宣帝期に整備された帝陵近傍に高官を葬る陪葬制などの礼制上の効果を重視する見方（村元健一「前漢皇帝陵の再検討—陵邑、陪葬の変遷を中心に—」、『古代文化』五九—二、二〇〇七年）もある。
(12) 近年出土した「張家山漢簡」のいわゆる「二年律令」（劉邦の死後実権を握った劉邦の妻呂后の二年、すなわち前一八六年に書かれたか、あるいは発布された法令）には、関東の諸侯王国を敵視・差別する法令が多数見える。その実効期間については諸説あるが、少なくとも関東・関中間の移動を制限する条項が高祖一〇年（前一九七）に効力を持っていたことは同漢簡の「奏讞書」（裁判の判例集）の記事（劉敬の進言による最初の徙民で遷された斉の田氏の女性を、移動に随行した官吏が妻とし、ともに密かに斉に帰ろうとして逮捕された事件の判例）からわかる。そうした厳戒態勢が続くなか、一〇万人もの規模の徙民が実施できたことは驚くべきことではなかろうか。

(13) 景帝の寵臣鼂錯は徙民にさいしては農地、田宅、農具、生活用品、医者・巫祝などを事前に整備しないと「民が心おきなく故郷を離れ」「徙民先の新天地での生活を楽しみ、長くそこに住もうという心を生じさせる」のは難しいとしている(『漢書』巻四九、鼂錯伝)。

(14) この大規模徙民をめぐる問題については拙著『中国古代の社会と黄河』(早稲田大学出版部、二〇〇九年)第三部第三章「徙民七〇万人と黄土高原」参照。

(15) 『史記』巻九三、韓王信盧綰列伝。

(16) 岡田前掲注2論文参照。

(17) 福島大我はこの部分を「変事が無ければ、匈奴に備えることができます。諸侯に変事が起これば、彼らを率いて東伐することができます」と訳している(「前漢代における「首都圏」と皇帝制度の変遷」、『専修史学』四九、二〇一〇年)。「事」「変」を関東諸侯の反乱のみに限定する解釈である。しかし、白登山の惨敗直後にあって匈奴の侵攻を「無事」と表現したとはやはり考えがたい。

(18) 匈奴などの異民族との近接地帯は危険もある反面、「天水・隴西・北地・上郡与関中同俗、然西有羌中之利、北有戎翟之畜、畜牧為天下饒」「夫燕……北鄰烏桓・夫餘、東綰穢貉・朝鮮・真番之利」(ともに『史記』巻一二九、貨殖列伝)などと利の源泉でもあった。

(19) 二〇〇二年一月一四日付『華声報』電子版・新聞中心・文化現象欄に「新疆博物館考古部は近ごろ新疆且末県扎滚魯克一号墓から前漢以前の不明な竹器の残骸が出土したことを公開、披露した。……新疆博物館考古部の研究院王博氏は、この器物が史料に見える邛竹杖かもしれないと考えている。……王博氏はこの発見が古代西域と中国内地の交流と交通にとってきわめて意義深いと考えている。新疆には本来竹が産しないので、竹器の残骸が出土したことは、前漢以前からすでに新疆と中原地区に文化交流と経済貿易の往来が存在したことを証明するものである」(森和訳。工藤元男「蜀布と邛竹杖」、『早稲田大学長江流域文化研究所年報』一、二〇〇二年)と見える。

(20) 武帝期初期に匈奴の単于を内地に誘ってだまし討とうとして失敗した「馬邑の役」(前一三三年)があったが、匈奴はその後も漢との関市貿易(長城付近の関所での貿易)を望み、漢もそれに応えている(『史記』巻三〇、平準書・巻一一〇、匈奴列伝など)。匈奴との関係は和戦が常に併存するという、現代人にはいささか理解しがたい状態が続いたのである。

(21) 岡田前掲注2論文参照。
(22) 陳直『漢書新証』(天津人民出版社、一九五九年) 関中秦漢陶録巻一に「(陳) 直按、徙関中之屈氏、後人在咸陽一帯、多以冶陶為業。現出土者、有『咸里屈驕』・『咸里屈堨』両陶印、又西安漢城遺址出土有『懐千秋印』、蓋亦為漢初徙関中懐氏之後。」とある。
(23) 特に漢代官吏の出張のさいの餞別については髙村前掲注4著書第二部第二章「漢代地方官吏の社会と生活」に詳しい。
(24) もちろん餞別は出す必要もあるので、大規模な徙民が繰り返されれば総体的に名家・富豪の経済力が損なわれる効果は期待できたであろう。漢朝がそこまで計算に入れて徙民を行っていたかは定かではないが。
(25) 岡田前掲注2論文参照。
(26) 「邗溝」の建造を伝えるとされる『春秋左氏伝』哀公九年条の解釈にはさまざまな問題がある。詳細は本書所収水野卓「春秋邗溝考」を参照されたい。
(27) 笠可楨「中国近五千年来寄港変遷的初歩研究」(『笠可楨文集』北京、科学出版社、一九七九年) 参照。
(28) 平準法については渡辺信一郎『中国古代の財政と国家』(汲古書院、二〇一〇年) 第一部第一章「漢代の財政運営と国家的物流」に詳しい。
(29) 宮本一夫『神話から歴史へ──中国の歴史1』(講談社、二〇〇五年) 参照。
(30) 湖北省江陵県西北の張家山漢墓二四七号墓から一九八三年~八四年に出土した竹簡文書。『張家山漢墓竹簡〔二四七号墓〕』(文物出版社、二〇〇一年、北京) で初めて全文が公開された。特に「二年律令」の全体的性格や問題点については宮宅潔『中国古代刑制史の研究』(京都大学学術出版会、二〇一一年) 第一章「張家山漢簡「二年律令」解題」に詳しい。
(31) それにともない、漢初の「郡国制」の位置づけに関する論争が近年盛んである。論者による見解の相違については福島前掲注17論文に手際よくまとめられている。

黄河下流域における交通と図像の流通について

菅野恵美

はじめに

この研究で「黄河下流域」と呼んでいる地域は、黄河・淮河・長江の三河川下流域、現在の山東省と江蘇省・安徽省・河南省の一部に当たる地域を指す。中国では黄淮海平原などと呼ばれ、本書では「東方大平原」と命名している地域である。

黄河下流域に着目する理由は以下の二点にある。第一に、中国が統一王朝として東アジアの諸地域と海を介した関係を本格的に開始する以前、この黄河下流域における諸地域が独自に朝鮮半島・日本列島と交流をもっていた可能性があるという点である。それは、弥生時代の墓から出土した人骨が中国山東省出土のものと相似していることや、また、中国諸地域で製造された銅鏡群が日本や朝鮮半島で出土していることから指摘できる。[1]つまりこのような古代東アジアの交流を考える上で、この地域は、中国大陸・日本列島・朝鮮半島間の交流の場、交流の発信地としての重要な意味を持つ。

第二に、中国大陸内部の統一を考える際にも重要な区域だという点である。というのは、この地域はちょうど黄河・

淮河《わいが》・長江三河川の下流に広がる平原と丘陵地および沿海部を含み、歴史的に、内部に多様な文化や集団を並存させつつも、往来が盛んであり、早期に統一性を実現した区域だからである。後の多様な文化や集団を抱合していく中国の統一王朝の前段階として興味深い。

この区域は秦漢王朝期に政治的統一が実現された一方で、地域社会ではなお春秋戦国諸国下で培われた独自性が残されていた。例えば山東地域には更に小さな複数の地域的まとまりが存在し、秦漢から隋唐に至るまで、その多様性は豪族・貴族らの諸集団を形成するのに影響した。

本研究は漢代に時間を設定し、この区域から大量に出土している漢代の墓葬装飾、画像石を分析することで、この区域にどのような地域的まとまりや交流が形成されていたのか考察したい。

一、図像の流通や受容から見る沿海部の連環

（一）大きな移動と小さな移動

物にはその性質によって様々な段階の動きがある。また、それを扱う市場も異なる。例えば、日常的で実用的なもの、大量に作られるもの、大型のもの、これらの物は比較的生産地から近い小規模の市場で売り買いされるだろう。また例えば、奢侈品など非日常的なもの、少量しか作られないもの、軽量なもの、これらの物は生産地から離れた遠くの大規模な市場で扱われる可能性が有る。つまり、物によって市場と規模が異なるために移動距離が異なるのである。(2)

大きな移動としては、官営の工房などで作られた奢侈品があげられるだろう。例えば楽浪郡の漢墓からは、蜀の工

房製の漆器や銅盤が見つかっており、これらには西王母図像が四川地域独特の様式で描かれている。(3) このように、小型の奢侈品は大きく移動する可能性を持っているが、移動先に大量に流通して現地の意匠に影響を与えるかと言えば、そうとも限らない。墓葬装飾である画像磚・画像石や壁画に限定すれば、龍虎座に座る四川風の西王母図像はやはり四川地域にとどまる。大量にしかも集中して流通しない限り、奢侈品の影響力は限定的だろう。ただし、銅鏡の場合、後漢の二世紀において、四川系（広漢郡製）の銅鏡の意匠が他地域に影響を与えたことが分かっており、四川風の西王母図像が広く見られる。(4)

一方、小さな移動としては墓葬装飾（画像石・画像磚・壁画など）や明器などがある。墓葬装飾を考えてみると、例えば中山王墓のような大規模な墓の場合、石材と石工調達地が明らかとなっており、石材は中山国内から、石工は近隣及び山東から集めていることが分かる。(5) 山東の石工は漢代非常に有名であり、造墓に参加しているわけだが、(6) それを差し引いても、石工の移動範囲は意外に狭いと言えよう。材料や造墓の関係上、製造者らが現地で直接作る必要があるため、墓葬装飾は小さな移動のもと、ある一定の地域的まとまりを作る。そのため、製造者ごとの特徴を導いて製造者集団（あるいは流派）を特定してみると、それぞれ地域的まとまりを持ち、隣り合って分布していることが分かる。(7) これらの地域的まとまりを、歴史的な地域形成と照らして検証してみるならば、特定の墓葬装飾はまさにこの人間の諸活動を反映した歴史的地域と合致している。

（二）沂水《きすい》流域の西王母図像

図像として漢代に普遍的に観られ、比較の対象となる図像の一つが西王母図像である。西王母図像の研究においては、その眷属や冠、台座などから、多少時代的前後関係が分かる部分も有る。西王母の台座については、遅くとも後漢初期から西王母と崑崙山が神話上結びつき、机座だったものが、後漢中期（二世紀前後）には図像においても西王

①山東臨沂五里堡像

②山東郯城馬嶺山出土

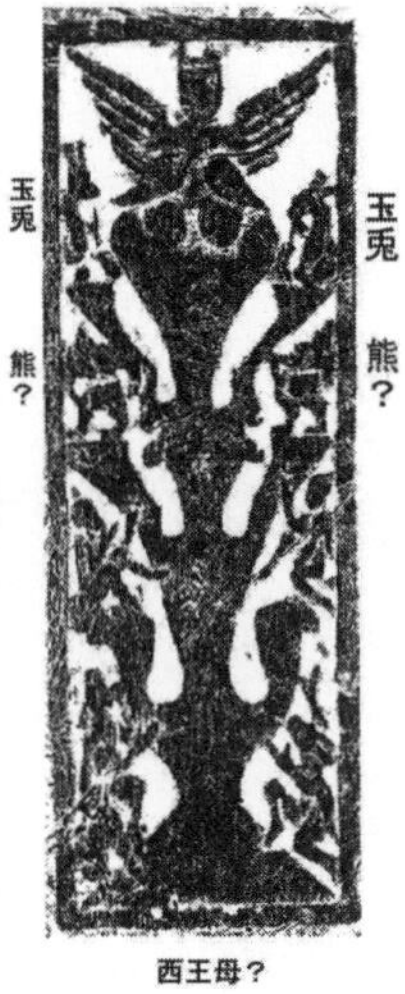

③山東臨沂汽車技校出土

④山東臨沂白荘墓出土

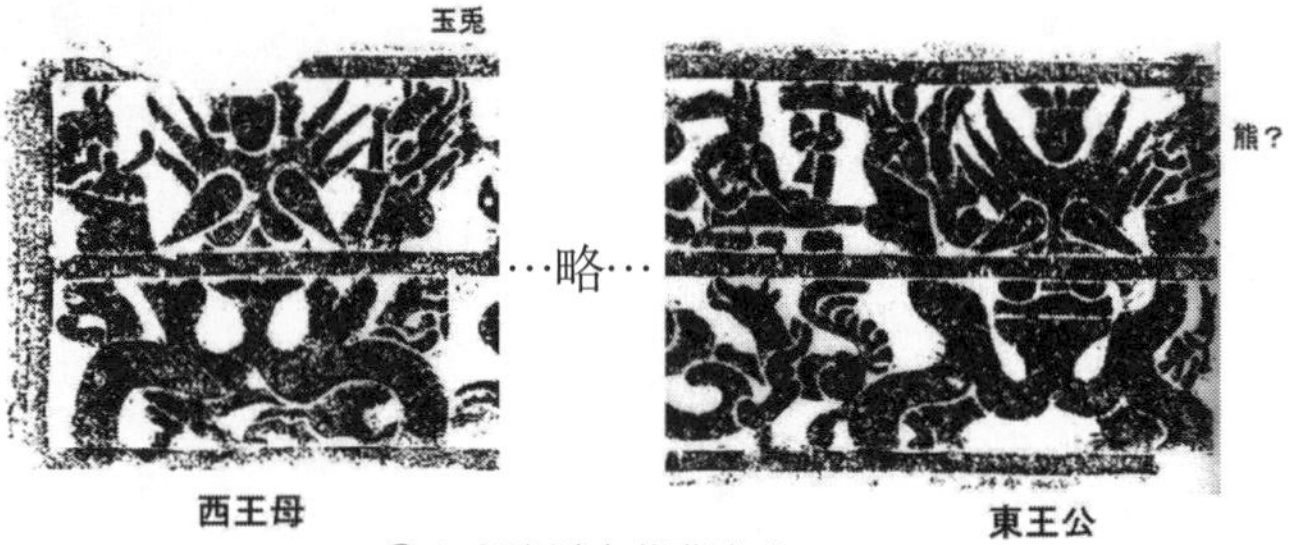

⑤山東臨沂白荘墓出土

図１　沂水流域の西王母・東王公図像

母の台座が山岳化（あるいは龍虎座や蛇身の眷属の玉座になるなど特異化）することが分かっている。[8] ここでは山東東部の沂水流域を中心に分布する西王母図像の特徴について、数点指摘するにとどめ、その地域的特徴について考察したい。むろん、西王母図像を考察する場合、その対称として派生した東王公図像も含まれる。

沂水流域の西王母図像についての先行研究として、唯一、李淞《りしょう》の西王母研究があり、そこでは主に山岳化した台座を特徴として、沂水一帯を一つのグループとして論じている。[9] だが、沂水流域の画像石は、隣接する徐州一帯の画像石や山東丘陵北部のものの影響を受けやすく、一定していない。西王母の台座については一律に論じることはできない。

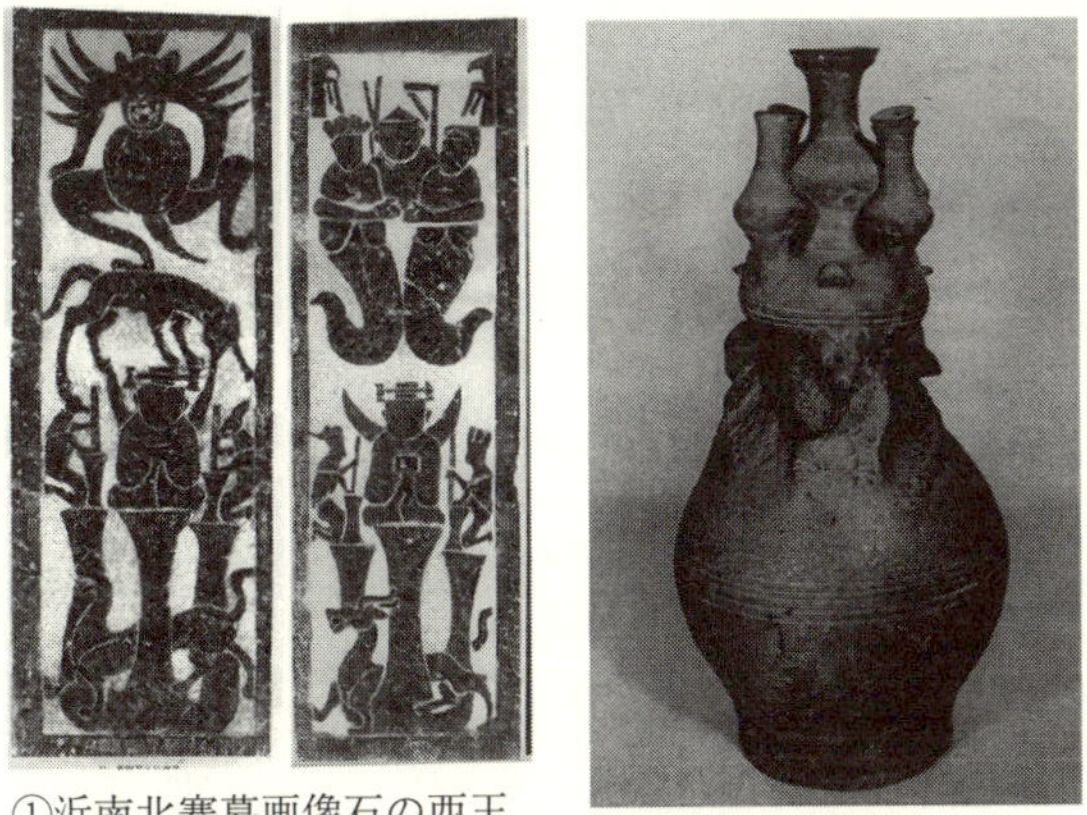

①沂南北寨墓画像石の西王母・東王公　②五聯罐　後漢

図2　沂南北寨墓画像石と五聯罐

そこで、他の特徴を探してみると、羽の表現と眷属に特徴があることが分かる。羽が最も特徴的で、背中と手元の左右に合計四枚の羽が描かれる（図1）[10]。また、眷属には独特な風貌をした兎と、箱を持つ熊のような動物が描かれる（図1-①、③〜⑤）。兎は西王母のために仙薬を搗く玉兎であるが、熊は西王母の眷属としてのガマガエル（蟾《せん》蜍《じょ》）を表現した可能性もある。とにかく、このような諸特徴を持つ西王母図像（また東王公図像も）が沂水流域を中心に分布していることになる。

この中で、山岳化した台座表現を比較してみたい（図1-③〜⑤）。恐らく、この中で早期のものは、沂南北寨墓《きなんほくさいぼ》画像石だろうと考えている（図2-①）[11]。なぜならば、小南一郎の指摘する、後漢期における西王母からの東王公の分裂、および東王公図像の特異化という過程を考慮すると、沂南北寨墓画像石における東王公図像はあまりにも特徴が無く、西王母とほぼ同じで、分裂化の初期のものと分かるからである。よって山岳化した台座表現の初期のものは、沂南北寨墓画像石の台座ということになる。

ところで、小南一郎は、この沂南北寨墓画像石の西王母・東王公図像の台座について、五聯管《ごれんかん》との関連を示唆している。五聯管とは後漢中期（一世紀前後）〜三国魏の頃の、呉地域の墓から出土し、霊魂の憑くものとして埋葬された磁器である（図2-②）[12]。小南は霊魂の昇仙を導くものとして、五聯管が壷で山岳を表現していると指摘した。また、小南は、五聯管には熊のような動物が附いている事が多いとも指摘する[13]。上記に、沂水流域の西王母図像では箱を持つ熊のような獣が眷属として附属することを指摘した。なお考察の余地はあるものの、これも沂水流域の西王母図像と五聯管の共通点と言えるだろう。

以上を踏まえ、沂水流域の西王母（および東王公）図像のうち、山岳化した台座を見て行くと、沂南北寨墓画像石の壷型の台座（図2-①）をもとに、山岳化させて発展していったもので、壷状の台座が徐々に分岐変化しつつも、なお壷の口のような表現を残していることが分かる（図1-③〜⑤）。

（三）沿海内陸部の連続性

五聯管は江南独特の副葬品であり、沂水流域とは地域的に断絶しているように見える。この二つの地域はどのように繋げて考えられるのだろうか。

一つは、江南から海に沿い、淮水に入り遡り、内陸から沂水流域へと向かうルートである。『国語』呉語には、中原に出た呉王夫差の南下を妨げるため、越王句践は范蠡《はんれい》らに命じて、海に沿って淮水に入り遡上し、呉の南下を阻んだとあるように[14]、海に沿って淮水に入る路線はよく利用されている。淮水に入った後は、水路陸路を通じて安徽北部から山東沿岸部・北部丘陵地および西部低地への連絡が容易であろう。例えば、後漢前期（建武十六年（四〇））の盗

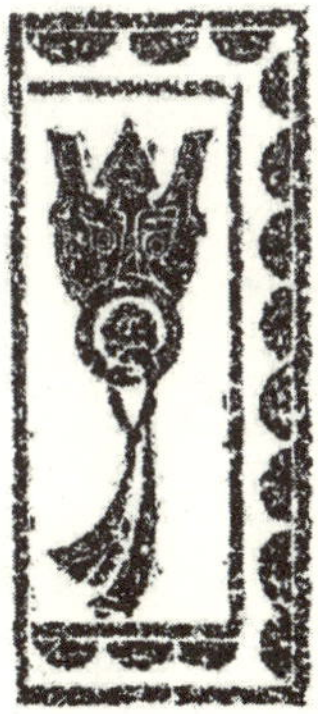

①江蘇徐州黄山墓出土

②山東臨沂白荘墓出土

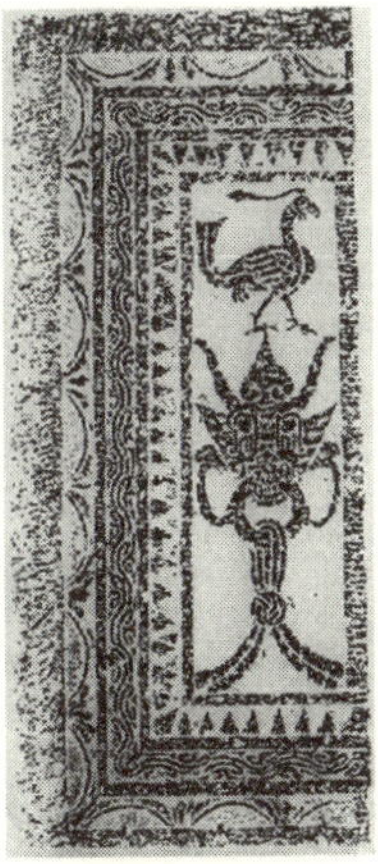

③山東諸城前涼台墓出土

④山東淄博張荘墓出土

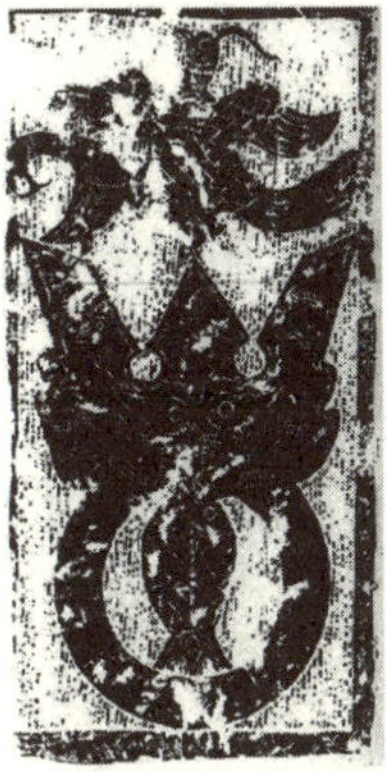

⑤山東梁山百墓山墓出土

図３　鋪首銜環図

賊討伐においては、「琅邪郡と北海郡の盗賊が再び発生した。張宗はこの二郡を監督し、兵隊を率いてこれを討ち、計略を備え、懸賞金を明らかにしたので、盗賊は皆ことごとく敗れ退散した。それで沛・楚・東海・臨淮郡の盗賊はその威風を恐れ、兵士が捕らえ斬った数は数千人に上った」という（『後漢書』張宗伝）[15]。つまり、山東から江蘇北部・安徽北部にかけて（琅邪・北海・沛・楚・東海・臨淮）の連続性が確認できる。また北魏の盗賊討伐の例だが、『魏書』尉元伝には、「下邳《かひ》は水路陸路の集まる所で……もし盗賊が彭城に向かえばかならず清河・泗

地図１　沿海部地図

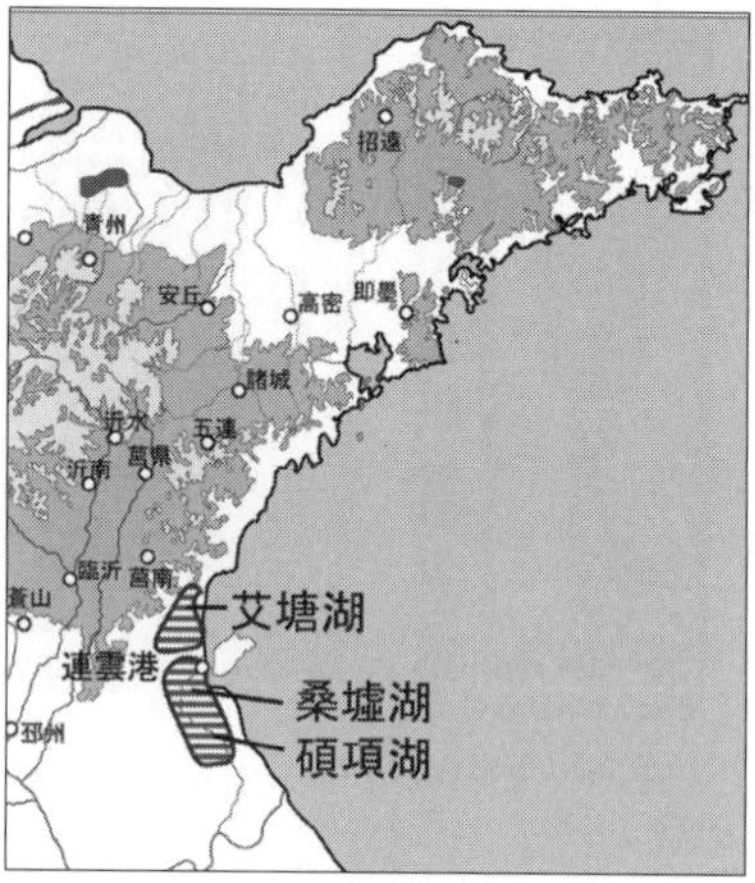

地図２　碩項湖・桑墟湖・艾塘湖

水を経て宿豫を過ぎ、下邳を経るだろう。もし青州に向かうならば、また下邳より沂水に入り、東安を経るだろう」とある。(16) つまり、東部沿海地域の交通路としては、下邳（邳州の南）―沂水―東安（沂南の北）―東莞《とうかん》県故城（沂水県）―青州への連結が分かる。また、山東北部から下邳へは、山東西部の泗水を経て連結することも分かる。この路線については、次節の漁撈図で再度指摘したい。

このような江蘇北部から山東東部と北部への連続性は、鋪《ほ》首銜環《しゅがんかん》図像の融合にも示される。沂水流域の鋪首銜環図には、江蘇北部（図3-①(17)）の影響を受けた、綬（リボン）が結ばれたものが多い（図3-②(18)）。この影響は、山東北部丘陵地の山東諸城前涼台墓《しょじょうぜんりょうだいぼ》まで及んでいる（図3-③(19)）。通常、山東北部丘陵地の鋪首銜環図は、輪の中に双魚が有るものが多く（図3-④(20)）、これは、山東西部の嘉祥県の武氏祠タイプの影響を色濃く受けているからである（図3-⑤(21)）。

（四）沿海海上路から沂水への連結

しかし、西王母図像において、壷形の山岳化した台座は江蘇北部には見られず、しかもこの一帯の西王母・東王公図像は、あまり山岳化した台座を採用していない。江蘇北部という空白を間に挟み、沂水流域と呉という局地的な関係が有ることを考えれば、ここではもう少し沿海部の海を介した地域的つながりに注目するべきかもしれない。つまり、淮水に入らず、さらに沿岸に沿って海を北上し、沿海から沂水流域と繋がるルートである（地図1）。

そもそも、戦国時代の呉の国が斉を攻めるのに海上路を利用した形跡が有り、『春秋左氏伝』哀公一〇年の記事には、「呉の徐承が舟師（水軍）を率い、海から斉に入ろうとしたが、斉の人がこれを敗り、舟師はそこで帰還した」という記載がある。[22] また、越王句践が都を山東の琅邪に移し、楼閣を建てたと言い、「望越楼」として遺跡が残っていた。[23] これもまた海を介した遷都である可能性があるだろう。沿海水上交通路の場合、沿海部の湖沼や河川などの水域を利用すると不可能なことはない。地層調査によると、かつては淮水以北の海岸線沿いに碩項湖《せきこうこ》・桑墟湖《そうきょこ》・艾塘湖《がいとうこ》が存在し、沂水・沭水《しゅつすい》および海と連結していたという[24]（地図2）。つまり古代の湖沼の存在をさらに想定すれば、淮水以北でも沿海部の交通が可能であったと思われる。

二、特定の図像の取捨選択から見た自然環境と地域的連環

（一）漁撈図における二つの型

次に漁撈図を取り上げる。漁撈図は黄河下流域のほぼ全域に見られる図像である。この図像を更に分類して見てみると、よく見られる漁撈図の一つは、左右に渡る橋の下に描かれたものである。橋の下で、人々は船を漕ぎ魚を捕る（図4）。[25] その場合よく見られるのが、船上や水中に置かれた台形の道具である。渡部武の指摘によれば、これは「魚伏籠」であり、これを用いた実際的な漁撈図だという。[26] この図像の場合、橋の上には橋を過ぎる車馬や人物が描かれることが多

く、本論では以後「過橋型漁撈図《かきょう》」と呼ぶことにする。(27)

次に多く見られる漁撈図は、山東西部の微山・鄒山《すうざん》・滕州《とうしゅう》などに数多く出土するものである。斜めに持ち上がる建築物（釣魚台か）の下に池があり、人々は船を浮かべ、あるいは建物の上から魚を釣り上げる。これらの図像はいずれも建物の上に人が居り、その様子を眺めている（図5）。(28) ちなみに土居淑子は、この図像について、『月令』の春を示す要素であり、陰陽五行を画面内に構成するものだと指摘する。(29) 先の「過橋型」との大きな違いは、過橋型が河川での漁撈を示すのに対し、こちらは池沼だという点である。水中には、大きな魚だけでなく、龍や鼈《すっぽん》が描かれていることもある（図5-①）。龍については、祥瑞における「黄龍」のようなものが想定できるであろう。祥瑞は前漢後期から後漢初期にかけて思想的に発展し、図像としても普及した。「黄龍」については、山東省嘉祥県の武梁祠の天井に説明附きの祥瑞図が残っており、また、『宋書』符瑞志にも同様な説明があり、それらによれば、池をまるごと浚うような漁をしなければ、徳が深い泉にまで届き、黄龍が出現するという。(30) 図像における黄龍は、その場がまさに池沼であることを示している。また、鼈については、『斉民要術』養魚に引用される范蠡（陶朱公）に仮託される『養魚経』に説明があり、魚を養殖する場合、魚が増えると蛟竜が魚を率いて飛び立ってしまうが鼈を入れると魚を池に留めるので良いとの記載がある。(31) このことからも、この漁撈図が池を描いたものであることが分かる。よって、ここでは便宜上これらを「観魚型漁撈図」と呼ぶことにする。

上記の「過橋型」は橋という交通施設が示され、移動が強調されるため、この場合の水辺はやはり河川であろう。こうして見ると、二つの型の漁撈図は大きく内容が異なることが分かる。

（二）観魚型漁撈図に示される地域性

以上簡単に分類した観魚型漁撈図について、その地域性と環境を併せて考察する。まず、観魚型の場合、上述の『養

①山東蒼山前姚出土

②山東蒼山元嘉元年墓出土

③山東臨沂白荘墓出土

図４　過橋型漁撈図

①山東滕州駁山頭収集（図339）

②山東棗庄山亭出土

③山東滕州馬王墓（図329）

図５　観魚型漁撈図

魚法』の一例が実践されるなど、その豊饒性が強調され、画像全体における重要な要素と成っていると思われる。このような富の源泉としての池沼は、范蠡伝説と大きな結びつきがある。范蠡の著作とされる『養魚法』には、「一年に銭三十餘万を得」られるとあり、(32)池に鼈を入れると良いとの記載は、観魚型漁撈図の表現と合致している。養魚池が巨万の富を作るという考えは、漢代には広まっており、後漢の習郁《しゅういく》は范蠡の『養魚法』を参考に魚池を造り、池の中に「釣台」を建てている。(33)

実際、范蠡の名を冠した池は、観魚型漁撈図が分布する地域を中心に少なくとも二つ見られる。一つは、滕県(現在の滕州市)で、乾隆『兗州府志《えんしゅうふし》』古蹟志には、「釣魚台」の地名が有り、次のように記される。

陶山の後ろの薛河にある高さ一丈五尺の所で、歴代の洪水にも壊れず、地元の人は「范蠡が魚を育てた所」と言う。廟の跡は范蠡宅で、その山下の川辺の沢は「范蠡湖」である。(34)

また、乾隆『兗州府志』、祠祀志では、范蠡を祀った「陶朱公祠」もこの近くにあり、唐の宝歴二年に再建された記録があることから、唐以前からここに在ったと説明する。(35)

このように、釣魚台一帯の遺構や水辺は范蠡と関係する遺跡として地元の人々に認識されているのである。

このような例は滕県だけではない。定陶県にも范蠡が巨万の富を築いた土地として「陶朱公亭」があり、そこにもまた「范蠡湖」があった。乾隆『曹州府志《そうしゅうふし》』輿地志、古蹟陵墓では次のように説明する。

陶朱公亭。県の西南一〇里、柳河の北岸に在る。……城内西南の隅のくぼ地を掘ると、石が出て、「范蠡湖」と記されていた。(36)

この山東省の定陶の場合、范蠡が居を定めた地として有名だが、先の例のように、滕県にもまた范蠡の遺跡があったことになる。この一帯の低地では、范蠡に関係する遺跡が複数存在する、何らかの理由があったと考えられるだろう。この理由については、推測も含め次節に提示したい。

(三) 范蠡伝説とその足取り

范蠡がどのような足取りで越から山東に来たのかについては、『史記』巻四一、越王句践世家の范蠡伝説に記されている。

> 范蠡は海に浮かび斉に出て、名前を変えて「鴟夷子皮《しいしひ》」と名乗り、海辺を耕して尽力し、父子は財産を成した。ほどなくして財産は数十万にもなった。斉の人はその賢さを聞きつけ、彼を宰相にした……（范蠡は）その財産を尽くし、親友や郷里の人に分け与え、大事な宝を携え、密かに立ち去り陶（定陶）の地までやって来た。彼はここが天下の中心で、交易に必ず通る地であり、働けば富を成すことができると考えた。ここで「陶朱公」と名乗った[37]。

この記載によれば、范蠡は越から斉の沿海部に入り、定陶に来たことが分かる。

だが、『史記』の記載は伝説の一つの形として春秋戦国時代の交通路を反映したものである。『国語』越語には、「（范蠡は）ついに船足の速い船に乗り、越を去り五湖（太湖）に出て、誰もその行方を知らなかった[38]」とあるように、他の経路の可能性も否定できない。水上交通路という点で考えるならば、もう一つの可能性として、長江下流付近から沿海部を経て淮河に入り、河川伝いに定陶に至ったということも考えられる（地図3-①）。すなわち、前漢の呉楚七国

地図3-①　沿海部から定陶への交通路

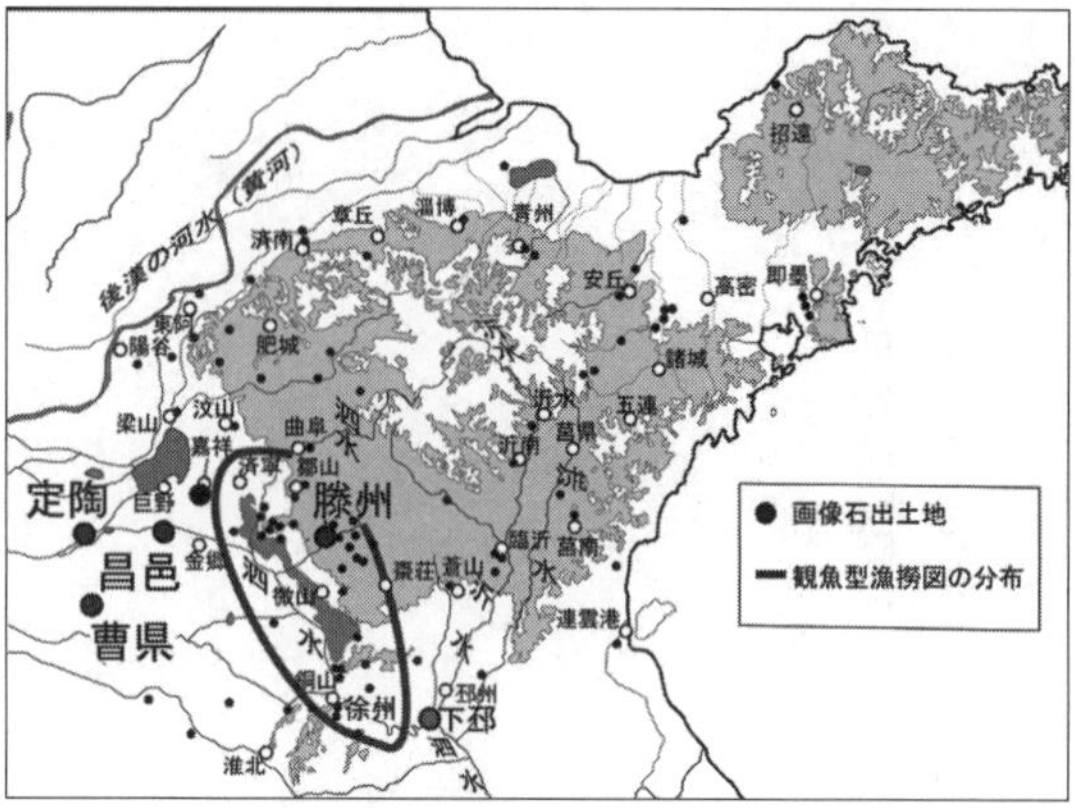

地図3-②　観魚型漁撈図の分布

の乱時、呉の糧道を塞ぐために昌邑（定陶の東の泗水《しすい》沿岸）に壁を築き、淮水と泗水への入り口（「淮・泗口」）を絶った例がこれに該当する[39]（地図3-①）。定陶が泗水を通じて黄河・済水・淮水に通じる交通水路要衝の地であったことは、古代交通研究史において既に指摘される所である[40]。更に、画像石分布の検証により、黄河—泗水—淮水への地域的連環があったことが分かっている[41]。また、後漢の王符の『潜夫論』浮侈篇では、

そもそも檽《ぜん》・梓・豫・章などの木は、産地はとても遠く……油水を漕いで海に入り、淮水に連なって黄河を遡り、数千里をして後、洛陽に到着する[42]。

と、巴蜀や楚の材木の洛陽への輸送ルートとして、湖北省の油水から長江を経て海に出、淮河・黄河を経由して洛陽に至る水上路について言及している。

以上のような古代交通状況を踏まえ、范蠡伝説と観魚型漁撈図の分布的重なりの意味を再度考えてみる。観魚型が池沼での漁撈図を示したものであることは、既に指摘した通りである。この観魚型漁撈図が集中する滕州（滕県）・微山・鄒県一帯は、滕県に范蠡湖があったように、范蠡による養魚法の実践の場であったと想定できる（地図3-②）。この地域は元代にな

ると、杭州から北京へと連結する南北運河の通過地となり、運河へ水を供給するため、次第に人工の湖「南陽湖・独山湖」（現在の微山湖）が造られた。この湖について、万暦『兗州府志』漕河に引く「南陽湖石隄減水閘記」には次のような記載が有る。

南陽湖の東に独山が有り、この山の麓にはため池（坡）が有り、その一帯は開けた平地や低地と窪地であり、もとは滕の諸泉が集まるところであった。保宮尚書鎮山朱公が新しい河（運河）を開鑿することを奏上して以来、ため池は湖に成っていき、運河への水の供給に資するようになったのである。(43)

これより分かるのは、人造湖が作られる以前、この地には元々ため池が存在していたということであり、地勢上有利であったことである。ただ、後漢の観魚型漁撈図の場合、地域としてではなく、豪族が各自にため池を持っていることが想定される。よって、本来の地勢上の理由以外に、この一帯の人々が積極的にため池を作る理由が有ったであろう。もちろん養魚の利益は第一に挙げられるが、それ以外に土壌の問題も想定できるのではないかと思われる。というのも、泗水の水源は片麻岩山地であり、その河水は細かい砂を多く含むといい、泗水周辺の土壌は、農耕用の土壌としては劣る。この土壌の改善には、湖水や池沼の泥が有効である。二〇世紀初めの土壌状況についての研究によれば、この一帯では、黄河や泗河による沖積土壌が堆積しており、農耕地に適さない地域ではあるが、この上に人造湖の湖水氾濫による〝淤土〟が堆積し、肥沃な農耕地帯へ変化させる要因となったという。(44)遅くとも前漢以降の度重なる黄河及び泗水の洪水に晒されてきた山東西部の低地や泗水流域は、もともと農業に適さない地域であり、元来、ため池を造る必然性が有ったとも想定できる。

おわりに

以上、画像石の図像の地域的広がりや偏在を分析することで、黄河下流域における交通や地域性について考察してきた。沂水流域の画像石からは、江蘇北部の徐州画像石の影響や、山東西部の「武氏祠堂タイプ」の影響を多少受けながらも、独自性を形成し、広域な地域的まとまりを有していることが指摘できる。それは、例えば西王母（あるいは東王公）図像に独特に示される四枚の羽と眷属の存在である。また、西王母の台座表現において、普遍的ではないが、いくつか山岳表現を取るものがある。その初期段階の図像が沂南北寨墓の西王母・東王公図像であろう。それは、山岳というよりもむしろ壺形に近く、壺の要素を残しながら山岳表現へ発展したと考えられる。その際に想起されるのが、呉地域の五聯管との類似性である。この類似性については、今後更なる例証が必要となるが、交通路としては、江蘇北部から沂水を通じて山東丘陵北部へ連結していること、そして更に、沿海海上路を通じての沂水流域への連結が可能であったことから、十分に可能性がある。

次に、自然環境からどのような図像の取捨選択が行われ、さらにどのような地域的連結を示すのかを「漁撈図」から考察した。結果として漁撈図には少なくとも二つの型があり、一つは河川での漁撈を示し（「過橋型」）、一つは池沼での漁撈（「観魚型」）を示すことを提示した。このうち観魚型漁撈図は、范蠡に仮託された養魚法を実践した池沼だと想定できる。これらの漁撈図の分布地は、呉の地域と中原とを結ぶ主要な古代水上交通路であり、元以降の北京と江南を結ぶ運河とも重なっており、また、黄河や泗水の影響を受けやすい低地である。この地域で范蠡の養魚法が実践され、范蠡伝説が根づいたのは、自然環境に基づいた結果であり、またそれが観魚型漁撈図を採択させたと考えられるだろう。

従来、黄河下流域の画像石は一律に扱われがちであった。しかし、実はいくつかの地域的まとまりを内包しており、それぞれの地域における図像の受容や展開には、歴史地理的背景が反映されているのである。

【注】

(1) 銅鏡の東アジアにおける流通については、例えば森下章司の研究がある。同上「山東・遼東・楽浪・倭をめぐる古代銅鏡の流通」(『東アジアと『半島空間』—山東半島と遼東半島』思文閣出版、二〇〇三年)。同上「銅鏡生産の変容と交流」(『考古学研究』第五四巻第二号、二〇〇七年)。

(2) 物の移動については貨幣も同様である。物の価値と市場規模によって使用される貨幣は区別される。高額商品の売買に用いられる銀は、広域に移動・流通し、生活必需品などの低額商品の売買に用いられる貨幣や地域券は限定された空間に留まる。この問題については以下の著作を参照。黒田明伸『貨幣システムの世界史〈非対称性〉をよむ』(世界歴史選書、岩波書店、二〇〇三年)。

(3) 四川地域の西王母図像は、その台座が龍虎座である点が他の地域と大きく異なる。楽浪出土の漆盤については、東京大学文学部『楽浪』(刀江書院、一九三〇年)の「永平十二年在銘神仙龍虎画像漆盤」図版五六〜五九を参照。同じく楽浪出土の銅盤については梅原末治・藤田亮策編著『朝鮮古文化綜鑑』第二巻(養徳社、一九四八年)、一〇「画像文銅盤」PL.X を参照。

(4) この問題については、前掲森下「銅鏡生産の変容と交流」三六頁参照。

(5) 吉開将人「中国古代における生産と流通—青銅器を中心に」(高濱秀編『生産と技術の考古学』、朝倉書店、二〇〇八年)。

(6) 例えば、山東省嘉祥県宋山村出土の「安国祠堂」(一五七年)の題記には、「募使名工高平王叔、王堅……」とあり、高平など後漢の山陽郡には有名な石工がおり、周囲に出向き造墓に関わっていた。恐らく彼らはこの一帯に特徴的な「武氏祠堂タイプ」を制作していた集団であろう。近年発見された河南省安陽の曹操墓(河南安陽西高穴二号墓)の画像石も「武氏祠堂タイプ」である。これも同じ石工らが出向き造ったものだろう。「安国祠堂」については済寧地区文物組・嘉祥県文物管理処「山東嘉祥宋山一九八〇出土的漢画像石」(『文物』一九八二-五)参照。曹操墓については河南省文物考古研究所編『曹操墓真相』(北京、

科学出版社、二〇一〇年）および同前編『曹操高陵考古発現与研究』（北京、文物出版社、二〇一〇年）参照。

（7）菅野恵美「四川漢代画像磚の特徴と分布―特に同笵画像磚を中心として」（『中国漢代墓葬装飾の地域的研究』前篇第一章、勉誠出版社、二〇一二年）、「黄河下流域における画像石の分布」（同前書、前篇第三章）。

（8）Wu Hungは、文献上西王母と崑崙山が結びつくのが後漢初期だと指摘する。*The Wu Liang Shrine: The Ideology of Early Chinese Pictorial Art*, Stanford : Stanford University Press, 1989)。小南一郎は西王母図像における台座や眷属などと西王母伝承との比較より、時期を検証している（『西王母と七夕伝承』、平凡社、一九九一年）。

（9）李凇『論漢代芸術中的西王母図像』、長沙、湖南教育出版社、二〇〇〇年。

（10）図1-①・④は臨沂市博物館編『臨沂漢画像石』（山東美術出版社、二〇〇二年）図五九・二〇。図1-②・③は中国画像石全集委員会編『中国画像石全集 第三』（山東美術出版社、河南美術出版社、二〇〇〇年）図七一・三八。図1-⑤は山東省博物館・山東省文物考古研究所編『山東漢画像石選集』（斉魯書社、一九八二年）図三七〇。

（11）図2-①は山東沂南漢墓博物館編『山東沂南漢墓画像石』（斉魯書社、二〇〇一年）図二・三。

（12）図2-②は浙江省博物館編『浙江文物』（浙江人民出版社、一九八七年）図七六。

（13）小南一郎「神亭壷と東呉の文化」、『東方学報』、京都第六五冊、一九九三年。氏は後漢に東海の三神山の名称「蓬莱、方丈、瀛洲」が「蓬壷、方壷、瀛壷」へと変化し、崑崙山の三峰と対置されるようになったことから、壷と山岳の表現的共通性を指摘する。

（14）「呉王夫差……乃起師北征。闕為深溝、通於商・魯之間、北属之沂、西属之済、以会晋公午於黄池。於是越王句践乃命范蠡・舌庸、率師沿海泝淮以絶呉路」（『国語』呉語）。

（15）建武十六年（四〇）「琅邪・北海盗賊復起。（張）宗督二郡兵討之、乃設方略、明購賞、皆悉破散。於是沛・楚・東海・臨淮群賊懼其威、武相捕斬者数千人」（『後漢書』張宗伝）。

（16）「下邳水陸所湊、……賊向彭城、必由清・泗、過宿豫、歴下邳。趨青州路、亦由下邳入沂水、経東安。」（『魏書』巻五〇、尉元伝）。

（17）江蘇省文物管理委員会・南京博物院「江蘇徐州、銅山五座漢墓清理簡報」（『考古』一九六四-一〇）。

（18）前掲『山東漢画像石選集』図三六〇・三六一。

（19）前掲『山東漢画像石選集』図五六三。

（20）淄博市博物館「山東淄博張荘東漢画像石墓」（『考古』一九八六-八）。

(21) 前掲『山東漢画像石選集』図四六一。
(22)「(春) 徐承帥舟師将自海入斉、斉人敗之、師乃還」(『春秋左氏伝』、哀公十年)。
(23)「琅邪。越王句践嘗治此、起館台、有四時祠」。乾隆『山東通志』巻九、古遺志「望越楼。在諸城県東南、琅邪山頂。相伝、越王築以望越」(『漢書』巻二八上、地理志上)。
(24) 黄志強・楊達源・張伝藻「江蘇北部海岸与湖泊的演変」(『歴史地理』第七輯、一九九〇年)。
(25) 図4-①は『山東漢画像石選集』図四一八。図4-②は山東省博物館・蒼山県文化館「山東蒼山元嘉元年画像石墓」(『考古』一九七五-四)。図4-③は『山東漢画像石選集』図三六九。
(26) 渡部武『画像が語る中国の古代』(イメージリーディング叢書、平凡社、一九九一年)一一五~一二六頁。
(27) この橋を越える図像については、これまで様々な見解が提示されている。研究史については、邢義田「格套・榜題・文献与画像解釈:以一個失伝的「七女為父報仇」漢画像故事為例」(第三届国際漢学会議論文集歴史組『中世紀以前的地域文化・宗教与芸術』、台北、中央研究院歴史語言研究所、二〇〇二年)の論考に詳しい。
(28) 図5-①は前掲『山東漢画像石選集』図三三九。図5-②は同書図四〇七。図5-③は同書図三二九。
(29) 土居淑子『古代中国の画像石』(同朋舎、一九八六年)。
(30)「不漉池如漁、則黄龍游於池」(武梁祠堂祥瑞図中の題記)、「黄龍者、四龍之長也。不漉池而漁、徳至淵泉、則黄龍游於池」(『宋書』符瑞志中)。
(31)「陶朱公養魚経云……至四月、内一神守、六月内二神守、八月内三神守。神守者、鼈也。所以内鼈者、魚満三百六十、則蛟竜為之長而将魚飛去。内鼈、則魚不復去、在池中」(『斉民要術』養魚)。
(32)「一年得銭三十余万」(『斉民要術』養魚引陶朱公『養魚法』)。
(33)「(沔水) 逕峴山西、又東南流注白馬陂水。又東入侍中襄陽侯習郁魚池。郁依范蠡養魚法、作大陂、陂長六十歩、広四十歩、池中起釣台。池北亭、郁墓所在也」(『世説新語』任誕、劉峻注引『襄陽記』。『水経注』巻二八、沔水注)。
(34)「釣魚台。在陶山後、薛河中、高一丈五尺、代経大水而不為損。土人云、是范蠡種魚処也。廟基為范蠡宅。其山下川辺平沢、為范蠡湖」(乾隆『兗州府志』巻十九、古蹟志、滕県)。
(35)「陶朱公祠。在陶山後、薛河上。按劉向伝、范蠡徐人、為陶朱公後、棄去之蘭陵、売薬。陶山在蘭陵境、故有范蠡湖、釣魚台、而廟基即其居也。自唐以前有之。唐宝歴二年重修」(乾隆『兗州府志』巻二〇、祠祀志、滕県)。
(36)「陶朱公亭。在県西南十里、柳河北岸。水経注、戦国之時范蠡既雪会稽之耻、乃変姓名、寓于陶、為朱公、治産数千金。富好行徳、子孫修業、遂致巨万。城内西南窪、掘地得石臼、范蠡湖」(乾隆『曹州府志』巻四、輿地志、古蹟陵墓、定陶県)。
(37)「范蠡浮海出斉、変姓名、自謂鴟夷子皮、耕于海畔、苦身戮力、父子治産。居無幾何、致産数十万。斉人聞其賢以為相……尽散其財、以分与知友郷党、而懐其重宝、間行以去、止于陶、以為此天下之中、交易有無之路通、為生可以致富矣。於是自謂陶朱公」(『史記』越王句践世家)。
(38)「遂乗軽舟以浮於五湖、莫知其所終極」(『国語』越語下)。
(39)『漢書』巻四〇、周亜夫伝。
(40)宇都宮清吉「西漢時代の都市」(『漢代社会経済史研究』弘文堂書房、一九六七年)。
(41)前掲菅野恵美「黄河下流域における画像石の分布」。
(42)「夫簡梓豫章、所出殊遠……油潰(=漕)入海、連淮逆河、行数千里、然後到雒」(『潜夫論』浮侈)。
(43)『南陽湖石隄減水閘記』「南陽之東有独山、山之下有坡、厥地平衍卑窪、旧為滕諸泉所匯聚。自保宮尚書鎮山朱公奏鑿新河、坡始蓄為湖、資灌注也……」(万暦『兗州府志』巻二〇、漕河)。
(44)任美鍔・李海晨・宋家泰「山東蘇北南四湖区域的地理概況」(『地理学報』第二〇巻第二期、一九五四年)。

民国期の黄河水運

樊　如森（河野剛彦訳）

はじめに

黄河は中国第二の大河であり、灌漑や水運の利益から「母親河」と称えられるだけでなく、決壊や氾濫の被害から「害河」の悪名で呼ばれている。このような矛盾した評価は、実は黄河流域の複雑な自然環境と独特な水文学上の特徴と関係がある。千百年来、無数の学者が水利を図り水害を防ぐという二つの重大な命題の下で、黄河の水資源の開発と有効活用の方策を模索し続け、それに関わる書物を著してきた。現代の学者の成果としては、岑仲勉《しんちゅうべん》の『黄河変遷史』[1]、譚其驤《たんきじょう》の『黄河的運河的変遷』[2]、鄒逸麟の『千古黄河』[3]といった黄河河道と治水過程を分析した総合的な論述があり、また陳鉦《ちんしょう》の『歴史上黄河水運的興与衰』[4]のような黄河の水運状況に関する専論がある。先学のたゆまぬ探求により、黄河問題を継続して探求するのに豊富な研究蓄積があることは確かである。しかし、時代背景と史料的な制約により、既存の研究成果の中にも研究の余地が残されている。例えば、岑仲勉の著述は膨大であるが、黄河の水運問題については論じられておらず、譚其驤は黄河における水運の歴史的過程について詳細に述べているが、時間的な下限は清朝末年にとどまっている。鄒逸麟と陳鉦の論文では時間的な下限が一九四九年に延びてはいるものの、民国期には黄河水運が衰退したとの不適当な結論を提出している。

筆者は数年にわたり慎重に考察を進め、民国期における黄河水運が、衰退に向かうどころかさらに発展していたことを発見した。水源地の青海から山東の河口へ、広大な川面の本流から狭隘な支流に至る総延長四〇〇〇キロから五〇〇〇キロに達する黄河流域では、各種の水上交通手段が地形に適応し内陸河川水運の効果を最大限に発揮している。これらの問題を明らかにするには、黄河水利史を全面的に把握するだけでなく、伝統交通と現代交通の関係について深く考察し、近代の中国北方における経済発展の史実的基礎を固めなくては全く意味を持たない。そこで、筆者はあえて先学の業績によってすでに顧みられることの少なくなった命題について、先学の業績に依りつつ表面的にではあるが再検討を行い、関連問題の継続的探求の一助としたい。

一、現代交通と伝統的内陸河川水運の相関関係

民国以後の黄河水運状況に対する学界の認識は、その論法にしても史実的な側面にしても比較的曖昧である。民国期の中国交通史の専門家である張心澂《ちょうしんちょう》は、黄河について「古来より頻繁に水害を起こし、歴代王朝はみな専門の官職を設けたが、常に水害を防ぐことを重視し、水運には無関心であった。寧夏（今の銀川市）より綏遠《すいえん》の五原、包頭《パオトウ》を経て薩拉斉《サラチ》に至る流域では、ベルギー人の実測によって小汽船の航路が開かれた。河津から陝県の間では、汾水を経由して山西の新絳に至り、渭水を経て陝西《せんせい》の興平および開封付近に至るわずかな航路があるのみである。その他の各所では土砂が堆積し、流れが激しく、水運には利用できない」としている。(5) 今日の学者である陳鉦の結論は、「清末と民国期には、黄河の河道改変と鉄道運輸の発展、さらに軍閥間の抗争が重なり、黄河水運は徐々に衰退した」とし、

鄒逸麟も明清以後を黄河水運の衰退期としている。どうやら、黄河河道の改変は水運の価値を失わせ、鉄道の発達はすなわち伝統的な内陸河川水運の衰退ととらえられているようだ。

しかしながら、民国期における内陸河川水運の発展は歴史的事実により明らかであり、一方が栄えて一方が衰えるといった表層的な論法は成り立たない。

現代交通が発達する以前、水運とりわけ内陸河川水運は、古代中国人が長距離大量輸送を行うのに最も安価かつ主要な交通手段であった。鉄道や自動車、輸送船などの現代交通手段が勃興しつつあった民国期でも、黄河とその支流を包括する内陸河川水運の価値は不変であり、内陸河川水運は衰退するどころか更なる発展を遂げていたのである。現代交通と伝統的内陸河川水運の間には、一種の相互補完的な関係が存在していたと言える。

ここで、統計資料が比較的揃っており、最も早く現代的な鉄道が敷設され、現代交通網が最も整備された京津地区を例にとって説明したい。二〇世紀初頭、北京―奉天、北京―漢口、北京―張家口、正定―太原、道口―清化、天津―浦口といった多数の線路が開通した後、この地方は中国における最も交通現代化の発展した地域となった。同時に、港湾都市である天津への内陸河川水運も衰退するどころか相互補完的に発展を遂げたのである。民国期、南運河・子牙河・大清河・北運河・薊《けい》運河の五大内陸河川水運路上の船舶は、そのほとんどが天津の大紅橋、三岔口《さんたこう》一帯に停泊していた。それらの船舶によって連結される内陸河川水運の後背地は二二万五〇〇〇平方キロに達し、天津と河北・山東・河南の広大な区域における物資交流で重要な役割を果たしていた(6)。一九二五年から一九三〇年にかけて天津地区の鉄道網建設はすでに完成しつつあった。しかし、統計上では内陸河川で民間輸送船が運ぶ棉花は、汽車・馬車・民間輸送船の主要三種の棉花輸送量のうち、依然として五四パーセントから七七パーセントを占めており、汽車による輸送量はわずかに十四パーセントから四四パーセントを占めるにすぎなかった(7)。

このことから、京津地区以外の鉄道交通が相対的に遅れた黄河流域では、その他の伝統的な交通手段の内にあって、内陸河川水運の交通輸送総量中に占める割合はさらに高かったと考えられる。主な原因としては以下の三点が挙げられる。

その一。現代の港湾都市における商工業の急速な発展と人口の急激な増加に伴い、都市間の需要はさらに広範・大規模・多層に渡るものとなり、都市間の物資・人員・金融と情報の流通が強化された。交通運輸手段として、現代化の進んだ鉄道運輸・道路運輸への需要だけでなく、僻地への融通のきく伝統的な内陸河川水運の需要も切り離せないものであった。

その二。鉄道による運輸は迅速だが、当時、同じ重量と体積の貨物にかかる運送費は内陸河川水運より割高だった(8)。したがって、運送コストの観点から輸送商人たちは、糧食・棉花・木材といった、かさ張って重く、付加価値が低く、短期間で腐りにくく、市場価値の変わりにくい物を運ぶ場合には、その大部分を旧来どおり内陸河水運によって輸送した。

その三。汽車による輸送は、固定された線路と駅の物理的位置という厳しい制限を受ける。鉄道による貨物の運輸と積み下ろしは、商品の産地と消費市場の直結が容易ではなく、その流通網は普遍性と柔軟性に欠けていた。しかし、民間輸送船や荷車のような伝統的な水陸の交通手段は、汽車による貨物の集散・運搬網をうまく補完することができた。「以前は、貨物をまっすぐに駱駝や荷車、木造船で天津に運んでいた……現在では、産地から最も近い汽車の駅まではこのような旧来の運輸手段を用い、駅に到着した後は汽車に載せ替えて天津まで運んでいる」(9)。このような視点から、鉄道交通が発達すればするほど、民間輸送船や荷車のような伝統的な交通手段の需要も増していたと解釈することができる。言いかえれば、長期間にわたって存在し続けた内陸河川水運は、日々繁栄しつつある鉄道運輸にとって不可欠な部分となっていたのである。これは、交通運輸の領域において伝統と現在の間には衝突よりも融和の方が多かったことを示している。

二、民国期の黄河上流における水運

（一）内陸河川水運の自然地理条件

黄河はその水源地である約古宗列《ヨコソレ》盆地から甘粛省永靖県の劉家峡に至り、多くの山々の間を蛇行している。約一二〇〇キロの流域における標高差は一三〇〇メートルに達しており、川幅が狭隘なだけでなく川床の勾配も比較的大きく、加えて人里まばらで経済開発の程度が低いことから、結果的に黄河最上流域における水運価値は極めて小さくなっている。永靖《えいせい》から蘭州に至る黄河の本流、および支流である湟水《こうすい》・洮河《とうが》の下流でのみ初歩的な水運を行えるだけである。しかし、この地については「いわゆる水運は皮筏・木筏によって下るだけで、船舶は航行していない。皮筏には牛皮を用いるものと羊皮を用いるものの二種類がある。湟水からは主に青海の食糧・菜種油・木材および甘粛の窯で用いる炭が運ばれた。洮河および永靖から下流には、大量の木材が運ばれるだけである」とあり、[10] 湟水の西寧から下流の全域では皮筏の通行が可能であり、毛皮を運ぶかたわら旅客を乗せ、「渾脱《こんだつ》」と呼ばれた。[11]

黄河の蘭州より下流では、水運の価値が増大する。しかし、蘭州から靖遠県の五方寺（別名五仏寺）の間には、大峡・小峡・五兄弟・一老老《いちろうろう》といった難所があるため、この流域では木筏と皮筏しか使えず、木造船は航行できない。五方寺からは中衛・金積・霊武を経て寧夏城に至るが、中間に黒山峡などの難所があるため、船の通行には困難を伴う。寧夏城より北上し、羅平を経由して石嘴子《せきしし》に至る流域では川面が一層開けている。そのため石嘴子は黄河上流における民間輸送船の水運の中心となった。青海・甘粛・阿拉善《アラシャン》および鄂爾多斯《オルドス》からの羊毛・薬材は、すべて石嘴子に集められ、その後に包頭にまとめて運ばれた。石嘴子から北上して磴口《とうこう》・五原・包頭を経由し河口鎮に至る区間の全てで、民営の木造船が航行できた。さらに寧夏城から五原・包頭を経て薩拉斉に至る流域では、川面が広く水深があるため汽船の通行も可能であった(12)。

しかし、大陸性季節風の影響により、黄河は毎年立冬前後に凍結期に入り、年明けの清明節前後になってようやく溶け出す。そのため民国期のこの地方には「立冬半月不行船（立冬の後半月は船を出せない）」、「立冬流凌、小雪封河（立冬には氷が流れ、小雪には河が塞がる）」といった諺があった。このように、黄河上流の凍結期間は四ヶ月前後に及び、航行可能な期間は七ヶ月に限られ、気温と降水量の差異は黄河上流における航行期の水量に絶えず変化をもたらし続けた。史料には「雪解け後の五、六ヶ月は、水位が最も浅くなる。夏から秋にかけての増水では、流れが一定せず氾濫して分散し、本流が分からない程である。その後には、水位が下がり水勢も落ち着いて川幅は通常に戻り、じきに凍結し全く流れなくなる」とある(13)。このような気候条件の全てが、船舶運輸の規模と速度に様々な影響を与えていたのである。

(二) 水運手段の種類

黄河上流域の様々な水文学的な状況は、水運条件に非常に大きな差異をもたらした。現地の人々は、恵まれたあるいは困難な自然環境に適応するため、流域ごとに異なる水運手段を用いざるを得ず、土地の事情に応じた改造と利用を進めていった。その結果、黄河上流の水運手段には、様々な材質と規模、形態が現れた。おおまかに言えば、皮筏・木筏・七駅船・五駅船・高幫《こうほう》船・小画子・汽船の七つの種類に分けられる。

(三) 造船（筏）と航行技術

水運の利点に乏しい甘粛の永靖から、蘭州・寧夏城・包頭を経て河口鎮に至る一六〇〇キロあまりの黄河上流域では、河道と流れが非常に複雑であり、水運手段・航行技術・運輸量および水運の速度に様々な制約と条件が存在する。流域ごとに異なる自然地理状況に適応するために、現地の人々は土地に応じた造船（筏）技術と航行技術の進展に努め、水運効率の最大化を実現した。

五方寺より上流の黄河の河床は主に岩石質であり、多くの峡谷の間を流れている。水深が浅く流れが急なだけでなく、曲がりくねり多くの難所を生み出している。したがって、この流域では喫水が浅く、小回りが利き、衝突の危険性の少ない皮筏や木筏を水運の手段に用いて危険を回避した。現地の木筏の船員は、通常は水流の穏やかな時期にあわせて木材を組んだ筏を水に降ろし、流れに乗って下っていく。峡谷の難所の手前に差し掛かると、筏を崩して流し、難所を越えた後で再び筏を組み直す。こうして船は往復し循環するのである。このような慎重さをもってしても、衝突し切断される木材は数え切れないほどであった。このため、「湟水の難所をかつて黄河水利委員会の上流工事所が一部整理しており、洮河の牛鼻峡を該当の工事所および甘粛省政府が相次いで爆破したが、効果はわずかだった」という記述もある。通常では十艇の木筏は船員四人で操られ、蘭州から包頭までは二ヶ月近く必要となる。皮筏は牛皮筏と羊皮筏の二種に分けられ、牛皮袋や羊皮袋を繋ぎ合わせて作られる。製法は、牛や山羊から骨と肉を取り除き、菜種油と塩水に数日間漬けた後に取り出す。すると皮に油が浸みて、水に入れても腐らずに用いることができる。こうして作られた皮袋に空気を入れ、四肢を縛り繋ぎ合わせて筏とし、上部に木の柱を立てる。そうすれば水面に浮かべて人や貨物を積むことができる。皮筏一つに船員一人が必要である。牛皮筏は比較的積載量が多く速度が遅い。羊皮筏は速度が速く、一日に二〇〇里あまり〔一里＝約四キロ〕を進むことができる。皮筏は目的地に到着後、運んできた貨物と皮袋を縛っていた木材をまとめて売り払い、その後、空気を抜いた皮袋を駱駝に乗せて出発地に戻し、次の運搬時にまた使用した。(14)

五方寺から寧夏の中衛県を経て寧夏城に至る約七四六里の区間は、砂質・岩石質の河床が半々であり、八灘峡が急

表1　民国期の黄河上流域における水運手段の種類および水運概況

種類	基本概況
皮　筏	普通の牛皮筏、5個から12個の牛皮袋から作られる。大きいものは40から120個の牛皮袋からなる。中には羊毛か駱駝の毛を詰め、水に浮かべれば、小舟のようである。小さいものは数千キロから5000キロ積載と一様でない、大きいものは1万5000キロから2万キロを積載できる。羊皮筏は8個から24個の羊皮袋からなり、24艇ごとにまとめて一連ねとする。積載量によって袋の数を決め、袋には何も詰めない。軽量の羊皮筏は1日に200里余りの航行が可能。1年に寧夏流域から下流に航行する皮筏は約1000隻余り。
木　筏	黄河上流の洮河・導河流域で多く産出する黄松や白松などを地元民が組んで筏としている。船には若干の乗客・貨物を載せて流れを下り、蘭州・寧夏城・包頭などに向かい貨物を売る。1年に寧夏流域から下流に航行する木筏は約400隻余り。
七駅船	全長12メートル、内部は広さ6メートル、幅3. 5メートル、船高1. 5メートル、平底で材質には柳を用いる。下降時の積載量は2万1600斤から2万4000斤、遡上時の積載量は7200斤から1万800斤である。船の速度は、流れがあり天候が良好な場合、下降時は1日70キロ、遡上時は10キロ余りである。専ら寧夏城・河口鎮・包頭の間を航行している。
五駅船	形態と構造は七駅船とほぼ同様で、船体が比較的小さい。積載量は10000斤前後であり、五方寺・寧夏城・包頭・河口鎮の間を往来する。この流域に5000艘から6000艘が存在する。
高幫船	全長10メートル以上、内部は広さ5メートル、幅1メートル強、船高1. 5メートル、平底で両端が反り返っている。運送に便利で、河口鎮・包頭・寧夏城・五方寺の間を往来する。遡上時は、舶来品4800斤を積んで1日に40里から50里を航行し、寧夏城までは約1月を要する。下降時は毛皮1万6800斤、または糧食1万9800斤を積んで一日約80里を航行し、包頭までは約18日から19日を要する。夏秋の増水時には1日に120里を航行する。
小画子	船体は非常に小さく、操船は1人、乗船可能な人数は3人。積載量が少なく小回りが利き、渡し場で多く用いられた。
汽　船	寧夏城・包頭から薩拉斉に至る間の黄河流域で航行が可能。

華北水利委員会『黄河中游調査報告』綏遠省政府、1934年／『綏遠概況・上冊』綏遠省政府、1933年／葉祖灝『寧夏紀要』南京正論出版社、1947年より

流で非常な難所となっていることを除けば、その他の流域は穏やかで、皮筏・木筏の他に木造船の通行が可能となっている。寧夏城附近の横城堡より下流の、石嘴子を経て再び磴口に至る五〇〇里は全て岩石質の河底であり、川幅はあちこちで狭まるが、全体的に水深は深く流れは急である。石嘴子附近の三道坎《さんどうかん》が水深が浅く流れが急な難所であることを除いて、船の運航に適している。磴口から下流の、五原県の土城子・包頭の南海子を経て再び托克托《トクト》県の河口鎮埠頭に至る全長一一八九里の流域は、すべて河床が砂質であり、川幅が非常に広く航行の障害となるものは存在しない(15)。しかし、この流域は黄河が大きく湾曲している場所であり、峡谷での難所は存在しないものの、地表が平坦で河床が柔らかいため、水量の多い時期には往々にして黄河の流れが容易に変化してしまう。南海子の西方五〇〇里の恵徳成《けいとくせい》から馬米円《ばまいえん》の約一二〇里の流域では支流が分岐しており、水量の多い時期には一面見渡す限りの水面となってしまうので、川の特徴について熟知した者でなければ、黄河の本流を判別することは難しい。吃水深度が減少し航行に支障をきたすので、この地の船は一様に平底で丸みを帯びた方形に造られ、中心にしっかりとマストを一本立てている。順風時には帆を掛けて風力を航行の動力とし、逆風時と遡上時には引き綱を結び人力によって船を曳航した。一般に七駅船一艘の船員は全部で五人であり、高幫船は全部で六人である。一人が舵を取り、残りの船員は下流に下る時は櫓の漕ぎ手となり、上流に遡る時は引き綱を引く。航行のさらなる安全のため、多くの場合、下降時には河の最深部を航行して座礁を避け、遡上時は人力による曳航を主とする。そのため、往々にして数隻あるいは数十隻の船を結んで並走し、少数の船は岸辺に接近して移動させた。これは船の曳航に都合が良いからである。急流や難所にさしかかると、多くの船の乗組員が協力して、順番に船を通過させる(16)。史料には「寧夏城から包頭への一三〇〇里あまりは、好天に恵まれて流れが順調であれば、下りには七日から八日かかり、強風が吹くと遅れることが多い。木造船が上流に遡るには、七人から八人あるいは十数人が必死に曳航しても、一日の行程は四〇から五〇里に過ぎない、包頭から寧夏城に戻るには、一月半から二月前後が必要となる」とある(17)。

この一帯の水運資源の開発をさらに進めるため、多くの識者が何度も小型輪船（通称汽船）の試験を行い、一定の成果を得た。例えば、清の宣統三年、陝甘総督升允《しょういん》はベルギー人ローバージを招聘して河口鎮から蘭州間で黄河航路の実地観測を行い、その後には「喫水二・五フィート、積載量二万斤の小汽船を試験航行させた。河口鎮から石炭を満載した帆船二隻を汽船の後ろに繋いだ。結果的には安全に寧夏城に到達し、さらに中衛県の上流二〇〇華里（一〇〇キロ）の五仏寺付近に至った」というような航行を行った[18]。一九一八年、商人陳潤生と向滌修《こうじようしゅう》らは、甘綏輪船公司を発足させて船を二隻購入し、この区間で試験航行を行った。一九一九年に甘粛総督張広建が汽船を二隻購入してこの区間を航行させたところ、その成績は非常に良いものであった。一九三五年、全国経済委員会山西分会は、包頭で汽船を三隻購入し、はじめて上流に遡った。第一回目は寧夏の横城堡に到達するのに十三日を要したが、通常時では十日を要しただけであった。しかし、当時採用された汽船の比較的深い吃水、エンジンの馬力の不足、航路の事前測量の不足、資金の欠乏、コストが割高であるといった原因により、新しく登場した汽船運輸は、黄河上流域の航行において少なからず紆余曲折を経ることとなった[19]。

（四）運営コストの問題

黄河の上流域における交通手段と貨物の種類は様々であり、輸送費の標準も大きく異なる。木船で一般の貨物を運んだ場合だけでも、上流に遡るのと下流に下るのでは輸送費が違ってくる。一般的な状況としては、包頭から寧夏城まで、一担（ここでの一担は二四〇斤）ごとに銀一・七両から一・八両（約一三〇〇里）かかり、甘粛の五方寺までは三・五両から三・六両（約二〇四六里）、寧夏城から包頭まで下る場合は約一両であった[20]。

運送コストが割高な原因としては、人件費や物資自体のコスト以外に、徴税による部分が大きかった。黄河上流における水運事業の発展は、現地の人々に物資の交流と就業の機会を提供したが、同時に沿岸の各種政治・軍事勢力に人々の財産を収奪する機会をも提供することとなった。当時の各段階の政府は、みな黄河沿岸に関所と徴税所を設置し、船舶の種類が異なる事や貨物が同一でない事を根拠に、「正常」な税金として異なる額の税金を分別徴収した。黄河沿岸に駐在する正規・非正規の軍隊は、航行の保護と円滑化を口実に私設の関所を通過する船からほしいままに収奪したので、航行する商船にとっては一層の負担となった。例えば、木材商人が包頭で物資を仕入れて東の托克托の河口鎮に向かう場合、二四〇里の間に塞北関・船捐《せんえん》局・保衛団などの機構が設置した八か所もの関所による収奪を受けた。平均すれば三〇里ごとに関所があり、合計で各種名目の税四一〇元を納めねばならず、木材貨物本来のコスト一二六〇元の三分の一を占めたのである。(21)

(五) 水陸連結運輸の発展

陸運と接続しない水運はなく、水運による補完を受けない陸運も存在しない。ともに不完全なものである。民国期の黄河水運は元来陸上運輸と密接に関係しており、水運と陸運とは西北地方の物資運輸ネットワーク内における異なる表現に過ぎなかった。もちろん、外部市場と交通条件の変化に従い、陸運と水運の結合の内容と方式は新たな変化を迎えることになる。大まかに言えば、民国初期における水運と陸運とは、水上の船や筏と陸上の駱駝・馬による輸送の結合であった。しかし、一九二一年に京綏鉄道が帰綏《きすい》(今の呼和浩特《フフホト》市)まで開通し、一九二三年に包頭まで開通すると、水陸の連結した運輸は、船・筏と駱駝・馬そして汽車による運輸の結合を表わすものとなった。水運と陸運、伝統と現代の間の相互補完・包容と促進は、黄河水運にさらに広大な発展空間を開くこととなった。

黄河における水陸の連結した運輸ネットワーク中にハブとしての作用を持つ地点が生まれたが、それらは黄河沿岸に多い埠頭町であった。これらの地は内陸河川水運における物資の中継地と集散地であるだけでなく、陸上を運搬する貨物の出発点でもあった。

表２　黄河上流の重要埠頭およびその商業概況

埠頭	商業の概況
蘭　州	甘粛省の省都、西北地方の都市。貨物輸入には、主に東方の陸路と北方の黄河水路の二方向がある。北京、天津の衣料と舶来品・湖南の散茶・漢口の磚茶・三原の大布・湖北の藍布・陝西の棉花と紙・寧夏中衛の大米を含む。その他、新疆の葡萄と棉花、青海の紅花・蔵香・大黄・毛織物・毛皮、四川のちぢみ・絹織物・茶。輸入額は1000万元前後。輸出貨物は黄河上流地区で生産された絨毛が最も多く、牛皮や獣皮が次に多く、薬品・水たばこ・毛織物がこれに次ぐ。輸出額は700万元前後。
五方寺	靖遠に属する。蘭州からは500里、黄河上流の一大埠頭であり、貨物の多くはここを経由する。五方寺より下流では木造船の通行が可能。
中　衛	寧夏に属する。蘭州からは700里余り、城内の商店は200軒余り。 輸入品は、北平天津一帯の平織布・手織の棉布・砂糖・海藻、およびその他の雑貨が大部分を占める。 輸出品は枸杞（約年1500担）、甘草（1000担余り）、毛皮（200万斤余り）大部分を占める。
甯安堡	中衛県に属する。蘭州からは900里余り、枸杞の生産が最も多く、北路の羊毛もここに集められる。羊毛を専門に扱う外国の会社が数社ある。
横城堡	寧夏に属する。蘭州からは1300里余り・寧夏城からは五里余り。 毎年輸出は、甘草5000担、羊皮1000担、羊毛1000万斤余り、ラシャ・カシミヤ40万斤。 輸入は、舶来品・布など約1万30担余り。
石嘴子	寧夏に属する。蘭州からは1500里余り、商店20軒余り。 モンゴル貿易を専門に行う外国の会社が数社あり、西寧などで購入した毛皮をここに集め、洗浄した後に再包装して、駱駝で陸路あるいは水運で包頭に運ばれた。1年に皮約100万張、毛約3000万斤が流通する。
磴　口	寧夏に属し、蘭州からは1700里余り、商店は数十軒。専らモンゴルと貿易を行い、1年の貿易額は約20万元。西方のジランタイの塩池は塩3万担を生産し、駱駝で磴口へ水運で包頭に運ばれ、帰綏・包頭各所で販売される。輸入品は極めて少ない。
南海子	包頭県に属する。蘭州からは2600里余り、包頭までは七里で、黄河上流の一大埠頭となっている。包頭を上下する貨物はすべてここを経由し、平綏鉄道と連結しているので、運輸の中心となった。岸には桟橋が林立しており、交易は包頭城内の至る所で行われた。
河口鎮	托（克托）県に属する。蘭州からは2800里余り、遡上時には鉄貨・粗磁・木材などが多く、下降時には雑穀・塩・アルカリ土壌が多い。もともと黄河上流の最も重要な埠頭であり、帰綏鉄道と連結すると、南海子を上回るようになった。

綏遠省政府『綏遠概況・上冊』第二編交通、第五章河運より

内陸河川水運、とりわけ水陸の連結した発展は黄河上流の地域開発を促進した。包頭の隆盛と周辺地域の経済発展を例にすると、包頭はもとは河套《かとう》地区の小村落に過ぎなかったが、一八〇九年に南海子埠頭の水運の発展にしたがって都市となり、一八五〇年過ぎには黄河上流における毛皮の集散地となりつつあった。史料には「北京・天津・陝西・甘粛・内外蒙古・新疆の貨物の往来は、すべて包頭を経由しており、西北地方の一大市場であった。一九一八年には貿易額が五〇〇余万に達し、大小の商店が全部で一二〇〇軒あまり存在した」とある。(22) 一九二三年、北京―包頭間の鉄道開通後、包頭はさらに発展し、西北地方最大の水陸交通の中心であると同時に毛皮集散の中心となった。毎年集散される絨毛《じゆうもう》〔鳥獣の短く柔らかい毛〕は約二〇〇〇万斤から三〇〇〇万斤あまりに達し、西北地方全体の絨毛生産量の三分の二以上を占めていた。一九三〇年代に入ると、包頭は「陸路では、平綏鉄道があるため物流の中心であり、北平・天津の各地では包頭を物流の終着点とみなすようになった。包頭を経由して、西寧・粛州・五原・寧夏城・蘭州などに到達することができる。水路では黄河の流れがあるため、皮筏を用いて蘭州から包頭にたどり着ける」とされ、その商業的な後背地として、河套地区の全域・蒙古〔阿拉善、額済納《エジン》地区〕・寧夏・甘粛および青海といった広大な地区をすでに包含していた。(23)

さらに、清末民初期、北京・天津などの中国東部の大地区では、綏遠・寧夏・甘粛・青海といった黄河上流地区で進行する経済の広がりについて、その大部分は黄河水陸の連結した運輸によって実現したと捉えていた。(24) 統計がはっきりと示すように、青海高原および甘粛西南部の羊毛は、毎年蘭州を経て包頭などに運ばれるのが約一万一〇〇〇トン余り、皮革製品・薬剤がそれぞれ約一七〇トン余り、木材が約六〇〇〇トン余りである。包頭方面から甘粛を経て青海高原に運ばれる貨物は、毎年約布三〇〇〇トン、茶葉約一一〇〇トン余り、紙・印刷材料・棉製品・薬剤・鉄器およびその他の雑貨をあわせて五〇〇〇トン余りである。(25) 包頭の南海子と靖遠の五方寺間の二一〇〇里余りの航路では、上流に向けては、京綏鉄道によって運ばれた各色の布・紅白糖・マッチ・磚《せん》茶・海産物・磁器・缶詰・石油・紙煙およびその他の華洋雑貨が多く運ばれ、下流に向けては、青海・甘粛・寧夏地区で生産された毛皮・甘草・枸杞《くこ》・白麻・米・雑穀・塩・アルカリ性土などが多く運ばれた。残念ながら、原始的な船の動力と長い河川の凍結期によって、この区間の水運頻度は制限された。船舶の往来は年に多くても三回だけであり、皮筏の往来は二回に過ぎなかった(26)。その結果として、陸路の、とりわけ平綏鉄道と連結した運輸の規模と効力は非常に大きな制約を受けることとなった。

三、民国期の黄河中流における水運

(一) 本流での水運

一般に、綏遠省托克托県の河口鎮より下流、山西・陝西の二省の境界を経て河南省の孟津県に至る区間を、黄河本流の中流域と呼ぶ。主に黄土高原の山間を流れており、上流の寧夏城から河口鎮に至る流域の方が逆に川面は広く緩やかである。このため、黄河中流域は水運の価値はあるものの、河套地区よりもその価値は低くなっている。

河口鎮より下流は、流れが峡谷を縫って流れており、航行が非常に困難である。具体的には、この区間は河道が曲がりくねって流れが急であり、たとえ天気が良く無風でも、乗組員が全力で櫓《ろ》・舵を操ってはじめて、航行の動力と船の曲がる方向が保証される。一旦途中で大風に遇えば、たちまち極めて危険な状態となる。なぜなら両岸は切り立った崖であり、停泊して風を避ける場所が全く無いからである。春は渇水期にあたり、岩礁が露出したり暗礁となったりして、座礁への警戒が一段と必要となる。上流に遡る時は、船はさらに大きな困難に直面する、なぜなら上述の困難を克服しなければならない上に、急流の巨大な水圧を克服する必要があるからである。当時の条件下では、船員に

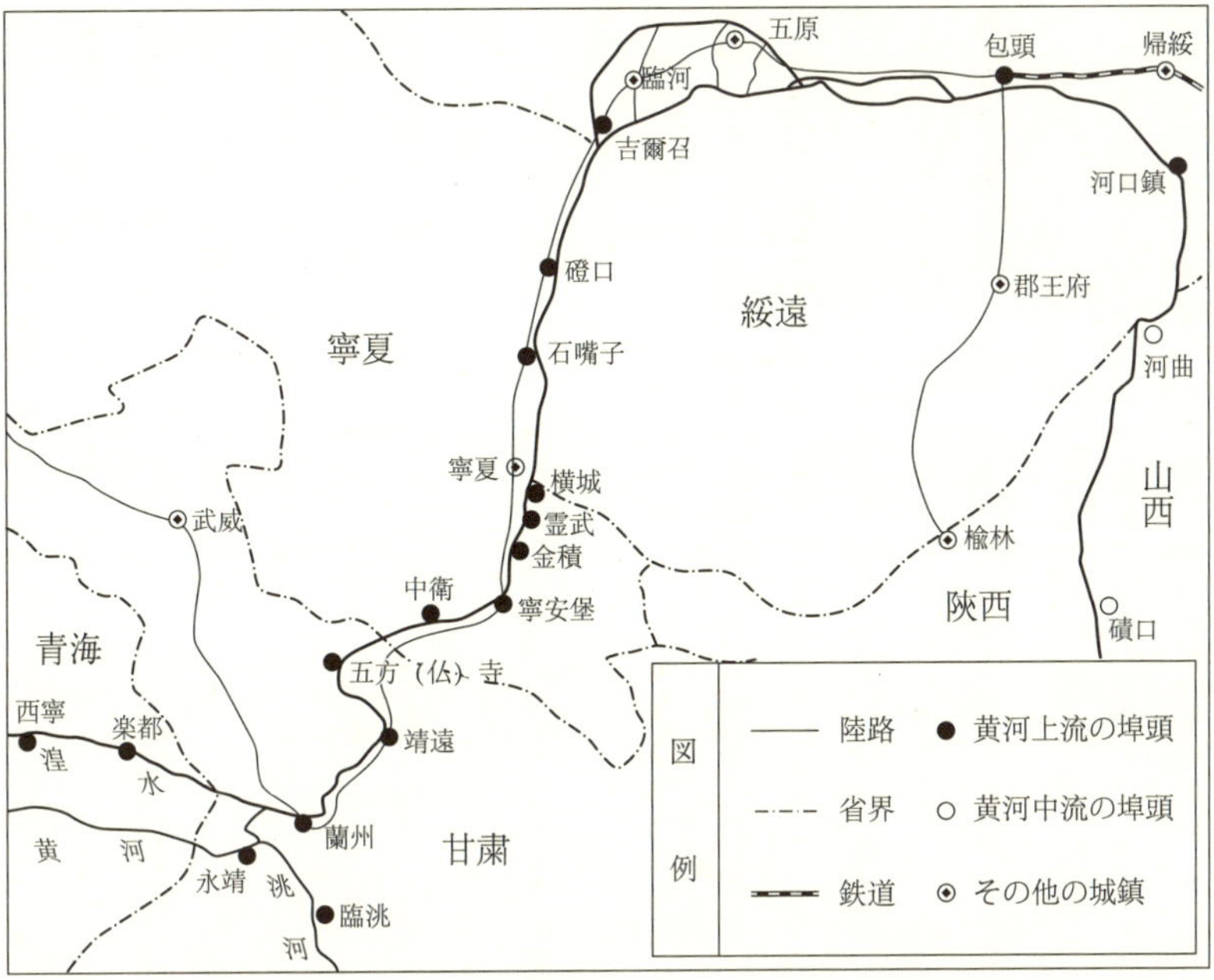

図1　1933年前後の黄河上流水運概略図（丁文江『中国分省新図』上海申報館、1933年より）

よる曳航《えいこう》に頼るしかなかった。船の遡上速度は全て流れの緩急に左右されており、「若老牛湾一帯では、船の曳航は断崖を越えてのものとなり、大変な危険を伴った。一日に進むのは三里程度に過ぎず、その困難さは筆舌に尽くしがたいものであった。」とある。(27)

綏遠省の史料によれば、河口鎮より下流の水運が極めて困難であることから、綏遠と山西二省の間の水運は大多数が河曲県までで、磧口《せきこう》一帯に至るのはわずかであったとある。(28)

事実、河曲・磧口一帯と河套地区の水運の繋がりはわずかであったが、黄河中流域におけるその他の流域の水運的価値が失われていたわけではない。河東に位置する山西省の史料の記載によれば、黄河中流は流れが急だが、「保徳までは民間輸送船の航行が可能であり、さらに下流の磧口まで民間輸送船は流れに乗って下ることができる。しかし、上流に遡ることは不可能である。壺口の流域に入ると航行は非常に危険となり、壺口付近の龍王涎では黄河瀑布のため、水運は完全に不可能となっている」とあり、陸路を経て壺口《ここう》付近を通過した後は、再び水運に適した流れとなる。「汾河と黄河の合流点より下流は、水運の利点は大きくないが、通常の交通の一助としては非常に有用である」とあるがごとくである。(29)河西に位置する陝西省の史料の記載はさらに明確であり、「黄河の綏徳州より下流は航行が可能である。ただし龍王付近では、貨物を陸に降ろし家畜で運搬し、約十里余りで再び船を用いて下る。空となった船は弓型の人工河道を経由する。この一帯は流れが急なため帆船の航行が不可能であり、貨物の積載は即座に危険につながる、そのため先に荷を降ろして船を空にするのである。龍門に着いた後、順風に恵まれれば四、五日で潼関に到着できるが、そうでなければ十日から数十日かかる。龍王付近から芝川・夏陽・大慶関などを経由して潼関に至る約三〇〇里余りでは、五万斤の積載が可能な船隻ごとに船賃が約二四〇元であった」とある。(30)このように、河口鎮より下流の黄河水運は、費用が掛かり迂遠なものの、結局のところ、依然として山西・陝西地区間の重要な物資交流ルートであった。

陝西の潼関から河南の陝県に至る黄河流域では、川面が徐々に広がり、航行にも便利になってくる。ただしこの区間には多くの岩礁があり、水運に相応の困難をもたらしている。とりわけ上流に遡る船については、「船が難所に近づくと引き綱で曳航する。接岸できる機会は極めて少ない。……一隻の船員は四・五人であり、一人は操舵、一人は棹を操り、その他の人員は岸で引き綱を引く。上流に遡れるのは一日数十里に過ぎない。夜間は岸に停泊し、上流で豪雨があればしばしば錨が動き、漂流して下っても、手落ちがあれば一巻の終わりである。山西・河南の二省の中間は、両岸に断崖が多く、その間を黄河が流れている、川幅は常に数里に達し、一面見渡す限りの水面である」とある。(31)陝《せん》州（陝県）東の黄河には、長さ五〇丈余りの大岩があり、「流れに隠れており、舟がここを通るのは極めて危険である。そのため渭水流域の物産で黄河水運を経由するものは、陝州以東にたどり着けない。貨物を河南方面に運ぶ商人は、陝州で必ず一度上陸し、陸路を東に十里余り進んでから、再び船に荷を積み込んで出発する。小汽船の航行は一隻もない」とある。[32]その他に陝県の険しい流域を通過した後にも、さらに三門峡の難所を経なければならない。三門峡の内部は、「山がふさぎ止めるように川の中に横たわっている」とあり、流れと岩が激しく衝突し、大浪が逆巻き、轟音が数里に響き渡って人を心の底から恐れさせる。この巨岩は約三〇丈の川面を三条に分けており、これを人門・神門・鬼門と称している。神門・鬼門の二つは、「幅が狭く船は入ることができない。人門にだけ人の手が入って広くなっており、船の通行が可能となっている。陝西・霊宝の棉花は黄河を経由して東に運ばれる。舟は柄杓のように小さく、矢のように進む。三門峡の数里上流の北岸に集まって停泊し、禹王・河伯を祀り、その後に水勢に習熟した者を先頭として連なって東に下る。一度下れば戻ることはできない」とある。[33]「民国初年、汽車がまだ陝州に到達する前（一九二四年以前）は、陝西の棉花を海外に輸出するのに、すべて水運を経由していた。そして汜水に出るには、必ず下門・三門の難所を通らなければならず、当時の棉花の運輸は、時間が長くかかることを除いても、その危険性は今日（一九三五年）では想像すらできず、万一不運に見舞われればたちまち全ての船が転覆し、生き残ることは難しかった」。[34]

このような状況にもかかわらず、この流域は依然として民国期の黄河中流・下流の地区間における、人および貨物の交流の重要なルートであった。山西と陝西で生産された大量の棉花は、栄河県の廟前口《びょうぜんこう》・潼関・陝州・茅津渡《ぼうしんと》・垣曲《えんきょく》などの地で分別、包装されて船に積みこまれた。その後に、黄河本流の水運を利用して鄭県（今の鄭州市）の黄河大鉄橋附近で陸揚げされ、鄭県の棉花集散市場に運び込まれた。[35]

（二）主な支流での水運

黄河の中流には支流が多く、比較的大きなものでも十余りある。しかし、その水量は黄土高原の大規模な灌漑による分割と制限を受けるため、長距離の水運を行うのには十分ではない。史料の記載によれば、山西の汾水、陝西の渭水、および渭水の支流である北洛水・涇水《けいすい》にある程度の水運の便があるだけである。

汾水は、山西省寧武《ねいぶ》・静楽県の間を水源とし、その本流は全長約七六〇キロである。途中で二六の県境を経て、栄河県の境で黄河に流れ込む山西省の最も主要な河川である。汾水の水量の変化は非常に大きいため、一般の人は汾水全体に全く水運の利点がないと考えるかも知れない。(36) しかしながら、具体的かつ段階的に詳細な考察を進めていけば、事情を明らかにし得るので、絶対に無いとは言い切れまい。太原以北の地区では、山間を流れ「流れが急で水深が浅く、水運は極めて困難である。太原以南では徐々に平原に入り航行にも適してくる。ただ運行しているのは民間の私的な木船だけで、積載量は二トンから四トンである」とある。(37) とりわけ新絳《しんこう》から汾水と黄河への合流点にかけての流域では、水運の利点はさらに大きくなっている。(38) 汾水の下流では、新絳を経て汾水を下り黄河から渭水を遡り、陝西省西安城の北、草灘《そうたん》の埠頭一帯に到達することができる。また黄河に沿って下り続ければ、潼関を経由して東の河南省に辿り着く。この流域内では、積載量七万から八万斤の民間輸送船の効果的な運航が可能である。夏季の大規模な増水時には、臨汾《りんふん》より下流は全て水運に適した状態となる。(39)

渭水は、甘粛省の渭源県内の鳥鼠山《ちょうそざん》を水源とし、東流して甘粛省清水県に至り、その後に陝西省に入る。そして、宝鶏県の虢鎮《かくちん》を経て咸陽に入り、再び東に向きを変えて西安の草灘・臨潼《りんとう》の交口・渭南の白楊寨《はくようさい》を経て、三河口で黄河と合流する。水運の条件から見ると、渭水は一つの長大な大河だが、その上流は峡谷を縫って流れており、舟の運行は非常に少なく、小舟が潼関・咸陽間の三五〇里の間に見られるだけである。船の種類を見ると、いわゆる大公船と呼ばれる船以外に、吃水の比較的浅い簡易な小船も多くみられる。その他に、一九一七年には潼関から西安の北窯店鋪間の流域で小汽船の航行が試みられたが、惜しくも成功には至らなかった。風向きや川の流れ、河川状況の差異は、すべてが水運の日程の長短に影響を与える。咸陽から流れに沿って下り潼関に向かうには、二、三日を要するだけであるが、逆に潼関から咸陽に遡るには四、五日を要する。(40) また、「水深は浅く流れは緩やかだが、一年を通じた航行はできない。咸陽より下流では、積載量一〇〇〇担の民間輸送船の航行も可能である。咸陽より上流では、洪水の時期に入ってはじめて、三〇〇担以上の船が航行できる。上流への貨物は、韓城の石炭・山西の食塩・東来の茶・砂糖・衣料であり、下流への貨物は、薬材・棉花・牛羊皮である」ともある。(41)

北洛水は渭水の支流であり、陝西省の北部定辺県の白於山《はくおざん》を水源として、保安・安塞・甘泉・鄜県《ふけん》・中部・洛川・宜君・白水・澄城・蒲城・大荔《だいれい》・朝邑《ちょうゆう》などの県を経ており、沿岸の物産が豊富である。しかし、川幅が狭く流れが急なため、大部分の流域は水運に適さない。大荔下流の流域でのみ航行が可能であり、船の積載量は五〇〇担に達した。(42)

甘粛省涇源県の境界内を水源とする涇水は渭水の支流であり、水運に適した流域は短く、涇陽の下流でのみ積載量二〇担から三〇担の小船が通行することができる。(43)

四、民国期における黄河下流の水運

(一) 本流における水運

黄河は河南省孟津《もうしん》県から下流、とりわけ武陟《ぶしょう》・河陰からは、両岸が標高の高い山脈であるという制約から解き放たれる。広大で緩やかな沖積平野に入ると、川の流れは徐々に緩やかになる。そうなると、黄河が運んできた土砂が大量に河床に堆積し、黄河の河道が変わる事態が発生するようになる。水害を減少させるために先人は非常に早くから、この地から黄河の河口に至る長大で切れ目のない人工の堤防を構築していた。長い年月が経過すると、黄河は両岸を堤防に挟まれ、河底の高さが堤防の外の地面と水平な「天井川」となった。しかし、「天井川」の状況が出現したことによって黄河の水運価値が失われたわけではない。なぜなら黄河は両岸を堤防に囲まれていても、一度洪水が起これば広大な

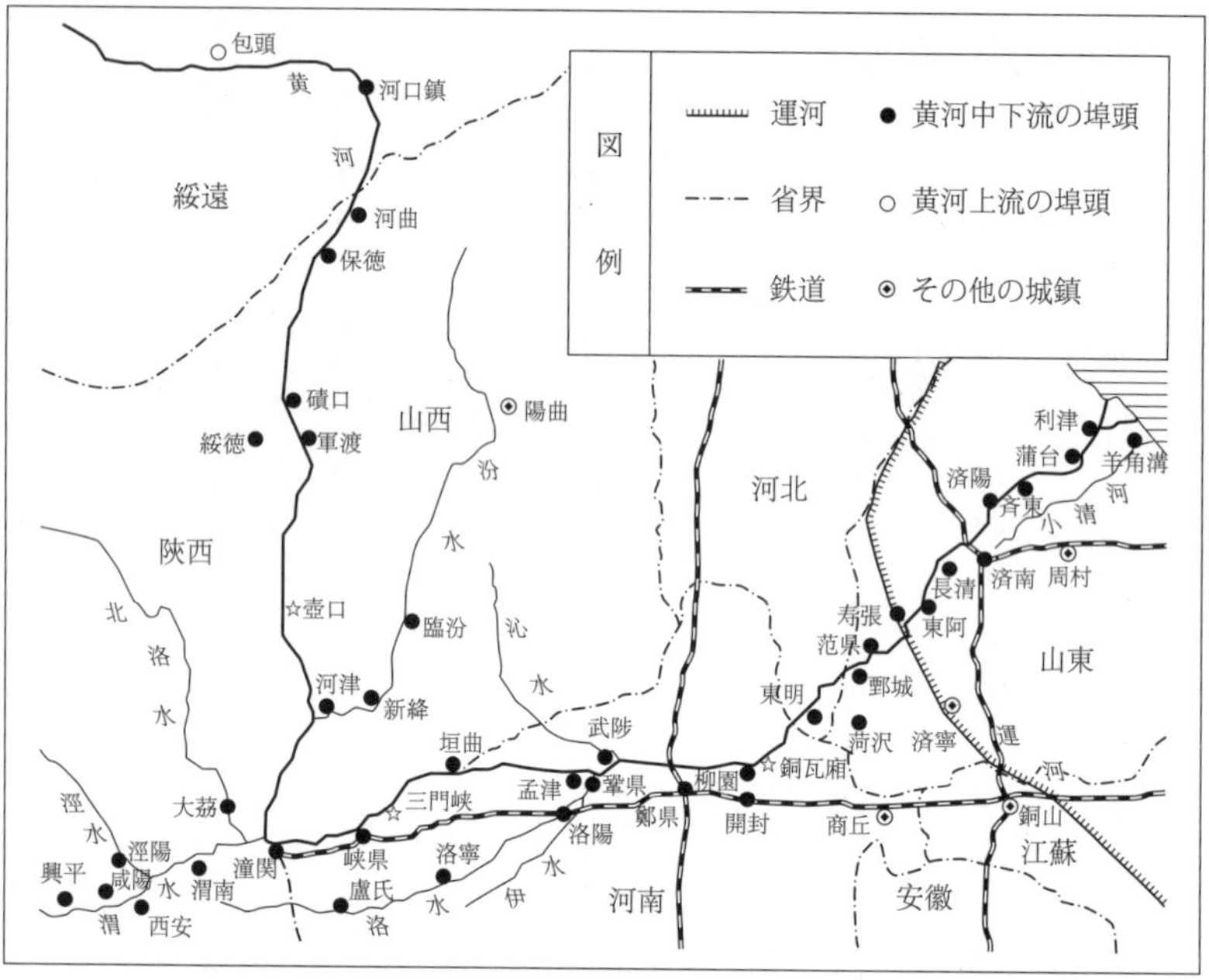

図2　1933年前後の黄河中流・下流水運概略図（丁文江『中国分省新図』上海申報館、1933年より）

面積が水没することとなった。水がある以上は水運が可能なのである。さらに、黄河は下流に向かうほど水量が多く広大になり、水運に便利となって物流方面での貢献も増大する。

河南省内における黄河については、「鄭県から下流、山東の濼口《れきこう》（済南附近の洛口鎮）に至る区間は水運の便が良く、そのため豫《よ》東《とう》の農産品は一部がこの区間を経由して山東一帯に運ばれる」とされている。[44] 開封北側の黄河では、川幅が十里余りに達している。河南省における東西方向の物資運搬に黄河の水運が必要となるだけでなく、南北両岸の物資と人員の往来にも、水運による補助が必要であった。したがって黄河の両岸には、東西交通の中継点および南北の渡し口としての小都市が数多く形成された。その中で最も有名なのが黒岡と柳園である。[45]

山東省内においては、黄河の水上運輸がさらに発達している。実地調査によれば、「山東省境界内の黄河は全域が航行可能である。通行する船舶には、帆船が最も多く、その他に舢板《さんぱん》・划船《かせん》なども航行しており、汽船だけは全く航行していない。帆船は流れに沿って下ると一日に一〇〇キロ余りの航行が可能で、上流に遡ると一日に約三〇キロの航行が可能である。運ばれる貨物は、各県で生産される様々なもので、落花生・小麦・小麦粉・大豆・黒豆・粟・棉花・布・食塩・石炭・軽油・石油・巻きたばこ・鶏卵・石材・木材・よしずなどが最も多かった。乗客の運賃は平均で一〇キロ当たり一角であった。貨物汽車の線路完成後は、黄河の運輸価値はわずかに減少したが、水運輸送は安価なことから、貨物輸送の利点は依然として存在した」としている(46)。

船舶の運搬能力向上のため、早くは光緒中葉に、山東巡撫楊士驤《ようしじょう》が小清河で汽船の試験航行を行った。しかし、残念ながら泥砂がスクリューに詰まり失敗した。その後、ドイツ人が訪れて同様の実験を行ったが、船が座礁してまたも失敗した。一九一九年六月、山東省の長である沈銘昌《ちんめいしょう》が商人何春江を支援して、山東全省内河輪船株式有限公司を設立し、汽船・曳航船を購入した。まず山東省の黄河下流で航行を行い、上流の寿張県の十里堡から下流の利津県にかけての沿岸各所に埠頭を建設して貨物と乗客を運んだ。運航は首尾良く運び、交通部に書類を提出して審査を求めた。その後、沿岸二四県の河川状況や運営見通しといった総合的な審査を経て、「黄河における汽船の運航は、堤防や田畑、航路および地元情勢にとって何ら問題はない」との結論を得た。こうして、この計画は一九二〇年一月に交通部の許可を獲得し、汽船の水運は黄河本流において次第に展開していくこととなった(47)。

(二) 支流における水運

黄河下流域には支流も多く、水運に適しているのは、河南省内の黄河南岸の洛水およびその支流である伊水、北岸の沁水、山東省内の小清河である。

洛水は陝西省の洛南県を水源とし、東北方向に流れて河南省の盧氏・洛甯・宜陽・洛陽・偃師《えんし》・鞏県《きょうけん》などの地を経て、

表３　山東省における黄河の運輸概況

県名	船型と速度	重要な埠頭	主要な貨物と乗客の運賃
菏沢	帆船。時速３～5km		落花生・洋油・たばこ・煤炭、鶏卵
濮県	帆船		小麦・落花生・大豆・貨物１担あたり１日５角
鄄城	帆船。順流時は１日に170km	臨濮集・董口・旧城鎮	小麦・落花生・大豆・貨物一担あたり一日５角
範県	帆船	陸家集・羅家楼	
寿張	帆船	孫口・十裏堡・戴廟	
東平	大画子・楊木頭・大無畏		麦・豆・煤・雑貨
東阿	帆船。時速17km	東阿県城・香山	食塩・煤炭・麦・豆
平陰	帆船	滑口・大義屯・胡溪渡・康口・陶嘴	食糧・炭、乗客一人あたり60キロで３角、貨物100斤あたり60kmで３角
肥城	帆船。時速15km	伝家岸	落花生・小麦・雑貨、貨物100斤あたり１日４角
長清	帆船。下降時は時速17km、遡上時は時速6km	韓道・北店・小溜・譙道・陰阿・董寺・呉渡	糧食・棉布・木料・石料、乗客１人あたりは6km2角、貨物１担あたり6km2角から３角
斉河	帆船	豆腐窩、斉河県城、紅廟、丁家口	糧食・雑貨、乗客１人あたり50km４角、貨物100斤あたり50km3角
暦城	帆船。下降時は１日に100キロ余り、遡上時は１日に29キロ	王家郷・洛口鎮・任家郷	糧食・木材・棉花・葦箔
済陽	舢板・帆船	済陽県城	石材・木材
章丘	划船・帆船、時速７キロ	胡家岸	糧食・食塩・乗客１人あたり10kmで１角、貨物1000斤あたり50kmで８角
斉東	舢板・帆船	台子	石材・木材
恵民	帆船	楡林鎮・帰仁鎮・清河鎮	西洋パン・軽油・落花生・花衣・栗 清河鎮から洛口まで、乗客１人あたり1.5元、貨物100斤あたり１元
青城	帆船		糧食、貨物100斤あたり6kmで２角
浜県	帆船。下降時時速17キロ、遡上時時速5.5キロ	尉家口、北鎮	石油・西洋パン・たばこ・雑貨 乗客１人あたり50kmで３角、貨物100斤あたり50kmで１角
蒲台	舢板・帆船	道旭・十里堡	小麦粉、糧食、雑貨 乗客・貨物ともに１日あたり４元
利津	帆船。下降時に１日100km余り	小街・県城・王家荘	大豆、済南まで乗客１人あたり１元～２元、貨物船１隻あたり20元

実業部国際貿易局『中国実業志・山東省』第十一編交通、第四章水運より

汜水《しすい》県西北の洛口で黄河に注いでいる。洛水本流の総延長は三七〇キロであり、下流の水運はかなり繁栄している。鞏県方志の記載によれば、「鞏県は黄河と洛水の交差点であり、そのため船舶が非常に多い。……清末には、全ての県の商船が約七、八〇〇艘を数え、帆柱が林立し入り混じって往来していた。洛水の上流は非常に浅く、洛陽まで遡る船は僅かであった。黄河を遡れば陝西に、下れば済南《さいなん》に、時には遠く河口に達することもあった」とある。(48) 洛水の水運が開発された時期は早かったが、水運技術はあまり発達していなかった。「民国二〇年（一九三一）頃まで、洛水を航行していたのは小型の木船だけで、通行する区間も河南の盧氏県から洛口までだった。航行路が広範囲に渡って崩れており、浅瀬や岩礁が入り混じり、その上水深が非常に浅いため、航行には不便であり、通行できるとはいえ、利用するものも少なかった」とある。(49)

伊水は洛水の支流であり、河南省盧氏県悶頓《もんとん》嶺の南麓を水源として東北方向に流れ、嵩《すう》県・伊陽・洛陽を経て偃師県内の高荘で洛水に注いでいる。夏秋の増水時には、舟と筏の通行が可能となる。(50)

沁水は山西省の沁源県の北を水源とし、東南に向かって流れて安沢・陽城・河南省の済源《さいげん》・博愛を経由して武陟県で黄河に注いでいる。本流の全長は約三五〇キロである。済源より上流は流れが急であり、以降はしだいに緩やかになる。済源から武陟への一〇〇里余りでは水量が不安定で、「毎年秋の増水時には山の水が暴れて、見渡す限りの流れとなり、水運に便利となる。長期間雨が降らないと水量は減少し、川幅は数丈、水深はたった三尺から五尺足らずとなり、水運には非常に不便となる」とある。(51)

大清河はもともと済水の下流域だったが、一八五五年以後は銅瓦廂《どうがしょう》からの黄河の改道によって流れを奪われ、遂には黄河下流本流の一部分となった。小清河はもともと大清河の支流であり、その上流の黄台埠頭は、黄河の洛口埠頭との間の距離が陸上で四キロであるにもかかわらず開通していない。しかし、これも黄河水系の一部分と考えるべきである。小清河は全長二二九・七一キロであり、済南附近の黄台埠頭から、章丘・斉東・鄒平・長山・桓台・高苑・博興・

広などの県を経過して、寿光県の羊角溝から海に注いでおり、済南と渤海沿岸の煙台・龍口・虎頭崖《ことうがい》の間を結ぶ重要な水路となっている。水運は三月から十一月が繁忙期である。通行する船舶は主に対槽船・帆船などで、流れが緩やかな時は、順風で一日に一〇〇キロ進むことが可能であり、逆風であれば一日わずか二〇キロから三〇キロとなる。往来する貨物は、棉花・小麦・落花生・麺粉・豆類・野菜・食塩・石炭・油・石灰・木材・衣類・よしずなどが最も多い。済南から羊角溝までは一〇〇斤ごとに水運費用が八角、乗客は一人あたり約二元であった(52)。小清河を航行する民間輸送船は通常で一〇〇〇隻を超え、無風時に上流へ遡るのに七日、下るのに四日、順風時は遡るのに三日、下るのに二日かかった。小清河での水運が比較的盛んになると、多くの人がたびたび汽船の試験運行を行い、最終的には成功を見た(53)。一九三五年以前には、すでに河口から羊角溝の区間で、汽船が潮流に乗って出入りしていた。済南に本部を設置した済渤汽船公司・華通汽艇社・泰発順汽船公司の三社は、小清河においても汽船の水運業務を行っていた(54)。

五、一九五〇年代以後の黄河水運

(一) 水運の概況

一九五〇年代以後の数十年の期間に、黄河水運は一度国家と沿岸各省の高い関心を獲得し、これに伴い内陸河川水運もまた一層の発展を遂げることとなった。国家は治水を主とする、灌漑・発電・水運を兼ねた総合開発整備の方針を明らかにし、交通部に黄河流域の水運計画を専門とする事務室を設立して、河南・山東などの省にも黄河水運管理処を設立した。河南省の黄河水運管理処の規模は最も大きく、最多で船舶八二九艘、積載トン一万五一六二トン、職工一〇九二人を擁していた。(55)一九八八年以前には、山東の黄河下流域において、積載八〇〇トンの貨物船による、黄河と海上を連結した水運をすでに実現していた。一九九八年には、黄河本流の航行可能距離は一九〇〇キロ余りに達し、同時に蘭州より下流の河道における全線の通航を実現していた。甘粛の蘭州から寧夏の青銅峡に至る四六〇キロの区間は五級航道に、青銅峡から山東の入海口に至る二八七〇キロの区間は四級航道の標準に達しており、黄河を中国西部・中部・東部の三大地帯を貫流し渤海に達する水上運輸の大街道とする絶え間ない努力が行われている。(56)二〇〇四年、潼関から三門峡に至る区間は通行二〇〇トン以下の機動船の通行が可能となり、黄河両岸に沿って分布する、潼関・大禹渡・太陽渡・会興渡などの十六箇所の渡し口では、年間の乗客が三二万九六〇〇人、貨物が一一六万五七〇〇トンに達していた。(57)

(二) 断流問題

黄河水運の発展における最も基本的な物質的前提は、黄河に一定の水量があり、その水が液体状であり続けることである。しかし、一九一九年からの黄河の体系的な河川の観測資料を有して以来、一九七二年に初めて黄河下流域に自然断流が出現し、その後ますます激しくなってきた。断流の頻度は増加を続け、一九七二年から一九九〇年の一九年間に十三回の断流があり、平均すれば三年間に二回の断流となる。しかし、一九九一年から一九九七年の七年間には七回の断流が発生している。断流の期間は延長を続けており、一九九〇年以前には断流が五月から六月の乾季にのみ発生していたが、一九九〇年以後は発生時期が二月から十月に延び、一九七〇年代の年間の平均断流日数は九日、一九八〇年代は十一日、一九九〇年代は七一日であり、中でも一九九七年の断流は二二六日であった。断流の距離も絶えず伸び続けており、一九七〇年代の平均断流は一三五キロ、一九八〇年代は一七九キロ、一九九〇年代は二九六キロ、中でも一九九五年の断流は六八三キロ（河南省開封市陳橋村以下）、一九九六年と一九九七年の平均断流は七〇〇キロと、黄河下流の総延長九八二キロ（孟津以下）の七一パーセント強を占めている。

黄河下流における断流の原因は、自然地理と人文地理の多くの方面から求めることができるが、最も主要な原因は全流域で増加を続ける工業・農業および都市の用水量である。農業面では、黄河から取水した灌漑面積が一九五〇年代初の八〇万ヘクタールから、一九九四年の七三一万ヘクタールに増加した。沿岸地域の工業と生活などによる取水が重なり、黄河流域の開発による水の利用は、すでに黄河の多年度平均の天然流水量（五八〇億立方メートル）の五〇パーセントを超えていた。(58) 都市の用水面では、西北地方、とりわけ華北地方における都市規模の急速な拡大に伴い、黄河流域の水資源の不足はさらに深刻となった。北京を例にとると、解放初期、北京は中国最大の消費都市であり、人口は一五〇万人前後であった。わずか五〇年で、北京は飛躍的な発展を遂げ人口一〇〇〇万人を超える超大型の工業中心都市となった。北京は自身の水資源を有しており、主要なものとして密雲と官庁の二つのダムがあるが、一〇億立方メートル足らずの貯水量である。実際の北京の用水量は、北京城内の生活用水だけで一〇億立方メートルの需要があり、工業用水は二〇億立方メートルを必要とする。水不足を補い、北京城の用水の安全を保証するため、国家は山西と河北両省のもともと不足していた水資源を、北京に強引に徴発した。(59) このように、黄河断流の出現と激化の根本的な原因は、北方地区の一方的な都市化と工業化の追求、および伝統的内陸河川水運を軽視した結果であり、深刻な短絡的行為と言える。

（三）内陸河川水運と持続的発展

清代後期から中国が強行した西洋の生活方式を目的とする発展路線の後、多くの中国人、とりわけ指導者は高度な都市化・工業化社会の建設を現代文明の表れと見なし、盲目的な追求目標とした。しかし、それによって中国の長い間の伝統的生産方式と生活方式は、すっかり現代化の実現と対極に位置するものとなってしまった。

世界経済と社会発展の歴史過程と現実の状況から見ると、道路・線路・航空などの交通手段の現代化は、社会文明の進歩における重要な部分であることは確かである。しかし決してそれが全てではない。今日に至るまで、我々が手本としてきた欧米の先進国においても、資源（例えば内陸河川の水資源）の持続的利用を実現できておらず、現代社会の課題と見なされている。今日の欧米国家は、内陸河川・鉄道・道路・トンネル・航空によって組織された多方向の交通運輸体系をほぼ構築し終えている。ドイツの主要な通航河道であるライン河・エムス河・ヴェーザー河・エルベ河・オーデル河などでは、すでに完成された内陸河川水運網が構築されている。アメリカ東部地区においても、ミシシッピ河を中心に、河川・湖・海が連結した内陸河川水運網が形成されている。(60) ドイツでは〇級以上の航行水路が航行可能流域の九〇パーセント近くを占めているが、中国ではわずか三一・八パーセントを占めるのみである。ドイツの航道一つの貨物運送の強度は中国の航道十一・七倍に相当し、アメリカの航道は中国航道の十七倍に相当する。(61) 以上のように、長期間に渡って継続的に発展してきた内陸河川水運は、中国経済の現代化実現と相反するものではなく、むしろ中国がさらに努力を進める方向であると言える。

これまでに述べてきた内容を総合すると、内陸河川水運にはその他の交通手段と比べて、運搬量が多い・燃費が良い・必要投資が少額・占有地が少ない・コストが安いといった利点がある。推計によれば、平原部の運河化された地区では、内陸河川水運の一馬力あたりの輸送量は線路と比べて二倍から四倍、道路と比べれば五〇倍となる。内陸河川水運・鉄道・道路の基礎建築費用の比は一対三対七であり、内陸河川水運・鉄道・道路の単位あたり消費エネルギーの比は一対二・五対八・六、内陸河川水運のコストは鉄道運輸の半分、道路輸送の三分の一である。土地資源保護の面では、複線線路を一キロ舗装するのに三〇畝〔一畝＝約六・六七アール〕から四〇畝が必要であり、高速道路を一キロ建設するのには五〇畝から六〇畝が必要となるが、内陸河川水運は天然の河道を使用するだけで、全く土地を占有しないか、わずかな土地だけですむ。(62) 再生不能エネルギーの節約と環境保護の面では、内陸河川水運は再生可能エネルギーである河川の浮力と流れを主な動力とするので、大量の石油の節約、大気汚染の減少につながり、さらには治水と灌漑の機能も併せ持つので、生態環境と社会において水資源はさらなる利益をもたらすことができる。

おわりに

黄河は古来より中国北方の重要な水上交通路である。今後、天然資源が不足し生態環境が比較的悪い黄河流域では、経済社会の全面的な現代化の実現と同様に、再生可能な内陸河川の水資源の持続的な利用の強化が必須であり、そこには黄河水運を継続して力強く発展させることも含まれている。

【注】

（1）岑仲勉『黄河変遷史』（人民出版社、一九五七年）。
（2）譚其驤「黄河与運河的変遷」（『地理知識』一九五五年第八・九期）。
（3）鄒逸麟『千古黄河』（香港中華書局、一九九〇年）前言。
（4）陳鉦「歴史上黄河水運的興与衰」（『人民黄河』一九九〇年第五期）。
（5）張心澂『中国現代交通史』（上海良友図書印刷公司、一九三一年）第三編第二章第三節第七款黄河。
（6）樊如森『天津与北方経済現代化（一八六〇―一九三七）』（東方出版社、二〇〇七年）表六-五、民国時期天津地区的内河水運概況。
（7）華北農産研究改進社編『天津棉花運銷概況』（一九三四年）第六表。
（8）汪胡楨「民船之運輸成本」（『交通雑誌』第三巻第三期、一九三五年）。
（9）許逸凡訳「天津海関一九〇二―一九一一年十年調査報告書」（天津市歴史研究所編『天津歴史資料』第十三期、一九八一年）

第三一頁。
(10) 黄河治本研究団編『黄河上中遊考察報告』(水利委員会発行、一九四七年)第五章、青甘段之水利。
(11) 周振鶴『青海』(商務印書館、一九三八年)第十四章、交通。
(12) 汪公亮『中国西北地理大綱』(一九三三年)第十一章、西北交通大勢、朝陽学院講義。
(13) 華北水利委員会編印『黄河中游調査報告』(華北水利委員会、一九三四年)第四章、水運。
(14) 黄河治本研究団編、前掲書(一九四七年)第五章、青甘段之水利。葉祖灝『寧夏紀要』(南京正論出版社、一九四七年)第六章交通的大勢、第二節水上的交通。
(15) 綏遠省政府『綏遠概況・上冊』(綏遠省政府、一九三三年)第二編交通、第五章河運。
(16) 綏遠省政府、前掲書、第二編交通、第五章河運。
(17) 葉祖灝、前掲書、第六章交通的大勢、第二節水上的交通。
(18) 交通部・鉄道部交通史編纂委員会編『交通史航政編』(一九三一年)第三章第六款第一項第三目、黄河上游。
(19) 葉祖灝、前掲書、第六章交通的大勢、第二節水上的交通。
(20) 綏遠省政府、前掲書、第二編交通、第五章河運。
(21) 華北水利委員会、前掲書。
(22) 林競「西北叢編」『中国西北文献叢書』総第一二二冊、一九三頁。
(23) 廖兆駿纂『綏遠志略』(南京正中書局、一九三七年)二六九頁。
(24) 樊如森「西北近代経済外向化中的天津因素」(『復旦学報』二〇〇一年第六期)。
(25) 鉄道部業務司商務科編『隴海鉄路甘粛段経済調査報告書』第八七頁。
(26) 綏遠省政府、前掲書、第二編交通、第五章河運。
(27) 華北水利委員会、前掲書。
(28) 綏遠省政府、前掲書、第二編交通、第五章河運。華北水利委員会、前掲書。
(29) 周宋康『山西』(中華書局、一九三九年)。
(30) 陝西実業考察団『陝西実業考察・工商・考察陝北工商業情形』。

(31) 呉世勲編『河南』(中華書局、一九二七年) 五三、陝県至潼関水程之苦況。
(32) 劉安国『陝西交通契要』(出版社、年代不詳) 下編第三節、黄河之水運。隴海鉄道がすでに陝州まで開通しているなどの記述から、筆者は一九二四年以降のものと考える。
(33) 呉世勲編、前掲書、五〇、三門砥柱。
(34) 鉄道部業務司商務科編『隴海鉄路西蘭線陝西段経済調査』(内部本、一九三五年)。
(35) 大島讓次著、王振勳訳「天津棉花」(『天津棉鑒』一九三〇年第四期)。
(36) 全国経済委員会『山西考察報告書』(全国経済委員会、一九三六年) 第四編山西水利問題。
(37) 華北総合調査研究所水利調査委員会編『洛水汾河及沁歴史研究』一、汾河歴史研究、第二章水利 (三) 水運。
(38) 邱祖謀等『中華民国最新分省地図』(寰澄出版社、一九四六年) 第二七図、山西省。
(39) 周宋康、前掲書。
(40) 劉安国、前掲書、下編、第四節、渭河之水運。
(41) 陝西実業考察団『陝西実業考察・交通・陝北交通之考察』(上海中文正楷書局、一九三三年)。
(42) 陝西実業考察団、前掲書。
(43) 劉安国、前掲書、下編、第五節、涇水之水運。
(44) 王益厓編著『高中本国地理』(世界書局、一九三四年) 第二編第二章第四節、中央区的交通。
(45) 呉世勲編、前掲書、三四、黄河渡津之険。
(46) 実業部国際貿易局『中国実業志・山東省』(実業部国際貿易局、一九三四年) 第十一編交通、第四章水運。
(47) 交通部・鉄道部交通史編纂委員会編、前掲書、第三章第六款第一項第二目、黄河下游。
(48) 楊保東等修纂『鞏県志』(一九三七年刻本) 巻七、民政、交通。
(49) 華北総合調査研究所水利調査委員会編『洛水汾河及沁歴史研究』(華北総合調査研究所、一九四四年) 一、洛水歴史研究、第二章水利事業、(一) 水運。
(50) 呉世勲編、前掲書、六、河流。
(51) 華北総合調査研究所水利調査委員会編、前掲書、三、沁河歴史研究、第二章水利、(二) 水運。

(52) 実業部国際貿易局、前掲書、第十一編交通、第四章水運。
(53) 金曼輝編『我們的華北』(上海雑誌無限公司、一九三七年)二山東省、第五章第三節水運。
(54) 金曼輝編、前掲書、二山東省、第五章第三節水運。
(55) 孟徳臣・徐豔軍・曹輝・王連勤「黄河三(門峡)潼(関)段実施水運開発之意義」(『河南交通科技』一九九九年第五期)。
(56) 張軍「我国将開発黄河水運」(『中国水利』一九九八年第六期)。
(57) 鄭万勇・張冠生・呉韻俠「黄河潼関—三門峡段水運開発与展望」(『水運工程』二〇〇四年第十二期)。
(58) 劉伝正「論黄河下游断流問題」(『中国区域地質』一九九九年第四期)。
(59) 伝崇蘭『中国運河伝』(山西人民出版社、二〇〇五年)第十一頁。
(60) 戴軍・王琪「国内外内河水運的比較与思考」(『船海工程』二〇〇三年第二期)。
(61) 石友服「我国与欧美内河水運差距有多大」(『中国水運』一九九六年第八期)。
(62) 安振東「儘快扭轉内河水運発展遅滞後状態」(『港口経済』二〇〇一年第三期)。

Ⅳ　東アジア海文明と水利技術

銭塘江逆流：中国浙江省
(2012年10月4日鄒怡撮影)

銭塘江逆流と秦漢時代の江南——鑑湖創設をめぐって

大川裕子

はじめに

中国江南を流れる銭塘江《せんとうこう》の河口部では、世界有数の海潮の遡上現象（以下、逆流とする）が発生する。海嘯《かいしょう》、涌潮《ようちょう》とも呼ばれるこの現象は、沿岸地域に暮らす人々にさまざまな影響を及ぼしてきた。ここでは、秦漢時代（前三世紀〜三世紀）を中心に逆流と地域開発との関係を見ていきたい。

逆流にかんする先行研究は、宋代（一〇世紀）以降を論じたものが多い[1]。それは、逆流を防ぐための防潮堤（海塘《かいとう》）建設がこの時期に本格化するためである。一方、秦漢時代については、逆流とのかかわりを示す記載がほとんど見られず、論考も少ない。しかし、逆流は日々繰り返される自然現象である。銭塘江河口部に会稽（現在の紹興）や銭唐（現在の杭州）などの都市を築いた古代江南の人々にとって、逆流は無視することのできない自然現象であったはずだ。また、後漢時代の紹興地域には、江南最初の大型水利施設と称される鑑湖《かんこ》が造られているが、鑑湖の水利機能は逆流とのかかわりの中で検討されるべきであろう。以下に、まず逆流と江南の地域開発との関係を概観する。さらに、秦漢時代の紹興地域に焦点をあてて、逆流と鑑湖の水利機能との関係を探ってみたい。

一、銭塘江逆流をめぐって

（一）　銭塘江逆流の史料

巨大なラッパ状を呈する杭州湾と銭塘江河口付近では、毎日、海潮の逆流がくり返される。とくに、仲秋節の頃の逆流は、最大流速が毎秒十二メートルに及ぶ大規模なものとなる。唐『元和郡県図志』巻二五、江南道一には、逆流の概況について以下の記載が見られる。

銭塘江では毎日昼夜二回、涛《なみ》が遡上する。毎月の一〇日、二五日は最も小さく、三日、十八日の涛は極めて大きい。小さい時、上昇する水位は数尺にも満たないが、大きい時には波の高さは数丈に達する。毎年八月十八日には数百里の遠方から士女が集まり、舟人や漁師が逆流に向かって船を漕ぎ、波に乗る様を見る。これを「弄潮《ろうちょう》」という。(2)

逆流は、周辺地域に住む人々の生活に様々な影響をもたらしてきた。江南の沿海部では、潮汐による水位の上下を利用し淡水を耕地に引水する潮汐灌漑（アオ灌漑）が古くから行われているが、これは逆流という自然現象を巧みに利用し生活にとり込んだ例である。(3)しかし、逆流による被害は、その恩恵をはるかに超えるものであった。その一つが、海岸部の侵食である。逆流の衝撃により銭塘江河口部の地形は大きく変化している。さらに、逆流が運ぶ大量の土砂による淤塞（おさい）の問題、農地への海水の流入による塩害等の問題も深刻であった。この地域の集落・都市の形成、農地の分布、農業のあり方、水利事業の展開は、逆流の問題と切り離して考えることはできない。

(二) 逆流の史料

日常的な事象は、記録には残りにくい。逆流は、日々くり返される現象のため、それ自体が記録に残されることは稀である。記録は、逆流が人間の営みに何らかの影響を及ぼした場合に残されることになる。なかでも、①逆流被害、②逆流を防ぐための海塘建設・修繕の記録が多く残されるため、わたしたちはこれらの史料を通して過去の逆流現象について確認することになる。その被害記録の一例として、南宋・嘉定十二年(一二一九)に、塩官県(現在の海寧市塩官鎮一帯)で発生した逆流による浸食被害の記載を見てみたい(4)。

海は故道を失い、潮汐が三十余里(約十五キロメートル)に亘って平野にぶつかり、被害は県城にも及んだ。廬州港瀆、上下管、黄湾岡などの塩場が皆な浸食された。蜀山は海中に淪《しず》み、聚落や耕地はその半ばを失い、被害は四郡の耕地に及び、六年後に安定した(『宋史』巻六一、五行志)。

この史料は、逆流による浸食被害の激しさを示している。「海は故道を失い(海失故道)」とは、後述するように、この時、銭塘江の河道が一時的に北岸寄りに流れを変えたことを示す。このような逆流被害の記録は、唐代から徐々に見え始め、宋代(一〇世紀)以降に増加する。

海塘建設の記載もまた、過去の逆流現象を知る際に有益な史料となる。海塘は逆流の衝撃を防ぎ塩水を遮断するための堤防で、銭塘江河口部から東海沿岸に及ぶ地域に広く分布する。早くは後漢時代(二世紀)の銭唐県(現在の杭州に「防海大塘」が築かれたとする記録もあるが、(5) 確実な記録が残されるのは八世紀以降である。とくに、一〇世紀以降、江南の開発が進展し人口が増加するなかで海塘の規模は拡張し、史料にも記録が残されている。

以上、逆流被害や海塘建設にかんする史料は一〇世紀以降のものが多いことを確認した。これは、江南開発が進展し、開発が銭塘江の沿岸部にまで達した事を示している。

(三) 開発空間の推移

つぎに、この地域の開発が逆流とどのようにかかわりながら進展したのかを見ていきたい。一〇世紀から加速する江南の開発は、水利技術の向上と不可分の関係にある。杭州湾や銭塘江下流の臨海部は、山から流下する水や、海から遡上する海潮が澱む湿地帯となっていた。そのため、この地区の開発には海潮の防御と、山水の排水が必至であり、水利技術が未熟な時代においては人々の活動範囲は、おのずと河谷平野や山麓扇状地に限られていた。

銭塘江沿岸地域における開発の推移を空間的に論じた陳橋駅や斯波義信の研究によれば、この地区の居住空間は様々な自然改造を経ながら、「山間の盆地・河谷平原→山麓の扇状地→臨海のデルタ氾濫原（湿地帯）」へと段階的に移行していった(6)（図1）。

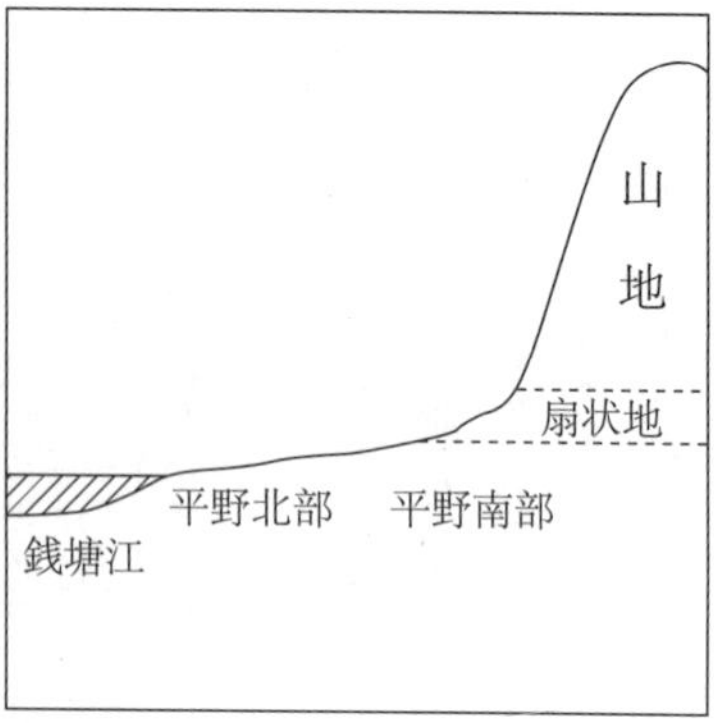

図1

初期の開発空間

陳、斯波の説に依拠しつつ銭塘江沿岸の開発の推移を概観すると、初期の集落は山間部の盆地・河谷平野に作られている。ここでは、山の豊富な動植物資源に依拠しつつ原始的な農耕が営まれていた。のちに、人口の増加に伴い拠点は山麓の扇状地に移され、初期の開発が始まった。四明山・会稽山を背後に抱える紹興地域や、天目山の周辺に位置する杭州地域はこのような初期開発に適した地形で、早くから開発が進められた。『越絶書』には、春秋末期、越王句践が会稽山麓に遷都した記録が残されており、紹興地域ではこの頃から山麓扇状地の早期開発が始まったと考えられる。山麓の扇状地では、「陂《ひ》塘湖《とうこ》」(二方もしくは三方を山に囲まれた地の一方に堤塘を設けたダム式の貯水池)と呼ばれる貯水池が建設され、これを水源に扇状地の農地開発が行われた。陂塘湖の建設は後漢時代に始まっている。(7)

臨海部湿地帯の開発

山麓扇状地の開発が進む一方で、臨海部は海潮の影響で塩が澱んだ排水不良の湿地帯が広がっていた。この地区の定住と開発を可能にしたのは、海塘の建設であった。初期の海塘は、内陸地に耕地や集落を守るための部分的な防潮堤であったと考えられている。(8)内陸部の部分的・分散的な海塘は、のちに海岸沿いの長距離の防潮堤、すなわち連続海塘へと進展する。連続海塘の存在を示す確実な史料は『新唐書』巻四一、地理志に記される塩官県の捍海塘(全長一二四里)と、会稽県の防海塘(全長一〇〇余里)の増修記事で、ともに八世紀の記載である。(9)本田治は、連続海塘の建設が本格化するのは、記録が増加する宋代(一〇世紀)以降だと指摘する。つまり、臨海湿地帯の開発は、一〇世紀以降に進展していくのである。(10)

以上、逆流と開発との関係を史料と先行研究から概観した。その歴史的展開は、以下の三つの時期に区分することができる。

Ⅰ期　自然との共存期

逆流等の水害を恐れ逃れるため、山間部の盆地・河谷に拠点がおかれた時期。

Ⅱ期　初期開発の時期

灌排水が安定した山麓の扇状地に拠点を移し、「陂塘湖」を水源に開発が行われた時期。

本格的に開始されるのは漢代以降。

Ⅲ期　開発の進展

逆流を防ぐための連続海塘が建設され、沿岸湿地帯にまで開発の手が及ぶ時期。

本格的に開始されるのは、宋代以降。

秦漢時代は、この開発の段階区分ではⅡ期に相当する。逆流を積極的に克服しようとするⅢ期とは異なる自然環境への取り組みが行われた時代であった。つぎに、秦漢時代における逆流への対応を見ていきたい。

二、秦漢時代の逆流と鑑湖の建設

（一）　秦漢時代における逆流

前漢・王充は『論衡』巻四、書虚において「浙江（現在の銭塘江）、山陰江（現在の若耶渓）、上虞江（現在の曹娥江）には皆、涛がある」と記している。会稽郡出身の王充にとって、銭塘江の逆流は慣れ親しんだ故郷の自然現象であった。しかし、秦漢時代に、逆流という自然現象を克服するために人々が直接的に働きかけたという記録や、逆流による被害の記録は史料から確認することはできない。ここでは、逆流を示すと思われる以下の二つの記載をもとに、秦漢時代の逆流とこの地域の人々との関係を探ってみたい。

最初に取り上げるのは『史記』巻六、始皇本紀の記載である。(11)

(始皇三七年(前二一〇)十一月)始皇帝は錢唐(現在の杭州付近)に至り、浙江(銭塘江)に臨んだが、波が荒く、西、一二〇里に位置する狭中(現在の富中付近)より江を渡った。会稽山に登り、大禹を祭った。

始皇帝は、天下統一直後から五回にわたり全国を巡行している。銭塘江を渡り会稽山に登ったのは最後の巡行の途上であった。ここに記される銭塘江の「波が荒い(水波悪)」という記載は、逆流の影響を示している可能性がある。『史記』始皇本紀には、始皇帝が巡行途中に各地で不吉な事件にまきこまれた事が記載されており、各地に広がる統一への抵抗と始皇帝への反感が強調されている。例えば、始皇二八年(前二一九)、始皇帝が南郡の湘山祠(現在の湖南省)を巡行した際、大風により船が転覆しかけたことがあった。湘山祠には、故楚の人々が信仰する湘君という女神が祀られている。大風は自身を拒む湘君が吹かせたものだととらえた始皇帝は、湘山の木を伐採してしまった。(12)この記載をふまえて、銭塘江の「水波悪」の記載を考えてみよう。秦は始皇二五年(前二二二)に、江南を治めていた越国の君を降し、会稽郡を設置している。逆流は越独自の自然現象であり、後述するように人々から神として崇められる対象でもあった。『史記』始皇本紀の記載は、越の民にとって超越的な存在である逆流が、始皇帝の行く手を阻んだものと解することができるのではないか。

つぎに、後漢時代の曹娥《そうが》の記載を見ていきたい。

孝女曹娥は上虞の人である。父の盱《く》は、拍子をとって歌い舞って神を楽しませたることができた。漢安二年（一四三）、潮神・伍子胥を迎えるために逆流（涛）に向かって進み、水に沈んで亡くなった。遺体は見つからなかった。十四歳の曹娥は父を思って泣き叫び、瓜に祈りをこめて江に投げ入れ「父が沈んだ場所に瓜も沈むはず」と言った。十七日目、たまたま瓜が水に沈んだので、曹娥も江に身を投じて死んだ。県長の度尚は曹娥を憐れと思い、改葬し弟子の邯鄲子礼に命じて、碑を作らせた（『世説新語』捷悟第十一、注所引『会稽典録』[13]）。

杭州湾南岸に位置する上虞の地は、春秋期の越国の故地にあたる。この地域では、越の宿敵である呉の伍子胥が潮神となり逆流を引き起こすと考えられていた。そのため、曹娥の父は、歌舞により逆流を鎮撫したのである。ここから、逆流が越の人々にとっての信仰対象であった事がうかがえる。

以上の史料から、逆流が越の歴史と結びつき、地域の人々から祀られる対象であったことを確認した。逆流を克服する水利設備が不十分であった秦漢時代においては、逆流への畏怖や敬意の念が人々の中に強く根付いていたと考えられる。

（二）鑑湖の理解をめぐって

鑑湖理解の問題点

秦漢時代の逆流と沿岸地域とのかかわりを考える際にとりあげるべき水利施設がある。二世紀、紹興地域に建設された鑑湖（鏡湖）である。鑑湖は、長い堤防によって山水を貯水する巨大人造湖であった。鑑湖が建設された紹興地域は銭塘江南岸に位置し、南を会稽山、北を杭州湾に挟まれた東西に長い平野である。この地は、古くは春秋末期の越国の中心地として史料に登場し、秦漢から六朝時代をつうじて江南の中枢地として人口が集中する旧開発地の一つ

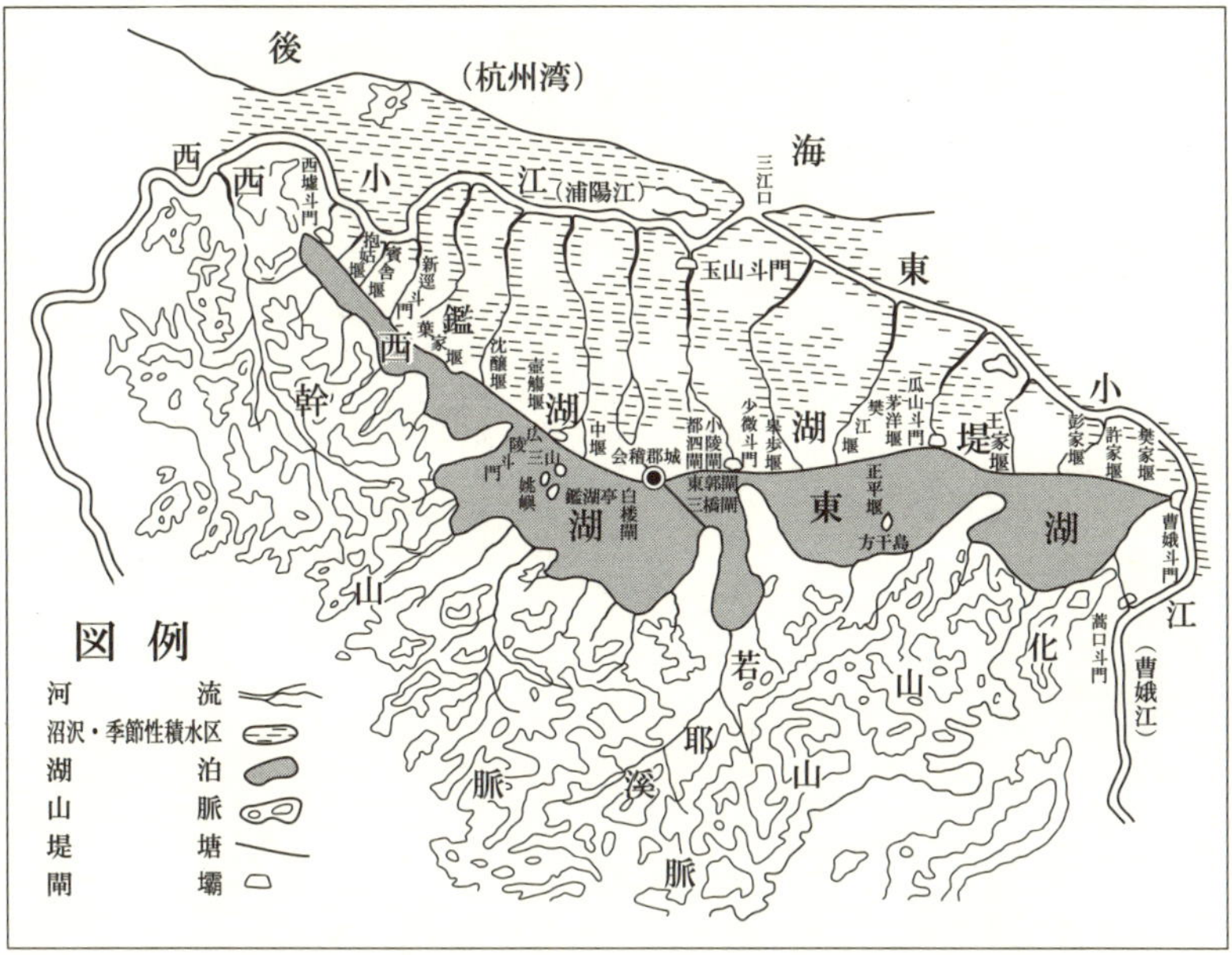

図２

陳橋駅注(8)論文をもとに改変。図には陳により「永和（140年）から北宋（1010年）に至るまでの紹興水系図」なる説明が付されている。鑑湖を論じる多くの研究がこの図を引用する。図には、東は曹娥江から西は浦陽江に及ぶ堤防と、会稽山からの多くの渓流を受け止める巨大湖が示される。斗門（排水量の多い水門）や堰（小規模な水門）の名称も多く記される。

であった。鑑湖は、十一世紀以降、干拓により湖水面積が徐々に縮小し、ついには消滅するのだが、それ以前、紹興地域の農業を支える基幹水利であったと考えられている[14]。先行研究では、鑑湖の規模や水利機能は、後漢の創建当時から十一世紀にいたるまで同じものとして語られ、その変化についてはほとんど論じられない（図２）。これは、鑑湖の初期の状況を伝える史料が少なく、水利機能を語る際には、後世の記述が利用されるためである。また、鑑湖の研究は干拓による湖田化が進行する宋代を論じたものが大半をしめており、後漢時代に視座を置く考察がなされていない点も原因だろう。しかし、地理環境を考えるならば、鑑湖の水利機能は逆流と切り離して語ることはできない。また、前述したように、後漢時代と宋代とでは逆流に対する対応の仕方に大きな隔たりがある。鑑湖の形成、発展、消滅は、人々の逆流への対応の歴史を踏まえた上で語られるべきである。

鑑湖の史料

鑑湖の状況を伝える早期の史料には、宋（五世紀）・孔霊苻『会稽記』と北魏（六世紀）・酈道元『水経注』の二つがある。[15]

漢順帝永和五年（一四〇）、会稽太守の馬臻《ばしん》は、会稽・山陰両県の境界に堤塘を築き、鏡湖を創った。（湖・耕地・海は階段状になっていて）蓄水した（堤塘の）高さは一丈（二・三メートル）余り、耕地もまた海から一丈余高かった。水が少なければ湖の水を耕地に灌ぎ入れ、水が多ければ水門を開いて湖の水を海へと排水した。これにより凶作の年はなくなった。堤塘の周囲は三百一十里（約一五〇キロメートル）で、九〇〇〇余頃（約四万平方メートル）の耕地を灌漑した。湖を作った当初、多くの家や墓が水没した……。（『太平御覧』巻六六、地部三一湖潭所引『会稽記』）

浙江（銭塘江）は又、東北に流れ、長湖口に至る。湖の幅は五里（約二・四キロメートル）、東西の長さは一三〇里（約六二キロメートル）で、湖に沿って六九の水門を開き、万頃の耕地を灌漑し、（余った水は）北の長江に注いだ。

（『水経注』巻四〇、漸江水注）

鑑湖は『会稽記』では「鏡湖」、『水経注』では「長湖」とよばれている。二つの史料からは、鑑湖が、東西に築かれた堤防によって山水を貯蓄する巨大な湖であったことが確認できる。その役割は、九〇〇〇頃あるいは一万頃にも及ぶとされる耕地を灌漑することと、余分な山水を海に排水することであった。[16]

『会稽記』、『水経注』以降、鑑湖にかんする記載は史料にほとんど見られないが、宋代になると記載が増加し、その構造、規模、水量調節の機能など具体的な状況を知ることができる。例えば、北宋・熙寧二年（一〇六九）に記された曽鞏『越州鑑湖図序』（『元豊類藁』巻十三）には、鑑湖の規模や晋代に開削されたとされる漕渠運河の位置、石碶・陰溝・斗門と呼ばれる大小の水門と水路の位置や名称が詳細に記載されている。この他、南宋・慶元二年（一一九六）に記された徐次鐸『復鑑湖議』（嘉泰『会稽志』巻十三、鏡湖所引）にも鑑湖の規模や水利機能についての記載がある。

　このように、宋代以降、鑑湖関連の記載が増加するのは、湖田開発（鑑湖の不法な埋め立てによる農地化）の進行と関係する。[17] 縮小する湖面の復活を主張する人々は、鑑湖は後漢以来、数百年にわたり地域に利益をもたらしてきた重要な水利施設だと強調する必要があった。そして、湖水面恢復という目的の下に描き出された姿が、これまで創建期以来の鑑湖の機能・構造として理解されてきたのである。初期の鑑湖を理解するためには、このような宋代の記載の影響から離れる必要があるだろう。

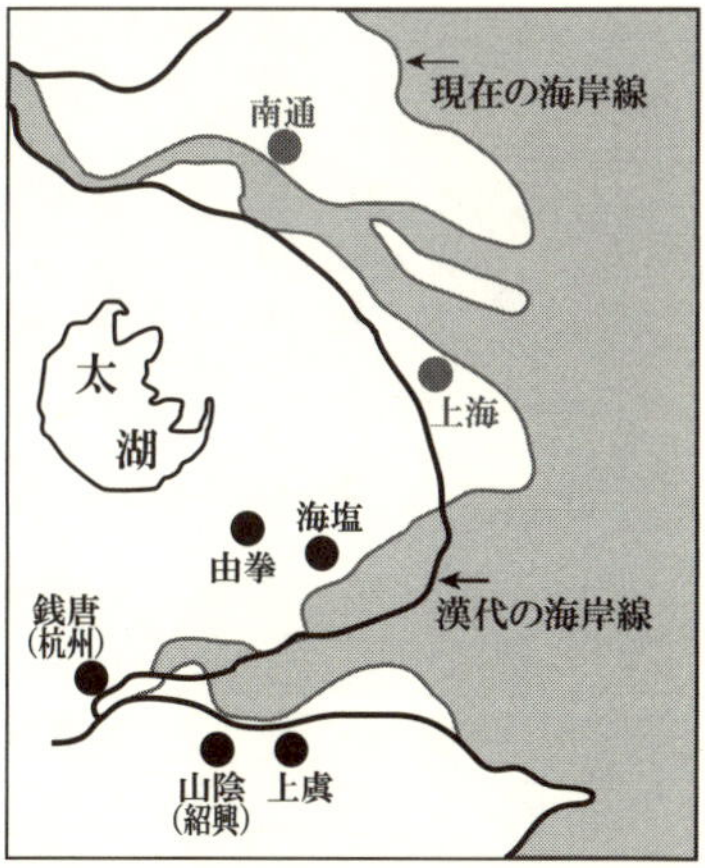

図3

（三）逆流と鑑湖

銭塘江の河道変化

　創建時の鑑湖の水利機能を考える際、銭塘江の河道の変化に注意しなければならない。先行研究では、古代において南岸の紹興一帯が受ける逆流の衝撃が、北岸よりも激しかったことが指摘されている。杭州湾沿岸部の地形と銭塘江の河道は、逆流の影響で歴史的に変化しているが、逆流が南岸、北岸に及ぼす衝撃の強弱は、この河道の位置と関係する。歴史記載の分析から、銭塘江河道は南宋以前では南寄り、現在の蕭山県半島部の付け根を流れていたと考えられている（図3）。しかし、南宋期から河道は小刻みに移動をはじめ、一八世紀に至り、北寄りに河道を変えて現在に至っている。[18]鑑湖が造られた秦漢時代、河道は南寄りを流れていたため、南岸の蕭山や紹興一帯は、現在に比して逆流の激しい衝撃を被り、沿海部は、逆流の影響により海潮が自由に出入りする湿地帯であったと考えられている。さらに潮水は曹娥江や浦陽江を遡上し、その影響は紹興平野の内陸部にも及んでいたことが予測できる。[19]

以上の状況をふまえるならば、鑑湖の灌漑区であった九千頃の耕地も、潮水の影響下にあった可能性がある。耕地に潮水が流れ込んだ際の被害状況については「田地がひとたび潮水の被害を受ければ、数年は容易に回復できない」（嘉泰『会稽志』巻一〇）と記されるほど深刻なものであった。とくに、逆流を完全に遮断する水利環境が十分に整っていなかった後漢時代においては、逆流の影響をふまえて鑑湖の水利機能を考慮する必要がある。

初期鑑湖の水利機能解明に向けて

逆流と鑑湖の関係については、陳橋駅、兪春鳴、茹擁軍ら中国の研究者が言及している。[20]鑑湖の堤防には、曹娥江・浦陽江を遡上する潮水が湖内へ流入することを防ぎ、淡水を確保する役割があったというものである。傾聴に値する説であろう。しかし、堤下に広がる平野が海水の影響を受けていると仮定した場合、湖の豊富な淡水で、どこを灌漑したのだろうか。前述したように、初期の鑑湖を究明するためには、後漢時代の視点に立って、当時の地理環境を復元し、さらに史料を分析しなければならない。具体的には、後漢時代、潮汐の影響が紹興地域にどのように及んでいたのかを詳細に検討する必要がある。それをふまえた上で、創建期の鑑湖の構造、水利機能についても再検討しなければならない。創建当初の鑑湖の姿を窺う文献史料には限りがあるため、現地調査を通して得られる地理情報のほかに、土壌調査、考古調査等、他分野の成果を取り入れて検討する必要がある。いずれも、今後の検討課題である。

ここでは、最後に、後漢時代の鑑湖の水利機能についての、二つの可能性を指摘したい。

一つは、鑑湖には、潮汐の影響を受ける九〇〇〇頃の耕地を洗い流すという塩類除去の機能が備わっていた可能性である。灌漑水により耕地の塩分を除くことは、秦漢時代、華北乾燥地帯に建設された漳水渠や鄭国渠において行われている。

もう一つは、九〇〇〇余頃の耕地を灌漑する巨大な鑑湖は、逆流を遮断する技術が整った後の姿であり、建設当初の規模や形態は全く異なるものではなかったかという可能性である。この仮説を考える際に、参考となるのが本田治の夏蓋湖《かがいこ》建設をめぐる議論である。[21] 本田によると、紹興地域に隣接する上虞地域では、後漢以降、山の出口に小規模な陂塘湖が建設され山麓扇状地の開発が行われてきた。唐代に連続海塘が建設され、沿海低湿地の開発が可能となると既存の山麓陂塘湖だけでは灌漑需要を満たすことができなくなり、九世紀に至って膨大な湛水面積をもつ人造湖、夏蓋湖が造成されたのである。つまり、上虞地域の事例からは、「陂塘湖による山麓部開発→連続海塘の出現→海潮の遮断→臨海低湿地の開田化→巨大湖の出現」という発展の図式が具体的に示される。上虞地域と同様の開発の進展を、紹興地域にもあてはめて考えると、再度、巨大人造湖・鑑湖の形成時期や初期の鑑湖の水利機能を考え直す必要が生じるだろう。

おわりに

以上、本稿では逆流という自然現象に対する沿岸地域の対応の変化を概観した。また、逆流との関係から、秦漢時代の鑑湖の水利機能を再検討する必要性と、今後の課題について指摘した。春秋時代の呉越の勃興により経済基盤が築かれていたとはいえ、秦漢時代の江南は、北方の地に比べて未開発の地域であった。漢代を通じて華北から多くの民が移住し、紹興地域は開発の中心地となるが、その開発を支えた鑑湖について、古代の視点から再検討することは、江南の地域開発を考える上でも重要な問題である。

【附記】

本稿は、東アジア海文明・水利災害班江南調査（二〇〇八年九月）の成果に基づくものである。調査において、王大学氏（復旦大学）、小山田宏一氏（大阪狭山池博物館）より御教授頂いた。この場をかりて御礼申し上げます。

【注】

（1）逆流については、佐藤武敏「明清時代浙東における水利事業―三江閘を中心に」（『集刊東洋学』二〇号、一九六八年）、本田治「宋・元時代浙東の海塘について」（『中国水利史研究』九号、一九七九年）、陳志勤「自然災害への心意的対応―中国浙江省紹興の水害をめぐる民俗伝承から―」（『比較民俗研究』二一、二〇〇七年）等を参照。

（2）江涛毎日昼夜再上、常以月十日、二十五日最小、月三日、十八日極大、小則水漸漲不過数尺、大則涛湧高至数丈。毎年八月十八日、数百里士女、共観舟人漁子泝涛觸浪、謂之弄潮（『元和郡県図志』巻二五、江南道一、銭塘県）。

（3）東海沿岸地区の潮汐灌漑を論じたものに北田英人「中国江南の潮汐灌漑」（『史朋』二四号、一九九一年）、「中国江南三角州における感潮地域の変遷」（『東洋学報』六三巻三・四号、一九八二年）、「八―一三世紀江南の潮と水利・農業」（『東洋史研究』四七-四、一九八九年）がある。

（4）海失故道、潮汐衝平野三十余里、至是侵県治、廬州港瀆及上下管黄湾岡等場皆圮。蜀山淪入海中、聚落・田疇失其半、壊四郡田、後六年始平（『宋史』巻六一、河渠志）。

（5）銭塘記云……郡議曹華信乃立塘以防海水、募有能致土石者即與銭。及塘成、県境蒙利、乃遷理此地、於是改為銭塘。（『元和郡県図志』巻二五、江南道一、銭塘県）。

（6）陳橋駅『歴史時期紹興地区聚落的形成与発展』（『地理学報』一九八〇年一期）、斯波義信『宋代江南経済史の研究』（汲古書院、一九八八年）。

（7）陂塘湖については本田治「宋元時代の夏蓋湖水利について」（『佐藤博士還暦記念中国水利史論集』国書刊行会、一九八一年）、

斯波義信「浙江省餘杭県南湖水利始末」（『布目潮渢博士古稀記念東アジアの法と社会』汲古書院、一九九〇年）、中村圭爾『六朝江南地域史研究』第四章（汲古書院、二〇〇六年）を参照。

（8）陳橋駅は、『越絶書』に記載される富中大塘、練塘、呉塘は、春秋時代に内陸部の耕地を逆流から護るための点在した断片的な堤塘であったと指摘する。（「古代鑑湖興廃与山会平原農田水利」（『地理学報』一九六二年三期）。

（9）有捍海塘隄、長百二十四里、開元元年重築（『新唐書』巻四一、地理志、杭州余杭郡塩官県）、東北四十里有防海塘、自上虞江抵山陰百余里、以畜水溉田、開元十年令李俊之増修、大暦十年観察使皇甫温、大和六年令李左次又増修之。（『新唐書』巻四一、地理志、越州会稽郡会稽県）。

（10）本田（注一）前掲論文。また、小山田宏一「「東アジア海」が結ぶ沿海低地の開発方式」（本書参照）は日本・朝鮮半島との比較を通して、江南の海塘建設と低湿地開発の変遷を論じる。

（11）至銭唐。臨浙江、水波悪、乃西百二十里従狭中渡。上会稽、祭大禹。（『史記』巻六、始皇本紀

（12）湘山祠の記載は『史記』巻六、始皇本紀による。この他、始皇二九年には博浪沙（現在の河南省）で盗賊に襲撃されている。

（13）孝女曹娥者、上虞人。父盱、能撫節按歌、婆娑樂神。漢安二年、迎伍君神、泝涛而上、為水所淹、不得其尸。娥年十四、号慕思盱、乃投瓜于江、存其父尸曰「父在此、瓜当沈。」旬有七日、瓜偶沈、遂自投於江而死。県長度尚悲憐其義、為之改葬、命其弟子邯鄲子礼為之作碑。（『世説新語』捷悟第十一、注所引『会稽典録』）。なお、『会稽典録』のこの記載は、『藝文類聚』『大平御覧』にも引用されており、若干の語句の移動がみられる。曹娥伝説については、下見隆雄「曹娥の伝記説話について」（『中国研究集刊』二五号、一九九九年。のち『儒教社会と母性―母性の威力の観点でみる漢魏晋中国女性史』研文出版、二〇〇八年に増補所収）、陳志勤（注一）前掲論文を参照。

（14）『中国水利史稿』（上）一四八頁、鑑湖（水利電力出版社、一九七九年）他。なお、曽鞏『越州鑑湖図序』によれば、鑑湖の湖田化は真宗の大中祥符年間（一〇〇八～一〇一六）から始まったという。

（15）漢順帝永和五年、会稽太守馬臻築、創立鏡湖、在会稽・山陰両県界、築塘蓄水、高丈余、田又高海丈余、若水少則泄湖灌田、如水多則開湖泄田中水入海。所以無凶年、堤塘周回三百一十里、灌田九千余頃（『太平御覧』巻六六、地部三一湖潭所引『会稽記』）。
浙江又東北、得長湖口、湖広五里、東西百三十里、沿湖開水門六十九所、下溉田万頃、北瀉長江（『水経注』巻四〇、漸江水注）。

（16）鑑湖にかんする史料や研究の概況については、陳橋駅『鑑湖研究概況綜述』（『鑑湖与紹興水利』中国書店、一九九一年）。

（17）宋代鑑湖の湖田化については、寺地遵「湖田に対する南宋郷紳の抵抗姿勢―陸游と鑑湖の場合―」（『史学研究』一一七、一九七二年）、小野寺郁夫「宋代における陂湖の利―越州・明州・杭州を中心として―」（『金沢大学法文学部論集』一一、一九六三年）、西岡弘晃「宋代鑑湖の水利問題」（『史学研究』一一七、一九七二年のち『中国近世の都市と水利』中国書店、二〇〇四年所収）。本田治「宋代における湖田造成と陂塘湖の保全問題」（科学研究費二〇〇八年度研究成果報告書『古代水利施設の歴史的価値及びその保護利用』）。

（18）車越喬・陳橋駅『紹興歴史地理』（上海書籍出版社、二〇〇一年）、鄭肇経『太湖水利技術史』（農業出版社、一九八七年）陶存煥・周潮生『明清銭塘江海塘』（中国水利水電出版社、二〇〇一年）。

（19）『水経注』巻四〇、漸江水注には、紹興平野内陸部において「烏賊魚（イカ）」が捕れたという記載がある（臨大湖、水深不測、伝与海通。何次道作郡、常于此水中得烏賊魚）。

（20）陳橋駅前掲（注8）論文。俞春鳴・茹擁軍「鑑湖的水体淡化以及淡水養殖問題初探」（『鑑湖与紹興水利』中国書店、一九九一年）。

（21）本田前掲（注7）論文。

塢から見る東アジア海文明と水利技術

村松弘一

はじめに——ふたつの韓国水利碑

（一）戊戌塢作碑

韓国大邱《テグ》広域市の慶北大学校博物館には「戊戌塢《ぼじゅつう》作碑《さくひ》」と称される石碑が展示されている。一九四六年、著名な韓国金石学者・任昌淳が大邱市大安洞にあった徐太均氏宅の前で発見した石碑である。発見後、一旦は大邱師範大学に保管されたが、その後、行方不明となった。一九五七年、慶北大学校の水泳場付近にて再び発見され、慶北大学校博物館に収蔵、現在に至っている。[1] 石碑に刻まれた文字は九行、一行あたりの文字数は八字から二七字と一定ではない（釈文と訳文は以下、参照）。この石碑は「另冬里村」（大邱市付近の地名か）で「高□塢」と呼ばれる施設を建設したことが刻まれている。この高□塢が造られたのは、戊戌の年で、新羅の真智王三年（五七八）もしくは善徳王七年（六三八）と推定されている。[2] この高□塢を造営したのは仏僧・都唯那の宝蔵阿尺干と慧蔵阿尺□である。規模は、広さが二〇歩、高さが五歩四尺、長さが五〇歩とあり、現代の単位に換算すると、おおよそ広さ四一メートル、高さ十一メートル、長さ一〇四メートルの大きさである。その造築には三一二名もの人々がかかわり、十三日かかって完工したという。

［戊戌塢作碑釈文］

1 戊戌年四月朔十四日另冬里村□塢作記之此成在
2 人者都唯那宝蔵阿尺干都唯那慧蔵阿尺□
3 大工人□利支村壹利刀兮貴十□上□壹□利兮
4 道尺辰□□之□□村□上夫作村笔令一伐奈生一伐
5 居□村代丁一伐另冬里村沙ホ乙一伐弥得所利村也得失利一伐
6 □弥此只村□□□一尺□□一尺另所□一伐□□叱尓利一尺
7 □助只□□此塢大廣廿歩高五歩四尺長五十歩此作
8 起数者三百十二人功夫如十三日了作事之

［戊戌塢作碑訳］

戊戌の年の四月朔十四日に另冬里村…塢を作りこれを記す。これを造った人は都唯那の宝蔵阿尺干と都唯那の慧蔵阿尺□である。大工人は□利支村の壹利刀兮貴干□、上□壹□利兮である。道尺は、辰□□之□□村□、上夫作村の笔令一伐、奈生一伐、居□村の代丁一伐、另冬里村の沙木乙一伐、弥得所利村の也得失利一伐、□弥此

戊戌塢作碑　拓本

戊戌塢作碑（慶北大学博物館蔵）

只村の□□□一尺、□□一尺、另所□一伐、□□叱尓利一尺、助只□□である。この塢の大きさは、広さが廿歩、高さが五歩四尺、長さが五十歩である。これを作ったのは三百十二人の功夫で、十三日で作り終えた。この文を作った人は壹利兮一尺である。

（釈文・解釈は田中俊明「新羅の金石文　第一回　戊戌塢作碑」『韓国文化』五-一、一九八三年による）

さて、ここに見られる「高□塢」の「塢《う》」とは何を指すのだろうか。後述するように、多くの中国史研究者は塢を、防御用の障壁、すなわち、軍事施設の意味として解釈する。この塢作碑の「高□塢」も高さ十一メートル、長さ一〇四メートルの障壁と見ることができなくもないが、広さ二〇歩すなわち四一メートルとは何を意味するのであろうか。障壁に囲まれた施設の内部を示すものなのだろうか。

（二）菁堤《せいてい》碑の「塢」

古代朝鮮の石碑には、もう一つ「塢」の文字が刻まれているものがある。慶尚北道永川の菁堤碑である。菁堤とは琴湖江の東方にひろがる平野に位置し、岩盤でできた高台が狭まった部分に築かれた堤防である。この堤防は現在でもダムとして機能している。池の西南には二つの重修碑が残されている。そのうち一つは康熙二七年の「菁堤重立碑」、もうひとつの石碑には、表面に「丙辰築堤銘」（法興王二三年、西暦五三六年）、背面に「貞元銘」（貞元十四年、西暦七九八年）が刻まれている。両面に刻文を有する後者の碑は、一九六八年の新羅三山学術調査団による現地調査によって世に広く知られるところとなった。二面のうち、塢の記載が刻されているのは「丙辰築堤銘」である（釈文と訳文は以下参照）。碑面には十行十二字の文字が刻まれている。一行目には「丙辰年二月八日」とあり、この年は法興王二三年（五三六）または真平王十七年（五九六）と考えられる。[3] 上述の「塢作碑」は六世紀後半から七世紀前半の造築と考えられるのでほぼ同じ時期に造られたのである。碑文の一行目の十一字目に「大」、二行目一字目に「塢」の字、すなわち「大塢」の語が見える。菁堤のほとりに碑が置かれていること、また、その背面の「貞元銘」の一行目に「菁堤治記之」の記載があり、堤の修治にかかわる内容であることなどから考えるならば、この「大塢」とは堤体そのもの、もしくは、堤によって堰き止められた貯水池を示していたと考えられる。上述の「戊戌塢作碑」の「広さ二十歩」は堤によって蓄水された貯水池の大きさを示しているのである。

このような韓半島の「戊戌塢作碑」「菁堤丙辰築堤銘」にみられる塢が堤もしくは貯水池であると考えるならば、それは中国大陸の一般的な塢の字義と異なることとなる。このことは以下の二つの可能性を想起させる。

①もともと中国大陸において塢に堤防・貯水池の字義があり、その名称が朝鮮半島に流入した。しかし、中国大陸では堤防・貯水池としての塢は残らず、一方では朝鮮半島には残存した。

②もともと中国大陸における塢には障壁という字義しかなかったが、その語が朝鮮半島に入ってきたのちに堤・貯水池の意味に変化した。

両石碑の年代は五三六年から六三八年で、中国大陸は南北朝時代から唐初期にかけての頃にあたる。本稿では、まず、七世紀までの中国大陸における「塢」の具体的な事例を整理し、その字義の変化について論じ、水利施設としての「塢」が存在したかを確認する。その後、水利技術の東アジアへの伝播と名称の広がりについて論ずることとしたい。

［菁堤丙辰築堤銘釈文］

1　丙辰年二月八日□邑□大
2　塢□六十一□将鄧九十二[将][尺]
3　廣□二将□[四]将上三将作人
4　七千人□二百八十万
5　使人彔□尺□知大舎第
6　□□□小舎第述利大烏第
7　尺人小烏未弥兮小烏一支
8　[舂]人次弥尓利乃利□丁兮
9　使作人只弥巴伊即刀

［菁堤丙辰築堤銘訳文］

丙辰の年の二月八日に□邑で□（築造した）大塢は……□は六十一□将、鄧は九十二[将][尺]、廣は□二将、□[四]将、上は三将。作人は七千人、□二百八十万使人は彔の□尺□知大舎第・□□□小舎第・述利大烏第である。尺人は小烏の未弥兮と小烏の一支である。[舂]人は次弥・尓利乃利・□丁兮である。使作人は只弥巴伊・

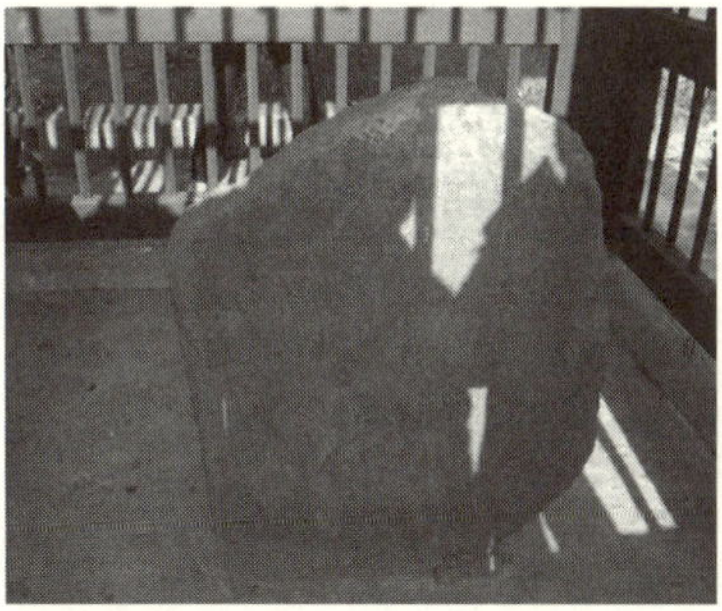

永川菁堤碑

永川菁堤碑・丙辰名　拓本

菁堤（2006年、村松撮影）

即刀である。衆社村の只□□利干・支囨尓利

（田中俊明「新羅の金石文　第二回　永川菁堤碑丙辰銘」『韓国文化』五-二、一九八三年）

一、古代中国の塢―漢～唐

中国史における塢の研究は那波利貞「塢主攷」(4)以来、漢から魏晋南北朝時代、さらに唐代までの変化に関する豊富な研究蓄積がある。以下、時代ごとの塢に関する特徴の変化についてまとめたい。

（一）漢代の塢

出典	州・郡	地域
『後漢書』李章伝	清河	黄河
『後漢書』馬援伝	武威	西北
『後漢書』鄧訓伝	湟中	西北
『後漢書』西羌伝	大小楡谷	西北
『後漢書』樊準伝	河内	黄河
『後漢書』西羌伝	魏郡・趙国・常山・中山	黄河
『後漢書』西羌伝	河内	黄河
『後漢書』西羌伝	馮翊	渭水
『後漢書』順帝紀	隴道	渭水
『後漢書』趙彦伝	徐兗	黄河
『後漢書』段熲伝	張掖	西北
『後漢書』皇甫規・段熲伝	并涼	渭水
『後漢書』董卓伝	郿	渭水
『後漢書』献帝紀・趙典・董卓伝	長安	渭水
『後漢書』献帝紀注引『山陽公載記』	長安	渭水
『三国志』呉・孫権伝	合肥	長江
『三国志』呉・呂蒙伝・周泰伝・朱然伝		
『三国志』魏・張郃伝	江陵？	長江
『三国志』呉・孫桓伝	牛渚	長江
『三国志』呉・孫奐伝注引『江表伝』	夏口	長江
『三国志』蜀・諸葛亮伝注引『漢晋春秋』	武功	渭水
『三国志』蜀・張嶷伝	越嶲	長江
『三国志』魏・鄧艾伝	扶風	渭水
『三国志』呉・呉主権伝注引『呉歴』	建業	長江

まず、一般的な理解として、『説文解字』に「塢とは小さな障壁である。また、庫城ともいう（塢、小障也。一曰庫城也）」とあることから、漢代の塢は障壁さらにはその障壁に囲まれた防塁を示す。出土資料における塢の事例は前漢・昭帝始元三年（前

表1　後漢〜三国時期の塢

番号	時期	塢名	皇帝	元号	西暦	出典史料
1	後漢	塢壁	光武	建武元以降	25	（光武即位）時趙・魏豪右往往屯聚、清河大姓趙綱遂於県界起塢壁、繕甲兵、為在所害。
2	後漢	塢候	光武	建武 11	35	於是詔武威太守・・・援奏為置長吏、繕城郭、起塢候、開導水田、勧以耕牧、郡中楽業
3	後漢	塢壁	和帝	章和 2	88	唯置弛刑徒二千余人、分以屯田、為貧人耕種、修理城郭塢壁而已。
4	後漢	城塢	和帝	永元 5	93	（貫友）遂夾逢留大河築城塢
5	後漢	塢壁	安帝	永初 5	111	転河内太守。時羌復屡入郡界、（樊）準輒将兵討逐、修理塢壁、威名大行。
6	後漢	塢候	安帝	永初 5	111	詔魏郡・趙国・常山・中山繕作塢候六百一十六所。
7	後漢	塢壁	安帝	元初元	114	元初元年春、遣兵屯河内、通谷衝要三十三所、皆作塢壁設鳴鼓。
8	後漢	候塢	安帝	元初 3	116	（任尚）築馮翊北界候塢五百所。
9	後漢	塢	順帝	永和 5	140	令扶風・漢陽築隴道塢三百所、置屯兵。
10	後漢	塢	桓帝	延熹 3	160	（趙）彦推遁甲、教以時進兵、一戦破賊、燔焼屯塢、徐兗二州一時平夷。
11	後漢	鉅鹿塢	桓帝	延熹 3	160	余羌復与焼何大豪寇張掖、攻没鉅鹿塢。
12	後漢	塢	桓帝	延熹 4	161	後先零諸種陸梁、覆没営塢。
13	後漢	郿塢	献帝	初平元	190	又築塢於郿、高厚七丈、号曰「萬歳塢」。
14	後漢	北塢	献帝	興平 2	195	李傕移帝幸北塢。
15	後漢	南塢	献帝	興平 3	196	時帝在南塢、傕在北塢。
16	後漢	濡須塢	献帝	建安 17	212	城石頭、改秣陵為建業。聞曹公将来侵、作濡須塢。 後従権拒曹公於濡須、数進奇計、又勧権夾水口立塢、以備御甚精、曹公不能下而退。
17	魏	屯塢	文帝	黄初元以降	220	（張）部別督諸軍渡江、取洲上屯塢。
18	呉	横江塢	太祖	黄武 2 ?	223	（孫）桓以功拝建武将軍、封丹徒侯、下督牛渚、作横江塢、会
19	呉	塢	太祖	黄武 5	226	及至夏口，於塢中大会百官議之，
20	蜀	郭氏塢	後主	建興 12	234	亮卒于郭氏塢
21	蜀	小塢	後主	建興14以降	236	始（張）嶷以郡郛宇頽壊、更築小塢。
22	魏	董卓塢	斉王	嘉平元	249	郡有董卓塢，為之宮舎
23	呉	石頭塢	太祖	赤烏 8	245	（馬）茂引兵入苑撃権、分據宮中及石頭塢、遣人報魏。

八四）の居延漢簡に見られ、そこにおける塢は亭長や遂長と同様の機能を持つものであると考えられる。[5] 伝世資料に塢の記載が盛んに見られるのは、後漢代に入ってからである。後漢から南北朝までの正史に見られる塢の記載をまとめたものが表1・表2である。表には年代、記載内容、出典のほか塢が所在する州・郡・県およびその地域を記載した。地域は西北・黄河［黄河中下流域（黄河以北の平原部を含む）］・渭水［渭水流域］・長江［長江中下流域］に分類した。表1は後漢から三国の事例である。光武帝から和帝に至るまでの

出典	州・郡	地域
『三国志』魏・鄧艾伝	涼州	西北
『魏書』釈老志	涼州	西北
『晋書』忠義・劉沈伝	雍州	渭水
『晋書』李流載記	郫城	長江
晋書』劉疇伝	？	？
晋書』潘尼伝	洛陽？	黄河
晋書』閻鼎伝	蜜	黄河
晋書』郭默伝	河内	黄河
晋書』李矩伝	滎陽・新鄭	黄河
晋書』劉聡載記	宜陽	黄河
晋書』魏浚伝	洛陽	黄河
晋書』張軌伝	狹西	渭水
晋書』魏該伝	宜陽	黄河
晋書』劉琨伝	薊	黄河
魏書』徒何段就六眷伝	楽陵	黄河
晋書』劉遐伝	廣平	黄河
晋書』祖逖伝 晋書』桓宣伝	譙	黄河
晋書』祖逖伝	浚儀	黄河
晋書』祖逖伝	譙	黄河
晋書』劉遐伝	沛	黄河
晋書』蔡豹伝	東莞	黄河
晋書』芸術・仏図澄伝	洛陽	黄河
晋書』成帝紀	？	黄河

事例では、1が黄河下流域にあたり、ほかの2～4は武威・湟中など西北の事例である。安帝期になると、5～8は河内《かだい》（現在の河南省）・馮翊《ふうよく》（現在の陝西省）・魏郡・趙国・常山・中山（現在の河北省）という黄河中流域から下流域の東方大平原に至るまでの地域に広がっている。6～8の事例が西羌伝の記載であり、5も羌族の侵入と関係のある記載である。つまり、安帝期の黄河中下流域の塢は西羌にかかわるものである。羌はもともと青海省・甘粛省一帯に居住していたが、後漢中期以降、反乱を起こしたために、内地に徙民されていた。塢の語源はチベット語由来との説もあり、羌族とのかかわりが指摘されている。[6] おそらくは、後漢初期には羌族等の西北地域における障壁・防塁の字義を有していた塢が後漢中期の羌族内徙とともに、黄河中下流域にまで広がったのであろう。後漢後期の9・11・12は関中平原の西端から河西回廊に位置するものでこれは西に残っていた羌族との関わりが深い。13郿塢は関中平原の長安の西に位置し、後漢末に実権を握った董卓が建設した。それは、三〇年分の穀物を備蓄できるほど巨大な要塞であっ

表2　晋～南朝の塢

番号	時期	塢名	皇帝	元　号	西暦	出典史料
24	西晋	城塢	武帝	泰始元以降	265	艾在西時、修治障塞、築起城塢。泰始中、羌虜大叛、頻殺刺史、涼州道断。吏民安全者、皆保艾所築塢焉。
25	前涼	村塢	張軌		301－	涼州自張軌後、世信佛教。敦煌地接西域、道俗交得其旧式、村塢相属、多有塔寺。
26	西晋	塢壁	恵帝	永康2以降	301－	沈奉詔馳檄四境、合七郡之衆及守防諸軍・塢壁甲士萬余人、以安定太守衛博・新平太守張光・安定功曹皇甫澹為先登、襲長安。
27	西晋	塢	恵帝	太安2	303?	（李）雄渡江害汶山太守陳図、遂入郫城、（李）流移営拠之三蜀百姓並保険結塢、城邑皆空、流野無所略、士衆飢困
28	西晋	塢壁	?	永嘉前	-307	（劉疇）曽避乱塢壁、賈胡百数欲害之、疇無懼色、援笳而吹之、為出塞・入塞之声、以動其游客之思。
29	西晋	塢壁	懐帝	永嘉	307－312	洛陽将没、攜家属東出成皐、欲還郷里。道遇賊、不得前病卒於塢壁、年六十余。
30	西晋	塢主	懐帝	永嘉	307－312	司徒左長史劉疇在密為塢主…。
31	西晋	塢主	懐帝	永嘉	307－312	永嘉之乱、（郭）默率遺衆自為塢主、以漁舟抄東帰行旅積年遂致巨富、流人依附者漸衆。
32	西晋	塢主	懐帝	永嘉2	308	（李）矩素為郷人所愛、乃推為塢主、東屯滎陽、後移新鄭
33	西晋	一泉塢	懐帝	永嘉2	308	劉曜済自盟津、将攻河南、将軍魏該奔于一泉塢。
34	西晋	石梁塢	懐帝	永嘉5	311	及洛陽陷、屯于洛北石梁塢、撫養遺衆、漸修軍器。
35	西晋	桑凶塢	懐帝	永嘉	307－312	左督護陰預与（裴）苞戦狭西、大敗之、苞奔桑凶塢。
36	西晋	一泉塢	愍帝		313－316	時杜預子尹為弘農太守、屯宜陽界一泉塢、数為諸賊所抄掠。尹要該共距之、該遣其将馬瞻将三百人赴尹。瞻知其無備、夜襲尹殺之、迎該拠塢。塢人震懼、並服従之。
37	西晋	城塢	愍帝		313－316	会匈羯石勒以三月三日徑掩薊城、…城塢駭懼、志在自守
38	代	塢壁	平文帝		316 - 324	（平文帝）後石勒遣石虎撃段文鴦于楽陵、破之、生擒文鴦匹磾遂率其属及諸塢壁降于石勒。
39	東晋	塢主	元帝		317 - 322	劉遐字正長、廣平易陽人也…値天下大乱、遐為塢主、每撃賊
40	東晋	塢主	元帝		317 - 322	流人塢主張平･樊雅等在譙､演署平為豫州刺史､雅為譙郡太守 時塢主張平自称豫州刺史、樊雅自号譙郡太守、各数千人
41	東晋	塢主	元帝		317 - 322	蓬陂塢主陳川、自号寧朔將軍・陳留太守。
42	東晋	屯塢	元帝		317 - 322	（桓）宣遂留、助（祖）逖討諸屯塢未附者。
43	東晋	塢主	元帝		317 - 322	沛人周堅、一名撫、与同郡周默因天下乱、各為塢主、以寇抄為事。
44	東晋	塢	元帝		317 - 322	（徐）龕怒、以太山叛、自号安北將軍・兗州刺史、攻破東莞太守侯史旄而拠其塢。
45	後趙	石梁塢	石勒	太和元以前	-328	劉曜遣従弟（劉）岳攻（石）勒、勒遣石季龍距之。岳敗退保石梁塢、季龍堅柵守之。
46	東晋	馬頭塢	成帝	咸和7	332	西中郎将趙胤・司徒中郎匡術攻石勒馬頭塢、克之。

たと言う。董卓は隴西の出身で、羌族と関わりがある。このように見ると、おおよそ後漢時代の塢は西域の障壁を発祥とし、羌族の反乱と内地への移民によって、華北地域の河西回廊から黄河下流域の東方大平原にまで広がったと考えられる。後漢末から三国期に入ると、呉の領域内の長江中流域にも塢の記載がみられる。16の濡須塢は曹操から呉の拠点・建業を守るための防衛基地であった。以後、17・18・19・23の塢はみな長江流域の軍事拠点となった。

（二）晋南北朝時代の塢

表2は西晋から南朝末までの事例である。この時期の特徴は「村塢」と「塢主」という語がみられるようになることである。「村塢」の村は自然村の意を含むもので、漢代の固定化した行政区画から魏晋期の人々の移動と流動的な社会を示す特徴となっている。さらに、永嘉の乱（三一一～三一六）以降になると、「塢主」という語が多く見られる。この塢主とは自衛移

出　典	州・郡	地域
『晋書』忠義・沈勁伝	許昌	黄河
『晋書』郗恢伝	華陰	黄河
『晋書』楊佺期伝		
『文選』巻三十注引楊佺期『洛陽記』	洛陽	黄河
『晋書』苻堅下載記	北地	西北
『魏書』道武帝紀	鉅鹿	黄河
『魏書』王建伝	鉅鹿	黄河
『魏書』道武帝紀	新市	黄河
『晋書』沮渠蒙遜載記	氐池	西北
魏書』安同伝	鉅鹿	黄河
晋書』沮渠蒙遜載記	湟川	西北
晋書』姚泓載記	北地	西北
晋書』姚泓載記	偃師	黄河
宋書』王鎮康伝	洛陽	黄河
宋書』袁湛伝	洛陽	黄河
宋書』王鎮悪伝	洛陽	黄河
宋書』武三王伝	洛陽？	黄河
魏書』韓延之伝	洛陽？	黄河
宋書』索虜伝	洛陽	黄河
文選』巻三十注引『朱超石与兄書』	洛陽	黄河
晋書』沮渠蒙遜載記	臨沢	西北
魏書』地形志	平陽	渭水
宋書』恩倖・徐爰伝	済・沛？	黄河
魏書』韓延之伝	洛陽？	黄河
梁書』蕭景伝	江北	長江
魏書』咸陽王禧伝	洛陽	黄河
梁書』謝覧伝	錦沙	長江
梁書』蕭景伝	斉安・竟陵	長江

（表２　晋～南朝の塢続き）

番号	時期	塢名	皇帝	元　号	西暦	出典史料
47	東晋	崖塢	哀帝	興寧２	364	興寧三年、留勁以五百人守城、（陳）祐率衆而東。会許昌已没、祐因奔崖塢。
48	東晋	皇天塢	孝武	寧康	373 - 375	河南太守楊佺期遣上党太守荀静戍皇天塢以距之。
						苻堅将竇衝率衆攻平陽太守張元熙於皇天塢、佺期撃走之。
49	東晋	穀水塢	?	?		千金堰在洛陽城西、去城三十五里、堰上有穀水塢。
50	東晋	趙氏塢	孝武	太元９	384	（苻）堅率歩騎二万討姚萇於北地、次於趙氏塢・・・。
51	北魏	栢肆塢	道武	皇始２	397	軍于鉅鹿之栢肆塢、臨呼沱水。
	北魏					車駕幸鉅鹿、破慕容宝於栢肆塢、遂進囲中山。
52	北魏	義台塢	道武	皇始２	397	帝進軍新市、賀麟退阻泒水、依漸洳沢以自固。甲戌、帝臨其営、戦於義台塢、大破之、斬首九千余級。
53	東晋	侯塢	安帝	隆安５	401	比至氐池、衆逾一萬。鎮軍臧莫孩率部衆附之、羌胡多起兵響応。蒙遜壁于侯塢。・・・（田）昂至侯塢、率騎五百帰于蒙遜。
54	北魏	塢	明元	永興元	409	（安）同東出井陘、至鉅鹿、発衆四戸一人、欲治大嶺山通天門関、又築塢於宋子、以鎮静郡県。
55	東晋	若厚塢	安帝	義熙８以降	414－	傉檀来伐、蒙遜敗之于若厚塢。傉檀湟河太守文支拠湟川護軍成宜侯率衆降之。
56	東晋	趙氏塢	安帝	義熙 12 以降	416－	北地太守毛雍拠趙氏塢以叛于泓、姚紹討擒之。
57	東晋	柏谷塢	安帝	義熙 12 以降	416－	（姚）洸従之、乃遣玄率精兵千余南守柏谷塢、広武石無諱東戍鞏城、以距王師。
58	東晋	柏谷塢	安帝	義熙 12?	416	又有司馬楚之屯柏谷塢。索虜野坂戍主黒弰公遊騎在芒上、攻逼交至、康堅守六旬。
59	東晋	柏谷塢	安帝	義熙 12	416	高祖沖讓、湛等隨軍至洛陽、住柏谷塢。
60	東晋	栢谷塢	安帝	義熙 12	416	（王）鎮悪入賊境、戦無不捷、邵陵・許昌、望風奔散、破虎牢及栢谷塢、斬賊帥趙玄。
	東晋					年十二、（廬陵孝献王義真）従北征大軍進長安、留守栢谷塢、除員外散騎常侍、不拝。
61	北魏	栢谷塢	明元	泰常２	417	（泰常二年）初（韓）延之曽来往栢谷塢、省魯宗之墓、有終焉之志。
62	宋	城塢	武帝	永初３	422	（翟）広安立守防、修治城塢、復還虎牢。
63	宋	千金塢	武帝？			千金堤旧堰穀水、魏時更脩、謂之千金塢
64	宋	若厚塢	文帝	元嘉 10	433	蒙遜乃遣其世子政徳屯兵若厚塢。蒙遜西至白岸…。
65	北魏	郿塢	太武	真君６	445	平陽　真君六年置、有新谷・五丈原・郿塢。
66	宋	塢壁	孝武	孝建３	456	小鎮告警、大督電赴、塢壁邀断、州郡犄角、儻有自送、可使匹馬不反。
67	北魏	栢谷塢	献文	天安２？	467？	（韓）延之死後五十余年而高祖徙都、其孫即居於墓北栢谷塢。（韓延之は泰常二年死去）
68	南斉	塢壁	東昏侯	永元２	500	時天下未定、江北傖楚各拠塢壁、景示以威信、渠帥相率面縛請罪、旬日境内皆平。
69	北魏	栢谷塢	宣武	景明２－	501	渡洛水、至栢谷塢、従者唯（咸陽王）禧二舅及龍虎而已
70	梁	塢	武帝	天監９	510	覧遣郡丞周興嗣於錦沙立塢拒戦、不敵、遂棄郡奔会稽。
71	梁	塢戍	武帝	普通元	520	斉安・竟陵郡接魏界、多盗賊、景移書告示、魏即焚塢戍保境、不復侵略。

動集団を率いる人物を示す。この移動集団の拠点が塢ということになる。西晋から東晋・元帝期までの塢主の事例は黄河流域に集中している。32の李矩の場合は、自らの居住していた郷の人から愛され、塢主となり、その後、郷人を率いて東の滎陽に駐屯し、さらに新鄭へと移っている。塢主とは固定された障壁としての塢の主という意味だけではなく、移動性を持った集団の首長的存在の意味を持つことになった。五胡十六国時代に入ると北方遊牧民の南下とともに、要塞としての塢の事例が黄河下流域や西北で多く見られる。このように晋代には「村塢」という語が見られ、永嘉の乱以降には移動集団の長としての塢主が現れ、それは徐々に南へと移動した。それに対して華北では、五胡十六国時代になると、遊牧民・農耕民との抗争との関連で黄河下流域・西北において軍事拠点の砦を示すような塢の記載が見られるようになった。

(三)『水経注』にみられる塢

上記の正史に見られる記載を補完する史料として、北魏時代の酈道元によって六世紀初めに著された『水経注』の事例を挙げておきたい。表3にまとめたように『水経注』に見られる塢の事例は三五件である。このうち十四件が洛水・伊水・穀水という洛陽附近を流れる河川沿いに位置している。このほか黄河の支流である渭水に一件、洧水・汳水など黄河下流の水系に位置するものがある。2鍾繇《しょうよう》塢は鍾公壘とも呼ばれる防塁で、鍾繇は魏の武将で蜀征伐で活躍し、反乱を起こした鍾会の父である。

出典	州・郡	地域
『周書』段永伝	崤・潼・鞏・洛	黄河
『魏書』爾朱栄伝	汲郡	黄河
『魏書』天穆伝	河間	黄河
『魏書』節義・孫道登伝	?	?
『周書』李延孫伝	洛陽	黄河
『周書』権景宣伝	洛陽	黄河
『周書』趙粛伝	洛陽	黄河
『周書』文帝紀	洛陽	黄河
『周書』怡峯伝	洛陽	黄河
『周書』泉仲遵伝	成皐	黄河
『周書』于謹伝	洛陽	黄河
『周書』楊摽伝	邙山	黄河
『周書』趙剛伝		黄河
『周書』韓雄伝	洛陽	黄河
『魏書』地形志	汝北郡	黄河
『周書』楊摽伝		黄河
『周書』梁昕伝	河南	黄河
『周書』司馬裔伝		黄河
『魏書』地形志	汝北郡	黄河
『北齊書』張保洛伝	潁川	黄河

（表2　晋～南朝の塢続き）

番号	時期	塢名	皇帝	元号	西暦	出典史料
72	北魏	塢壁	孝明	正光	520－525	時有賊魁元伯生、率数百騎、西自崤・潼、東至鞏・洛、屠陷塢壁、所在為患。
73	北魏	塢	荘帝	永安	528	賊鋒已過汲郡、所在村塢悉被残略。
74	北魏	村塢	荘帝	永安	528－530	（河間邢杲）劫掠村塢、毒害民人、斉人号之為「諙楡賊」。
75	北魏	村塢	荘帝	永安	528－530	永安初、為蕭衍将韋休等所虜、面縛臨刃、巡遠村塢、令其招降郷曲。
76	北魏	張白塢	荘帝	永安後	530	魏帝藉其力用、因而撫之。乃授持節·大都督·転鎮張白塢。
	西魏	張白塢	文帝	大統初		太祖即留景宣守張白塢、節度東南義軍。
77	西魏	大塢	文帝	大統 7	541	（七年）領所部義徒、拠守大塢。
78	西魏	栢谷塢	文帝	大統 9	543	至洛陽、遣開府于謹攻栢谷塢、抜之。
	西魏					後与于謹討劉平伏、従解玉壁囲、平栢谷塢、並有功。
	西魏					東魏北豫州刺史高仲密挙成皐入附、太祖率軍応之、別遣仲遵随于謹攻栢谷塢。
79	西魏	柏谷塢				九年、復従太祖東征、別攻柏谷塢、抜之。
80	西魏					邙山之戦、（楊）摽攻抜柏谷塢、因即鎮之。
81	西魏	塢	文帝			（趙）剛乃率騎襲其下塢、抜之、露板言狀。（『北史』は「塢」）
82	西魏	蓼塢	文帝	大統 9	543	時東魏将侯景等囲蓼塢、（韓）雄撃走之。
83	東魏	梁崔塢	静帝	武定元	543	汝北郡　･･･ 武定元年復。移治梁崔塢。
84	西魏	蓼塢	文帝	大統 12	546	（十二年）又攻破蓼塢、獲東魏将李顕、進儀同三司。
85	西魏	大塢	文帝	大統 12	546	十二年、除河南郡守、鎮大塢。
86	西魏	蓼塢	文帝	大統 13	547	十三年、攻抜東魏平斉·柳泉·蓼塢三城、獲其鎮将李熙之
87	東魏	楊志塢	静帝	武定	～550	汝北郡 ･･･（武定）五年陷、□年復。治楊志塢。
88	東魏	楊志塢	文襄	武定 7	549	世宗仍令（張）保洛鎮楊志塢、使与陽州為掎角之勢。川平、尋除梁州刺史。

3白騎塢は原（高台）の上に位置し、北は落ち込み、三面は険阻で、西側は人工的な版築工法によって造成された。9檀山塢は四面が絶壁となった檀山の上の塢である。11一全塢は三方が天然の壁になっていて西の一方向だけが人工的に築造されているため一全と名付けられたという。白超壘にはかつて塢があったとあり、ここでも防塁と塢が同じように扱われている。24馬領塢も山上。水経注という史料の性格にも関係しているかもしれないが、河川沿いの山のなかの防塁・砦を示していると考えられる。ただ、南方では、33土塢の事例で江水注に「東に清揚と土塢の二つの支流の入り口（二口）を得る、ここが江浦である」とあり、塢が長江沿いの河川港である可能性も考えられる。

（四）唐宋時代の塢―江南

以上、漢から魏晋南北朝までの塢の記載

表3 『水経注』記載塢関連記事

1	五龍塢	河水又東、逕五龍塢北。塢臨長河。	河水五
2	鍾繇塢	湨水又東逕鍾繇塢北、世謂之鍾公塁。	済水一
3	白騎塢	（同水）水出南原下、東北流逕白騎塢南、塢在原上、為二溪之会、北帯深隍、三面阻険、惟西版築而已。	済水一
4	大柵塢	索水又北、逕大柵城東。晋滎陽民張卓、董邁等遭荒、鳩聚流雑堡固、名為大柵塢。	済水一
5	永豊塢	（清水）而東周永豊塢、有丁公泉、発于焦泉之右。	清水
6	新豊塢	清水又東周新豊塢、又東注也。	清水
7	東塢	（汙水）水出東塢南、西北流逕沙野南、北人名之曰沙。	濡水
8	呂泉塢	（呂泉水）水出呂泉塢西、東南流屈而東逕塢南、東北流、三泉水注之。	濡水
9	檀山塢	洛水又東逕檀山南、其山四絶孤峙、山上有塢聚、俗謂之檀山塢。	洛水
10	金門塢	（金門溪）水南出金門山、北逕金門塢、西北流入於洛。	洛水
11	一全塢	洛水又東逕一全塢南、城在川北原上、高二十丈、南、北、東三箱、天険峭絶、惟築西面即為固、一全之名、起于是矣。	洛水
12	雲中塢	渠谷水出宜陽県南女几山、東北流逕雲中塢、左上迢遰層峻、流煙半垂、纓帯山阜、故塢受其名。	洛水
13	合水塢	洛水又東、合水南出半石之山、北逕合水塢、而東北流注于公路澗。	洛水
14	零星塢	（休水）又東屆零星塢、水流潛通、重源又発、側緱氏原。	洛水
15	百谷塢	洛水又東逕百谷塢北、戴延之『西征記』曰塢在川南、因高為塢、高十余丈。	洛水
16	白馬塢	（白馬溪）水出嵩山北麓、逕白馬塢東、而北入羅水。	洛水
17	袁公塢	其水東北流、入白桐澗、又北逕袁公塢東、蓋公路始固有此也、故有袁公之名矣。	洛水
18	盤谷塢	（洛水）又逕盤谷塢東、世又名之曰盤谷水。	洛水
19	塢	伊水歴崖口、山峡也。翼崖深高、壁立若闕、崖上有塢、伊水逕其下、歴峡北流、即古三塗山也。	伊水
20	范塢	（康水）水亦出狼皐山、東北流逕范塢北与明水合。	伊水
21	楊志塢	（大戟）水出梁県西、有二源、北水出広成沢、西南逕楊志塢北与南水合。	伊水
22	白超塢	穀水又逕白超塁南。・・・塁側旧有塢、故冶官所在。	穀水
23	郿塢	渭水又東逕郿県故城南、渭水又東逕郿塢南。	渭水
24	馬領塢	洧水東南流、逕一故台南、俗謂之陽子台。又東逕馬領塢北、塢在山上、塢下泉流北注、亦謂洧別源也、而入于洧水。	洧水
25	零鳥塢	（零鳥）塢側有水、懸流赴壑、一匹有余、直注澗下、淪積成淵、嬉遊者矚望、奇為佳觀、俗人覩此水挂于塢側、遂目之為零鳥水。	洧水
26	雞絡塢	潧水出鄶城西北雞絡塢下。東南流逕買復城西。	潧水
27	黄蒿塢	汳水又東逕寧陵県之沙陽亭北、・・・汳水又東逕黄蒿塢北。	汳水注
28	周塢	汳水又東逕周塢側、・・・自彭城縁汳故溝、斬樹穿道七百余里、以開水路、停薄于此、故茲塢流称矣。	汳水注
29	神坈塢	汳水又東逕神坈塢、又東逕夏侯長塢。・・・汳水又東逕梁国睢陽県故城北、而東歴襄郷塢南。	汳水注
30	夏侯長塢		
31	襄郷塢		
32	蟻塢	俗謂之小湁水、水出魯陽県南彭山蟻塢東麓、北流逕彭山西。	湁水
33	土塢	（江水）又東得清揚土塢二口、江浦也。	江水三
34	朱室塢	江之西岸有朱室塢、句践百里之封、西至朱室、謂此也。	漸江水
35	諸塢	（沢蘭）山中有諸塢、有石楗一所、右臨白馬潭、潭之深無底。	漸江水

を見てきた。この塢は唐代の史料にもあり、特に江南開発の進展のなかに「塢」の記載が見られる。この塢は、これまでの障壁の意味ではなく、地形およびその地形に形成された集落を示す。唐代以降江南でみられる塢は景観として一望に把握できるような小谷、中がくぼみ四周が高いもの、四周の一部が開けた谷のような地形の名称である。江南の太湖周辺は、宋元期には低地に塘路や囲田が築かれ稲作が盛んにおこなわれた。それに対して西部と南部には山地が存在し、その小谷が塢であった。このような地形は漢代までは「阿」「山阿」とよばれ、六朝期以降は「阿」にかわり「塢」が日常的に用いられるようになり、宋代以降は「湾」と呼ばれるものが多かった。ただし、塢のなかには唐宋期から明清期まで存在している可能性を有するものもある。この江南の塢は山地の定住拠点であるとともに、山地開発の拠点であった。谷の底部の低地は谷およびその周辺からの水を利用した稲作がおこなわれ、谷の奥部は山の産物すなわち竹木・果樹が採集され、両者が地域の経済を支えていた。[7] このように唐代以降の江南における塢は小谷部を示すものであった。谷の底部における稲作には自ずと谷につらなる山間部の泉や河川の水を利用することとなり、「×塢堰」という表現で集落としての塢のなかの堰がみられる。例えば、咸淳『臨安志』巻三九には於潜県に所在する水利施設として「金門塢山堰」「楊家塢堰」などの「塢堰」が七例見られる。しかしながら、あくまでも塢は地形を示し、堰が水利施設を示すことになり、塢単独の字義に堰や陂などの水利施設の意味があるわけではない。

（五）水利施設としての「塢」

以上のようにこれまでの研究では、塢の字義に水利施設を示す事例を指摘したものはない。では、水利施設としての塢は朝鮮半島独自の語義ということになるのであろうか。改めて資料を見直してみると、以下の四つの事例が水利施設を示すのではないかと考えられるのである。

①堰は潜堰である。潜とは土を築いて水を壅めることを謂う。また堨とし、音は竭である。塢は烏と古の反切である。堰は一と建の反切。よってこの三字の意味は同じであるが音は異なる。

〔堰、潜堰也、謂潜築土以壅水也、一作堨、音竭。塢、烏古切。堰、一建切。然三字義同而音則異也（『文選』巻三〇注引『廣雅』）〕

三国魏の張揖が編纂した『廣雅』（『文選』巻三〇注引）の記載で、堤防によって水を堰き止める水利施設を示す「堰」・「堨」と同義の語として「塢」があることから、この「塢」も水利施設と判断できよう。

②千金堤はもとは穀水を堰き止めたもので、魏の時にあらためて修築した、これを千金塢と謂う。

〔千金堤舊堰穀水、魏時更脩、謂之千金塢（『文選』巻三〇注引『朱超石與兄書』）〕

南朝・宋の人であった朱超石が兄の朱齡石に送った書の一部分の記載。洛陽付近の穀水を堰き止める水利施設である千金堤が魏の時に修造され、千金塢と呼ばれるとある。このことから、ここでも「堰」と「塢」が同義であったことがうかがえる。

③荊・揚・兗・豫は汙泥の土で、渠・塢によって、必ずこの類のものが多ければ、最も天の時にたよらずとも豊年となり収穫できる。

〔荊・揚・兗・豫、汙泥之土、渠塢之宜、必多此類、最是不待天時而豊年可獲者也（『晋書』束皙伝）〕

長江中下流の荊・揚と黄河中下流の兗・豫の土壌は「汙泥之土」で、「渠」「塢」によって天の時を待たずして豊年となり収穫をうることができるとある。水利施設としての「渠」と並列して「塢」があることからここでも塢は水利施設、特に「渠」という用水路と対応する貯水池として挙げられていると考えられる。

④花塢に蝶がならんで飛び、柳堤の鳥は百舌。

〔花塢蝶双飛、柳堤鳥百舌（梁武帝「子夜四時歌春歌」『玉台新詠』）〕

一般的にこの塢は上述の唐代の塢のような「くぼみ」を示すとされているが、水利施設を示す可能性を考えた上で解釈するならば、「塢」と「堤」が並列に述べられていることから、「堤」と同義のとも考えられなくもない。つまり、くぼみのまわりの高くなっている部分、すなわち「堤」を示し、それは広義の水利施設を意味すると考えられる。

このように、魏晋南朝にかけて、「塢」は「堰」「堨」「堤」といった溜め池型の水利施設と同義と見なされ、渠とともに水利施設のひとつとして考えられていたことがわかる。このように事例数は障壁や移動集団の塢主ほどは多くないが、水利施設としての「塢」の存在を確認することができる。その時期は三世紀の三国・魏から六世紀前半梁まで、地域は長江中下流域、南朝である。すなわち、朝鮮半島の「戊戌塢作碑」や「菁堤丙辰築堤銘」よりも前に中国大陸において水利施設の義をもつ「塢」の語があったことになる。遅くとも南朝のころには「塢」という水利施設名が中国大陸から朝鮮半島に流入していたと考えられる。

以上の考察をもとに、古代東アジア史における「塢」についてまとめたい。塢の史料は前漢末の西北辺境の簡牘史料に障壁の字義が見られる。後漢になると西北地域から渭水流域の天水地区や長安周辺さらに黄河中流域の洛陽地区へとひろがる。三国時期には孫呉政権によって長江中下流域に塢が築かれた。永嘉の乱以降、移動集団の長としての「塢主」が黄河流域に多く見られた。三～五世紀の魏晋期には堰や堨と同義の河川堰き止め型の水利施設としての塢の存在が見られ、それは黄河中下流域から長江中下流域にあったと考えられる。唐代以降に江南に見られる塢は小谷地形とそこに形成された集落を示す語であった。その地形的特性から塢には堰などの水利施設が建設されて稲作がおこなわれたが、塢が単独で水利施設そのものを示すわけではなかった。

朝鮮半島では水利施設としての「塢」は菁堤「丙辰築堤銘」（五三六年）および「戊戌塢作碑」（五七八年もしくは六三八年）の記載から六世紀前半には存在していた。大陸では三～六世紀の魏晋南朝において、水利施設としての堤防を示す「塢」の事例が数は少ないものの存在していた。おそらくは、五～六世紀にかけて中国大陸から朝鮮半島へと水利施設としての「塢」の名称が伝わったと思われる。河北・西域における「塢」は障壁や移動集団を示すものが多かったことから考えれば、江南から朝鮮半島にそれは伝播したのであろう。

二、水利技術と名称の広がり

では、「堨」という水利施設名は誰によって朝鮮半島に広められたのであろうか。ここでは、中国大陸から朝鮮半島への水利土木技術と名称の広がりという観点から整理してみたい。古代中国においてため池を示す語としては堨よりも堤や堰のほか陂と塘が主要である。陂と塘では、谷締め切り型のダム形式のため池が陂、皿池が塘である。塘に比べ、陂のほうが巨大で、古い記載が残っている。陂のなかで特に注目されるのが、安徽省寿県に造られた芍陂《しゃくひ》（現在の名称は安豊塘）である。(8) この芍陂は、中国大陸における最も古い記載の残る「敷葉工法」の水利施設として知られている。(9) 敷葉工法（中国語では草土法）とは土と草・枝を層状に重ねて堤防を築く水利土木技術で、堤や城壁など自然の力や戦乱による度重なる破壊とその修理を前提とした建築物に用いられる。芍陂は『春秋左氏伝』に「芍坡」として現れるが、これが貯水池を示しているものか、それとも坂をあらわすものかは不明である。その後、戦国期に堤防としての機能が整備される。それは寿県を水害から守るための防災施設としての修築であった。後漢代になり、建初八年（八三）の王景の修築がおこなわれ、ようやく灌漑機能が確立されることになる。(10) 堤防の発掘報告によれば、一世紀の後漢期の堤防遺構に敷葉工法が用いられていたと考えられている。この中国大陸の芍陂の段階では、陂という名称と敷葉工法という水利技術が関連づけられている。

さて、敷葉工法はその後、朝鮮半島へと伝えられた。朝鮮半島における敷葉工法のはじまりは四世紀に完成した百済の「碧骨池」と考えられる。この池は現在の韓半島西南部、全羅北道金堤市に存在し、一般的には七世紀以降の名称である碧骨堤《ピョッコルチェ》とよばれる。現在では三キロメートルにわたる堤防および石門が残り、付近に金堤水利民族遺物展示館が建設されている。[11] 一九七五年の発掘報告によって敷葉工法によるものであることが明らかとなっている。[12] この碧骨堤は韓半島南部で最も大きい湖南平野への出口に位置し、扶余に隣接する一大農業地帯を支える重要な水利施設であったと韓国では一般的に考えられている。[13] この池の開削については『三国史記』新羅記に「(訖解尼師今)二十一年、始開碧骨池。岸長一千八百歩」とある。百済・比流王二七年(三三〇)にあたる年に、訖解尼師今という仏僧によって建設された。碧骨堤のほか、百済の扶余羅城等にも敷葉工法が用いられていた。このように四世紀の初めまでに、仏僧を介して百済に敷葉工法が伝わったと見ることはできる。仏僧が文化・技術の媒介者として存在していたのである。中国では芍陂以外にはいまのところ敷葉工法の遺跡は見つかっておらず、この工法が朝鮮半島へと伝わったルー

安豊塘(芍陂)(1998年、村松撮影)

碧骨堤(2006年、村松撮影)

トは、黄海をわたったのか、山東半島から遼東半島を経由したのかを確定することはできないが、[14] おそらくは東晋・南朝の頃に仏僧を通じて朝鮮半島に広められたのではないだろうか。しかし、中国大陸において陂という名称と敷葉工法という技術はセットであったが、朝鮮半島では溜め池の意味を有する「陂」の記載は見られない。つまり、中国大陸から朝鮮半島へは、陂という名称は伝わらず、敷葉工法という技術のみが伝えられたのである。[15]

では、名称はどうだったのか。『三国史記』にあるように「池」という語が使われたと思われるが、南朝からの技術の伝播を考えれば、「塢」という名称も伝播した可能性はある。もちろん、敷葉工法とセットであるとは限らない。「戊戌塢作碑」の記載によると、塢の建設にあたっては、「都唯那宝蔵阿尺干」「都唯那慧蔵阿尺□」の二人の僧侶が関わっていたと考えられている。日本における満濃池の空海や狭山池の行基などと同様に、中国大陸の技術・知識を持ち帰った仏僧の存在が、この「戊戌塢作碑」の塢の建設過程でも見えてくる。仏僧は東アジアにおける知識・技術の橋渡し役としての役割を担っていたのである。

おわりに

以上の検討により以下のような結論が考えられる。

塢とは中国大陸の西北（特に羌族）において障壁・防塁の義として使われ始めた。その後、羌族の反乱・東方への移住により、黄河下流域にまで分布した。後漢末・三国には長江流域に広がり、西晋時代には「村塢」や「塢主」という自然村や移動集団の拠点の意味にも使われた。このような語義での使用が多かったため、朝鮮半島の「戊戌塢作碑」や「菁堤丙辰築堤銘」に刻された水利施設としての「塢」は朝鮮半島独特の語義として理解されてきた。しかし改めて三国から南朝にかけての文献資料から堰や堤という水利施設を示す事例を調査したところ、数は少ないが発見できた。このことは、中国大陸において紀元前後以降、塢という名称は徐々に語義や使用地域を変化させつつ、広がったことを意味する。おそらく、水利施設としての塢は主要な語義として使われなかったため、中国大陸では使われなくなってしまったのではないかと思われる。それに対して、水利施設を意味する「塢」という名称は朝鮮半島へと伝わった。敷葉工法という技術が江南から百済に仏僧を通じて伝わったことから考えて、おそらく、塢の語も仏僧を通じて東晋・南朝から百済を経由して、さらに新羅まで伝わったのではなかろうか。

【注】

(1) 任昌淳「大邱에서新発見된戊戌塢作碑小考」(『史学研究』一、一九五八年)参照。任昌淳(井上秀雄訳)「戊戌塢作碑小考」(『朝鮮研究年報』二号、一九六〇年)。

(2) 本碑文の釈文については『訳注韓国古代金石文』2(韓国古代社会研究所編、駕洛国史蹟開発研究院、一九九二年)および田中俊明「新羅の金石文 第一回 戊戌塢作碑」(『韓国文化』五-一、一九八三年)ほかを参照。なお、李殷昌「韓国の池」(森浩一編『日本古代の探求・池』社会思想社、一九七八年)は菁堤碑との比較から戊戌年を法興王五年(五一八年)とする可能性を指摘する。

(3) 田中俊明は丙辰年を五九六年とする可能性も指摘している(田中俊明「新羅の金石文 第2回 永川菁堤碑丙辰銘」『韓国文化』五-二、一九八三年)。

(4) 那波利貞「塢主攷」(『人文学報』二-四、一九四二年)。このほか、佐久間吉也「晉代の塢主」(『東洋史学論集 第三』不昧堂書店、一九五四年)、石井仁「六朝時代における関中の村塢について」(『駒沢史学』七四号、二〇一〇年)などがある。

(5) 「入麋小石十五石、始元三年六月□□朔甲子、第三塢長舒受代田倉験見都丞臨」(7173)。金発根「塢堡溯源及両漢的塢堡」(『中央研究院歴史語言研究所集刊』三七上、一九六七年)。

(6) 那波利貞前掲論文

（7）北田英人「中国太湖周辺の『塢』と定住」（『史朋』十七号、一九八四年）および同「宋元江南デルタの灌漑農業と塢の産業」（『日中文化研究』十四号、一九九九年）ほか参照

（8）芍陂に関する日本語の論文には岡崎敬「漢代における池溝開発とその遺跡―安徽省寿県安豊塘遺跡―」（『古代学論叢：末永先生古稀記念』末永先生古稀記念会、一九六七年）、杉本憲司「中国古代の陂池」（森浩一編『日本古代の探求・池』社会思想社、一九七八年）、間瀬収芳「戦国楚国末期の寿春地域について」（『史記』『漢書』の再検討と古代社会の地域的研究』科学研究費研究成果報告書、一九九四年）、村松弘一「中国古代淮南の都市と環境―寿春と芍陂―」（『中国水利史研究』二九号、二〇〇一年）、米田威「蘇った中国最古の巨大水利施設『芍陂（安豊塘）』」（『Consultant』二二六号（特集：土木遺産Ⅲ）、社団法人 建設コンサルタンツ協会、二〇〇五年）などがある。

（9）殷滌非「安徽省寿県安豊塘発現漢代閘壩工程遺址」（『文物』一九六〇年一期）。

（10）明年（建初八年）、（王景）遷廬江太守。先是百姓不知牛耕，致地力有餘而食常不足。郡界有楚相孫叔敖所起芍陂稲田。（『後漢書』王景伝）

（11）日本学術振興会アジア研究教育拠点事業の一環として慶北大学校の李文基氏らと二〇〇六年十二月に全羅道と慶尚道韓国水利遺跡の共同調査をおこなった。灌漑用貯水池の全羅道・碧骨堤、慶尚道永川市・菁堤、尚州・恭倹池、安東・芋田里遺跡を訪問した。

（12）尹武炳「金堤碧骨堤発掘報告」（翻訳：堀田啓一・林日佐子）（『古代学研究』一三九号、一九九七年）参照。

（13）小山田宏一氏は防潮堤説を主張している（本書小山田論文参照）。また、李相勲は碧骨堤を防潮堤であるとし、気候変動との関係性を探り、その淵源を中国大陸江南地域にみられる海塘に求めた（李相勲「四世紀における韓半島の気候変動と碧骨堤」鐘江宏之・鶴間和幸編著『東アジア海をめぐる交流の歴史的展開』東方書店、二〇一〇年）。

（14）王景字仲通、楽浪詌邯人也。八世祖仲、本琅邪不其人。……仲懼禍及、乃浮海東奔楽浪山中，因而家焉。（『後漢書』王景伝）とあることから、芍陂の草土法の遺跡が王景の修築によるものであれば、王景が楽浪人であったことから、朝鮮半島から中国大陸に広がったという推測も可能かもしれない。

（15）村松弘一「古代東アジア史における陂池―水利技術と環境―」（『中国史研究』四九号、中国史学会（韓国）、二〇〇七年）参照。なお、日本の敷葉工法の溜め池としては六一六年に建造された狭山池がある。狭山池に関する解説書には『大阪府立狭山

「東アジア海」が結ぶ沿海低地の開発方式

小山田宏一

はじめに

東アジア世界には、それぞれの環境に適合したさまざまな開発の歴史がある。なかでも、干満の差が大きい沿海部の低地は、耕地への海水の浸入を防ぐ防潮堤と、海面が上がる満潮時は閉じて海水の浸入を防ぎ、海面が低下する干潮時は開けて内水を排水する水門（樋門）が発達した。日本は伊勢湾・瀬戸内海・有明湾の沿岸、朝鮮半島は西海岸、中国は江南などにその歴史が残る（図1）。本稿は、「東アジア海」が結ぶ沿海低地開発の歴史を概観し、各地に類似する開発方式が定着・普及した歴史的背景について基礎的考察をこころみるものである。

一、日本

古代から中世の史料で、防潮堤は「塩堤《しおつつみ》」と呼ばれている。黒田日出男は「塩堤」を築く干潟開発を「塩堤」開発と総称し、次のように特徴を整理した。[1] ①「塩堤」の築堤技術は少なくとも八世紀には成立していた、②十二世紀に入る前後から事例が一挙に増加する、③「塩堤」による干拓開発技術は古代・中世だけではなく近世の干拓に引き継がれていく技術であり、古代から近世を貫いて用いられた伝統的な開発技術という側面をもっている、④「塩堤」開発では塩抜き・排水が不可欠であり、古代以来の樋の技術が利用された。これらの特徴のなかで、古代・中世の「塩堤」開発を干拓と呼ぶことは疑問であり、排水や樋門の技術はもう少し掘り下げて検討しなければならない。

　史料に見られる「塩堤」の開発地は海水の浸入する干潟であり、「海浜之牟田」（肥後国大慈寺領、鎌倉遺文一万五三二五）、「塩入荒野」（安芸国沼田荘、鎌倉遺文五三二二）、「潮損不熟之常々荒野」（備前国南北条荘・長沼荘・神崎荘、鎌倉遺

図1 「東アジア海」の築堤開田

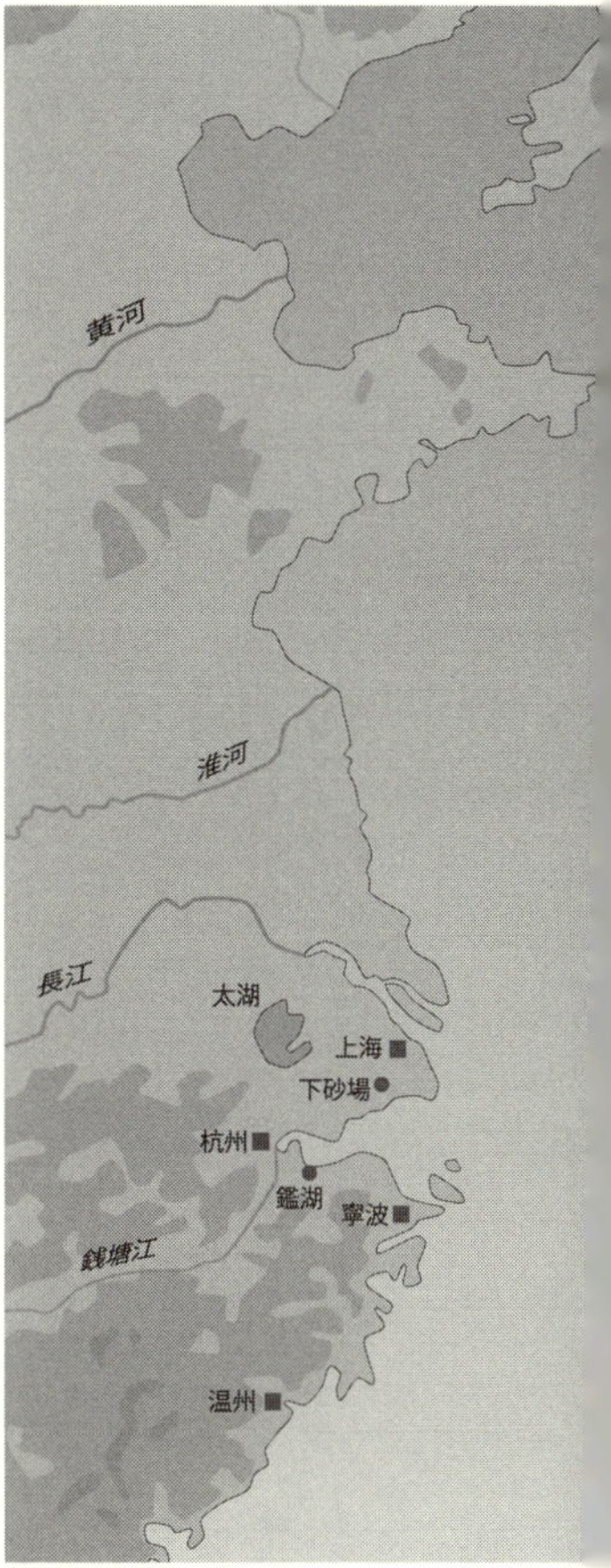

文七八九）、「葦原墾田」（播磨国坂越郷・神戸郷、平安遺文九）、「潮出入之跡」（摂津国猪名荘、『尼崎市史』第四巻史料三七）(2)、「空閑地塩江葦原」（伊勢国二見郷、平安遺文五七四）などと呼ばれている（表1）。地名には、海水が出入りする干潟背後の高まりに群落する塩性植物の「葦」が見られる。開発地は満潮時に完全に水没する前浜干潟、河口干潟、砂嘴《さし》背後の潟湖干潟ではなく、視覚的に干潟に見えてもすでに自然陸化していたと考えられる。このような自然陸化した干潟を開発する古代・中世の「塩堤」開発は、その特質を明らかにするためにも、堤で海面を締め切り堤内の排水を進め人工的に陸地をつくる近世以降の海面干拓と技術的に区別しなければならない。以下、内水氾濫を防御する堤をふくめて築堤する開発方式を築堤開田と呼ぶ。

築堤開田史のモデルになるのは摂津国猪名荘《いなのしょう》（兵庫県尼崎市）である（図2）。猪名荘は天平勝宝八年（七五六）に孝謙天皇が東大寺に施入して成立した荘園で、「摂津職河辺郡猪名所地図」が伝わる。この地図は、一円支配を目指す東大寺が国司や隣接荘園との相論を優位に進めるためにさまざまな情報を追記してきたものであり(3)、荘園の始まる八世紀から十二世紀までの開発史が凝縮されている。とくに二重にも三重にも描かれた堤は、築堤を繰り返して微高地から海浜部まで耕地が拡大した歴史を伝えている。堤は大きく第一・二・三堤防に分かれる。括り方などに異同はあるものの、これまでの研究(4)と発掘調査成果からみて、第一堤防内は八世紀後半に成立し、第三堤防と砂州Aの間は十二世紀に開発の手が及んだとみて大過ない。

荘域は尼崎市潮江から金楽寺付近にあたる。地図に注記された四至（「東一入江、今淀河是也」「西海」「南海」）や南端

表1　古代・中世の築堤開田と塩浜（aは揚浜、b・c・dは入浜）

No.		名称	開発年代の目安	開発地名称	備考
1		播磨国坂越郷・神戸郷	天平勝宝5(753)年～ 天平勝宝7(755)年	葦原墾田	塩堤
2		摂津国猪名荘	天平勝宝8(756)年		宮宅地(荘所)
3		阿波国新島荘	天平宝字2(758)年		堺堀城(堤)
4		伊勢国渡会郡二見郷	寛弘7(1010)年 長暦3(1039)年	田代荒野 空閑地塩江葦原	
	a	堂山遺跡(播磨国石塩生荘)	11世紀後半		遺構(揚浜塩田・防潮堤・採鹹土坑)
5		紀伊国日前・国懸両社領	大治2(1127)年	常荒田・荒野・塩入・塩洲	
6		紀伊国木本荘	嘉承2(1107)年	葦原田	
7		摂津国猪名荘	承安5(1175)年	潮出入之跡	
	b	伊勢国塩浜	建久4(1193)年	塩干のかた	塩浜・塩屋・塩竈
8		備前国南北条荘・長沼荘・神崎荘	建久6(1195)年	潮損不熟之常々荒野	塩浜少々字吉塔
9		遠江国初倉荘	12世紀頃		
10		筑後国瀬高下荘鷹尾別符	建保3(1215)年	堤外荒野江底葦原	
11		播磨国福井荘	貞応3(1224)年 建治1(1275)年 永仁7(1299)年		樋守 新堤樋守料 樋守・新樋守
12		安芸国沼田荘	嘉禎4(1238)年	塩入荒野	
13		肥後国八代荘	建治2(1276)年	新々開	鞆井樋
14		讃岐国林田郷	弘安1(1278)年	潮入新開田	
15		肥後国大慈寺領	弘安7(1284)年	海浜之牟田	堤
16		肥前国川副荘	弘安11(1288)年	尻荒野	土居・江底
	c	周防国正吉郷入江塩浜	弘安年間(1278～87年)	入江干潟	本堤・大道口・塩塚
17		備前国荒野一所	正安2(1300)年	荒野・新開	ツツミ・田畠・麦作
18		尾張国富田荘	嘉暦2(1327)年		
19		肥前国北牟田新開田	文和5(1356)年	北牟田新開田	西堤・中堤
20		伊予国大井郷塩別符	応永7(1400)年	別名うみ田	
	d	伊勢国渡会郡大塩屋御薗 伊勢国渡会郡大塩屋御薗 伊勢国渡会郡大塩屋御薗	応永10(1403)年 応永29(1422)年 応永30(1423)年		江古・堤・字樋口 堤・浜溝 堤・溝

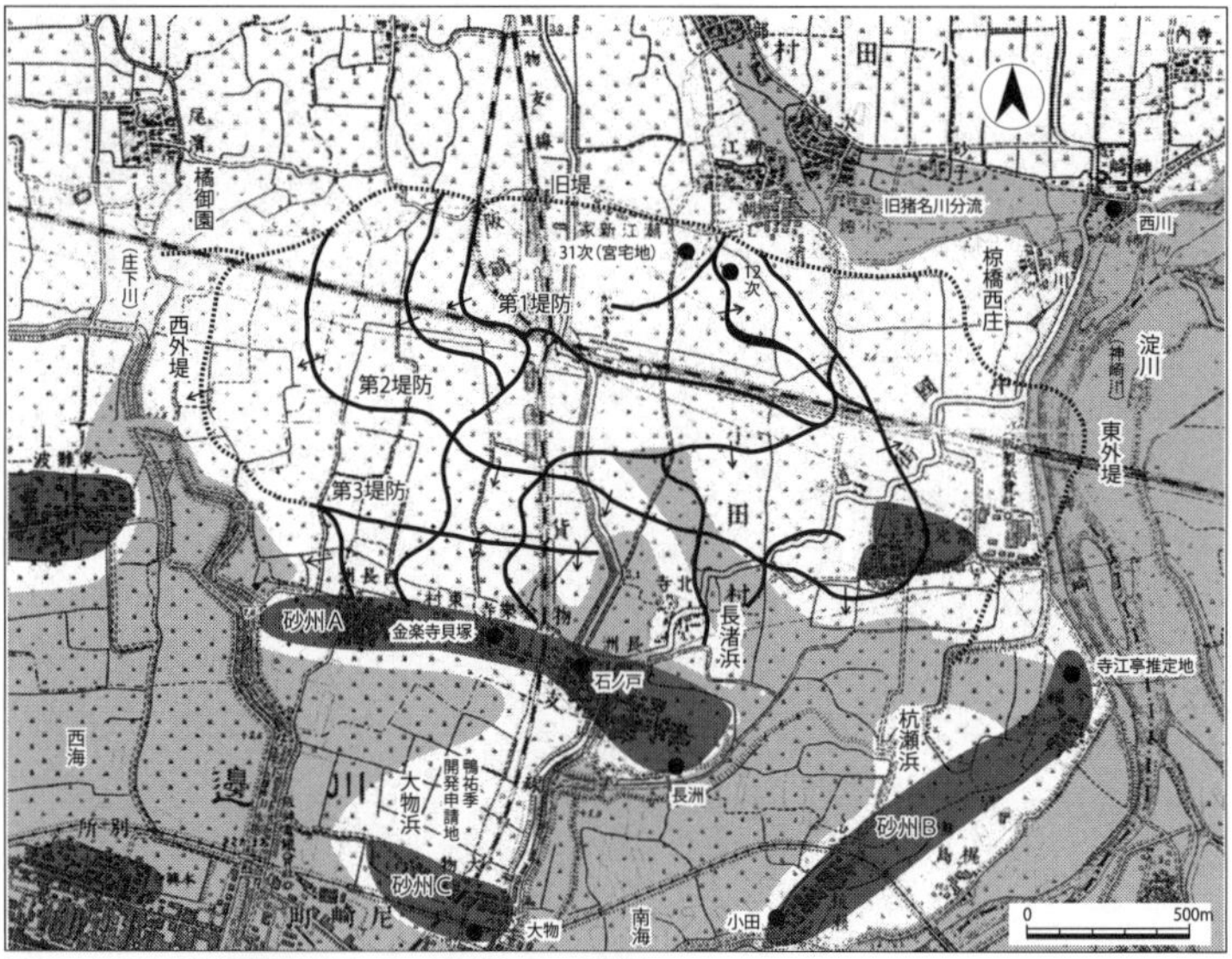

図2　東大寺領猪名荘の12世紀頃の景観

の地名（「大物浜」「長渚（州）浜」「杭瀬浜」）から判断して、東は「淀河」（現神崎川）に面し、西と南には沿岸流や潮汐作用が形成した海成地形の沿岸砂州や浜が広がっていた。

研究史を振り返ると、猪名荘の築堤開田は「はじめに堤防がきづかれ、ついで堤防の内側を排水し、干拓し耕地がつくられていった」(5)「干潟や海の浅瀬を干拓した」(6)と表現されている。しかし三一次調査(7)によって荘園の中心地と目されていた第一堤防内「宮宅地」付近は、猪名川水系の氾濫が形成した微高地であることが明らかになった。荘園成立当初の倉庫群が検出された遺構面は標高がT・P・一・四～一・六メートルを測り、それほど高いという印象はない。しかし「宮宅地」付近は、五世紀後半の古墳や中世集落が営まれていて、比較的安定していたと言えそうだ。さきほど留意した排水は、地盤の高低差を利用して南に流す自然排水である。

海浜に近づいた第三堤防と砂州Aの間は、どのように排水したのだろう。この付近は砂州Aの後背湿地にあたり、「尼崎市内微地形図」(8)によれば〇メートル近くまで標高が下がる。承安二年（一一七五）には京都鴨社の禰宜である鴨祐季《かものすけすえ》が、砂州Aの南にあたる干潟の陸化した「潮出入之跡」の開発を申請した。(9)申請地は砂州Aと大物浜に挟まれた範囲と推定されるが、この付近の標高も〇メートル近くであり、高低差がなくなる第三堤防以南は潮汐を利用しなければ排水することが困難な環境であった。

このような猪名荘の築堤開田史は、第三堤防を境にして、河成堆積の微高地の開発と陸化が進んだ砂州後背湿地や干潟の開発に区分できる。この変化を排水技術からみれば、第一堤防から第三堤防間は地盤の傾斜を利用して自然排水する段階、第三堤防以南は潮汐を利用して排水する段階であり、技術的画期は十二世紀に求められる。(10)

潮汐を利用した排水技術に注目したのは、服部英雄である。服部英雄は荘園文書と現地調査から、十三世紀の福井荘（兵庫県姫路市）において、砂州を利用した短い堤防によって海水の浸入を防ぎ、排水路には樋門を設置して砂州後背湿地の開発が進められていたことをつきとめた。さらに肥後国八代荘（熊本県八代市）の十三世紀の史料にも同様な樋が確認できることから、干満に応じて開閉する樋を備える開発方式が「中世海浜干拓」の特徴であると考えた(11)。

わたしは古代・中世の築堤開田を干拓と表現することには慎重でありたいと考えているが、中世に潮汐利用型樋門の存在が確認された意義は大きい。十二世紀頃を境に、地盤の高低差を利用した自然排水から潮汐を利用した段階へと進んだようだ。したがって沿海部の低地開発は、微高地の前縁に高潮を防御する堤を築き自然排水を行う第一段階、陸化が進んだ干潟の前縁に海水の侵入を防ぐ堤を築き潮汐利用型樋門を操作して排水を行う第二段階、そして排水の仕組みは同じだが海面（干満潮の中間位）に築堤し堅固な石造水門を構え、前浜干潟を人工的に陸化する近世干拓の第三段階に区分できる。

図3は、第一段階と第二段階の模式図である。第二段階の潮汐利用型樋門は具体的な構造が知られる資料はないが、近世に見られる取水施設の圦樋《いりひ》(12)や干拓堤防の石造樋門(13)（岡山県友信新田）を参考にして、

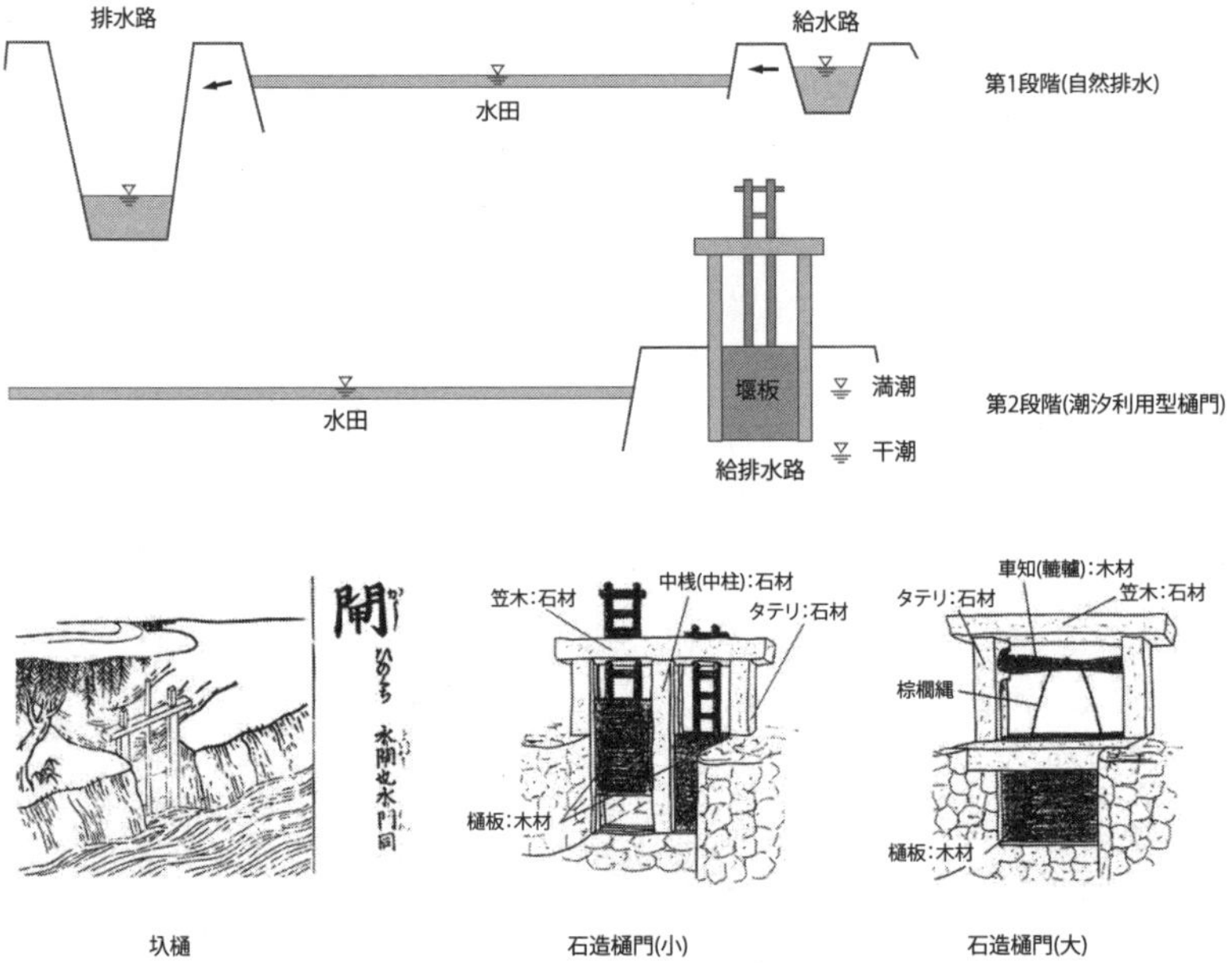

図3　潮汐利用型樋門と近世の圦樋・干拓水門

戸《と》堰板《ぜきいた》（樋板）を上下に開閉する方式と推定している。第三段階の近世干拓は、岡山市倉田新田（一六七九年）の開発で吉井川と旭川を連絡する倉安川が開削されているように、用水を大量に確保する新たな水利システムが構築された。第二段階は、開発されていた上流の用水路が延長された。流末にあたる開発地は水利事情が悪く水不足に悩まされ、しかも土壌中の塩分を希釈する用水を大量に確保するとともに一定量を確実に排水しなければならなかった。用水路の先端には堤を開いて設置した潮汐利用型樋門があり、堰板を閉じて用水を蓄水したのであろう。この蓄水のシステムはクリーク灌漑と同じである。第二段階は、潮汐利用型樋門が普及・定着して干潟開発が増加した。

第一段階は、すでに小規模な築堤開田が多かったものと予想される。奈良時代天平十六年（七四四）に聖武天皇から大安寺に施入された備前国津高郡の「此美《このみ》葦原《あしはら》」は海に面した墾田であり、その北の堺は「百姓墾田堤」であった。(14) 第一段階の始まりについて、古代河内湖沿岸の治水対策を記した『日本書紀』仁徳十一年の条が参考になる。仁徳十一年の条によると、大阪湾への疎通が悪い河内湖は長雨が続くと海潮や河水の滞留や逆流がおこり、沿岸の田畠や集落に甚大な被害が出た。そこで大阪湾へ放流する難波堀江を開削し、「北の澇《こみ》」と表現された淀川に由来する滞留水の逆流から田畠・集落を守る茨田堤《まむたのつつみ》を築いた。

仁徳紀の「茨田堤」は河内湖沿岸低地の築堤開田の堤と言えるが、その年代や構造等は明らかではない。しかし大阪府八尾市亀井遺跡(15)で茨田堤を髣髴とさせる堤が発見されている。堤は河道の溢水から水田を守るために、その下流側に築かれている。(16) 築堤年代は五世紀末から六世紀初頭である。水田は六・五メートルほどの標高にあるが、周辺河道には砂礫が厚く堆積しており、洪水が多発する環境のもとにつくられていた。堤は、草本や樹皮を敷設する地盤補強工法で基礎を固めている。盛土中に草本を敷設する手法は、すでに弥生時代から古墳時代前期にかけての小規模な土手、護岸、井堰に確認できるが、草本の敷設目的は流水による洗掘から盛土を守ることであり、その技術系譜は亀井遺跡の堤とは異なる。(17) 古墳時代中期、朝鮮半島系の渡来人は河内湖沿岸にさまざまな情報をもたらした。亀井遺跡付近からは多量

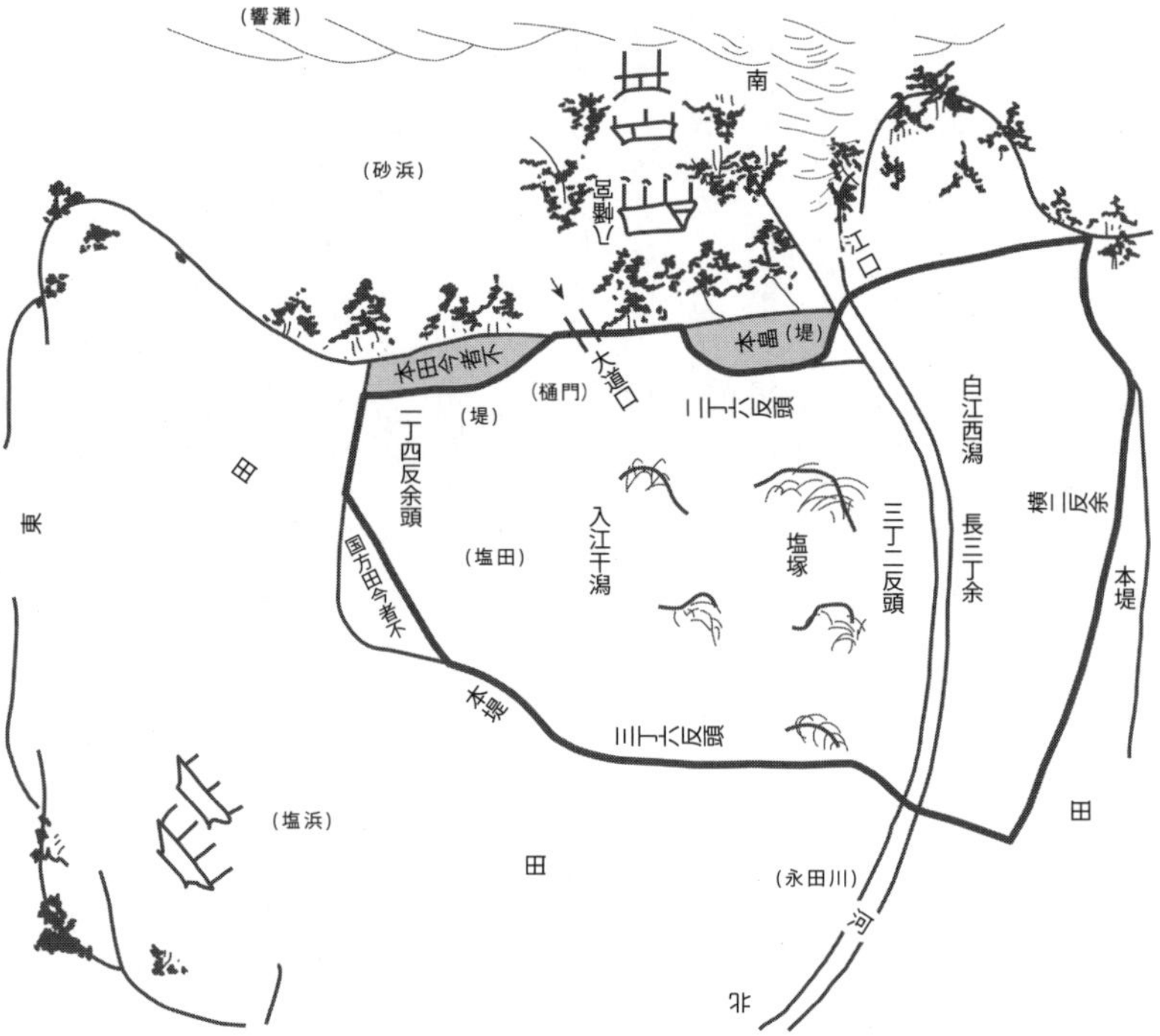

図4　長門国正吉郷入江塩浜

の朝鮮半島系土器が出土している。前例のない亀井遺跡の築堤開田の思想や地盤補強工法は、五世紀末から六世紀初頭に朝鮮半島から伝えられたものである。

　ところで中世以降の入浜系塩浜の造成技術は、中世以降の築堤開田とまったく同じと言っても言い過ぎではない。中世に出現した古式入浜の最古の絵図である「長門国正吉郷入江塩浜絵図」(18)（『有光家文書』）を例示しよう（図4）。この絵図は嘉暦二年（一三二七）に製作されたものだが、絵図の製作経緯を述べた「物部武久請文」（『乳母屋神社関係文書』）によれば、塩浜経営は遅く見積もっても弘安年間（一二七八～八七年）には始まっていたと考えられる。古式入浜が出現する前の入浜系塩浜は、満潮時に海水の浸透した砂を干潮時に乾燥させる自然浜であり、干満潮の影響を受けやすかった。ところが正吉郷入江塩浜は堤（「本堤」）を塩田（「入江干潟」）に巡らし、砂州（「本畠」「本田今者不」注記箇所）を利用した浜側の堤には樋門（「大道口」）を設置するなど、築堤開田第二段階に共通する技術が見られる。海水の出入りと排水を調節する樋門を設置することで、大量採鹹《さいかん》と安定した塩生産が実現されたと言える。

二、朝鮮半島西海岸

朝鮮半島の沿海低湿地開発は、干満差が大きく河口干潟が発達した西海岸で進展した。全羅北道金堤市に所在する碧骨堤《ピョッコルチェ》とその堤下にあたる東津江河口部を取りあげる。

碧骨堤は金堤平野の出口を南北に締め切り、現在でも約二・六キロメートルの威容を誇る。堤は盛土に敷設された植物の炭素測定年代と『三国史記』の始築年代[19]がほぼ一致して、四世紀代に出現したと理解されている[20]。堤の性格は、貯水池説と防潮堤説にわかれている。わたしは、現在の金堤にあたる「避城《へさし》」の地は「深泥巨堰《しんでいこえん》」で守られていたという記事（『日本書紀』天智天皇元年（六六二）の条）に注目している。つまり「深泥」とは干出と水没を繰り返す干潟の形容であり、金堤付近で碧骨堤のほかに「巨堰」と呼べる堤が見あたらないことから、三国時代の碧骨堤は「深泥」の干潟に築堤された防潮堤となる。朝鮮半島のなかで、防潮堤の系譜をたどることはできない。碧骨堤は防潮堤開発の先進地である江南から導入された技術で建造されたと推定している。

事態が変化するのは高麗時代である。『高麗史』仁宗二四年（一一四六）の条によると、王は「シャーマンの宣託によって内侍を遣わし、金堤郡の新築した碧骨堤の堰（堤）を崩した[21]」とあり、碧骨堤は十二世紀中葉までに防潮堤から貯水池へ改造されたようだ。堤下にひろがる「深泥」の干潟は陸化が進み、この段階ではじめて本格的に開発が始まった。

朝鮮時代にはいると、大規模な改修が太宗十五年（一四一五）に実施された。改修の動機は国家直営の国屯田を設置して、堤下にひろがる荒蕪地や、碧骨堤が貯水池に改造された十二世紀頃に開発されたものの塩害や干害で荒廃し放棄された「陳地」を再開発することであった(22)。

太宗十五年の改修内容を伝える「碧骨堤重修碑文」(23)によると、旧の水門（長生渠、中心渠、経蔵渠）や余《よ》水吐《すいばき》二門（水余渠、流通渠）が改修され、洪水調節機能・貯水量・送水機能が大幅に増強・整備された。現在の地図で流末までの直線距離を測ると北約一〇キロメートル、西約六キロメートル、南約七キロメートルとなり、北は萬頃川《マンギョンチョン》の河口干潟に達している。用水は一水を、あるいは二水を跨ぐと表現されている。跨ぐとは川を越えて送水することであり、いったん川に落としたあと、下流の取水堰（洑《ふく》）で堰き上げ対岸の水路に送るという河道を利用した水路網が構築されていた。

このような碧骨堤と堤下の開発史は、防潮堤として碧骨堤が建設される第一段階（四世紀）、防潮堤から貯水池に改造され河口干潟の開発が始まる第二―一段階（十二世紀）、太宗十五年の改修で貯水池機能と送水・配分システムが増強・整備され、萬頃川から東津江河口にいたる広域な干潟地帯の再開発が始まる第二―二段階（十五世紀）に区分できる。朝鮮半島西海岸の低地開発のモデルになろう。

第二―一段階に関連して、高宗三五年（一二四八）、金方慶が取り組んだ沿海部の築堤開田は貯水池を新設するものであった(24)。つまり十二～十三世紀、陸化の進んだ干潟を開発する機運が高まり、各地で貯水池の新設が進められたと推定される。では、より海に近づいた東津江《トンジンガン》河口部開発第二段階はどのような場所が開発されたのか。干潟の陸化を前提にすれば、前浜干潟ではなく干潟背後の高まりで葦などの塩性植物が繁茂する潮上帯が開発地の有力な候補地になる。新開地の前縁は防潮堤が不可欠であり、波浪を防ぐ塩性植物群の背後に築堤されたと推定される。また上流から延伸された用水路はその先端に潮汐利用型の水門があり、排水のほか適時堰板を閉じて土壌中の塩類を洗い流す用水が溜められていたと想像される。

三、中国江南紹興平野

感潮河川の浦陽江《ほようこう》と曹娥江《そうがこう》に挟まれた紹興平野（浙江省）は、江南沿海部における水利開発史がたどれる地域である。なかでも、貯水池（鑑湖）灌漑からクリーク灌漑への変化に注目している。

紹興平野における本格的な水利開発は、後漢永和五年（一四〇）会稽太守馬臻《ばしん》が創建した鑑湖に始まる。『会稽記』は所在地・周回距離・灌漑面積・地形、『水経注』は形状・堤長・水門座数・灌漑面積などを伝えるが、斗門・閘・堰の名称や機能が具体的に知られるのは北宋の曽鞏《そうきょう》『越州鑑湖図序』、徐次鐸『復湖議』の段階であり、陳橋駅が復元した景観（図5）[25]が創湖の段階までさかのぼるのかは疑問である。ただし堤下は海潮が逆流して塩害が多発する潮汐平野であり、塩害対策に必要な大量の用水が確保できた鑑湖はとても大きな存在であったと思われる。鑑湖は堤長が五〇キロメートルを超える巨大な貯水池であり、成立過程や堤下で行われた農法の究明は今後に残された課題である。[26]

八世紀になると、長距離の防潮堤（連続海塘[27]）や河水を貯める

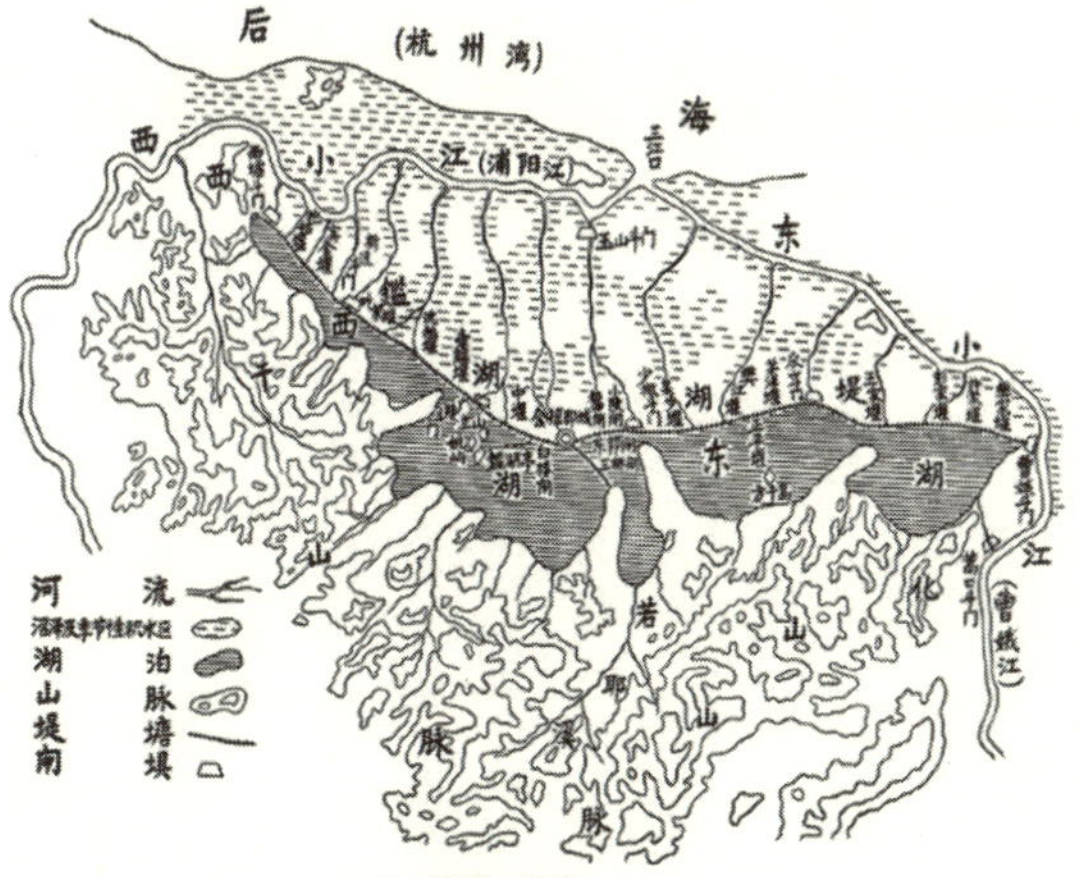

b 後漢～北宋

図5　後漢から北宋の紹興平野水利図

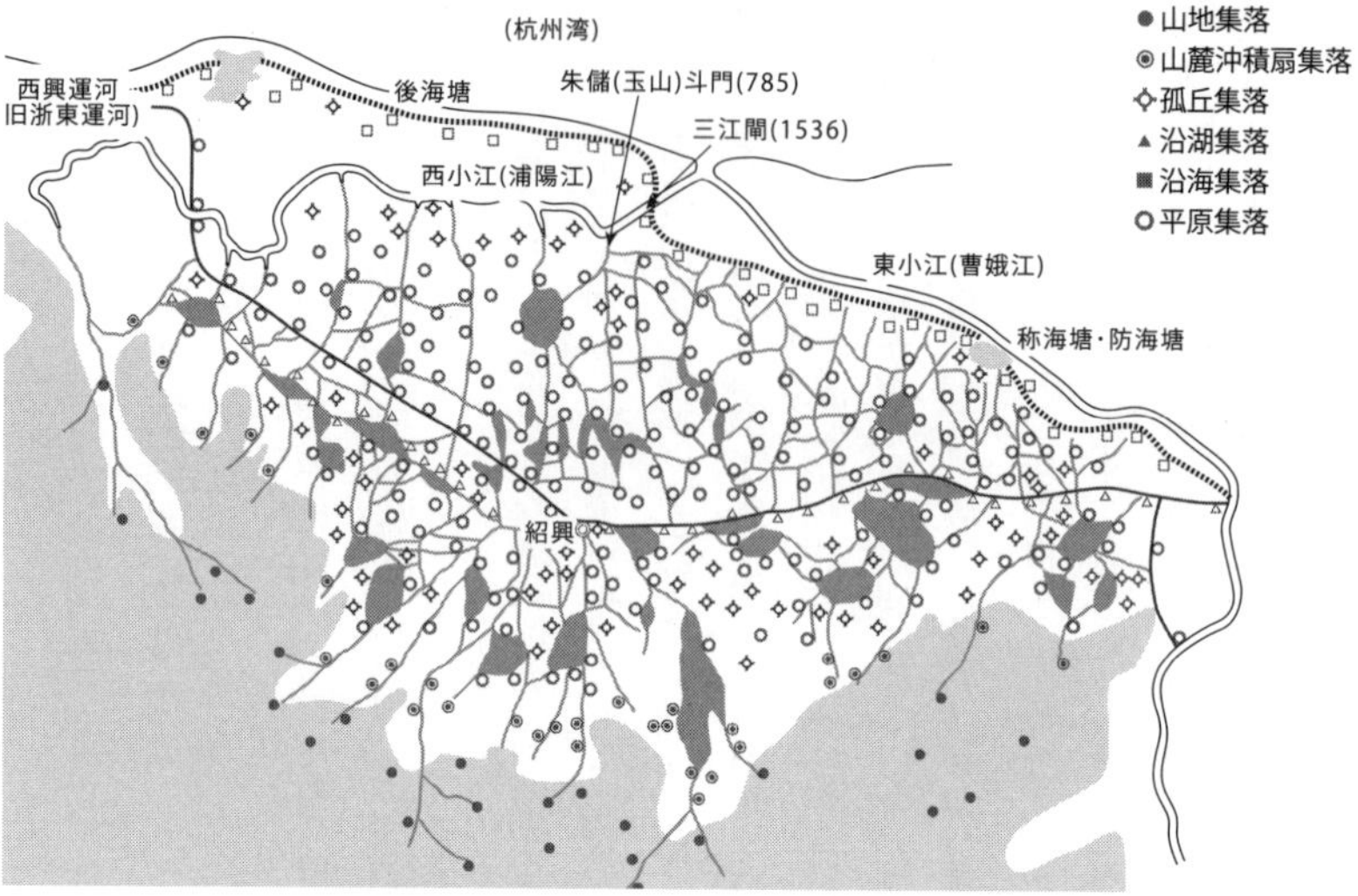

図6　唐から宋代の寧波平野水利図

とともに海潮の遡上を制御する本格的な大型河口堰が整備された。『新唐書』地理志によると、開元一〇年（七二二）曹娥江左岸で防海塘（称浦塘）の増修が始まり、貞元元年（七八五）浦陽江支流に朱儲（玉山）斗門が建設された。防海塘の内側には用水路があり、その蓄排水と河口堰の開閉操作は連動していたと推定される。ただし、連続海塘の前には散塘の時代があり、唐代以前の紹興平野では条件のよい場所が選ばれ小規模な散塘による低湿地開発が進められていたと推定される

鑑湖は大中祥府年間（一〇〇八～一〇一六年）頃から、池内を耕作地に改造する湖田化が始まり、嘉定十五年（一二二二）頃になるとわずかに一衣帯水を残すのみであった。このような鑑湖は自然淤積《おせき》によるのでなく人為的に堤防を崩して水位が低下したという[28]。鑑湖水利機能が著しく低下した南宋十三世紀の紹興平野は、陳橋駅が復元した図6[29]のように、鑑湖灌漑から河水を引くクリーク灌漑にかわったと推定される。クリーク内の耕地は圩《う》（堤）で囲まれた圩田（囲田）となり、集落は一段高くなった圩の上に立地するようになった。圩田はクリークの水面より高く、竜骨車と呼ばれる足踏み水車で揚水した。圩田は唐代末から五代に成立したとも言われるが、関連史料が充実するのは北宋以降である。また

クリーク灌漑の進展とともに普及した竜骨車が江南全域に見られるようになるのは、北宋後期の十一世紀後半である。[30]鑑湖の湖田化が進んだ十二世紀代の紹興平野についても、縦横にクリークを開削する圩田の造成が始まっていたと思われる。

紹興平野の開発を支えた水利施設は、防潮堤と「斗門」「水閘」と呼ばれている水門である。朱儲（玉山）斗門と防海塘の関係からみて、水位を調節し用水の塩化を防ぐ仕組みはすでに唐代に定着していたと思われるが、クリークと水門の機能が一体的に飛躍したのは十二世紀である。宋代江南デルタで圩田（囲田）が盛行した基本的な要因は、米が商業作物として確立したことにあるが、北宋末の趙霖の水利政策[31]に代表される、開閉式水門とクリークの複合した灌漑システムが高度に発達していたことも見逃せない。

唐代の江南は、海塘建設によって塩田開発が進展した。具体的な製塩技術が知られるのは宋代以降で、杭州湾北岸華亭県下砂場では、塩分が付着した土・砂・灰などに海水を灌いでつくった鹹水を煎熬《せんごう》した。[32]塩田は防潮堤の内側に造成され、日本と同様に入浜と海水を汲みあげる揚浜の二形態に分かれている。海水は閘門を開けて潮汐を利用して導くかあるいは竜骨車で揚水した。塩田の四周には海水を引く小溝（浜溝）を掘り、桶で汲み上げ撒潮した。このような築堤と水門の設置、用水路の開削と龍骨車による揚水という塩場の開発は、海水を淡水に置きかえると、沿海低地の耕地開発と基本的に同じである。さきほど日本の中世は築堤開田と塩浜の開発技術が不可分な関係にあると述べたが、このような関係はすでに江南に確認できるのである。

四、日本、朝鮮半島、中国江南の沿海低地開発

日本は築堤開田、朝鮮半島は東津江河口干潟、中国江南は紹興平野の歴史を概観してきた。その結果、冒頭で述べ

た防潮堤を築き開閉式水門を備える水利技術は江南で発展したものであった。江南では連続海塘と大型河口堰の本格的な稼動が唐代に始まり、北宋から南宋にかけては開閉式水門とクリークが複合した高度な灌漑システムが発達した。一方、朝鮮半島は三国時代に江南（東晋）から導入した防潮堤に、日本は古墳時代に朝鮮半島から将来された築堤開田（亀井遺跡）に始まるが、その後、十二世紀頃に潮汐利用型水門によって蓄排水をコントロールする水利技術を獲得し陸化した干潟の開発へと進んだ。このことに関連して日本では、史料によるかぎり一世紀ほど遅れるようだが、樋門を操作して海水を貯蓄する古式入浜も出現している。

朝鮮半島と日本で十二世紀に出現する新しい水利技術は、それぞれの地域で発達したものだろうか。朝鮮半島の場合、築造当初の碧骨堤の水門が堰板を上下に開閉する石造水門であったとすれば、少なくとも潮汐を利用した排水は第一段階に始まっていたことになり、この防潮堤システムが第二段階へ発展したと言えなくもない。日本については、すでに七世紀に存在している樋門の技術が改良され潮汐利用型樋門が出現したことも一概に否定できるものではない。しかし、十二世紀に始まる干潟開発は体系的な水利技術のほかに、除塩ならびに不良環境で生育する品種やその栽培技術に関する農学の知識が不可欠であり、農業史の画期と関連づけて歴史的に評価しなければならない。

高麗王朝や朝鮮王朝が宋元の農学情報を積極的に入手していたことは周知のとおりである。[33] 高麗王朝の恭愍王《きょうびんおう》十一年（一三六二）、密直提学の白文宝は江淮の農民が水旱を心配しないのは水車のおかげであるとし、江南低地開発を支えた水車（竜骨車）の機能を高く評価した。[34] 次の朝鮮王朝では世祖九年（一四六三）、「唐稲」と称される塩性土壌に強い品種を輸入して沿海部の開発地に分給した。[35] 日本の場合、十一世紀後半〜十四世紀の間に江南の「占城稲」に由来する不良環境に強いインディカ型の「大唐米」が導入された。[36]

以上の整理を通じて、十二世紀頃の日本、朝鮮半島、中国江南に原理的に共通する低地開発方式が拡がっていたことが明らかになった。しかも北宋から南宋にかけて中国江南の農学情報は日本や朝鮮半島に伝わっている。したがって中国江南との関係で捉え直すと、日本と朝鮮半島は十二世紀頃に江南の沿海低地農法を受容して本格的に干潟開発が始まったと考えられる。また自然浜からの発展形態ではなく、築堤開田の第二段階の諸技術で開発されたことが明らかな古式入浜についても、江南沿海低地農法と同時に伝わったか、あるいは中国江南にその着想を得たのであろう。

五、江南沿海低地農法の受容

日本と朝鮮半島では、江南沿海低地農法の受容主体が異なるようだ。まず朝鮮半島だが、高麗時代の白文宝の建議にしても、朝鮮時代に実施された「唐稲」の分給にしても、これらの政策は治水灌漑施設を整備して農事を奨励する国家的勧農政策であった。干潟開発の初期にあたる高宗十四年（一二五六）には梯浦《チエポ》と瓦《ワ》浦《ポ》に築堤して左屯田を、狸《イ》浦《ポ》と草浦《チヨポ》には右屯田を設置しているように、(37) 沿海部で国屯田の開発が始まっていたことも参考になる。つまり朝鮮半島で干潟開発が本格的に始まる背景には、国家主導による江南低地農法の受容があったのである。

一方、日本中世のインディカ型「大唐米」について、嵐嘉一は醍醐寺領讃岐国東長尾荘（一一九七年）や東寺領播磨国矢野荘（一四〇五年）の算用状から、はじめは中国要人や留学僧侶から直接もたらされた種子が栽培されていたものがあったかも知れないと指摘した。(38) この指摘は、栄西など渡航経験のある僧侶が仏教、絵画、彫刻のほか、建築や土木技術に関する最新の知識をもたらした事実からみて納得のゆく解釈である。たとえば東大寺の再興に際して「入唐三度」を自称した重源は、宋人鋳匠陳和《ちんな》卿《けい》や明州出身の石工伊行末《いぎょうまつ》を組織した。建仁二年（一二〇二）の狭山池改修では、日本の「番匠廿人」のほか「造唐人三人」がみえる（「重源狭山池改修碑文」）。重源も十二世紀末、「築固潮堤」によって「潮損不熟常々荒野」であった備前国南北条・長沼・神崎を開発した（鎌倉遺文七八九）。南北条・長沼の地は吉井川河口の自然堤防の後背湿地であり、現在の水田面高は千町川の水面と大差ない。中世においても潮汐利用型樋門がないと開発できなかった場所である。

入宋僧に関して注目されるのは、日宋交易の窓口であった明州寧波の景観[39]である。寧波のある甬江平野は紹興平野と同じように、海塘が建造された海浜には入浜塩田が広がり、その奥の平野には斗・閘・堰などが整備された水利網が形成されていた。入宋僧はこのような明州の景観を実見したに違いない。また宋代の仏教教団は地方官から橋梁・防潮堤・陂塘などの建造・管理の委嘱を受けるほどの土木技術を持っており、[40]入宋僧は開発情報を容易に入手できる環境にあった。肥後国大慈寺領の開発で、入宋二度と言われている寒巌《かんがん》義《ぎ》尹《いん》が海潮の逆流で有名な銭塘江の築堤法を学び石材を用いて防潮堤を築いたという伝説には、このような入宋僧をとりまく歴史的環境が反映れているのかも知れない。したがって日本の場合、寧波や博多を拠点に活躍する商人と連携していたと推察される僧侶の社会経済活動を通じて将来・受容されたと思われる。

話を「大唐米」にもどすと、「大唐米」は早期栽培や低収田（低肥沃度田・災害常襲田）に適する品種であり、筑紫平野では不安定な稲作環境のなかで旱魃や洪水の被害を避けるために導入・作付けされた[41]。「大唐米」は不良環境の沿海低地の開発に適した品種であり、江南から水利技術とともに将来された可能性がある。「大唐米」は十一世紀代に福建から江南へ導入された「占城稲[42]」である。「占城稲」は耐旱性や耐塩性のある早稲であり、[43]江南デルタでは多毛作が進んだという[44]。入宋僧や商人は、このような情報を入手して「占城稲」を獲得したものと想像される。

おわりに

本稿では、「東アジア海」で結ばれる中国江南、朝鮮半島西海岸、西日本の沿海低地開発方式に多くの類似点が見られることについて、中国江南で発達した農学情報や水利技術が十二世紀頃に拡散した結果であるとみなした。問題提起の域は出ていないけれど、沿海低地開発方式の比較研究が「東アジア海」交流史のひとつの研究視座になることは間違いない。

【附記】

本稿は、旧稿「東アジア沿海低地の開発方式」『大阪府立狭山池博物館研究報告』七、二〇一一年の論旨をもとにして、書き改めたものである。

【図版出典】

図1　小山田宏一作成。

図2　小山田宏一「東大寺領猪名荘の築堤開田」（『大阪府立狭山池博物館研究報告』四、二〇〇七年）五六頁、図十四（『尼崎市史』第三巻、付図一「尼崎市域図」二万分の一、明治四二年測図に「摂津職河辺郡猪名所地図」の堤を重ね、一二世紀頃の砂州や汀線を復元した）を一部改変。

図3　第一段階・第二段階図は小山田宏一作成。圦樋は中村惕斎著、杉本つとむ解説『訓蒙図彙』（早稲田大学出版部、一九七五年）六〇頁、巻之二（地理）十二オを転載。石造樋門（干拓水門）は樋口輝久・馬場俊介「岡山藩の干拓地における石造樋門」（『土木史研究』十九、一九九九年）一〇三頁、図三・四を転載、一部改変。

図4　小山田宏一「東アジア沿海低地の開発方式」（『大阪府立狭山池博物館研究報告』七、二〇一一年）六〇頁、図三（「長門国正吉郷入江塩浜絵図」（『有光家文書』）をもとに作成）を転載。

図5　陳橋駅「古代鑑湖興廃与山会平原農田水利」（『地理学報』第二八巻第三期、一九六二年）一九一頁、図三を転載。

図6　小山田宏一「東アジア沿海低地の開発方式」（『大阪府立狭山池博物館研究報告』七、二〇一一年）六三頁、図六（陳橋駅「歴史時期紹興区聚的形成与発展」（『地理学報』第三五巻第一期、一九八〇年）一八頁、図二をもとに作成）を転載。

表1　小山田宏一作成。

【注】

（1）黒田日出男『日本中世開発史の研究』（校倉書房、一九八四年）五二～六四頁。

（2）『尼崎市史』第四巻史料編（古代・中世）（一九七三年）三四〇頁、史料三七「鴨御祖社禰宜鴨祐季申状」。

（3）鷺森浩幸「摂津職河辺郡猪名所地図」（金田章裕・石上英一・鎌田元・栄原永遠男編『日本古代荘図』東京大学出版会、一九九六年）。

（4）渡部久雄「古代墾田時代における条里制と庄園」（『条里制の研究』創元社、一九六八年）。奥野中彦「摂津職川辺郡猪名所地図をめぐって」（『地方史研究』一三七、一九七五年）。鷺森前掲論文。田中文英「永観の東大寺経営と猪名・長洲荘」（『地域史研究』第二六巻第三号、一九九七年）。浅岡俊夫「東大寺領猪名庄の位置とミヤケ開発」（『地域史研究』第三一巻第一号、二〇〇一年）。

（5）渡部久雄・長山泰孝「第三章第二節五　猪名庄の成立と大土地所有の進展」（『尼崎市史』第一巻、一九六七年（第二刷））二七四頁。

（6）浅岡前掲論文、八頁。

（7）尼崎市教育委員会「猪名庄遺跡」（一九九九年）。

（8）『尼崎市史』第一巻、付図一（二万五〇〇〇分の一）、一九七七年。

（9）前掲『尼崎市史』第四巻、史料三七。

（10）小山田宏一「東大寺猪名荘の築堤開田」（『大阪府立狭山池博物館研究報告』四、二〇〇七年）。

（11）服部英雄「現地調査と荘園の復元」（網野善彦・石井進・稲垣泰彦・永原慶二編『講座日本荘園史』1荘園入門、吉川弘文館、一九九一年、第二刷）。

（12）中村惕斎著、杉本つとむ解説『訓蒙図彙』（早稲田大学出版部、一九七五年）。

（13）樋口輝久・馬場俊介「岡山藩の干拓地における石造樋門」（『土木史研究』十九、一九九九年）。

（14）「津高郡五十町、比美葦原、東堺江、西備中堺、南海、北山并百姓墾田堤之限」「大安寺伽藍縁起并流記資財帳」（『寧楽遺文』）。

（15）大阪文化財センター『亀井・城山』（一九八〇年、大阪府教育委員会『一九九二・一九九三年　亀井遺跡発掘調査概要』一九九四年）。

（16）小山田宏一「亀井遺跡の堤と古代の治水」（森浩一編『古代探究』中央公論社、一九九八年）。

(17) 小山田宏一「天然材料を用いた土構造物の補強と保護」（『大阪府立狭山池博物館研究報告』六、二〇〇九年）。

(18) 渡辺一雄「四　中世～近世初期の製塩」（山口県教育委員会『生産遺跡分布調査報告書　製塩』一九八四年）二七～三三頁。

(19) 「訖解尼師今二一年（三三〇）、始開碧骨池、岸長一千八百歩」『三国史記』新羅本紀第二、「訖解尼師今己丑（三二九）、始築碧骨池、周□万七千二十六歩、□□百六十六歩、水田一万四千七十□」『三国遺史』巻一、王暦。碧骨堤の場所は百済だが、間違って新羅本紀に転記されたという。

(20) 尹武炳（堀田啓一・林日佐子訳）「金堤碧骨堤発掘報告」（『古代学研究』第一三九号、一九九七年）。ただし、築造年代は熊津・泗沘時代に下る可能性がある（成正鏞「金堤碧骨堤の性格と築造時期再論」『韓・中・日古代水利施設比較研究』啓明大学出版部、二〇〇七年）。また発掘調査報告書の炭素年代（ＡＤ三三〇・三五〇・三七四）は較正年代ではなく、再度の測定が必要である。二〇一二年から史跡整備にむけての再調査が始まっている。堤、水門の年代や構造など、今後の調査成果に期待したい。

(21) 「以巫言、遣内侍奉説、決金堤郡新築碧骨池堰」『高麗史』巻十七、世家十七。

(22) 小山田宏一「碧骨堤の太宗十五の改修とそれ以前」（『大阪府立狭山池博物館研究報告』五、二〇〇八年）。

(23) 『東国輿地勝覧』朝鮮古書刊行会、一九一二年。

(24) 「有葦島、平衍十余里可耕、患海潮不得墾、兵馬判官金方慶、令築堰播種、民始苦之、及秋大稔、人頼以活、島無井、汲者往往被虜、方慶貯雨為池、其患遂絶、人服其智」（『高麗史節要』巻之十六）。

(25) 陳橋駅「古代鑑湖興廃与山会平原農田水利」（『地理学報』第二八巻第三期、一九六二年）。

(26) 鑑湖の成立については、本書の大川裕子「銭塘江逆流と秦漢時代の江南――鑑湖創設をめぐって」を参照されたい。鑑湖が創建された後漢時代、防潮堤や河口堰が十分に整備されていないとすれば、潮汐の影響がいちじるしい紹興平野に、河谷部や扇状地で高度な水田稲作を実現したような陂塘灌漑農法の広汎な存在を想定することは難しい。「火耕水耨」のように、大量の水を使う粗放な農法が行われていたと想像する。

(27) 本田治「宋元時代浙東の海塘について」（『中国水利史研究』第九号、一九七九年）を参照されたい。

(28) 周魁一・蒋超（森田明・鉄山博訳）「中国古代鑑湖の興廃とその歴史的教訓」（『九州産業大学紀要』第三〇巻第二号、一九九三年）。

(29) 陳橋駅「歴史時期紹興区聚的形成与発展」（『地理学報』第三五巻第一期、一九八〇年）。

(30) 北田英人「宋元江南デルタの灌漑農業と塢の産業」（『日中文化研究』十四、一九九九年）五四頁。

(31) 長瀬守『宋元水利史研究』(図書刊行会、一九八三年)一一一～一一二頁を参照されたい。
(32) 吉田寅『元代製塩技術資料『熬波図』の研究』(汲古書院、一九八三年)。
(33) 李春寧(飯沼二郎訳)(『李朝農業技術史』未来社、一九八九年)。
李泰鎮(六反田豊訳)(『朝鮮王朝社会と儒教』法政大学出版局、二〇〇〇年)。
(34) 「…江淮之民為農、而不憂水旱者水車力也…」(『高麗史』巻七九、食貨二、農桑)。
(35) 「講肄官魯参進中国醎地所耕稲種、承政院奉旨馳書于京畿都観察使司、今送唐稲種於沿海諸邑、有醎気海沢耕種」(『世祖実録』巻三〇)。
(36) 嵐嘉一『日本赤米考』(雄山閣、一九七四年、二六頁)。
(37) 「…防築梯浦瓦浦、為左屯田、狸浦草浦、為右屯田…」(『高麗史節要』巻之十七)。
(38) 嵐前掲書二五頁。
(39) 斯波義行『宋代江南経済史の研究』(汲古書院、一九八八年)四六七頁、図三、四七〇頁、図四。
(40) 竺沙雅章『中国佛教社会史研究』(同朋社、一九八二年)一六九～一八〇頁。福建省の仏教教団から知られる現実的な社会事業団としての性格は、両浙の仏教教団にも通じるものと思われる。
(41) 宮川秀一「大唐米と低湿地開発」(渡部忠世責任編集『稲のアジア史　第三巻　アジアの中の日本稲作文化』小学館、一九八七年)。
(42) 天野元之助『中国農業史研究　増補版』(御茶の水書房、一九七九年)二二一～二五六頁。
(43) 本田治「宋元浜海田開発について」(『東洋史研究』第四〇巻第四号、一九八二年)五〇頁。
(44) 嵐前掲書二二一頁。

清代江南における防波堤の日常的管理にみる生態と社会の関係

王　大学（倉嶋真美訳）

はじめに

中国の防波堤史の研究は、朱契《しゅけい》・鄭肇経《ていちょうけい》・陳吉余《ちんきつよ》・張文彩と汪家倫《おうかりん》などによるものが代表的である。残念なことに、彼らの大多数は、防波堤の築造過程、修築技術、封建統治者が防波堤の築造を重視したことなどについての研究に偏っていて、防波堤の日常的な保護と動植物との間の関係について注目したものは少ない。一部の学者は、かつて江蘇省南部、南匯《なんかい》、銭塘江《せんとうこう》の防波堤の管理について初歩的な研究を進めたが、今を詳しく昔は簡略に、という方針で、歴史上の防波堤の管理制度およびその変化について注目したものは不足している。

防波堤の管理制度史研究の先駆者は、日本の学者の森田明である。森田は、明清の浙江における防波堤管理の組織の問題を研究した。しかし、制度規定にのみに注目し、制度の具体的な執行や効果についての検討は少ない。森田の不十分な点は、浙江の防波堤の修築過程における管理制度と日常的管理体制とを同列に論じていることである。両者は、経費の財源・労働者の動員および監察制度などの面で違いが大きく、個別に研究する必要がある。また、浙江と江蘇における防波堤の日常的管理体制を合わせて研究することもあまり妥当ではない。両者は、日常的管理体制の歴

史的淵源、発展過程および体制と社会・生態の関係などの面で特色が各々異なるのである。(1)

本稿は、清代江南における防波堤を例にして、清代江南における防波堤の日常的管理制度の変遷および原因を探り、動植物の群落およびその活動と人的行為の間の関係を分析して、中国近代の大型公共水利工事の保全制度の運行における生態と社会の相互の問題を再考する。

江南の防波堤とは、清代の江蘇省南部の昭文・太倉・鎮洋・宝山・川沙・南匯・奉賢・華亭・金山など九県庁の堤防・防波堤の総称である。江南の防波堤は全長五九二里で、そのなかに防潮の第一線堤は三九三里ある。清代江南における防波堤は、宝山県内に六里の石堤、華亭県内に四〇里の石堤、金山県内に石堤が一部分ある以外は、残りはみな土堤である。(2)

一、日常的管理体制の改変

歴史上、水利行政は国家の重要な役目とされ、重大な水利工事に対して中央政府は通常官員を派遣して管轄させた。清代では初めて中央から地方まで完備した防波堤の政務管理体系が形成された。(3) 清代の防波堤管理体制は時代とともに改められたが、この本質は社会と生態の総合的な変化であった。

(一) 防波堤の日常的管理体制の構築

雍正二年(一七二四)、大潮による災害が江浙地域を席捲し、海岸と長江沿いの防波堤は甚大な損害を受けた。皇帝は大臣をも派遣して実地調査をさせ、防波堤の大修築の序幕が開かれた。浙江省北部では魚鱗大石塘《ぎょりんだいせきとう》を重点的に修築し、江南では華亭と宝山で石堤を修築したほかは土堤を主に修築した(4)。

雍正十一年(一七三三)、欽公塘が完成し、江蘇巡撫の喬世臣《きょうせいしん》は上奏して以下の許しを得た。一、金山・華亭・奉賢・南匯・宝山などの県に土堤を新たに修築し、均しく四〇に分けて、五里余りごとに塘長《とうちょう》(堤長)一名を設けて、俸給として銀七両二銭と堡房(塀で囲まれた家)一棟を与える。塘長には朝夕の防波堤において必要に応じた保護作業を監督させ、春季・秋季は大増水に遭遇するたびに昼夜問わず監視させ、危険な情況になれば緊急に護らせ、毎年の修築時には人夫に命じて修築させる。二、堤の本体および堤の両端の扶養地を掘り、塘長に遍く葦を栽培させる。秋になったら葦を収穫させ、報告させたうえで官庁で保存する。三、砂土の安定していない土堤を新たに修築する際は乾燥した茅の栽培・確保が必要である。土の高さ三尺ごとに茅を一層栽培し、下から上まで茅三層を栽培する。四、放棄された民間の田畑からの土の採取については修築が終わるのを待って決算する。五、土堤の毎年の修築は、華亭・婁県・奉賢・金山の慣例にならって、利益を得た田畑内の畝ごとに五文を毎年の修築費用として払い、府庫に保存する。各県の官員は冬春の農閑期のある地方の人員に年々防波堤を高く厚くするように委ねる(5)。県丞や主簿は防波堤区域の管理に照らし、塘長はその査察や取り締まりにしたがう(6)。以上から分かるように、喬世臣が議論した江南における防波堤の日常的管理制度の内容は、おもに、県丞や主簿の管轄責任、塘長による日常的な修築保護、毎年の修築のための地租徴収、植物の栽培による防波などであった。

この後、日常的管理体制はしばしば改変されたが、防波堤保全を直接行う塘長の職務態度と防波堤保全の効果とには密接な関係があった。

(二) 三段階制から二段階制への転化

乾隆元年(一七三六)、江南省に海防道を増設し、その管轄下の兵士を護岸工事にさいて増水から守らせるよう派遣した。[7] 清初の海防道は、江南の防波堤の修築と毎年の修築の責任を直接に負う最高位の常任官員で、防波堤の修築の監督と経費の決算を報告する大権を持ち責任も重かった。[8] 防波堤の大工事完了後、乾隆十九年(一七五四)に海防道は整理削減された。[9] 乾隆二十四年(一七五九)、総督と巡撫が上奏し、松江府董漕同知《とうそうどうち》を川沙城に移して駐在させ、上海・南匯の防波堤を一手に管理させること、両県の県丞を董漕同知の監督下に置いて従わせることを認められた。[10] 柘林同知は金山衛城に移城したが後に廃止され、県丞の管轄に戻った。[11] この後、江南の防波堤とその他の県境は相変わらず県丞や主簿によって管轄され、元来の「海防道—県丞または主簿—塘長」という三段階の日常的管理体制は、「県丞または主簿—塘長」という二段階体制に変化したのである。

県丞や主簿は、名義上は各県で専門的に防波堤を管轄する地方官であったが、執務地は海から遠かったため、しばしば職務に苦慮した。防波堤を管轄するにも公署はなく俸給も乏しかったので、県丞の仕事への意欲は損ねられていた。規定では五日に一度、防波堤を巡査する必要があったが、つねに上級機関にむけて「強風による高潮はなく、防波堤は安定している」と報告した。長い期間が経つにつれて、型どおりの報告をするばかりか、自ら実地調査することもしなくなった。道光十七年(一八三七)、華亭における防波堤の大修築の後、専門官の設置あるいは官位が比較的高い官員を移動駐在させて、日常の修築防備と防波堤の破壊行為を弾圧する責任を負わせるよう要請があった。しかし、比較的官位の高い官員を設ければ、さらに補佐や事務員の配備、衙門の建立も必要となって支出が拡大するため取りやめられた。[12] 道光二〇年(一八四〇)、柘林《たくりん》同知は金山衛に駐在して華亭の防波堤を管理した。太倉州の海防同治は、松太《しょうたい》の海防同知に改められて呉淞口《ごしょうこう》に移動駐在し、宝山の防波堤の事務を管理した。[13]

清代州県官の俸給はやや低く、その州県官を補佐する県丞や主簿などの身分は低かったので、俸給はさらに少なかった。清代の法律規定によれば、補佐官による訴訟受領はゆるされていなかった。州県官がもし補佐官に訴訟の受領をさせ、案件の取り調べに派遣させれば処罰された。しかしながら、実際には、多くの州県官が補佐官の訴訟の受領を許可して、彼らにいくらか額外の収入をあたえていた。(14) 県丞や主簿は防波堤の巡察と塘長の日常業務の監督を責務としていたが、路遙かにして労多い上に額外の収入もなかったので、時がたつにつれて自ずと職務を怠るようになったのである。

（二）二段階制から三段階制への回帰

太平天国の動乱期、江浙の防波堤の損害は甚大であった。同治七年（一八六八）、江南の防波堤の大規模修築が始まった。この修築費用は莫大で、地租・厘金《りきん》・江海関税など多種費目が使用された。各級の政府は、この修築が容易ではないことを十分に分かっており、修築過程の監督と修築後の管理に力を入れた。

まず、県丞の職責を再度確認した。華亭県丞はもともと漕涇《そうけい》鎮に駐在していたが、同治十三年（一八七四）に張家《ちょうか》庫《しゃ》に移駐して金山営汛把《きんざんえいじんは》総《そう》を県丞の管轄に戻した。一〇日ごとに県丞は防波堤および強風による高潮の情況を華亭県に報告し、金山営汛把総は金山営に報告した。県丞は沿岸住民による木杭・石塊・木杭に結ばれた漁船の盗難、漁民による防波堤の破壊などの行為を取り締まって禁止する必要があった。さらに駐塘委員と塘長の職責軽視と不正行為を監督する必要があった。宝山県丞は高橋鎮に駐在し、主簿は胡巷《ここう》鎮を駐守し、鎮洋は瀏河《りゅうか》鎮に駐在した。甘草司巡検、昭文白茆《しょうぶんはくぼう》司巡検は老呉市に駐在し、職責は華亭県丞と同等であった。その他の県は原状を維持していた。(15)

修築後の管理の強化で最も顕著なのは駐塘委員の設立である。駐塘委員は県丞と主簿の助手として、まず同治十三年（一八七四）に華亭に設立された。光緒四年（一八七八）、宝山の防波堤に一名を増設し、太倉・鎮洋・昭文の防波堤も合わせて管轄させたが、のちに事務が煩雑になったので、昭文に一名を増設して太倉の防波堤も管轄させた。この大修築後、各県は駐塘委員を設けて専門的に修築後の責任を負わせた。駐塘委員は司事から募集することができ、駐在・巡査を補佐した。委員は毎月、巡撫・布政司・江南水利局・県令・県丞・主簿らに強風による高潮と防波堤の情況をまとめて報告し、防波堤の日常動向に注意し、また司事の職務の監督責任を負った。宝山江の東の防波堤は遠いため、二か月に一回の報告であった。防波堤に危険な情況が生まれれば、委員たちはすぐに現場に赴かねばならなかった。営衛を監督する官の職責と駐塘委員の職責は同じであった。太倉州は同様に管轄内の宝山と鎮洋の防波堤を毎年九月に一回巡察していた。大工事の時、駐塘委員は計画の補佐と施工の責任を負わねばならなかった。駐塘委員およびその配下の事務員にはそれぞれのレベルの俸給があった(16)。

　それまでの県丞や主簿と比較すると、駐塘委員の仕事に対する意欲は明らかに高いものである。県令の補佐官である県丞や主簿の地位は低いため、ほぼ昇進の可能性はなかったが(17)、駐塘委員には俸給があるばかりか、各地の欠員を待って職責を尽していれば、他の地方官の職に就くことができた。宝山の防波堤の多くの工事で、駐塘委員が修築の責任を負ったものとしては李慶雲が代表的である(18)。李慶雲は同治十三年（一八七四）に候補直隷州知州の身分を持って駐塘委員となり、宝山の談家《たんか》浜《ひん》・薛家《せつか》灘《たん》・牛頭涇《ぎゅうとうけい》などの土堤の修築責任を負った(19)。光緒十六年（一八九〇）『江蘇海塘新志』が纂修された時、李慶雲はすでに二品官であった。

　駐塘委員の設置は、元来の「県丞または主簿―塘長」という二段階の管理体制を、再び「県丞または主簿―駐塘委員―塘長」の三段階の体制に変化させた。元来の三段階制と明らかに異なるのは、「県丞または主簿」が直接防波堤を管理する官員に変ったことである。しかし、このときに形成された三段階の管理体制は純粋なものではなかった。駐塘委員はただ華亭・宝山・太倉・震洋・常熟・昭文など防波堤の大工事があった県にのみ設立され、奉賢(20)・南匯(21)・川沙(22)などでは防波堤の外に砂浜が続いて広がっていたので、防波堤は難しい工事ではなく、駐塘委員は設けられなかった。

　つまり、清代江南における防波堤修築後の管理体制は「三段階―二段階―三段階」と循環し、これは近代中国の公共工事後に「事件」から「制度」へ変化したことを暗示している。多くの大工事の詳細な管理制度は大工事とともに制定され、それは一定期間効果的に執行された後にまた新たな弊害が生じた。大型公共工事が再度大修築された後、まさに痛定思痛（ひどい失敗のあとでその失敗を反省する）して、以前の制度を改善して、再び管理制度の効果を重視したのである。

二、塘長の俸給と保護植物

喬世臣が上奏して塘長制が許可されたのち、雍正・乾隆年間はこの制度の執行が比較的うまくいっていた。のちに次々と増設された防波堤はほとんどに塘長を設置し、堡房を建て、また俸給を支給した[23]。雍正十一年（一七三三）の喬世臣の上奏によると、宝山江の西の防波堤における塘長の報酬は、防波堤周囲の防波葦を売って換金して得ていたことがわかる。以下のような特殊な情況もあった。雍正十三年（一七三五）、宝山知県の胡仁済《こじんせい》は、宝山江の西の防波堤を修築したのち、五里ごとに塘長一名を設け、宝山県内に塘長五名を設けたが、堡房を建てず俸給も支払わなかった[24]。しかし、このようなケースは極めて少なかった。

時局の変化にしたがって、塘長は時には存続したり廃止されたりした。自然環境の変化は、防波堤の危険区域をしばしば変化させたので、塘長の定員および駐在防備区はこれにしたがって変更された。道光十七年（一八三七）、華亭西区の外護土堤が崩壊したため、堤を再区分して改めて塘長を派遣した。青龍港から張家厙までは十二区に分け、塘長は十六名、張家厙から華家角までは九区に分け、塘長は十八名とした。道光以来、江南の防波堤は各県が自ら管轄し、塘長の人数も自ら定めた。南匯の土堤は十二区で塘長はもともと二四名だったが、同治十二年（一八七三）には区ごとに雍正朝に照らして定員一名を置いた[25]。

塘長の報酬と彼らの仕事に対する意欲は密接に関連しており、防波堤の日常保護の効果に直接的に関係するので、清代江南における防波堤の塘長の俸給の出所にはしばしば変更があった。

（一）沿堤住民による防波堤用地争奪の歩み

雍正十一年（一七三三）、塘長制が実行されたとき、沿堤住民の不満は、塘長が、防波堤内外の土を採取して放棄された土地での葦の育成を管理したことにあった。地域住民は防波堤の共有地はすなわち私有財産と考えており、塘長が間に立って利益を得ることをよしとせず、自ら耕作して防波堤を保護することを望んでいた。当時、江南における防波堤の各工事は逼迫して進められており、兪兆岳《ゆちょうがく》は修築後の細部に注意を払う暇はなかった。(26)

乾隆元年（一七三六）、江蘇巡撫の顧琮は、防波堤外の土地三丈、防波堤内の二〇丈を留めおいて修築・土の採取に備え、その土地の税を免除すること、他の用途あるいは民田としてはならないということを上奏して許された。(27)この規定は、堤の建設・土の採取と同時に、これらの土地内の葦が塘長によって管理されていたことが前提となっている。沿岸住民が防波堤用地の管理権を奪還するための第一歩は一時頓挫した。

しかし、沿堤の土地所有者は継続して権利を争った。乾隆三年（一七三八）、巡撫の許容は、「各、元来の土地所有者に命じて定額の租税を納めさせ、乾隆三年より別の項目で税を徴収、送金させて公用に充てるように備え、田畑が毎年の修築と大工事によって掘られて放棄されれば、随時保障して畝に基づいて減税をはかるよう県に命じる」ことを求めた。沿岸住民はこれらの土地の管理権を奪還したのである。

沿岸住民はこれに対してなお満足せず、地租の納税に抵抗を続けた。松江府と太倉州内六県の防波堤の空地からは、毎年銀五三六両の地租を徴収するべきであったが、乾隆三年（一七三八）より以後の三年間は満額徴収したことがなかった。(28)乾隆六年（一七四一）、巡撫の楊超曽は、沿堤住民の請求をもとに、「堤の空地の地租を免除し、もとの土地所有者が自ら栽培するに任せること。沿岸の土地所有者は、土地所有権と、他の住民と同様に防波堤の利益を得られるようこれらの土地の租税免除を請求[29]」するよう上奏して許された。防波堤付近の土地所有者は乾隆六年の活動を通じて、防波堤用地の租税免除の獲得に成功し、塘長の俸給の出所も防波堤用地の土地税から、堤本体と側面の葦に変更された。

乾隆八年（一七四三）、巡撫の陳大受は戸部に照会して、土堤の各区に塘長一名を増設して相互に巡防させ、新塘長には「もともと設けられた俸給の半分を分配する」ことが許可された。のち、堤本体に甘柯《かんか》（ススキ）を栽培することを命じ、毎年の塘長の俸給は堤側面と本体の葦と甘柯の収穫より充てた。堡房の建設と毎年の修築には、なお司庫の管理する予算を用いていた[30]。乾隆二四年（一七五九）、江蘇巡撫の陳宏謀は防波堤で甘柯・枝《し》楊《よう》・柳《りゅう》株《ちゅう》などを栽培するよう命じ、海潮・風波を食い止めながら塘長の俸給の出所を確保した[31]。この後、堤本体と側面の葦は塘長の俸給に充てられることが慣例となった。

（二）　塘長の利益と保護植物との間の衝突

上述の塘長への俸給支払い方法は、彼らの生活状況によって差があった。その後、塘長の堡房は廃され俸給は不足し、仕事への意欲も失われた。嘉慶・道光年間以後はこのような情況がますます顕著になった。「県全体を保護する宝山県の土堤・石堤の工事を調査すると連年風潮に晒されている。杭木や石塊は破壊されると人夫を設置するが、胥《しょ》吏《り》が中間で賄賂をとるので、修築工事があるたびに砂土を取って補填するに過ぎず、未だ石を積み杭木を増やすこともしないので、建てては崩れ、名ばかりの修築である[32]」。「（華亭の）塘長は困窮している。砂浜は時には増水し、時には崩れ、葦は時には多く、時には少ないので、俸給の支払いには都合が悪い……これまで、土堤にたとえば雨による溝、波による窪み、アナグマの洞穴の類の小さな破損があれば命令して補わせたが、近頃はまるで空文化している。塘長の名は地方に派遣された官吏のようであるが、実のところ俸給は無い。すでにただ働きとなっており責任は負わせが防波堤はさらに重い損害を受けた。このような情況下で、江南における防波堤の日常的保護を有効にしようとした。道光十五年（一八三五）の華亭における防波堤の大修築の後、再度塘長の人数を調べ、俸給の原額を追加支給し、年配で病気がちな者や愚鈍な者は除名した。経費が乏しく、また、塘長の多くが防波堤に近い住民であったので堡房は設けなかった。護岸工事終了後の鍬・鋤・水桶などは塘長に支給して日常の修築保護に利用させようとしたが、道具を損壊してはならなかった[34]。華亭の防波堤の危険区域については、一層目の杭木を立てたところに葦一層を植えて、二〜四層目には、それに応じて植える葦を倍増させ、各層の葦は高さ三尺とした。その植え付け面積は元の葦の生育地と同じで、他の種類を補って植えるまでにはいかないが、標準以上に広い土地の現状を維持した。これらの葦が枯れて黄色くなるのを待って塘長に収穫させた。塘長は僅かな利益を得られると同時に、防波堤保護の意欲も引き出され、沿岸の漁船がひそかに葦を抜くことを途絶することができた[35]。

上述の措置の効果は明らかではない。工事経費の不足と、質の悪い材料を使っての手抜き工事は、葦を危険な工事区域に植え付けることとなり普及しなかった。『海塘芻説《かいとうすうせつ》』に以下のようにある。

これまで石堤は四層でみな幾重にもなって堅固であった。嘉慶十余年より後、材料の価格は次第に高くなり、徴収した税は足りなくなった。石堤の四層は減って三層となり、年々の修築を請うとさらに減って二層となった。道光八年から十一年までの大修築に至っては僅かに一層となった。近年、強風や増水が頻繁で、一層の堤防は崩壊し、戚家墩から東新墩までの土堤もまたすべて崩れ落ちてしまい、堤段にはただ堤防の基礎と杭木が一〇のうち二、三だけ残っているのみである。既存の石堤にどうして危険がないといえるだろうか[36]。

葦を売って換金することで塘長の収入の増加と、彼らの仕事への意欲を高める想定は期待外れであった。

塘長の俸給の支払いは、太平天国の乱によって中断した。同治・光緒年間の江南における防波堤の大修築後、危険を伴う工事区域における塘長の俸給の支払い方法に変化が生じた。同治十三年（一八七四）、「華亭の危険地域の毎年の労いには銭をもってする」ことが始まった。宝山では光緒五年（一八七九）から、「堤内の耕地を量って耕作させる……その面積あるいは障害のある場所を精査して、ひとまずは現状に応じて、現在耕作する農家に毎年一畝あたり八〇〇文（のち五〇〇文に減）を納付することを命じた。駐塘委員を解体し、堤の危険性の高さを区別し、それに応じて塘長に支払う」ことが始まった。しかし、清末に薪水制度を通して塘長の仕事への情熱を引き出したのは、華亭や宝山などの危険をともなう工事に限定され、責任のやや軽い塘長は「以前のまま、葦と薪の利益を頼った」のである。(37)塘長は防波植物の収獲から利益を得るという給料支払い方法は、乾隆八年（一七四三）以来、基本的に変わらなかった。これにより、塘長の仕事への意欲が弱まったばかりでなく、さらに堤本体とその周囲に栽培される防波植物の種類を間接的に決めてしまったために、防波堤の保護に悪影響をもたらした。

東南沿岸は強風による高潮が激しいため、護岸工事は防波堤にとって肝心であった。もし堤本体を守る総合的な護岸工事がなければ、たとえ堅固な魚鱗大石塘であっても、長期間の暴風高潮に堪えることはできない。清代江南における防波堤の護岸工事は、おもに石堤による土の保護、植物による防波堤の保護、堤脚〔堤の下部：典尻〕での波消し、堰堤《えんてい》・砂防堤の保護などを含み、植物による防波堤の保護の主な表れは、堤本体およびその周囲に植えた保護植物にあった。

清初、堤本体と堤脚には茅・甘柯・葦を多く植えた。雍正二年（一七二四）、吏部尚書の朱軾が「防波堤に沿って雑木を栽培すれば、樹の根が絡みついて堤を固めるばかりでなく、民間においても大きな利益がある」と上奏した。(38)雍正十一年（一七三三）、巡撫の喬世臣の上奏に、これらの区域の防波堤について言及がある。

ここの砂地は安定していないので、乾燥した茅を用いて保護すべきである。そうすれば、しばらくして根や枝が絡みついて、土壌は日増しに堅固になる。土の高さ三尺ごとに茅一帯を栽培し、下から上まで茅三帯を栽培すべきである。防波堤一丈ごとに必要な購入・運送料は銀三銭で、茅の栽培は合わせて銀一二六〇両あまりである。……その堤の本体と堤脚の両側を掘って放棄した土地は塘長に命じて遍く葦を栽培させ、根を絡みつかせて堅固にし、秋季後、葦を刈り取って詳しく報告させよ。(39)

同年、喬世臣は宝山知県の薛仁錫《せつじんしゃく》に命じて、宝山江の東の土堤を修築させ「黄家湾以北から周家基に至るまで、堤の本体に茅を栽培し、銀一二三六両を共用」とした。雍正十二年（一七三四）、海岸堤防を修築した時、喬世臣は宝山県内では「また税が不足しているので、全堤防で茅四〇里を栽培せよ」と命じた。(40) 乾隆五年（一七四〇）、巡撫の顧琮《こそう》が防波堤を増築したとき各丈に茅三列を栽培した。(41) つまり、清初、防波堤では茅を栽培することが一般的であった。さらに、それには具体的な規定と方法があり、茅は外部から運ばれ特定費目として保証されていた。

甘柯は清代江南における防波堤の保護植物において重要な地位を占めた。「土堤の護りには、古くは多く甘柯を栽培した。昔の賢人が言うには、甘柯は柔らかく細くしなやかで、風波を防ぐのに用いた。柔を以て剛を治める道理である」(42)。乾隆八年（一七四三）、巡撫の陳大受は上奏し、土堤の各段に塘長一名を加えて堤の本体に遍く甘柯を栽培させ、塘長に収穫させて俸給とすることを許された。(43) 乾隆二四年（一七五九）、巡撫の陳宏謀は堤本体に甘柯を栽培するように命じた。(44) 甘柯と白楊は柔軟な習性で、潮の勢いを抑えて防波堤を守ることができたので、理想的な防波堤の保護植物とみなされた。甘柯は堤の本体や外側の空地などに多く栽培された。白楊は堤本体での栽培には向かず、堤の基礎部分や外側の空地に多く栽培された。白楊や柳などは堤の本体への栽培が禁止された。その理由は、一つは、近海地区は土壌のpH値が高く樹木の生長に不利なこと、もう一つは、樹木が大きくなるため、防波堤上で枝葉が容易に風をよび、強風による高潮時には強烈に揺れ動いて堤の本体がゆるむ結果となるためである。古人はこの結論から「樹がこの土地に合わない」また「土地が樹にあわない」といった[45]。当然ながら、地域によって柳は防波堤上にもまばらに栽培された。光緒一〇年（一八八四）、南匯で王公塘を修築した際、防波堤上には一〇丈間隔で柳一株を栽培することが規定された[46]。しかし、沿岸の平原地区の防波堤は主に田畑を囲うものであり[47]、かつ、防波堤上に一〇丈間隔で柳一株を栽培する情況は少なかったと見られることは、柳を防波堤上に栽培した数が極めて少なかったことを説明している。

防波堤の周囲の空地には多く葦・柳が栽培された。これらの植物は「長い期間をかけて根が深く絡みつくので、防波堤の基礎を固めることができ、枝葉は勢いよく生長するので、民用に資することができる」[48]。堤外の砂地や干潟には多く葦を栽培して、泥の沈殿の加速をふせぐことができた[49]。昭文県内は乾隆三〇年（一七六五）より、土堤六〇里を建築し、堤脚の空地には「遍く甘柯・枝楊を栽培して保護とした」[50]。光緒一〇年（一八八四）、王公塘の修築後の管理規則に「堤脚に柳を挿し木にする。その根が地下で堤脚を固めることを期待するのである」と規定した[51]。

甘柯は柔軟でよく風波を防御し、強風による高潮が衝突する力を抑えることができるが、しかし、その根は太く甘い味がする。「根が大きければ天然の結紮となり、防波堤の土に一度雨が注ぐと、土は水の流れに随って斜面を緩やかにし、堤の側面は洞穴ではないが溝となる。根が甘ければ容易にアリを惹きつける。甘柯の下には多くのアリの穴があり、それは大いに土堤の害となる」[52]。そのため、甘柯は「防波堤にとって、損益相半ばする」[53]。防波堤、とりわけ堤の本体の新たな修築には、しばしば芭《は》根草《こんそう》（ギョウギシバ）をもって甘柯に替えた。「ただ甘柯のみ最も容易に堤の本体をいためる。一切栽培を禁止すべし」[54]。「新しく修築した防波堤は、高波と大雨により浸食されやすい。芭根草を新しい防波堤に緊密に敷き詰めるべきである。雨が一回か二回降れば蔓を延ばすことができる」、「防波堤に草を栽培するには、芭根草のみ最も適している。その草は地面の間近に、あちこちに蔓をのばし、密集して葉が多い。その葉は地を這って根を伸ばすので芭根と名付けられ、又た攀地《はんち》荊《けい》ともいう」。もし、近いところにこの種の草が十分に密植できなければ、細い茅を補って栽培した。[55] しかし、芭根草を使って甘柯に替えるのは主に堤の本体であり、その他の場所は、なお甘柯を主とした。同治十一年（一八七二）、華亭知県の張沢仁は古い規則に照らし、「新しく修築した防波堤外に栽培している甘柯をもって堤の本体を守らせることを決定し、ひそかに伐採することを禁ずる」とした。ある防波堤は大海からやや遠く、海潮の侵害を受けることが比較的少なかったので、さらに加えて、「草薪による利益は甘柯のみが豊かである。塘長がこれを役だてるならば徹底した禁止はしない」とした。[56] その他では、一部の塘長と住民は「草薪による利益」のために、依然としてひそかに甘柯を栽培した。[57]

上述の植物が土を保護し、防波堤を固め、潮の勢いを軽減する作用があるのは、主にそれらの植物の性質と関係がある。茅は植物学上は白茅と称し、多年生穀類の本科植物で、長い地下茎がある。これは家畜が好む牧草で、本種の地下茎は広範囲に広がり、生長力がきわめて強いので砂固めに用いる。[58] 芭根草は植物学名は狗牙根、又は絆根草や爬根草という。多年生草本で、地下茎と匍匐茎がある。本草学では優良な飼料とし、地下茎は広がる力が強く、広く地面にのび、よい保土固堤の植物となる。[59] 甘柯はもとの名は芒《ぼう》で、俗に看柯と呼ばれる。水辺と防波堤の保護には甘柯が用いられた。[60] 芒は多年生高木草木で、通常は地下茎がある。幼茎は薬になり、散血・解毒に効果がある。茎・皮は造紙と草鞋作りに使えて、茎・穂は箒をつくることができる。[61] 葦は多年生高木植物で、若葉は飼料にでき、若芽は食べられる。茎は茅葺きの建築にでき、優良な防波堤を固める植物になる。[62]

防波堤の保護植物の分布状況は、植物生態の性質と土壌の特徴とが互いに関係しあった結果生まれた。現代科学の区分では、本稿で扱ういわゆる江南における防波堤の保護植物とは、主に高潮線以上のものを指す。高潮線以下の海水に接近した場所でも、ある自生植物が潮の勢いを抑える効果をもっていた。清人は堤の外側の砂地に自生していた甘柯と葦に言及した。[63] 高潮線以下に新しく生まれた砂地には、萩・蒲・茅と絲草など天然生成の植物もあった。[64] これらの天然植物の保護作用も無視できないのである。

上述では、江南における防波堤の保護植物の種類・分布状況・生態特徴および砂の保護と堤固めの作用について簡単に述べた。防波堤の保護作用がある植物について主要なものに、甘柯・枝楊・茅・柳・芭根草と葦などがある。植物を栽培する位置は、その類型と機能の違いによって各々異なる。甘柯・芭根草・茅は、堤の本体と堤の外側のやや近いところに栽培する。その外側で土堤を保護する空地や堤の外側の砂浜には葦と柳を多く栽培する。柳は堤の基礎に害を与えるので広範囲に栽培はしなかった。かつて、いくつかの堤脚に柳を植えたことがあったが、これは主に人々が沿岸の防波堤の斜面を開墾して堤の本体に危害を与えるのを防ぐためであった。堤の本体での栽培は、甘柯から芭根草へと変化があった。しかし、草薪の利潤の誘惑があってこのような転化は徹底されなかった。

喬世臣の上奏文の本意は塘長に優遇条件を与えて、彼らに防波堤の日常的保護の責任を負わせることであった。しかし、防波堤沿いの土地所有者は、事が自身の利益に関するので、次第に防波堤用地を自分の経営に戻していった。塘長は安定した収入源を失い、こうして、塘長の消極的で怠慢な仕事ぶりの序幕があけたのである。地方政府に奪われ、防波堤用地に移された土地所有者の土地は大きいはずはなかった。防波堤が沿岸住民の生命・財産・安全を保護する面からみれば、これらの土地の価格は微々たるものであったが、どの土地所有者もみな個人利益を最も重視していた。経済的な利益は甘柯栽培を促し、清代江南における防波堤の保護植被として普遍的に栽培された。清政府の塘長への俸給支給の方法は、甘柯のこのような普遍性に対して火に油を注ぐことになった。政府が芭根草を甘柯に替える法令を出したのちも、依然として塘長が「草薪の利益は甘柯のみ多い」ために、ひそかに栽培するケースはこのことを明らかに示している。防波堤の保護植物の分布状況は、人々の植物の特性の認識と利用を反映していた。甘柯の防波堤に対する危害が明らかになったにもかかわらず、継続して密かに栽培までしたことは、人々が植物の特性による適応と、防波堤の維持・保護の重要性を理解しても、それを顧みずにひたすら経済利益を追求することを説明しているのである。また、塘長の俸給の支給制度は、堤の本体の保護植物の人為的選択に影響していた。このような人為的選択は、反って防波堤の日常的保護に影響をもたらした。これは人と人、人と自然の間の衝突にまで波及し、これらの矛盾は相互に関係していた。制度の制定と執行の間の矛盾は、以上から一端が窺えるのである。

三、毎年の修築規則と動物による防波堤の破壊

大型水利工事の修築時、質・量ともに保証することは当然ながら重要であるが、日常的な毎年の修築もないがしろにはできない。『海塘問答』に、「およそ防波堤が決壊するのは、必ず次第に決壊するのであって、一年で急に数百丈が壊れるわけではないので、落ち着いて対処すべきである。決壊は未然に防ぐことが肝心で、将来のために石を貯蔵し、事が起こったときに出費を増加させない。恐ろしいのは、気にかけないでいて予期しないことが起き収束がつかなくなることである。防波堤が完成すれば力をつくして保護し、小さな破壊でも必ず経緯をさぐって法に基づいて処罰し、ただちに修築を完成させ、後の災害のもととしてはならない(65)」という。しかし、毎年の修築の効果が芳しくないのは多くの要素によって齎されたものであり、そのなかのいくつかの要素はすでに人の能力を超えていたのである。

(一) 毎年の修復期限と自然周期の合致

明末、松江府における防波堤の毎年の修築は、一般に地方の「学と徳がある」人に工事監督を任せた。工事監督者は精力も気力もついやすが、官府からの厚い待遇を受けたので、辛苦というほどでもなかった。しかし、長い時間がたつうちに弊害が生じた。工事監督者には「義戸」の美称を与えられたが、彼らには毎年の修築の責任があるばかりでなく、つねに立替金があって疲労困憊し、民衆の苦しみは甚だ重くなっていた。康熙二一年(一六八二)、官府は防

波堤の修築は、民が納税して官が監督すると決め、毎年の修築は「一切の民の労を禁じ、取り除き、みなこれを官に任せる」とした(66)。毎年十一月に防波堤工事を見積もり、翌年正月に起工して、三月に竣工した(67)。

雍正十一年（一七三三）の規定では、江南における防波堤は各県の官員が地方の人員に命じて、冬春の農閑期に防波堤を年々高く厚くしていった(68)。乾隆三一年（一七六六）、両江総督は毎年の修築はその年の大増水後の冬に見積もり、翌年の春の農閑期に修築することを上奏して許された(69)。四月以前の工事の完成に限り、官に報告、検収させた(70)。嘉慶の後、四川と湖南では戦があったので、防波堤の毎年の修築は中止した。道光十七年（一八三七）、防波堤の毎年の修築を再開した。咸豊年間（一八五一～一八六一年）、清王朝は太平天国の対処に奔走し、毎年の修築はふたたび停止した(71)。同治十三年（一八七四）、「又た春は雨が常に多いため、修築工事が三カ月遅れれば大潮に遭う」ことから、毎年、霜降前（十月二三、二四日ころ）の十日間に、防波堤工事に熟知した人員を派遣し、府・県の官員を会同して、駐塘委員が日常的に報告した崩壊の状態をあわせて見積もり、その年の十一月末に竣工することを規定した(72)。清末になると、実際には立冬後に工事を見積もることが多くなり、工事の量が多いものは、翌年一、二月に延ばして完成を報告した(73)。

上述の清代江南における防波堤の毎年の修築期日の規定は幾度も変化したが、基本的には毎年十一月から翌年の三、四月までとした。竣工期日をやや繰り上げたとしても、それは海潮が毎年の修築工事へ影響することを防ぐためであった。清代江南における防波堤の毎年の修築期日は同じ期間内で揺れ動き、実質的には自然環境により決定された。季節風の影響を受けて、江蘇省内の海面は春夏の変わり目に大潮を形成した。杭州湾地区の暴雨は主に五～十月に集中し、大暴雨は六～九月に出現し、特大暴雨は主に八～九月に発生した(74)。杭州湾に危害を及ぼすこと甚大な台風と強風大潮については、五月～十月の間に活発だが、おもに夏季に集中した(75)。清代江南における防波堤が受けた海潮による損害に関する記載からこの点を明らかにできるのである(76)。

自然要因活動の周期は、清代江南における防波堤の毎年の修築の期日を決定したばかりでなく、毎年の修築期日と動物による防波堤の破壊の間に矛盾を生み、さらに毎年の修築の質に影響した。

（二）アナグマの活動と毎年の修築期日の食い違い

江南における防波堤の日常的保護で重要な内容の一つに、動物の巣穴による防波堤の破壊を防止することがあった。[77] 雍正十一年（一七三三）九月、金山裴家路《きんざんはいか》の堤の本体の下に穴あり、しばしば陥没して堤が傾いた。[78] 嘉慶十六年（一八一一）、川沙第十七区の防波堤が倒壊したが、ここにはアナグマの洞穴があり、いつも強風と高潮を受けて破損した。嘉慶二二年（一八一七）、防波堤はまたアナグマの洞穴によって倒壊した。道光十五年（一八三五）六月十八日、海潮は第十三区を激しく壊した。アナグマの洞穴は三個で、各々幅三丈、深さ一丈あまりあった。[79] 川沙外の防波堤は嘉慶と道光年間に、時々欠損があり、「外堤はしばしば獾洞（アナグマの巣穴）に敗れた」[80]。同治八年（一八六九）、総督の馬新貽、巡撫の丁日昌の上奏は、華亭の防波堤の第四区と第七区は「また数か所の穴が開けられ…。古い防波堤の土だけで石のないところに、また穴あった」[81]と言及した。同治一〇年（一八七一）、両江総督の曽国藩、江蘇巡撫の張之万の上奏に「宝山県に属する呉木烽《ごぼくほう》・薛家灘などの防波堤は、これまで海潮を被り上部も水に浸かり、相次いで土洞三五箇所が陥没した。工事は危険で緊急に修築する必要がある」[82]と言及されている。光緒元年（一八七五）、両江総督の沈葆楨、江蘇巡撫の呉元炳《ごげんへい》の上奏中には、「宝山県の呉木烽の石堤は、第一区から堤防の端にいたるまで、土段になっている部分に空洞六〇余処が開いている……洞穴内は広く深くて測量はできず、相互に通じあっている。堤の本体は脆く、外灘は全て倒れそうで、情況は実に危険である」[83]「鎮洋南堤の危険な工事の場所は第二、第三の二区で、堤の外側の地域はすでに波にさらわれて何もない。堤の角には古い香椿《チャンチン》の保護柵があり、砂浜の斜面の石塊はおよそ半分残っているが、堤の本体は壁のように垂直に立ち、側面も陥落して、洞穴の口は六〇個以上に達し、ひとたび風波の衝撃に遇えばたちまち倒壊するだろう」と言及されている。光緒五年（一八七九）、呉元炳の上奏の中で「土の穴を埋める」必要があると言及された(84)。

防波堤が海潮に襲われた時に堤の本体に規則的な変化が生じたが、防波堤上の動物の洞穴がその損害の程度を加速、激化させたことは疑いない。上述の史料が言及したアナグマの洞穴のほかに、その他の各種水中と地上の穴もまた、防波堤上に巣穴のあるその他の動物の影響をうけた。上に引用した史料からは、雍正時期から清末にいたるまでつねに、動物の防波堤上の巣穴がひき起こした「物患〔生物による問題〕」の記述が絶えないことが分かる。その地域範囲は、金山・川沙・華亭・宝山・鎮洋などほとんど全ての州県の防波堤を含んでいた。

アナグマや白アリなどの動物の洞穴は、防波堤に甚大な危害を及ぼす可能性があった。それは主にそれらの洞穴の造と生態習慣とに関係がある。「獾《けん》〔アナグマ〕には、猪と狗の二種類がある。堤坊と古墓の穴に住んでいる。住民はつねに猟犬をつれてこれを捕える」(85)。猪獾《ちょけん》〔ブタバナアナグマ、Arctonyx collaris〕は、別名沙獾といい、洞穴にすみ、多くは荒丘に横穴を掘るか、あるいは、岩石の隙間や樹木の穴の中に身を寄せて生息し、あるいは他の動物の穴を占領してすむ。洞穴は比較的単純で、洞口は一～二個、多くは陽のあたる傾斜地で山勢の険しい、あるいは茅が密集したところに設ける。洞の内部は一メートルの深さのところまでは常に真っ直ぐで、また長さ八～九メートルのものもある(86)。狗獾《こうけん》〔アナグマ、Meles meles〕は、常に森林・山の斜面の草木が生い茂ったところ、荒野、砂丘、草むら、湖の堤岸などに生息している。横穴を掘ってすみ、その長さは数メートルから十数メートルなどとまちまちで、その間を勝手気ままに行き来する。冬穴は複雑で、長年居住した洞穴は、毎年修理して掘り起こされてできており、二～三個の出入り口がある(87)。両者の生態習性から、狗獾の洞穴は猪獾の洞穴に比べて防波堤の破壊に対する作用が大きいということが分かる。狗獾の冬穴は常に長さ数メートル、甚だしきは一〇数メートルに達し、これらの洞穴には多くの出口があり、且つ内部構造が複雑で、しばしば多くの洞穴が互いに連結して「串洞《かんとう》」を形成している。大潮が海岸を襲うとき、海水は獾洞にそって防波堤内部の大きな空間に注ぎこんだので、前掲の史料中には、防波堤は「いつも獾洞に敗れる」とあるのである。

構造が複雑な冬穴のほかは、狗獾は春・秋には田んぼの近くの岡や草木が生茂っているところに臨時に洞穴を掘って、昼間はそこで休息し夜間は出て来て餌をとった。このような洞穴は短くまっすぐで、一つの出口のみである。狗獾の活動は春秋の二季に最盛となり、さらに冬眠の習性がある。長江以南の地区の狗獾は、つねに十一月末あるいは十二月初に洞穴に入って冬眠し、翌年の三〜四月に洞穴を出る。(88) 前述の説明のとおり、江蘇省内の海面は常に春夏の変わり目に大潮が形成され、杭州湾地区の暴雨は主に五〜一〇月に集中し、台風と風暴潮は五〜一〇月の間に活発であるが、集中するのは夏季である。大潮が到来し海水が土堤に侵入する時は、狗獾の大部分は防波堤上の洞穴に不在であるため、海水が防波堤に入ってきて溺死する多数の狗獾は存在しないのである。

夏は土がもろく容易に沈下しやすく、冬は土が凍って固めることができないので、清代の江南における防波堤は、比較的大規模な修築でも、もし急を要さないならば、一般には二・三・四月あるいは八・九・一〇月の農閑期で、土が固い時期を選んで修築した。(89) 江南の防波堤の毎年の修築時は、洞穴内外の狗獾の数には、大きな影響がなかった。

狗獾の季節性の活動周期、大潮形成の時期、清代江南の防波堤における大修築工事と毎年の修築期日の間の時間差は、アナグマの数量が外部要因によって大規模な減少をもたらさず、またこれは、狗獾による防波堤破壊作用の長期性を意味した。清代では狗獾が江南の防波堤を破壊する作用を防止したいと考えたが、非常に困難であった。

(三) 防波堤の修築・土の採取と白アリ破壊の矛盾

江南の防波堤の毎年の修築・土の採取は、土を採取する範囲の制限を受けるうえに、土の採取と海潮が防波堤に対して与える衝撃と、白アリが土堤に与える破壊の間にも矛盾が存在した。

防波堤の大修築と毎年の修築時の土の採取は、施工地点から遠く離れることはできない。さもなければ、時間と労力を費やすうえに施工の進度にも影響し、さらに多くの良田を破壊してしまう。一般的な情況下では、防波堤から数十丈以内の土を採取する。清初の土の採取には具体的な規定はなく、乾隆元年（一七三六）、巡撫の顧琮が上奏して、堤外に三丈、堤内に二〇丈の土地を留めおいて土の採取に備え、その地の租税は全額を免除としたが、これは民田には及ばなかった。[90]

土の採取は当初は規定の範囲内であったが、長い期間の採取によって附近の取るべき土が無くなった。華亭の防波堤以北では指定された地域で次第に土を採取する空地がなくなり、附近の民田は何度も土を採取されて穴ができた。毎年の修築あるいは大修築時、防波堤に沿って修理すべき工事区では、多数の木橋をつくって堤防と堤防の間の用水路をまたいで北側の土を採取したが、遠まわりで費用がかかった。これを補填するために、道光十五年（一八三五）の大修築後、華亭は県内全域の防波堤の上部に、五丈ごとに土牛〔補修用の盛土。牛のように見える〕一個を置くことを準備し、これにはおよそ合わせて土牛六〇〇個を必要とし、各々およそ十二立方メートルの土が必要であった。杭木・石も必要量を調べて貯蔵した。[91] この規定は太平天国の乱にともなって中止された。同治七年（一八六八）から一〇年（一八七一）まで、防波堤の大修築のとき、華亭の危険を伴う工事は第二、三段目には土牛を設け、第四、五段目には浦東の精塩田九畝近くを購入し、もっぱらそれを与えて毎年の修築の土の採取したものをあてた。[92] 以後、宝山の護岸工事の大修築や毎年の修築でも土の採取は困難を有した。[93]

同治・光緒年間、防波堤の大修築の土の採取は規定の区域を突破し、各県は「土の採取はおおよそ民田にて行う」とした。同治十一年（一八七二）、鎮洋は楊林口の土堤を補築し、廃した太倉州内の民田は十・七畝、県境の民田は一七五・六畝あまりを占めた。光緒元年（一八七五）、太倉は茜涇口《せんけいこう》の土堤を補築し、州境の民田一四・二畝、県境の民田一八・六畝を廃し、杭木と石材を蓄えて、一時的に民田八・七畝を廃した。光緒二年（一八七六）、昭文は野猫口《やびょうこう》の土堤を修築し、一時的に民田二六・三畝を廃した。光緒四年（一八七八）、宝山は牛頭涇石洞土堤を修築して、民田二一・八畝あまりを永久に廃した。光緒十六年（一八九〇）、昭文は許浦口の土堤を修築し、一時的に民田一三・五畝を廃した[94]。

上述のように各県が防波堤の修築時に、民田で土の採取をした主な原因は、土堤修築の「土の採取」に対して厳格な規定があったからである。「土の採取は各々の職責をもってし、堆積した土や砂を混ぜることは許さない」[95]。これは、砂土を混ぜると堤の本体は堅固にならないためである。しかし、「江蘇沿岸の地は塩分を含み、外側の多くは崩れやすく、僅かに粘るが緩く、バラバラに壊れる脆い土壌で、その実は砂である」[96]。当時の人は沿岸の沙土の種類・性質について深く認識していた[97]。

「物患」が防波堤を破壊するのを防止するため、大型工事や毎年の修築時に沙土を取らないよう強調し、粘着性のある田畑の土、あるいは沖積した土を選ぶ必要があった。「近海の地はほとんど砂性である。砂性の強いものは何度固めても硬くならない。土を取る時はまず表の草根をほりだして、土の性質を確かめて、砂ではない土を取る必要がある」[98]。特に毎年の修築では、動物の巣穴による破壊防止について、以下のような厳格な規定と成熟した方法があった。

また初春に防波堤の斜面をよく調査し、もし積雪凍結しているところ、アナグマが掘り起こした形跡、蛇の小さな穴があれば、ただちに土を掘って新しい土を埋めて穴を覆う。穴が大きければたこ槌で打ち固め、小さければ槌で土を突いて固める。雨が降ったあとは防波堤の頂上部は一種の井戸とも言える洞窟が出現する。深さはおよそ四、五尺とまちまちで、どうやって埋めるか方法がなく、次第に衝撃で大きくなり、ついには数立方メートル分の土を埋めても埋めきれず、増水したときに土堤は決壊する。このような問題に対して、土を埋めるときは先ず必ず表面の浮いた土を全部掘って取り去り、四方すべての欠けて空いた部分を無くす。土を突き固める器具を用いて充分にたたいたのちに新しい土を加えて固め、本来の堤防の高度と同等にする。このほか、砕土を三、四尺分を用いて徐々に積み重ねて平らにならす。乾燥した泥で大きな破損部分の補填に用いることは不可能である。[99]

防波堤の毎年の修築で粘土の選択が強調されるのは、防波堤上の動物の巣穴を埋めるためだが、客観的にはかえって白アリの生存に有利な環境をつくってしまった。アナグマによる江南の防波堤の破壊以外では、白アリの破壊がこれに匹敵する。

白アリは地質歴史学上早くに出現し、堤防が出来て以来、白アリは害をなした。[100] 白アリが防波堤に危害を加えた記載は多い。前掲史料に、「堤に災いをもたらす動物はアナグマの群れが最たるものである。堤の巣穴に群住し子供を生んでは育てる。堤の中は空洞になり、突然、強風高潮に遇えば、すぐに潰れるのは（千里の堤防もアリの穴一つで崩れると言われるのに）アリの巣が百個あるようなものである」[101]とある。

白アリの防波堤に対する危害は、おもにそれらの巣穴の特性と関係がある。強い力で堤防を破壊するのはおもに土に棲息する白アリで、その中で黒羽土白アリ〔タイワンシロアリ、Odontotermes formosanus〕が代表的である。黒羽土白アリの巣の空洞部分の総数は四〇個以上ある。主巣の長さは少なくとも三五センチメートル、最大で一メートル以上にも達し、多くは一・五メートルほどの深さにある。[102]

白アリの洞穴はアナグマのような深さとは異なるが、複雑に構成されており、堤の本体内部で活動する範囲は見くびることができない。黒羽土白アリの一グループは、個体数が多くは二〇〇万以上に達するのもふくまれる。[103] 一つの黒羽土白アリのグループの巣穴の面積は驚くべき数字で、清代江南における防波堤上の白アリの洞穴の面積はさらに想像しがたい。「大潮に遭って水位が高水敷《こうすいじき》を越えた際、巣の様々な小部屋に水が染み込み、ついには大きな部屋にも浸水し、間もなく地盤沈下して穴ができ、水漏れが発生し、ひどい場合は筒状の穴から水が湧き出て、地滑りし、洞穴が繋がり広がる」[104]。前掲引用の史料中に関係する官員の上奏文において、しばしば出現する水洞は、白アリの洞穴がその面積を拡大し、その崩壊を加速させたことによるものであった。

土に棲息する白アリは土壌中に築巣するので、土壌生活から離れることはできず、土壌の選択について厳格である。土棲息の白アリの巣の位置の選択は、土壌の酸性・アルカリ性度と関係があり、また土壌粒子にもかならず関係がある。黒羽土白アリと黄羽大白アリは沈殿堆積した土を好んで巣にする。(105) 砂浜附近は多く塩性アルカリ土壌で、防波堤の修築に用いるのに適さないが、白アリもこのような高濃度の塩性アルカリの沙粒土壌の上には築巣できない。高粘性土壌は防波堤を堅固にするには便利だが、かえって白アリの築巣の温床となった。これは、清代江南における防波堤の修築、土の採取時に存在した二つの難しい選択、すなわち防波堤の保護と白アリの危害とが共生共存していたといえる。

本筋からいえば、毎年の修築目的は、江南の防波堤上に表に現れていない様々な災禍を見つけ出すことにあった。しかし、毎年の修築の期日とアナグマの活動の矛盾、毎年の修築の土の採取と白アリの築巣の矛盾は、かえって毎年の修築の効果を不鮮明にさせた。当然ながら、毎年の修築期日の選択も自然環境の制限をうけた。これらの矛盾は保護制度の制定者と執行者の願望を超越したものであり、これが明らかに示すのは、生態系自身の動きと社会政策が自然をコントロールすることの間に生じた食い違いである。

四、人為によるマイナス影響

防波堤の保護を困難にさせた人為的な要因は、主に二つの要素に分けられる。

（一） 沿岸住民の活動の影響

沿岸住民の多くは捕魚と草刈を生業としていた。「わが県の沿岸の産物はとても少ない。一年で僅かに一月・二月・三月は魚を捕って生業とし、夏・秋・冬の三季はもっぱら草を刈って生活している」(106)。漁民は海に出てつねに防波堤に危害を加えた。崇禎七年（一六三四）、石の海岸堤防を建造した時には既にこの点は認識されていた。このような情況に対して、漁船を指定地点に停泊して交易させ、防波堤とその他の場所を破壊しないよう常々制度を定めたが、やめさせることはできなかった。

漁民は海に入って魚を捕る時、防波堤に勝手に上ったほか、さらに防波堤の杭木に船を結んだり、食事を作るために杭木を切ったり、石を踏石として上陸したりした(107)。強風のときに漁船が不安定になるのを防止するため、しばしば、「石を取って漁船に置いて船を安定させた」。これは防波堤を大いに破壊した。「堤防の保護には木材・石塊が共にあれば安定し、木材が折られ石が持ち去られれば防波堤にとって最も禍となる」(108)。道光十五年（一八三五）、華亭の防波堤の大修築後の『善後章程』には、漁船の数量を調べて明らかにし、帳簿を作って番号を振ること、一〇隻を一甲とし、甲ごとに一甲頭を派遣すること、番号によって指定の埠頭に停泊させるべきこと、漁船の数量の増減は船甲より県衙に申告後、登録すべきことが強調されている(109)。同治十一年（一八七四）、巡撫の張之万はこの規則を重ねて申告した。漁民は漁船の出入りを便利にするためにつねに堰堤を切断した。同治十三年（一八七四）、上述の弊害を防止するために委員を選んで派遣し、天后宮の傍に駐在させ、塘長ともども毎日巡察させて厳重に防衛した(110)。

近海住民による防波堤の破壊の方法は様々で、ひそかに杭木をたたき切ったり、石を運びとることがしばしば発生した。「堤脚の外側に時折一、二列或いは十数列の短く朽ちた古い杭木がある。高さは等しくないが潮の勢いを止めることができる。最近詳しく調べたら、伐られたり抜かれたりした痕跡がしばしば見うけられた」。土堤の上に置かれた防波のための長方形の石は、「近くの愚民が運んで壁の底部や道路にした」[111]。

近海住民による防波堤への出入りも防波堤を大きく破壊した。この点は沿岸の平原区域の防波堤にとりわけ顕著である。防波堤の多くは砂浜の適切なところに修築された。防波堤の東にはさらに多くの砂地があった。砂地の一部はすでに開墾されて税が課せられており、これらの砂地の長い葦は秋に収穫されたのち、牛車や水船を用いて防波堤の西に売り出された。もしも防波堤を自由に乗り越えたならば、堤の本体や周囲の保護植物を破壊する可能性があった。この状況を防ぐために、一般的には、防波堤の指定地点に船着き場を設け住民の出入り専用とした。秋の葦の収穫を待って塘長に住民を監督させ、車や船を船着き場から運んで行かせて、柴を人の肩で運んでこさせてから積み直した[112]。このほか、住民の防波堤附近での活動はまだ多くあって、春は葦の葉を叩き、夏は金花菜を刈り、秋は葦花を摘み、冬はベンケイガニをとる必要があった[113]。これらの活動はみな頻繁に防波堤を越える必要があったので、防波堤を管理する人員が少しでも気を抜けば、倍の苦労をしても半分の効果しかあがらなかった。

人為的な破壊は防波堤上での家畜の放牧、植物を刈り取って飼料や燃料をつくることでさらに現れた。「沿岸の住民らはみな牛・羊を飼い、普段は放牧した」[114]。ある住民は牛の放牧の便のために「牛を繋ぐ杭を堤の石の後ろの土に立て、そこに結んで草をやった」[115]。防波堤外のあたらしい砂浜に雑草が密集したあとは潮の勢はすこし減ったが、農民は「柴と草による利益を得るために茂ると刈り、芽さえ残さなかった」[116]。

塘長が堤の本体と側面の葦を得る規則に関係なく、防波堤の近隣の住民らが秘かに甘柯を植え、新しく生まれた砂浜の草を刈るのは、草薪による利益を図るためであり、当時の保護植物の問題の深刻さが分かる。燃料は清代を通して常に不足していた。清の葉夢珠《しょうぼうしゅ》の『閲世編《えっせいへん》』中における江南沿岸地区の燃料不足に対する描写は、葦などが燃料植物となり、江南の農民の生活の中で重要であったことを具体的に示している[117]。

清代、江蘇省南部にあった大量の塩の産地では大部分が煮塩を主とするので、多くの燃料を必要とした[118]。このことも近海住民がつねに葦を経済来源の一つとすることになった。砂浜で出来る燃料となる植物は、例えば、沿岸の新しく生まれた砂地によく茂った小さな草などで、「夏・秋に市場に来る蘇州・常州の人たちは、船で運んできて各交差点に販売店を設け、住民らはそれを購入する」[119]。ほかに、当地の農民の日常生活でも大量の燃料を必要とした。彼らの保護植物の利用は全面的・多元的である。例えば葦は、俗名は細弱葦《さいじゃくい》という。二月に芽が出れば、頭部を刈って牛に与えることができ、三・四月には葉を摘んで粽をまき、七・八月には穂を刈って箒を作ることができ、九月には葦の穂綿で靴や座布団ができ、冬に葦が枯れると、茎と葉を合わせて切って葦屋を覆い、豆や瓜の柵をつくり、かごを編み、筵や燃料などを作ることができた[120]。葦は沿岸住民の生活に密接にかかわっている保護植物であり、これを厳重に保護しなくてはならないのは容易なことではなかった。

燃料問題は民国時期に至っても依然として存在し、上海は当時なお深刻な影響を受けていた[121]。上海の燃料価格は高く、近郊住民による保護植物の刈り取りと破壊を促したであろうことは疑いない。附近の他の都市の燃料の需要も、防波堤の保護植物の破壊を引き起こしたであろうことは理解に難くない。

当然ながら、草の需要のすべてが燃料のためではなかった。明清両代あるいはさらに長い歴史のあいだ、草は終始朝廷が軍を訓練、徴発するための賦税の一つであり、草豆を徴収して軍馬を養ったので、自ずと民間の草料不足を引き起こす原因となった[122]。生産用の草でさえ毎年必要とする草の量は驚異的である。

海潮による防波堤破壊の防止のほか、上述の要素によって江南の防波堤を防護する葦や甘柯などは力を入れて栽培するよう促されたことは疑う余地がなく、同時にこれらの植物に対する管理の難しさも増加した。

葦など保護植物の防波堤と、そのゆるやかな斜面に対する保護作用は、歴史と現実の中に均しく明らかにされている。雍正十三年（一七三五）六月初めの大潮では、宝山・上海・奉賢・南匯ら四県すべての新築の土堤はいずれも堅固で安定していたが、葦を植えていなかった堤の基礎には僅かに損害があった[123]。堤防の前面にもし広さ三〇〇メートルの葦からなる地域があれば、波浪は堤防に至る時にはすでに基本的に消失している。もし堤防の前面に一〇〇メートルの広さの葦があれば、波浪は約半分低くなり、護岸効果がある。[124] 以上に分析した防波堤の日常的保護に対する人為的要素は直接的・間接的な破壊であったと推測できる。

(二) 外来人員による秘かな石材の運搬

塩を販売するために外からやってきた私船が秘かに石を運ぶ状況も無視できない。塩用の船は太い縄を防波堤の杭木に繋げ風波の衝撃が塩船の揺れを引き起こして長時間杭木に負担をかける。塩の密売が終了すると、しばしば防波堤の石を秘かに運び出した。[125] 防波堤近くの住民は安い食塩を得るために、塩船の行動を見逃し、石の運搬の補助までして、彼らが迅速に離れられるようにした。近海住民の行動はただ食塩を獲得するためであり、専売塩と密売塩の価格差が大きいことが原因であった。塩船は多くは浙江よりきて、「沿岸にはたまに密売商人がいる。大部分は浙江の南山より船に乗り込んで来た」[126]。秘かに運び出された石はおもに浙江の防波堤工事の施工部門に売られた。

明末以来、浙江の防波堤は主に石堤であった。「江蘇、浙江沿岸の潮汐を防ぐ防波堤工事において、我々は石材使用量の増加に着目した。清朝初期に魚鱗大石塘を積極的に建築する際、石材使用量は既にピークに到達した」[127]。石材運輸は浙江の防波堤工事の中の一大問題であった。雍正年間、商人と製塩業者の船に運送させ、製塩用の船には大潮の時にはニガリを載せて塩を煮詰め､小潮の時はみな山に石を運びに行かせた。乾隆年間は運石の大船を製造したが、この制度が実施された期間は長くなかった。以後、清末まで常に、浙江における防波堤の建設は大工事で、石の数量が比較的多いときは石材の運輸を主に附近の塩の産地のニガリ運搬船を派遣して担わせた。清一代にあって、浙江の防波堤の石材運搬費は高くなり続け、清末は平石は一立方メートルあたり二両銀近く、石の塊は一立方メートルあたり銀二・五両近かった。[128] この利潤の刺激は浙江の密売塩販売船が江南の防波堤の石を盗む直接的な原因であった。

上述の人為的要素が江南の防波堤の日常的保護にもたらした難しさは、二種類の情況に分けることができる。第一に、防波堤は沿岸住民一家の生命と財産に対して極めて重要であるはずで、彼らは防波堤を大事にするべきだった。しかし、かれらはただ大災害が訪れるときにのみこの点を認識できればよく、風平らかで波穏やかな時になると、「傷が治って痛みを忘れ」、目前の利益と生活が彼らに長く気に掛けてはいられなくさせた。第二に、浙江の塩密売船が木材・石を盗み取ったことで、制度と制度の間の関連をはっきりと浮かび上がらせた。沿岸住民が私塩と密売人を援助し石の運搬を歓迎したのは、おもに専売塩の価格が高すぎたからであり、塩船が戻るとき石の運送を必要としたのは、おもに浙江の防波堤の修築時に急に石材が必要になったからであった。近海住民の利益追求と制度の問題は結びついていて、この人為的要素は江南における防波堤の日常的な保護に多くの問題を引き起こした。

おわりに

たとえば、江南における防波堤のような大型公共水利工事は、毎回、大修築後にいずれも修築後の管理を重視した。喬世臣の「奏疏」から始まり、これに関連する記載は後をたたない。「あとの事を重視しなければ長くは続かない。道光中葉の華亭、宝山の活動は最も堅固の名で知られていたが、二〇年足らずで改めて築かねばならず、理解を深める方法は未だに尽きないところである」[129]。しかし、いずれも莫大な犠牲を払った後、はじめて改めて旧制を検討し、必要な変革を行わせた。かつて学者が示したように、全体から見て環境に対する法律の制定についていえば、危機は制度変革する上で一種の十分で必要な条件であろうか。[130] 清代江南における防波堤の管理制度の変化についていえば、答えは「はい」である。

江南における防波堤管理のいくつかの面について、古人の洞察は明晰である。「管轄を明らかにし、経費を蓄え、防護に慎しみ、毎年の修築に勤める、これだけである。管轄が明らかであればそれぞれが責任をもち、経費が貯まれば財政は豊かで、あらかじめ慎しみ、再び事があればこれに勤める。このようにして変化することなかれ。そうすれば防波堤はたとえ一〇〇年でも弊害はない」[131]。上述のことは管理について注意すべき問題を概括したが、この問題の複雑さは彼らの想像の域を超えていた。「沿海の防波堤は水を阻むが、水と争う場所ではなく、常に勝たざる者である。水生生物は堤防を徐々に蝕むが、その全てが彼らによるものではなく、人の怠慢にも半分の責任がある」[132]。これはある程度は制度執行の努力不足によるものであるが、そのうちの原因は生態と社会のもろもろの多くの方面にも及ぶものである。

修築後の管理体制の循環と沿岸住民による防波堤用地の争奪の過程は、人と人との間の問題を反映している。住民による防波堤用地の争奪の勝利は、塘長の俸給支給方法に変化を引き起こし、彼らの仕事に対する意欲を失わせた。これが防波堤の保護植物の種類選択に影響した。さらには、植物による防波堤の破壊を根絶することができなかったのは、人と人との関係が、人と自然との関係に転化したことを説明している。防波堤の保護植物の分布状況については、人々は植物の習性を認識し利用してきたが、人為的な選択の影響もうけて、一種の人為的な景観にかわった。防波堤の毎年の修築期限は自然環境の制限を受け、動物による防波堤の破壊も不可避であった。防波堤の土の採取において、その土の堅牢さと白アリによる防波堤の破壊との矛盾もまた自然と自然との間の矛盾であった。人為的要因による防波堤の修築後の破壊は、一つは個人利益によるもので、もう一つは自然環境による影響であり、さらにもう一つとしては、他の地方の制度との関連作用があった。

清代江南の防波堤の管理制度の変化においては、人と人、人と自然、自然と自然との関係が一度に交じりあっており、自然と社会の要因の総合的な分析を通して、ようやく制度の複雑性を理解することができる。人と土地の関係は古くて新しいテーマであり、大型公共水利工事の日常的な管理において、上述の関係をいかにうまく処理するかということは、人類社会が永久に直面する問題であり、それぞれの歴史段階で表現方法が各々異なっているだけのことなのである。

【附記】

本稿は拙著『明清「江南海塘」的建設与環境』第九章および、拙稿「動植物群落与清代江南海塘的防護」『中国歴史地理論叢』二〇〇三年、第三期を基礎に再考と修正を加え、一部新資料を加えたものである。

【注】

(1) 具体的な学術史の整理は、拙著『明清「江南海塘」的建設与環境』(上海、上海人民出版社、二〇〇八年)を見よ。
(2) 張文彩編著『中国海塘工程簡史』(北京、科学出版社、一九九〇年)五九~六四頁を参照。
(3) 張文彩『中国海塘工程簡史』(北京、科学出版社、一九九〇年)一〇四頁。
(4) 乾隆『江南通志』巻五七、河渠志(台北、成文出版社、一九八三年)一〇一一~一〇一四頁。雍正朝の江南における防波堤の修築の具体的過程については、詳しくは拙稿「皇権・景観与雍正朝的江南海塘工程」(『史林』、二〇〇七年)第四期を見よ。
(5) 光緒『川沙庁志』巻三、水道(台北、成文出版社、一九八三年)一三九~一四二頁。
(6) 光緒『南匯県志』巻二、水利志、一〇二頁。
(7)『欽定大清会典事例』巻九二二、工部・海塘、六〇八頁。
(8)『欽定大清会典事例』巻九二二、工部・海塘、六〇〇~六〇一頁。
(9)『欽定大清会典事例』巻九二二、工部・海塘(中華書局、一九九一年)六〇二頁。
(10) 光緒『南匯県志』巻二、水利志、一〇二頁。
(11) 道光『華亭海塘全案』巻一、諭旨章奏(復旦大学図書館)二一一頁。
(12) 道光『華亭海塘全案』巻九、辦工章程、二四頁。

(13) 道光『華亭海塘全案』巻六、二一四～二一五頁。
(14) 瞿同祖著（範忠信・晏鋒訳）『清代地方政府』（北京、法律出版社、二〇〇三年）二一五頁。
(15) 光緒『江蘇海塘新志』巻八、善後（海口、海南出版社、二〇〇一年）四三〇頁。
(16) 光緒『江蘇海塘新志』巻八、善後（海口、海南出版社、二〇〇一年）四三〇～四三八頁。
(17) 瞿同祖著（範忠信・晏鋒訳）『清代地方政府』（北京、法律出版社、二〇〇三年）十八～二一八頁。
(18) 光緒『宝山県志』巻二、海塘、二〇九～二二五頁。
(19) 光緒『宝山県志』巻二、海塘、二二三頁。
(20)『上海市奉賢県志』巻十三、海塘囲墾志（上海、上海人民出版社、一九八七年）四五四頁。
(21) 光緒『江浙海塘新志』巻八、善後（海口、海南出版社 二〇〇一年）四三〇頁。
(22) 川沙の情況に関しては、民国『川沙県志』、巻六、工程志の内容を根拠に推定した。
(23)『欽定大清会典事例』巻九二一、工部・海塘、六〇八頁。
(24) 光緒『江蘇海塘新志』巻八、善後（海口、海南出版社、二〇〇一年）四三一頁。
(25) 光緒『松江府続志』巻七、山川志、七八五～七八七頁。
(26) 雍正『分建南匯県志』巻六、建設条目・下、二一〇～二一一頁。
(27) 嘉慶『松江府志』巻十二、山川志、三一四頁。
(28) 光緒『南匯県志』巻二、水利志、一〇三頁。
(29) 光緒『南匯県志』巻二、水利志、一〇三～一〇四頁。
(30) 光緒『南匯県志』巻二、水利志、一〇二頁。光緒『松江府続志』巻七、山川志、七八四頁。
(31) 陳宏謀「通飭海塘御浪檄」（『清経世文編』、一二〇巻、北京、中華書局）一九九一、二九二八頁。
(32) 道光『宝山海塘全案』巻二、文移詳稟、一〇頁。
(33) 光緒『江蘇海塘新志』巻八、善後（海口、海南出版社、二〇〇一年）四三七頁。
(34) 道光『華亭海塘全案』巻九、辦工章程、四〇～四一頁。
(35) 道光『華亭海塘全案』巻九、辦工章程、三八頁。

(36) 光緒『華亭県志』巻四、海塘、三五六頁。
(37) 光緒『江蘇海塘新志』巻八、善後(海口、海南出版社、二〇〇一年)四三一頁。
(38) 光緒『重修華亭県志』巻四、海塘。
(39) 光緒『川沙庁志』巻三、水道。
(40) 光緒『宝山県志』巻二、営建志・海塘。
(41) 民国『鎮洋県志』巻三、水利。
(42) 光緒『江蘇海塘新志』巻八、善後(海口、海南出版社、二〇〇一年)四三三頁。
(43) 光緒『川沙庁志』巻三、水道。
(44) 陳宏謀「通飭海塘御浪檄」(『清経世文編』巻一一〇、工政一六)。
(45) 光緒『海塩県志』巻六、輿地考・海塘。
(46) 民国『南匯県続志』巻二、水利志。
(47) 沿岸の平原地区における防波堤修築に関係するもの、水系調整と水洞設置に関係するものについて、詳しくは拙著『明清「江南海塘」的建設与環境』第五章「通塘大系形成後的塘工(下)、浜海平原区」(上海、上海人民出版社、二〇〇八年)一八二～二〇六頁を見よ。
(48) 趙宏恩「請石堤外増築土塘疏略」(民国『太倉州志』巻五、水利上)。
(49) 光緒『江蘇海塘新志』巻八、善後、四四三頁。
(50) 光緒『江蘇海塘新志』巻三、奏疏、三五八頁。
(51) 民国『南匯県続志』巻二、水利志。
(52) 光緒『江蘇海塘新志』巻八、善後、四四〇頁。
(53) 光緒『江蘇海塘新志』巻八、善後、四四三頁。
(54) 民国『南匯県続志』巻二、水利志。
(55) 光緒『江蘇海塘新志』巻八、善後、四三三頁。
(56) 光緒『松江府続志』巻七、山川志。

(57)光緒『江蘇海塘新志』巻八、善後、四四〇頁。
(58)『江蘇植物志』(上冊)(江蘇省植物研究所編、南京、江蘇人民出版社、一九七七年)二三六頁。
(59)『江蘇植物志』(上冊)一九四頁。
(60)光緒『川沙庁志』巻四、民賦・物産。
(61)『江蘇植物志』(上冊)二三六頁。
(62)『江蘇植物志』(上冊)一八四頁。
(63)光緒『江蘇海塘新志』巻八、善後、四三三頁。
(64)光緒『川沙庁志』巻四、民賦・物産。
(65)光緒『松江府続志』巻七、山川志、七九六頁。
(66)光緒『松江府続志』巻七、山川志、八〇〇頁。
(67)光緒『江蘇海塘新志』巻八、善後(海口、海南出版社、二〇〇一年)四三八頁。雍正朝以前の江南における防波堤工事修築過程の「義戸」の負担、および防波堤修築に対する影響に関しては、詳しくは拙稿「朝代更替、歴史記憶与明末清初的江南海塘工程」(上海社科院歴史所編『伝統中国研究集刊』(第五輯)、上海、上海人民出版社　二〇〇八年)を見よ。
(68)乾隆『江南通志』巻五七、河渠志、一〇一五頁。
(69)『欽定大清会典事例』巻九二二、工部・海塘、六〇二頁。
(70)嘉慶『松江府志』巻十二、山川志、三一五頁。
(71)『欽定大清会典事例』巻九二一、工部・海塘、六〇二頁。
(72)上海市『奉賢県志』巻十三、海塘囲墾志、四五四頁。
(73)光緒『松江府続志』巻七、山川志、七九五頁。
(74)上海市『奉賢県志』巻十三、海塘囲墾志、四五四頁。
(75)『中国海湾志』(海洋出版社、一九九二年)十六頁。
(76)『中国海湾志』(海洋出版社、一九九二年)二六頁。
(77)『華東地区近五百年気候歴史資料』(一九八一年)。

(78) 光緒『江蘇海塘新志』巻八、善後（海口、海南出版社、二〇〇一年）四三三頁。
(79) 光緒『金山県志』巻五、山川上。
(80) 光緒『川沙庁志』巻三、水道・海。
(81) 光緒『江蘇海塘新志』巻三、奏疏、三八五頁。
(82) 光緒『江蘇海塘新志』巻三、奏疏、三五五頁。
(83) 光緒『江蘇海塘新志』巻三、奏疏、三五七頁。
(84) 光緒『江蘇海塘新志』巻三、奏疏、三六〇頁。
(85) 光緒『江蘇海塘新志』巻三、奏疏、三五五頁。
(86) 光緒『川沙庁志』巻四、民賦・物産。
(87)『中国動物志・獣網』八巻、食肉目（北京、科学出版社、一九八七年）二〇九頁。
(88)『中国動物志・獣網』八巻、食肉目（北京、科学出版社、一九八七年）二一七頁。
(89)『中国動物志・獣網』八巻、食肉目（北京、科学出版社、一九八七年）二一八頁。
(90) 光緒『金山県志』巻五、山川上。
(91) 嘉慶『松江府志』巻十二、山川志、三一四頁。
(92) 道光『華亭海塘全案』巻九、辦工章程、三七頁。
(93) 光緒『江蘇海塘新志』巻八、善後（海口、海南出版社、二〇〇一年）四三三頁。
(94) 光緒『江蘇海塘新志』巻六、材工（海口、海南出版社、二〇〇一年）四〇八頁。
(95) 光緒『江蘇海塘新志』巻六、材工（海口、海南出版社、二〇〇一年）四〇八～四〇九頁。
(96) 光緒『宝山県志』巻二、営建志・海塘。
(97) 光緒『江蘇海塘新志』巻六、材工（海口、海南出版社、二〇〇一年）四〇八頁。
(98) 道光『華亭海塘全案』巻八、文移詳稟。
(99) 光緒『江蘇海塘新志』巻六、材工（海口、海南出版社、二〇〇一年）四〇九頁。
(100) 光緒『金山県志』巻五、山川志。

(101)『中国動物志・昆虫綱』十七巻、等翅目(北京、科学出版社、二〇〇〇年)五~六頁。
(102)光緒『江蘇海塘新志』巻八、善後、四三三頁。
(103)アリの巣の描述に関しては、『中国動物志・昆虫綱』の十七巻、等翅目をみよ(北京、科学出版社、二〇〇〇年)四八~五一頁。
(104)『中国動物志・昆虫綱』十七巻、等翅目(北京、科学出版社、二〇〇〇年)二四頁。
(105)『中国動物志・昆虫綱』十七巻、等翅目(北京、科学出版社、二〇〇〇年)七七頁。
(106)『中国動物志・昆虫綱』十七巻、等翅目(北京、科学出版社、二〇〇〇年)六四頁。
(107)光緒『松江府続志』巻六、山川志、五三九頁。
(108)道光『華亭海塘全案』巻九、辦工章程、三九頁。
(109)光緒『江蘇海塘新志』巻八、善後(海口、海南出版社、二〇〇一年)四三二頁。
(110)道光『華亭海塘全案』巻九、辦工章程、三九頁。
(111)光緒『松江府続志』巻七、山川志、七九四頁。
(112)光緒『江蘇海塘新志』巻八、善後(海口、海南出版社、二〇〇一年)四四〇頁。
(113)民国『南匯県続志』巻二、水利志、一二二頁。
(114)陸景雲・陸正傑『南匯海塘管理的発展』、『江南海塘論文集』(南京、河海大学出版社、一九八八年)一三九頁。
(115)民国『南匯県続志』巻二、水利志、一二一頁。
(116)光緒『江蘇海塘新志』巻八、善後(海口、海南出版社、二〇〇一年)四四〇頁。
(117)(清)葉夢珠『閲世編』巻七、食貨六。
(118)(日)吉田寅著(劉森訳)「『熬波図』的一考察」(『塩業史研究』一九九五年)第四期、四三~五六頁「『熬波図』的一考察(続)」(『塩業史研究』一九九六年)第一期、四八~六三頁。
(119)光緒『川沙庁志』巻四、民賦・物産。
(120)民国『南匯県続志』巻二、水利志。
(121)李維清『上海郷土志』一二三課、徙薪公所。
(122)『平安朔漠方略』巻一一四、順治十五年正月壬子条。

(123)「江蘇布政使張渠奏報査勘海塘情形及槍護事宜折」(雍正十三年七月十五日)(『雍正朝漢文硃批奏折』南京、江蘇古籍出版社、一九八六年)第二八冊、七六八頁。
(124)段紹伯編著『上海自然環境』(上海、上海科学技術文献出版社、一九八九年)八二頁。
(125)光緒『江蘇海塘新志』巻八、善後(海口、海南出版社、二〇〇一年)四四〇頁。
(126)光緒『南匯県志』巻二〇、風俗志、一四三七頁。
(127)楊聯陞「従経済角度看帝制中国的公共工程」(『国史探微』、瀋陽、遼寧教育出版社、一九九八年)一七二頁。
(128)陳存煥・周潮生『明清銭塘江海塘』(北京、中国水利水電出版社、二〇〇一年)七二~七三頁。
(129)光緒『江蘇海塘新志』巻八、善後(海口、海南出版社、二〇〇一年)四四〇頁。
(130)ダグラス・セシル・ノース、張五常等著、オルストン・リー、スロウイン・エッゲルトソン編(羅仲偉訳)『管制自然資源・不合理産権的演進』(北京、経済科学出版社、二〇〇三年)二九五頁。(*Empirical studies in institutional change*, Cambridge University Press, 1996)。
(131)光緒『江蘇海塘新志』巻八、善後(海口、海南出版社、二〇〇一年)四四〇頁。
(132)光緒『江蘇海塘新志』巻四、形勢(海口、海南出版社、二〇〇一年)三七九頁。

V

東アジア海文明と災害・環境

太白湖：中国湖北省
(姚敏撮影)

自然災害と中国古代行政区画の変遷についての初探

段　偉（中村威也訳）

国連災害リスク軽減委員会が公表した統計によれば、この三〇〇年間に全世界で一〇万人以上死亡した五〇の自然災害のうち、ヨーロッパで起きたものは三つあった。一方で、そのうち、中国で発生した自然災害は二六回を数え、累計死亡者は一億三〇〇〇万人を数え、死亡者全体の六八パーセントを占めている。国連災害リスク軽減委員会のレポートには中国について次のような記述がある。

中国は世界で自然災害が最も激しい国のうちの一つであり、大陸地震の頻度と強度は世界一である。地球全体の地震発生数量の一〇分の一以上を占め、台風の上陸頻度は毎年平均七回の多きに達する。有史以来、干害・水害、山地災害、海岸部の災害は毎年中国で発生している。(1)

多くの自然災害は人々の生命に危険を及ぼし、家屋を崩落させ、生産活動を崩壊させ、巨大な損失を出す。自然災害は生活に及ぼす影響が大きく、中国では、先秦時期からすでに自然災害の発生メカニズムの研究を重視してきた。二十世紀以来、自然災害に関心を寄せる研究者はさらに増えている。しかし、多くの研究者が注目するのは、自然災害の中国経済に与える影響や自然環境への破壊であり、自然災害が政治制度に与える影響に注目することは少ない。自然災害が政治面に与える影響は、王朝の改元や三公の罷免、賢良の推挙、恩赦、官僚間の過失追及だけではなく、自然災害が行政区画に変化をもたらすことなど、現在の様々な方面に及んでいる。[2][3]たとえば、二〇〇八年五月十二日に発生した四川大地震の際には、北川羌《きょう》族自治区の県城は、土砂が崩れて平地になってしまったので、同年十一月に国務院の決定により、北川県の新県城は安県永安鎮と安昌鎮の東側二キロメートルの所に移された。そこは、八平方キロメートル前後の土地が利用可能であり、もとの北川県城から二三キロメートル離れた所に位置している。[4]

中国の歴史において、自然災害が行政区画の変遷に影響を与えた事例は数多く、研究者の関心を集めてきた。陳慶江は、明代の雲南府とその管轄の県の治所の変遷に緻密な分析を加え、治所の移動の原因に水害・地震などの自然災害が引き起こしたものがあることを指摘した。[5]胡英沢は、社会史の視点から河道の変動と行政区画の変動の過程を分析している。[6]許鵬《きょほう》は、清代のすべての省会、府・庁・州・県の治所の移動に分析を加えた結果、清代の行政区の治所移動の原因には、洪水災害・河道の変遷・地震・台風など自然災害の影響があることを確認している。[7]具体的には、二つの直隷州、一つの庁、一つの州、十五の県が自然災害によって治所を移した事例を挙げている。李燕・黄春長は、古代の黄河中流域の環境変化と災害が都城の移動や発展に影響を与えていることを述べた。[8]史衛東・賀曲夫・范今朝は、県の行政地域に影響を与える要素として、自然要因をその一つに挙げている。[9]徐建平は、民国時期の自然災害と安徽省の変化の関連性について詳細に論述している。[10]これらの研究は、様々な面から自然災害がいかに行政区画の変遷に影響を与えているかを述べているが、主たるテーマはそれぞれに異なるため、全面的な検討とは言い難く、分析が深くないものもある。従って、自然災害と中国の行政区画の間に密接で不可分な関係があることについては、より深く検討する必要があろう。
本稿は、地名に与えた影響・行政区の区画・治所の遷徙・行政区の新設及び廃止という四つの面から、自然災害が中国古代の行政区画に与えた影響を総合的に検討するものである。

一、自然災害と地名の変化

古代の中国においては、朝廷は自然災害に対し畏れを抱き、自然災害は政府の施策が誤っているという天の警告だととらえる。災害の影響を減らし、さらにはそれを除くために、政府は災害の減少の措置を取る他に、禳災《じょうさい》（災害を祓うこと）をする場合がある。たとえば、自然災害が発生した後に、被災した地域の地名を変えることは、禳災の一種である。

正史の記載においては、自然災害が原因で地名を変えた事例は元代が突出して多い。

元代は地震により何度も地名を変えている。元の成宗の時、平陽・太原では何度も地震が発生した。大徳七年（一三〇三）には、

> 八月、辛卯の日の夕刻、地震があった。太原・平陽の被害がもっとも甚大であり、官民の家屋が十万余り崩壊した。平陽の趙城県の范宣義の郇堡は一〇里余移動した。太原の徐溝・祁《き》県及び汾州の平遙・介休・西河・孝義などの県では地震により地面がひび割れ、井戸からは黒い砂がわき出た[11]。

と記されている。また、大徳八年には「正月、平陽で地震が止まらず、当時の道教寺院の橋が一四〇〇箇所で壊れ、死傷した道士は千余人、軍隊や民衆の被災者は数えられないほどであった」[12]。大徳九年二月丙午の日には「平陽、太原で地震があり、站戸〈站赤〈ジャムチ〉を担当していた世帯〉が被災した」。平陽・太原で頻繁に地震が起こったので、その年の「五月癸亥の日、地震があったため、平陽路を晋寧路と改め、太原路を冀寧《きねい》路と改めた」[13]。政府は、これらの地域の名称を変えることによって、地震をなくそうと願ったのである。当然のことながら、地震はそのようなことで減少するわけがない。実際に元代では、冀寧路・晋寧路と改名してからも度重なる地震が発生していたのである。たとえば、仁宗の延祐三年（一三一六）九月には「己未の日、冀寧・晋寧路で地震があった」[14]。冀寧路の地震に関する記事はこの他にも見いだせる。たとえば、成宗の大徳十一年（一三〇七）八月に冀寧路で地震があり[15]、武宗の至大三年（一三一〇）十二月、戊申の日に冀寧路で地震があり[16]、仁宗の延祐四年（一三一七）正月壬戌の日に冀寧路で地震があり[17]、七月辛卯の日に冀寧路で地震があった[18]、などである。これ以外にも地震により行政区を改名した事例はある。元の順帝の至元四年（一三三八）に、宣徳府は地震のために順寧府に名を改め、奉聖州も同様に地震のために保安州に名を改めている[19]。そして、至正十二年（一三五二）三月には、

隴西で百余日地震が続き、城郭は崩壊し、尾根や谷筋は〈地震により地形が〉変化し、定西・会州・静寧・荘浪《そうろう》の被害がもっとも甚大であった。会州の役所の壁は崩れ、五〇〇余りの弩を得た。長いものは一丈余り、短いものでも九尺あったが、弩を引くことができるものはいなかった。

と記されるほどであった。そこで、定西州を安定州に改名し、会州を会寧州に改名した[20]。

水害によっても、地名の変更がなされることがある。現在の浙江省海寧市は元代では塩官州という名であったが、

泰定四年（一三二七）には、海圮塩官《かいひえんかん》となり、天暦二年（一三二九）には、海寧州に改められた。その理由は、海寧の東南はみな大海に面しており、唐・宋からつねに水害があった。大徳・延祐年間もまた水害を被った。泰定四年の春に、水害はもっともひどく、都水少監の張仲仁に命じてこれに対処させ、延べ一万人を動員して、三〇余里の沿海部に四四万三三〇〇余りの石籠、四七〇余りの木枠を設けさせた。文宗が即位すると、水の勢いは初めて穏やかになり、そこで動員をやめた。それゆえ、海寧と改名したのだという。(21)

というものであった。防波堤の修築である程度は海水の浸入を防いだが、根本的な解決とはならず、改名した後も、海寧は依然として水害に見舞われることがあった。塩官を海寧に改名することによって、政府は（その改名により）水害を防止するという願いを託したが、実際には大海を安寧させることはできず、ただ海寧という美しい地名だけがずっと今日まで伝えられて残っている。

二、自然災害と行政区の境界

自然災害が行政区画の境界変更をもたらす場合、次の三つに大別できる。異なる政権の間での区画変化、行政区の間での調整、行政区の拡大や減少、である。

（一）自然災害が二つの政権間の区画変化に影響を与えた事例

このような事例は宋金時期に集中している。北宋の靖康元年（一一二六）、金軍が河北を占領し、北宋に黄河を国境として和議を迫った。金は河南の地を占有した後に、劉豫の偽斉政権を作った。南宋の建炎二年（一一二八）の冬、北宋は南下する金軍を阻止するために人為的に黄河を決壊させ、泗水から淮水へと流れさせた。[22] 決壊地点は滑《かつ》県の李固渡（現在の滑県西南の沙店集南三キロメートルほど）以西で、新しい河道は東流して李固渡を経て、さらに滑県の南、濮陽《ぼくよう》、東明の間を経て、再び鄄城《けんじょう》、鉅野《きょや》、嘉祥、金郷一帯を経て、泗水に入る。このことにより、黄河は『山海経《せんがいきょう》』や『禹貢《うこう》』以来流れていた現在の浚《しゅん》県と滑県の南、旧滑城の間の河道から離れ、東北流して渤海に向かうことはなくなり、東南流して泗水・淮水に入るように変化した。これは、黄河の歴史上四度目の重要な河道の変更である。[23] 南宋の紹興九年（一一三九）、宋と金は和議を結んだ。金は、

新しい河道は我々が決壊させたのではない（建炎二年の杜充による黄河決壊を指す）。そちらが自分で決壊させて我々に与えたのだ……現在の新しい河道を境界にすべきだ。[24]

と主張したので、杜充が決壊させた新しい河道が国境となった。南宋はそのために、以前と比較して広大な国土を失うことになったのである。たとえ金人が利益を得たとしても、なお満足しなければ、盟約に背いて兵を起こしていただろうし、そうなればどのみち南宋は淮河を国境としただろう。[25]

（二）自然災害が行政区間の調整に影響を与えた事例

自然災害が起きた行政区間の地域区画の調整といった事例は歴史上数多く見られる。ここでは一例を挙げるにとどめておく。

清代の浙江杭州府海寧州は、銭塘江《せんとうこう》が海へと注いでおり、壮観な銭塘湖を形成していた。銭塘江はもともと、南大亹《なんだいもん》から海に注ぎ、南は蕭山《しょうざん》を境界としていたが、乾隆二四年（一七五九）以後は、北大亹から海に注ぐように河道が変わった。浙江巡撫の蔣攸銛《しょうゆうてん》は次のように上奏した[26]。

> 杭州府の海寧州城の西南は、海面が広がっており、南沙は海の南岸に位置しており、紹興府の蕭山県城の東の北陸路と相通じていています。……乾隆二四年以後、海道は中小の泥だまりのために北に移ってからは、河荘山以南には平地が形成されました。海寧州管轄であった赭山などの地域は銭塘江の南岸に移され、蕭山県と境を接することになりました。……もともと海寧州に属していた南沙地域全体を蕭山県に編入し、すべての南沙地域内の民田や山地などの土地や公有私有の砂地ならびに新しく泥が溜まって開墾が試されている砂地を蕭山県の管轄にすべきではないかとお願いいたします。

南沙地域は銭塘江の河道が北遷したため最終的には嘉慶十六年（一八一一）[27]に蕭山県の所属となり、行政管理がしやすくなった。

（三）自然災害が行政区の拡大や縮小をもたらした事例

このような事例もまた歴史上では数多く見られる。これらの行政区は河川や湖沼、海洋の沿岸地帯に分布しており、自然災害の影響で管轄する土地が水没するなどにより、面積が減少したり、土地が堆積することで面積が増加したりする。当然のことながら、現在の区画基準では、陸地と水域の面積をあわせたものが行政区の管轄範囲であるが、もし他国と境界を定めるようなことがなければ、区画それ自体が移動することはありえない。古代では、主要な生産活動は農耕であったため、土地のコントロールが大変重視され、区画は主として陸地面積に対してなされた。したがって、ここでは陸地面積が自然災害によって変化を生じたかどうかについて考察することにしたい。実際には、自然災害によって耕地が荒野に変わってしまい、水没しなかったとしても利用することができなくなることもある。このような状況は非常に多いので、通常は行政区画の変遷とは見なさない。ここでも、この点については論じないことにする。

大きな水害や地震の被害にあった場合、行政区は水没した地域が生じると縮小する。明清期の、鳳陽府泗州の地は、明の永楽年間（一四〇三〜一四二四年）は洪沢湖の東岸に高家堰《えん》を築いて淮水が浸出するのを防いでいたが、洪沢湖が徐々に北方・西方に拡大していくと、明の崇禎四年（一六三一）には、洪水が泗州城にあふれ、清の順治六年（一六四九）年には帰仁堤が決壊し、淮水と黄河が入りまじって氾濫し、二度も水没した。実際に水没した田地は一二〇〇余頃をこえたとされる。(28)知州の袁象乾・巡撫の張朝珍は題本で上奏して請願したので、これらの水没した田地の賦税は免除されることとなった。これは自然災害が行政区自体の縮小を引き起こした事例である。

自然災害は、行政区の範囲の拡大をもたらすこともある。明清期は黄河が長期にわたって逆流して湖に水が注がれたので、淮水の排水がうまくいかず、泥砂が堆積して湖底を高くさせた。それにしたがい湖面もまた高くなり、高家堰では開口門で湖水を黄河・淮河に排水した。洪沢湖の東北部、すなわち清口の西南の河水が逆流して湖に水を注いだ際には、泥砂はまず湖底に堆積し、続いて平地に堆積したために、湖は縮小し、北側の三洼は地勢が比較的高かったために、徐々に涸れていった。[29] 清末に黄河が北に河道を移すと、洪沢湖の北部の湖面は陸地となり、「洪沢湖の湖底が徐々に平地となっていき[30]」、清河県の陸地面積を広げることとなった。[31]

また、沿海部に位置する行政区は海水の浸食を受けて縮小すること、また逆に土砂が堆積して拡大することもあり、事例は非常に多い。元の成祖の至元二九年（一二九二）に初めて上海県が置かれ、[32] その後数百年の発展と海面の下降による陸地化をへて、上海の行政区域は拡大し続けている。現在は、すでに二〇〇〇万余りの人口を擁する直轄市となり、その名は世界に轟いている。

三、自然災害と行政治所の遷移

自然災害が行政治所の遷移に影響を与える状況には次の二つがある。一つは、治所が管轄地域内で移動する場合、もう一つは、違う行政区域で新たに治所を設ける場合である。

（一）治所が自然災害により管轄地域内で移転する事例

治所が管轄地域内で移転する場合は、さらに次の二つの場合がある。一つは、県レベルを管轄する治所が移転する場合と、もう一つは、県レベルの治所が移転する場合である。

県レベルを管轄する治所が移転する場合は、ある県レベルないしそれ以上のレベルの行政区から、別の県レベルないしそれ以上の行政区に移転することがほとんどであろう。唐代にそのような事例が見られる。たとえば、唐代前期、隴《ろう》右道秦州はずっと上邽《じょうけい》県に治所を置いていた。貞観十七年（六四三）からは、上邽・成紀・伏羌《ふくきょう》・隴城・清水の五県を管轄していた。しかし、開元二二年（七三四）に、

二月の壬寅の日、秦州で地震があり、官衙や住民の家屋のほとんどが倒壊し、官吏以下四〇人余りが圧死した。音がごうごうと鳴り、地震が続いて止まらなかった。(33)

という大地震があった。このため秦州の治所は完全に倒壊したので、その年は「地震のために治所を成紀の敬親川に移(34)」さざるを得なかった。治所を州内の成紀県の敬親川に移したので、秦州の最上レベルの県（州の治所がある県）は上邽から成紀へと変わってしまったのだ。

治所が県レベルの行政地域内で移転することは、比較的普通のことで、事例もわりあい多い。

元代から清代の海門県の治所の移転は長江の川岸の崩落と密接に関係している。海門県の治所はもともと大安鎮（現在の呂四の南）にあったが、元の至元～至正年間（およそ一三五〇年頃）に潮流が浸出し、県城が崩落したので、県治を礼安郷に移した。この時、長江の川岸は蒿枝《こうし》港から三和鎮というラインまで迫っていた。川岸の北側が崩落したのと同時に河川段丘の崩落も西に広がった。余東以西の崩落がもっとも激しかった。明の正徳七年（一五一二）には、県治は再び台風による大波の被害を受け、同九年にはさらに二度目の移転がなされ、西方三〇里の余中場に移った。嘉靖十七年（一五三八）には、高潮が襲い、県境の居住地は僅かに十四里を残すのみになり、同二四年には、通州に六里、一四二頃の田地を借り、県治は金沙場の南、瞿竈《くそう》、進鮮両港の間（現在の袁竈《えんそう》港、海壩《かいは》橋より西の地域）へと三度移った。明末清初も崩落の勢いは止まらなかった。清の康熙十一年（一六七二）には、県治は再び高潮により破壊され、永安鎮に四度目の移転をしたが、残された住民が僅かしかいなかったために県となることができずに、郷に降格され

た[35]。康熙年間（一六六二～一七二二）の末年には、永安鎮はまた崩落したために、海門郷の治所はさらに興仁鎮に移された[36]。

明代初期の東安県の治所はもともと常道城の東、耿就橋行《こうしゅうきょうこう》市の南にあった。渾《こん》河（現在の永定河）の決壊を受けて、洪武三年（一三七〇）十一月に主簿の華徳芳が治所を常伯郷の張李店に移し[37]、ついには明清の東安県の新しい県治所となった。

明代の陝西《せんせい》興安州の治所も何度か移転したが、水害が原因の場合もあった。『陝西通志』には、

知州の役所はもともと十字街の西にあった。明の洪武四年（一三七一）に知州の馬大本は、十字街の東の報恩寺の跡地に役所を再建した。成化十四年（一四七八）には、知州の鄭福が再び修築した。万暦十一年（一五八三）に、大洪水で崩壊した際には、新城を作ってそこに移った。同四五年に知州の許爾忠がさらに修築したが、後に賊により壊された。本朝の順治四年（一六四七）に、再び旧城に戻り、知州の楊宗震が跡地に庁舎を建てた[38]。

とある。成化十四年（一四七八）に再建した州の役所は、万暦十一年（一五八三）に水害により崩壊し、新城を作って移らなくてはならなかったのだ。

（二）治所が自然災害により他の管轄地域へ移転する事例

このような状況は自然災害が行政区画に変化をもたらす場合と似たところがあり、行政区の境界に変化をもたらすが、行政区の境界の変化は一般的に治所の位置には影響を与えることはないし、治所の移動は、行政区の周辺部の調整に必ず影響を与えるというものでもない。治所が外へと移転する場合は二つあって、一つは「寄治」（治所がよその

行政区に駐留すること）で、もう一つは、治所が外へ移動し、行政区を広げることである。先に触れた北川県城の移動がこの事例に相当する。

清代における行政区の寄治の事例は、決して少なくはない。省レベルの行政区で言えば、安徽布政使が江蘇江寧府に寄治していた。順治十八年（一六六一）に江南布政使司は左右の二つに分けられ、江南左布政使司は江寧府に駐在して、安慶・徽州・寧国・池州・太平・廬州・鳳陽・淮安・揚州の九府と徐・滁《じょ》・和・広徳の四直隷州を管轄し、江南右布政使は蘇州府に移って、江寧・蘇州・松江・常州・鎮江の五府を管轄した。康熙四年（一六六五）には、江南左布政使所が管轄していた淮安・揚州の二府と徐州直隷州を江南右布政使司に管轄させた。康熙六年（一六六七）には、江南左布政使は安徽布政使と名前を変えた。(39) 乾隆二五年（一七六〇）になって、ようやく安徽布政使が江寧府から安慶府に駐屯するようになった。(40) 明代においては、布政使は一つの省のトップの官僚であり、清代前期においても、総督や巡撫が事実上の地方のトップ官僚となるが、名目上のトップの官僚は布政使であり続けた。安徽布政使が江蘇布政使の管轄区である江寧府に駐屯したのは、「寄治」であって、自然災害とは関係がない。

清代における省レベル以下の行政区では、自然災害に関連した寄治の事例が見える。

清代前期において、泗州は鳳陽府に属する州で、盱眙《くい》・天長の二県を管轄していた。泗州城と盱眙県は淮水をはさんで相対していた。洪沢湖は、東に高家堰があり、西南に老子山などの丘陵地があるという地理的制限から、湖面は主に西方と北方の二つの方向に拡張していった。康熙十九年（一六八〇）に淮水の堤防が決壊すると、洪沢湖も氾濫し西方へと湖面が広がったために、この当時、盱眙の対岸は見渡す限り水面となり、泗州城は水没してしまった。(41) 泗州には執務する官衙が無くなってしまったので、盱眙県に寄治することとなった。雍正二年（一七二四）に泗州は直隷州に昇格し、盱眙・天長・五河の三県が分かれてこれに属したが、州治は依然として盱眙に寄居したままであった。州治は民家を借りあげたり、試院（科挙の試験会場）に駐留して寄居したが、これはけっして正常な状態ではなく、総

督と巡撫が、

州治が盱境に駐留しているが、遠く川や湖に隔てられており、消息が容易に知りがたくあります。双溝に街を作ろうと主張する者や、包家集に治所を設けようと主張する者がおり、ほとんど話がまとまりません。(42)

と上奏するありさまだった。乾隆二四年（一七五九）になって盱山のふもとに役所を建て、一時的に正式な官衙を持つこととなった。乾隆四二年（一七七七）に泗州の直隷州の治所を虹県城に移し、虹県を泗州直隷州に組みいれたことにより、(43)泗州の寄治は終わった。

北川県城の治所が他へ移った事例に似たものは清代でも発生している。清代初期の清河県は甘羅城に治所を置いていたが、康熙年間にたびたび水害で崩壊した。乾隆二五年（一七六〇）には、

吏部が審議して以下の上奏を許可した。江蘇巡撫の陳広謀は「淮南府に属する清河県は黄河に近く、城壁がはじめからありませんでしたので堤防に頼って守りとしてきました。先の康熙年間には決壊したこともあります。今年は黄河の水流が多く、広さ数尺しかない一本の堤防では、県の治所は極めて危ないと言えましょう。そこで、対岸の清江浦に治所を移したくお願い申し上げます」と上奏した。(44)

と記されている。

ただし、清江浦は山陽県の管轄であったために、乾隆二六年（一七六一）になって、「山陽県の近浦など一〇余りの郷を清河県に編入し、これを新しい県の治所とした」(45)。清河県の治所が清江浦に移った後、東に管轄地域を拡大した

だけではなく、行政上の変化をも伴うこととなった。乾隆二八年（一七六三）には、

県の役所は胡璉の官舎を修築し、清河県の旧役所には中河通判を駐留させ、通判の旧役所は時価で売って県の役所の修築にあてました。山陽・外河の県丞や里河の主簿は以前は清江に駐留し、清江の閘官は以前は山陽に属していましたが、これらをともに清河の管轄にすべきです。外河の主簿は以前は清河の古い治所に駐留しておりましたが、これを王家営に移して駐留させ、護餉《ごしょう》して越境するのに便利なようにすべきです。教諭（県学にあって生員を教える官）は清江に移して駐留させ、貢監（府・州・県において、生員で国子監に入って勉強する者）・生童（生員と童生）で清江に家がある者は、あらためて清河県の戸籍に編入させるべきでしょう。犯罪人を解放させたとしても、もとの刑場に留まらせ、中河の主簿に責任をもって周辺で看守を監督させても、黄河がじゃまになっていると上奏しております。どうか請願通りにしてください。ただ、清河で、沖（交通の要所）・繁（行政事務が煩雑な地域）・疲（税収ができていない地域）・難（治安がよくない地域）に指定された県で欠員のあるポストには、養廉銀《ようれんぎん》（清代、官吏の本給の他に職務のレベルに応じて毎年支給される銀銭）一五〇両を増やし、山陽の地は狭くて仕事は簡素なので、養廉銀一五〇両を減らすべきです。この請願の通りにした。(46)

とあって、清河県の新しい政治の局面はこの段階で完成されたことが分かる。

四、行政区の新設と廃止

自然災害が行政区画に与える影響は、これまで述べてきた事例の他に、被災地に新たに行政区を新設すること、あるいは被災地の行政区を廃止することがありうる。

清代後期においては長江の水害により南洲直隷庁が置かれるようになった。咸豊四年（一八五四）には、湖北の石首藕池が決壊し、長江の水が大量に洞庭湖に入ったため、泥砂が華容県境に徐々に堆積し、中洲を造成するに至った。光緒年間に入ってからは、

上奏により（南洲）直隷庁を設け、華容九都市を庁の治所とし、さらに岳州府の華容・巴陵の二県、澧州の安郷県、常徳府の武陵・龍陽・沅江の三県の土地を分けて直隷庁に編入させた。東西は一一〇里、南北は九〇里の広さとなった。(47)

と記される。南洲直隷庁の設置は、光緒二〇年（一八九四）のことであろう。(48)

自然災害により行政区が廃止された事例も、多く見られる。金代の碭《せきざん》山県は現在の安徽省碭山県にあったが、「北は大河が近く、南は汴《べん》堤が近く、東西が二〇〇里」(49)で、非常に水害を受けやすかった。碭山県はもともと単州に属していたが、興定元年（一二一七）に帰徳府の所属に変わり、五年には永州の所属となった。(50)『元史』には、

碭山は、金代には湖に水没してしまった。元の憲宗七年に、初めて再度県治を置き、東平路に属した。至元二年には、戸口が少なかったので、単父県に編入された。三年に再び県が置かれ、済州に属した。(51)

との記載がある。同治『徐州府志』は、碭山県が興定二年（一二一八）に湖に水没し、五年に県が再び設置され、永州に属したとしているが、(52)おそらく誤りであろう。碭山県は、元代になって再び設置されたのであるから、興定五年の後に廃止されたはずで、興定二年に廃止されたはずがない。碭山県と近い虞城《ぐじょう》県もまた、金代には水害によって廃止され、元の憲宗二年（一二五七）に再び設置され、人口が少なかったので、元の世祖の至元二年（一二六五）に碭山県とともに単父《たんほ》県に編入されており、至元三年に再び県が設置された。(53)碭山県と虞城県の県の廃止と再設置から考えると、当時の水害が行政区の区画に極めて大きな影響を与えていたことが分かる。初めに碭山県と虞城県は水害を被り、壊滅的な打撃を受けたため、県が廃止された。憲宗の時期に前後して再び県が設置されたが、今後は水害を受けた影響から人口は少なかったために、県が廃止されて近隣の単父県に編入されることとなり、その翌年にさらに再び県が設置されたのである。

水害が行政区を廃止した他には、地震もまた行政区の廃止の重大な原因となることがあった。その顕著な例は、清代の乾隆年間の甘粛新渠《しんきょ》・宝豊の二県が地震により平羅県に編入されたことであろう。

清の雍正二年（一七二四）に、甘粛に寧夏府を置き、寧夏左衛を改めて寧夏県とし、寧夏右衛を改めて寧朔県とし、中衛を中衛県とし、平羅所を平羅県とし、霊州所を霊州とした。(54)寧夏衛所は府・県に改編された後、地方の官僚はこの地区の発展に対してなお十分に満足しておらず、この地区の農業発展に力を注いだ。四年には、川陝総督の岳鍾祺《がくしょうき》らは次のように上奏して述べている。

臣は皇帝陛下の諭旨に従い、通智とともに隆科多と石文焯《せきぶんしゃく》が奏言した「挿漢拖輝《そうかんたき》において用水路を作り水門を建てる事」について、地図を見て勘案しましたところ、挿漢拖輝から石嘴子《せきしし》まで堤防を築き用水路を開通させれば、一万頃の土地に農民を招いて農耕させることができます。請い願いますに、挿漢拖輝の適当な所に、県城を建築し、知県一人・典史一人を配置し、さらに李綱堡の把総（各地方の総兵の部下）一人、兵五〇人を県城に移して防備させ、石嘴子地方（中級以下のレベルの行政区画の総称）では、平羅営の守備一人、把総一人、兵二〇〇人を転属させ、駐屯（軍隊がある地で安営・札寨すること）させ、中衛辺口では、夏鎮標の守備一人、把総一人、兵一〇〇人を、駐留地を分けて防備させ、河西寨より石嘴子まで堤防を二〇〇余里築き、用水路一本を開き、防水門八つを作ることを。また七月の間に施工し、すぐに民を招いて開墾させて、灌漑を利用させることを請い願います。新しく建設された県は恭侯と命名下さるよう、また鋳造して印章を賜りますように願います。（その結果）これらすべてを請願の通りにするようになった。

それで、挿漢拖輝（河岸の牧場の意）地域に新渠県が置かれたのだ。[55] 六年には、この地域は広大になり、また宝豊県を増置した。[56]

新渠・宝豊の二県は、大規模な民衆の開墾を受け入れ、徐々に発展を遂げていった。しかし、好景気は短かった。突然発生した地震によって、二県の編成は崩壊してしまった。乾隆三年十一月二四日（一七三九年一月三日）に、寧夏で歴史上稀に見るほどの破壊力のある地震が発生した。平羅・新渠・宝豊などの土地は、みな隆起し、平地は割れ裂かれ、黒い水がひどく湧き出て、深さ三～五尺の所もあれば、七～八尺の所もあった。民衆の圧死したものは数多く、溺死ないし凍死したものも数多かった。[57]

新渠・宝豊の二県の被害はもっとも甚大であった。『秋坪新語《しゅうへいしんご》』には、次のような記載がある。

乾隆戊午の歳、十一月二四日に、甘粛寧夏府で地震があった。河水は飛び溢れ、新渠・宝豊の二県に流れだし、地中からわき水が一丈余りも噴き出し、周囲に水を流し、水深は七～八尺から一丈余りにまで達した。地盤が数尺も沈下し、城内の家屋はすべて倒壊し、圧死したものは非常に多かった。新渠城の南門は数尺も陥没し、北門城洞は僅かに半月の形を残すのみだった。人にあなをあけて掻き出させて取りだしてみると、穀物は熟して駄目になっており、穀物は氷の川の中に沈んだ。県の役所の棟木は地面と同じ高さになり、倉庫もまた地中に陥没し、酸っぱい酒のような味がした。周囲の各堡は土塁を築き、恵農・昌潤の用水路はともに崩れ落ちてしまい、河底が水面よりも高くなり、水が新渠の北二～三〇里の外に広がり、宝豊から石咀子《せきそし》に至り、東は黄河と連なり、西は賀蘭山のふもとにまで達し、周囲一～二〇〇里はすべて水浸しとなった。宝豊の城郭の倉庫もまた大半は地中に陥没してしまった。(58)

新渠・宝豊は新設された県であり、地表面の環境の破壊が甚大で、河川・用水路は崩壊し、民衆も多く死亡したことにより、翌年には、清朝政府はこの二県を廃止する決定をした。『清高宗実録』には、次のような記載がある。

吏部等の部が欽差兵部右侍郎の班第《はんだい》の奏称を議覆するに、寧夏の地震は、新渠・宝豊に属する地域をほとんど水浸しにしてしまい、城壁の再建は望めない。もともとの規定に戻し、この二県を廃止されることを請い願います。すべてのもともと寧夏・寧朔などから招き入れた郷民は、もとの戸籍につけ、留まって雇われて労働したいと願う者は、労働を与えて救済の代わりとし、春に雪が溶けるのを待って、農耕できる土地を調査し、手配可能なところには用水路を通して灌漑をさせ、その用水路は寧夏の水利同知が管理するよう、請願の通りにしていただきたくお願い申し上げます。この意見に従った。(59)

新渠・宝豊の二県は、乾隆四年（一七三九）に平羅県に編入された。(60)

おわりに

中国の自然災害の発生回数は多く、規模も大きく、破壊力が強く、影響は計り知れない。災害が起こった後は、災害救済や生産の回復を除いた善後策が、特別な状況下で政府の秩序管理や社会コントロールを安定化させなければならない。従って、行政区を調整する措置が取られる。

自然災害が行政区の調整をもたらすのには次の四つのケースがある。一、地名の変化、二、行政区の境界を新たに区画する場合、三、治所が移動する場合、四、行政区が新設ないし廃止される場合である。その他、自然災害の首都に対する脅威も少なくなく、都城の移転を余儀なくされることもある。たとえば、ある研究者は、殷代前期の都城が数度移っている点について、その原因に水害があるとしている。(61)歴史的には、水害・地震・沙漠化の行政区に対する影響は非常に大きいものがあり、この三つの災害は破壊力が強く、また地表に対しても大きな変化をもたらすので、行政区の調整を推し進めることがある。干害・蝗害の破壊力は時として水害・地震に劣らないものがあるが、基本的には経済的な破壊にとどまり、地表構造に対しては変化をもたらさず、したがって、行政区の変化に与える影響は比較的小さい。地域的に見れば、現在の河南省・山東省・江蘇省の三省は黄河の下流あるいは長江の下流に位置し、また運河が通っているところなので、水害が頻発し、行政区の区画の変化をもたらす事例が比較的多い。台湾の研究者・蔡泰彬は、明代の黄河中下流域の州県で、水害を避けて城を移転した事例を統計し、二九例挙げている。そのうち、河南省が一六例、山東省が六例、江蘇省が五例、安徽省が二例であり[62]、曹州・考城は水害を避けるために、かつて何度も治所を移動した。

自然災害の後に、いかにして合理的・有効に行政区を調整するかは、奥深い学問の分野の一つである。歴史的に見れば、行政区の調整が必ずしも地方の管理に益したわけではなく、時として、反対に行政区の間に互いの利益を争奪させ、互いの状況を牽制しあうこともあり、自然災害に対する整備や防備のためにならないこともあった。中国史において自然災害が行政区画に与えた影響をさらに進んで考察するには、様々な特定のテーマについて議論を深めていかねばなるまい。

[附記]

本論文は中国教育部人文規画基金プロジェクト（10JA770011）の助成を受けたものである。

【注】

（1）「三〇〇年来全世界的大災　一半在中国」二〇〇八年五月二五日（http://www.chinareviewnews.com/doc/1006/5/5/2/100655232.html?coluid=6&kindid=29&docid=100655232&mdate=0525161409　二〇一一年八月一六日アクセス確認）。
（2）段偉『禳災与減災：秦漢社会自然災害応対制度的形成』（上海、復旦大学出版社、二〇〇八年）八二～一〇六頁。
（3）閻守誠主編『危機与応対―自然災害与唐代社会』（北京、人民出版社、二〇〇八年）。
（4）肖青「北川新県城選址敲定安県安昌鎮」（人民網 http://society.people.com.cn/GB/41158/8497870.html）。
（5）陳慶江『明代雲南政区治所研究』（北京、民族出版社、二〇〇二年）。

(6) 胡英沢「河道変動与界的表達—以清代至民国的山・陝灘案為中」(『中国社会歴史評論』第七巻、天津、天津古籍出版社、二〇〇六年)。
(7) 許鵬「清代政区治所遷徙的初歩研究」(『中国歴史地理論叢』二〇〇六年第二期、二〇〇六年)。
(8) 李燕・黄春長「古代黄河中游的環境変化和災害—対都城遷徙発展的影響」(『自然災害学報』一六-六、二〇〇七年)。
(9) 史衛東・賀曲夫・范今朝『中国〝統県政区〟和〝県轄政区〟的歴史発展与当代改革』(南京、東南大学出版社、二〇一〇年)。
(10) 徐建平『政治地理視角下的省界変遷—以民国時期安徽省為例』(上海人民出版社、二〇〇九年)。
(11)『元史』巻五〇、五行志一(中華書局、一九七六年)一〇八三頁。
(12)『続文献通考』巻二二一、物異考(文淵閣『四庫全書』台湾商務印書館、一九八六年)影印本。
(13)『元史』巻五〇、五行志一(中華書局、一九七六年)一〇八三頁。
(14)『元史』巻二五、仁宗二(中華書局、一九七六年)五七四頁。
(15)『元史』巻二二、武宗一(中華書局、一九七六年)四八六頁。
(16)『元史』巻二三、武宗二(中華書局、一九七六年)五三〇頁。
(17)『元史』巻二六、仁宗三(中華書局、一九七六年)五七七頁。
(18)『元史』巻二六、仁宗三(中華書局、一九七六年)五八〇頁。
(19)『元史』巻三九、順帝二(中華書局、一九七六年)八四五頁。同巻五八、地理志一は「至元三年」に作る(一三五〇、一三五一頁)。今、本紀に従う。
(20)『元史』巻四二、順帝五(中華書局、一九七六年)八九七頁。
(21)『元史』巻六二、地理志五海寧州の条(北京、中華書局、一九七六年)一四九二頁。
(22)『宋史』巻二五、高宗二(中華書局、一九七七年)四五九頁。
(23) 中国科学院中国自然地理編輯委員会『中国自然地理与歴史自然地理』(北京、科学出版社、一九八二年)五二頁。
(24) 徐夢莘『三朝北盟会編』巻一九七、紹興九年八月の条(上海、上海古籍出版社、一九八七年)一四二一頁。
(25)『宋史』巻二九、高宗六(中華書局、一九七七年)五五一頁。
(26) 浙江巡撫蔣攸銛「奏為勘明海寧州属南沙地方今昔情形不同応行改隷蕭山県管轄事」嘉慶十六年九月十六日、中国第一歴史檔

案館録副奏折、檔案番号：03-1467-007、マイクロフィルム番号：100-0938。

(27)『清仁宗実録』巻二四九、嘉慶一六年一〇月己酉の条（中華書局、一九八六年）三六一頁。『嘉慶重修一統志』巻二九四、紹興府一。彭延慶、姚瑩俊纂修、張宗海続修、楊士龍続纂『民国蕭山県志稿』（〈中国地方志集成・浙江府県志輯一一〉上海、上海書店、一九九三年）には、嘉慶一七年と嘉慶一八年の二通りの説が見える。ここでは『清実録』の記述に従う。

(28)袁象乾「申請蠲豁沉田糧公移」（方瑞蘭等修、江殿颺等纂『泗虹合志』巻一七「芸文志文二」〈中国地方志集成・安徽府県志輯三〇〉南京、江蘇古籍出版社、一九九八年）六一八頁。

(29)黎世序等纂修『続行水金鑑』巻六、河水引『硃批諭旨』（上海、商務印書館、一九三七年）一五五～一五六六頁。

(30)『清史稿』巻一二六、河渠志一、黄河（中華書局、一九七七年）三七二〇頁。

(31)『光緒丙子清河県志』巻二、形成（〈中国地方志集成・江蘇府県志輯五五〉南京、江蘇古籍出版社、一九九一年）八五四頁。

(32)譚其驤「上海得名和建鎮的年代問題」（『長水集』下、北京、人民出版社、二〇〇九年）二〇二頁、祝鵬『上海市沿革地理』（上海、学林出版社、一九八九年）一五一頁。

(33)『旧唐書』巻八、玄宗上（中華書局、一九七五年）二〇〇頁。

(34)『旧唐書』巻四〇、地理四（中華書局、一九七五年）一〇四〇頁。

(35)『清会典事例』第二冊（北京、中華書局、一九九一年）九三二頁。

(36)陳金淵「南通地区成陸過程的探索」（『歴史地理』第三輯、上海、上海人民出版社、一九八四年）二一～三七頁を参照。

(37)于敏中等編纂『日下旧聞考』巻一二六（北京、北京古籍出版社、一九八三年）二〇四〇頁。

(38)劉于義修『陝西通志』巻一五、公署、興安州の条（文淵閣『四庫全書』台北、商務印書館、一九八六年）。

(39)康熙『江南通志』巻二六、職官、布政使の条。前総纂官姚元之纂輯、提調官賈克慎覆輯『皇朝地理志』安徽一、台北故宮博物院蔵。

(40)中国第一歴史檔案館編『乾隆帝起居注』一九（桂林、広西師範大学出版社、二〇〇二年）三八七頁。

(41)嘉慶『重修大清一統志』巻一三四、泗州直隷州・山川、淮水の条。

(42)乾隆『泗州志』巻二（〈中国地方志集成、安徽府県志輯三〇〉上海、上海古籍出版社、一九九八年）一七八頁。

(43)『清高宗実録』巻一〇二八、乾隆四二年三月庚午の条（北京、中華書局、一九八六年）七八一頁。

(44)『清高宗実録』巻六二一、乾隆二五年九月戊午の条（北京、中華書局、一九八六年）九八〇頁。

(45)『光緒丙子清河県志』巻二「沿革」〈中国地方志集成・江蘇府県志輯五五〉南京、江蘇古籍出版社、一九九一年）八五三頁。

(46)『清高宗実録』巻六八八、乾隆二八年六月戊戌の条（北京、中華書局、一九八六年）七一〇～七一一頁。

(47)『皇朝地理志』（存二〇四巻）巻二二一（故殿 016801）南洲直隷庁の条（台北故宮博物院蔵）。

(48)『清徳宗実録』巻三三五、光緒二年二月の条（北京、中華書局、一九八六年）三〇四頁。

(49)『金史』巻一〇三、蒙古綱伝（中華書局、一九七五年）二二五九頁。

(50)王頲『完顔金行政地理』（香港天馬出版有限公司、二〇〇五年）二四八頁。

(51)『元史』巻五八、地理志一、済寧路の条（中華書局、一九七六年）一三六七頁。

(52)朱忻等修、劉庠等纂、同治『徐州府志』巻四、沿革表（台北、成文出版社、一九七〇年）四七頁。

(53)『元史』巻五八、地理志一、済寧路の条（中華書局、一九七六年）一三六七頁。

(54)『清世宗実録』巻二五、雍正二年一〇月丁酉の条（北京、中華書局、一九八五年）三九六～三九七頁。

(55)『清世宗実録』巻四四、雍正四年五月乙未の条（北京、中華書局、一九八五年）六四五頁。乾隆『甘粛通志』巻三下、寧夏府には「雍正四年に県を設けて新渠と名づけた」とある。『清史稿』、『清国史』はともに誤って「五年」に作っている。乾隆『寧夏府志』巻二、地理一・沿革には「明初に平羅千戸所を置き、寧夏衛に所属させた。本朝はさらに平羅所といった。雍正三年に平羅県と改名した。四年にさらに査漢託護の地を取って県を置き、新渠、宝豊と名づけ、ともに寧夏府に所属させた。乾隆四年にはともに廃止され、平羅県に編入された」とある（銀川、寧夏人民出版社、一九九二年）七八頁。

(56)『清世宗実録』巻七五、雍正六年一一月壬戌の条（北京、中華書局、一九八五年）一一一六～一一一七頁。乾隆『甘粛通志』巻三下「寧夏府」には「雍正四年に県を設けて、宝豊と名づけた」とある。『清史稿』、『清国史』はともに「雍正七年」に作る。今『清実録』に従う。

(57)査郎阿等「奏報親赴寧夏査勘地震災情并辨理賑恤情形事」乾隆三年一二月二〇日、中国第一檔案館録副奏折、檔案番号：03-9304-035、マイクロフィルム番号：668-0362。

(58)（清）浮槎散人『秋坪新語』巻一一。王嘉蔭編著『中国地質史料』は「按ずるに『清史稿』では「一七四九年五月」としているが、これを「一七五一年正月」としているのには邸抄にも見えており、いずれが正しいのか誤っているのか、あるいはまた二度地震があったのかについては、さらなる考証を待ちたい」（北京、科学出版社、一九六三年、三〇頁）とする。「乾隆戊午年一一月廿四日」を「一七三九年一月三日」としているのは、王嘉蔭の誤りである。
(59)『清高宗実録』巻八八、乾隆四年三月壬子の条（北京、中華書局、一九八五年）三六五頁。
(60)乾隆『寧夏府志』巻二、地理一・沿革（銀川、寧夏人民出版社、一九九二年）七七頁。
(61)傅築夫「殷代的游農与殷人的遷居―殷代農業的発展水平和相応的土地制度和剥削関係」（『中国経済史論叢』上、北京、生活・読書・新知三聯書店、一九八〇年）二八頁を参照。
(62)蔡泰彬『晩明黄河水患与潘季馴之治河』（台北、楽学書局、一九九八年）一一～一六頁。

歴史時代の中国川江[1]流域と長江中下流域地区の洪水災害発生に関する研究

楊　偉兵（石川　晶訳）

はじめに

長江流域における水害の歴史的研究について、中国国内外で検討は比較的多く、特に一九八〇～九〇年代に三峡ダムの計画および建設によって、長江上流（川江水系を主とする）と中下流域の洪水災害の関係が、学術研究と社会の各方面で非常に注目される問題のひとつとなった。この問題は実際には、ふたつの方面の内容を含んでいる。ひとつは上流地区からきた水流と中下流域の洪水の関連性であり、もうひとつは全面的な長江流域の生態管理の必要性についてであった[2]。前者の内容は三峡ダムの建設の有効性について評価することに及び、すなわち上流の洪水が中下流地区に対する圧力問題を防止するものであり、これも本稿の主要な関心となる対象のひとつである。本稿での討論は、長江流域における洪水災害の発生の歴史的視点からの考察に着眼しているが、歴史時代のこの方面の研究はこれまでのところあまり多くはない。

現代の研究をもって言えば、長江中下流域における洪水災害は一九九〇年代以来比較的頻繁に発生していて、なおかつ一九九八年のような超巨大洪水による災害の損失は一〇〇年に一度のようなものであった。陳国階等の研究によれば、一九九八年の長江大洪水のような洪水の形成メカニズムから見ると、上流地区の洪水と中下流域地区の洪水との関係は、次の五つに分類される。（一）上流で大洪水が発生し直接中下流域地区にも大洪水を引き起こす。（二）上流の洪水と中下流域自体の洪水が、それぞれ水害を形成する要因になる。（三）上流域で大洪水が発生し、中下流域地区の洪水は比較的小さい、もしくは発生しない。（四）上流域地区では洪水が発生せず、中下流域地区だけで洪水被害が形成される。（五）長江全流域で大洪水が発生する。一九九八年の超巨大洪水の形成は実際には（五）の類型に属する。[3] これは現代の状況であるが、本稿では歴史時代の進行状況の分析と検討を試みたい。

史資料について言えば、本稿の内容に関わる先行する史資料整理の成果は比較的多く、『中国近五百年旱澇分布図集』[4]『華東地区近五百年気候歴史資料』[5]『四川両千年洪澇史料彙編』[6]『清代長江流域西南国際河流洪澇檔案史料』[7]など、これらの重要な史料も本文の主要な論拠となる。特に清代の檔案史料は、時間と空間の記録の上で識別率が高く、情報の相対性と系統性は、清朝時期の長江流域地区の洪水災害を理解するために、至極便利な条件を提供してくれていて、また同時に研究統計を用いれば、結論の信頼度もより高くなる。『清代長江流域西南国際河流洪澇檔案史料』および『清史稿』、道光『重慶府志』などの史料に基づく一六五八～一九一〇年の筆者による統計では、長江上流地区の三峡地帯において、のべ七二回の洪水災害に遭っており、季節的分布を見ると、夏期に発生した水害は七四・三パーセントにのぼり、非常に突出している。沿岸の地区で発生した洪水災害は比較的多く、これは当時の洪水災害と水害とが密接に関係していたという事実を反映していると言えよう。同時に一七三六～一九一一年の間の清廷檔案史料はまた、三峡地区と長江中流域の水害発生の同調性が六二回にも及び、この時期の長江三峡地区で発生した六五回の水害のうち九五パーセントを占めたということを明らかにしている。これは清代における長江中流域の水害発生と、上流（三峡地区）の洪水災害が緊密な関係にあることを立証している。ただしこれだけでは決して「上流の洪水が中流に必ず水害をもたらす」という法則が成り立つことを説明しきれない。なぜなら、長江中下流域地区のこの時期に発生した水害の回数は、上流地区のそれをはるかに上回っているからである。そのため歴史上、長江中上流域の洪水災害発生の誘因とメカニズムは、より一層深い研究が必要となってくるのである。(8) 上述の貴重な史料の他、各地の地方志や水文石刻もまた本論にとって拠るところが大きい重要な史料と言える。

一、長江中上流域洪水災害の歴史的分布と特徴

長江は中国第一の大河流で、全長六三〇〇キロメートル、流域面積は一八〇万平方キロメートル、主流は宜昌《ぎしょう》までが上流にあたり、主に川江などの水系と著名な三峡水系流域を含み、区間流域面積は一〇〇万平方キロメートルに及び、この流域はまた金沙江とも称される。宜昌より湖口までは長江中流域にあたり、区間流域面積は六八万平方キロメートルで、主な支流と水源は洞庭《どうてい》湖《こ》水系と鄱《は》陽《よう》湖《こ》水系と漢江などである。湖口より先は下流域となり、流域面積は十二万平方キロメートルである。歴史上、長江流域の洪水災害に関する記載は比較的多く、流域の各区間、各地に大量の文献、石刻、あるいはその他の史料が残されている。しかし、全流域の系統的な水害の記載は、清代以降になって詳細な檔案史料の記述がその全域に及んでいるものの、それ以前の各歴史時期の史料分布の上では、平均的に存在するわけではなく、科学的統計も採り難い。本稿は史料の特徴に依拠し、主要区域を取捨選択して考察することとする。

堆積学の分析によると、長江三峡地区および江漢平原は今からさかのぼること八〇〇〇～二〇〇〇年前、五度にわたる大規模な洪水期と六度の小規模な洪水期があった。(9) 先秦時期の川江を含めた中国各地における水害は、史料が乏しいために詳細な考察は難しいが、わずかに残された史料の中から、当時の比較的大きな地域あるいは流域が被った洪水災害を、大雑把にとらえることは可能である。例えば、『孟子』滕文公上には「堯の時代に、天下はいまだ平ら

かではなく、洪水が起こり、天下に氾濫していた」とあり、『史記』五帝本紀によると、「帝堯六一年、広範囲な洪水は天にも届きそう」であった。そして『華陽国志』巴志にも「かつて唐堯（帝堯陶唐氏）、洪水が天にも届きそうだった」とある。これらから、中国において紀元前二四〇〇～紀元前二〇〇〇年ごろまでは、洪水災害が比較的多かったのではないかと推測できる。

先秦時代における長江上流域（四川、重慶など）で発生した洪水災害に関する記述で最も早いものは、春秋時代であり、揚雄『蜀王本紀』に「時に巫山峡《ふざんきょう》では水が流れず、帝は鼈《べつ》に江水の流れを整備させた」[10]とあり、酈道元《れきどうげん》『水経注』巻三三、江水一には「（蜀王の）杜宇は巫峡の江水を掘り開いた」とある。『太平御覧』巻一六六引「出蜀記」には「時に玉山壅江、蜀は多く洪水に遭い、霊（鼈霊）は巫山を掘り、三峡口を開いて、蜀江は陸処となった」とある。春秋時代の四川地区が比較的大きな洪水災害に見舞われていたかを確認できるが、堤防の出現により長江の流れを阻み、沿岸および丘陵地区を水没させる災害があっても、人々は流れを良くする排水方法を多く採用した。

戦国期から魏晋南北朝までは、川江地区の洪水発生が比較的多く、「（江州は）三江が合流する場で、夏は水が増盛し、（周囲を）壊し散らし転覆させ、死者は無数」[11]であった。前漢の高后三年（前一八五）夏、「漢中郡（陝西省《せんせい》）、南郡（湖北省）に洪水があり、出水のため四千戸あまりの人家が流され」[12]、西晋の咸寧三年（二七七）「六月、益、梁の二州の八つの郡国で大水が発生し、三百人あまりが死亡した。七月、荊州《けいしゅう》で大水が起こり……十月、青、徐、兗《えん》、豫、荆、益、梁の七州でまた大水が発生した」[13]とあり、それぞれ長江上流域地区と中流域地区で洪水災害が発生した。筆者は正史の統計から、（一）「荊、益、梁」、（二）「益、梁」、（三）「益、荊」などの地で漢晋時期に三度の災害が発生したことを見出した。また他に郭涛《かくとう》『四川城市水害史』の統計から、紀元前二世紀～四世紀で、四川地区の都市の水害のあった年は八度を数えたことがわかっている[14]。先人の描写の簡略化と史料記載上の欠落により、我々には全ての史料を目にする術はどこにもない状況にあり、以上の討論は明らかな非合理性があり、漢晋時期の川江地区の水害発生の回数の統計は、あくまでひとつの推測に過ぎないが、漢晋時期の洪水災害の頻度は、旱魃より多かった。歴史的気候変遷の研究では、紀元一〇〇〇年以前の一千年間における乾期の持続期間は短く、湿潤期の持続期間は長かったという気候的特徴があり、これと長江流域内の多くの地域の水害・旱害の状況は一定の関係があるということを明らかにしている[15]。

隋唐から五代十国時代の四川地区では六世紀から十世紀までに水害のあった年が二九度を数え、都市の被災は六四度、被災強度の平均値は二・一五であった[16]。歴史上の水害が比較的激しい時期にあたり、長江三峡地区の川東一帯の地域も多かれ少なかれ影響を受け、洪水災害の発生強度も比較的大きかった。例を挙げると、八三八年陰暦八月「山南東道の諸州で大水が起こり、農作物はことごとく水没し」[17]この年の夏、長江上・中・下の全流域で大水害が発生した[18]。また九三二年の夔《き》州の大水では、赤甲山が崩れ、「大水が居民を溺死させた」[19]。

宋元時代の長江上流域地区の洪水災害の発生も非常に突出している。現存する水文題刻資料は、我々にとって遺された多くの貴重な水流に関する情報である。その中でも忠県で発見された南宋時代の『紹興二十三年洪水碑記』と『宝慶三年洪水碑記』は最も古いもので、これらの内容は以下のとおりである[20]。

紹興二三年（一一五三）　癸酉　六月二六日　江水は漲り去るのみである。史二道士は篪を吹き書刻し、歳月を記すのみであった。

紹興二三年　六月二七日　水はここまで（達した）。

宝慶三年（一二二七）　丁亥　去る癸酉七五年　水位はかつての痕跡まで復し、高さは三尺ばかりであった。六月初十日、（史二道士の）子孫の道士史襲明が書き記した。

九七二～一一九〇年の峡江地区の水文資料統計によると、夏季と秋季の洪水の現象は明らかで、夏期の洪水の発生は五七パーセントにも上っている。(21) 特筆すべきは、宋代の紹興二三年（一一五三）と宝慶三年（一二二七）で、これらは川江で大洪水のあった年で、また一二二七年に起こった洪水の高さは一五九・五五メートル（忠県東雲郷汪家院子）に達し、これは史上二番目の高さである。(22)

明清期（一三六八～一九一二年）の五百年以上の間に遺された文献史料は比較的豊富で、特に各地の方志史料、水文題刻や檔案史料などの詳細な記述は、我々がこの時期の水害研究を進めていく上で、有利な条件を提供し、それらが反映する内容もまたさらに系統立っていると同時に全面的である。筆者が統計したところ、明代の川峡江地区では二六度の水害があり、夏期に発生することが最も多く、秋期もまた比較的多かった。(23) 普遍的に使用されている旱魃と水害の等級区分制（すなわち中央気象科学研究院主編『中国近五百年旱澇分布図集・説明』北京、地図出版社、一九八一年）を採用すると、水害では八度、強度が一級（すなわち洪水被害で最も深刻なレベル）に達し、全ての水害のあった年（二六度）の三一パーセントを占めた。天順七年（一四六三）には「三峡、帰州は大雨になり、房屋は漂没し、民は皆山に身を寄せ野宿し」(24)、また嘉靖三九年（一五六〇）には東湖などの地で夏と秋の大雨により、居民が飢饉に見舞われるまでになった。(25) さらに万暦四一年（一六一三）、峡江で大水が発生し「舟が（東湖県治の）文昌門内に入って」(26)くる程で、被災状況は非常に深刻であった。『清代長江流域西南国際河流洪澇檔案史料』『清史稿』、道光『重慶府志』などによると、筆者の一六五八～一九一〇年の統計から、三峡地区では合計で七二度の大洪水災害が起こり、季節的な分布では夏期が七四・三パーセントを占め、非常に突出していることがわかる。空間的な分布を見てみると、川江流域の三峡などの地区で発生した洪水災害では、宜昌が最も多く（十八度）、その次に重慶と奉節、雲陽（いずれも十四度）、大寧（十二度）、帰州（八度）、巫山（八度）、涪州《ふしゅう》（八度）、開県（八度）、忠県（七度）、豊都（七度）、彭水（六度）、万県（六度）、石硅庁《せきしゆちょう》（五度）、墊江《でんこう》（五度）である。大洪水について言えば、川江地区において清代では十六の超巨大洪水が、また十二の大洪水が発生した(27)。

近現代以降、一九一一〜一九九六年の長江三峡地区で発生した超巨大洪水災害は、合計で十八度を数え、その中でも一九〇五年、一九三一年、一九五四年、一九八一年、一九九一年そして一九九六年の被害は最も甚大であった(28)。万県地区では中華人民共和国建国後の四〇年間（一九五〇〜一九八九年）で毎年洪水が発生し、その中でも超巨大洪水は三度あり、大洪水は六度、そして通常レベルの洪水は二四度あり、そのいずれも被害は比較的大きかった(29)。宜昌地区では一九五一〜一九八三年までで三三度洪水が発生し、全区域に渡る大きな洪水被害は九度を記録した(30)。

以上のように、洪水災害の歴史を紹介したが、大体において明確となっている点がふたつある。ひとつは長江中上流域地区（川江流域を主とする四川、三峡、湖北省宜昌などの地域）は歴史上、比較的大きな洪水災害が度々発生し、その被害は甚大で、その上、長江上流地区で活発な動きをする水害は、ほとんどその全域に波及し、長江上流域地区の川江、山峡、宜昌などの地域の災害の状況の関連性が強いという点である。もうひとつは上述の地区の水害の関連性を表現すると、記録された正確な統計分析が極めて困難な史料ではあるが、歴史上、四川地区の大水害の動きはその下流に位置する三峡、宜昌などの地域に大きな影響を及ぼし、また一方で洪水の最高水位がどこまで達したかを理解することができ、さらに、雨が降る地域の分布上の同時性があるかもしれないという点を明らかにしている。次節ではこの点について、清代の檔案史料からの検証を試みるが、これはこの種の上流域地区の水害の関連性に過ぎず、長江中下流域地区の洪水発生との関連性がいくらも無いことを表している。

二、長江流域の洪水の越境およびその被害状況の分析

洪水の越境状況についての分析の目的は、長江流域の上・中下流域の水位と流量の状況の考察である。上述したように、歴史上、上流地区で発生した洪水災害は、宜昌などの地域の水位と流量に対して比較的強い関連性があるが、果してこのような上流からの圧力が、宜昌よりさらに下流に位置する荊江、洞庭湖、江漢（武漢）、江西（鄱陽湖）などの長江流域の各地区にあったのであろうか。清代までの長江流域の洪水災害の檔案記録の豊富さ、完備性を考慮しつつ、以下のように主に長江主流における清代に発生した洪水の状況を挙げて分析を試みたい。

（一）乾隆五三年（一七八八）の超巨大洪水

四川の境域内

四川省では六月以来、初七、初八、十五、十六日（新暦の七月一〇、十一、十三、十八、十九日）に大雨が降り続いたが、その他の日は晴れと曇りが半々であった。（稟報によると）……沿河の各州県の水勢は弱まっていて、さして氾濫のおそれはない。ただ下流域の忠州属の豊都、夔州府属の万県、雲陽、奉節、巫山の各県は、地勢がやや低く、大雨を伴って河水があふれるときは、また上流域からの水量が増せば、一時的に排水が間に合わなくなり、遂には沿岸にあふれてしまったが、一日二日もすればそれも後退していった。(31)

湖北の境域内

調査したところ、湖北省の本年の長江の洪水はとても大きく、浸水した地方はやや広い。……夏に入ってから

雨水がやや多く、上流域の山間部および河南の諸（水）は同時にあふれ出し、その上彭沢湖《ほうたくこ》（鄱陽湖）より流れ出る水が長江を塞いで、水勢が急に排水されにくくなり、それによって洪水に至った。……また続々と報告のあった当陽、応城、東湖、巴東、帰州……（災害のあった）以上三六州県が水害に遭った状況である。(32)

鄭琴の稟が言うところでは、二〇日（新暦の七月二三日）の荊州の水害は、今日で六日を過ぎた。(33)……荊州は長江の河水が溢れたため、堤防が決壊し、満漢両城はいずれも浸水した。(34)

本年七月初六日、岳州府属の華容県知県……の稟が言うところでは、卑県地方は南は洞庭湖に連なり、北は荊江に接し、時は夏にあたり、湖水は元々満ちていたが、六月十九日から二三日（新暦七月二二日～二五日）に至って連日長雨が続き、また荊江、襄江の二河川も溢れ、激しい勢いで水が下ってきて、一時は排水が追い付かず、水位は二丈二尺以上（約三メートル三〇センチ）に達した。風は強く波は急で、水の高さは堤防まで及び、各堤防で同時にあふれ出て、人の力では如何ともしがたい。(35)

江西の境域内

江西省では五月中旬以前、雨は時節に合っていた。ここで調べたところ、南昌の省城では五月二三、二四、二五日および二八、二九日、六月初一、二、四、五、六、七日あたり（新暦六月二六、二七、二八、七月一、二、四、五、七、八、九、一〇日）、雨が連綿と続き、頗る稠密であり、……ただ南昌、新建、進賢の三県では鄱陽湖に隣接する地域で一時排水が追い付かず、稲田に進入してきた。……現在はただ長江が満ちているだけで湖水の出口はやや緩やかであり、そのために（鄱陽湖の）中の水は、減退し速度も遅くなった。(36)

ひそかに調べたところ、江西省では本年五月および六月初旬に、雨が非常に多く、南昌、饒州《じょうしゅう》、南康、九江の四府属は、湖の沿岸で低地の田が浸水した。……ついで六月十九、二〇日（新暦七月二二、二三日）に大雨が連日続き、境を接する湖北省で繰り返し洪水となり、その上川水が集まってきて、長江の水勢は溢れ出し、そのために

鄱陽湖の水がせき止められ、溢れ出す他なく、低地においては、溜まった水を解消する術はなかった。(37)

安徽の境域内

ただ五月下旬および六月初二、三、四日〔新暦七月五、六、七日〕に大雨が頻りに降り、低地の田には水が溜まった。……ただ盛夏に至って長江の水が満ちあふれ、往年に較べ少し多く、懐寧、桐城、宿松、望江、貴池、東流、銅陵、当塗《とうと》、蕪湖、繁昌、無為、和州などの州県の長江沿い一帯の低地の田では、たまに水が溢れ出ていた。(38)

ひそかに調べたところ、安徽省は本年の夏の間、雨がやや多く、また湖広、江西の水が注ぎ、長江沿いの懐寧、銅城〔原文ママ〕など十二の州県の低地の田は浸水した。……安徽省は本年の夏、雨が非常に多く、江湖がみな漲り、長江沿いや湖周辺の各県の低地は浸水した。……五、六月の間、雨水が満ち溢れたため、長江の流れは日ごとに増し、長江沿いの低地は次第に浸水した。……上流域の湖広、江西の水が漲り集中し流れてくると、増水した長江の水かさが解消されず、懐寧、桐城などの県は江西に非常に近く、支流や合流地点は至る所で長江本流に連なり、低地に溜まっている水はなお深い。(39)

江蘇の境域内

ひそかに調べたところ、〔江蘇は〕本年夏秋以来、雨量は足りている。江寧府属の長江沿岸の水溝で囲まれた田地は、また六、七月以来長江の水が漲っていたため、浸水するに至った。……江寧府属の江寧、上元、句容、江浦、六合の五県のうち長江沿岸で浸水した田地は、各当該地域の一〇分の一にも及ばなかった。(40)

一七八八年に発生したこの水害は、上述の檔案史料から見て取れるが、これは長江の全流域で発生した超巨大洪水災害であり、その主因は、七月に発生した大雨であった。以上の記載とその他の檔案の検証を根拠として、七月初めあるいは上旬に長江中流域およびその付近の地区、つまり江西、湖広の各省で暴雨が形成され、その雨帯がその後西へ移動し、上流域の四川などの地へ移り、同時に四川省では七月一〇〜二〇日の間、全省的な暴雨に見舞われた。[41] また、長江上、中、下流域の雨水は頻りにあふれ、中下流域地区の最高水位は高くなっていき、洪水災害を引き起こしたが、これは主に大気の環流によるところであった。災害の状況から見たところ、被害の最も甚大であったのは、長江の三峡、湖北そして江西などの地域で、安徽はこれらに次いで被害が大きく、江蘇は凡常な被害に留まった。こうした点からも、一七八八年の長江中流域の超巨大洪水は、中、上流域で相次いで暴雨が発生し、各地で水量が増加し、そのような状況が重なったためであり、決して上流域の洪水災害の影響だけが中流域の洪水を促したわけではないことが明らかになっている。

（二）咸豊一〇年（一八六〇）の超巨大洪水

長江上流域地区

楚北（湖北北部）は元来「沢国」と称され、地勢は低地である。咸豊一〇年夏秋に長江が増水し、沿岸に属する各田地の多くが浸水した。……また荊州、宜昌の両府は夏になって以来雨が連綿と続き、長江の水位も異常なほど漲り、帰州では水があふれ城壁の根元まで及び、東湖県では県城まで浸水した。

河川の水勢は漲り、荊州、宜昌などでは、急に水害が発生した。本年は夏に入って以来、荊州、宜昌の両府では雨が連日降りしきり、長江の水量は日ごとに増加し、五月下旬に大雨が注ぎ、川江の水源は異常なほど漲り、伝え聞くところによると、巫山以上には至る所で洪水が発生したという。まず帰州の稟報によると、五月二三日（新暦七月十一日）の後、四川の河水が湖北へ流れ込み、高さは二〇丈あまりに至り、城壁まで水があふれ、川沿いの両岸は全て浸水した。[42]

このときの超巨大洪水は、長江中上流域の広い範囲で夏期の降雨によってもたらされ、被災した区域は、上流は四川にはじまり、下流は荊江両岸に至り、その烈しさは極めて大きく、最高水位に達した洪水が及んだところでは、破壊されなかったところは無かった。奉節県では「六月、洪水が城にまで及び、街道に入ってきたがやがて引き」[43]、巫山県では「大水が城に侵入し、城壁沿いの市街地では多くの橋が傾いた」[44]。東湖では「洪水が県城まで達し、その深さは六、七尺に達し、衙署、監獄、民家までことごとく浸水し、城壁はまま崩れ」、帰州は「(水の)高さが二〇丈あまりとなり、城壁下部まで浸水し、河川の両岸は全て水浸しになった」[45]。『中国近五百年旱澇分布図集』によると、一八六〇年の旱魃と水害の等級図では、この年に発生した長江中流域の湖広、江西の大部分と長江上流域の四川などの区域の水害は、長江主流における四川が二級、長江三峡が一級、宜昌以下の中流域が一級で、そのいずれもが洪水災害では最も深刻なレベルかそれに次ぐレベルに属するという。しかし、下流域およびその地域は大きな水害は無かった[46]。

歴史文献、地方志および民間調査によると、一八六〇年に発生した長江中上流域の超巨大洪水は、同時的豪雨によるものであり、この年の六月下旬から七月上旬にかけて上流域地区の金沙江、三峡地区、烏江、清江および荊江地区の広域にわたる大雨を記録し、同じ時期に漢江、洞庭湖水系方面でも豪雨が発生し、三峡地区、荊江の流域での超巨大洪水を形成し、荊江の堤防上に位置する(公安県藕池鎮《ぐうちちん》の)藕池口が決壊し藕池河を形成し、洪水、泥沙が大量に涌いて洞庭湖などの地域に流れ、広範囲に水害をもたらした。このときの水害は、歴史上長江中上流域における百年に一度の超巨大洪水災害のひとつであるとされている[47]。

この年の洞庭湖などの地域の水害と、上流域の藕池河の水の流入は関連性があるものの、無視できない点は、六月下旬から七月上旬まで、三峡以下の流域の宜昌、荊州の両府と洞庭湖水系でも豪雨が発生し洪水災害が甚大で、依然としてなお最高水位の高まりによって引き起こされた災害の例であることである。

(三) 同治九年(一八七〇)の超巨大洪水

川東、三峡地区におけるこのときの超巨大水害は、大量の碑刻文と文献史料の記載から見ると、長江上流域が宋の紹興年間以来、八〇〇年間でただ一度の超巨大洪水である。(48) この年、嘉陵江流域で洪水が発生し、長江に入った後水勢が更に強くなり、峡江沿岸の各県は水浸しになり、三峡を越えた後、中下流域地区に甚大な被害をもたらした。

本年六月の間、川東は連日大雨で、長江の水は急に数十丈に張り、南充、合川、江北庁、巴県、長寿、涪州、忠州、豊都、万県、奉節、雲陽、巫山などの州県はみな大雨で、城壁、衙署、営汛《えいしん》、民田、廬舎まで多くが水没した。(49)

(豊都では)六月十七、十八日(新暦七月十五、十六日)に長江の水が十数丈も張り、県城まで勢いよく流れ込んだ。その北門、涇橋《けいきょう》、同膣《どうしょう》もまたすべて水没し、県城一帯は大洪水となった。(50)

(奉節では)六月十七、八日、洪水が段々と漲り県城に水が進入した。十九日には大いに満ち溢れ府署の牌坊の下まで迫り、県城の中で水没しなかったのは城北の一隅だけであった。(水が引いた後)城内の汚泥は高さ数尺にもなった。人と家畜で死んだものは多数に上った。(51)

(巫山では)六月洪水となり、城壁、家屋は大半が水浸しとなり、わずか城北の一隅だけが残った。(52)

(帰州では)六月二九日、長江の水が急激に溢れ出し、帰州一帯の河川は漲り、その高さは屋根を越え、長江沿岸の水勢はほとんど嶺を越えるおそれがあり、実に清朝二百余年目にしてほとんど見たことがない。(53)

川東、鄂西の洪水碑刻題記の統計によると、一八七〇年の陰暦六月に発生した洪水に関する情報は表1のとおりである。(54)

現代の水文科学の推測では、重慶寸灘站の水文の分析計算によると、最高水位に達したときの流量は一〇万立方メートル／秒、万県站では十一万四八〇〇立方メートル／秒、宜昌站では一〇万五〇〇〇立方メートル／秒であった(55)。

水文碑刻の記載地、日時から見ると、一八七〇年の川江で発生した超巨大洪水災害は双峰型洪水に属し、三峡の長江主流で陰暦六月二〇日より前に一度大洪水があり、その後二三日に再び大洪水が発生したと推定できる。実際、同治十三年（一八七四）の万県などの地域における調査でも、この点が検証されている。

六月十三日に水が漲りはじめ、雨が大きくなり、七日七晩降り続け、……全域が水没し、水は城皇廟の門まで至り、漲るだけ水は引かず、三日間もそのままで、二〇日になってやっと水が引きはじめ、水が引くこと十日以上にして、やっと水が引いた。二度目も市街地へ流れ込んだが、また引いていった(56)。

同年、江西省九江では「徳化（九江の旧名）では夏秋に大水が起きた(57)」とあり、安徽省宿松と桐程でも「大水(58)」があり、貴池、東至、銅陵などの地でも「数年来の洪水があった」「建徳（東至の旧名）に大水があった」「大水があっ

表1　長江上流地区水文碑刻の統計

洪水発生日（陰暦）	碑刻の数量（通）	碑刻題記の所在地
六日	1	忠県
一〇日	1	涪陵
十三日	1	重慶
十五日	4	合川、江北、巴県、涪陵
十六日	3	合川、豊都
十七日	4	合川、江北、巴県、忠県
十八日	6	合川、涪陵、北碚、江北
十九日	7	涪陵、忠県、万県、奉節
二〇日	13	江北、巴県、涪陵、豊都、忠県、万県、奉節
二一日	1	万県
二二日	1	涪陵
二三日	6	長寿、万県、雲陽
二六日	1	涪陵
六月中	5	江北、巴県、忠県

た」[59]と記録がある。

一八七〇年の洪水災害は、『中国近五百年旱澇分布図集』の一八七〇年の旱澇等級図によると、川東、三峡、鄂西《がくせい》、洞庭湖、江漢などの長江主流が流れる地区は一級災害（最も甚大な洪水災害）が発生した区域で、江西、安徽、江蘇などで長江主流が流れる地区は二級災害（甚大な洪水災害）が発生した区域である。[60] ただしこのときの災害は中流地区の長江支流水系の洪水と増水の影響はほとんど受けていないが、これは同一時期の中下流地域で発生した比較的大規模な大雨に関する史料があまり見られないためであり、長江中下流地区の洪水災害の主因は上流地区から流れてきた水勢が凄まじかったためであり、すなわち水害の原因から見ると、一八七〇年の超巨大洪水の主な原因は、長江上流地区の暴雨によるものと言える。これは非常に重要な現象であり、前述した長江大洪水の発生メカニズムの類型（一）の「上流で大洪水が発生し直接中下流域地区にも大洪水を引き起こす」に当てはまり、まさしく一八七〇年の超巨大洪水のメカニズムである。ただし、長江流域における大洪水の歴史上、この類型の洪水が発生したケースは極めて少ない。

上述の清代で発生した三度の大洪水の災害について、一七八八年の超巨大洪水は、上、中、下流域で同時に豪雨に見舞われ（とりわけ中、上流域）、最高水位が極限に達した。注目に値するのは、豪雨の中心がまず中流域で形成され、再び西に移って上流域の四川地区に移った点である。この超巨大洪水の発生メカニズムは「長江全流域で大洪水が発生する」に属する。一八六〇年の超巨大洪水の発生メカニズムは、上述の（二）「上流の洪水と中下流域自体の洪水が、それぞれ水害を形成する要因になる」に属し、川江、荊江、洞庭湖水系地区で同時に豪雨が発生し、最高水位が高まったため洪水が起こった。一八七〇年の超巨大洪水災害は、すなわち典型的な長江全流域の大水害であり、「上流で大洪水が発生し直接中下流域地区にも大洪水を引き起こす」の発生メカニズムに属し、主要な原因は上流地区の豪雨が洪水を引き起こしたためと考えられる。言及するに値することとして、一九九八年に長江全流域における大洪水の発生は、その期間が二か月にも渡るもので、六月下旬にはじまり、八月末におさまったが、受けた被害範囲から見ると、一七八八年の超巨大洪水災害に類似するが、その強度と持続性においては一七八八年のそれをはるかに上回るものであったことが挙げられる。

三、長江洪水の流域での発生回数とその関連度

前述のように歴史的大洪水の発生メカニズムおよびその表現について論じたところではあるが、さらに精細な角度からの分析によって、長江各区段における洪水災害の作用の関係がいかなるものであるかは、やはり解決しなければならない重要な問題である。歴史上の目にすることができる統計資料から分析すると、長江流域の大洪水の主なものは次の表の通りである（表2）。

この表から見て取れることは、歴史上「全江」で発生した巨大洪水災害は六度あり、その中でも一七八八年と一八七〇年の両年に中上流域で一級洪水災害が起こったが、下流地区の被害は二級にとどまり、一一五三年、一九三一年、一九九八年の三度だけ全流域で一級災害が起こった。一二二七年、一五二〇年、一八四〇年、一八六〇年、一八九六年、一九〇五年、一九一七年、一九八一年の八度、上流域で一級強度の洪水災害が発生したが、中下流域地区は記載が無いか二級の被害を記すのみであった。この他、一五六〇年、一五八三年、一八六七年、一九二六年、一九三五年、一九五四年、一九六九年の七度、中下流域で一級強度の洪水災害が発生したが、上流地区は特に大洪水の記録は無かった。これらの大洪水の発生の状況は、歴史上、長江の中下流域地区の大洪水災害と上流の洪水の関係は特に密接なものではなく、「上流に水害あれば、中流は必ず冠水する」という発生状況とメカニズムが存在しない

表２　長江における歴史上の大洪水発生に関する統計

時期(年)	主要発生区間	最高水位時の流量 (m^3/s)	週期 (○年に一度)	災害強度
1153	全江	92 800(宜昌)	210	1
1227	上流地区、川江	洪水水位 159.55m（忠県)、1870年の162.22m（忠県県城）に次ぐ。		1
1520	川江、三峡地区			1
1560	中下流地区			1（中下流） 2（上流）
1583	江漢平原	漢江 61,000（丹江口）	900（漢江安康河段）	2
1788	全江	86,000（宜昌）		1（中上流） 2（下流）
1840	四川地区	71,000（宜昌）		1
1860	中上流地区	92,500（宜昌）	100	1
1867	江漢平原	漢江 30,000（安康段）	100	1
1870	全江	105,000（宜昌）	800	1（中上流） 2（下流）
1896	中上流地区	71,000（宜昌）	100	1（川江、荊江） 2（江漢）
1905	上流地区	85,100（寸灘）	50	1（川江） 2（中流）
1917	上流地区	66,600（寸灘）	100（岷江）	2（川江、江漢）
1926	洞庭湖、中流地区		100（洞庭湖）	1（洞庭湖水系）
1927	鄂東地区			2
1931	全江	119,500（湖口附近八裏江）	100	1
1935	中流地区	59,300（漢口）	100	1
1954	全江	126,800（八裏江）	100	1（中下流）
1955	鄂東地区			2
1969	中下流地区			1
1981	四川地区	85,700（寸灘）	70	1
1998	全江	60,000（沙市）	100	1

説明：① 1896 年（含む）以後の年の最高水位の流量等の資料は実際の水文観測記録からのもので、それ以前の年のものは推測である。②災害強度の等級は『中国近五百年旱澇分佈図集』を採用し、区分標準の 1〜5 級は、水量が最多の時期から最も干上がっている時期を表している。③ 1988 年の数値は、陳国階「長江上流洪水対中下流的影響与対策」(許厚沢等主編『長江流域洪澇災害与科技対策』科学出版社、1999 年所収）より引用した。
出典：水利部長江水利委員会、重慶市文化局、重慶市博物館編『四川両千年洪澇史料彙編』文物出版社、1993 年。駱承政等主編『中国大洪水―災害性洪水述要』中国書店、1996 年　中央気象局気象科学研究院主編『中国近五百年旱澇分佈図集』地図出版社、1981 年。

表３　洪水の回数および全体に占める割合

時　期 (1736〜1911 年)	上流地区	中流地区	下流地区	合計
回　数	214	1,441	1,888	3,543
全体に占める割合 (%)	6.04	40.67	53.29	100.00

出典：「表 1736－1911 年各年資料条数；各年按水系分類的州県数和各年的州県合計数簡明統計」水利電力部水管司科技司、水利水電科学研究院編『清代長江流域西南国際河流洪澇檔案史料』中華書局、1991 年。

ということを明らかにしている。

『清代長江流域西南国際河流洪澇檔案史料』の統計に拠って、次のことが証明できる。表3は一七三六〜一九一一年までの長江主流の洪水区域の分布の統計である（すなわち長江主流の各区段で発生した災害の統計であり、支流で発生したそれは含まない）。

洪水災害のわずか六パーセント程の割合しかない上流地区と、中下流域地区の水害の回数と比率は、極めて不均衡であり、これは歴史上長江の洪水災害の上流域と中下流域地区の水害に緊密な相関性のある発生メカニズムが存在しないことを再び証明している。

現代の気象科学研究はまた、長江中下流域地区の洪水災害の発生が上流域の水文の影響を受けているかどうかについて、ふたつの要素によって決定付けられると表明している。一、上流域地区の暴雨は広い範囲で発生するものであり、すなわち四川盆地、三峡地区で同時に暴雨が発生し、水量が増していき、それによって中下流域地区に脅威を与える。上流域地区のそれらふたつの地域で時を同じくせず暴雨が発生すれば、すなわち一地区のみで強大な暴雨に見舞われ、大洪水を巻き起こすだけでは、中下流域地区に影響は及ぼすこともない。二、上流域の洪水は中下流域の最高水位を受けず、一般には中下流域地区に対し、比較的大きな洪水災害の影響を構成し得ず、災害への影響はあまり大きくない(61)。

歴史資料によると、上述のひとつめの要因は歴史上の形成にあり、長江中下流域地区に対してたった一度だけあった。すなわち同治九年（一八七〇）の超巨大洪水発生であるが、このような状況が発生する確率は、非常に小さい。ふたつめの要因は、やや多様で、前述の研究に示したように、上流域の洪水が何度もあるが、中下流域地区は最高水位の高まりも無く、災害を引き起こすことも比較的少なく、ほとんど無いことさえあった。逆に中下流域地区の暴雨は、それ自体によって幾度も大洪水を引き起こし、上流の最高水位の高まりが更に加わる可能性は高くなかった。

おわりに

有史以来の長江における大洪水発生状況の回顧と分析を通じ、次のような結論が導き出される。歴史上、長江の大洪水発生のメカニズムは、全流域における雨の広がりと最高水位の高まりの相関関係の総合的な作用の問題であり、各流域が受ける災害状況には大小があり、発生メカニズムが全て同じというわけではないが、ある一定の相関性があり、この相関性が災害の発生する条件の下に、一旦正の相関（すなわち同時性）が発生すると、幾つかの区段の洪水災害が全国的な超巨大災害へと変質する極めて大きな可能性を秘めている。しかし、長江流域の大気の環流や地理的環境、水系の構成、水文の質などの区域的な違いが比較的強く、各流域における洪水災害の発生が正の相関を引き起こし緊密に関係を作用する確率は高くはない。少なくとも歴史上ではこのようである。

しかしながら、我々も見ているように、長江流域はひとつの大きな系統で、各流域と全ての河川はみな独立した存在ではなく、全流域に同時に豪雨と最高水位の高まりがあったら、超巨大洪水が発生する確率は高く、歴史上の長江の大洪水発生メカニズムは証明され得る。憂慮すべきは、近年来、地球全体の変化がもたらす気候の異常現象が我々を試し、豪雨の発生の範囲の広がりと密度はいずれも強まっている傾向にあり、長江中下流域、上流域地区が災害に至る要素の同時性は可能性が大きくなっている。

【附記】

本研究について、日本学術振興会アジア研究教育拠点事業「東アジア海文明の歴史と環境」、韓国学術振興財団協力機関指定研究「韓中日三国の地理環境および相関歴史考察」の助成を受け、また韓国慶北大学校師範大学歴史教育科の会議における承認をいただいた。ここに謹んで感謝の意を表したい。本研究は国家自然科学基金項目（四〇六〇一〇二四）、復旦大学「九八五工程」哲学社会科学創新基地項目（〇五ＦＣＺＤ〇〇六）の共同資金援助を受けている。

【注】

（1）〔訳者註〕ここで言う川江とは、四川省宜賓から湖北省宜昌にわたり流れる長江上流域を指す。

（2）この時代の長江流域の水害に関して、中国科学院、水利部などの研究機関による三峡ダム建設工事の生態系への影響などの大量の評価、調査に関する研究著作がある。例えば、中国科学院三峡工程課題組編『長江三峡工程与環境影響及其対策研究論文集』（北京、科学出版社、一九八九年）、許厚沢等主編『長江流域洪澇災害与科技対策』（北京、科学出版社、一九九九年）などが挙げられる。この他、長江流域地区洪水災害研究と本稿のテーマと関連性の比較的高いものとしては、郭涛『四川城市水害史』（成都、巴蜀書社、一九八九年）、駱承政等主編『中国大洪水―災害性洪水述要』（北京、中国書店出版社、一九九六年）、藍勇主編『長江三峡歴史地理』（筆者撰「歴史自然地理篇」、成都、四川人民出版社、二〇〇三年）などが挙げられる。

（3）陳国階「長江上游洪水対中下游的影響与対策」（許厚沢等主編『長江流域洪澇災害与科技対策』北京、科学出版社、一九九九年）一一、一二頁。

（4）北京、中央気象局気象科学研究院主編、地図出版社、一九八一年。

（5）上海、江蘇、安徽、浙江、江西、福建省（市）気象局、中央気象局研究所編、一九七八年一月編輯出版。

（6）水利部長江水利委員会、重慶市文化局、重慶市博物館編、文物出版社、一九九一年。

（7）水利電力部水管司科技司、水利水電科学研究院編、中華書局、一九九一年。

（8）歴史檔案史料が明らかにしている長江中上流域水害関連の問題については拙稿「歴史時期長江三峡地区水系変遷、自然災害初歩研究」（西南師範大学歴史系曁歴史地理研究所碩士学位論文、一九九九年）において検討を試みた。本論における数字的根拠は拙稿を引用した。

(9) 朱誠等「長江三峡及江漢平原地区全新世環境考古与異常洪澇災害研究」『地理学報』、第五二巻第三期、一九九七年。
(10) 王謨『漢唐地理書鈔』 時巫山峡而蜀水不流、帝令鼈鑿通江水也。
(11) 『華陽国志』巻一、巴志 承三江之会、夏水増盛、壊散顛没、死者無数。
(12) 『漢書』巻二七、五行志 漢中、南郡大水、水出流四千余家。
(13) 『晋書』巻二七、五行志 六月、益、梁二州郡国八暴水、殺三百余人。七月、荊州大水、……十月、青、徐、兗、豫、荊、益、梁七州又大水。
(14) 郭涛前掲書、三二七頁。
(15) 中国科学院『中国自然地理』編輯委員会『中国自然地理：歴史自然地理』北京、科学出版社、一九八二年、十七頁。
(16) 郭涛前掲書、三三七頁。
(17) 『旧唐書』巻十七、文宗記 山南東道諸州大水、田稼尽没。
(18) 『新唐書』巻三六、五行志
(19) 『旧五代史』巻一四一、五行志 大水漂溺居人。
(20) 『四川両千年洪災史料彙編』、十九～二一頁。
(21) 著者修士論文、表三―二「宋元時期長江三峡地区水災発生時節及分布図」。
(22) 川江における史上最大の洪水は一八七〇年に発生し、一二二七年、一一五三年に発生したものがこれに次ぐ。重慶市博物館三峡工程文物保護課題組編『三峡庫区川江水文石刻価値評估報告』(一九九四年十二月、未刊行)より。
(23) この統計は、同治『宜昌府志』巻一、道光『重慶府志』巻六、同治『続修東湖県志』巻二、中共万県地委政策研究室主編『万県地区五百年災害研究』(一四四〇～一九九〇)内部本、重慶市博物館三峡工程文物保護課題組編『三峡庫区川江水文石刻価値評估報告』などの一四〇五年から一五七〇年までの記載から作成した。
(24) 同治『続修東湖県志』巻二、天文志 峡帰大雨、廬舎漂没、民皆依山露宿。
(25) 同右。雨雹傷禾秋七月江水溢漂民居傷稼至秋大饑。
(26) 同右。舟行入(東湖県治)文昌門内。
(27) 『万県地区五百年災害研究』六三～六五頁。拙碩士論文、表三―一〇「清代長江三峡地区洪澇発生時節及分布表」、十三「清代長江三峡地区旱澇等級空間画分標準表」
(28)駱承政等主編前掲書。朱誠等前掲論文。
(29)『万県地区五百年災害研究』三一～五一頁。
(30)湖北省宜昌地区地方志辦公室編『宜昌地区簡志』(一九四九～一九八四)内部本、五〇～五二頁。
(31)『清代長江流域西南国際河流洪澇檔案史料』四七六頁。
(32)同右、四七六頁。
(33)同右、四七七頁。
(34)同右、四七九頁。
(35)同右、四八八頁。
(36)同右、四八九頁。
(37)同右、四八九頁。
(38)同右、四九二頁。
(39)同右、四九四頁。
(40)同右、四九五頁。
(41)『四川両千年洪澇史料彙編』に一七八八年の洪水に関する碑刻が二六通、文献が四七本収録されている。この書に所収の史料から見ると、この年の暴雨の範囲は比較的大きく、「岷江、沱江と涪江でそれぞれ洪水が発生し、重慶から宜昌に至る流域に深刻な水害をもたらした。河川の両岸では今に至るまで二六カ所に洪水碑刻が未だ残っている(二五頁)」。
(42)長江流域規画辦公室編『歴史洪水資料彙編　軍倉奏折』、一九七六年。『清代長江流域西南国際河流洪澇檔案史料』、九二二頁。
(43)光緒『奉節県志』巻十一、災祥　六月、大水入城、入正街而退。
(44)光緒『巫山県志』巻十、祥異　大水入城、順城街市多半傾圮。
(45)『四川両千年洪澇史料彙編』九二三頁。
(46)『中国近五百年旱澇分布図集』二〇一頁。
(47)駱承政等主編前掲書、二四五頁。

(48) 胡人朝「長江上游歴史洪水題刻、碑記考察」重慶市博物館編『歴史、考古文集(一九五〇—一九八四)』一九八四年。
(49)『四川両千年洪澇史料彙編』八三頁。
(50)『清代長江流域西南国際河流洪澇檔案史料』九四八頁。
(51) 光緒『奉節県志』巻十一、災祥附　六月十七・八日、洪水漸張入城。十九日大漲至府署牌坊下、城中不没者城北一隅。(水退後城中淤泥高数尺。人、畜死者甚衆。
(52) 光緒『巫山県志』巻一〇、祥異　六月大水、城垣、民舎淹没大半、僅存城北一隅。
(53)『四川両千年洪澇史料彙編』九三頁。
(54) この表は『四川両千年洪澇史料彙編』三一頁より引用した。
(55)『四川省歴史洪水分析研究』『四川両千年洪澇史料彙編』三四頁より引用。
(56) 同治『万県志　采訪事実』『四川両千年洪澇史料彙編』三四頁より引用。
(57)『華東地区近五百年気候歴史資料』五四六頁。
(58) 上海、江蘇、安徽、浙江、江西、福建省(市)気象局、中央気象局研究所編『華東地区近五百年気候歴史資料』一九七八年一月編印、三一四一頁。
(59)『華東地区近五百年気候歴史資料』三一六五頁。
(60)『中国近五百年旱澇分布図集』二〇六頁。
(61) 陳国階前掲論文を見よ。この部分について、筆者は歴史上の水害状況を根拠として総合的な分析を試みた。

一三九一～二〇〇六年の龍感湖―太白湖流域の人口の推移と湖の堆積物との呼応関係

鄒　怡（福島　恵訳）

一、龍感湖―太白湖流域の概況と先行研究

龍感湖は皖中《かんちゅう》平原西部（北緯二九度五〇分～三〇度〇五分、東経一一五度五五分～一一六度二〇分）の長江北岸に位置し、長江を隔てて鄱陽湖《はようこ》と対峙する。湖は湖北省黄梅《こうばい》県と安徽省宿松県の境界に跨り、その湖水は、地表を流れ来る雨水と湖面への降水に依存しており、その水は湖の南岸から二本に分かれて長江へと流れ込む。明・清以来、広大な面積を干拓したため、龍感湖の東・西・南の三つの湿原はほとんどすべてが耕地となっている。

太白湖は、龍感湖と同じ長江北岸、龍感湖の西側に位置し、湖北省武穴《ぶけつ》・黄梅の二つの市県に跨る。太白湖と龍感湖は直結した上下流の関係であり、太白湖は河川に直接連結しておらず、湖水の大部分は南部の梅済《ばいさい》港から龍感湖を経て長江に流れ込む。湖の北部は大別山《だいべつさん》の南麓の丘陵地帯で、南部は広大な長江の氾濫原となっている。その湖水は主に地表を流れ来る雨水と湖面への降水による。(1) 太白湖周辺も主な産業は、農業である。

龍感湖・太白湖は、長江中下流の鄱陽―華陽湖群に属し、亜熱帯モンスーン気候と長江の影響を受ける。この地域の降水量は豊富で、その降水量と蒸発量のバランスは良好であり、水路網の水系は発達している。これらの特徴は周

辺のバイオマスが比較的高く、湖に入る栄養物質が比較的多いことを決定づけている。近年報告された長江中下流の四五の湖の富栄養化評価の結果を見れば、この地域には現在すでに貧栄養湖は存在していない。そのうち、二五パーセントが中栄養型、四五・五パーセントが中~富栄養型、〇・〇七パーセントが重富栄養型であって、龍感湖・太白湖はすでに中~富栄養型の湖である。(2)

湖の富栄養化は周辺水系の悪化を直接招き、その状況が進めば湖の周囲の経済発展と住民の飲用水の安全に重大な影響を及ぼす。湖の栄養化の過程については、解決すべき現実の問題として、また、進展させるべき学術上の問題として、これまで学界の多くの関心を集めてきた。(3) しかし、湖の変化に関する資料は非常に不足している。(4) 幸いにも、湖の堆積物は生物学的・理化学的な情報を豊富に含んでいる。湖の栄養塩類の重要な蓄積庫である湖の堆積物は、湖の富栄養化の過程を反映するものである。また、堆積物中の有機と無機の物質は、湖とその周辺から生まれるので、湖自身の水環境の特徴だけではなく、周辺の陸地の環境の特徴をも反映している。湖の堆積物は多方面から人と自然の相互作用の過程を記録していると言えるのである。(5)

一九九〇年代以来、中国科学院南京地理与湖泊研究所は龍感湖・太白湖の堆積物に対して一連の研究を行った。堆積物の花粉・珪藻・磁気的パラメータ〔磁気的な情報の残留率〕・色素およびマトリックス結合型リンなどの項目の測定分析を通じて、周辺の植生変化・気候変動・栄養進化などの環境変遷の過程を復元した。初期の研究では、堆積物の進行年代層の測定について、主に炭素-14（^{14}C）を利用したが、炭素-14年代測定法には精度の限界があるため、主に一万五〇〇〇年来の周辺環境の変動の基本的な過程の復元に用いられた。(6) ここ数年では、鉛-210（^{210}Pb）年代測定法が龍感湖・太白湖の堆積物の年代測定に取り入れられている。龍感湖のボーリング調査からは、すでにここ三〇〇年の堆積物について比較的精確な年代層の判別を行うことができ、(7) 太白湖についてはさらに一五〇〇年まで遡ることができる状況である。(8)

堆積層の年代比定の問題が解決したことで、胞子と花粉の粒子の大きさ・磁気的パラメータ・珪藻などの数値化できる環境指標の変遷の復元が可能となった。これらの編年は、湖とその周辺環境の変動の過程を反映するものである。環境変動は自然の力と人類の活動とが総合的に呼応した結果であるため、各種の自然や人類の活動と環境の指標との関係と関連の強度を整理しなければならず、さらに環境変動に対して、論理的な分析や成熟・完備した構造解釈の体系を創設する必要がある。しかし、歴史時期の人類活動のほとんどは、ただ描写されるだけであるという史料の制約や、文章修辞の影響から、その程度の判断はとても難しい。そのため、人文学的要素からのアプローチでは、ある項目が示す環境変遷の信用度（著しさ）と説得力（重要性）を、統計学上の定量とするのは、きわめて困難である。また、自然と人類活動が各々影響しあう環境の指標の変動もまた表裏一体で分離しにくく、その負荷の具合は当然判断しにくい。人類の活動が環境変遷へ与える影響で最も重要な要因は人口である。そのため、歴史時期の周辺人口を復元し、研究を更に深めることが本分野における当面の急務なのである。

二、人口史の研究概況と本研究の対象時期と地域の設定

中国における、特に明代以降の人口史研究で、何炳棣《かへいてい》の研究は指針となる。何炳棣の研究で重要な点は「いくつかの人口に関する用語と制度の変遷を遡ることによって、清初のデータを理解すること」である。[9] 制度の分析からは、明・清時代には、現代や近現代の国勢調査や政府の統計などのような人口を復元するデータが整っていないということが分かる。このため、何炳棣は定量的分析を回避し、自身の研究は制度と経済史についてであって、人口の統計分析ではないと位置づけた。費正清（John King Fairbank）は、何炳棣の研究について、「彼が現存する史料から発掘し

てきたデータは、おそらく社会歴史学者を啓発するものであり、また中国の人口の研究者の希望的な関心を満たす、あるいは失望させるものかもしれない[10]」とするが、この評価は妥当なものである。何炳棣は自身の研究を以下のようにまとめている。一三六八～一九五三年の中国における公式の人口統計で明太祖期（一三六八～一三九八）・清乾隆四一～道光三〇年（一七七六～一八五〇）・一九五三年の国勢調査のデータのみは比較的利用できる。また、乾隆六～四〇年（一七四一～一七七五）の数値にはとても大きな欠点があるものの、多少の参考にはなる。咸豊《かんぽう》元年（一八五一）～一九四九年には各種の数値があるが、実際には却って人口統計学の空白地帯となっている[11]。

『中国人口史』における曹樹基《そうじゅき》による第四巻（明時期）[12]と第五巻（清時期）[13]および侯楊方《こうようほう》による第六巻（一九一〇～一九五三年）[14]は、何炳棣の研究を細分化して進展させたものである。侯楊方は、一九一〇～一九五三年の人口史の考察について、定量復元の度重なるリスクを回避し、何炳棣の制度分析の路線を追随して、当該時期の各種の人口のデータの出所と国勢調査・登記・調査制度について詳細な分析と判別を行い、何炳棣が清末民国期を人口統計学の空白時期としたことを修正した。清末宣統期の人口国勢調査・一九二八年全国人口国勢調査のデータは、いずれも一定の信用をおくことができるとしたのである[15]。この他、侯楊方も清乾隆前中期の人口について新たな見解を出した。何炳棣は、乾隆六～四〇年（一七四一～一七七五）の数値に非常に大きな欠陥があるものの、多少の参考にはなるとしたが、侯楊方は、中国第一歴史檔案館所蔵の清代民数奏折《そうせつ》とその副本・黄冊（戸籍簿）・清冊（台帳）などの原史料の分析を通じて、乾隆四〇年（一七七五）以前の民数報告は、非常に恣意的で、政府による操作が認められ、その数の報告漏れは深刻なものであるとした[16]。

曹樹基の研究には二つの方向性がある。一つは、明・清両時代の戸口調査と戸籍管理制度をさらに細かく整理すること。もう一つは、各期間の異なる調査（その調査制度が適切なものか検証されたもの）を結合させて、既に信頼できないとされているデータから、歴史的人口の定量的な復元を行うことである。これにより、曹樹基は、明洪武二六年（一三九三）・乾隆四一年（一七七六）・嘉慶二五年（一八二〇）・咸豊元年（一八五一）・光緒六年（一八八〇）・宣統二年（一九一〇）の六組の分府人口と、明崇禎三年（一六三〇）の一組の分省人口を復元した。確実に信頼できるデータが極めて少ないため、復元作業の大半は制度をいかに描写するかに頼らざるをえないが、現代人口学の基本原理を併せることで、数理的に導き出すのである。この七組の数値は、修正される危険性を孕んでいるので、曹樹基は「これらの推測は事実に合うのか、将来発見されるであろう新資料は私の推測に合致するであろうか、と私は常に自問するのである。これらの懸念は、すでに完成した「作品」に対して、必要な警戒心を永遠に維持させるものである(17)」と評価した。数理的論証によるリスクを除いては、これら全国に着眼する研究からは、地方レベルの人口変動の詳細な情報を得ることは難しい。曹樹基は「ある特定の地方史を研究する学者が、当該地域の人口の基本的な状態を得たくても、私達の研究から必要なデータだけを得ることはできない(18)」とも言っているのである。

龍感湖—太白湖流域の研究には、歴史的人口について以上のような問題があるが、その上、龍感湖—太白湖流域は、明・清時代の湖北黄州《こうしゅう》府と安徽安慶府とがそれぞれ一部を構成していて、その地域の範囲は一府ではなく、府と省とを跨いでいることも考慮しなくてはならない。そのため、たとえ数値の誤りを考慮しないとしても、明・清時代の分府・分省人口データを直接利用することはできないのである。地方の歴史的人口のデータの主な出典は、県レベルの地方志であり、県以下は体系的な記録が全くないことを考慮すれば、県を地方人口の復元における基本単位とすることは妥当である。そのため、数理的論証により史料の不足を補ったために疑問を持たれるリスクがあったとしても、県レベルの人口推移を復元する必要は依然としてあるのである。

明・清・民国時期に残された人口データの量はあまり多くはなく、しかも各種の誤謬《ごびゅう》と誤差が存在することが明らかにされている。しかし、この時代は、相対的には、中国史上で最も人口の記録が詳細で、関連する研究が最も多い時代の一つである。異なる時期の記載された数値について、諸先輩研究者の評価と研究に基づくことで、地方人口の推移の復元は必ず突破口を得ることができるであろう。それ以外に、本研究にとって、湖の堆積物を利用して各指標の変遷を復元することは、歴史文献による人口推移の復元だけに依存することに比べて、客観的な旁証と検証の作用もあるに違いない。

龍感湖—太白湖流域は、現在の湖北省黄梅県・武穴市と安徽省宿松県を含み、それぞれ明・清・民国時期の黄梅県・広済《こうさい》県と宿松県に対応する。三県の境に大きな変化はないので、本研究では三県の県レベルの人口推移を個別に復元し、さらに流域の人口推移を集計する。

本研究において、人口推移を復元する期間は一三九一～二〇〇六年とする。そのうち、本研究では現代の国勢調査と統計データとを柱とした一九五三～二〇〇六年の県レベルの人口データを直接利用し、一九五三年以前を数値の考察の重点とする。時間の上限は一三九一年と定める。これは、本研究の基本史料が明・清時代の地方志であり、人口の記録が、明洪武年間（一三六八～一三九八年）に始まり、本研究中で扱う三県の記録が共にある起点が一三九一年であるからで、しかも何炳棣の研究でも洪武年間の人口の数値は比較的信頼できると証明されているからである。

三、黄梅県・広済県（武穴市）人口推移の復元

明初から現在に至るまで、黄梅県の境界には明らかな変化はなく、明・清の両時代には、黄梅県は黄州府に属した。関連する地方志と政書を整理すれば、明代初年～一九五三年で、現存する黄梅県関連の人口データは十四年分であり、以下の表1のとおりである。

何炳棣などの研究によれば、これらのデータで最も信用できるのは洪武二四年（一三九一）と一九五三年であり、残

表1　現存する明初年〜1953年までの黄梅県人口データの状況

年　号	西暦	数値掲載の形態	性別比	出　典
洪武24年	1391	県級戸数、口数	無	弘治『黄州府志』
成化８年	1472	県級戸数、口数	無	嘉靖『湖広図経志書』
弘治５年	1492	県級戸数、口数	無	弘治『黄州府志』
正徳７年	1512	県級戸数、口数	無	嘉靖『湖広図経志書』
万暦６年	1578	府級戸数、口数、丁数	無	雍正『湖広通志』
康熙50年	1711	県級丁数	無	光緒『黄州府志』
乾隆14年	1749	県級戸数、口数	無	光緒『黄州府志』
嘉慶25年	1820	府級戸数、口数	無	嘉慶『重修一統志』
光緒７年	1881	県級戸数、口数	無	光緒『黄州府志
光緒34年	1908	県級戸数、口数	無	民国『湖北通志』
宣統２年	1910	府級戸数	無	王士達『民政部戸口調査及各家估計』
民国25年	1936	県級戸数、口数	有	民国『戸口統計』
民国35年	1946	県級戸数、口数	有	民国『各省市郷鎮保甲戸口統計』
1953	1953	県級口数	省級有	『中華人民共和国一九五三年人口調査統計彙編』

出典となる版本：

1．弘治『黄州府志』天一閣蔵明代方志選刊、上海：上海古籍書店、1965年６月、影印本。
2．嘉靖『湖広図経志書』日本蔵中国罕見地方志叢刊、北京：書目文献出版社、1991年10月、影印本。
3．雍正『湖広通志』文淵閣四庫全書、台北：商務印書館、1986年、影印本。
4．光緒『黄州府志』中国方志叢書・華中地方・第346号、台北：成文出版社有限公司、1976年、影印本。
5．嘉慶『重修一統志』四部叢刊続編史部、上海：商務印書館、1934年。
6．民国『湖北通志』上海：商務印書館、1934年。
7．王士達「民政部戸口調査及各家估計」『社会科学雑誌』第３巻第３期、第４巻第１期、1932年、1933年。
8．民国内政部統計處『戸口統計（戦時内務行政応用統計専刊第一種）』1938年５月。
9．民国内政部統計處『各省市郷鎮保甲戸口統計』1946年12月。
10．国家統計局人口統計司『中華人民共和国一九五三年人口調査統計彙編』北京：国家統計局人口統計司翻印、1986年。

りの年代のデータは、大部分が実際の人口より少ない戸籍上の人口であって、直接利用することはできない。何炳棣は歴史上の各種人口統計の漏れと粉飾の事例を比較研究した後、王慶雲の清の財政に関する研究成果を借用して、中国の人口について不均等な脱漏はあるが、水増しは決してないとした(19)。

この原因を簡単に言えば、明・清時代と現代の人口統計の規模は全く異なっていることに加えて、当時の人口統計の目的が密接に関連していることが挙げられる。十八世紀の二〇・三〇年代以前に、政府は地方の人口を統計したが、この統計の目的は徴税の根拠にすることにあったので、戸籍には納税する人口だけを掲載したのである。この人口は主に政府の理論の上の規定における十六〜六〇歳の成年男子で、彼らは「丁」にあたる。そのため表1は年ごとの丁数の統計なのである。「口」は、理論上ではすべての人口を含むべきであるが、人口を登記するにあたって、納税をしない女性と子供の数は大量に失われることとなるのである。これについて、先行研究は以下のように考える。洪武初期には賦役均等の思想があり、浙江・安徽の一部の県は全人口の登記をしていたが、その後、政府の人口問題への関心が実用的な租税へと移ったため、女性と子供の人口の欠落が深刻となった。また、これらの県以外では、それぞれ程度の差があるものの女性人口の欠落が見られる。いくつかの県志には男女の口数を記載してあるが、その性別比を近代人口学から見れば、明らかに自然の法則に背いたもので、荒唐無稽な値である。[20]

上記の他に、地方官吏は地方の税負担を軽減するために、また、中央政府は既存の租税の保証という前提の下での政務の簡略化への傾向もあって、地方の租税の数量、すなわち実際は納税人口の統計である地方の人口統計を固定した。この状況が次第に定着して地方人口の実際の増加を反映しにくくなったのである。このような様子は、明の中期から清の中期まで、とりわけ顕著である。著しい事例としては、康熙五〇年（一七一一）に政府は令を下して、地方の丁数を完全に固定し、以後永遠にこの規定数によって徴税し、人々の負担を増加させないようにしている。当時の丁の数値は、完全に人口統計の意味を失っており、地方の租税帳簿のひとつの単位となっていたのである。[21]

以上より、史料中に現れる明初〜一九五三年の県レベルの戸籍に記載された人口の特性を大まかに総括することができる。明初と一九五三年のデータはとても上質で、現地の人口の長期波動の基礎値にすることができる。明前期〜明末、戸籍上の数値は次第に納税人口の数値に変化し、しかも明中期からは、数値が徐々に固定化し、ひどいものになると納税人口の増減さえ反映していない。明末清初の戦乱で人口が減少したが、依拠できるものはない。清初〜乾隆四〇年（一七七五）、租税単位としての丁数、すなわち人民数の統計は、ただ「世の中と庶民の繁栄の象徴として用いられた」[22]だけで、とても恣意的で政府により操作された信頼できない数値である。乾隆四〇年以後の数値は、一定の参照価値があるが、一部分明らかに欠落している。太平天国期、多くの人々が逃亡した記載があるが、その復元に参考となるものはない。太平天国の動乱の後、一部地域に有用な人口の調査がある。宣統年間には、中国の第一回目の国勢調査が行われ、侯楊方などの研究によると、その数値は欠落があるものの、一定の参照価値があるとされる。民国期の国勢調査やその他の調査の地域ごとの精度は均一ではないので、前後する年代の人口と照らし合わせて取捨選択を判断する必要がある。

したがって、本研究中の黄梅県の人口推移の復元は、まず人口統計制度と戸籍上の数値との真の意味の変化をもとに作業の段階を分けて、各段階に応じた修正の方法を採用する。おおむね社会が安定していた明初～一九五三年は、地方の人口が自然な増加傾向が見られると推測できるが、明末と清末の二度の戦乱は、地方の人々の大量の死亡を招いたはずである。このような非常時は、史料の散逸が深刻となるので、戦乱の前後に記録された数値と自然な成長率とを参照して、相応する推計を行うこととする。

以下では、黄梅県の人口推移の復元過程を段階的に紹介したい。

（一）明洪武二四年（一三九一）の数値の修正

弘治『黄州府志』の記載によると、洪武二四年（一三九一）、戸数一万一三八一、口数七万八七三三である。計算すると、一戸あたりの平均口数は六・九であって、この数値は明らかに高すぎる。曹樹基は洪武期の各地の一戸あたりの平均口数の時間的・空間的な差異を研究し、一戸あたりの平均口数が洪武早期は洪武中後期より一般的に少ないこと、そして、京師近くのような政治の中心における一戸あたりの平均口数は一般に辺境地域より少ないことを発見した。曹樹基は、この規則的な現象は時間の経過と政治の中心部からの距離とを反映しており、戸籍の調査人の戸に対する軽視は次第に顕著となるからであるとする。すなわち、明初の戸籍のデータの中で一戸あたりの平均口数は戸籍の調査の質の高さをおおかた反映しているといえよう。そこで、一戸あたりの人数の平均が極めて少なく戸籍に掲載されている地域は、その戸数を維持させたまま、一戸あたり五人前後の規模でその人口を調整する。一方、一戸あたりの人数の平均が極めて多い地域は、その人数をそのまま維持するという方針をとる。[23] 黄梅県の一戸あたりの平均口数は六・九で、しかもこれは洪武中期の数値であるので、その口数七万八七三三を採用する。

また、洪武期の統計において、性別比は一戸あたりの平均口数の分布傾向に近似している。一般的には、政治の中心の周辺部と早期に調査した地区の性別比は現代の値に近く、辺境地域および中晩期に調査した地域の性別比は高い。この値は女性人口が脱落していることを反映しているので、黄梅県の口数について再度微調整した。黄梅県は一三九一年の戸籍の性別比がないので、隣接する安慶府の同年の性別比を参考にすれば、天順『直隷安慶郡志』によると、一三九一年、安慶府の男性人口二一万七三〇三、女性人口一八万九六七一、[24] 性別比は一一四・五七で、これは明らかに高すぎる。一九五三年の国勢調査では、湖北省人口の性別比は一〇六・四九で、[25] これによって一三九一年の黄梅県の口数八万一六五九を得ることができた。

(二) 明成八年（一四七二）～万暦六年（一五七八）の人口の増加傾向の推計

表2は、明王朝安定発展期に現存する四つの人口データである。

これらの数値は一三九一年の数値と比較すれば、極めて少ないものである。何炳棣などの研究によれば、この時期、戸籍に掲載される人口はすでに次第に納税人口に変化しはじめている。納税人口から全人口を推定するために、その割合を確定することは非常に困難である。ただし、納税人口の増加は、全人口の増加に反映している、あるいは実際の状況に近いと考えられよう。戸籍に掲載された人口の年増加率を計算すれば、一四七二～一四九二年に六・八四五パーミル、一四九二～一五一二年に八・二九六パーミル、一五一二～一五七八年に〇・三六七〇六パーミル、一四七二～一五七八年に三・〇七九パーミルであり、果たしていずれが事実に近いのであろうか。ある地区の人口の自然な増加を考慮すれば、やはり自然の法則の限界によって、しかも明朝のもと平穏なこの時期は、安定して自然に増加する状態にあるはずである。そこで、人口に対する特殊な影響をなくすために、最も良い方法は対象とする期間をより延長することである。明初と新中国建国後の人口の数値は良質であるので、その平均成長率を計算して比較の基準値とすれば、一三九一年の修正口数は八万一六五九で、二〇〇六年は九九万九九六であった。[26] 六一五年間の成長率は四・〇六七パーミルであり、これと比較すれば、一四七二〜一四九二年と一四九二〜一五一二年の年成長率は異様に高く、一五一二〜一五七八年は異様に低いので、一四七二〜一五七八年の年成長率の三・〇七九パーミルを採用した。この数値と当該地域の長期人口増加率は最も近似しており、現代の人口学の視点から見ても、合理的な範疇にあるので、信用できるだろう。

表2　1472〜1578年黄梅県戸籍に掲載された人口

年　号	西暦	戸	口	出　典
成化８年	1472	7,329	57,676	嘉靖『湖広図経志書』巻四
弘治５年	1492	7,329	66,107	弘治『黄州府志』巻三
正徳７年	1512	7,607	77,985	嘉靖『湖広図経志書』巻四
万暦６年*	1578	7,814	79,897	雍正『湖広通志』巻十七

＊雍正『湖広通志』巻17、万暦６年（1578）は黄州府全府の数値である戸数76,059・口数87,125のみを掲載する。ただし、分県の数値によれば、合計値に誤りがあるので、筆者は新たに合計したところ、戸数74,047・口数850,425を得た。ここの1578年黄梅県の数値は、正徳７年（1512）黄梅県の戸・口を参照し、黄州府中の割合から推測して得た。

(三) 明洪武二四年（一三九一）〜万暦六年（一五七八）の人口推移の復元

(一) で得られた一三九一年の修正数値の八万一六五九を基礎とし、また (二) で得られた明の平穏期の成長率の三・〇七九パーミルを採用して、一五七八年の口数は、一四万五一〇九であると復元できる。

(四) 明万暦六年（一五七八）〜二〇〇六年の年成長率の推計

この長期間の成長率の推計は、主に明後期および清の平穏期の人口増加の推計に用いる。明後期、戸籍の数値は次第に固定化し、清前中期、人口の数値は定額主義を励行するようになった。戸籍に掲載された数値は全く信用することができない。そのため、この時期に記録された数値を直接使用して推計することは困難である。その他に、明末・清末はそれぞれ戦乱があり、人が大量に死亡した。その上、この時代には参照に値する人口統計がない。このような戦乱が人口に与える影響は、短時間で解消されるとは考えがたく、その事件を跨いだ期間の極力信頼できる現地の人口の自然な増加の傾向を得る必要がある。そこで（三）で得られた一五七八年の口数一四万五一〇九と二〇〇六年の口数九九万九九六から、年平均の成長率を得ると四・五パーミルであり、これは人口学の観点から見ても合理的な数値である。

（五）明崇禎七年（一六三四）～清順治元年（一六四四）の戦乱における人口の減少

明末の戦乱期を含む一六三四～一六四四年の地方志の記載から、黄梅県における動乱の影響を知ることができる。この戦乱について、曹樹基は明末の湖北各府の人口の減少を推計し、「鄖陽《うんよう》府の人口減少は総人口の約四〇パーセントを占め、そのうち襄陽・徳安・黄州・武昌・漢陽・承天の六府の死亡人口は一〇パーセントで、荊州府はおそらく三〇パーセントを占めるだろう[27]」とする。筆者が改めて地方志の記述を調査したところ、黄州府内の各県が受けた戦乱の影響は明らかに一様でなく、そのうち、蘄州《きしゅう》・蘄水《きすい》・麻城の受けた衝撃はとても大きく、大量虐殺の状態であった[28]。そのため、筆者は戦乱時の黄梅県の人口減少率はほぼ五パーセントであると想定し、一五七八年の口数一四万五一〇九を起点に、（四）で得た明後期の人口成長率を参考にして、明末の戦乱以前の一六三三年の口数一八万五七八八を得ることができた。戦乱の人口減少率の五パーセントから推計して、一六四四年の口数は一七万六四九九である。

（六）清順治元年（一六四四）～咸豊三年（一八五三）の人口推移の復元および検証

咸豊三年（一八五三）は、黄梅県に太平天国の戦乱の影響が及びはじめた時期である。一六四四～一八五三年は清朝の下で平穏な時期が長く続き、地方の人口も緩やかに増加したと推測できる。しかし、清朝前中期の戸籍に掲載される人口の実情は納税の単位であって、しかも原額主義を順守しているため、人口の復元の根拠にはできない。そこで、（五）で得た一六四四年の口数一七万六四九九を起点として、（四）で得た年成長率の四・五パーミルを使って、一六四四～一八五三年の人口推移を復元する。

この時期の人口推移の復元にあたって、この起点と年成長率はともに、他の時期の推計値に依存しているため、必ず検証すべきなのである。何炳棣は、清乾隆四〇年（一七七五）以前には信用に足るデータがないと指摘しているが、黄梅県の場合も、一七七五年の後、嘉慶二五年（一八二〇）になって制度面から見て比較的信頼できるデータがはじめて現れる。一八二〇年の嘉慶『重修一統志』には、府レベルの人口の記録があり、黄梅県のある黄州府は、戸数四六万八〇八一、口数三四三万五五四八である。[29] ここで可能なのは、最も近い時期の光緒『黄州府志』との比較により、黄州府中の黄梅県の人口を推測することである。その数値は、光緒七年（一八八一）、黄州府の口数二五四万一一一七、黄梅県の口数二七万一七二五であり、同じ比率で推計すれば、一八二〇年の黄梅県の口数は三六万七三六八で、（四）で得た年成長率を用いれば一八二〇年の口数は三八万九二〇六である。戸籍に掲載される数値が少ないことは決して不可解なことではない。当時の人口登記が一七七五年に比べて良くなっているものの、女性の人口の欠落は依然として常態化しているためである。両者の差から、記載された数値の性別比は一二〇・四と推計できる。何炳棣の研究によれば、乾隆四一年（一七七六）～道光三〇年（一八五〇）の三〇種の地方志に掲載される戸籍の性別比は、大部分が一一〇～一三〇の間に分布するとされ、[30] この性別比は当時の偏差の幅度を反映するものである。ここから、筆者の復元した数値が決して無謀なものではないことを示している。

表3　1881～1953年の黄梅県の戸籍に掲載される戸口

年　号	西暦	戸数	口数	性別比	出　典
光緒34年	1908	63,738	301,168	無	民国『湖北通志』巻四十三
宣統２年*	1910	52,909	275,125	無	王士達：『民政部戸口調査及各家估計』
民国25年	1936	58,032	319,147	122.31	民国『戸口統計』
民国35年	1946	37,382	323,254	131.88	民国『各省市郷鎮保甲戸口統計』

＊1910年の戸籍に掲載された数値は黄州府の戸数569,784のみであるので、1936年の黄梅県の戸数は、黄州府の各県の総戸数に対する割合から1910年の黄梅県の戸数52,909を算定した。また、1936年の黄州府の各県の一戸の規模は5.2であるので、ここから1910年黄梅県の口数は275,125と推計した。

（七）清光緒七年（一八八一）～一九五三年の戸籍掲載数値の評価と取捨

光緒『黄州府志』には、光緒七年（一八八一）に保甲制の戸口数調査の記録があり、黄梅県は戸数七万一〇一七、口数二七万一七二五である。これは太平天国の戦乱の後に現れる最初の戸籍データである。近代の人口統計では、女性人口の登記漏れは常態化したものである。そこで、まず一九三六年の黄梅県の性別比を参考として、一八八一年の戸籍の数値の修正をしたい。一九三八年五月の民国内政部統計処『戸口統計（戦時内務行政応用統計専刊第一種）』掲載の一九三六年の人口調査データによれば、黄梅県の男性口数一七万五五九〇、女性口数一四万三五五七、性別比は一二二・三一で、この性別比から一八八一年の口数を修正すれば二八万九八八三となる。この修正値と一九五三年の国勢調査数四五万九六九六とを組み合わせると、該当時期の年成長率は六・四二パーミルとなる。これは常識上、比較的合理的な数値である。

一八八一～一九五三年には、四組の人口の数値があり、表3のとおりである。以上の四組の数値を直接利用する、あるいは一九五三年の性別比一〇六・四九を基準として、一八八一～一九五三年の修正人口の推移を見れば、一九四六～一九五三年の年平均成長率は三六・九九パーミルに達し、たとえ抗日戦争の後の復興を考慮に入れたとしても、その年成長率の高さは理解し難いものである。一九一〇年・一九三六年の戸籍の数値あるいは修正値でも、同様の問題が存在している。ここで確かなのは、一九五三年の国勢調査の質が相対的に最も高いことであり、侯楊方の清末民国の人口統計制度に関する研究を参照すれば、当該年度の人口は低く見積もられていると推測できる。つまり、一九〇八年の数値は、この四組の数値の中で比較的多いために、却って実際の数値に接近したのであろう。そのため、一八八一年と一九五三年との間の人口推移は、一九〇八年の数値のみを傾向把握の基準とする。

一九三六年・一九四六年の記録数については、性別比による修正を加え、戸の規模を再度計算して、その数値が比較的合理的であるならば、一九三六年・一九四六年の主な登記漏れは、戸全体が脱落したものであると推測できる。おそらく、これらよりも一九〇八年の数値は、戸全体の脱落がやや少なかったと反証されるであろう。しかし、性別比の修正がなおも必要である。一九三六年に登記された性別比を一九五三年の性別比一〇六・四九を基準にして修正し、一九〇八年の黄梅県の口数三二万一二九四を得た。

（八）清光緒七年（一八八一）〜光緒三四年（一九〇八）、光緒三四年（一九〇八）〜一九五三年の人口推移の復元

一八八一〜一九五三年の人口推移は、一九〇八年を境として、二段階に分けて復元する。

一八八一年の修正口数二八万九八八三、一九〇八年の修正口数三二万一二九四から、一八八一〜一九〇八年の年成長率が三・八二パーミルであることが分かる。

一九〇八年の修正口数三二万一二九四、一九五三年の口数四五万九六九六から、一九〇八〜一九五三年の年成長率が七・九九パーミルであることが分かる。

そのうち、一九三七〜一九四五年の抗日戦争は現地の人口への影響を考慮しなくてはならない。しかし、一九四六年の史料に記載されるデータは理想的なものではないので、それに近い一九五三年と一九六四年との国勢調査のデータから一九五三〜一九六四年の成長率を得ると一三・三八パーミルであった。この一九五三年を起点として、遡って

推計すれば一九四六年の口数は四一万八八六六となり、このように一九〇八～一九三七年・一九三七～一九四六年・一九四六～一九五三年の人口推移を段階的に復元した。

（九）清同治三年（一八六四）～光緒七年（一八八一）の人口推移の復元

光緒『黄州府志』「兵事」の記載から、黄梅県に対する太平天国の戦乱の影響は、咸豊三年（一八五三）～同治三年（一八六四）に集中していたことが分かる。一八六四～一八八一年の戦後の人口回復期に（八）で得られた一八八一～一九〇八年の年成長率三・八二パーミルを利用して、一九〇八年を起点に復元すれば、一八六四年に口数は二七万一七〇一に達する。

（十）清順治元年（一六四四）～咸豊三年（一八五三）の人口推移の復元

一六四四～一八五三年、黄梅県の人口は安定的に増加した。そこで（五）で得られた一六四四年の口数一七万六四九九と（六）で得られた長期間の年成長率の四・五パーミルを用いて人口推移を復元した。一八五三年の人口のピーク値は四五万一四一三であった。

一八五三～一八六四年の太平天国の戦乱の影響期に、黄梅県内では一進一退の戦いが繰り広げられ、人口の減少は深刻であったはずであるが、その数量の記録は全くない。ここで得た一八五三年と一八六四年の人口の復元値の差は、太平天国の戦乱のもたらした人口の減少の値だと言える。

（十一）一九五三～二〇〇六年の人口推移の復元

新中国の建国後、一九五三年の第一回全国国勢調査を皮切りに、良質な国勢調査と統計の制度が作られた。国家統計局人口統計司公安部三局編纂の『中華人民共和国人口統計資料彙編　一九四九～一九八五』、一九八六～二〇〇六年の『中華人民共和国全国分県市人口統計資料』（一九八八・一九九一・一九九九・二〇〇〇年度は欠如）と地方年鑑により、黄梅県の人口推移を直接復元できる。

広済県と黄梅県はともに黄州府に属し、現存する歴史人口のデータの状況も大体同じである。黄梅県と同様に考証し、一三九一～二〇〇六年の広済県（武穴市）[31]の人口推移を復元した。

四、宿松県と龍感湖—太白湖流域全体の人口推移の復元

明・清の両時代の宿松県は、安徽省安慶府に属す。民国『宿松県志』の編纂者は、歴代の『宿松県志』を勤勉に写し取って、明洪武一〇年（一三七七）～宣統元年（一九〇九）の五三三年中の一一〇年分の人口のデータを残した[32]。黄梅県が明・清時代にわずかに十一年分のデータしかないことと比較すれば、史料状況は良いと言える。しかし、制面からこのデータについて考えれば、データの大部分は、直接使用できるものではない。合理的にデータを復元するためには、合理的に時期を区分することが重要である。

（一）明洪武一〇年（一三七七）～崇禎八年（一六三五）人口推移の復元

明代の宿松県の人口のデータは全部で十二年分あり、表4の通りである。

制度史の研究では、一三七七年と一三九一年の数値の信用度は高いとされている。しかし一三七七～一三九一年の年成長率は四六・九四パーミルで、常識的な自然の成長率を上回っている。民国『宿松県志』巻七には、この県の

表4　明代宿松県人口データ

年　号	西暦	戸数	口数	丁数
洪武10年	1377	8,322	41,480	無
洪武24年	1391	8,480	78,844	無
永楽10年	1412	8,185	90,430	無
永楽20年	1422	8,182	93,208	無
宣徳7年	1432	8,091	99,644	無
正統7年	1442	8,097	97,251	無
景泰3年	1452	7,584	97,268	無
天順6年	1462	7,561	97,458	無
成化16年	1480	7,663	98,502	無
弘治6年	1493	7,711	98,515	無
弘治16年	1503	7,720	98,715	無
万暦47年	1619	無	無	6,074

出典：民国『宿松県志』巻七「民族志」

表5　宿松県213氏族転入時期

時　代	氏族数	百分比(%)
東漢	1	0.47
唐	2	0.94
北宋	2	0.94
南宋	17	7.98
元	37	17.37
明·洪武	116	54.46
明·永楽	7	3.29
明·中後期	23	10.8
清·前期	8	3.76
合　計	213	100.00

出典：曹樹基『中国移民史』第五巻（明時期）、福州：福建人民出版社、1999年7月、63頁、「表2-1：安徽省宿松県氏族的遷入時代和原籍」を改訂

二五六氏族の転入状況についての詳細な記載が幸運にも残っている。転入時期あるいは原籍地が不明な氏族は、省略して算入しなかったが、二一三もの氏族の転入時期の統計がある。その統計結果を簡単に記せば表5の通りである。『宿松県志』は同時に一八三氏族の一九二一年時点での人口を記載する。このうち洪武期に移住した後裔が五五・八二パーセント占めるが、これは江西と皖南《かんなん》からの移住者が洪武期に大量に宿松に入ったのである[33]。このことより、洪武期の四六・九四パーセントという驚異的な成長率は、理解できるのである。

表4の一三九一年以後の数値を再度見てみたい。一四三二年から、数値は次第に固定化しているが、これは前例に

倣って徐々に変化させた数値なので、この明中後期のデータを利用することはできない。明末の戦乱の宿松への影響は、崇禎八年（一六三五）に始まるため、一三九一～一四三二年の成長率の五・七三パーミルを用いて、一三九一～一六三五年の宿松県の人口推移を復元した。

（二）清順治二年（一六四五）～乾隆三七年（一七七二）の人口推移の復元

民国『宿松県志』において清代最初の人口は乾隆三七年（一七七二）に現れ、これ以前の十四年分のデータは、すべて税額の意味上での丁数であるのため、人口を推計するために参照する価値がない。乾隆三七年六月二三日から、宿松県は「つつしんで上諭を奉じ、五年ごとの調査をやめ、年ごとに戸口人丁を調べ報告書を作成する」[34]ことになった。その記載によると、一七七二年の人口は三九万四八一で、何炳棣が乾隆六～四〇年（一七四一～一七七五）の人口のデータを用いる際は慎重でなければならないと指摘したように、それらを全人口の統計数であるとしてはならない。何炳棣はこの理由として、全国基準での各地の保甲制度の戸籍の登録の混乱と不統一性をあげ、乾隆四四年（一七七九）からの数値は比較的信頼できるとした[35]。宿松については、乾隆四四年（一七七九）の数値が三九万八四三であり、この値と一七七二年の数値は自然な継続性が見られるので、筆者は一七七二年の数値を直接利用できると考える。

ただし、清前中期の人口成長率は、根拠とすべき当時のデータがないので、念のため一三九一～二〇〇六年という長期間の成長率を適用した。宿松県の一三九一年の口数は七万八八四四、二〇〇六年の口数は八〇万七五四七で[36]、六一五年間の年成長率は三・七九パーミルである。そのため遡って推計すれば一六四五年の口数は二四万一五一七となる。

（三）清乾隆三七年（一七七二）～咸豊二年（一八五二）の人口推移の復元

安慶府の社会経済状況についての先行研究によれば、[37]この時期は人口が安定成長する時代とされる。しかし、民国『宿松県志』には、十八世紀八〇年代から太平天国の戦乱前までの人口は次第に固定化しており、また、極端な事例としては一八一三～一八一四年に、突然人口が四分の一減少するという異常な状況が起こっている。地方軍事と災害についての記録を照会しても、説得力のある理由を見いだせないので、このデータを用いることはできない。清・明の最盛期の地方人口の増加状況は比較的近似するはずなので、ここではあえて（一）の明最盛期の人口の年成長率五・七三パーミルを使用し、一七七二～一八五二年の人口推移を復元し、推計すれば、嘉慶二五年（一八二〇）は口数五一万三六二一となった。同年の『重修一統志』に見られる安慶府の口数は五五七万七一五七で、[38]宿松県はすべての府の九・二パーセントを占める。一九三六年のデータで、宿松県は安慶府の各県の総人口の十二・四パーセントを占めており、[39]一九五三年は十四・一パーセント占めている。この対比から見て、五・七三パーセントで人口推移を復元するのは無謀なことではなく、おそらく少なく見積もられているであろうが、現在のところ、修正するにあたってこれ以上よいデータはないのである。

（四）清宣統元年（一九〇九）～一九三六年の人口推移の復元

二〇世紀初め、宿松県の人口の数値は二組ある。一つは民国『宿松県志』中の宣統元年（一九〇九）の口数三〇万五六一八で、これは当時自治を企画した際の調査で得られたものである。もう一つは、清末に編纂された『皖政輯要《かんせいしゅうよう》』中に記載された光緒三〇年（一九〇四）の口数一九万一五〇七で、これは司冊〔戸籍簿〕から写し取られたものである。[40]この他に、一九三六年の調査では、宿松県の戸数六万三一三・口数三五万五六一四、そのうち男性の口数は一八万三〇一八、女性の口数は一七万二五九六であり、性別比は一〇六・〇四、戸の規模は五・九である。性別比と戸の規模は十分ありえる数値なので、一九三六年はおそらく実際の数値である。そこで、一九〇四年と一九〇九年の数値として、一九三六年と組み合わせた成長率を推計すると、一九〇九年・一九三六年の組み合わせ成長率は五・六三パーミルで、一九〇四年・一九三六年の組み合わせ年成長率は一九・五三パーミルであった。後者が明らかに高すぎるので、年の成長率の五・六三パーミルを以て、一九〇九～一九三六年の人口推移を復元した。

（五）清同治三年（一八六九）～宣統元年（一九〇九）の人口推移の復元

民国『宿松県志』における太平天国の戦乱の回顧記録によれば、当該県への戦乱の影響は一八五二年に始まり、一八六七年に終わったとされる。また、咸豊八年（一八五八）～同治八年（一八六九）の十二年分の人口の数値も残しており、戦乱中から終了後の一八六九年に至るまで、人口は依然として下降する傾向が見られ、そのうち、一八六九年の口数は一七万八六八二であった。（三）で得た戦乱前（一八五二年）人口のピーク値は六一万六六〇二であるので、戦乱による人口減少がいかに大きかったかに驚かされるばかりである。そのため、（二）の清初の戦後の人口成長率の三・七九パーミル借用すれば、一九〇九年から遡って推計して一八六九年の口数二六万六〇七六となる。現存する地方の史料における人々の死傷の記録はいずれも同様の状態である。ただ修辞色の濃い記録は、研究者に正確な判断をさせる助けとはならないので、その修正値は様々な方面に配慮した常識的な大まかなものとなる。

（六）一九三六～二〇〇六年の人口推移の復元

一九四六年・一九五三年の数値は、これまで得られた人口の数値の中でも、その変動状況や時代背景から、合理的であるとみられるので修正を行わない。一九五三～二〇〇六年の数値も、現代の『宿松県志』(41)・『中華人民共和国人口統計資料彙編　一九四九～一九八五』・歴代の『中華人民共和国全国分県市人口統計資料』・『安徽統計年鑑』などの資

表6　三県の節目となる年の修正口数及び全流域の口数の推計

年　号	西暦	黄梅県	広済県	宿松県	流域（三県の総合計）
洪武10年	1377	——	——	41,480	——
洪武24年	1391	81,659	98,624	78,844	259,127
万暦6年	1578	145,109	128,869	——	503,350
崇禎6年	1633	185,788	161,245	——	661,043
崇禎7年	1634	184,924	160,495	315,808	661,227
順治元年	1644	176,499	153,183	248,224	577,906
乾隆37年	1772	——	——	390,481	962,253
嘉慶25年	1820	389,206	——	——	1,216,653
咸豊2年	1852	——	——	616,602	1,423,528
咸豊3年	1853	451,413	340,496	——	1,378,770
同治3年	1864	271,701	198,989	——	811,379
同治8年	1869	——	——	266,076	746,088
光緒2年	1876	——	208,961	——	765,980
光緒7年	1881	289,883	222,950	——	790,202
光緒34年	1908	321,294	——	——	942,209
宣統元年	1909	——	——	305,618	949,960
宣統2年	1910	——	324,661	——	958,449
民国25年	1936	——	——	355,614	1,133,731
民国27年	1938	——	369,116	——	1,124,552
民国34年	1945	——	308,148	——	1,052,923
民国35年	1946	418,866	——	321,903	1,053,704
1949	1949	——	325,336	379,439	1,140,676
1953	1953	459,696	348,594	388,091	1,196,381
……	……	……	……	……	……
2006	2006	990,996	742,699	807,547	2,541,242

*1949～2006年のデータは現代の国勢調査・調査データを直接採用した。

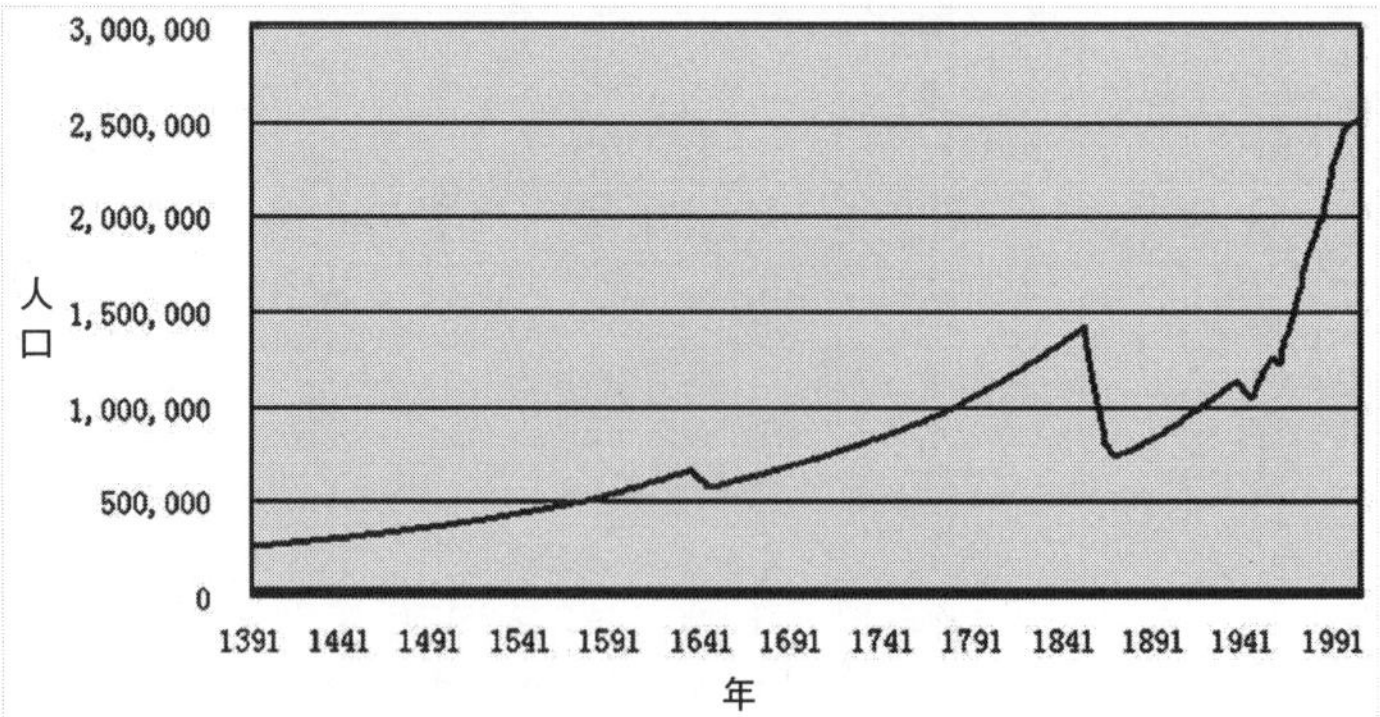

図1　龍感湖—太白湖流域1391～2006年の人口推移

料を直接利用した。

以上から、宿松県の人口推移が得られた。黄梅・広済（武穴）・宿松の三県の人口を総合計すれば、龍感湖―太白湖流域の人口推移を得られる。三県の人口の推計の過程で重要な節目となる年の人口の修正値は表6の通りである。

五、三〇〇年来の龍感湖の堆積物との呼応関係

中国科学院南京地理与湖泊研究所は、龍感湖の中心部の岩を柱状にボーリングして堆積物を採集し、天然放射性核種鉛-210（^{210}Pb）を利用して年代測定し、珪藻・胞子と花粉・磁気的パラメータ・色素とリンなどの項目の室内実験を行った。これは、上述してきた人口推移の復元、特に国勢調査の資料が不足する一九五三年以前の推移の検証を可能とするものである。

研究員たちは、まず龍感湖のコア〔ボーリングにより得られた円柱状の堆積物〕を利用して一〇〇年単位という長期間の分析を行い、胞子と花粉・色素の定量の比較を通して、ここ三〇〇〇年来の湖の植生と気候の変遷を復元した。瞿文川《くぶんせん》などは、胞子・花粉の形状と葉緑素などの色素の含有量は、一一〇〇～一八五〇年のこの流域の植生全体が減少し、針葉樹の花粉の比重がやや増大することを示しており、この期間の気温が比較的低いことを反映していると考えている。(42) 童《どう》国榜《こくぼう》などは、これと似た状況が一二〇〇年に始まるとするが、より厳密には、胞子・花粉の形状は、この時期が寒冷期だったことを基本的に反映するものの、落葉広葉樹の胞子の数から見て、暖期の可能性もなお残されており、植物量は全体的に減少するのは、人類活動と関係があるだろうとする。(43) 文献史料をもとに、世界の他の地域と比較すれば、五代中葉～元末期の中国東部地域は、確かに比較的暖かい時期であったと言えよう。(44) 史料研究の結果と胞子・花粉の状況の双方

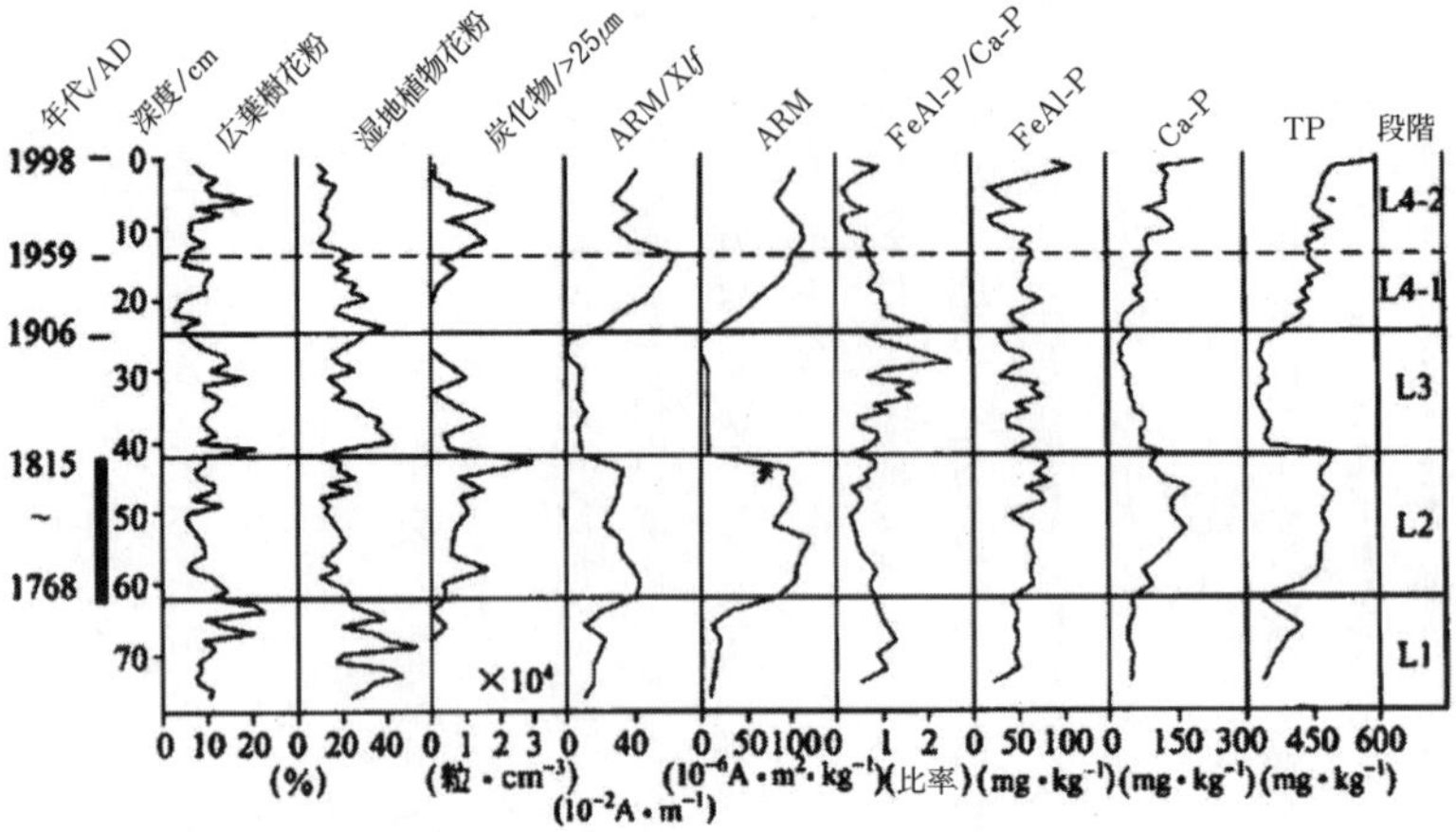

図２　龍感湖の堆積物コア中のTPと磁気的パラメータの変動

出典：羊向東・王蘇民・沈吉・朱育新・張振克・呉艶宏「近0.3k来龍感湖流域人類活動的湖泊環境響応」『中国科学（D輯）』第31巻第2期、2001年12月、1033頁を一部改訂。

を合わせて考えれば、この時期の人類活動はすでに自然環境に深刻な影響を与え始めたため、流域の植物量が減少し、胞子・花粉の値は、明・清の小氷河期の状況を繰り上げて示していると推測できる。そのため、近年の堆積物の分析の中で、特に自然の気候によるのかあるいは人類の文明によるのかの対比と分離には注意しなければならないのである。

　現在、さらに詳細に行えるようになった龍感湖の堆積物の分析は、一七六八年まで遡ることができ、図2では一七六八年以前～一九九八年の各堆積物の変遷を示した。そのうち、広葉樹と湿地植物の花粉は、流域内の植生の状況を概ね表している。ここで注意すべきは、L2すなわち一七六八～一八一五年である。二種類の花粉の比重はともに減少傾向が顕著であり、これは一般的に気候の寒冷化を示している。地方志と故宮檔案など文献史料の統計分析によれば、明・清の小氷河期中、一七〇〇～一八二〇年代は比較的温暖な時期で、冬季の寒さの指数は比較的に安定していて、その平均値はわりと高い[45]。そのため、花粉のこの異常な現象は、その他の堆積物の解読を参考とすべきである。また、これと同時に、ARM（非履歴性残留磁化：Anhysteretic Remanet Magnetization）と ARM/Xlf（非履歴性残留磁化と低周波帯磁率：low frequency magnetic susceptibility の割合）という著しい変動を示す二つの磁気的パラメータが見られる。人類が活動する地域において、湖の堆積物の磁気的パラメータの増減は、周辺の人類活動の強度を知るためによく用いられ、主に耕作の強度の指標として代用される[46]。土地の開墾力が次第に増すと、湖に流入する土壌の成分も多様となり、堆積物の磁気的パラメータも高くなる。図からこの二つの項目がL1段階から等しく上昇傾向にあり、L2に入った後も高い値が継続していることが分かるが、これはこの期間の周辺の耕作力が増したことを反映している。これに呼応して、同時期の炭化物の値も明らかな上昇傾向を示している。炭化物は周辺で火事が実際にあったことを示す記録で、森林火災あるいは住民の野焼きによる開墾（火入れ開墾）を反映している[47]。民国『宿松県志』には次のような現地の住民の生活習慣が記録されている。「朝夕の炊事に必ず柴薪《さいしん》を利用し、農業に従事する人で薪を採らない者はない。西北の村での炊事の燃料の多くは松の枝を採ったもので、東南ではアシやカヤの薪を必需品とする」この東南の村とは龍感湖のほとりである。「沿岸の坂で低く窪んだ場所には多くの毛草（カヤ）が生え、それを俗に蕪《ぶ》草《そう》といい、その柔らかいものは田畑の肥料に用い、そうでないものは刈って炊事に使う……東南の柴の多くはカヤの類で、大概はアシであった。草を蓄える場所を草場といい、農民は暇を見つけては、草を多く採取して、自らの炊事に利用するほか、余りを販売した。沿岸住民は毎年の柴草で利益を得て、その収入は穀物より多い者もいた[48]」。図中のL2の広葉樹および湿地植物の花粉の減少と炭化物の増加は、湖の沿岸住民が草を刈って燃料とした生活習慣がもたらしたもので、その程度は隣接する時期と比べて高いので、人口の増加と密接に関連しているとすべきである。この状況と本稿で先に文献史料の考証を通じて推計した流域人口の推移の傾向とが合致するのである。

　人類の活動は湖水環境に著しい影響を与える一方で、珪藻は水環境に非常に敏感な生物なので、沿岸環境の変動具合を単峰性の分布（unimodal response model）[49]となって明確に示す。つまり特定種の珪藻の生長は、環境変動した特定の期間内に集中しているのである。人類活動が激しくなるにつれて、湖の栄養状態の変化が珪藻の群集の変化を引

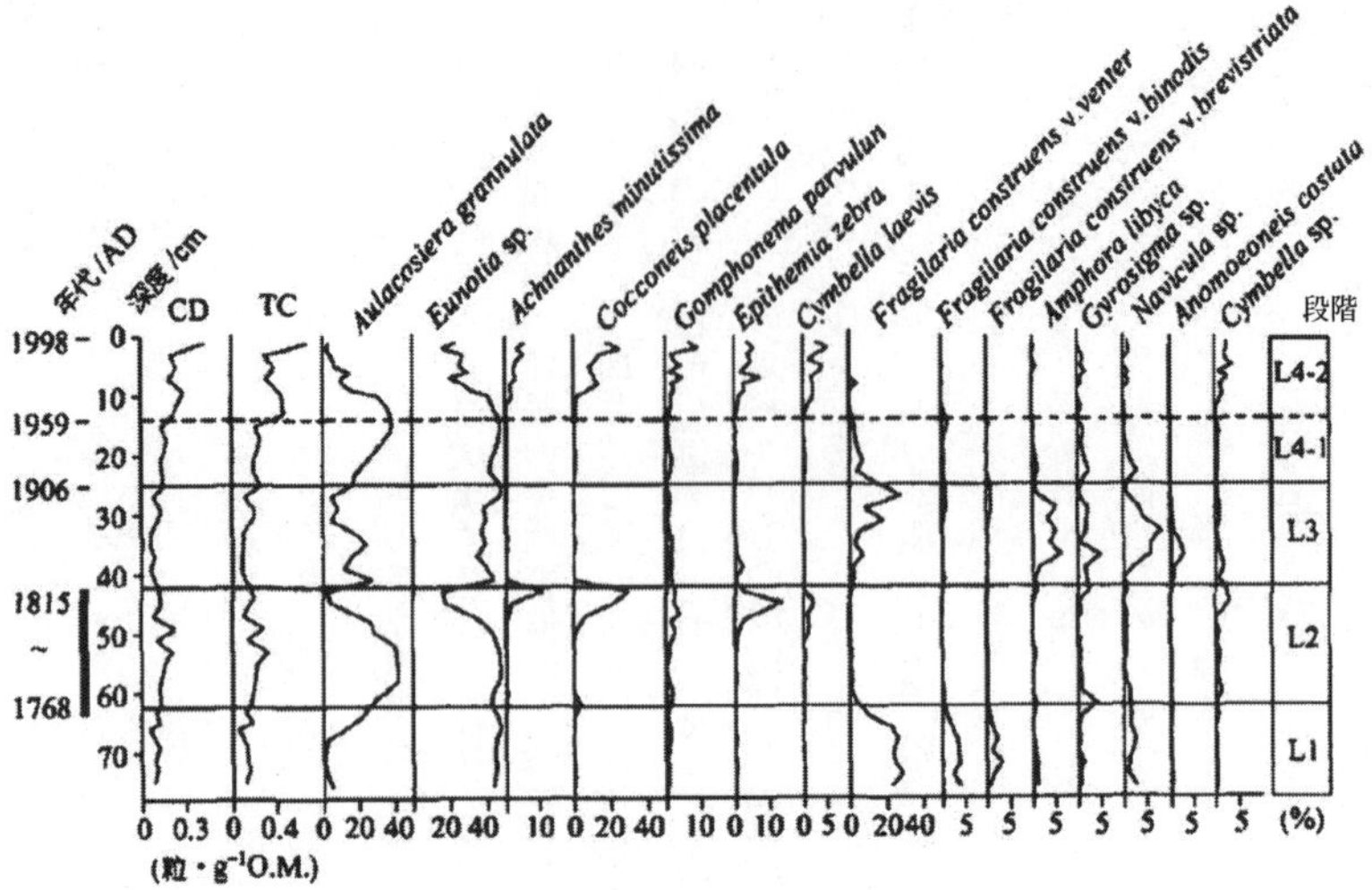

図３　龍感湖の堆積物のコア中の色素と珪藻の群集の変動

出典：羊向東・王蘇民・沈吉・朱育新・張振克・艶宏「近 0.3k 来龍感湖流域人類活動的湖泊環境響応」『中国科学（D 輯）』第 31 巻第 2 期、2001年12月、第1035頁。

き起こしたのである。環境史の研究では、北米の植民時期とヨーロッパの産業革命の時期に、いたる所で湖の富栄養化が発生し、貧栄養に適した珪藻は次第に富栄養の状況に耐える種類に取って代わるようになったとする。(50)

図３に見るように龍感湖のコアは、一七六八年以来の湖の珪藻の群集が明らかに変動した様子を示している。

各種珪藻の変動状況を総合的に考慮すれば、堆積物は五層に分けられ、一七六八年前~現代の珪藻の含有量を示している。この中でも、フラギラリア（*Fragilaria*）種に注目したい。生態上、小型底生生物のフラギラリア種は、光量が十分にあり、透明度が比較的高い貧栄養の水系に適応する。(51) ヨーロッパ移民が到達する以前のアメリカ大陸の湖ではフラギラリア種に属す含有量が著しく高かった。図３が示すように、*Fragilaria construens v. venter* は、Ｌ１とＬ３でピーク値を示している。

これに反して、*Aulancoseria grannulata*・*Coconeis placentula*・*Gomphonema parvulu* と *Cymbella laevis* は、中富栄養水系中でよく見られる種類で、図3によれば、これらの種類はＬ２とＬ４で高い値を示している。

湖の珪藻—全リンの関数から、ＴＰ（全リン）の時間的変遷を得ることができる。先行研究において、リンは長江中下流地域の湖の水生生物の成育を制限する栄養素で、湖の栄養状況を総合的に評価できる最も直接的な指標になるとされる(52)。図2によると、ＴＰはＬ１で上昇傾向を示し、一七六八年前後で一旦下がった後に、Ｌ２では高い値を維持している。一七六八年の前後の低い値は、一七五一～一八〇〇年の長江流域の全国的な水害と関係があるだろう(53)。Ｌ３では持続的に低い値を示しており、Ｌ４からピーク値まで少しずつ増加する。堆積物のリンは周辺流域でのリンの流失量を概ね示しており、耕作土壌の流出状況を反映していると見ることができる(54)。図2において、全リンと周辺流域の土壌の耕作強度の磁気的パラメータを反映する項目とは位相（フェーズ）の上で著しい同調性が見られる。

以上、龍感湖の堆積物のコアは、湖水の栄養の程度と周辺の開墾の強度を反映し、多くの項目の変動で一致が見られた。ここから、以下のように推測できる。十八～十九世紀前期に、周辺の開墾強度が次第に増し、それは十八世紀から十九世紀へと移るまでに、ピークに達し、湖自体も富栄養状態となった。十九世紀に入って以降、開墾強度はその後一世紀の間継続する底の期間に入ったが、二〇世紀までに迅速に回復した。伝統的な耕作が実施されている間、開墾強度と人口とは正の相関関係にある。本稿で復元したここ三〇〇年来の周辺人口の推移は、堆積物の変化との関係性に整合性があり、信頼を置くことができるのである。

六、七〇〇数年来の太白湖の堆積物との呼応関係

龍感湖の堆積物はここ三〇〇年の周辺流域の人類活動の強度を示していた。二〇〇七年、中国科学院南京地理与湖泊研究所は、太白湖の堆積物をボーリングによって採取し、その分析結果はさらにここ一五〇〇年へと遡った。

全秀芳《どうしゅうほう》などは、太白湖の堆積物の胞子・花粉と炭化物を組み合わせた分析を通じて、ここ一五〇〇年の周辺流域の植生の変動を図4のように七段階に分けた。(55)第Ⅰ段階(五二〇~七二〇年)では、胞子・花粉の総濃度は比較的高く、その中でも広葉樹高木の花粉が多い。これは、周辺流域の気候が相対的に温暖湿潤であったことを反映している。第Ⅱ段階(七二〇~一〇五〇年)では、胞子・花粉の総濃度はある程度増加しているが、その中のマツ類の含有量の増加は明らかで、広葉樹高木の花粉を上回り、同時に、小型の炭化物の含有量も増加している。これは、この地域に火災が発生したことを示しており、また、気候がやや寒冷化に転じ、乾燥化したことを推測させる。第Ⅲ段階(一〇五〇~一三一〇年)では、胞子・花粉の総濃度は比較的高いが、それは落葉及び常緑の広葉樹高木の花粉が主であり、マツの花粉の含有量は減少し、陸生草本の花粉が増加していて、この時の気候が湿潤であったことを示している。第Ⅳ段階(一三一〇~一五八〇年)では、常緑広葉樹高木とマツが減少し、落葉広葉樹高木の比重は増す。この時期に気温が下がり、降水量が減少したことを反映している。第Ⅴ段階(一五八〇~一七一〇年)では、胞子・花粉の総濃度は比較的低く、マツ類の花粉の含有量が相対的に上昇し、広葉樹高木の花粉の含有量を上回るので、気候が寒くなったと推測できる。第Ⅵ段階(一七一〇~一九五〇年)では、落葉及び常緑の広葉樹高木の花粉の含有量は低く、マツ類の花粉が次第に高い値となり、陸生草本の花粉の含有量は引き続き減少するものの、胞子・花粉の総濃度が、前段階よりも増加したので、この時期の気温は上昇したが、相対的には寒い時期であったと推測できる。第Ⅶ段階(一九五〇年以降)では、胞子・花粉の総濃度は急速に下がったが、その中の落葉及び常緑の広葉樹高木の花粉の含有量は回復し、マツ類などの高木の花粉の含有量が絶対的に優勢となり、この時期は比較的温暖であったと推測できる。胞子・花粉の記録を利用して復元した気候と文献史料によって復元した気候とを比較すれば、(56)一つの興味深い現象を発見できる。すなわち、第Ⅰ~Ⅲ段階の復元結果はほぼ一致するが、第Ⅳ~Ⅵ段階の復元結果には差異があって、胞子・花粉による復元は、概ね寒冷を示す傾向にある。各種胞子・花粉を組み合わせた分析から、胞子・花粉の総濃度が全体的に下降

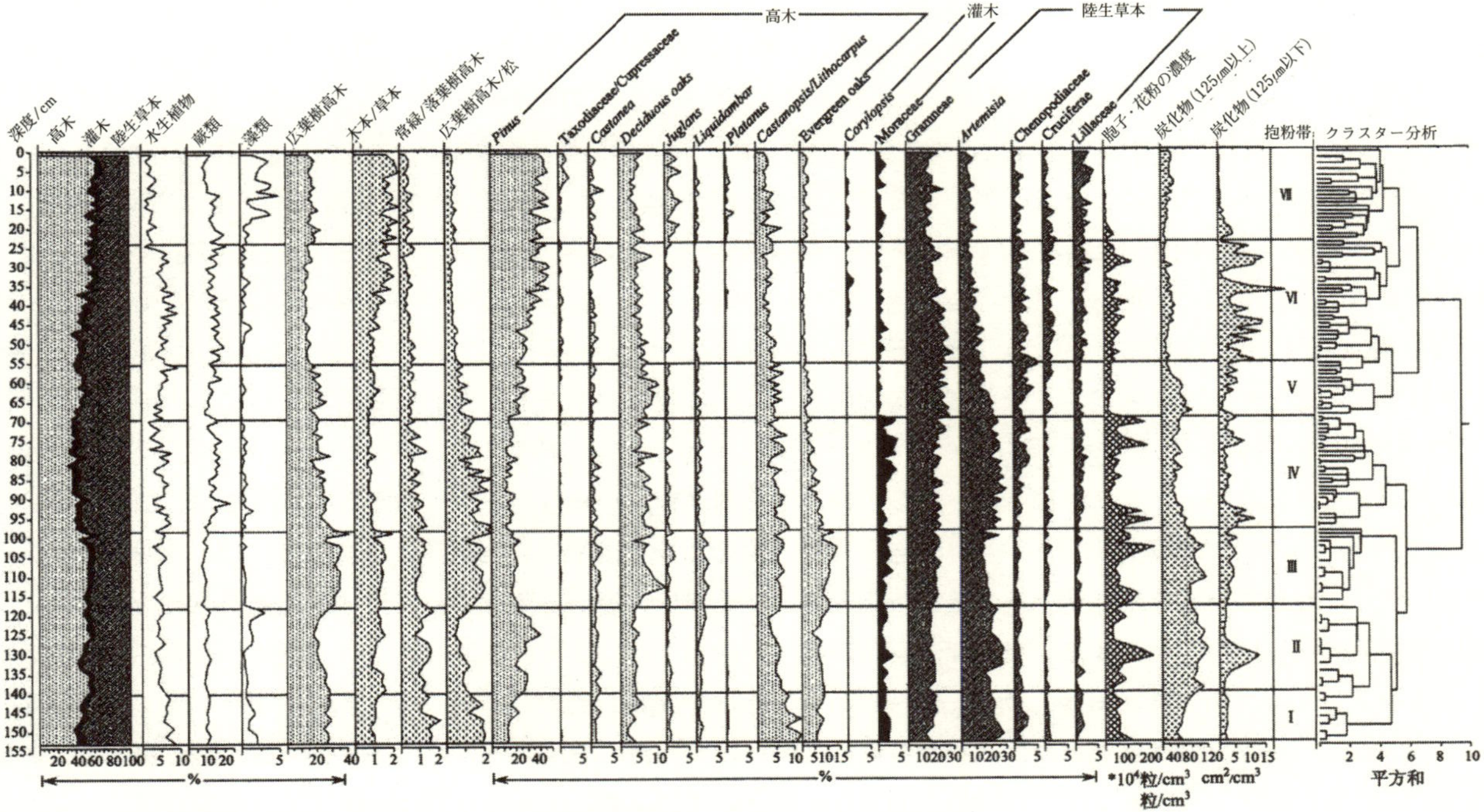

図４　太白湖の堆積物コアの胞子・花粉の種別の含有量・総濃度と炭化物の濃度の変動

出典：沈吉等編著『湖泊沈積与環境演化』285 頁。

傾向を示すと、マツ類の含有量が相対的に上昇するという重要な結果を得た。

二種類の復元結果が、前半の段階で一致し、後半の段階で異なるというこの現象は、ここ数年来、周辺流域の環境が受ける人類活動の強い影響を現しており、人類活動が自然環境の根本を改変したその堆積物の記録に基づくものである。二種類の復元結果の相違部分は、人文学的要素を結び付けて合理的な説明を得ることができる。

第Ⅳ段階（一三一〇～一五八〇年）では、常緑広葉樹高木とマツの木が減少した。歴史文献の統計は、この時期でも一四七〇～一五二〇年だけはやや寒冷で、一四八〇年以前は大規模な洪水期であったとする。[57]マツは、常に伐採後に真っ先に生えてくる植物なので、マツが減少することは、この時期に人為的により多くが伐採されたことを示しており、本文で復元した人口推移における、この時期の人口の緩やかな増加と一致する。第Ⅴ段階（一五八〇～一七一〇年）の胞子と花粉の総濃度は比較的低く、人類による伐採活動が継続していたことを示している。また、マツ類の花粉の含有量がやや増加するが、これは、伐採跡地の後続開発の前段階であることを反映する。人口の復元を対比させれば、この時期の中ごろは十七世紀中葉の明末の農民戦争期であり、周辺流域の開発が一時停滞した。この類の記録は地方誌に多く見られる。一例を挙げれば、以下のようである。「（明崇禎）九年丙子十二月二八日、流賊が広済から宿松を襲い、河に沿って家に火を放ち焼き掠奪した。しばらく晴天が続いており、沢や湖畔がすべて乾燥していた。賊は六十里坂から百余里を駆けて来て、不意に河に沿った地方を襲い、その放火と掠奪はとりわけ酷いものであった。……（明崇禎十年）十二月。己卯六月、流賊が宿松に至り、二ヶ月にわたって放火・掠奪をした。十二月、賊はまた宿松に至り、半月余もの間放火・掠奪をしたので、城鎮の近隣三〇里は大晦日の晩に煙が立つ家はなかった」。[58]

第Ⅵ段階（一七一〇～一九五〇年）の堆積物は変動していて、単に気候が寒冷化したとは理解できず、人類の活動と結び付けて、更に短時間に分けて考えるべきである。図5は、一五八〇年以降、一部の堆積物の変動曲線のうち、*Gramineae* の曲線はイネ科の胞子・花粉の濃度の変動を示す。一七六〇年初期から十九世紀中期にかけて、イネ科の

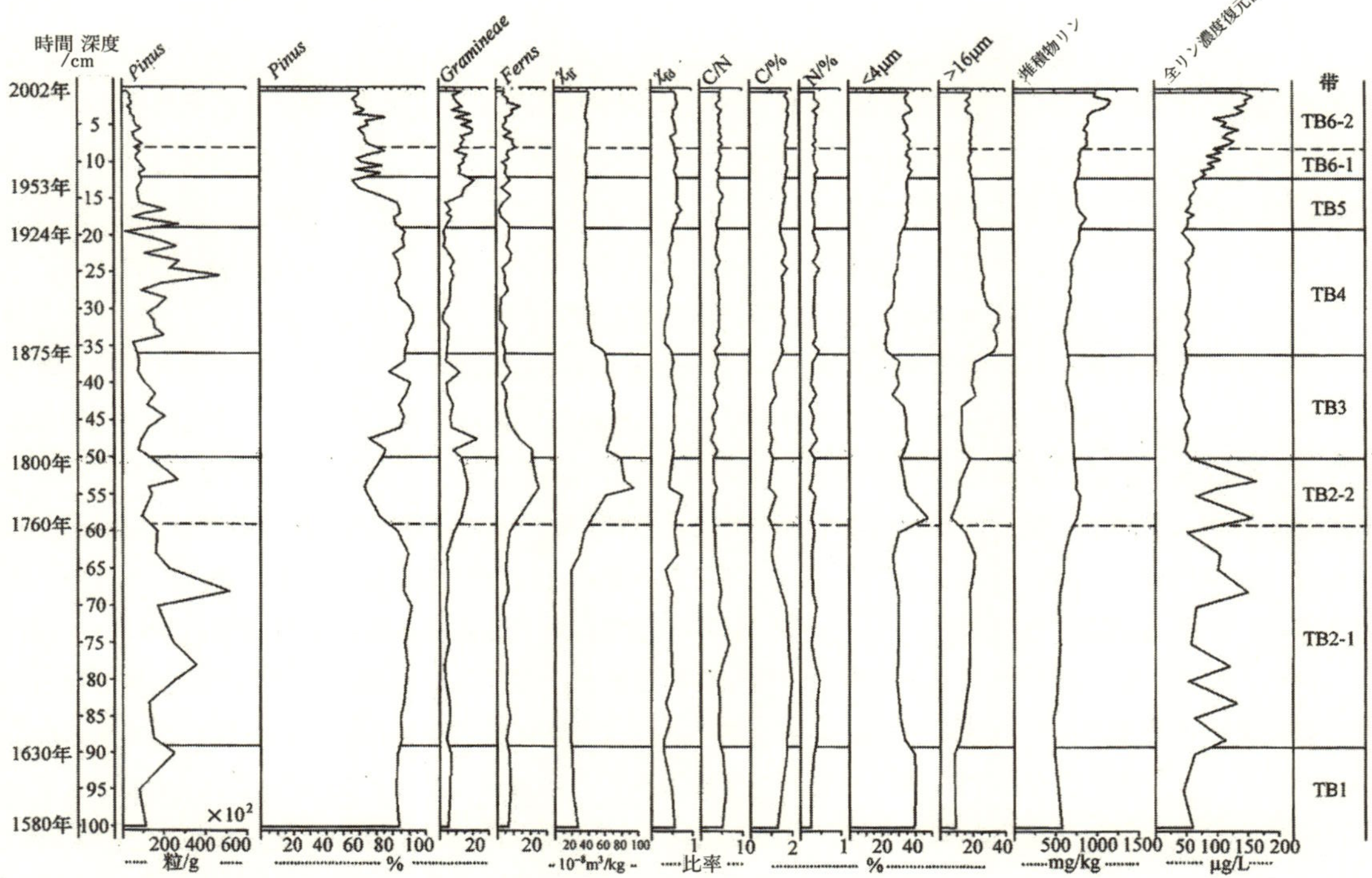

図５　太白湖の堆積物のイネ科の胞子・花粉、磁気的パラメータと全リン曲線

出典：範成新・王春霞主編『長江中下遊湖泊環境地球化学与富栄養化』59 頁。

胞子・花粉が著しく増加し、そして一段と高い値を維持するようになる。十九世紀中葉以後、イネ科の胞子・花粉の含有量は低下し、二〇世紀上半期に再度上昇する。周辺流域の土地浸食の強度の Xlf も似た値を示すが、十九世紀中期の後に、同時に低下せずに、二〇世紀に一段と長い期間、低い値を維持している。[59]ここで注意したいのは、マツ類の胞子・花粉の絶対値が約一八五〇年の前後に下降傾向が現れ、相対含有量が上昇傾向を示すことである。絶対値の下落は植物量の減少を示しており、文献研究によって指摘された明・清期の小氷河期中の一八二〇～一八九〇年の最後の寒い時期とおおむね一致する。[60]相対含有量の上昇は、伐採跡地の次に生える植物の生長を示し、これは、本論文で復元した人口曲線における太平天国の戦乱時期と低い値で一致する。図4の炭化物の曲線と対比させれば、この時期の小型の炭化物は著しく高い値を示し、大型の炭化物がより少ないことが分かる。大型の炭化物は湖の近くでの火事を示し、小型の炭化物は流域内のやや離れた場所で火を用いたこと示しており、また、流域内の普遍的な開発を反映している。先に引用した民国『宿松県志』には、以下のように東南部の湖畔の低地では、多くのアシを伐採して燃料とし、西北部の湖からやや離れた場所の丘陵地帯では、松の枝を採って燃料とした。「西北の柴山はみな樹木で覆われ、その大半が松である。……西北で木々が密生している地域では、採取した木や枝を燃やして作った炭を運搬・販売し、営業の一つとする者もいる。この他に砂や小石の平原のような場所、山地は稀であるが、薪を採るのが難しいので、地面の草や根を掘って採り、それを燃料としていて、その状態はそれぞれ異なるのである」[61]と記す。この現地の生活習慣は、流域内の小型の炭化物の出所として解釈でき、マツと人口の増減には、負の相関関係があることが明らかなのである。

前述の龍感湖の堆積物の分析ですでに指摘したように、生息環境に敏感な珪藻の各種群集は湖の富栄養の程度を示している。図6は、一五八〇年以降の太白湖の堆積物中の珪藻の異なる生態類型の種別含有量と全リンのの変動を復元したものである。

特に注意が必要なのは、富栄養型の浮遊種を代表するPOの変動曲線で、TB1からTB2にかけて増加傾向が見られ、そして一六三〇年の後ほどなくして一時的に低下するもののその後に上昇し、十九世紀のTB3に入った後、突然一気に低下し、TB4・TB5・TB6-1とそのまま低い値を維持し、一九七〇年後のTB6-2で急激に上昇する。この水系の栄養状態は、十九世紀の後に比較的長期の低い値を示している。多種の珪藻の群集により復元した全リン値を総合的に考慮すれば、周辺の開発の強度と湖の水系の栄養具合をより直観的に反映している。全リンの曲線から見て、TB1からTB2まではおよそ上昇傾向にあり、TB3・TB4は約一世紀低迷する。TB5から現在までは、全リンの値は再度急速に上昇する。

まとめれば、太白湖の堆積物に示されるここ七〇〇年の周辺の開発の強度の変動は、龍感湖のそれと基本的に一致する。周辺の開発の強度は、十四世紀中期～一五八〇年に次第に増し、一五八〇～一七六八年に一六三〇年前後の短期間の低迷の後に次第に上昇し、一八〇〇年あたりまで全リン値が最も著しいピークを迎える。全体的には、堆積物

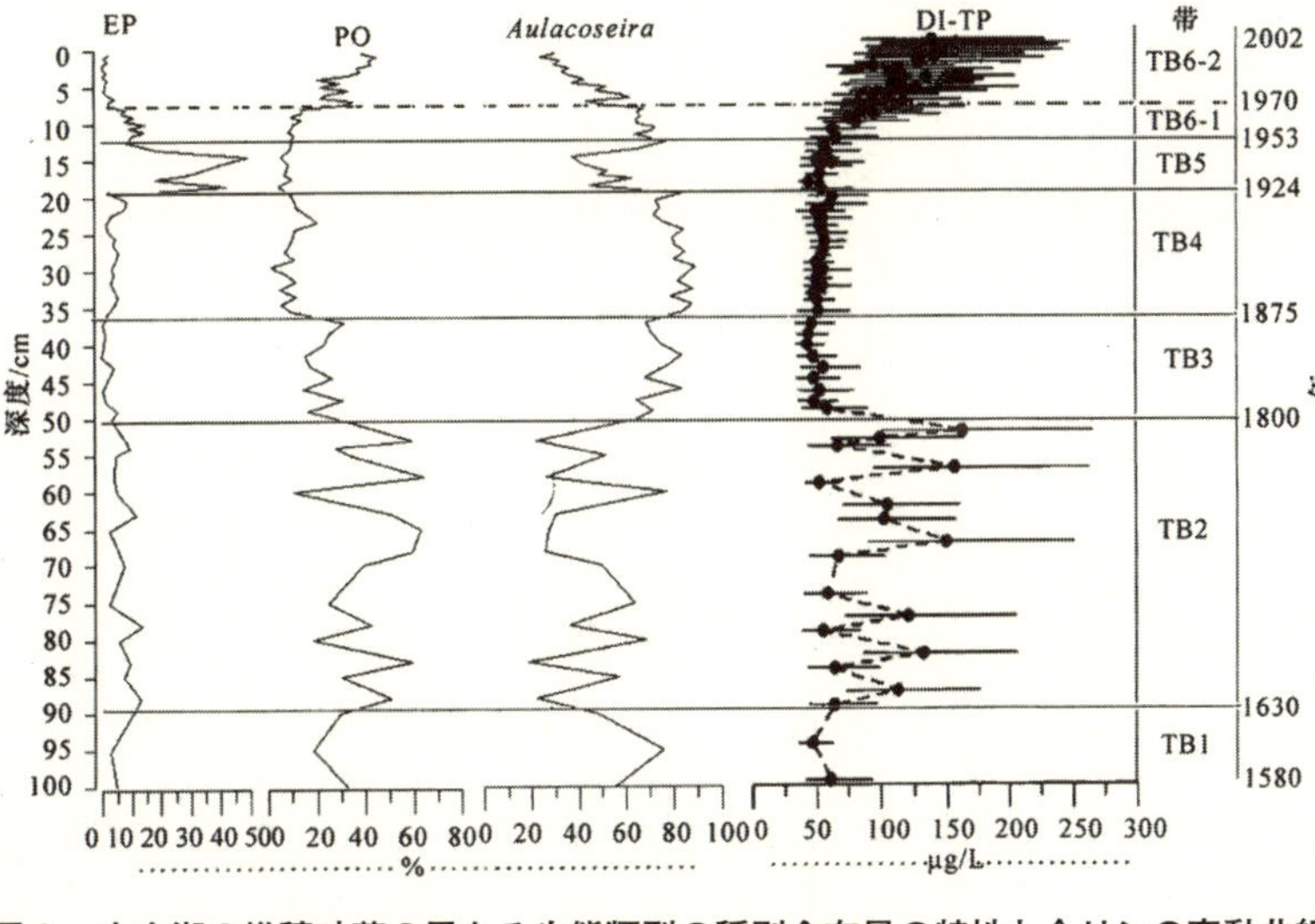

図６　太白湖の堆積珪藻の異なる生態類型の種別含有量の特性と全リンの変動曲線
出典：範成新・王春霞主編『長江中下遊湖泊環境地球化学与富栄養化』52頁。

の中に見える人類活動の影響の変動と本研究が利用した歴史学の方法で復元した流域人口の推移とはほぼ一致している。十六～十九世紀、人口全体は上昇傾向で、十七世紀中期の明末の戦乱での人口激減を経て、比較的早く回復した。十九世紀中期の太平天国の戦乱での人口減少は明末よりも甚だしく、その回復に要する時間も長く、地方開発は半世紀以上も低下した。この巨大で異常な事態も湖の堆積物にはっきりと記録されていたのである。

まとめ

本稿では、まず歴史学の方法を単独で用いて、一三九一～二〇〇六年の龍感湖—太白湖流域の人口推移を復元した。その中でも、一九五三年以後は現代の国勢調査の数値があるため、作業の中心は一三九一～一九五三年の推移の復元であった。

復元の基本的な考え方は何炳棣の指摘に従った。明代以降の中国の人口を復元する鍵は、人口登記制度を合理的に期間を分けて復元することにあり、現存する異なる時期の人口の数値に含まれる真実部分に対してはっきりとした認識を維持することである。ただし、何炳棣は、人口推移の復元にあたって、データが依然として不足していることを理解しており、彼の研究はこのリスクを回避したものであった。曹樹基は何炳棣の研究に基づき、現代人口学の知識を参考として、その多くの解析は府レベルのパネルデータ〔同一の対象を継続的に観察・記録したデータ〕まで達した。本稿ではその解析をさらに県レベルまで下げ、それによって府を跨る流域の人口推移の基礎的な復元を行ったのである。

異なる時期の文献史料による人口の数値は、そこに含まれる真実の内容もそれぞれ異なり、多くは真の人口を示してはいない。そのため、筆者は人口推移を復元する際に、まず該当する時代で最も信頼できる史料の数値を選び、推移の復元における主要な基準点とした。例えば明初と一九五三年の数値では、地方の人口が発展したという大きな傾向を参考とし、さらにその増減を段階的に細分化して復元した。このような主な傾向と人口の増減に関係する重大な歴史上の事件と現代人口学を対比させて、あまりに有り得ない史料上の数値は排除し、制度面から見て、一定の参考価値のあるデータをさらに限定した期間の変動傾向の復元の補助として用いた。

このかなり危険な復元作業へはその精度に常に疑問がつきまとうが、幸運なことは、全く別に計測された龍感湖―太白湖の堆積物の変遷が、人口推移のために客観的な検証を提供することである。興味深いのは、堆積物による周辺流域気候の復元と十四世紀以前の歴史文献による復元の結果を互いに照らし合わせると、十四世紀以後、堆積物の記録は現地の気候変動を敏感に反映することができず、もっと大規模な人類活動の結果として現れるのである。珪藻の群集・全リン・リン化率と胞子と花粉などの項目は、龍感湖―太白湖の周辺の開発強度が十四世紀以来次第に増大することを総合的に反映しているが、一六三〇年後に一時短期的な低迷を経て、それ以後、開発の強度は継続して上昇し、一八〇〇年前後に一つのピークに達するものの、ここ一世紀は継続して低迷し、二〇世紀以降に入って、また次第に上昇し、一九五三年後は、これまでにない加速的な傾向を示している。生産技術改革が緩やかないわゆる伝統時代に、地方の開発の強度の変化は、おおむね地方人口の増減に現れる。本稿で復元した人口と湖の堆積物の変遷の位相（フェイズ）は、ごく自然な変化である。このことは、制度面の分類を基礎とし、マクロからミクロのレベルに適用して、県レベルの人口の変遷を復元した本研究の方法が比較的信頼できることをも証明している。しかし、繰り返し必ず強調しなければならないのは、史料の量が限られているため、総人口と変動の程度の復元には、推測を加えなければならない点である。歴史の制度の研究・歴史事件の描写・人口学の知識などを総合的に運用しても、推定値としてある閾値を提供し、それが荒唐無稽な値とするには至らせないのである。

しかし、百年尺度の堆積の速度が常に一定ではなく、また堆積物が圧力により固められる作用などの要素の影響で、鉛-210年代測定法は堆積年代の位置付けになお誤差があって、しかも年代の幅が大きく、その深さやその誤差はより大きい。これは堆積と人口の変遷の精確な対比の障害となっており、さらにそれは、振幅と周期が比較的少ない人口の変動は等しくこれによる堆積の進行との比較の解釈は困難である。

本稿が対象とした期間で、人口の曲線は明末と清末との二度に渡って大きく低迷するが、これは文献に残る明・清時代の小氷河期の二度の寒い時期に対応している。文献と堆積物の記録の対比研究がすでに示しているように、十四世紀以降、人類活動に対する堆積物の記録は、気候に比べてより敏感であるが、堆積物が示すこの二度の湖の栄養レベルの低迷は、気候の寒冷化と人類活動の減少の両方による結果であることは、どうしても認めざるを得ない。しかし、寒冷期の到来と二度の戦乱による開発の停止は、同時であって、そこには因果関係が存在するのであろうか。筆者は否定的であると考える。それは、より大きな時間の尺度で見れば、明・清期の人類の開発力は宋・元時期よりずっと強いものであり、宋・元は明・清と比べて、すでに温暖であることを確信しているためである。そのため、気候と人類活動の関係は、具体的な歴史の場面の中で理解されるべきであり、時間の進行により独断的に関連付けることはできないのである。

【注】

（1）王蘇民・竇鴻身『中国湖泊志』二〇六～二〇七、二三五～二三六頁参照。
（2）範成新・王春霞主編『長江中下遊湖泊環境地球化学与富栄養化』（北京、科学出版社、二〇〇七年一月）二九～三〇頁。
（3）謝平『翻閲巣湖的歴史—藍藻、富栄養化及地質演化』（北京、科学出版社、二〇〇九年二月）前言i頁。
（4）Likens S., *Long-term Studies in Ecology*, Berlin: Springer-Verlag, 1989.
（5）範成新・王春霞主編『長江中下遊湖泊環境地球化学与富栄養化』三四～三五頁。
（6）童国榜・石英・呉瑞金・羊向東・瞿文川「龍感湖地区近三〇〇〇年来的植被及其気候定量重建」（『海洋地質与第四紀地質』

第十七巻第二期、一九九七年五月）五三～六一頁。瞿文川・呉瑞金・羊向東・王蘇民・呉艶宏・薛浜・童国榜「龍感湖地区近三〇〇〇年来的気候環境変遷」（『湖泊科学』第一〇巻第二期、一九九八年六月）三七～四三頁。羊向東・呉艶宏・朱育新・王蘇民・沈吉「龍感湖鉆孔掲示的末次盛冰期以来的環境演化」（『湖泊科学』第十四巻第二期、二〇〇二年六月）一〇六～一一〇頁。

（7）羊向東・王蘇民・沈吉・朱育新・張振克・呉艶宏「近0.3ka来龍感湖流域人類活動的湖泊環境響応」（『中国科学（D輯）』第三一巻第十二期、二〇〇一年十二月）一〇三一～一〇三八頁。羊向東・沈吉・夏威嵐・朱育新「龍感湖近代沈積珪藻組合与栄養演化的動態過程」（『古生物学報』第四一巻第三期、二〇〇二年七月）四五五～四六〇頁。陳詩越・金章東・呉艶宏・楊麗原「近百年来龍感湖地区湖泊栄養化過程」（『地球科学与環境学報』第二六巻第四期、二〇〇四年十二月）八一～八四頁。陳詩越・呉愛琴・於興修「長江中下遊湖泊富栄養化過程探析―以龍感湖為例」（『臨沂師範学院学報』第二六巻第六期、二〇〇四年十二月）五八～六一頁。羊向東・沈吉・董旭輝・劉恩峰「長江中下遊浅水湖泊歴史時期栄養態演化及湖泊生態響応―以龍感湖和太白湖為例」（『中国科学（D輯）』第三五巻増刊Ⅱ、二〇〇五年）十五～五四頁。劉健・羊向東・王蘇民「近両百年来龍感湖栄養演化及其控制因子研究」（『中国科学（D輯）』第三五巻増刊Ⅱ、二〇〇五年）一七三～一七九頁。Dong Xuhui, Yang Xiangdong, "Diatom Community Succession and Nutrient Evolution Recorded from a Sediment Core of the Longgan Lake, a Large Shallow Lake in East China", *Acta Hydrobiologica Sinica*, Vol. 30. No. 6, 2006, pp. 702-710.

（8）董旭輝・羊向東・劉恩峰「湖北太白湖四〇〇多年来沈積珪藻記録及湖水総磷的定量重建」（『湖泊科学』第十八巻第六期、二〇〇六年）五九七～六〇四頁。劉恩峰・羊向東・沈吉・董旭輝・王蘇民・夏威嵐「近百年来湖北太白湖沈積通量変化与流域降水量和人類活動的関係」（『湖泊科学』第十九巻第四期、二〇〇七年）四〇七～四一二頁。董旭輝・羊向東・劉恩峰・王榮「冗余分析（RDA）在簡化湖泊沈積指標体系中的応用―以太白湖為例」（『地理研究』第二六巻第三期、二〇〇七年五月）四七七～四八四頁。Enfeng Liu, Xiangdong Yang et al., "Enviroment Response to Climate and Human Impact during the Last 400 years in Taibai Lake Catchment, Middle Reach of Yangtze River, China", *Science of the Total Environment*, No.385, 2007, pp. 196-207. 仝秀芳・肖霞雲・羊向東・王蘇民・蕭家儀「湖北太白湖孢粉記録掲示的近一五〇〇年以来長江中下遊地区的気候変化与人類活動」（『湖泊科学』第二一巻第五期、二〇〇九年）七三二～七四〇頁。

（9）何炳棣著・葛剣雄訳『明初以降人口及相関問題：一三六八～一九五三』（北京、生活・読書・新知三聯書店、二〇〇〇年十一月）前言、一頁。

(10) 費正清（John King Fairbank）「序」『明初以降人口及相関問題：一三六八～一九五三』二～三頁。
(11) 『明初以降人口及相関問題：一三六八～一九五三』一一三頁。
(12) 曹樹基『中国人口史』第四巻、明時期（上海、復旦大学出版社、二〇〇〇年九月）。
(13) 曹樹基『中国人口史』第五巻、清時期（上海、復旦大学出版社、二〇〇一年五月）。
(14) 侯楊方『中国人口史』第六巻、一九一〇～一九五三年（上海、復旦大学出版社、二〇〇一年十一月）。
(15) 侯楊方『中国人口史』第六巻、一九一〇～一九五三年、五三～五四、六六頁。
(16) 侯楊方「乾隆時期民数彙報及評估」（『歴史研究』二〇〇八年第三期）三四～四五頁。
(17) 曹樹基『中国人口史』第四巻、明時期、五二五頁。
(18) 曹樹基『中国人口史』第四巻、明時期、十七頁。
(19) 何炳棣著・葛剣雄訳『明初以降人口及相関問題：一三六八～一九五三』六四頁。
(20) 何炳棣著・葛剣雄訳『明初以降人口及相関問題：一三六八～一九五三』十二～十四頁。
(21) 何炳棣著・葛剣雄訳『明初以降人口及相関問題：一三六八～一九五三』四一頁。
(22) 広西巡撫呉虎炳『差辦民数折』（軍機録副）、乾隆四十一年七月、中国第一歴史檔案館、〇三-〇二八六-〇四三；侯楊方『乾隆時期民数彙報及評估」四〇頁から転載。
(23) 曹樹基『中国人口史』第四巻、明時期、三八～三九頁。
(24) 天順『直隷安慶郡志』巻四、戸口。曹樹基『中国人口史』第四巻、明時期、四一頁から転載。
(25) 侯楊方『中国人口史』第六巻、一九一〇～一九五三年、二九八頁。
(26) 公安部治安管理局編『中華人民共和国全国分県市人口統計資料二〇〇六年度』（北京、群衆出版社）一七五頁。
(27) 曹樹基『中国人口史』第四巻、明時期、四四九頁。
(28) 光緒『黄州府志』巻一〇、兵事。
(29) 嘉慶『重修一統志』巻二四〇。
(30) 何炳棣著・葛剣雄訳『明初以降人口及相関問題：一三六八～一九五三』六七～六九頁。
(31) 一九八七年一〇月二三日、国務院は、広済県を廃止し、武穴市（県レベル）建てることを批准した（国函［一九八七］一七〇号）。

もとの広済県の行政区域を武穴市行政区域とした。
(32) 民国『宿松県志』巻七、民族志。
(33) 民国『宿松県志』巻七、民族志。
(34) 民国『宿松県志』巻七、民族志。「欽奉上諭、五年編審之例永行停止、按年造報戸口人丁」
(35) 何炳棣著・葛剣雄訳『明初以降人口及相関問題：一三六八～一九五三』五四頁。
(36) 公安部治安管理局編『中華人民共和国全国分県市人口統計資料二〇〇六年度』(北京、群衆出版社、二〇〇七年十二月)一五四頁。
(37) たとえば、Beattie Hilary J. *Land and Lineage in China: a Study on T, ung-ch, eng County, Anhwei, in the Ming and Ch, ing Dynasties*, Cambridge: Cambridge University Press, 1979. そのほか中国語の研究が多くあるが、ここでは記さない。
(38) 嘉慶『重修一統志』の記載では、一八二〇年の安慶府は「原額丁口〔定額の丁の人数〕」三八一万七〇六三、「滋生丁口〔新規の丁の人数〕」一七六万九〇四とする。梁方仲は「中国歴代戸口・田地・田賦統計」で、「原額丁口」の数値は誤りであるものの、修正できないとする(上海、上海人民出版社、一九八〇年、四一二頁)。曹樹基の考証によれば、その年の安慶府の人口の実際は、「原額丁口」と「滋生丁口」を加えたものとする(『中国人口史』第五巻、清時期、九六～九七頁)。
(39) 民国内政部統計処『戸口統計(戦時内務応用統計専刊第一種)』(一九三八年五月)に掲載された数値より算出した。
(40) (清)馮煦主修、(清)陳師礼纂『皖政輯要』巻十五、戸籍(合肥、黄山書社、二〇〇五年八月、標点本)。そのうち、原住民人口は一九万七六三(一二七頁)、寄籍人口は七四四(一三一頁)で、合計一九万一五〇七である。
(41) 南昌、江西人民出版社(一九九〇年四月)。
(42) 瞿文川・呉瑞金・羊向東・王蘇民・呉艶宏・薛浜・童国榜「龍感湖地区近三〇〇〇年来的気候環境変遷」四二頁。
(43) 童国榜・石英・呉瑞金・羊向東・瞿文川「龍感湖地区近三〇〇〇年来的植被及其気候定量重建」(『海洋地質与第四紀地質』)六〇頁。
(44) 満志敏『中国歴史時期気候変化研究』(済南、山東教育出版社、二〇〇九年三月)二五二頁。
(45) 満志敏『中国歴史時期気候変化研究』二七四頁。
(46) 張振克・呉瑞金・王蘇民「岱海湖泊沈積物頻率磁化率対歴史時期環境変化的反映」(『地理研究』一九九八年第三期)二九七～

三〇二頁。

（47）沈吉等編著『湖泊沈積与環境演化』（北京、科学出版社、二〇一〇年九月）二八二～二八六頁。

（48）民国『宿松県志』巻十七、実業志・農業。

朝炊夕爨必藉柴薪、業農之民無不樵采。西北郷炊爨燃料多取給松枝、東南則以蘆葦茅薪為必需之品。洲坂低塌地多生毛草、俗称蕪草、其嫩者可以糞田、否亦刈供炊爨、故……東南柴廠多茅属、大要以蘆及草為多、蓄草之地亦将草場、農民有余隙時、多謀樵采生活、除自供炊爨外、有余則販售他人。沿洲居民毎年柴草利之、收入至有多于禾稼者。

（49）Ter Braak C. J. F., *Unimodal Models to Relate Species to Environment*, Washington: DLO-Agricultural Mathematics Group, 1996.

（50）Engstrom D. R., Swain E. B., Kingston J. C., "A Palaeolimnological Record of Human Disturbance from Harvey、s Lake, Vermont: Geochemistry, Pigments and Diatoms", *Freshwater Biology*, Vol. 15, No. 3, 2006, pp. 261-288. Fritz S. C., Kingston J. C., Engstrom D. R., "Quantitative Tropic Reconstruction from Sedimentary Diatom Assemblages: a Cautionary Tale", *Freshwater Biology*, Vol. 30, No. 1, 1993, pp. 1-23. Sabater S., Haworlth E. Y., "An Assessment of Recent Trophic Changes in Windermere South Basin（England ）Based on Diatom Remains and Fossil Pigmants", *Journal of Paleolimnology*, Vol. 14, No. 2, 1995, pp. 151-163.

（51）Hall R., Smol J. P., Diatom as Indicators of Lake Eutrophication, in Eugene F. ed., *the Diatom: Application for the Environment and Earth Science*, London: Cambridge University Press, 1999, pp. 128-168.

（52）董旭輝・羊向東・王栄・潘紅璽「長江中下遊地区湖泊硅藻—総磷転換函数」（『湖泊科学』第十八巻第一期、二〇〇六年）一～十二頁。

（53）満志敏『中国歴史時期気候変化研究』三四三頁。

（54）範成新・王春霞主編『長江中下遊湖泊環境地球化学与富栄養化』五七頁。

（55）仝秀芳・肖霞雲・羊向東・王蘇民・蕭家儀「湖北太白湖孢粉記録掲示的近一五〇〇年以来長江中下遊地区的気候変化与人類活動」七三六～七三八頁。

（56）満志敏『中国歴史時期気候変化研究』二七四頁。

(57) 満志敏『中国歴史時期気候変化研究』二七四、三二五頁。
(58) 民国『宿松県志』巻二七、武備志・兵事。
(明崇禎)九年丙子十二月二十八日流賊自広済襲宿松、沿河焚掠。時久晴、沢畔倶干。賊自六十里坂疾馳百余里、掩襲沿河地方、焚掠尤甚。……(明崇禎十年)十二月。己卯六月流賊至宿松、焚掠両月。十二月、復至、焚掠半月余、近城三十里除夕無烟。
(59) 磁気的パラメータがどうして十九世紀中葉の戦乱時に下がらず、二〇世紀中で長時間にわたって低い値を維持しているのか、筆者はまだ合理的な解釈を得ていない。研究のさらなる進展を待ちたい。
(60) 満志敏『中国歴史時期気候変化研究』二七四頁。
(61) 民国『宿松県志』巻十七、実業志・農業。
西北柴山皆木属、大要以松為多。……在西北凡山林丛密之区、亦有採取樹枝燃焼成碳販運售売、藉為営業之一種。此外如平原漠衍之地、山場稀僻、樵採艱難、則挖取地皮上之草根、以為燃焼之料、此則情形之各有不同者也。

あとがき

本論文集は東アジア海文明の具体的な様相を五つの視点から論じたものである。Ⅰ「**東アジア海文明と環境への認識**」は総論にあたる。東アジア海文明は巻頭言で葛剣雄が言及しているように、ヨーロッパの地中海文明と対比するとその特徴が際だってくる。ギリシア・ローマの地中海文明では沿海の都市が海域に面し、海域における交易が都市の興亡に大きく関わっていたのに対し、東アジア海文明では、中国の内陸に中心を置いた国家や帝国が興亡を繰り返しても、海域での交易はそれほど重要なものではなかった。それゆえ葛は古代中国は海外へ拡大する原動力を欠いていたという。中国から様々な文化を受容した朝鮮半島や日本列島から見れば、海域は交流のための重要な交通路であったが、中国王朝にとって海に出て行く必然性はそれほどなかったことになる。しかし視点を政治的なものから地勢的な海洋環境へと変えてみると、あらたな側面が浮かびあがってくる。地中海が海洋としての地質学的な歴史が古く、ヨーロッパとアフリカの両大陸に閉ざされた深海であり、そのために海産資源に乏しいのに対して、東アジア海では肥沃な大河が浅い大陸棚に注ぎこむことによって海産資源が豊富な海となっている。このことの意味を歴史的な環境からさぐっていく必要がある。

たしかに明（一三六八～一六四四年）の鄭和（一三七一～一四三四年頃）の南海諸国遠征（一四〇五～一四三三年）の目的は、朝貢貿易を求めるものであり、中国の民間の力によって海外進出が行われたものではなかった。中国王朝は民間の海外交易には抑止的であり、ときに十六世紀の明のように海禁政策をとることがあった。明以前の王朝も対外交易の海港を制限した。唐（六一八〜九〇七年）の広州では市舶司が海上交易を管理し、アラブ商人の行動を蕃坊の居留地に限定した。規模の大きな海港としては、長江河口の揚州、東海に面した福州、台湾海峡に面した泉州など数えるほどしかなかった。宋代（九六〇〜一二七九年）には広州、泉州に加えて南宋（一一二七〜一二七九年）の都の杭州や明州（寧波）の海港が栄え、元代（一二七一〜一三六八年）にも杭州、明州、福州、泉州、広州が発展した。こうした歴代の海港も、政治的な意味よりも、その立地条件に視点を移してみると、沿海の海港は陸域と海域の接点にあり、海港の重要な立地条件が海そのものよりも海岸に連なる内陸の地勢にあることに気づく。中国の歴史上に登場する東アジア海の海港の立地には大きな特徴があり、渤・黄海の海港と東・南海の海港の南北二つに分けると、前者では歴代の黄河、長江流域の東方大平原に左右されて海港は半島に限定され、後者では山間部が迫り出したリアス式海岸に良港が数多く生まれた。

Ⅱ「東アジア文明と黄河」の各論考は黄河の河道が歴史的に大きく変動したことを明らかにしている。東アジア海文明を考えるときに重要な視点であり、黄河の変遷と東アジア海とは密接な関係にあることがわかる。唐以前に渤・黄海の沿海の限られた地形にしか海港は発達しなかったことの理由は黄河にある。黄河が海に注ぎ、大量の泥土を堆積させてきた大陸棚には海港は発達せず、沿岸の航行も難しいために、それを回避した遼東半島や山東半島にだけ良港が生まれた。現在の歴史地理的な黄河河道の研究は、文献史料にとどまらず、衛星画像の分析や、現地調査が重要である。各論考からもわかるように、黄河は山東丘陵の北を流れて渤海に注いだ北流の時代と、山東丘陵の南を流れて黄海に注いだ南流の時代に分けることができる。十五世紀末以降の明、清の時代には黄河は南流していた。南流の時代をへてはじめて黄海という名の海が生まれた。黄河河道が南流したことで黄河北流の時期の古黄河の湖沼は減少し、東方大平原の水環境も大きく変化していく。東方大平原の運河網も北流時代の造営であり、南流時代にどのように変化したのか。北流時代の渤海と南流時代の黄海とでは、その海洋環境や海産資源がどのように変化したのか。黄河古河道の変遷の研究から派生していく問題点は多い。

Ⅲ「**東アジア海文明と東方大平原**」ではこの大平原に広がる水路網について論ずる。黄河の河道の変遷が、中国の東方に大きな平原を生み出した。私たちは黄河と長江と淮河（淮水）の三大水系が生み出した広大な平原を一括して東方大平原と呼んでいる。大平原の水路網は、隋（五八一～六一八年）と元の時代の大運河として知られる。隋の文帝の時代（在位五八一～六〇四年）に黄河と長安の間には広通渠、淮河と長江の間に山陽瀆《さんようとく》、さらに煬帝の時代（在位六〇四～六一八年）には黄河と淮河の間に通済渠《つうさいきょ》、黄河と北京南の涿《たく》郡との間に永済渠《えいさいきょ》、長江と杭州の間に江南河が建設された。元のフビライ（在位一二六〇～一二九四年）はこうした隋の運河をもとに杭州から北京にいたる京杭大運河を建設した。しかしすでに隋以前の古代中国においても大平原の水運は広がっていたことを忘れてはならない。

司馬遷は『史記』河渠書のなかで春秋戦国時代（前七七〇～前二二一年）に東方大平原に水路網があったことに言及している。黄河から東南に鴻溝《こうこう》が淮水まで引かれ、淮水と長江の間や長江の南の呉にも三江五湖に水路があったという。この淮水と長江間の水路が呉王夫差（在位前四九五～前四七三年）が開鑿した邗溝《かんこう》である。この邗溝の現地調査をふまえた貴重な研究成果も収めている。

歴代の運河が黄河の河道の変遷とも当然関わってくること、また東方大平原の運河網が東アジア海と連続する空間を形成していることに注目したい。遣隋使（六〇〇～六一四年）、遣唐使（六三〇～八九四年）の船舶が長江河口の揚州に到達したあとも、さらに東方大平原の運河を北上しえたことの意味は重要である。北路をとって山東半島から陸路で長安に向かうよりも、南路から長江河口に入り、運河網を利用した方がはるかに輸送は便利であった。北宋（九六〇～一一二七年）の都開封まで赴いた日宋貿易の商船も、海から大平原の運河を航行した。日明貿易（一四〇四～一五四七年）の勘合船でも、寧波から入り、大運河を航行して首都北京に入った。東方大平原の運河網と東アジア海とは連結していた。

Ⅳ「東アジア海文明と水利技術」では海辺の水利技術の論考を集めた。黄河の治水や東方大平原の運河網にはいずれも高度な水利技術の裏付けがあった。その技術は東方大平原の沿海部の低地にも応用され、海の潮災や海嘯《かいしょう》（津波）に対応することができた。ただし東方大平原の沿海部は海底地震がもたらすような海嘯の発生は少なく、また一般の潮の干満が災害をもたらすことはない。満潮と颱風《たいふう》などの暴風雨とが重なったときに大きな被害をもたらすのである。東アジア海の海岸の低湿地には共通する水利の知恵が生まれた。防潮堤によって海水の侵入を力で防ぐだけでなく、水門を開閉して潮汐の自然の海水の流れを利用した。この水利技術が江南から東アジア海全体に広がっていたことの検証はまだ始まったばかりである。こうした作業こそ東アジア海を共有する文明の存在を実証していく貴重なものといえる。東日本大震災での東北海岸の防潮堤の崩落の記憶は鮮明であり強烈なものであった。高さ一〇メートル前後の防潮堤は巨大津波によって簡単に壊され、十五メートル前後のものは崩落を免れたという。東アジア海全体で前近代にさかのぼる防潮堤、防波堤の水利の知恵を共有していく作業が求められている。東アジア海では海岸の地形によって潮位に差がある。朝鮮半島の西岸がもっとも高く、杭州湾がそれにつぐ（前掲『渤海・黄海・東海　海洋図集　水文』「最大可能潮差分布図」）。地盤を固めるために周辺に植樹する必要性など江南の防波堤の経験から学ぶことは多い。

Ⅴ「東アジア海文明と災害・環境」では災害と環境をとりあげる。東方大平原を流れる黄河や長江はたえず災害を生み出し、颱風は人口の集中した沿海の区域を襲う。それを克服する営みのなかで技術が発達するものの、古代から現代にいたるまで災害が絶えることはない。地球環境の変化は、新たな自然災害をもたらし、文明が災害を克服するのではなく、文明は災害との共存のなかで、リスクをいかに抑えるのかという減災が課題となっている。東アジア文明を共有する世界では、中国には日本、朝鮮に先行して三〇〇〇年までさかのぼる文字による災害と天文に関する記録がある。かつて中国の気象学者の竺可《じくか》楨《てい》は、五〇〇〇年来の中国の気象の変化をまとめたことがある（「中国近五千年来気候変遷的初歩研究」『人民日報』一九七三年六月十九日、『竺可楨科普創作選集』科学普及出版社、一九八一年）。そのなかで依拠した資料の性格によって四つに時代区分をしている。すなわち考古時期（約前三〇〇〇～前一一〇〇年）、物候（動植物の季節現象）時期（前一一〇〇～後一四〇〇年）、地方志時期（一四〇〇～一九〇〇年）、機器観測時期の四期である。洪水、颱風、地震、海嘯（颱風などによる暴風潮と地震津波）、噴火、疫病などの災害の各種史資料を東アジア世界の枠で収集することが重要である。宋正海ほか『中国古代自然災害　動態分析』（安徽教育出版社、二〇〇二年）によれば、一〇三一の地震、四一三の土砂崩れ、八四の土石流、七二一の黄河決壊、二一四の長江洪水、一一〇の淮河の決壊、六八九の暴風潮といった文献に記された過去の数字を挙げている。東アジア各地域の災害との照合が求められる。

　東方大平原にも北端の燕山、河北平原、山東丘陵―渤海―遼東半島に三つの地震帯があり、十七世紀は活動期であった。二〇世紀にも一九六六年の邢台《けいだい》地震（河北省）、一九六九年の渤海地震、一九七五年の海城地震（遼寧省）、一九七六年の唐山地震（河北省）と東方大平原の大地震が続いた（尾池和夫『中国の地震・日本の地震』東方書店、一九七九年、中国科学院地球物理研究所編『中国強地震中分布図』地図出版社には紀元前七八〇年以来の分布が示されている）。日本列島にもっとも近い中国の地震帯であり、日本列島の地震との関係をさぐってもよい。共有する東アジア海の災害からも東アジア海文明の姿が浮かび上がってくるであろう。私たちの共同研究ではもっとも欠けていた方向であり、今後の課題として残してしまった。

　将来の東アジア海の海底資源の開発を見込んだ外交的な摩擦が始まっている。そのようななかでお互いの立場を認めながら、海をめぐる共通の文明像を構築する貴重な作業はまだ始まったばかりである。中国でも海洋文化や海洋文明にたいする関心が高まっている（『中国海洋文化研究』第四－五合巻、海洋出版社、二〇〇五年など参照）。本論文集は一つの成果であり、同時に経過点にすぎない。

（鶴間和幸）

篇尾语

本论文集从五个方面论述东亚海文明的具体面貌。Ⅰ『**东亚海文明与环境的认识**』为总论。正如卷首语中葛剑雄老师所言，与欧洲的地中海文明相对比，东亚海文明有其明显的特征。在希腊与罗马的地中海文明中，沿海城市傍海而生，海洋贸易与其都市兴亡息息相关；而在东亚海文明中，以中国的内陆地区为中心的国家或帝国，无论如何兴亡更迭，海洋贸易所占地位并非如此重要。正因如此，葛老师认为，古代中国缺乏向海外扩张的原动力。对于受中国文化深刻影响的朝鲜半岛和日本列岛来说，海洋是交流的重要途径；而对于中国王朝来说，向海洋进发却并非如此重要。但是，当视线从政治角度转向地理与海洋环境方面，新的观点浮现而出。地中海，其海洋地质学历史悠久，为欧洲与非洲两大陆紧锁而成的深海，海洋资源相对贫乏；然而东亚海洋，则由养分充足的江川大河注入较浅的大陆架汇集形成，海洋资源极其丰富。综合上述原因，在历史环境中探寻东亚海文明与环境的意义，实为必要之举。

的确，明朝（一三六八～一六四四年）郑和（一三七一～一四三四年左右）对南海诸国的远征（一四〇五～一四三三年），其目的是寻求朝贡贸易而非由中国民间发起的海外拓展。中国王朝一直抑制民间海外贸易活动，十六世纪的明朝，甚至采取海禁政策。明朝以前的王朝，对进行海外贸易的海港同样采取限制的政策。唐朝（六一八～九〇七年）时期的广州，市舶司负责海上贸易的管理，阿拉伯商人的活动仅限于蕃坊的居留地进行；谈及规模大的海港，也仅仅是位于长江口的扬州、面朝东海的福州、与台湾海峡遥对的泉州等地，屈指可数。到了宋代（九六〇～一二七九年），在广州和泉州的基础上，还增添了南宋时期（一一二七～一二七九年）的都市杭州、明州（宁波）等地，其海港贸易兴旺繁荣；元代（一二七一～一三六八年）的杭州、明州、福州、泉州、广州等海港城市也得以发展。从历代海港的选址条件看，相较于政治上的意义，我们可以发现这样一个现象：沿海的海港位于陆地与海洋的交界地，选址往往位于与海岸相连的内陆地势上。在中国历史上崭露头角的濒临东亚海的海港，其选址上有明显特征：如果将位于渤海、黄海的海港和位于东海、南海的海港南北分开来看，前者位置由历代黄河和长江流域的东方大平原所决定，海港位置限于半岛上；后者则位于从山间突出的下降式海岸上，良港众多。

Ⅱ『东亚海文明与黄河』。本章内容明确论述考证了历史上黄河河道发生的重大变化。众所周知，考虑东亚海文明的一个重要视点，即探究黄河的变迁与东亚海的紧密联系。唐代之前的海港发展仅仅局限在渤海和黄海的沿海地区，其原因就是黄河。黄河注入大海，沿途带来大量的泥沙沉淀、堆积而成的大陆架地形不宜海港发展，沿岸也不适合航行，趋利避害的结果就是良港仅仅集中在辽东半岛和山东半岛。现在历史地理学中有关黄河河道的研究，不仅仅局限于文献史料，卫星画像分析、现场调查等手段也同样重要。从各论述考证中我们可以得知，黄河，可以分为流经山东丘陵以北而注入渤海的北流时代，以及流经山东丘陵以南而注入黄海的南流时代的两大时期。在十五世纪末以后的明、清时代，黄河一直南流；也正是经过南流时代，第一次产生了『黄海』这一名称。由于黄河河道南流，黄河北流时代形成的古黄河的湖沼数量逐渐减少，东方大平原的水资源环境也发生重大变化。在北流时代营建的东方大平原的运河网，到了南流时代发生了怎样的变化？北流时代的渤海与南流时代的黄海，其海洋环境、海产资源又有怎样的变化？围绕黄河古河道变迁的研究，所派生出的问题点，确实很多。

Ⅲ『东亚海文明与东方大平原』。本章围绕大平原上广为分布的水路网进行论述。黄河河道的变迁，蕴育出中国东方幅员辽阔的平原。我们将黄河、长江、淮河三大水系蕴育出的辽阔平原一并称为东方大平原。大平原的水路网，因隋代（五八一～六一八年）和元代的大运河而广为人知。隋代的文帝时代（五八一～六〇四年在位），黄河与长安之间建有广通渠、淮河与长江之间建有山阳渎；随后在炀帝时代（六〇四～六一八年在位），黄河与淮河之间建有通济渠、黄河与北京南部的涿郡之间建有永济渠、长江与杭州之间建有江南河。元代的忽必烈（一二六〇～一二九四年在位）在既有的隋朝运河的基础上，建设了沟通杭州与北京的京杭大运河。尽管如此，我们仍然不应忘记，早在隋代之前的古代中国，大平原上的水运已然蓬勃发展。

司马迁在《史记・河渠书》中曾谈及早在春秋战国时代（公元前七七〇～公元前二二一年），东方大平原上已经存在水路网。鸿沟，沿东南方向将黄河水引至淮河，淮河与长江之间以及长江以南的吴地，三江五湖，水路贯穿。这条淮河与长江间的水路，史称邗沟，由吴王夫差（公元前四九五～公元前四七三年在位）开凿。通过对邗沟的实地调查，我们也获得了宝贵的研究成果。

历代的运河与黄河河道变迁息息相关，另外，东方大平原的运河网与东亚海相连所形成的空间同样重要。遣隋使（六〇〇～六一四年）、遣唐使（六三〇～八九四年）的船舶抵达位于长江河口的扬州后进而通过东方大平原的运河得以北上，其意义实为重要。相比较取道北路，从山东半岛经陆路到达长安的途经而言，取道南路从长江河口进入，利用运河网的方式更加便利。北宋（九六〇～一一二七年）时期，抵达首都开封的日宋贸易商船也同样从海上而来航行于大平原的运河之上。日明贸易（一四〇四～一五四七年）时期的勘合船也同样，从宁波进入，经大运河航行至首都北京。由此看来，东方平原的运河网与东亚海确实相互连接。

Ⅳ『东亚海文明与水利技术』。本章汇总了有关海滨水利技术的论述考证。无论是黄河的治水还是东方大平原的运河网都需要高度发达的水利技术。这些技术也运用在东方大平原沿海部的低地处以对抗海潮、海啸等灾害。但是，在东方大平原的沿海处，很少会因海底地震而诱发海啸，也不会因潮水涨落而引发灾害。然而，当海水满潮、台风、暴风雨一并发生的时候，却会产生巨大的灾害。在东亚海的海岸低湿地带，蕴育了共同的水利技术智慧。这不仅仅体现在利用防潮堤抵挡海水的肆虐，还应用于通过开关防洪闸门利用自然潮汐的水流等技术上。关于该项技术从江南到东亚海全面推广的探讨研究正处于新兴阶段，可以说，正是这些工程作业成为证明东亚海共同文明存在的宝贵实证。东日本大地震时，有关东北海岸的防潮堤塌落的记忆鲜明而强烈。在巨大的海啸面前，高达一〇米左右的防潮堤不堪一击，据说只有十五米左右的堤坝方可幸免。在东亚海全境，追溯历史，我们可以找到很多利用共同的水利智慧建造的防潮堤和防波堤等工程。东亚海境内，因海岸地形的不同会产生潮位差。朝鲜半岛西岸位置相对更高一些，杭州湾次之（海洋图集编委会编《渤海・黄海・东海 海洋图集 水文》海洋出版社，一九九三年，「最大可能潮差分布图」）。从江南的防波堤建设中，我们可以得到许多启示，比如植树造林可以加固地盘等等。

V『东亚海文明中的灾害・环境』。本章节围绕灾害与环境进行论述。流经东方大平原的黄河与长江引发的灾害不断，台风则骚扰沿海人口密集的地区。虽然在克服自然灾害的过程中，人们创造出许多发达的技术，但是从古至今却无法根除灾难。地球环境的变化总会导致新的自然灾害，文明不是灾害的克星，文明与灾害共存，如何抑制其中的风险从而达到减灾的目的则成为我们需要面对的课题。在共享东亚文明的世界之中，中国领先于日本、朝鲜，早在三〇〇〇年前，就有有关灾害与天文的文字记载。中国的气象学者竺可桢曾总结出中国五千年来的气象变化（『中国近五千年来气候变迁的初步研究』《人民日报》一九七三年 六月十九日，《竺可桢科普创作选集》，科学普及出版社，一九八一年）。根据其所提资料的特点，我们可以划分出四个时代：即考古时期（约公元前三〇〇〇～公元前一一〇〇年）、物候时期（动植物的季节现象）（公元前一一〇〇～公元一四〇〇年）、地方志时期（公元一四〇〇～公元一九〇〇年）和机器观测时期。在东亚世界的框架内，收集有关洪水、台风、地震、海啸（因台风等而引起的暴风潮和地震海啸）、火山爆发、瘟疫等各种灾害的史料，具有重要的意义。根据宋正海等所著《中国古代自然灾害动态分析》（安徽教育出版社，二〇〇二年）一书记载，过去共发生地震一〇三一次、土石塌方四一三次、泥石流八四次、黄河决堤七二一次、长江洪水二一四次、淮河决堤一一〇次、暴风潮六八九次。通过这些数字记载，我们可以将其与东亚各地域发生的灾害进行对照。

在东方大平原有三个地震带，分别处于北端的燕山、河北平原、山东丘陵——渤海——辽东半岛。十七世纪为其活动期。到了二〇世纪，东方大平原的地震也接连不断，分别发生了一九六六年的邢台地震（河北省）、一九六九年的渤海地震、一九七五年的海城地震（辽宁省）与一九七六年的唐山地震（河北省）（尾池和夫《中国の地震·日本の地震》東方書店、一九七九年，中国科学院地球物理研究所编《中国强地震中分布图》，地图出版社。此书中标示了纪元前七八〇年以来的分布区域）。日本列岛与中国的地震带距离相近，对于探寻其与日本列岛地震的关系，很有意义。共同遭遇的东亚海灾难中东亚海文明也浮现而出，在我们的共同研究工作中，与此相关的研究，作为一项欠缺而成为今后的课题。

围绕今后东亚海海底资源的开发，外交上的摩擦已经凸现。然而，在承认彼此的立场的同时，围绕海洋构建共同的文明形态这一重要的工作，才刚刚起步。中国，对于海洋文化、海洋文明的关注也将日益高涨（参照《中国海洋文化研究》第四—五合卷，海洋出版社，二〇〇五年）。本论文集，是一项成果，也是漫长研究过程中的一个逗号。

（鹤间和幸　吕晓静翻译）

【著　者】（執筆順）

葛　剣雄（Ge Jianxiong）
1945年生まれ。復旦大学歴史学博士。専門は、中国史・歴史地理・人口史・移民史。現在、復旦大学図書館館長・中国歴史地理研究所教授。著書：『中国人口史』（共編著、復旦大学出版社、2000）、『中国移民史』（共編著、福建人民出版社、1997）、『統一与分裂――中国歴史的啓示（増訂本）』（中華書局、2008）など。

鶴間和幸（つるま　かずゆき）
1950年生まれ。東京大学大学院人文科学研究科東洋史学専攻博士課程単位取得退学。博士（史学）。専門は、中国古代史。現在、学習院大学文学部教授。著書：『秦帝国の形成と地域』（汲古書院、2013）、『ファーストエンペラーの遺産　秦漢帝国』（講談社、2004）、『始皇帝陵と兵馬俑』（講談社、2004）、『秦の始皇帝――伝説と史実のはざま』（吉川弘文館、2001）など。

久慈大介（くじ　だいすけ）
1976年生まれ。中国社会科学院歴史学博士。専門は、中国考古・東アジア考古・環境考古。現在、学習院大学EF共同研究員・南山大学非常勤講師。論文：「二里頭遺跡出土土器の製作技術研究―土器成形段階における製作技術上の問題を中心として―」（『中国考古学』第12号、2012）、「黄河下流域における初期王朝の形成――洛陽盆地の地理的、生態的環境」（『黄河下流域の歴史と環境――東アジア海文明への道』東方書店、2007）、「従地域間関係看二里頭文化期中原王朝的空間結構」（共著、『二里頭遺址与二里頭文化研究：中国・二里頭遺址与二里頭文化国際学術研討会論文集』科学出版社、2006）など。

安　介生（An Jiesheng）
1966年生まれ。復旦大学中国歴史地理研究所歴史地理学博士。専門は、歴史人文地理・中国移民史・中国古代史・中国地方史。現在、復旦大学中国歴史地理研究所教授・副所長。著書：『歴史地理与山西地方史新探』（山西人民出版社、2008）、『歴史民族地理』（山東教育出版社、2007年）、『山西移民史』（山西人民出版社、1999）など。

市来弘志（いちき　ひろし）
1966年生まれ。学習院大学大学院人文科学研究科史学専攻博士後期課程単位取得退学。専門は、中国魏晋南北朝史。現在、学習院大学東洋文化研究所客員研究員、陝西師範大学外国語学院日語系外教。論文：「遊牧民の千年の都――古都西安の歴史地理的概観」（『教育の情報・協同・共生　比較教育研究別巻』中山出版、2011）、「魏晋南北朝時代における鄴城周辺の牧畜と民族分布」（『黄河下流域の歴史と環境――東アジア海文明への道』東方書店、2007）、「画像磚に見る魏晋期酒泉の家畜と牧畜―嘉峪関新城古墓群を中心として―」（『西北出土文献研究』第3号、2006）など。

福島　恵（ふくしま　めぐみ）
1977年生まれ。学習院大学大学院人文科学研究科史学専攻博士後期課程修了。博士（史学）。専門は、中国唐代史・東西交渉史。現在、学習院大学EF共同研究員・非常勤講師、清泉女子大学非常勤講師。論文:「『安元寿墓誌』(唐・光宅元年)訳注」(森安孝夫編『ソグドからウイグルへ』汲古書院、2011)、「罽賓李氏一族攷—シルクロードのバクトリア商人—」(『史学雑誌』第119編第2号、2010)、「唐代ソグド姓墓誌の基礎的考察」(『学習院史学』第43号、2005）など。

鄒　逸麟（Zou Yilin）
1935年生まれ。山東大学歴史学学士。専門は、歴史地理。現在、復旦大学中国歴史地理研究所教授。著書：『中国歴史地理概述』(上海教育出版社、2007)、『椿廬史地論稿』(天津古籍出版社、2005)、『千古黄河』(香港中華書局、1990）など。

長谷川順二（はせがわ　じゅんじ）
1974年生まれ。学習院大学大学院人文科学研究科史学専攻博士後期課程修了。博士（史学）。専門は、中国古代史・歴史自然地理。現在、学習院大学東洋文化研究所客員研究員、復旦大学歴史地理研究所博士後（歴史学流動站）。論文：「前漢期黄河故河道復元—山東省聊城市～平原県～徳州市—」(『東洋文化研究』第14号、2012)、「衛星画像を利用した黄河下流域故河道復元研究—大名・館陶を中心に—」(『黄河下流域の歴史と環境—東アジア海文明への道—』東方書店、2007)、「前漢期黄河故河道復元—河南省武陟～新郷～延津～衛輝～滑県—」(『中国水利史研究』第35号、2007）など。

満　志敏（Man Zhimin）
1952年生まれ。復旦大学中国歴史地理研究所歴史地理学博士。専門は、歴史自然地理・歴史気候変遷・歴史地形変化など。現在、復旦大学中国歴史地理研究所教授。著書:『中国歴史時期気候変化研究』(山東教育出版社、2009）など。論文：「全球環境変化視角下環境史研究的幾個問題」(『思想戦線』2012年第2期)、「北宋京東故道流路問題的研究」(『歴史地理』第21輯、2006）など。

韓　昭慶（Han Zhaoqing）
1970年生まれ。復旦大学中国歴史地理研究所歴史地理学博士。専門は、歴史自然地理・環境史・中国地図史。現在、復旦大学中国歴史地理研究所副教授。著書:『荒漠・水系・三角洲——中国環境史的区域研究』(上海科学技術文献出版社、2010)、『黄淮関係及其演変過程研究』(復旦大学出版社、1999）など。論文：「明代毛烏素沙地変遷及其与周辺地区墾殖的関係」(『中国社会科学』2003年第5期）など。

水野　卓（みずの　たく）

1974年生まれ。慶應義塾大学大学院文学研究科史学専攻後期博士課程修了。博士(史学)。専門は、中国古代史。現在、慶應義塾大学非常勤講師。論文：「春秋時代の諸侯即位―『左伝』の「立」「即位」「葬」と新君認識との関係から―」(『史学』第78巻第1・2号、2009)、「春秋時代における統治権の変容―「器」の意味を中心として―」（『東方学』第106輯、2003)、「春秋時代の君主―君主の殺害・出奔・捕虜の検討から―」(『史学』第71巻第2・3号、2002）など。

青木俊介（あおき　しゅんすけ）

1979年生まれ。学習院大学大学院人文科学研究科史学専攻博士後期課程単位取得退学。専門は、秦漢政治制度史。現在、学習院大学PD共同研究員。論文：「候官における簿籍の保存と廃棄―A8遺址文書庫・事務区画出土簡牘の状況を手がかりに―」（籾山明・佐藤信編『文献と遺物の境界―中国出土簡牘史料の生態的研究―』六一書房、2011)、「秦から漢初における都官と県官―睡虎地秦簡「法律答問」九五簡の解釈を通じて―」（『中国出土資料研究』第15号、2011)、「漢長安城未央宮の禁中―その領域的考察―」(『学習院史学』第45号、2007）など。

濱川　栄（はまかわ　さかえ）

1964年生まれ。早稲田大学大学院文学研究科史学（東洋史）専攻博士後期課程単位取得退学。博士（文学)。専門は、中国古代水利史・社会史。現在、早稲田大学高等学院地歴科教諭。著書：『中国古代の社会と黄河』(早稲田大学出版部、2009)など。

論文:「世界の洪水伝説と禹の治水」(『早稲田大学高等学院研究年誌』56号、2012)、「木を見て森も見る―「地域」から見た秦・漢帝国史―」（『日本秦漢史研究』第11号、2011）など。

菅野恵美（かんの　えみ）

1973年生まれ。学習院大学大学院人文科学研究科史学専攻博士後期課程修了。博士（史学)。専門は、中国秦漢史・中国墓葬装飾。現在、学習院大学非常勤講師。著書：『中国漢代墓葬装飾の地域的研究』(勉誠出版、2012）など。論文：「墓葬装飾における祥瑞図の展開」(『東洋文化研究』第10号、2008)、「四川漢代画像磚の特徴と分布――特に同笵画像磚を中心として」(『史潮』新51号、2002）など。

樊　如森（Fan Rusen）

1966年生まれ。復旦大学中国歴史地理研究所歴史地理学博士。専門は、中国歴史経済地理・中国国際経済交流史など。現在、復旦大学中国歴史地理研究所副教授。著書:『近代西北経済地理格局的変遷（1850-1950)』(台湾花木蘭出版社、2012)、『港口――腹地与北方的経済変遷（1840-1949)』(共著、浙江大学出版社、2011)、『天津与北方経済現代化（1860-1937)』(東方出版中心、2007）など。

大川裕子（おおかわ　ゆうこ）
1972年生まれ。日本女子大学大学院文学研究科史学専攻博士後期課程修了。博士(文学)。専門は、中国古代史。現在、日本女子大学学術研究員、青山学院大学非常勤講師。論文:「范蠡三徙説話の形成―水上交通路との関係を中心に―」(『史艸』47号、2006)、「秦の蜀開発と都江堰の建設―川西平原扇状地と都市・水利―」(『史学雑誌』第111篇第9号、2002)、「中国史における芋類の地域性―四川地域と江南地域の比較を通じて―」(『史潮』新51号、2002）など。

村松弘一（むらまつ　こういち）
1971年生まれ。学習院大学大学院人文科学研究科史学専攻博士後期課程修了。博士（史学)。専門は、中国古代史・環境史。現在、学習院大学学長付国際研究交流オフィス教授。著書：『中日干旱地区開発与環境保護』(共編著、西北農林科技大学出版社、2012)、『知識は東アジアの海を渡った――学習院大学コレクションの世界』(共著、学習院大学東洋文化研究所編、丸善プラネット、2010）など。論文：「西安の近代と文物事業――西京籌備委員会を中心に」(山本英史編『近代中国の地域像』山川出版社、2011）など。

小山田宏一（こやまだ　こういち）
1955年生まれ。同志社大学文学部卒。専門は、日本考古学（治水・灌漑)。現在、大阪府立狭山池博物館学芸員。著書:『シンポジウム三角縁神獣鏡』(共著、学生社、2003)。論文：「天然材料を用いた土構造物の補強と保護」(『大阪府立狭山池博物館研究報告』6、2009)、「碧骨堤の太宗15年の改修とそれ以前」(『大阪府立狭山池博物館研究報告』5、2008)、「古代の開発と治水」(『狭山池　論考編』狭山池調査事務所、1999）など。

王　大学（Wang Daxue)
1977年生まれ。復旦大学中国歴史地理研究所歴史地理学博士。専門は、歴史地理・環境史。現在、復旦大学中国歴史地理研究所講師。著書：『明清“江南海塘”的建設与環境』(上海人民出版社、2008）など。論文：「防潮与引潮：浜海平原区海塘・水系与水洞的関係」(『歴史地理』第25輯、2011)、「慈善与教育：政区変遷中地方組織間的衝突――以松江由府変県為中心」(共著、『近代史学刊』第3輯、華中師範大学出版社、2006）など。

段　偉（Duan Wei)
1977年生まれ。首都師範大学歴史学博士。専門は、中国経済史・災害史・歴史地理。現在、復旦大学中国歴史地理研究所副教授。著書：『禳災与減災――秦漢社会自然災害応対制度的形成』(復旦大学出版社、2008）など。論文：「俗称与重構：論安徽・江蘇両省的逐漸形成」(『白沙歴史地理学報』第11輯、2011)、「迷信与理性――漢代禳災制度建立初探」(『山西大学学報（哲社版)』2008年第2期）など。

楊　偉兵（Yang Weibing）
1974年生まれ。復旦大学中国歴史地理研究所歴史地理学博士。専門は、中国歴史地理・明清西南区域史など。現在、復旦大学中国歴史地理研究所副教授。著書：『明清以来雲貴高原的環境与社会』（編著、東方出版中心、2010）、『雲貴高原的土地利用与生態変遷（1659-1912）』（上海人民出版社、2008）など。論文：「道光時代的雲南：以黄夢菊〈滇南事実〉之記述為中心」（『歴史地理』第26輯、2012）など。

鄒　怡（Zou Yi）
1980年生まれ。復旦大学中国歴史地理研究所歴史地理学博士。専門は、歴史地理・明清社会経済史。現在、復旦大学中国歴史地理研究所講師。著書：『明清以来的徽州茶業与地方社会（1368-1949）』（復旦大学出版社、2012）など。論文：「産業集聚与城市区位鞏固：徽州茶務都会屯溪発展史（1577-1949）」（『中央研究院近代史研究所集刊』第66期、2009）、「民国市鎮的区位条件与空間結構——以浙江海寧硤石鎮為例」（上）（下）（『歴史地理』第21・22輯、2006・2007）など。

【訳　者】

津守　陽（つもり　あき）	神戸市外国語大学中国学科准教授
放生育王（ほうじょう　いくおう）	学習院大学東洋文化研究所リサーチアシスタント
柏倉伸哉（かしわくら　しんや）	元学習院大学PD共同研究員
五味知子（ごみ　ともこ）	学習院大学東洋文化研究所客員研究員
河野剛彦（こうの　たけひこ）	学習院大学大学院人文科学研究科史学専攻博士後期課程
倉嶋真美（くらしま　まみ）	国立公文書館調査員
中村威也（なかむら　たけや）	跡見学園女子大学兼任講師
石川　晶（いしかわ　あきら）	学習院大学大学院人文科学研究科史学専攻博士後期課程
呂　暁静（Lu Xiaojing）	学習院大学大学院人文科学研究科史学専攻博士前期課程

東《ひがし》アジア海文明《かいぶんめい》の歴史《れきし》と環境《かんきょう》
学習院《がくしゅういん》大学《だいがく》東洋《とうよう》文化《ぶんか》研究《けんきゅう》叢書《そうしょ》

二〇一三年三月三一日　初版第一刷発行

編著者●鶴間和幸・葛剣雄
発行者●山田真史
発売所●株式会社東方書店
東京都千代田区神田神保町一―三 〒一〇一―〇〇五一
電話〇三―三二九四―一〇〇一
営業電話〇三―三九三七―〇三〇〇
装　幀●戸田ツトム
印刷・製本●（株）シナノパブリッシング

定価はカバーに表示してあります

ISBN978-4-497-21304-4　C3022